与司法改革同行 与审判实践同步

——北京市昌平区人民法院优秀论文集（2017—2021）

北京市昌平区人民法院◎主编

人民法院出版社

图书在版编目（CIP）数据

与司法改革同行　与审判实践同步. 北京市昌平区人民法院优秀论文集 : 2017-2021 / 北京市昌平区人民法院主编. -- 北京 : 人民法院出版社, 2023.5
ISBN 978-7-5109-3778-1

Ⅰ. ①与… Ⅱ. ①北… Ⅲ. ①法院－工作－昌平区－文集－2017-2021 Ⅳ. ①D926.22

中国国家版本馆CIP数据核字(2023)第063980号

与司法改革同行　与审判实践同步
——北京市昌平区人民法院优秀论文集（2017—2021）

北京市昌平区人民法院　主编

责任编辑　马　倩
封面设计　鲁　娟
出版发行　人民法院出版社
地　　址　北京市东城区东交民巷 27 号（100745）
电　　话　（010）67550526（责任编辑）　67550558（发行部查询）
　　　　　65223677（读者服务部）
客服 QQ　2092078039
网　　址　http://www.courtbook.com.cn
E-mail　courtpress@sohu.com
印　　刷　三河市国英印务有限公司
经　　销　新华书店

开　　本　787 毫米 ×1092 毫米　1/16
字　　数　681 千字
印　　张　40.25
版　　次　2023 年 5 月第 1 版　2023 年 5 月第 1 次印刷
书　　号　ISBN 978-7-5109-3778-1
定　　价　158.00 元

“昌法五年”系列编纂委员会

序言

调研作为人民法院理论研究、服务审判、培养人才、涵养文化的重要途径，始终聚焦人民法院中心工作，积极探索司法规律，不断推动人民法院理论创新、制度创新，发挥了理论研究指导审判工作、服务司法工作高质量发展的重要作用。

近年来，北京市昌平区人民法院始终坚持实事求是、尊重规律、系统观念、底线思维、问题导向的原则，高度重视调查研究工作，积极鼓励干警参加各类学术讨论会和案例评选活动，不断锻造思维、提升本领，涌现出一批优秀学术成果和典型案例，培养出一批优秀审判业务能手和调研骨干，为推动北京市昌平区人民法院工作跃升式发展提供了坚实人才支撑和智力保障。

为进一步增强法院文化建设，厚植文化底蕴，积极营造“我在昌法、我爱昌法、我为昌法、昌法有我”的文化氛围，把“抓业务学习、抓能力提升、抓人才培养”工作要求落到实处，提升干警综合调研能力，北京市昌平区人民法院创新打造“昌法五年”系列品牌，将近年来优秀工作成果结集出版，充分展示干警在法院工作中的所思所想所得。

2022 年 9 月，“昌法五年”系列首期优秀论文、案例集编纂工作开展后，北京市昌平区人民法院迅速成立“昌法五年”系列编纂委员会，在审判管理办公室（研究室）设立编委会办公室，努力克服新冠疫情①带来的困难，统筹开展编纂工作。编纂工作得到了院党组的高度重视，全院各部门的积极响应，获奖干警的大力支持，编纂委员会共征集了北京市昌平区

① 2022 年 12 月 26 日，国家卫生健康委员会发布公告：将新型冠状病毒肺炎更名为新型冠状病毒感染。

人民法院近五年在全国或北京法院学术讨论会中获奖的优秀论文44篇，在最高人民法院或北京法院各类案例评选活动中入选的优秀案例68篇。这些优秀论文和案例资料翔实，逻辑严谨，文字流畅，表达得当，无学术不端行为，紧紧围绕人民法院中心工作，深入研究新形势新任务下法院面临的新情况新问题，在提高审判质效、推进诉源治理、促进裁判尺度统一、深化司法改革等重点工作上进行了有益探讨，将法学理论与司法实践深度融合，体现出较高的法学研究功底和实践应用价值，对法院工作具有较强的指导意义。

历时八个月，经过反复推敲，多次整理，作为北京市昌平区人民法院首部公开出版的工作成果合集，“昌法五年”系列的优秀论文集和案例集终于付梓，本书力求在既有研究基础上有所创新、不负所托，以期进一步推动全院形成钻研业务、提升能力的良好氛围，共同打造一支德才兼备的高素质专业化人才队伍。未来，北京市昌平区人民法院将深入推进“昌法五年”系列品牌建设，充分打造有昌法特色的成果转化平台，积极展示在党建、审判、调研等工作中涌现的优秀成果。

在本书编撰的过程中得到了众多帮助和支持，在此衷心感谢北京市昌平区人民法院各部门的全力配合和获奖干警的积极参与，衷心感谢人民法院出版社的大力支持。需要指出的是，书内相关观点和建议仅作为学术交流，并不代表北京市昌平区人民法院的观点和立场。书中论文、案例分析为历年获奖或被相关单位采用的，文中引用的法律规范均为撰写时或判决时的法律规范，可能存在与现行法律规范不一致之处，文中不再赘述。由于编者水平所限，本书中难免有谬误、不当之处，敬请广大读者批评指正。

“昌法五年”系列编纂委员会

二〇二三年五月

目 录

"三分四步审查法"：农村集体经济组织决议效力的司法认定 *

谷佳琛　朱晋华

引　言

"三权分置"① 背景下，农村集体经济组织（以下简称村集体）作为集体所有权人、承包权发包人，以及土地经营权回流后的流转人，是实现农村土地资源优化重组的关键。一方面，村集体作出的法律行为对于包括其成员在内的相关主体经济利益影响巨大，在土地价值日益增加的当下，由此产生的纷争逐年增加。另一方面，村集体作为特别法人，相关法律未对其执行机构、议事程序、成员救济等方面进行规定。以上问题在司法实践中折射为法院对于村集体决议效力的审查范围和认定标准尺度不一，相关司法认定规则亟待完善。

一、管窥：农村集体经济组织决议效力认定的实践现状

司法实践中，当事人的诉讼路径既有直指决议效力的，也有主张获得土地、补偿费用或其他福利待遇的，但须以决议效力认定为基础。村集体决议效力认定对于当事人权益具有重大影响。经司法案例数据统计分析，决议效力在实践中存在两个维度的问题：一是从农村集体化机制角度来看，决议主体"政经不分"；二是从司法认定角度来看，决议审查范围与标准模糊。

---

* 本文获 2021 年全国法院第 33 届学术讨论会二等奖。

① 《农村土地承包法》(2018 年修正) 首次在立法层面明确了承包地"三权分置"制度，即不断探索农村土地集体所有制的有效实现形式，落实集体所有权、稳定农户承包权、放活土地经营权。

（一）决议诉讼主体混同

2016年以来，北京、上海等地对村委会事务和村集体事务分离[①]进行了有益探索。本文以“决议”为全文关键词，以不同诉讼主体（含简称）为案件名称关键词，对中国裁判文书网中北京、上海两地民事一审案件进行检索，共得到三类案由裁判文书有效样本585份、111份和306份。

经统计分析，即便是已设立村集体的北京、上海两地，相关案件所涉决议的作出主体，既有村委会（三类案由中分别占比45%、47%、75%），又有各类村集体（三类案由中分别占比42%、32%、25%）。通常认为，村委会负责村民自治性事务，村集体负责经营管理，而实践中则是村委会和村集体均参与经营性管理。

（二）决议审查边界不清

作为农村经济组织，村集体通过决议形式进行乡村治理，其不仅承担经济管理职能，还具备一定的社会治理功能，导致司法审查可能与村民自治的边界产生触碰。

1. 涉腾退补偿安置决议事项

【案例1】刘某诉某村委会侵害集体经济组织成员权益纠纷一案中，刘某主张《宅基地腾退补偿安置方案》决议程序违法，请求予以撤销。一审法院经审查认为该方案决议程序合法有效，因证据不足判决驳回其诉请。二审维持原判。

【案例2】张某诉某村委会侵害集体经济组织成员权益纠纷一案中，张某主张《宅基地腾退补偿安置办法》决议内容违法，请求予以撤销。一审法院认为征地补偿分配方案属于村民自治范围，因超过受案范围裁定驳回起诉。二审维持原判。

关于涉腾退决议是否属于受理范围的问题，案例1中，法院认可该事项属于法院受理范围，启动了对于决议效力的审查程序；而案例2中，法院却认定该事项属于村民自治范畴。

① 2016年12月26日，中共中央、国务院印发的《关于稳步推进农村集体产权制度改革的意见》第5条第12项中提出，探索明晰农村集体经济组织与村民委员会的职能关系，有效承担集体经济经营管理事务和村民自治事务，有需要且条件许可的地方，可以实行村民委员会事务和集体经济事务分离。

2. 未经决议的村集体行为事项

【案例3】东某等诉某村委会等侵害集体经济组织成员权益纠纷一案中，东某等主张原村书记及主任将村集体财产未经决议转让给武某等人，请求确认该房屋转让协议无效。一审法院以转让协议效力属于村民自治范畴裁定驳回起诉；二审法院认为确认合同效力属于受理范围，故裁定发回重审。后一审法院认为东某等未提供充分证据证明协议无效，故驳回其诉讼请求。二审法院认为案由应纠正为确认合同效力纠纷，并以非村集体成员之间转让房屋协议无效为由改判。

可见，村委会对于集体财产的处置未经决议程序，其处置行为涉及的合同效力的判断是否应以决议效力认定为基础及未经决议的合同效力判断是否属于村民自治事项范畴，一审、二审存在明显分歧。

3. 涉成员资格决议事项

关于涉村集体成员资格认定的决议是否属于受理范围，有判决认为成员资格争议属于受理范围，并认为成员资格的认定与是否支持其他财产诉求之间并无直接关联；另有判决认为成员资格争议不属于受理范围，驳回起诉的理由亦各异。

此外，本文发现诉讼技巧的运用直接影响了受理范围的判断，若当事人不提出确认成员资格的诉讼请求，仅在提出其他财产诉求的同时提交部分证据以证明自己拥有成员资格，则可以绕过成员资格确认请求权基础不足的问题，通过援引《物权法》《农村土地承包法》等实体法依据间接达到确认成员资格的效用。反之，当事人直接将诉请明确为确认成员资格的，则面临不予受理的风险。

（三）效力认定标准不一

村集体决议是多数决的结果，对于决议程序及内容瑕疵的认定将直接影响决议效力判断。实践中，瑕疵因素对决议效力影响的评价及认定存在明显分歧。

1. 决议内容瑕疵的认定分歧

【案例4】邬某与某村民小组承包地征收补偿费用分配纠纷一案中，该院认为征收社会抚养费决议事项无相关法定依据，该决议因超出了村集体法定权限而无效。

【案例5】邝某与某村经济合作联社渔业承包合同纠纷一案中，该院认为由生产队长和村民代表签字表决进行发包的决议内容虽超过了其权限范围，但综合历年发包情况来看，决议属于农村基层管理自治过程中形成的惯例，该决议效力待定。

关于决议内容涉及超越组织权限范围的效力，案例4直接以无相关依据认定决议无效，而案例5则本着有利于生产和符合村民自治形成的惯例认定决议效力待定。

2. 决议程序瑕疵的认定分歧

【案例6】某股份合作经济社与某镇政府行政纠纷一案中，该院认为合作经济社未通知全体成员参加涉及股权确认事项的成员大会，因此认定该决议无效。

【案例7】梁某与某镇政府行政纠纷一案中，该院认为当村集体因决议程序瑕疵出现争议时，应当首先通过内部民主程序解决，在重新表决的决议尚未形成时该决议效力待定。

对于存在程序瑕疵的，案例6认为决议因不符合法定程序而无效，而案例7则认为决议应先通过一定的民主程序进行重新表决以达到补正的效果，在此之前决议处于效力待定状态。

二、溯源：农村集体经济组织决议效力认定的困境成因

究其原因，上述困境成因包括决议主体界限不清、决议法律性质不明、决议流程制度性不足，等等。

（一）村集体职能式微：主体界限不清

决议效力的认定不是一个孤立的程序，其与决议主体的运行机制密切相关。村集体与村委会适用的决策流程不尽相同，对其所作决议的评价难以适用统一规则。

1. 现行规定：法定职能交叉

尽管《民法典》已经明确将村集体划分为特别法人范畴，但其“特别性”体现在何处仍不明朗。[①] 加之村集体与村委会的职能划分在诸多现行

① 王雷：《农民集体成员权、农民集体决议与乡村治理体系的健全》，载《中国法学》2019年第2期。

规定[①]中并不一致，进一步导致了二者的混淆。

2. 历史沿革：实践运行关联

从实践层面来看，村集体的演化受到经济发展水平、特定历史背景和社会环境变化等诸多因素的叠加影响。在原先的生产大队向现有"政社分离"的结构体系转变过程中，多地村委会还保留着经济职能，村委会与村集体结构高度混同，很难"一刀切"地达到"政治归政治，经济归经济"的清晰状态。

（二）特殊的法律行为：决议性质不明

村集体决议行为的法律性质界定直接影响司法类推适用其他规则的尺度，决议性质不明将导致司法认定分歧。

1. 规则适用：法律行为类型之争

决议的法律行为本质早已为学界共识，[②]但对于决议行为属于何种法律行为仍无定论。[③]有学者主张"多方法律行为"说，但单纯以意思表示的数量作为标准并不科学。有学者主张"共同法律行为"说，[④]但决议无须共同法律行为的全体一致同意才能成立。故本文认为决议是一种独立的法律行为。

① 《民法典》第101条规定："居民委员会、村民委员会具有基层群众性自治组织法人资格，可以从事为履行职能所需要的民事活动。未设立村集体经济组织的，村民委员会可以依法代行村集体经济组织的职能。"《村委会组织法》(2018年修正)第8条规定："村民委员会应当支持和组织村民依法发展各种形式的合作经济和其他经济，承担本村生产的服务和协调工作，促进农村生产建设和经济发展。村民委员会依照法律规定，管理本村属于村农民集体所有的土地和其他财产，引导村民合理利用自然资源，保护和改善生态环境。村民委员会应当尊重并支持集体经济组织依法独立进行经济活动的自主权，维护以家庭承包经营为基础、统分结合的双层经营体制，保障集体经济组织和村民、承包经营户、联户或者合伙的合法财产权和其他合法权益。"《农村土地承包法》(2018年修正)第13条规定："农民集体所有的土地依法属于村农民集体所有的，由村集体经济组织或者村民委员会发包；已经分别属于村内两个以上农村集体经济组织的农民集体所有的，由村内各该农村集体经济组织或者村民小组发包。村集体经济组织或者村民委员会发包的，不得改变村内各集体经济组织农民集体所有的土地的所有权。国家所有依法由农民集体使用的农村土地，由使用该土地的农村集体经济组织、村民委员会或者村民小组发包。"《土地管理法》(2019年修正)第11条规定："农民集体所有的土地依法属于村农民集体所有的，由村集体经济组织或者村民委员会经营、管理；已经分别属于村内两个以上农村集体经济组织的农民集体所有的，由村内各该农村集体经济组织或者村民小组经营、管理；已经属于乡(镇)农民集体所有的，由乡(镇)农村集体经济组织经营、管理。"

② 龙卫球：《民法总论》，中国法制出版社2001年版，第488页。

③ 张俊浩：《民法学原理》，中国政法大学出版社1999年版，第214页。

④ 韩长印：《共同法律行为理论的初步建构——以公司的设立为分析对象》，载《中国法学》2009年第3期。

正因为决议的特殊性，其在适用法律行为的一般理论上存在障碍。[①]法律行为类型之间的差异除意思表示数量的多寡之外，更多在于意思表示的形成方式不同。法律行为一般理论又是基于个体类型的法律行为所抽象而成，针对团体行为时则显得力不从心，故而有学者认为传统法律行为理论不能适用于决议，[②]亦有学者主张法律行为理论中有部分可以适用于决议，如意思形成阶段的瑕疵。[③]本文认为，决议中多数决规则的程序正当性的确使其适用法律行为理论产生诸多障碍，但以公司决议行为为例，中外立法均倾向于肯定传统法律行为理论及于公司决议，[④]故村集体决议行为的效力可加以参考。

2. 结果认定：效力形态模式多样

对于决议效力形态的类型和评价不同，将导致司法认定标准和结果的多样性。本文第一部分样本分析中发现，实践中普遍存在效力待定的认定结果，该类认定已超越有关公司决议的法律规定的类型范围。

本文认为，如下表1所示，第一种模式无法回答决议系伪造而不存在的情形，而第三种模式中决议是否生效对于各方主体而言并无实际意义，[⑤]因此第二种模式最为适宜。

表1　决议行为效力形态理论一览

类别	效力形态	立法例/区分方式
模式一	无效、可撤销	德国、我国《公司法》
模式二	无效、可撤销、不成立	日本、韩国及我国《最高人民法院关于适用〈中华人民共和国公司法〉若干问题的规定(四)》
模式三	无效、可撤销、不成立、不生效	严格按照法律行为理论

（三）未明确的内部运行：流程制度尚待完善

根据我国《民法典》第134条第2款[⑥]的规定，除决议内容外，表决方式和具体程序亦是认定决议是否成立及效力如何的关键。

---

① 王利明：《法律行为制度的若干问题探讨》，载《中国法学》2003年第5期。

② 陈醇：《商法原理重述》，法律出版社2010年版，第130页。

③ 韩龙：《公司董事会决议效力研究》，法律出版社2016年版，第67页。

④ 张旭荣：《法律行为视角下公司会议决议效力形态分析》，载《比较法研究》2013年第6期。

⑤ 殷秋实：《法律行为视角下的决议不成立》，载《中外法学》2019年第1期。

⑥ 《民法典》第134条第2款规定："法人、非法人组织依照法律或者章程规定的议事方式和表决程序作出决议的，该决议行为成立。"

1. 法律层面：决议程序尚待完善

关于村集体的主体身份，《民法典》第 96 条和第 99 条[①]虽明确其特别法人地位，但未明确该主体的功能作用、内部运行机制等事项。2020 年 11 月，农业农村部发布了《农村集体经济组织示范章程（试行）》，其中关于组织机构的规定内容值得借鉴讨论，但该试行章程仅为示范参考作用。

2. 政策层面：决策流程政经混同

街镇及区县政府在制定相关政策文件时，通常并不考虑村集体与村委会在职能范围与运行方式上的不同。如某区制定的农村经济联预审机制规定，村集体对外签订土地租赁合同的，一律按照"十步工作法"[②]进行。以上决策流程虽有助于强化民主监督，但是否有助于村集体更好地履行经营管理职能仍值得商榷。

三、思辨：农村集体经济组织决议效力认定的应然之态

针对上述困境，本文认为认定村集体决议效力的应然之态应基于其经济、程序和团体特性，对其运营模式、决议程序和村民自治范围进行厘清。

（一）行为理性：基于农村集体经济组织决议行为的经济特性

1. 理论：经济社会区域性差异

村集体和村委会在农村治理中长期处于界限不清的模糊状态，实践中形成了经济状况、干预程度、价值实现的对立统一关系，有公式如下：

式 1：$E=f(F, I, T)$

式 1 中，E 表示村集体治理指数，F 为平均经济水平，I 表示村委会介入程度，T 为价值实现程度。F 影响投资 V_t 和经验 T_{s0}，I 影响拨款 V_g、

---

① 《民法典》第 96 条规定："本节规定的机关法人、农村集体经济组织法人、城镇农村的合作经济组织法人、基层群众性自治组织法人，为特别法人。"第 99 条第 1 款规定："农村集体经济组织依法取得法人资格。"

② 农村集体重大事项民主决策"十步工作法"具体为群众建议、书记提议、支部动议、"两委"合议、集体商议、党委合议、党员大会审议、村民代表会决议、公示实施、验收反馈。但是，上述政策流程与司法实践存在矛盾之处，进而引发了诸多问题。如某区 2020 年启动的涉地集体经济合同整改工作中存在有关农用地签订的名为"土地租赁合同"实为"土地承包合同（流转合同）"，以租赁合同的期限为由主张土地承包（流转）合同超过相关期限部分无效缺乏法律依据，存在多份合同未履行民主决议程序等问题。

资源 R_v 和市场 M_t，T 影响劳动力 L 和资源 R_v，可根据生产函数变形为：

式 2：$E=cF^{\alpha}I^{\beta}(1+T)^{\gamma} \approx M_t(V_t+V_g)^{\alpha 0}R_v^{\beta 0}(T_{s0}L)^{\gamma 0}$

由式 2 可知，F、I、$(1+T)$ 与 E 是乘数关系，因此要想使治理效能最大化，经济状况、干预程度、价值实现三者缺一不可。在完善村集体治理中，应当在法定范围内尽可能给予村集体对于资源整合、经营模式和分配比例等自由选择的权利。

2. 模式：农村集体经济组织的运营模式

就产权结构而言，本文建议村集体自主行使权利范围限于经营性质的土地使用权，在法定范围内拥有占有、使用、收益和处分权利，反之，由村委会享有公益性质的土地使用权。由此实现村集体在产权结构上的行政职能和经济职能彻底分离。

就股权结构而言，本文建议两种股权安排：一是区分“集体股”与“个人股”，集体经济收益用于村集体内全体成员的公共产品服务供给；二是区分“身份股”和“经营股”。[①] 对于土地资源、政府拨款等公共资产，成员因隶属于本村集体而享有分红权，其对应股权为“身份股”。在“三权分置”背景下，成员可自由决定是否将部分经营权转化为“经营股”。

（二）程序正当：基于农村集体经济组织决议行为的程序特性

1. 理论：程序正当原则

决议程序的正当性不仅决定了决议内容的正当性，其自身更包含了公平、自愿、效率等价值选择。换言之，正当程序是成员接受决议约束的原因。[②]

2. 模式：农村集体经济组织的决议程序

《村委会组织法》中对村委会的会议召集程序以及表决方式有明确的规定，而村集体的决议程序目前则处于无法可依的状态，究竟是类推适用《村委会组织法》还是《公司法》的相关规定仍无定论。本文建议借鉴公司结构，设立成员大会、理事会、监事会三层结构。[③]

成员大会由理事会召集，应当由以上具有表决权的成员参加，实行一

---

① 许中缘、崔雪炜:《“三权分置”视域下的农村集体经济组织法人》，载《当代法学》2018 年第 1 期。

② ［美］约翰·罗尔斯:《正义论》，何怀宏等译，中国社会科学出版社 1988 年版，第 91 页。

③ 蒋大兴:《重思公司共同决议行为之功能》，载《清华法学》2019 年第 6 期。

人一票的表决方式。对一般事项作出决议须经本集体成员表决权总数过半数通过，对修改章程、决定成员身份及集体资产处置等重大事项作出决议须经本集体成员表决权总数的2/3以上通过。理事会、监事会（或执行监事）会议应当有过半数以上的成员出席方可召开，实行一人一票的表决方式，形成决议过半数同意。本集体以上具有表决权的成员可以联名要求罢免理事会、监事会成员，理事会应当在收到罢免议案20日内召集成员大会进行表决。

（三）私人自治：基于农村集体经济组织决议行为的团体特性

1. 理论：私法自治原则

"私法自治"的内涵在于行为自由与效果自主。[①] 行为自由上体现为组织可以选择法律行为是否实施、如何实施，且无需向任何组织或成员说明实施理由，如成员大会决议通过村集体章程只需登记备案；效果自主体现为决议作为其意思表示方式和权利实现工具，如内部选举、对外重大经营决策等。

2. 模式：农村集体经济组织中的村民自治范围

我国村集体的特别法人化建构是一个阶段性、渐进性的过程，如何划分村民自治和司法干预的范围是决议效力认定首要解决的问题。村民权益包括实体方面的财产性权利，如集体土地承包请求权、宅基地分配请求权、集体保障请求权三类请求权和集体土地利益分配权、征地补偿款分配权两类分配权；亦包括程序方面的管理性权利，如成员有权监督集体资产经营管理活动等。

本文认为，成员请求对程序性权利进行保护的，如请求撤销决议或确认决议无效，属于司法干预范围；请求对财产性权益进行保护的，如请求对于应享有而被剥夺的权益的保护，属于司法干预范围，而对于经合法有效决议通过的具体数额异议则属于村民自治范畴。

四、求索：农村集体经济组织决议效力认定的路径重建

针对决议主体混同、审查边界不清和效力认定标准不一的问题，本文将村集体决议效力的司法认定归纳为"三分四步审查法"（见图1）。

① 朱庆育：《民法总论》，北京大学出版社2013年版，第109页。

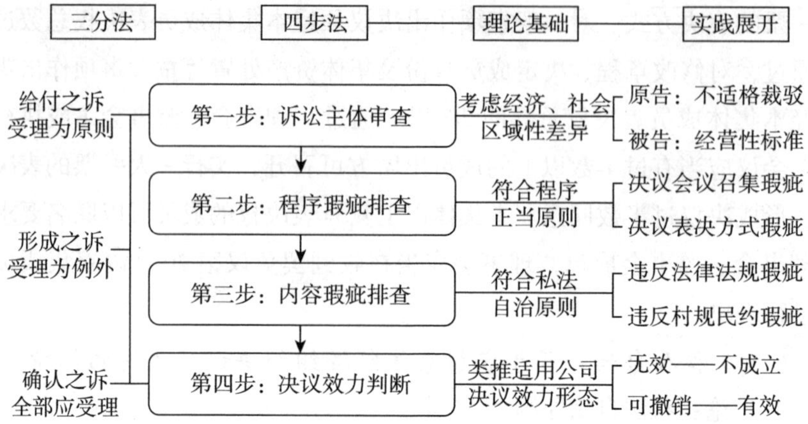

图1　村集体决议效力认定路径："三分四步审查法"

（一）三分法：决议效力的司法介入限度

基于上文对村民自治范围的分析，本文认为涉村集体决议效力纠纷不应以传统案由，而应按照请求权基础进行分类，进而提出给付之诉、形成之诉、确认之诉的"三分法"，用于界定法院受理范围。

1. 给付之诉：以不受理为原则，受理为例外

给付之诉中，当事人诉请为获得土地、补偿费以及其他福利待遇。如果村集体尚未作出决议，当事人是否能够获得相关利益尚为未决事项，应属于村民自治领域。

若村集体后续作出相应决议，当事人依照决议内容请求给付相应利益的，则落入了法院受理范围。上述路径正与支持支付腾退补偿安置方案相应份额的审理思路相吻合。①

2. 形成之诉：以受理为原则，不受理为例外

形成之诉中，当事人诉请撤销村集体所作决议行为。决议属于法律行为，法院自然有权对其程序和内容进行审查，并对其效力进行评价，故原

---

① 《最高人民法院关于审理涉及农村土地承包纠纷案件适用法律问题的解释》（2020年修正）第22条规定："农村集体经济组织或者村民委员会、村民小组，可以依照法律规定的民主议定程序，决定在本集体经济组织内部分配已经收到的土地补偿费。征地补偿安置方案确定时已经具有本集体经济组织成员资格的人，请求支付相应份额的，应予支持。"

则上该类案件属于法院受理范围。这与《村委会组织法》第36条①和《民法典》第265条第2款②的规定中关于侵害村民利益的决定可予撤销的立法精神相一致。

若当事人选择村民代表诉讼路径，要求撤销村集体所作决议的，应限定诉权主体仅为利益受损的村民，否则将产生村集体自我相诉的问题，司法程序恐难以此进行有效回应，对此不能直接类比《公司法》上的股东代表诉讼。

3. 确认之诉：决议效力评价均属于受理范围

确认之诉中，当事人诉请为确认村集体作出的决议不成立或者无效。关于决议效力的评价均应属于法院受理范围，如涉成员资格认定的决议事项。

当事人请求确认村集体和第三人合同无效时，原则上仅需对该合同效力作出判断，无须对决议效力进行审查。原因在于，决议作为一种内部行为，善意第三人无法从外部对于内部是否形成有效决议进行判断，当然，有证据证明第三人明知无决议的除外。

（二）四步法：决议效力的具体认定规则

依据“三分法”确定属于法院受案范围的案件，通过“四步法”路径完成具体司法认定：诉讼主体审查→内容瑕疵排查→程序瑕疵排查→决议效力判断。

第一步：诉讼主体审查。在按照“三分法”对受理范围进行区分的基础上，给付之诉的原告应为根据已经作出的决议内容享有相应权利的村集体成员，因为直接通过决议给非本组织成员分配利益的决议明显不符合经济组织的行为理性；形成之诉的原告应为利益受损的村民，只需户籍登记或者居住生活在本村即可；确认之诉的原告应较为宽泛，只要有利害关系存在即可。经审查，对于不适格的原告应裁定驳回起诉。

囿于村委会和村集体长期“政经不分”的实践现状，当前不宜作出被告不适格的司法认定，但村委会和村集体作出决议范围亟须明确。本文

---

① 《村民委员会组织法》（2018年修正）第36条规定：“村民委员会或者村民委员会成员作出的决定侵害村民合法权益的，受侵害的村民可以申请人民法院予以撤销，责任人依法承担法律责任。村民委员会不依照法律、法规的规定履行法定义务的，由乡、民族乡、镇的人民政府责令改正。乡、民族乡、镇的人民政府干预依法属于村民自治范围事项的，由上一级人民政府责令改正。”

② 《民法典》第265条第2款规定：“农村集体经济组织、村民委员会或者其负责人作出的决定侵害集体成员合法权益的，受侵害的集体成员可以请求人民法院予以撤销。”

认为，涉及经营性农村集体所有权的占有、使用、处分、收益权和股权的相关决议主体为村集体，涉及集体公益性土地使用权的决议主体为村委会（见图 2）。实践中，本应由村集体进行但由村委会作出的决议事项在司法认定中应参照村集体决议程序进行审查，进而判断是否存在程序瑕疵。

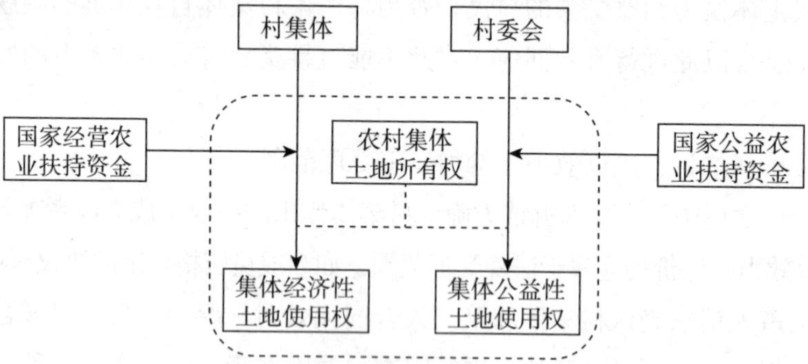

图 2　村委会与村集体决议范围

第二步：程序瑕疵排查。程序瑕疵，可分为会议召集程序瑕疵与会议表决方式瑕疵。常见的会议召集程序瑕疵包括召集者无召集权、召集者遗漏通知部分成员、召集者召开会议的时间与通知时间不符、参加会议人员出现有冒用成员名义、虚构出席人数、出席人数不足法定要求等情形；会议表决方式瑕疵包括出席人员被剥夺发言权利、胁迫表决、伪造表决结果等。村集体决议架构和决议程序如图 3 所示。

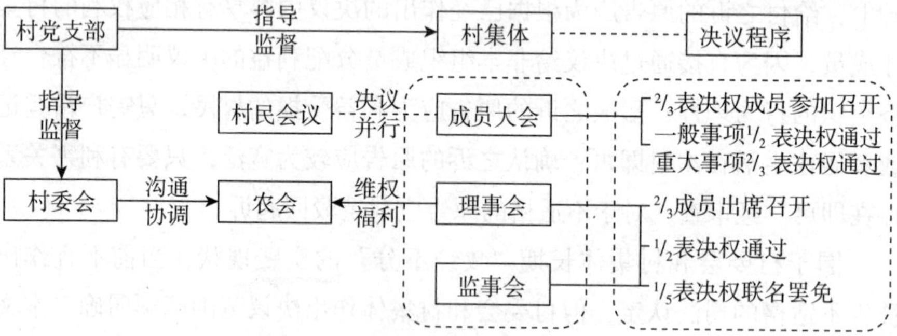

图 3　村集体决议架构和决议程序

对于程序效力的排查并非意味着只要违反任何一项程序，均会导致决议不成立或被撤销。两类程序瑕疵对于决议效力的影响程度在于是否造成以及在多大程度上造成对与会者真实意思表示的损害。

第三步：内容瑕疵排查。内容瑕疵，可分为违反法律法规的强制性规定瑕疵与违反村民自治章程瑕疵。决议内容虽属于村民自治的范畴，但不能超过法律法规强制性规定的底线，如决议内容为区分男女不同等分配利益、进行违法建设等。在此基础上，决议内容不能违背村民自治章程，否则便丧失了村民自治的合法性依据。

第四步：决议效力判断。基于上文对村集体决议特性[①]的分析，本文认为决议应参考《最高人民法院关于适用〈中华人民共和国公司法〉若干问题的规定（四）》分为决议无效、不成立、可撤销和有效四种效力形态。[②]

决议无效仅存在一种情形，即决议出现不符合法律法规的强制性规定的内容瑕疵。此处的无效判断同一般法律行为一致，即区分效力性和管理性强制性规定，违反前者决议无效，违反后者并不当然导致决议无效。

决议不成立亦仅存在一种情形，即决议因程序瑕疵未形成意思表示。在未召开会议、虽召开会议但未进行表决、出席人数及表决权瑕疵等违反法定程序情形均属于未形成意思表示。

决议可撤销包含两种情形：一是决议出现不符合村民自治章程的内容瑕疵；二是决议已经形成意思表示，但出现了对结果产生实质性影响的程序瑕疵。关于因产生“实质性影响”[③]的具体认定试举三例：如胁迫他人表决的情形中，在村集体熟人社会中胁迫对决议结果产生连带影响难以忽视，故决议可撤销；再如冒用成员签字的情形中，若除去被冒用成员仍能形成有效决议，因被冒用人在会议和表决过程中并未表达意见，存在影响其他人的判断的可能，故决议可撤销，但除去被冒用成员仍不能形成决议的，决议自始不成立；又如在召集者无召集权的情形中，若出席人数以及表决方式均按照法定程序进行，对决议结果并不产生实质性影响，则决议行为难以撤销。

经过上述判断，若决议并无足以导致不成立、可撤销、无效情形的即

---

① 徐银波：《法人依瑕疵决议所为行为之效力》，载《法学研究》2020年第2期。

② 《最高人民法院关于适用〈中华人民共和国公司法〉若干问题的规定（四）》（2020年修正）第1条规定：“公司股东、董事、监事等请求确认股东会或者股东大会、董事会决议无效或者不成立的，人民法院应当依法予以受理。”第2条规定：“依据民法典第八十五条、公司法第二十二条第二款请求撤销股东会或者股东大会、董事会决议的原告，应当在起诉时具有公司股东资格。”

③ 李建伟：《公司决议的外部效力研究——〈民法典〉第85条法教义学分析》，载《法学评论》2020年第4期。

为决议有效。

结 语

如丹宁所言："一个法官绝不可以改变法律编织物的材料，但是他可以，也应该把皱褶熨平。"现有法律未作出明确规定之前，"烫平"上述问题"褶皱"的思路应当立足于探索恰当的司法范式。乡村振兴战略的实现，需要"完善农村集体产权权能，发展壮大新兴集体经济"。在村集体法人的内部治理和外部运行逐步建构的当下，清晰规范的司法认定对其完善制度具有重要的保障作用，是实现乡村振兴的关键一环。

民事案件适用习惯裁判的现状检视与规则构建 *

——《民法典》第10条的理解与适用

李安国　赵　霏

引　言

“可以适用习惯”这一处理民事纠纷的重要规则，在世界不少国家和地区的规定和司法裁判中，是一种早已约定俗成的制度事实。① 但我国现有立法较为抽象，对“可以适用习惯”的具体条件和如何适用习惯并未作出规定。由此，探析民事案件适用习惯裁判的具体条件与规则，其意义不言而喻。

一、实践考察：“可以适用习惯”的司法适用现状

“习惯是指人们在长期生产、生活中俗成或约定所形成的一种行为规范。” ② 民事裁判中存在大量适用或运用习惯的情形。

截至2021年5月31日，中国裁判文书网可检索到援引《民法典》或原《民法总则》第10条作为法律依据的裁判文书超过3000份，但习惯在不同案件情形中所处地位或发挥的作用不同。概括起来，主要有以下两种情形：

1. 习惯作为制定法条款之构成要件

此种情形下，待决案件有可予适用的制定法条款，唯制定法条款含有“习惯”或适用时需借助“习惯”，习惯用于解释意思表示之真实含义、填

* 本文获2021年全国法院第33届学术讨论会二等奖。

① 参见谢晖：《“可以适用习惯”的法教义学解释》，载《现代法学》2018年第2期。

② 高其才：《法理学》，清华大学出版社2011年版，第90页。

补合同约定不明或补强证据的证明力等。

2. 习惯本身作为民事裁判依据

“裁判依据”，顾名思义系可据以合法裁判的法律理由。此种情形下，案件无可予适用的制定法条款，法院据以合法裁判的理由正是经识别后以权利义务形式表达的习惯规则。

《民法典》第10条普遍被认为确认了习惯的民法法源地位。[①]“法源不是表述法律本体的理论，而是要规制思维。”[②]易言之，法源并非揭示法律文本内容，而是旨在规制裁判者“找法”的思维，并非追求实践中直接引用，《民法典》第10条本身也并未提供可直接适用的带有权利义务结构的普遍性规则。故习惯作为制定法条款之构成要件情形，实则并不符合《民法典》关于“无法律规定可适用习惯”的法源规范意旨。

由此，本文探讨“可以适用习惯”，是指习惯作为民事裁判依据，也即法官在法律没有规定时，从事实上发挥配置行为主体之间权利义务功能的习惯中，发现案件裁判规范并据以裁判。

二、现象透视：适用习惯裁判的问题之成因

司法实践中适用习惯裁判存在的问题，主要有如下原因：

（一）法律规定概括抽象

实践中适用习惯裁判存在的问题，从其规范根源剖析，源自《民法典》第10条规定的概括抽象。该条款并未对“法律没有规定”的含义、“习惯”应满足哪些条件、何为“可以”适用、如何具体“适用”等予以清晰规定，实践中因理解不一进而适用混乱。

（二）规避法律论证负担

适用习惯裁判须证成“法律没有规定”，但证成“法律没有规定”犹如证成法律体系中“消极事实”，存在严格论证负担——不仅缺乏保证最终结论无疑的论证方法，且论证负担因“不得拒绝裁判”法治原则丝毫不能被减免。

司法实践对“法律没有规定”，往往采取“回避策略”，即倘若案涉焦

① 参见王利明：《论习惯作为民法渊源》，载《法学杂志》2016年第11期。

② 陈金钊：《法源的拟制性及其功能——以法之名的统合及整饬》，载《清华法学》2021年第1期。

点不是涉及某一法律规则是否可适用于待决案件事实——因这一情形须在裁判文书中予以回应，亦属上诉审等程序可予审查的内容——在拟依习惯裁判的情形下，几乎无必要展开对特定法律适用范围论述，而是直接宣告“法律没有规定”的结论。这样做不仅符合“法官知法”的朴素裁判观念，而且无须不断完善证成方法，且即便在待决案件中排除某一法律规定的适用，也还有其他法律规定存在，倒不如由应知法者“一锤定音”。

（三）降低识别风险与成本

司法实践中对所适用的习惯未予查明、识别，究其原因，“在查明、认定和适用它作出裁判时当事人、法官将付出更多诉讼成本或司法成本，同时适用它作出裁判的错案率也更高”。①

此外，习惯的司法识别一如证成法律没有规定的反面，是把适用于个案裁判“不成文法”成文化的过程——明晰习惯对当事人之间权利义务配置内容并以法规范形式重新表达。对多种多样、互有歧出的习惯而言，即便法官愿意付出更多识别成本，也难以在有限的诉讼时间内确认、查明和识别习惯。因此，与其将习惯的权利义务内涵清晰呈现，不如在裁判之实质正义或后果考量基础上，采取模糊处理的裁判策略。

（四）裁判依据适用位序不明

在建构完善法律体系的《民法典》时期，考虑到社会纷繁复杂，没有能直接涵摄待决案件事实的具体法律规则，但绝不意味着没有法律的原则、精神，没有一般性条款、开放性法律概念，没有体系性解释或相类似的法律规定。故即便法律没有规定，也非必然适用习惯裁判。在法律无明文规定而习惯起补充法源之效力的场合，裁判依据“待选项”并不止习惯一个，法官需从中作出选择。

然而，一方面法律并未在习惯等各种裁判依据位序上作出明确规定，另一方面确定裁判依据也并没有完全理性化标准，必须结合案情加以判断和论证，且不能担保获得唯一正确决定。倘若缺乏对权衡判断规则的理性探讨、未对证成是否充分形成共识，裁判依据的确定往往难以得到认同。

---

① 李可：《现行民商法中“习惯”分布规律与功能特征》，载《暨南学报（哲学社会科学版）》2020年第3期。

三、理论剖析：民事案件适用习惯裁判的条件

在立法抽象、适用规则不明的境况下，适用习惯裁判应以明晰适用条件为先为重。从《民法典》第 10 条语词及文义看，适用习惯裁判条件可分为三：前提条件——“法律没有规定”，规范条件——习惯规则“不得违背公序良俗”，位序条件——习惯“可以适用”。

（一）前提条件：“法律没有规定”

适用习惯裁判的前提条件是“法律没有规定”，指特定范围规范性法律文件中没有可直接适用的法律规则，包括虽有规则但因适用将导致严重不公正而经合法论证后排除适用的情形。

1.“法律”的范围

“‘应当依照法律’是法院处理民事纠纷的一项强制性义务。问题在于法院处理解纷时所适用的法律内涵究竟是什么？”[①] 换言之，此处“法律”包括哪些规范性法律文件？

鉴于所依照的“法律”属于裁判依据，其内涵应与民事裁判文书可引用规范性文件相同。故根据《最高人民法院关于裁判文书引用法律、法规等规范性法律文件的规定》（法释〔2009〕14 号），“法律”的范围既包括法律、法律解释及司法解释，还包括行政法规、地方性法规或自治条例、单行条例，唯后者须经合法性审查、“属于应当适用的”后方可确定。

2.“没有规定”的含义

“没有规定”不仅指没有“法律”这一首要民法法源，也包括“法律”在个案裁判语境下丧失首要法源地位。“在适用法律及判例可能导致严重不正义，而适用习惯则可避免或减轻此种后果，习惯也应当替代法律及判例的地位而成为首位法源。”[②]

“没有规定”既包括上述“法律”对待决案件情形规定空白或空缺，没直接或经解释后可涵摄待决案件事实的法律规定，也包括虽有法律规定但因其适用可能导致严重不公正，司法通过针对“法律适用范围”或“法律内涵重述”等论证排除其适用情形。

---

① 谢晖：《从“可以适用习惯”论地方性法规的司法效力》，载《法律科学》2018 年第 6 期。

② 李可：《中国习惯之法源地位的发生条件、应然顺序及模式选择》，载《江苏社会科学》2019 年第 1 期。

（二）规范条件：习惯规则“不得违背公序良俗”

适用习惯裁判的规范条件是，待决案件中存在带有权利义务完整结构的习惯规则，且不违背强制性规定和公序良俗。习惯“是否适用于某一类型案件，只有经过司法，并把其结构在当下案件中进行识别、查明、确认、适用后才有可能”。

1. 存在带有权利义务完整结构的习惯规则

习惯兼具事实与规范双重属性，在《民法典》确立习惯补充性法源地位后，习惯的事实属性与规范属性在不同阶段有所侧重和彰显：

第一，习惯作为自生自发的秩序类型，在其运作场域中为该区域主体自觉自愿接受，事实上发挥着配置主体之间的权利义务功能，但因其构成要素并不明确，仅有法规范的“质料”而未形成完整结构，此时彰显更多的是习惯事实属性。

第二，习惯作为待决案件的裁判依据时，鉴于证成法律裁判要诉诸普遍前提——作为形式公正原则之要求的后果，是理性法律论证不可放弃的条件，以保证平等者平等对待[①]——待决案件中应存在可以权利义务形式重述表达的习惯规则。此时习惯的规范属性得以充分彰显，由具备事实上配置权利义务重塑为带有权利义务完整结构的法规范，实现由“事实”向“规范”的转化。

2. 习惯规则不违背强制性规定和公序良俗

习惯作为承袭特定价值观和调整技术的规范形式，绝大多数并不适应当下中国法制现代化要求，最终能作为裁判依据的习惯规则，只有那些实质上与现代法治精神相契合的习惯规则。[②]

一者，在法律没有规定适用的前提下，带有“可以适用”属性的习惯规则属于补充法源，在内容上不得违背带有“应当适用”属性的法律强制性规定。

再者，当代中国坚持“法治与德治相结合”司法裁判理念，为发挥司法裁判在国家治理、社会治理中的规则引领和价值导向作用，据以裁判的习惯规则在内容上还应契合社会主义核心价值观，不悖公序良俗。

---

① 参见［德］乌尔弗里德·诺伊曼：《法律论证学》，张清波译，法律出版社2014年版，第111页。

② 参见魏志勋：《“适法习惯”及其司法功能》，载《厦门大学法律评论》2016年第2期。

（三）位序条件：习惯规则“可以适用”

适用习惯裁判的位序条件指，习惯规则在民事案件裁判中有优先适用的正当性。

1. 裁判依据之间并无绝对适用顺位

“可以适用习惯”属于裁判规范。从法教义学角度讲，“‘可以’引导的是一个任意性规范，它意味着法院是否适用或参照，乃是其‘权利’范围内的事”。习惯等裁判依据之间并不存在绝对的适用顺位，只存在某一裁判依据在个案中的优先适用。

一者，在“法律没有规定时”，法官并非必然适用习惯裁判，由《最高人民法院关于深入推进社会主义核心价值观融入裁判文书释法说理的指导意见》（法〔2021〕21号）第6条可知，亦有适用“最相类似的法律规定”或根据“立法精神、立法目的和法律原则等”作出裁判的可能。

再者，“法律没有规定”亦包括相关法律规定对待决案件不具有“解释力”的情形，裁判依据的顺位判断亦离不开法律论证。

2. 个案裁判优先适用习惯的正当性

习惯规则适用位序优先，其正当性乃是“行为规范”与“裁判规范”的统一，更能保障社会交往的可预期性及稳定性。

适用习惯裁判乃法律空缺和漏洞时寻找的替代性解决方案，但由此产生裁判规范与行为规范分离的可能。换言之，“人类行为的规则和法官据以裁决争议的规则可能是大不相同的两回事，因为人类确实并不总是依照适用于其纠纷裁决的规则来行为的。”①

然而，自治是民事生活交往的基本类型，习惯则是社会日常具体生活的秩序基础。尽管“可以适用习惯”条款并不旨在引导当事人依据习惯行为，但以规范内容上符合现行法秩序的“行为规范”作为“裁判规范”，也即实现习惯作为“行为规范”与“裁判规范”的统一，则不仅与民事法律规定既是行为规范又是裁判规范的特质相一致，也“更能捍卫法律的可预期性及稳定性”。

---

① ［奥］欧根·埃利希：《法社会学原理》，舒国滢译，中国大百科全书出版社2009年版，第127页。

四、规则构建：适用习惯裁判的思维及论证程序规则

明晰适用条件后，依据习惯裁判必须转化为思维及论证路径方面的程序规则，才可能建构起具有操作性和实效性的法制度。从切合适用习惯的实践操作步骤角度出发，这一思维及论证程序规则可从四个递进方面予以构建（见图1）。

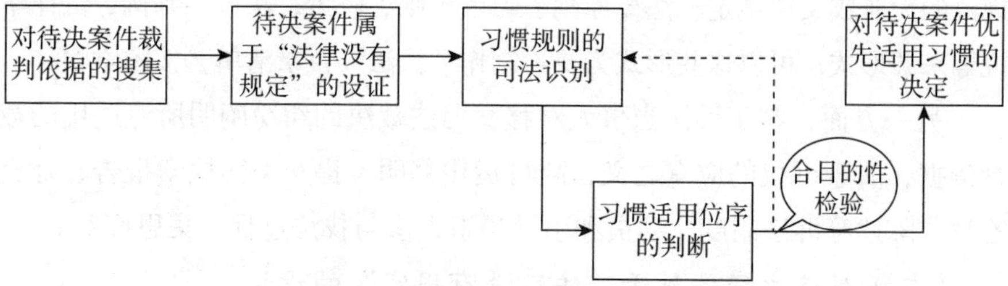

图1　以习惯作为民事裁判依据的一般程序步骤

（一）对待决案件裁判依据的搜集

司法处理民事纠纷始于对裁判依据的寻找，这一步骤被称为“找法”。[①]“找法”应满足如下要求：

1. 搜集范围应包含各种法律渊源存在形式

“一项法律裁决是可以证成或辩护的（在规范上），当且仅当它与法律渊源是融贯的（在一个比其他裁决都更大范围内），这些法律渊源主要是由下列内容组成：法律条文（Legal Statutes）、以往的裁决（先例）；准备性文件；法律学说。”[②]同时，所有法律理由都是广义的法源，故裁判依据的搜集范围应涉及各种法律渊源的存在形式，如实体法条文、习惯、以往的裁决案例、立法准备性文件，甚至法律学说。

2. 搜集结果应载于文字以保证事后可查

对裁判依据的搜集结果载于文字，保证事后审查时能从案件卷宗材料中有迹可循。

“载于文字”指裁判文书、庭审笔录、类案检索报告、法官会议记录、请示汇报等材料中对处理待决案件的可能法律依据和理由的宣示、记载和

① 参见梁慧星:《裁判的方法》，法律出版社2012年版，第48页。

② ［瑞典］亚历山大·佩岑尼克:《法律科学：作为法律知识和法律渊源的法律学说》，桂晓伟译，武汉大学出版社2009年版，第266页。

辨识，以及对法律适用分歧与争点的列举和回应。其目的在于：一是为促使法官在各种法律渊源的存在形式内不留有死角；二是为禁止法官无正当理由和方式擅自创造规范；三是为防止法官在裁判文书中直接援引庭审中各方当事人均未主张适用的法律规范进行裁判的“法律突袭”，损害诉权。

3. 搜集过程要善用方法和动员诉讼主体参与

一方面，虽然个案中的裁判依据并非总能够被清晰辨识，但由于裁判规范的无非成文法规定、法律原则、习惯规则、政策、法理、判例、法律学说等来源形式，可以这些形式为要素制作“找法”目录清单，按图索骥。

另一方面，鉴于诉讼当事人对移交司法裁决的纠纷阐明所应适用的裁判依据，属于诉权的应有之义，故可运用释明、提交类案检索报告、补充答辩或陈述等诉讼制度，动员和引导当事人参与找法过程，集思广益。

（二）对待决案件属于“法律没有规定”的设证

“从法律应用的实际经验上看，应用者往往是先有初步的结论，然后经由大前提去寻找小前提，以获得引起结论的条件，这就是由皮尔士创立的设证。”①

适用习惯裁判的前提是“法律没有规定”，这一判断即是在裁判依据搜集结果的基础上作出的设证。具体又可分为两种情形：一是没有找到具体制定法规定，二是所寻得的具体制定法规定不适于待决案件。

1. 没有找到具体制定法规定的情形

于此情形，作出“法律没有规定”的设证，须检验找法过程是否符合《民法典》时代“法律内找法”的一般顺序要求（见图 2）。

2. 所寻制定法规定不适于待决案件的情形

于此情形，作出“法律没有规定”的设证，须检验是否存在针对该制定法规定“适用范围”或“内涵重述”的充分论述：

（1）待决案件情形依其性质处于制定法规定适用范围之外。所寻得的制定法规定的适用对象并不包含待决案件情形，虽然待决案件事实同制定法规定中的事实范型具有部分相同要素，但待决案件中还包含应引起区别对待的其他事实要素，以至于根据其性质处于制定法规定的适用范围之外。

（2）制定法规定的内涵应予重述且无法涵摄待决案件事实。制定法

① 郑永流：《法律方法阶梯》，北京大学出版社 2008 年版，第 70 页。

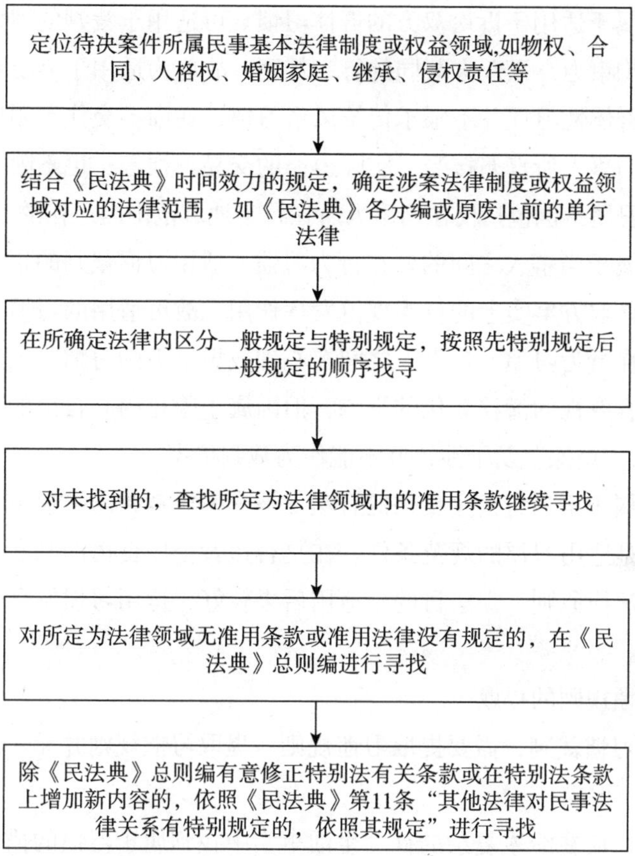

图2　《民法典》时代“法律内找法”所遵循的一般顺序

规定的含义并不像其字面所呈现的那样，或其含义已经随着社会生活的发展而产生意义变迁，如严格坚持字面理解与适用，在待决案件情形下将严重损害实质正义，造成不可控制的后果。结合制定法规定的立法目的和精神、法律的体系解释等，其规范内涵应作新理解，但新的规范内涵无法涵摄或解释待决案件事实。

（三）对待决案件所涉习惯的司法识别

在对待决案件属于“法律没有规定”的设证作出之后，下一步须对案涉习惯进行司法识别。

1. 习惯类型的甄别

习惯因其形成条件、运作空间而纷繁复杂，并非所有习惯都能在司法中“可以适用”。可适用于裁判的习惯应满足如下要求：

（1）属于适用于诉讼双方的群体习惯。可适用于裁判的习惯须对诉讼双方产生拘束力，系双方共同的行为规则，故应为适用于诉讼双方的群体习惯。该群体性习惯并不限于传统风俗习惯，在商事交往等领域也应包括新兴的为当事人所普遍接受、实际遵循的交易习惯等；也不限于全国范围内普适的习惯，也包括仅在当事人所在特定地域范围内运作的习惯。

（2）属于当事人之间的外在行为习惯。适用习惯裁判的正当性在于习惯作为诉讼双方事实上的行为规范发挥作用，故可适用的习惯应为当事人之间的外在行为习惯。当事人之间在心理或思维上的习惯，虽然对外在行为亦有不容忽视的潜移默化的影响，但因属于隐秘内心自由的范畴，法律不应调整、“窥探”及干涉，并不能作为裁判依据。

（3）属于不违背公序良俗的合法习惯。据以裁判的习惯不得违背公序良俗，这是适用习惯的规范条件。在是否违背公序良俗的判断上，可以从习惯符合法律原则、立法目的、适用后果较好、运用习惯符合个案价值取向来论证。

2. 习惯规则的提取

适用习惯裁判，需要提取习惯规则。提取习惯规则并无一定之规，但需满足如下要求：

第一，应在纷繁复杂的社会生活事实中找到属于习惯的描述内容，具体可运用风俗文献检索、日常经验推理、田野调查、当事人举证等方式，作为习惯规则的“质料”。

第二，运用归纳方法，从习惯“质料”中提取规范的构成要素。

第三，结合个案案情，将所提取的规范构成要素以权利义务的形式重述，细化为具体的裁判规则。

（四）对待决案件中优先适用习惯裁判的决定

在对习惯进行司法识别后，下一步是判断习惯规则在待决案件中的适用位序。对待决案件具备优先适用习惯条件，即可适用习惯予以裁判。

1. 优先适用习惯的可能情形

第一，在习惯与任意规则的位序上，任意性规则一般优先于习惯适用，但在有当事人明确意思约定的情况下，习惯可优先于任意性规则适用。

第二，在习惯与法律原则的位序上，习惯在不违背法律原则的前提下优先于法律原则适用。

第三，在习惯与法律一般条款、不确定概念、最相似法律规则、立法精神和目的、政策、法理、学说以及道德评价等实践理性理由的位序上，习惯在作为人们交往的行为规范的个案情境中，一般优先于后者适用。

第四，在习惯与已经重大意义变迁的法律规则上，此情形中法律规则的内涵须予以重述，但如适用习惯裁判在法律效果和社会效果等方面最优，习惯应优先适用。

2. 优先适用习惯的决定过程

习惯的适用位序与习惯的司法识别，二者是动态统一、互为条件的：对习惯的适用位序的判断则依赖于习惯规则的具体内容；正是因为习惯规则在内容上充当着行为规范、能取得更好的裁判效果，才决定其优先适用位序。因此，在对待决案件是否存在上述优先情形进行比对后，作出适用习惯裁判决定，还须再经历一个在“习惯适用位序”与“习惯司法识别”间往返流盼的判断过程：

第一步，进行适用习惯的合目的性检验。这一合目的性检验指结合待决案件具体情形，判断适用习惯裁判，相比其他裁判依据而言，是否更有利于保障社会交往的可预期性及稳定性。

第二步，基于检验结果进行区别处理。对符合适用习惯目的的，作出优先适用习惯的最终决定；对不符合的，退回习惯的司法识别阶段，重新识别归纳习惯规则。

结　语

《民法典》赋予习惯以补充性法源地位，但习惯在一定意义上仍只是塑造裁判规范的“质料”，适用习惯不仅需要司法识别，更需满足前提、规范及位序等严格条件。对处在“法律没有规定”夹缝、却构成我们日常生活秩序基础的习惯而言，适用习惯裁判的正当性不容忽视，但也绝不能予以夸大。本文构建了适用习惯裁判的程序规则，明晰了依据习惯裁判的思维及论证路径，以期抛砖引玉，引起对此问题的关注。但期望通过对习惯作为民事裁判依据的规则探讨，未来适用习惯裁判的司法实践会呈现这样一种景象——习惯作为民事裁判依据，既不遭“虚设”，也不被“滥用”。

民事裁判回应类案检索报告的现状检视与程序构建 *

——以 53 份裁判文书为分析样本

赵 霏 李安国

引 言

当事人提交类案检索报告是统一法律适用、实现类案同判的重要途径和方式之一。最高人民法院印发的《关于统一法律适用加强类案检索的指导意见（试行）》（法发〔2020〕24 号）（以下简称《指导意见》）第 10 条规定，公诉机关、案件当事人及其辩护人、诉讼代理人等提交指导性案例作为控（诉）辩理由的，人民法院应当在裁判文书说理中回应是否参照并说明理由；提交其他类案作为控（诉）辩理由的，人民法院可以通过释明等方式予以回应。这为当事人提交类案检索报告提供了基本遵循，但是仅为原则性规定。尤其在民事案件中，② 对当事人提交类案检索的处理和回应涉及平等原则、辩论原则等民事诉讼最基本的原则，但是理论及实务界对该制度的认识存在分歧，且实践中对此处理不一，个别案件中成为当事人上诉和申请再审的理由，不仅不利于司法权威的形成，也对当事人提交类案检索报告的积极性造成打击，更不利于同案同判、统一法律适用目的的实现。该制度亟须进一步规范和完善。

---

* 本文获 2021 年全国法院第 33 届学术讨论会二等奖。

① 最高人民法院对类案检索报告制度的建立并未对民事案件、刑事案件、行政案件的审理进行区分，本文认为民事案件相较于刑事案件、行政案件更具有双方当事人平等对抗的特征，对双方当事人诉讼权利的平等保护更具典型特征，所以本文将论述范围限定在民事案件的审判中。

一、问题切入：类案检索报告的处理分歧

目前对当事人提交类案检索报告规定较为粗线条，实践中，检索报告的性质、当事人提交报告的启动程序和方式、法院的回应内容和方式等问题，仍存在较大分歧，直接影响当事人提交类案检索报告的效果运用和实现。

对比一：拒绝提交 vs 要求提交

【案例 1】陈某再审申请称二审法院剥夺了当事人的辩论权利，陈某向二审法院提交了类案检索报告与法律法规检索报告，二审法院拒绝陈某将此作为证据提交。陈某以此为由申请再审。

【案例 2】A 公司与 B 公司买卖合同纠纷一案中，桐乡法院在该案件的审理过程中，发现该案件争议较大，法官在审理过程中向双方当事人送达《类案文书通知书》及《类案文书内容及要求》，双方当事人依照要求提供了相应的类案文书，并就对方提交的类案文书发表了书面意见。

小结：案例 1 中当事人主动提交检索报告，但是法院拒收。案例 2[①] 中法官主动释明当事人提交的类案检索报告。当事人提交检索报告制度中法官的职责和权力的界限并不清楚，易引发当事人质疑。

对比二：采信 vs 不采信

【案例 3】上诉人某公司在举证质证阶段提交证据类案检索报告，拟证明 A 公司与 B 公司的情形符合人格混同的条件，应认定人格混同，两公司应对债务承担连带清偿责任。被上诉人 A 公司质证称，对该证据“三性”不予认可，与本案无关。法院认为，检索报告系另案判决，不能作为本案认定事实的依据，本院对此不予采信。

【案例 4】李某申请再审称提交了三份类案检索报告，二审法院未按照《指导意见》第 10 条的规定进行释明。法院认为，其提交的类案检索报告与本案的基本事实存在差异，且不属于《指导意见》第 10 条规定的类案的范围，对本案不具有参考性。

小结：上述两个案例中，当事人均向法院提交了检索报告，但是案例 3 中法院认为检索报告不是证据，不予采信；案例 4 认为类案事实与本案事

---

① 浙江省桐乡市人民法院微信公众号 2021 年 1 月 5 日发布《桐乡法院发布首个类案文书当事人提交制度》。

实存在差异，不具有参考性。

对比三：回应 vs 不回应

【案例5】庭审中，某公司代理人当庭向法庭提交类案检索报告一份。该案中，对方当事人未对该检索报告发表意见，裁判文书亦未进行回应。

【案例6】某公司上诉称一审判决其承担损失比例高达80%，根据同期类案检索报告原则上是减免30%，最多不超过50%。二审法院认为，应当变更为原约定租金的50%。但是未对类案检索报告及所涉内容进行回应。

小结：案例5中法院对类案检索报告未回应；案例6中虽采纳了类案检索的意见，但对类案未进行识别和回应。

二、实证检讨：类案检索报告处理现状分析

笔者在裁判文书网共搜索到53份文书作为样本，[①] 进一步对类案检索报告处理产生的问题进行分析，对类案检索报告案件范围、辩论程序、识别方法、回应方式与内容进行检讨。

（一）案件范围检讨

当事人提交类案检索报告制度没有全国性的专门性的规则文件，仅出现于《指导意见》第10条。部分法院虽然针对该《指导意见》进行了细化，但是对案件范围没有进行详细规定（见表1）。

表1　指导意见配套文件制定发布情况统计

序号	制定发布法院	文件名称	涉及当事人提交类案检索报告内容
1	最高人民法院	《最高人民法院关于统一法律适用加强类案检索的指导意见（试行）》	公诉机关、案件当事人及其辩护人、诉讼代理人等提交指导性案例作为控（诉）辩理由的，人民法院应当在裁判文书说理中回应是否参照并说明理由；提交其他类案作为控（诉）辩理由的，人民法院可以通过释明等方式予以回应

① 以“类案检索报告”为关键词，限定案件类型为民事案件，2021年5月25日搜索并剔除重复或无内容的文书后得。

续表

序号	制定发布法院	文件名称	涉及当事人提交类案检索报告内容
2	北京高院	《北京市高级人民法院关于规范民事案件自由裁量权行使保障裁判尺度统一的工作意见(试行)》	对于当事人提交的类案检索材料显示可能涉及自由裁量权行使不统一问题的,法官应认真甄别是否可作为裁判参考,无须在裁判文书中回应的,应在合议笔录或工作记录中载明 法官认为有必要的,可释明当事人提交类案检索结果作为裁判参考
3	北京高院	《北京市高级人民法院关于类案及关联案件检索实施办法(试行)》	当事人、诉讼代理人提供类案及关联案件检索报告的,法官应当综合所提交的案件与审理中的案件是否属于类案及关联案件、是否具有参考价值、审理法院是否具有审级监督关系、检索报告是否全面准确等因素决定是否在审理中的案件中参考,可以在合议笔录或工作记录中载明,必要时在庭审、裁判文书中就检索结果明确的法律理由、所适用的法律条文进行回应。法官认为有必要的,可以释明当事人、诉讼代理人提交类案及关联案件检索报告
4	江苏高院	《江苏省高级人民法院关于建立类案强制检索报告制度的规定(试行)》	无
5	南京中院	《关于引导律师进行类案检索的操作指引(试行)》	律师提供类案生效裁判或者类案检索报告的,承办法官应当进行类案检索。律师提交指导性案例作为诉辩理由的,承办法官应当在裁判文书说理中回应是否参照并说明理由;律师提交其他类案作为诉辩理由的,承办法官可以通过释明等方式予以回应

由表1可见，各级法院的规定没有对案件范围进行限制；从抽样的案件来看，法官未对此发表意见。

（二）辩论程序检讨

现行规定对类案检索报告的辩论程序没有规定，实务中对此把握各异，主要表现为：

1. 是否需要辩论存在分歧。调查样本中，有17份案件中对方就当事人提交的检索报告发表了意见，有36件未发表（见图1）。结合笔者经验，通常有如下原因：（1）法官认为报告属于当事人单方面意见，系当事人向法官提交的陈述，无须对方发表意见；（2）当事人提交意见时，法庭辩论已经结束，法官不再重新组织辩论。该分歧直接影响了当事人辩论权利的行使。

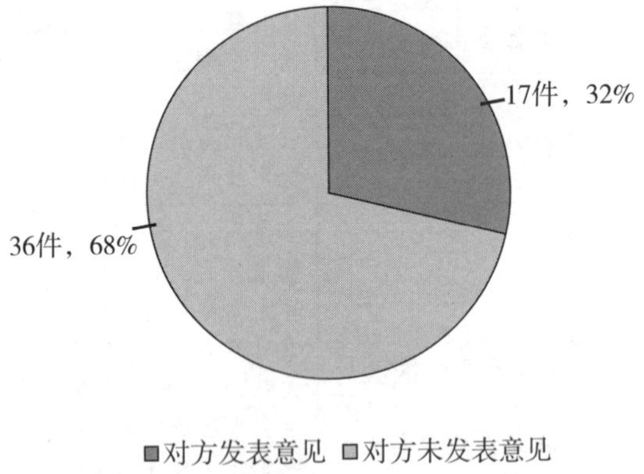

图 1　对方就检索报告发表意见情况

2. 辩论内容存在分歧。辩论内容关系到对类案检索报告性质的认识，也关系到当事人辩论权的行使。在 17 件发表意见的案件中，有 10 件案件因当事人在举证质证阶段提交类案检索报告，对方当事人按照证据的属性发表意见。其余 7 件案件中，当事人就类案检索报告内容发表意见（见图 2）。

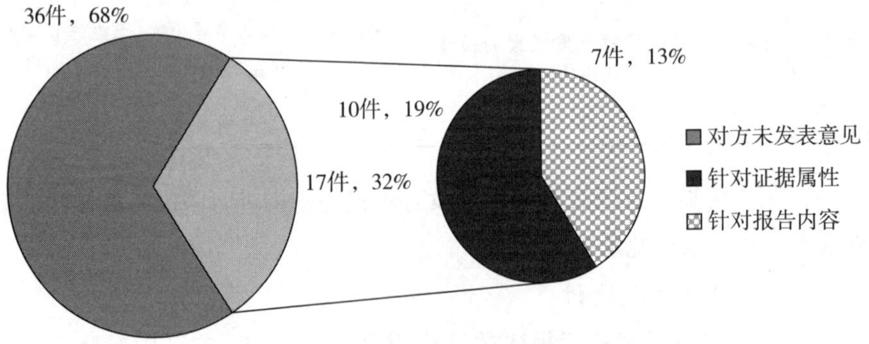

图 2　辩论意见发表内容

3. 不辩论后果认识不同。样本中，有当事人认为法院未组织辩论影响当事人辩论权的行使，构成其上诉或者申请再审的理由，二审法院和再审法院对此持否定态度（见图 3）。

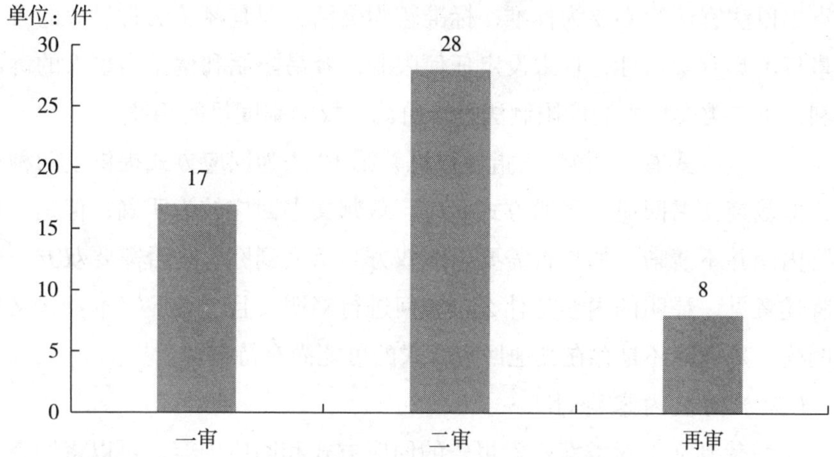

图3　调查样本涉及案件审级分布

（三）识别方法检讨

类案识别是类案检索报告制度的核心内容。《〈最高人民法院关于案例指导工作的规定〉实施细则》将基本案情和法律适用作为类案的识别要素；《指导意见》认为类案是指基本事实、争议焦点与法律适用构成了类案的识别要素，同时“等”字也留下了一定的空间。《北京市高级人民法院关于类案及关联案件检索实施办法（试行）》规定是否属于类案及关联案件、是否具有参考价值、审理法院是否具有审级监督关系、检索报告是否全面准确等因素决定是否在审理中的案件中参考，但对具体的识别方法未予规定。

样本中对识别方法也有所体现，例如有法院认为“该案案情与本案案情并不一致，本院对泰成公司该上诉理由不予采纳”“类案检索报告所述的两案，在案件争议事实、对案涉合同效力的认定上，均与本案不相类似，不足以推翻二审判决”，但是未体现出统一的识别方法。

（四）回应方式检讨

《指导意见》和北京高院对回应方式进行了规定，共同点在于认为并非当事人提交的检索报告都需要在裁判文书中回应。但是，以下问题有待统一和明确：

1. 区分标准有待统一。观点一以类案是否为指导案例为标准，便于操作，但是否合理有待商榷，最高人民发布的指导性案例遍布各领域，但是并非所有案件争议都较大。当事人提交类案检索报告是其诉讼权利，是否所有以指导案例为类案的都有必要在裁判文书中进行回应仍然有待探讨。

观点二以法官认为必要为标准，标准较为灵活，但是赋予法官过大的自由裁量权不具有操作性，且未设定任何限制，容易限制和侵犯当事人的诉讼权利，也与类案检索制度限制法官自由裁量权的制度目的相悖。

2. 回应方式有待明确。《指导意见》第10条为回应方式提供了两种理路，即裁判文书回应和释明方式回应。裁判文书回应较为明确；但是“释明”内涵并不清晰，如是否需要组织双方当事人到庭、是否需要双方当事人陈述意见、释明的内容是什么、如何进行释明。且“等”字本身含义并不明确，是虚词还是存在其他回应方式的可能尚有待解释。

（五）回应内容检讨

按照裁判文书对类案检索报告的回应方式和回应内容，可以将调查样本的文书作如下分类（见图4）：

1. 视而不见型。此类文书中法院对当事人的类案检索报告内容以及对方当事人的意见进行列明，对检索报告的相关内容没有任何涉及，从裁判文书中无法看出法院对当事人类案检索报告的态度，无法得知是否采信，也无法得知类案检索报告对法官自由心证和裁判的作用。

2. 简单回应型。部分裁判文书对类案检索报告简单进行了回应，未进行展开论述，如“案情与本案案情并不一致，本院对泰成公司该上诉理由不予采纳”。

3. 详细回应型。此类文书对类案检索报告进行了较为详细的回应，对类案与本案的关系进行了分析，回应了当事人对争议问题的观点，最后说明法院采信何种观点及理由。

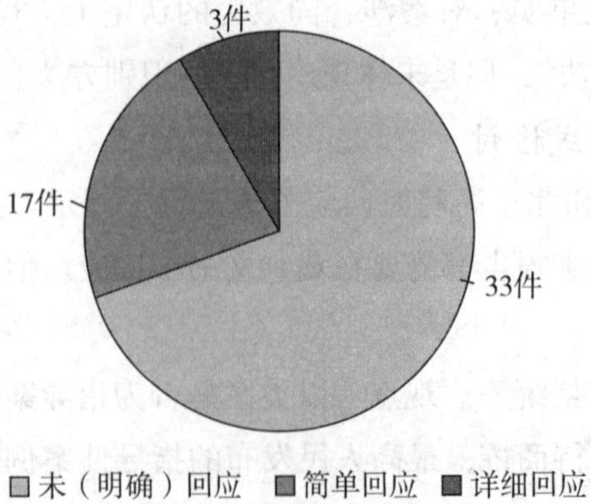

图4　裁判文书对检索报告的回应情况

《指导意见》第10条分类是周延的，即最高人民法院认为当事人提交的类案检索报告均应回应，只是回应方式有所区别。但是对回应的内容并未进行规定，导致实践中存在适用分歧。

三、理论之基：类案检索报告回应的价值面向

检索报告的处理不仅涉及当事人诉讼权利的行使、双方当事人权利的保障、法官与当事人之间的关系，还关系到裁判文书的功能。对该制度的规范有着重要的现实意义。

（一）协同：当事人需求与法官需求的契合

当事人提交检索报告实现了当事人需求与法官需求的契合，这也符合协同主义诉讼模式下共同作业体角色协同发现案件事实，促进诉讼进行的要求。[①]

1. 当事人需求实现的可能性。如同向法院提供证据是为了证明己方主张事实为真一样，类案检索报告是为了对法官产生说服作用。[②] 如今，裁判文书上网的井喷式增长为当事人进行类案检索提供了海量素材，加之诉讼当事人诉讼能力的提高、律师代理案件数量增多等因素，都增加了当事人向法院提交检索报告的可能性。而当事人为了说服法官采纳自己的主张对提供检索报告有强大的驱动力。

2. 法官对类案检索报告的需求增强。虽然裁判文书的井喷式上网为检索带来了极大便利，同时最高人民法院和各级人民法官都致力于研究更为精准的类案检索系统，但是不得不承认还有很长的路要走。[③] 传统模式下的类案检索和推送途径已经无法满足法官的办案需求，加之人案矛盾突出，法官急需一份针对待决案件的精准的类案检索报告，满足其在审判的不同阶段对类案的需求，节省自己在待决案件中的投入时间，提升审判质效。

而当事人基于自身利益的诉讼需求提交的类案检索报告势必比任何类

---

① 参见杜国伟、杨红妆、高娟：《类案强制检索机制的程序化构造——基于协同主义诉讼模式的视角》，载《司法体制综合配套改革与刑事审判问题研究——全国法院第30届学术讨论会获奖论文集（上）》，第622~623页。

② 傅郁林：《在案例中探寻裁判的逻辑》，载《人民法院报》2012年2月1日第8版。

③ 参见周莉、成文武：《“案”以类聚：人工智能辅助下类案推送质量的路径优化——以信息维度提高用户需求为视角》，全国法院第三十二届学术讨论会一等奖论文。

案检索系统更加精准，此时，当事人的需求与法官的需求出现了契合，通过类案检索报告，可以减少由待决案件复杂性、新颖性所带来的审理困惑，缩短法官认知、理解和判断的过程。①类案检索报告在不同阶段都可以节省法官时间，使法官更快速准确地进行裁判，也符合当事人对公正效率的追求（见表2）。

表2　当事人提交类案检索报告不同阶段的作用

序号	阶段	作用
1	庭前	帮助法官尽快熟悉案件，了解审理思路
2	庭中	帮助法官有的放矢地进行事实调查，形成内心确信
3	庭后	帮助法官进行裁判文书撰写，说服他人，积累审判经验

（二）平等：当事人武器平等的程序保障

在诉讼中，双方当事人处于对抗地位，即当事人双方被置于相互对立、相互抗争的地位上，在他们之间展开的攻击防御活动构成了诉讼程序的主体部分。②理想的诉讼制度期待当事人完全平等，诉讼武器不存在任何差异。程序保障意味着让双方都互相知道对方的主张及举证，并提供充分的反驳机会。③

但是实践中的诉讼构造并非完全理想，诉讼能力不同、信息不对称等都会导致当事人行使诉讼权利的差异，例如，我们不能期待双方当事人同时向法院提交质量相当的类案检索报告。所以，当事人诉讼权利的平等行使需要法院介入。基于平等原则和辩论原则，一方当事人在提交检索报告后，法官必须向对方当事人开示，并告知其也享有该项权利，同时也是履行对对方当事人意见的反驳义务。双方当事人均提交类案检索报告后法官应组织双方进行辩论，以避免自己限于某一方当事人精巧美观的检索报告而作出不公正的裁判结果。

（三）平衡：法官成本与收益的考量

“经济人假设”理论的作用无处不在，法官也概莫能外。根据“经济

① 郑通斌：《类案检索运行现状及完善路径》，载《人民司法》2018年第31期。

② 王亚新：《对抗与判定——日本民事诉讼的基本结构（第二版）》，清华大学出版社2010年版，第51页。

③ ［日］谷口安平：《程序的争议与诉讼》，王亚新、刘荣军译，中国政法大学出版社1996年版，第55页。

人假设”理论，理性人会作出让自己利益最大化的选择。按照“经济人假设”理论，法官的最终行为将决定于风险和收益的大小对比。[①] 法官对类案检索报告的处理模式也必然会考量“风险”与“收益”的对比。

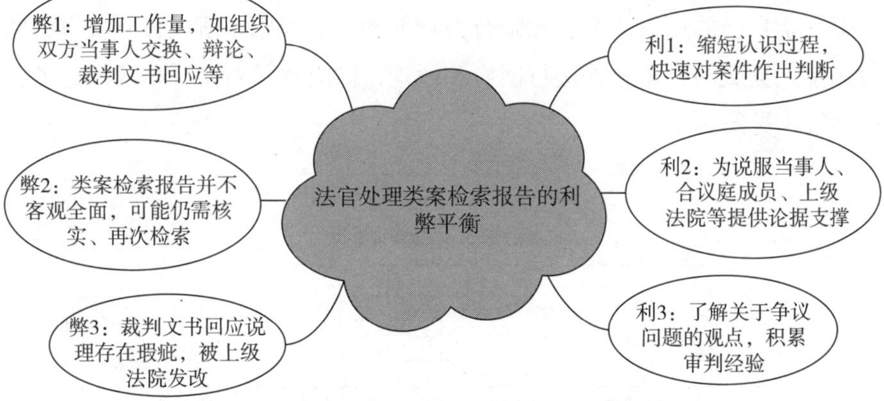

图5　法官处理类案检索报告的利弊平衡

法官对类案检索报告的处理行为会产生不同的风险和收益（见图5）。客观而言，确实缩短了法官的认识过程，帮助法官节省了时间，为法官说服当事人、合议庭成员、二审法官提供了论据支撑，为法官职业提供“避风港”。[②] 但是也增加了法官的工作量，法官要组织双方当事人就报告进行交换、开示、辩论，并且需要在裁判文书中进行回应；如果对报告的说理存在瑕疵，还可能面临被当事人指摘、二审法官发改定错等责难。所以，制度设计时需要充分考虑成本与收益的关系。

（四）回归：裁判文书不同面向的价值

裁判文书是法院审判工作的“最终产品”，是全部诉讼活动的重要载体。[③] 在裁判文书中公开当事人对争议问题的不同意见、检索报告的情况及法院的处理方式、法官对不同观点的判断和评价是裁判文书功能和价值的回归，且裁判文书的回应和公开也是该制度运行、促进其日臻完善的重要途径。

---

① 付悦余、宣海林、高翔：《合议庭少数意见公开：行走在价值与现实的结合点》，载《法律适用》2009年第2期。

② 于同志：《我们为什么要重视司法案例》，载《人民法院报》2017年8月2日。

③ 李冬青：《司法公信力目标下司法透明度建设的方向探索》，载《广西社会科学》2018年第12期。

对当事人而言，裁判文书是法官与其沟通的重要途径，当事人需要通过裁判文书明了法官对其观点的判断和回应，了解法官对己方的诉求、观点的判断和评价；对二审法官而言，需要通过裁判文书明白诉讼进程和法官内心确信的形成过程，以便作出决定；对社会公众而言，需要通过裁判文书划定自己的行为范围、确定行为预期和行为规则。所以裁判文书必须对当事人提交的检索报告进行回应和说理，同时也是对案件争议问题的集中回答（见图 6）。

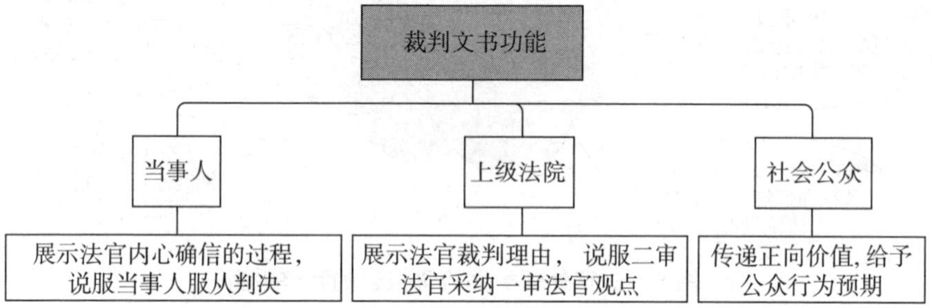

图 6　裁判文书功能

四、制度完善：类案检索报告的流程设想

有效推进当事人提交类案检索报告制度的运行，制度建设和处理流程构建同样重要，应从以下方面进行完善：

（一）切入点：报告应符合形式要求

合格的类案检索报告需要对检索到的原始案例进行二次人工筛选、识别及比对，而非向法院呈现原生态的案件文书。只有这样才可以起到类案检索的效果，否则将大打折扣。当事人提交的检索报告质量直接影响法官回应的质量，进而影响类案检索报告效果的实现。类案检索报告包括的核心要素有（见图 7）：

1. 争议焦点。并非所有案件都需要进行类案检索。类案检索的必要性在于对待决案件产生争议，该争议可能是法律适用问题、可能是事实认定问题或者是程序问题，总之是当事人之间或者当事人与法官之间对某种问题形成了争议。争议焦点的部分要写明案件的争议焦点，让受众一目了然。

2. 检索平台、条件及方法。类案检索报告应该包括类案检索的平台、条件和方法，便于报告的使用者“复核”使用。为了报告使用者的方便，应该最大限度还原检索的过程，如使用的平台、检索时设定的时间范围及关键词等。检索应紧紧围绕争议焦点进行，以最大限度寻找与待决案件争议焦点一致的类案。

3. 检索结果。检索结果应尽可能客观全面，实践中大部分案件的当事人提交的检索报告仅提供支持己方观点的类案，本文认为这种认识是错误的。因为真正的说服不是仅仅向受众展示有利于己方的观点，而是在充分对比分析后让别人信服并采信己方观点。一份优质的类案检索报告应该将全面客观的检索结果呈现在使用者面前。

4. 对比分析。该部分是类案检索报告的核心部分，报告的提供者应该清晰明确地对争议焦点进行对比分析，并辅之以类案作为论据进行论证，对待决案件的争议焦点与在先案例进行对比分析。该部分一定要建立在素材全面、逻辑完满的基础上，应将不同观点的类案对比呈现，避免选择性忽略。[①]

5. 当事人观点。该部分实质是当事人依据类案提炼出的裁判规则，是报告的结论性部分，需要简明清晰地陈述己方的意见，便于法官快速明确报告的意见。

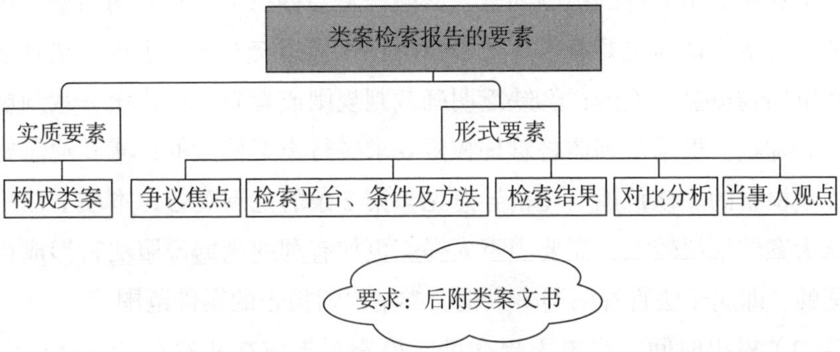

图7　类案检索报告的要素

（二）着手点：五步流程化程序构建

类案检索报告处理流程主要包括四个阶段：提出——辩论——审查——回应——归档。具体如图8所示。

① 北京市三中院课题组：《类案检索报告制作和运用机制研究》，载《法律适用》2020年第12期。

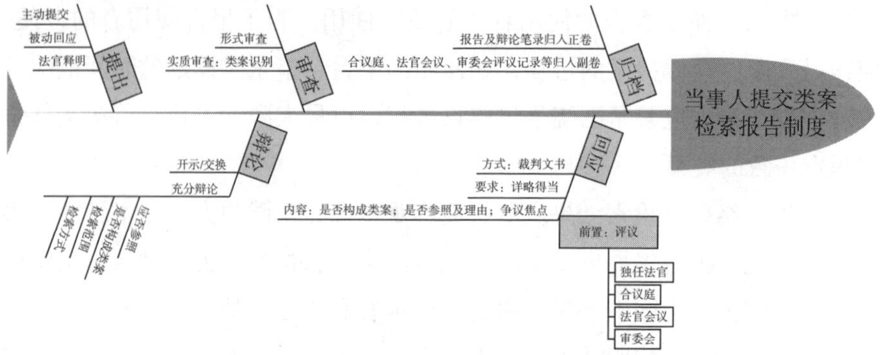

图 8　当事人提交类案检索报告的流程化构建

1. 报告提出：报告的提出是该制度的启动条件。主要应明晰：

（1）提出主体。提交报告的主体不限于当事人主动提交，法官认为有必要的，也可以释明当事人提交。协同主义模式下，当事人与法官并非截然分离，均对诉讼的进行有促进义务，是为了同一个目标努力。上文已经分析了法官和当事人的需求在类案检索制度中可以达到契合，因此法官和当事人都可以作为程序启动的主体。

（2）案件范围。当事人基于论证自身主张的需要，可以在任何案件中提交类案检索报告作为佐证自己观点的论据，因此在当事人主动提交的情形下不存在适用案件的范围问题。该问题主要存在于法官释明当事人提交的情形，本文认为主要有以下几种情形：①拟提交专业（主审）法官会议或者审判委员会讨论的；②缺乏明确裁判规则或者尚未形成统一裁判规则的；③院庭长根据审判监督管理权限要求进行类案检索的；④其他需要进行类案检索的。该范围与《指导意见》第 2 条的范围契合，本质上在于法官认为案件争议较大，需要当事人提交更加有利的论据说服法官形成自由心证的，即属于法官释明当事人提交类案检索报告的案件范围。

（3）提出时间。当事人提交类案检索报告应在法庭辩论终结前向法院提交，否则法院不予采纳，但是当事人有充分理由证明对案件有实质性影响的除外。如此可以避免案件程序反复，同时，可以与法庭辩论环节融合，避免司法资源浪费。法官释明当事人提交类案检索报告的不受此限。

2. 报告辩论：当事人应就检索报告内容进行辩论。

（1）辩论程序。当事人提交合格的检索报告后，法官向对方出示，并告知其亦享有提交报告的权利，并组织双方当事人对报告进行交换和辩论。具体程序为：总结争议焦点——原告发表观点，并结合类案检索报告阐述理由——被告进行反驳，被告发表观点并结合类案检索报告阐述理由——双方自由辩论——法官总结（见图9）。该程序在审判实践中一般蕴含于法庭辩论环节，例外情形下当事人在法庭辩论终结后提交检索报告并被法院允许的情况下，法院应单独按照上述顺序组织辩论。

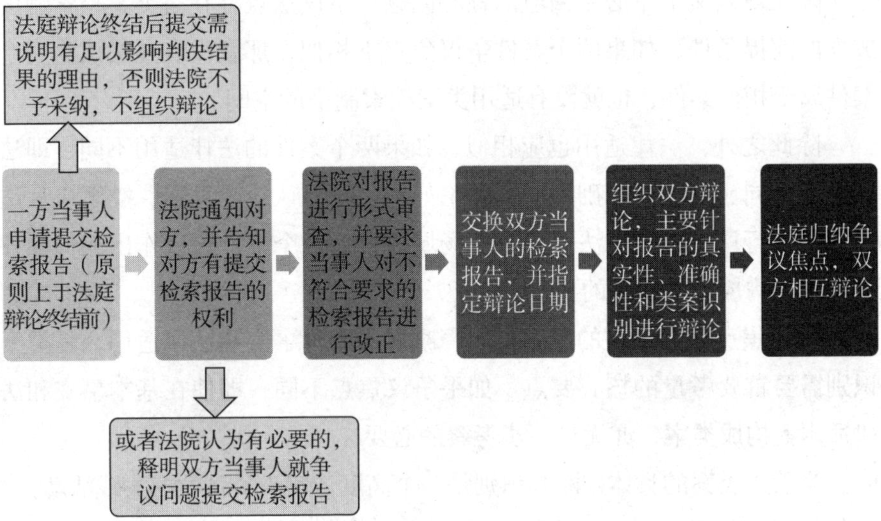

图9　组织辩论流程

（2）辩论内容。当事人应就案件争议问题从检索报告角度进行充分辩论，这是保障当事人辩论权的需要，同时坚持详略得当原则。双方当事人就报告的真实性、准确性以及是否构成类案进行辩论。

3. 报告审查：法院应就当事人提交的类案检索报告进行审查，主要包括形式审查、实质审查、合议评议。

（1）形式审查。法官应对报告进行初步形式审查，如不符合要求，则告知当事人修改。此外，法院还应对报告及类案的真实性、准确性进行审查。

（2）实质审查。类案识别。法院采信类案检索报告并参照类案进行裁判的前提是类案与待决案件构成类案，因此类案识别是类案检索报告制度的核心内容。本文同意《指导意见》的观点，认为类案识别要素包括基本事实、争议焦点与法律适用。

案件事实是类案识别的重要基础，也是识别和比较的基本对象。并非所有的案件事实都是类案识别考量范围的事实，只有与法律适用相关的关键性事实才是类案识别的考察范围，此类事实也可称为“主要事实”“关键事实”。

争议焦点主要是在案件事实归属到法律规范过程汇总产生的难点。[①] 争议焦点连接了事实认定和法律适用，凝结了当事人争议的核心问题，也是法院在裁判文书中必须回应的核心问题。争议焦点存在是类案检索制度成立的前提条件，如果两个案件争议焦点不相似，那就没有办法认为两个案件属于相似案件，也就没有适用类案检索制度的空间。

除此之外，法律适用也应相似，如果两个案件的法律适用不同，即法律关系不同、请求权基础不同，无论如何也难以认定为类案。类案应从法律规范进行评价，即从法律规范的场域而言，两个案件可以作出相似性评价，从而构成类案识别的要素之一。

争议焦点作为争议的集中体现，凝聚了案件事实和法律适用，是类案识别需要首要考量的核心要点。如果争议焦点不同，即使在基本事实和法律适用上构成类案，亦无进一步考察的必要。

当然，类案的具体判断和识别是一个高度依赖人类理性的实践活动，[②] 必须依赖法官基于其对案件事实和法律适用的认定、审判经验等综合考虑，无法依赖任何智能系统进行判断。这一点已经有法官率先认识到，“首先，对案件进行裁判时要兼顾判决之间的平衡，尽量统一裁判尺度，但我国并不是判例法国家，不能因为类案存在适用缓刑的情形，便适用缓刑。在具体量刑时应考虑个案中被告人犯罪的情节、认罪悔罪表现等综合予以判断。”[③]

（3）合议评议。庭后的评议合议是法官之间相互辩论说服，形成内心确信的重要环节。法官或者合议庭之间应结合当事人提交的类案检索报告，针对案件争议焦点，对是否构成类案、是否参照类案、参照何种观点及其理由进行充分合议评议。合议庭成员形成一致意见、不存在争议的，可以直接作出裁判结果。合议庭内部争议较大或者偏离类案观点或者类案

① 参见黄泽敏:《案件事实的归属论证》，载《法学研究》2017年第5期。

② 孙海波:《反思智能化裁判的可能及限度》，载《国家检察官学院学报》2020年第5期。

③ 参见山东省日照市东港区人民法院（2020）鲁1102刑初860号刑事判决书。该判决书为刑事判决书，不属于本文讨论的民事案件范围。但是笔者对法官观点深表赞同，因此放在文中供读者参考。

之间存在分歧的，应按照规定提交专业法官会议、审委会进行评议。合议评议应如实记录，立卷备查。

4. 报告回应：法官应就当事人的争议焦点进行回应，其中蕴含对当事人提交的检索报告的回应。

（1）回应方式。《指导意见》将回应方式分为裁判文书回应和释明回应。裁判文书回应的方式较为明确，但“释明”的含义有待澄清。释明的方式较为灵活，法官可视类案检索报告的形式和内容在任何阶段对类案检索报告进行释明，如报告形式不合格，法官可以释明进行更正；不构成类案，法官也可以进行释明，等等。

（2）回应内容。法官对检索报告回应的核心在于是否构成类案。构成类案，法官理所当然应该适用在先案件的裁判规则，对待决案件进行裁判；如果不构成类案，法官则无须适用。法官应该从案件事实、争议焦点和法律适用三方面对是否构成类案在裁判文书中进行说明。

裁判文书说理应该遵循繁简适度原则。实践中，多数案件属于简单案件，法官没有参考检索报告的必要，此种情形下应该简化说理，对案件疑难、双方争议较大、适用普通程序、具有社会导向性的案件应该强化说理。说理的内容应该包括对报告的认定、是否采用、采用与否的原因。尤其法官认为待决案件与类案存在不一致、不构成类案时，应详细说明理由。

（3）不回应的后果。不回应报告内容的，不构成法定程序的违反，不足以成为当事人上诉或者申请再审的理由，但是构成裁判文书说理的瑕疵，二审法官或者再审案件法官应指出并更正。

5. 附卷备查：类案检索报告、辩论笔录等应归入正卷，合议评议笔录归入副卷，以备查看。

（三）落脚点：完善裁判文书框架结构

正文理由部分是回应当事人意见、释法说理、公开法官自由心证的重要部分，也是法官与各方主体沟通的主要“阵地”。因为需要在裁判文书中详细回应的都是当事人争议较大、存在重大法律适用分歧或者目前法律规则存在空白的案件，因此，裁判文书对类案检索报告的回应尤为重要。在现有裁判文书的结构之下，有如下注意事项：首先对当事人争议焦点进行归纳，然后阐明法院组织双方交换和辩论的情况，再详细说明当事人双方所持观点和理由，最后说明本院观点。

（四）回归点：搭建激励和保障机制

当事人提交报告的初衷是说服法官采纳己方意见，客观上对统一法律适用有促进作用。对于类案检索报告的运用不应局限在待决案件，而应该对后续案件的裁判同样起到指导作用。

1. 指导案例撰写，创设效力更高的在先案例。一般而言，检索到效力层级高的在先案例后便不需要检索效力层级低的其他在先案件。因此，类案检索报告适用的案件应该依据其典型性撰写指导案例，为后续案件的裁判创造效力等级更高的在先案例，为之后的裁判提供参考和指引。

2. 规则漏洞填补，出台类案裁判规则统一适用。法院应对典型案件形成该类案件的裁判思路，制作专门性的裁判规则指导文件，并在辖区内定期发布，明确裁判规则，指引法官对后续案件的裁判，使大众对该类问题形成稳定心理预期。

3. 相关制度衔接，畅通法律适用分歧解决机制。当事人提交检索报告的主要情形之一就是法律适用存在分歧。法官通过当事人提交报告发现存在法律适用存在分歧的，应按照最高人民法院印发的《关于建立法律适用分歧解决机制的实施办法》规定解决。

4. 相关配套制度建立，激励法官恰当处理和回应当事人提交的类案检索报告。第一，建立统一类案检索报告系统。第二，建立奖励激励机制。对撰写和提交优秀类案检索报告的法官进行物质奖励。第三，建立考核监督机制。在评优评先和法官助理入额时作为优先考虑因素。

结　语

我国类案检索制度已经取得了长足的发展，且在不断完善，但是仍有诸多可改进之处。当事人提交类案检索报告作为类案检索制度的有机组成部分，在当前类案推送系统尚不成熟、不智能的现实状况下，更具有特殊意义。但是，因当事人提交类案检索报告制度的相关程序没有详细规定，导致实践适用中存在许多分歧。希望本文可以对该制度的完善有所裨益。

执行异议之诉与婚内夫妻财产分割之诉合并审理的程序构建 *

——以夫妻共同财产执行为视角

余　淼　张　焱

引　言

执行名义确定的债务人为夫妻一方，执行名义并未对债务性质进行明确，债权人申请强制执行，债务人个人财产无法清偿全部债务时，如何执行夫妻共同财产是司法实践中面临的难题。《民法典》婚姻家庭编并未将执行夫妻共同财产作为婚内分割夫妻共同财产的情形，同时在程序法上，目前亦未明确执行夫妻共同财产的路径，导致裁判结果不一，影响司法权威。因此，有必要从分析执行夫妻共同财产的现状出发，在平衡债权人实现债权的效率价值和债务人配偶权益保护的正义价值基础之上，以诉的合并作为理论支撑，构建执行夫妻共同财产的路径，以期统一司法实践。

一、实践剖析：执行夫妻共同财产的现状分析

（一）司法现状：执行夫妻共同财产的路径梳理

我国采取的是法定夫妻共同财产制，债务人的责任财产包括个人财产及夫妻共同财产。《最高人民法院关于人民法院民事执行中查封、扣押、冻结财产的规定》（以下简称《查扣冻规定》）第 14 条规定，对债务人与他人共有的财产人民法院可以查封、扣押、冻结，但不能直接进行处分，需要共有人提起析产诉讼或者债权人代位提起析产诉讼明确债务人份额后才可以进行处分。然而，由于夫妻共同财产属于特殊的共有财产类型，不仅

* 本文获 2021 年全国法院第 33 届学术讨论会三等奖。

涉及财产关系而且涉及人身关系。是否适用该条规定，司法实践中存在较大争议，进而产生了多条执行夫妻共同财产的路径。笔者以“执行”“夫妻共同财产”“婚内财产”为关键词，在中国裁判文书网检索到相关法律文书126份，综合分析后归纳出以下四种路径（见图1）。

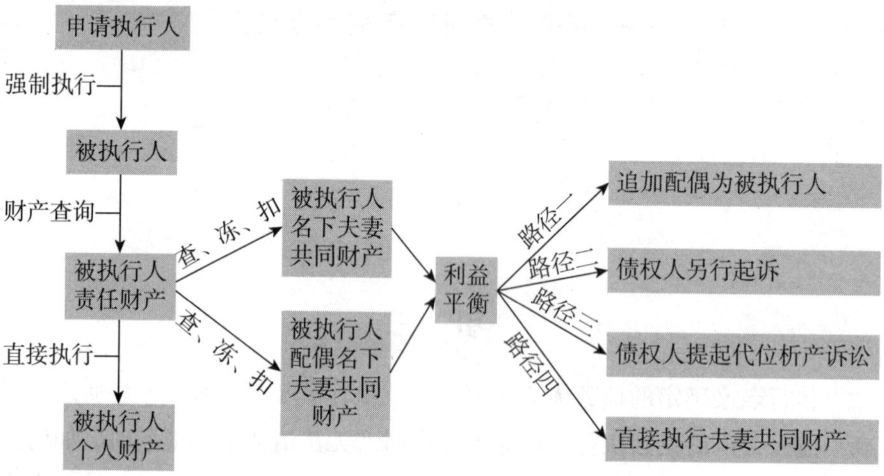

图1 执行夫妻共同财产的四种路径

1. 追加配偶为被执行人

债权人在起诉时，基于合同的相对性原则或者缺少债务人配偶身份信息，为了更快地确定债权，一般只起诉债务人一方，最终确定夫妻一方为债务承担者。在执行过程中，当发现债务人财产不足以清偿债务时，部分执行法官会直接确认债务性质为夫妻共同债务进而追加债务人配偶为被执行人，通过执行债务人配偶的个人财产和夫妻共同财产来实现债权（见图2）。

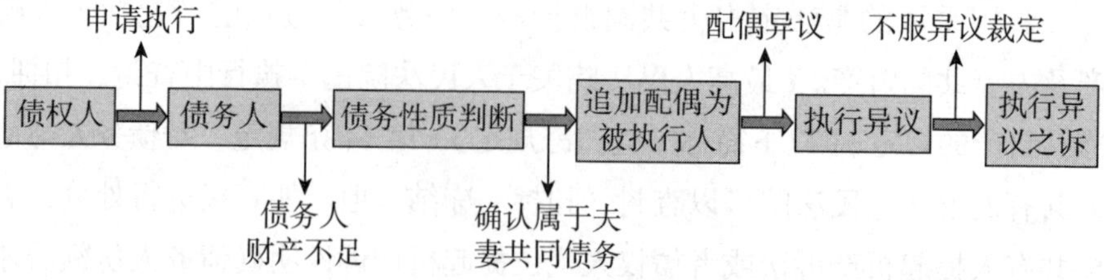

图2 追加配偶为被执行人路径

存在的问题：直接追加债务人配偶，既能够迅速、经济地实现执行债权人的债权，又能兼顾保障执行债务人的程序利益和实体利益。[①]但该路径在理论上存在较大争议（见表1）。

表1　追加配偶为被执行人的理论争议[②]

	同意	不同意
理由一	追加配偶为被执行人属于执行力主观范围的合理扩展。基于夫妻共同债务实体利益归属的一致性，将执行力扩张至配偶有一定正当性基础，追加配偶为被执行人既能够迅速、经济地实现债权人的债权，又能够兼顾保证债务人的实体利益和程序利益	追加配偶为被执行人违背了既判力的相对性原则。根据既判力相对性原则，债权人将执行名义确定的债务人列为被执行人申请强制执行，不得强制执行名义之外的第三人
理由二	追加配偶为被执行人是执行程序效率价值的体现。执行程序以实现债权人的权利为根本原则，追求的是效率价值，通过追加配偶为被执行人，既能够快速实现债权人的债权，又能够减少当事人诉累，提高了执行效率	追加配偶为被执行人违背了程序公正的价值理念。通过执行程序直接确定债务性质为夫妻共同债务，配偶一方失去了程序利益，这种完全从保护债权人利益出发，势必影响配偶的程序正义的价值
理由三	追加配偶为被执行人是缓解执行难的现实需要。执行难不仅影响债权人权利的实现，也损害司法的权威。通过在执行程序中追加配偶为被执行人，便于查找可执行的责任财产，避免了恶意规避执行的行为，提高执行的效率，解决了执行难题	追加配偶为被执行人违背了民事诉讼程序审执分离原则。执行程序的目的在于通过强制执行实现执行名义确定的权利，执行以执行名义作为依据，严格按照执行名义确定内容执行。涉及实体争议，应当通过诉讼程序解决，而不应当在执行程序中直接解决

实务中，对债权人申请追加债务人配偶为被执行人也存在不同的观点，笔者选择其中三个典型案例作为代表进行分析（见表2）。

① 肖建国、刘文勇：《论执行力主观范围的扩张及其正当性基础》，载《法学论坛》2016年第4期。

② 张海燕：《执行程序中被执行人配偶追加问题研究》，载《当代法学》2019年第1期；唐东楚、高松琼：《追加配偶作为被执行人的反思》，载《济宁学院学报》2020年第1期。

表2　实践中追加配偶的不同观点

案例	裁决机关	处理结果
(2015)执复字第3号执行裁定书	最高人民法院	福建高院认为，被执行人所欠申请执行人转让款系被执行人夫妻关系存续期间所欠债务。根据《最高人民法院关于适用〈中华人民共和国婚姻法〉若干问题的解释(二)》第24条的规定，应当按夫妻共同债务处理，由夫妻共同偿还，配偶承担连带清偿责任，裁定追加配偶为本案被执行人。最高人民法院认为福建高院依照上述司法解释第24条的规定认定配偶应当对婚姻关系存续期间债务人个人债务承担清偿责任的结论具有事实和法律根据，维持追加的裁定
(2015)执申字第111号执行裁定书	最高人民法院	执行程序中追加被执行人，意味着直接通过执行程序确定由生效法律文书列明的被执行人以外的人承担实体责任，对各方当事人的实体和程序权利将产生极大影响。因此，追加被执行人必须遵循法定主义原则，即应当限于法律和司法解释明确规定的追加范围，既不能超出法定情形进行追加，也不能直接引用有关实体裁判规则进行追加。从现行法律和司法解释的规定看，并无关于在执行程序中可以追加被执行人的配偶或原配偶为共同被执行人的规定，裁定驳回追加的申诉请求
最高人民检察院制发第二十八批指导性案例(检例第110号)	最高人民检察院	执行程序应当按照生效判决等确定的执行依据进行，变更、追加被执行入应当遵循法定原则和程序，不得在法律和司法解释规定之外或者未经依法改判的情况下变更、追加被执行人。对于执行程序中违法变更、追加被执行人的，人民检察院应当依法监督

《最高人民法院关于民事执行中变更、追加当事人若干问题的规定（征求意见稿）》规定可直接追加配偶为被执行人，但最终稿删除了该条规定，《最高人民法院关于依法妥善审理涉及夫妻债务案件有关问题的通知》中规定未经审判程序确认，不得要求未举债的夫妻一方承担责任。由此可见，最高人民法院对直接追加配偶为被执行人持否定态度。

2. 债权人另行起诉，确认执行名义债务性质为夫妻共同债务

为扩大债务承担主体及责任财产的范围，债权人通过另案起诉请求确

认执行名义确定的债务的性质为夫妻共同债务，从而将夫妻双方均列为被执行人，保障债权的实现（见图3）。

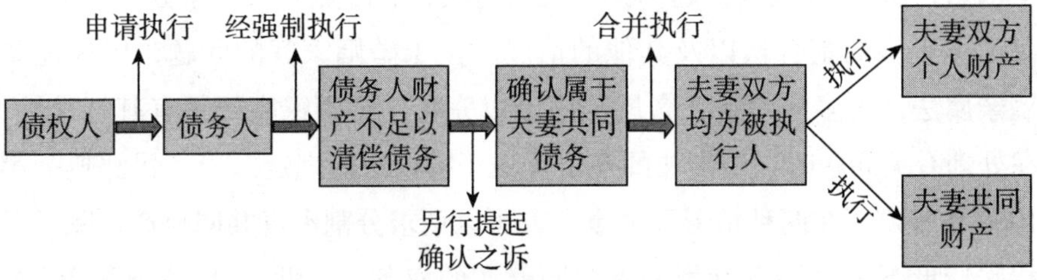

图3　债权人另行提起确认债务性质路径

存在的问题：债权人另行起诉是否属于一事不再理的范畴，实践中主要观点认为另行起诉只是对债务性质的确认，并不影响前判决的既判力，此时可以受理并进行判断。[①] 虽然通过另案确认债务性质为夫妻共同债务保障了债务人配偶一方的程序利益，但其问题也比较突出，特别是在目前司法实践对夫妻共同债务认定标准较为严格的情况下，若无法确定为夫妻共同债务，执行夫妻共同财产问题便得不到解决，同时会拖延执行期限，增加债权人的诉讼成本，为债务人恶意转移财产提供机会。

3．债权人提起代位析产诉讼

《查扣冻规定》第14条第3款规定了申请执行人可以代位提起析产诉讼，将被执行人的责任财产份额从共有财产中分离出来。实践中，债权人便依据该条款提起债权人代位析产之诉，请求将债务人责任财产份额从夫妻共同财产中分割出来（见图4）。

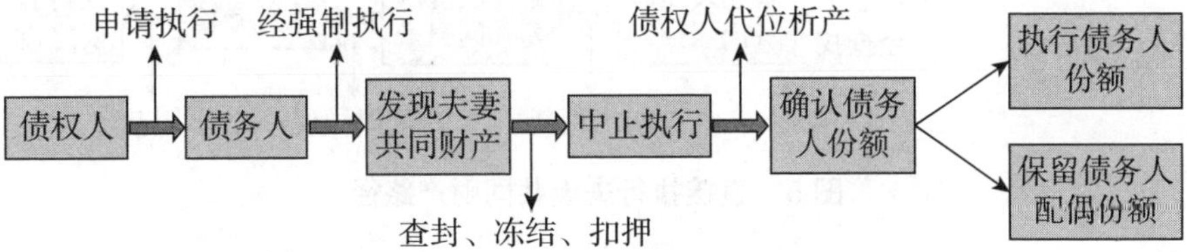

图4　债权人提起代位析产路径

存在的问题：夫妻共同财产属于夫妻共同共有，夫妻双方对夫妻共同财产享有平等的权利，非因特殊原因不得进行分割。《民法典》第303条

①　参见最高人民法院（2020）最高法民申2755号民事裁定书。

规定共同共有人在共有的基础丧失或者有重大理由需要分割时可以请求分割，该条沿用了《物权法》的规定，为债权人代位分割夫妻共同财产提供了依据，但“《物权法》起草共有关系这块，着眼点并不在家庭共有关系，而考虑更多的是合伙以及其他的情况。关于婚姻家庭的问题，以后还要搞亲属法，很多问题要在亲属法中予以完善，婚姻家庭问题有其特殊性，在处理有关问题时，婚姻法的规定优先于物权法的规定”。[①]《民法典》第1066条规定了在两种情形下夫妻一方可以请求分割夫妻共同财产，赋予了特殊情形下夫妻一方分割夫妻共同财产的权利。由此,《民法典》第303条及《查扣冻规定》第14条规定仅适用于一般共有，如因法定继承、合作经营等，债权人无权因执行夫妻共同财产而代位提起析产诉讼。

4．直接执行夫妻共同财产

为快速实现债权人的债权，减少当事人诉累，打击恶意规避执行的行为，部分法院执行机构采取了直接执行夫妻共同财产的路径，对登记在债务人名下的财产予以全部执行，对登记在债务人配偶名下的财产经过初步判断属于夫妻共同财产时，采取查封、冻结、扣押等控制性措施并及时通知债务人配偶或者直接处分夫妻共同财产的一半份额，与此同时赋予债务人配偶救济权利（见图5）。

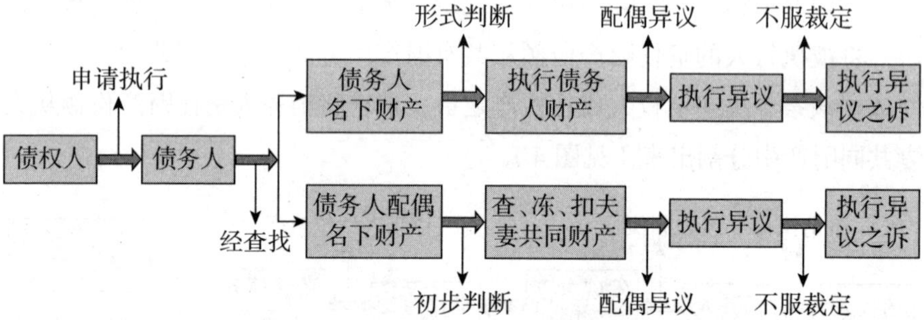

图5　直接执行夫妻共同财产路径

存在问题：直接处分夫妻共同财产中的一半份额在法律上没有依据，同时当债务人配偶不提起执行异议情况下，只能对夫妻共同财产一直采取控制性措施。实践中，虽然大部分配偶提起了执行异议，但在执行异议之

① 刘晓燕:《夫妻关系依然存在丈夫要求分割家产经最高人民法院调解当事人自愿达成协议》，载《人民法院报》2008年2月13日。

诉中，部分法院以执行夫妻共同财产不属于婚内分割夫妻共同财产的情形而不予分割，[①]从而导致债务人的责任财产份额不明确，执行机构仍无法采取处分性措施。

小结：上述四种路径均在一定程度上缓解了执行夫妻共同财产的难题，但路径的不统一严重影响了债权人的权利实现，特别是当债权人同时选择其中两种以上路径主张权利时，若不同法院作出的判决不一致，便会严重影响司法公信力。此外，当债务性质属于债务人个人债务时，前两个路径未必能达到执行效果。

（二）立法现状：执行夫妻共同财产缺乏统一的适用规范

通过执行夫妻共同财产实现债权人权利是司法实践的迫切需求，但因目前我国法律并未形成统一的规范，从而导致在处理执行程序能否确认债务性质、能否直接追加配偶为被执行人等问题无依据可循。然而，为了更好地统一本辖区内处理此类问题的路径，部分地方法院纷纷出台了指导性意见（见表3）。

表3　部分地方法院出台的指导性文件

指导性文件名称	出台法院	能否追加配偶	执行阶段能否判断债务性质	债权人能否提起代位析产	能否直接处置夫妻共同财产
《北京市法院执行案件办理规范(2017)》	北京高院	否	否，需另行起诉确定	能	否，可以查封、冻结、扣押
《江苏省高级人民法院关于执行疑难问题的解答》	江苏高院	未规定	未规定	未规定	能
《江苏省高级人民法院执行异议及执行异议之诉案件审理指南(二)》	江苏高院	未规定	未规定	未规定	能
《上海市高级人民法院关于审理分家析产案件若干问题的意见》	上海高院	未规定	未规定	通过该解答特别规定债权人享有代位析产的权利	未规定

① 参见北京市第一中级人民法院（2018）京01民初489号民事判决书。

续表

指导性文件名称	出台法院	能否追加配偶	执行阶段能否判断债务性质	债权人能否提起代位析产	能否直接处置夫妻共同财产
《上海市高级人民法院关于执行夫妻个人债务及共同债务案件法律适用若干问题的解答》	上海高院	能	能，无法确定时可另行起诉	能	待判定债务性质为夫妻共同债务时可直接执行
《浙江省高级人民法院关于执行生效法律文书确定夫妻一方为债务人案件的相关法律问题解答》	浙江高院	无须追加	能，无法确定时可另行起诉	未规定	能

从上述文件可以看出，关于如何执行夫妻共同财产，地方法院的观点差别较大，上海高院、浙江高院、江苏高院以突出执行效率为价值取向，对追加配偶为被执行人、直接执行夫妻共同财产持肯定态度，北京高院从配偶权益保护出发，处理此类问题较为慎重。由于缺乏统一的规范，使得执行夫妻共同财产的难题一直未得到解决，因此，为满足司法需求，解决执行难题，势必需要构建一条统一且明确的路径。

二、理论证成：执行异议之诉与婚内夫妻财产分割之诉合并审理的可行性分析

婚姻关系中应当突出对夫妻双方权利的保护，当债务人因其个人负债影响到配偶一方的财产权益时，为维系家庭生活、夫妻关系及社会公正，应当允许配偶提出婚内分割夫妻共同财产，在我国不断完善执行异议之诉制度的背景下，借鉴诉的合并理论，将执行异议之诉与婚内夫妻财产分割之诉合并审理，以便高效执行债务人责任财产的同时保护了配偶的实体与程序利益，节约司法成本，维护司法统一性。

（一）价值追求：债权人实现债权的效率价值与配偶权益保护的正义价值

效率和公正是既相适应又相矛盾的社会价值，它们之间的冲突并不是不可调和的。调和二者之间冲突的润滑剂就是完善的制度，通过合理制度的设立尽量地平衡关系、缩小矛盾，划分出它们之间的边界，使得效率和公正能够得到平衡。[①]将执行异议之诉与婚内夫妻财产分割之诉合并审理就是执行夫妻共同财产中缓和价值冲突的润滑剂，调和效率与正义的价值冲突，是解决执行夫妻共同财产难题的必然选择。

1. 债权人实现债权的效率价值

执行与审判有着不同的价值追求，强制执行在价值取向上注重效率，审判在价值取向上以追求程序公正和实体公正为其基本使命。[②]执行夫妻共同财产争议发生在执行阶段，我国法律已经构建了完善的执行异议、执行复议、执行异议之诉制度，因此应当在执行程序中解决该问题，如果赋予当事人通过另行提起确认之诉或者债权人代位析产之诉解决执行夫妻共同财产问题的权利，将严重影响执行的效率。在已启动的执行程序中解决执行争议，减少了另行提起诉讼的成本，杜绝两个程序作出不同的裁判结果，维护司法权威。

2. 配偶权益保护的正义价值

实践中存在直接追加配偶为被执行人和直接执行夫妻共同财产中一半的情形，虽然达到了保障执行效率的效果，但忽略了债务人配偶权益的程序保障。诉讼过程中，当事人和法官均应当充分发挥能动性，共同主导程序的进行，确保各种权利主张能够充分提出，围绕权利主张所需要的各种证据能够充分展现。[③]债务人配偶是否应当作为被执行人及执行财产份额的确定，应当是在充分保障程序利益的前提下作出，而不是作出相应决定后再赋予其救济权利，与审执分离原则相违背。因此，通过赋予债务人配偶提起执行异议之诉及婚内分割夫妻共同财产诉讼的权利，既保障了债务人配偶的程序利益，又确定了可供执行的责任财产份额。

---

① 张文显：《法理学》，高等教育出版社2003年版，第362页。

② 肖建国：《审执关系的基本原理研究》，载《现代法学》2004年第5期。

③ 陈桂明：《程序公正与诉讼保障》，中国法制出版社1996年版，第84页。

（二）实体上正当性：执行夫妻共同财产符合婚内夫妻财产分割的情形

1. 责任财产理论作为执行夫妻共有财产的理论基础

责任财产理论是民法上债权保障法律制度的组成部分，是用于保障民法债权实现方面的理论依据。责任财产，是债权人用于履行债务及承担民事责任的财产。[①]责任财产属于侵权责任法中的范畴，是指债务人用于履行债务及承担民事责任的财产。就种类债权来说，债权产生便以债务为媒介将其效力指向了债务人的全部财产，即债务人所有的物以及具有金钱价值的各种权利的总和。[②]根据我国婚内夫妻财产法定共有制，债务人对夫妻共有财产享有权利，因此应当作为债务人的责任财产对外承担清偿责任，执行机构有权通过执行该财产来实现债权人的债权。

2. 保护配偶家庭利益，维护家庭稳定性

在夫妻未对财产制进行特别约定的情况下，夫妻对其婚后所得财产共同享有所有权，属于典型的共同共有关系，除非共有关系消灭，否则各共有人原则上不得对共有物进行分割。[③]然而随着社会的发展，生活中时常发生夫妻一方损害另外一方财产利益的情况，此时则需要在婚姻关系未解除的情况下分割夫妻共同财产，以保护被侵害一方的利益，因此婚内分割夫妻共同财产成为生活中的需求。我国《民法典》第1066条赋予了夫妻一方在两种情形下提起婚内分割夫妻财产的权利，该制度赋予司法干预婚姻存续期间夫妻财产关系调整权，其目的不仅在于解决夫妻之间发生的财产纠纷，而且旨在防范夫妻因重大财产利益冲突危及婚姻稳定。[④]因债务人单方举债导致执行夫妻共同财产，将给债务人配偶一方带来不利，此时为了维护婚姻关系的稳定，保障家庭成员的生存权益，应当允许婚内分割夫妻共同财产。在婚内分割夫妻财产诉讼中，债权人作为参加诉讼的当事人，其权利亦应受到保障。通过赋予债务人配偶在执行异议之诉中一并提起分割夫妻共同财产诉讼的权利，不仅维护了配偶一方的合法权益，而且

---

① 肖建国：《论财产刑的理论依据——基于民法和民事诉讼法的分析》，载《法学家》2007年第2期。

② 崔建远、韩世远：《债权保障法律制度研究》，清华大学出版社2004年版，第29页。

③ 梁慧星、陈华彬：《物权法》，法律出版社2010版，第245页。

④ 蒋月：《论婚内分割夫妻共同财产制及其完善》，载《云南师范大学学报（哲学社会科学版）》2021年第1期。

保护了债权人的利益，保障了案件的顺利执行。

（三）程序上的正当性："诉的合并"运行之可能

1. 执行异议之诉目的及性质——支持诉的合并

执行异议之诉制度设置的目的，一种观点认为，案外人异议之诉的目的在于排除强制执行，实体权利只是排除执行的原因；[①]一种观点认为，案外人异议之诉的目的兼有确认实体权利和排除法院的执行行为，主张实体权利应当作为异议之诉的诉讼请求之一。[②]笔者认为，执行异议之诉的目的具有双重性，主要目的是通过对实体法上权益的实质审理，确认案外人对标的物是否享有权益，进而判断该权益能否足以排除强制执行，保障案外人的权利，同时当案外人权利不足以排除强制执行时，应当排除执行障碍，促进案件的执行。

执行异议之诉的性质目前存在六种学说，[③]通说认为属于形成之诉，即第三人对执行标的物，主张有所有权或其他得以阻止物之交付或让与之权利，而请求宣告不许对执行标的物为强制执行。[④]执行异议之诉的审理必然涉及标的物实体权利的判断，如果不在该诉中一并解决权利主体及享有份额问题，无法避免通过另案处理造成相异的结果。

因此将执行异议之诉与婚内夫妻财产分割之诉合并审理，既维护了案外人的利益，又保障了执行的效率，符合执行异议之诉制度设立的目的。同时，当执行异议之诉只对能否排除强制执行作出裁判时，其实体判断并不具备既判力，只有通过婚内夫妻财产分割之诉将债务人责任财产份额予以确认，才能保障执行的推进。

2. 诉的合并实现执行夫妻共同财产的目的

诉的合并是指将分别提起的两个或两个以上有某种联系的诉合并在一个诉讼程序进行审理和裁判的诉讼制度。[⑤]在同一个诉讼程序中审判几个相关联的诉有利于减轻当事人进行诉讼的负担，特别是避免了相互关联的诉重复审理因而作出相互矛盾的判决的尴尬情形，从而增强了民事诉讼的

① 齐奇：《执行实务与新类型法律问题研究》，人民法院出版社 2010 年版，第 151 页。

② 陈旻、李馨：《执行异议之诉案件裁判思路与操作》，中国法制出版社 2012 年版，第 7 页。

③ 六种学说包括：确认之诉、给付之诉、形成之诉、命令之诉、救济之诉、新形成之诉。

④ 杨与龄：《强制执行法论》，中国政法大学出版社 2002 年版，第 201 页。

⑤ 江伟：《民事诉讼法》（第三版），高等教育出版社 2008 年版，第 63 页。

功能。[1]在执行夫妻共同财产案件中，涉及主体为债权人、债务人、债务人配偶，需要解决的问题包括债权人能否执行标的物实现债权、债务人配偶对标的物是否享有权益、当债务人配偶享有权益时权益的性质及份额如何认定，通过合并审理能够保证三方主体参与到案件审理中，维护各方参加诉讼的权利，同时能够一并解决能否执行及执行份额的问题，最终促使夫妻共同财产得以顺利执行，解决执行难题。

三、解决之道：执行异议之诉与婚内夫妻财产分割之诉合并审理的程序构建

为构建执行夫妻共同财产的具体路径，笔者以《民事诉讼法》第227条规定为依据，结合《查扣冻规定》第14条规定，同时根据实践中存在登记在债务人及债务人配偶名下夫妻共同财产两种情形，分别构建了两条路径（见图6）。

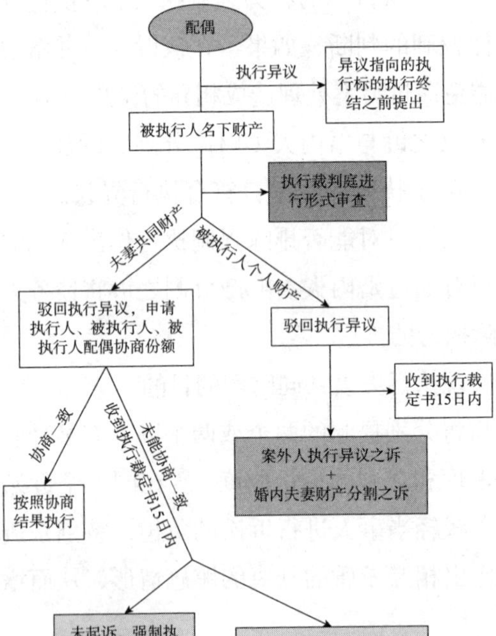

① 李龙：《民事诉讼诉的合并问题探讨》，载《现代法学》2005年第2期。

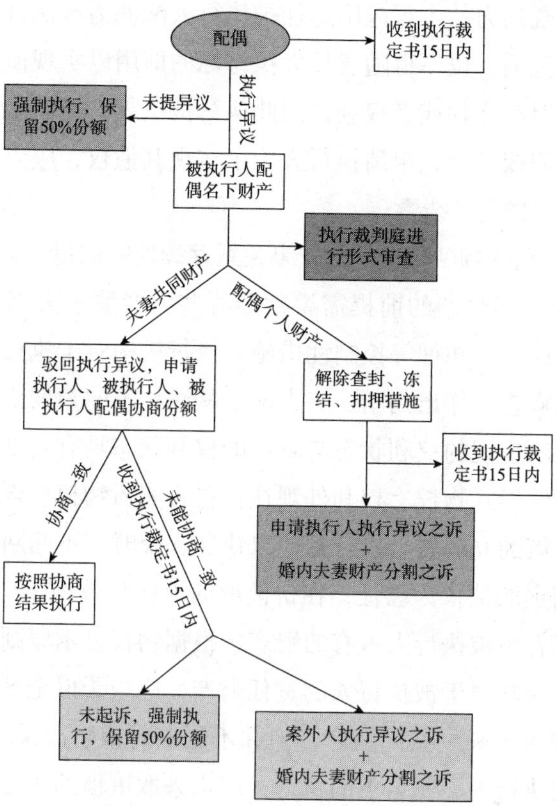

图6　执行夫妻共同财产的两条路径

两条路径均分为两个部分，包括执行异议前置程序及诉讼程序，在前置程序中对夫妻共同财产采取控制性措施，同时赋予债务人配偶救济的权利，当债务人配偶放弃救济权利时，直接执行夫妻共同财产，保障执行效率。在诉讼程序中，将执行异议之诉与婚内夫妻财产分割之诉合并审理，将债务人责任财产份额分割出来，进而处分债务人份额，保留债务人配偶份额。

（一）前置程序

1. 执行夫妻共同财产的启动——申请执行人提出申请并提供财产线索

执行机构应当以执行名义确定的债务人为被执行人，通过执行被执行人责任财产实现债权人债权，因此强制执行被执行人名下夫妻共同财产并不存在启动问题，但对于被执行人配偶名下的财产，执行机构不应当随意扩大执行名义既判力的主观范围追加被执行人配偶为被执行人，同时对于执行力的客观范围，也不得随意扩大执行标的即用以实现债权人债权的属于债务人责任财产之物或者权利，因此执行被执行人配偶名下的夫妻共同财产不应当依职权进行，申请执行人为了实现其债权，应当向执行机构提出执行申请并提供财产线索。

2. 财产权利的判断标准——夫妻关系存续期间取得

执行夫妻共同财产的前提需要判断哪些财产属于夫妻共同财产，进而采取查封、冻结、扣押等控制性措施。执行机构对于执行标的实体权属应当进行形式审查并作出判断，一方面，从法技术的角度说，依据法定的权利公示方法所呈现的权利状态与真正的权利状态具有高度的吻合性，执行法官所判断的形式物权、权利外观往往符合实质物权、真实权利；另一方面，从法政策的立场看。执行程序以快速、及时、不间断地实现生效法律文书中所判定的债权为己任，在价值取向上注重效率。[①] 对于登记在被执行人名下或者由被执行人占有的财产，根据物权公示原则及权利外观主义，可以初步判断属于被执行人的责任财产，应当予以全部执行，债务人配偶可以主张属于夫妻共同财产，但并不影响对该财产采取控制性措施。对于登记在被执行人配偶名下的财产，应当采取审慎的态度，根据是否为夫妻关系存续期间取得及《民法典》第1062条等规定判断是否属于夫妻共同财产，实践中，主要对登记在被执行人配偶名下的房屋及其名下银行存款提起异议较多，因此在采取控制性措施之前应当以上述标准判断是否应当采取强制措施。

3. 执行异议提起的时间——执行案款发放之前或收到执行法律文书起15日内

登记在被执行人名下或者由被执行人占有的财产，可以在采取查封、冻结、扣押等控制性措施之后径行进行整体处分，无须通知被执行人配偶，被执行人配偶认为侵害其权益时，有权以属于夫妻共同财产为由提起执行异议救济其权利。笔者认为此时提出执行异议的时间应当在执行标的执行终结之前，具体到案件中即在执行案款发放给申请执行人之前。对登记在被执行人配偶名下或者由被执行人配偶占有的财产采取控制性措施之

① 肖建国:《执行标的的实体权属的判断标准——以案外人异议的审查为中心的研究》，载《政法论坛》2010年第3期。

后，应当及时将执行法律文书向被执行人配偶送达，被执行人配偶收到执行法律文书之后，亦可以对标的物享有权利为由提出执行异议，当其不提出异议时，执行标的物不应当无限期处在被控制状态而不被处分，此时应当规定一个合理的期间，在该期间不提出异议可以直接处分该财产，同时考虑到财产属于夫妻共同财产的性质，参考夫妻共同财产分割的一般原则，保留被执行人配偶一半的份额，如被执行人配偶提出异议，笔者认为可以参考执行异议之诉提起的期间规定，赋予被执行人配偶在收到执行法律文书起 15 日内提起执行异议的权利。

4. 执行异议阶段证明责任——初步证明责任

申请执行人向执行机构提出执行被执行人配偶名下夫妻共同财产的申请，应当在提起申请的同时提供财产线索，申请执行人在提供财产线索时无须证明该财产确系夫妻共同财产，不应当课以申请执行人繁重的证明责任，只需要有合理的怀疑即可。执行机构的职责在于通过强制执行力实现债权人的债权，同时也是避免法律文书成为一纸空文，维护司法的威慑力，因此执行机构在申请执行人提供财产线索后，应当依职权以该财产是否为夫妻关系存续期间取得等为标准，判断是否属于夫妻共同财产，进而采取控制性强制措施。

（二）诉讼程序

1. 提起婚内夫妻财产分割之诉的主体——被执行人配偶

夫妻共同财产是一种特殊的共同财产，不仅涉及财产关系，还影响夫妻关系的稳定，涉及双方的人身关系。我国对夫妻关系未解除即共有关系未消灭之前分割夫妻共同财产持慎重态度，因此对于提起婚内分割夫妻共同财产的主体应当进行严格的限制，只有权益受损的夫妻一方有权提出。实践中争议最大的为债权人能否提起，对此笔者认为，不应当赋予债权人主体资格，如果第三人可以随意对他人之间的婚姻关系提出异议，将不利于夫妻关系的稳定，破坏社会和谐。在执行异议之诉与婚内夫妻财产分割之诉合并审理中，债权人参与到夫妻共同财产分割案件审理，已可以合理维护其权益。当被执行人配偶不提起分割夫妻共同财产诉讼时，通过法律规定明确其放弃权利的后果，笔者认为，结合夫妻财产分割的一般原则，赋予执行机构直接执行标的物的一半份额，此时债权人的权利亦能得到实现。

2. 分割的原则

离婚纠纷中夫妻财产分割目前有完善的法律规定，但婚内分割财产的标准并不明确，笔者认为应当从保障债权人权利得以实现与被执行人配偶权益受到保护这一根本目的为出发点，参考离婚财产分割的原则，结合夫妻婚内财产分割的自身特点确定分割的原则。

第一，协商一致原则。在执行异议与诉讼阶段均应当尊重当事人的意愿，当申请执行人、被执行人、被执行人配偶关于如何分割执行标的达成一致意见时，应当尊重三方的意见，按照协商的结果予以执行。

第二，保护债权人利益原则。分割夫妻共同财产系由被执行人配偶提出，目的在于保护其权益，但考虑到其系在执行阶段提出，应当在保护被执行人配偶权益的同时，保障债权人权利得以实现，不应过于强调被执行人配偶权益的保护，导致夫妻双方恶意损害债权人权利。

第三，夫妻权利平等原则。在没有特殊情况下，应当从夫妻双方对夫妻共同财产享有同等权利的原则出发，保护夫妻双方的权利，在分割标的物时确认双方各占一半的份额。

第四，照顾女方及子女利益原则。夫妻关系中，往往女方更需要保护，同时当子女尚小需要家庭保护时，应当从伦理道德角度在分割标的物时照顾子女及女性一方。

第五，照顾无过错方原则。因被执行人原因导致夫妻共同财产被采取强制措施，配偶一方的权利因此受到影响，无过错方因此遭受了不利，当申请执行人的权利能够得到充分保障时，应当在分割财产时照顾无过错一方。

3. 分割之后的法律效力——不影响夫妻婚内共同财产制

夫妻婚内分割共有财产后，会产生两个问题，第一个问题是是否导致夫妻婚内财产共有制被破坏，第二个问题是婚内财产对第三人的责任是否发生变化。对此笔者认为，在执行语境下讨论夫妻婚内财产分割的目的在于如何通过国家强制力实现债权人的债权，并非着重于婚内财产的分割问题，因此以实现执行夫妻共同财产为目的即可，并不导致夫妻共同财产制的变化。

4. 裁判主文

根据被执行人配偶是否提起执行异议之诉，裁判的方式包括裁定和判决两种。其中裁定主要适用于执行异议阶段，包括以下几种情形：第一，执行标的为被执行人配偶个人财产，裁定解除强制措施；第二，申请执行人、被执行人、被执行人配偶协商确定了夫妻的财产份额，裁定执行被执行人的责任财产份额，保留被执行人配偶份额；第三，执行标的属于被执行人财产或夫妻共同财产，裁定驳回异议请求；第四，当被执行人配偶收到查封其名下财产的执行法律文书后未在规定期间内提起执行异议，或收到驳回异议裁定后未在规定期间内提起执行异议之诉时，裁定执行执行标的一半份额，保留被执行人配偶一半份额。

判决主要适用于诉讼阶段，包括：第一，不应当执行执行标的，判决解除对执行标的采取的强制措施；第二，应当执行执行标的，对标的一并进行分割，按照协商确定的份额或法定裁判的份额执行并保留被执行人配偶份额（见图7）。

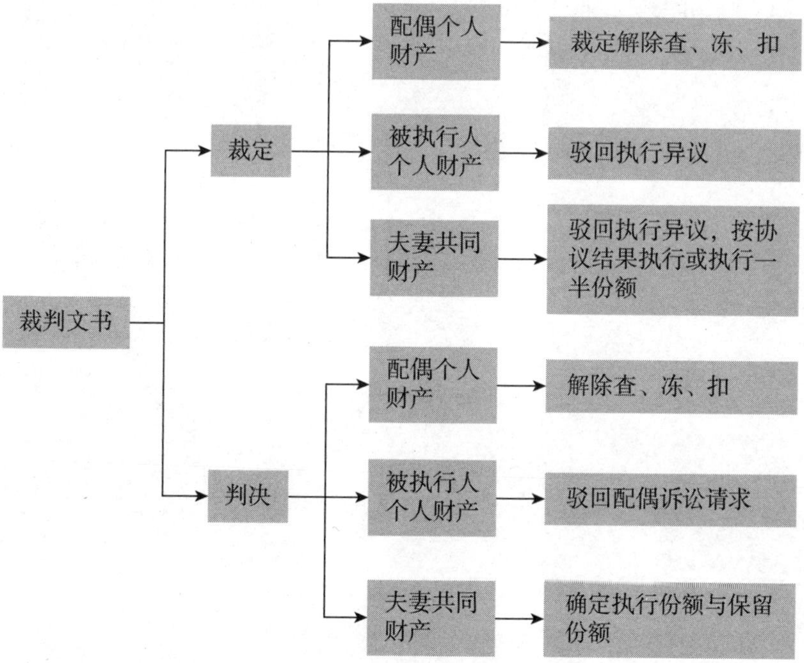

图7 裁判的主要方式

结 语

通过执行夫妻共同财产以实现债权人的权利已是司法的迫切需求，但司法实践中的混乱处理模式不仅影响司法权威，而且不宜于执行难题的解决。将执行异议之诉与婚内夫妻财产分割之诉合并审理，能够解决债务性质为个人债务时执行夫妻共同财产的问题，同时使得债权人权利实现效率价值与债务人配偶权益保护正义价值得以平衡，凸显了执行效率，亦维护了公平正义。

小额诉讼程序救济机制的实践困境与完善进路 *

张 欣 王 辉

引 言

2012年《民事诉讼法》首次将小额诉讼程序纳入法律中，规定小额诉讼程序实行一审终审，裁判一经作出即发生法律效力，当事人不得上诉。为了解决近几年小额诉讼程序在司法实践中适用率不高的问题，2020年最高人民法院制定《民事诉讼程序繁简分流改革试点实施办法》（以下简称《实施办法》）对小额诉讼程序进行了重构，使之更加独立和完整。但纵观现有的法律规范，再审仍然是小额诉讼程序唯一的事后救济程序。再审程序的启动条件严格、程序烦琐，这种单一、繁杂的救济程序给小额诉讼程序的适用带来阻力和困境。因此，如何制定符合小额诉讼程序便捷、高效特点的救济机制是实践中亟须解决的问题。

一、实践困境：小额诉讼程序救济机制存在的问题

过高的诉讼成本会抑制或妨碍普通民众寻求司法救济的愿望与能力。①小额诉讼程序实行一审终审，目的在于减少审级带来的诉讼时间过长、耗费诉讼成本过高的问题，但是当事人仅能通过申请再审寻求救济。

（一）再审程序条件严格、程序烦琐

从我国《民事诉讼法》和其司法解释的规定来看，再审的申请主体包括当事人、法院和检察院。法院决定再审是通过内部程序对生效裁判纠错的一种方式，系依职权启动。检察院通过抗诉、提出检察建议的方式申请

---

* 本文获2021年全国法院第33届学术讨论会三等奖。

① 毕玉谦：《关于在民事诉讼中设立小额诉讼程序的思考》，载《法律适用》2006年第8期。

法院再审，系行使审判监督权的一种方式。本文仅就当事人申请再审的情形进行分析。根据法律规定，当事人申请再审的，必须符合法律规定的13种情形。当事人申请需要在相应判决、裁定发生法律效力后的六个月的期间内向原审或者上一级法院提出，法院收到当事人的再审申请后，有三个月的审查期限，审查完毕后根据具体情况，当事人申请符合规定的，裁定再审，不符合规定的，裁定驳回当事人申请。裁定再审的案件，需要重新组成合议庭进行审理。当事人以不应按小额诉讼案件审理为由申请再审的，法院也需要组成合议庭进行审理，且作出的判决和裁定当事人可以上诉。从上述规定来看，当事人申请再审条件严格，且期限过长，即使申请通过后也需要通过普通程序这种对当事人程序保护最完备的程序进行审理。

（二）当事人对再审程序认同度低

在没有适宜救济机制的情况下，程序的便捷性就不再是当事人在司法活动中追求的第一要素。法官亦需面对一审终审带来的各种隐性压力，以上均造成了小额程序适用比率不高的问题。以北京市法院为例，笔者在中国裁判文书网以“小额诉讼”为关键词，检索北京市法院审理一审民事案件中适用小额诉讼程序的案件情况，具体数字如下：①

表1　北京市法院适用小额诉讼程序审理案件情况

年份(年)	民事一审案件数(件)	适用小额诉讼程序案件数(件)	小额诉讼程序适用率	小额诉讼程序中再审案件数(件)
2013	24087	59	0.245%	0
2014	92923	1093	1.176%	1
2015	100244	1568	1.564%	1
2016	106525	2038	1.913%	9
2017	272723	944	0.346%	6
2018	605325	974	0.161%	6
2019	447860	310	0.069%	10
2020	51558	26	0.050%	3

① 该表格中2020年的统计数字截至2020年5月27日。适用小额诉讼程序的案件中申请再审的案件共36件，其中只有2件为判决撤销了原审判决，进行了改判，剩余34件均为裁定驳回了当事人的再审申请。

续表

年份(年)	民事一审案件数(件)	适用小额诉讼程序案件数(件)	小额诉讼程序适用率	小额诉讼程序中再审案件数(件)
总计	1701245	7012	0.412%	36

1. 当事人抵触再审程序，规避小额诉讼程序的适用

从当事人角度来看，长期以来当事人已经接受了两审终审的诉讼制度，小额诉讼一审终审剥夺了当事人的上诉权。虽然一审终审并不意味着完全没有救济权利，当事人还可以通过再审程序寻求救济，但事实上，“启动再审程序不仅非常困难，而且即使成功启动，也是一种诉讼成本高昂、背离小额诉讼制度初衷的尴尬选择。”① 在当事人对一审判决实体公正性存在顾虑的情况下，效率价值就不是当事人优先考虑的因素，② 而是更加关注法院的判决是否能够给其一个相对满意的结果。此时一审终审的裁判作出后，当事人除了再审之外没有其他的救济机制，即使小额诉讼程序有其特有的程序优势也对当事人没有了吸引力。审判实践中我们经常会碰到这种现象：当事人为了规避小额诉讼程序的适用，在立案时将诉讼请求的标的故意提高，或者将案件事实复杂化，抑或增加非金钱给付类的诉讼请求，使案件不符合小额诉讼程序适用的范围，从而达到防止程序利益受损的目的。

2. 法官对小额案件适用再审程序持消极态度

小额诉讼程序一审终审制度设计下，当事人对裁判不服的，只能通过信访和再审机制寻求救济，这增加了法官信访维稳与再审指标绩效考核的压力。司法实践中，一方面，法官往往依职权以案件事实复杂，不宜适用小额诉讼程序为由将案件转为简易程序进行审理，使当事人获得上诉权，从而避免适用再审程序；另一方面，法官为了避免一审终审后出现的信访和再审问题，通常促成双方当事人调解，当事人在判决后没有救济机制的考量下，可能会接受相对有利的调解结果。以B市C区法院为例，2016年至2020年适用小额诉讼程序审理案件的结案方式中调解和撤诉的案件数量占绝大比例。

① 李晓倩:《论小额诉讼制度的优化》，载《江汉论坛》2018年第6期。

② 杜俊芳、牛佳雯、熊要先:《我国小额诉讼制度运行的困境与出路——以北京市基层法院的审判实践为蓝本》，载《法律适用》2016年第3期。

表2　B市C区法院适用小额诉讼程序审理案件结案方式情况

年份(年)	适用小额诉讼程序案件数(件)	判决(件)	调解(件)	撤诉(包括按撤诉处理)(件)	其他(裁定驳回、裁定终结或者准予申请)(件)	调撤率
2016	3867	103	2994	754	16	97.34%
2017	1302	126	552	572	52	90.32%
2018	199	27	38	121	13	86.43%
2019	35	9	7	19	0	74.29%
2020	80	25	21	34	0	68.75%
总计	5483	290	3612	1500	81	94.71%

（三）再审程序频繁启动会影响司法权威

再审程序属于审判监督程序的一种，是一种非常态化的救济程序。再审程序以生效的裁判文书为审查对象，在符合法律规定的条件下，能够刺破“既判力”的束缚，是在通常程序已经终结后为了纠正裁判文书的错误而启动的补救程序。综上，再审程序是一种非通常性、非普适性、事后性的特殊救济渠道，其既非独立的审级亦非必经的程序环节；由于对裁判确定性和程序安定性有所损害，因而扮演着“紧急出口”和“消防通道”的角色。[①]

就小额诉讼程序来讲，当事人的权利救济应当通过常态化的程序来实现，而不能通过大量启动再审这种非常态化运行的程序来保障。如果频繁地启动再审程序，一方面不利于维护生效裁判的既判力和程序的稳定性，另一方面还会损害法院的司法权威和公信力。“就一个国家的诉讼制度之设计和运行来说，频繁地启动再审程序本身就证明诉讼程序设计存在缺陷。”[②] 小额诉讼程序被设置为一审终审，除了再审程序之外又没有其他的救济机制，这本身就是小额诉讼程序这一制度设计的不足。

二、理论分析：完善小额诉讼程序救济机制的正当性

“无救济则无权利，有侵害就有救济”，救济和权利相辅相成，相伴

① 韩静茹：《错位与回归：民事再审制度之反思——以民事程序体系的新发展为背景》，载《现代法学》2013年第3期。

② 刘学在、欧阳俊：《小额诉讼一审终审制之评述》，载《湖北社会科学》2013年第5期。

相生，是法律意义上权利最基本的构成要件。[①]如果救济机制设置不科学，诸如存在救济缺位或者过剩、救济方式不当等问题，不仅会减损救济机制设立时预设功能的实现，更不利于对当事人程序权利的保护。就小额诉讼程序来讲，一般情况下，因小额案件诉讼标的小、事实清楚且法律关系简单明确，故法院出现裁判错误的几率较小。但是适用小额诉讼程序的案件数量庞大，涉及的案由种类范围广，法官同样也会受到各种因素的影响，因此出现裁判瑕疵或者错误的情况是不可避免的。因此，建立小额诉讼程序的救济机制符合民事司法的基本规则，具有内在正当性。

（一）对应性原则：救济机制与对应程序的功能相契合

当事人的各项程序权利依托于具体的规则来实现，当这些规则未能发挥预设功能并损害当事人合法权益时，便产生了启动救济机制的必要性。也正是设置了相应的救济机制，才能确保当事人程序权利的实效性。[②]民事诉讼中当事人程序权利的设计规则具有多样性，它们在具体的功能、优势等方面存在差异，在设置救济机制时，具体的救济方式应当与相关程序的类型、功能相契合，能够促进程序核心功能的实现，而不能超越或者背离相对应程序的预设功能。

就小额诉讼程序而言，两大法系对其法理基础的阐述都在于当事人权益的保护，旨在吸收大量日常的民事纠纷，保障普通民众享有平等诉权。小额诉讼程序赋予普通民众以更加便捷的方式寻求司法救济，“避免因程序烦琐与费用过高而不得不放弃债权，法院也不因为诉讼标的过小而放弃保护当事人实体利益的程序努力”[③]。由此可见，小额诉讼程序的价值目标应限于方便民众接近司法、减少诉讼成本、提高诉讼效率。换言之，小额诉讼程序的制度功能在于快捷、高效、低成本地解决当事人纠纷，在为该种程序设置救济机制时，也应当保障小额诉讼程序独有的功能价值的实现，也即救济机制与所对应程序的功能相适应。因此，小额诉讼程序的救济机制应当通过常态化的诉讼程序来予以保护，这种诉讼程序应当快捷、高效，而不能过度寄希望于启动再审程序，这是救济机制与制度功能相契合的内在要求。

---

① 韩静茹：《民事程序权利救济机制的建构原理初探》，载《现代法学》2015年第5期。
② 潘剑锋：《论建构民事程序权利救济机制的基本原则》，载《中国法学》2015年第2期。
③ 肖建华、唐玉富：《小额诉讼制度构建的理性思考》，载《河北法学》2012年第8期。

（二）比例原则：救济机制的适用顺位合理配置

一个完备的救济机制体系要求不同性质和种类的救济机制之间能够相互协调和衔接，这就需要确保通常性的救济机制与特殊性的救济机制在适用顺位上符合比例，没有经过通常的救济机制不宜适用特殊性的救济机制，以降低救济所可能产生的负面效应并提升救济方式的妥适性。比例原则要求在为民事权利设置救济机制时，应理顺救济机制体系内的适用顺位，从而因地制宜地为各种民事权利提供救济方式，这也符合优化配置司法资源的目的。

我国民事权利的救济机制类型主要包括复议、上诉和再审，这三种救济机制在适用领域、适用对象、运行方式和法律效果方面均存在不同差异。

表 3　民事权利的救济机制类型对比

序号	救济机制	本质属性	适用对象	预设功能	法律效果
1	复议	通常性救济机制	针对涉程序性事项的裁定和决定	快捷、有效地解决针对程序性事项裁决的不满，从而提升诉讼程序的效率、避免过分迟延	一般情况下复议的启动不妨碍裁判的执行力
2	上诉	通常性救济机制	大部分判决和部分重要裁定	救济当事人的实体权益和重要的程序权益，更加侧重公正价值的实现	直接阻断相关裁判的生效
3	再审	例外性、特殊性救济机制	符合法定情形的判决、违反自愿或合法原则的调解、不予受理或驳回起诉的裁定	以救济当事人在诉讼程序中所遭受的严重侵害为目的，以牺牲既判力为代价来追求实体公正和程序公正的实现	中止原判决、裁定和调解书的执行

从表 3 可以看出，这三种救济机制在救济力度上是不断递增的，笔者认为只有当穷尽了通常救济方式后仍无法满足当事人的需求时，才能适用特殊性的救济机制，否则会造成不同类型的救济机制的混同，亦会浪费司法资源。就小额诉讼程序来讲，该程序实行一审终审，法律不允许当事人

通过上诉这一通常救济机制寻求救济，根据比例原则，法律更不能允许其直接适用再审这一特殊性救济机制。

（三）效益原则：救济成本与救济收益相适应

为民事程序权利设置救济机制的目的在于，当当事人的程序权益受损时能够予以救济和保护，最大限度地实现公平正义。但是，民事程序所包含的权利种类繁多，法律不可能为所有的权利都设置救济机制，也不能为所有的权利都设置最充分、最高效力的救济方式，而是需要在综合考量救济的急迫性、必要性、所采用救济方式的成本和收益等多方面因素的基础上，为民事权利“量体裁衣”，设置救济机制。如果为民事权利设置的救济方式的成本超过了可能获得的收益，则无须为其配备救济机制。如果利用通常的救济机制就能够弥补相应的权益损害，或者特殊救济所需的成本和代价超越了救济所能够获得的收益，则不应将之纳入特殊救济的适用范围。就目前三种救济机制中的复议制度来讲，与上诉和再审机制相比，复议机制的预设初衷就是成本低廉、快捷高效，既能满足当事人的救济需求，也能兼顾法院审判的实际需求。就小额案件而言，其涉及的金额较小，法律关系简单，且不说损害当事人合法权益的可能性较小，即使裁判有误，也不会过分过大损害当事人合法权益。因此为其设置救济机制时，应该采取成本低廉、快捷高效的通常性救济机制来解决，而不是“杀鸡用牛刀”，为其配置再审程序这一耗费更多成本、烦琐的救济机制。

三、相关采撷：建立小额诉讼程序救济机制是其他国家和地区的普遍做法

从一些国家和地区关于小额诉讼程序的规定来看，大部分国家和地区在构建小额诉讼程序时并没有完全实行一审终审。为解决适用小额诉讼程序可能出现的裁判错误，一些国家和地区的民事诉讼规定分别从不同的角度，对小额诉讼程序设置了一些相应的救济方式。

（一）动议

动议是英美法系国家规定的针对小额诉讼程序的一种救济机制，是指在小额诉讼程序中没有出庭也没有委托诉讼代理人的当事人在裁判后一定期限内，可以向法院申请撤销原裁判的规则。对于有权提出撤销申请的原告，还必须符合两个条件：“一是未出庭具有合理且充分的理由，二是

判决对原告不利或者原告具有胜诉的可能性。”[①] 没有出庭的被告，如果要提出上诉，需要在此之前向原审法院提出取消原判决的申请，即动议的申请。原、被告的动议申请应在法律规定的期限内提出。符合上述条件的原、被告提出动议的，需要在判决书送达后30日内提出申请；为了保护因为没有送达而未出庭的被告的利益，被告可以在发现或者应当发现该判决对其不利后的180日内提出动议申请。[②] 原审法院在收到当事人该申请后，经审查认为当事人的申请可以通过的，法院可以立即安排庭审对案件重新审理，且可以由撤销有关判决的法官主持审理，[③] 该种审理应在双方当事人都在场的情况下进行。动议这一救济机制主要规定于美国加州和英国的民事诉讼规则中。[④]

（二）有限的上诉制度

为防止诉讼迟延以及诉讼费用过高，影响小额诉讼案件的诉讼效率，美国康涅狄格州、夏威夷州、密歇根州、北达科他州、南达科他州等5个州的小额诉讼程序的相关法律明确规定不允许上诉或复审。[⑤] 除了上述5个州之外，美国的其他州允许小额案件当事人提出上诉，但对上诉的条件和主体作出了一些不同程度的限制。如有些州规定小额案件的原、被告都可以上诉，而加利福尼亚州、马萨诸塞州规定，对小额诉讼案件的判决不服，只允许被告提出上诉，原告除非在被告提起的反诉中败诉，否则不允许上诉。[⑥] 笔者理解不允许原告上诉的地区为原告提供了动议这一救济机制。无论是允许双方上诉还是只允许被告上诉，英国和美国的民事诉讼规则中都对上诉的条件作出限制，只有在原审判决存在严重程序违法或者适

---

① 廖中洪：《小额诉讼救济机制比较研究——兼评新修改的〈民事诉讼法〉有关小额诉讼一审终审制的规定》，载《现代法学》2012年第9期。

② 美国加利福尼亚州法院行政办公室司法教育和研究中心：《美国加州小额诉讼程序指南》，蒋惠岭、黄斌等译校，人民法院出版社2011年版，第223页。

③ 《英国民事诉讼规则》，徐昕译，中国法制出版社2001年版，第138~139页。

④ 《英国民事诉讼规则》规定，申请法院作出撤销判决命令的当事人，须在判决通知书送达之日起14日内提出申请，并且没有规定未送达被告最长提起动议申请的期限。

⑤ 汪静：《美国小额诉讼程序的误读与澄清》，载《江西社会科学》2018年第12期。

⑥ 马强：《美国小额法庭制度与借鉴》，载《比较法研究》2011年第5期。

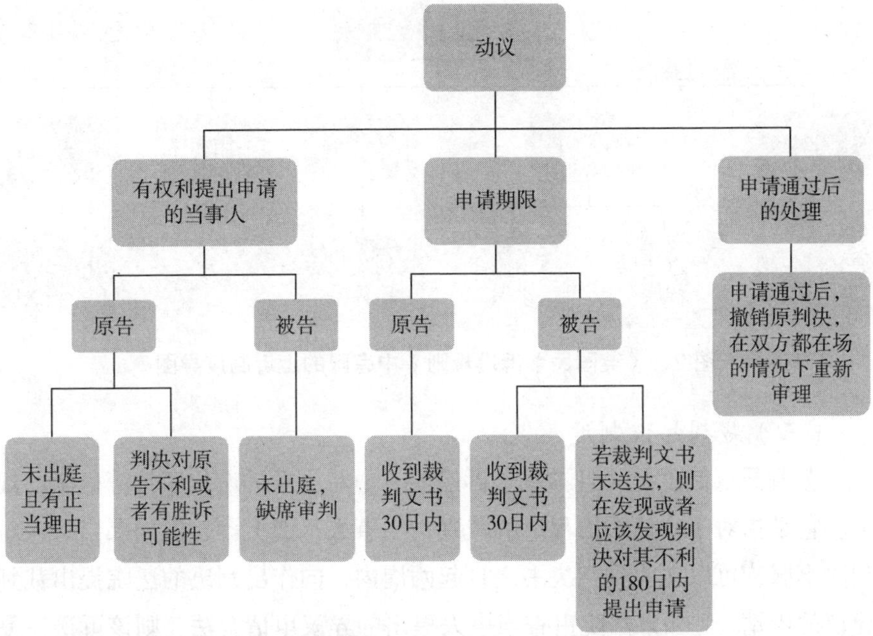

图 1　美国加州小额诉讼程序动议机制导图

用法律错误时才能上诉，诸如事实认定等问题不得上诉。[①] 我国台湾地区也有类似的规定，仅是在上诉程序适用的对象、提出上诉的期限、上诉后进行审理的程序上的规定有所差别。[②]

---

① 《英国民事诉讼规则》规定："有下列情形之一的，一方当事人可对根据本章作出的命令提起上诉：(a)存在影响诉讼程序的严重违法；或者(b)法院适用法律错误的。就上诉而言，法院可作出其认为适当的任何命令。法院可无需经过审理程序，而径行驳回上诉。"第 27.13 条规定："拟上诉的一方当事人，须在有关命令的通知书送达之日起 14 日内提交上诉通知书。上诉通知书须向作出命令的法院提交，以及须列明上诉理由，即存在严重程序违法或适用法律不当。"

② 在上诉后适用程序上，美国加州对于有限的上诉审理基本援用非正式的审理模式，即不进行证据开示，不采用陪审团的审理方式、法官无须作出预先裁判以及进行裁决说明。英国与我国台湾地区规定有限的上诉应按照与小额诉讼程序不同的通常程序，即正式程序进行审理。在上诉后的管辖问题上，美国加州和英国均规定为案件管辖地的上一级法院，我国台湾地区规定有限上诉的管辖地为地方法院。即我国台湾地区虽然规定小额案件可以上诉，但并未提高上诉程序审理的审级。

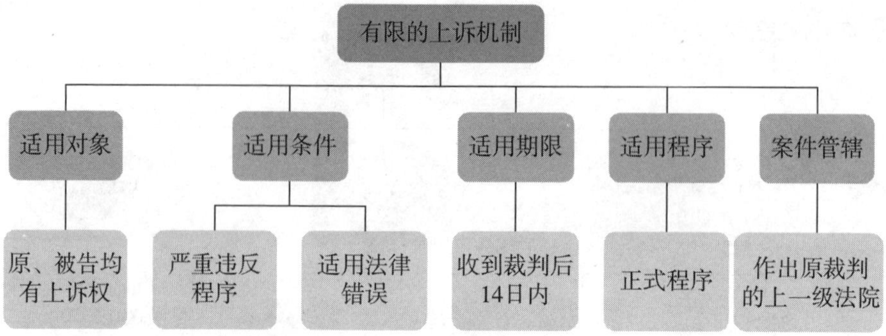

图2　《英国民事诉讼规则》中有限的上诉制度导图

（三）裁判异议制度

裁判异议制度是《日本民事诉讼法》中对小额诉讼程序救济机制的规定。它是指对于小额诉讼程序的裁判，当事人不能上诉，但如果当事人对判决不服，可以在收到判决书之日起两周内，向作出判决的法院提出裁判异议的申请。[①] 如果法院审查当事人提出的异议申请合法，则该诉讼恢复到口头辩论终结之前的状态，按照普通程序另行组成合议庭进行审理并作出判决。[②] 当事人申请仍然要以原审判决违反法律规定为必要条件。[③] 为了维持小额程序整体上迅速处理纠纷的性质，裁判异议的审查主要是对新提出的主张和证据进行。与一般上诉程序把原判决作为审理对象不同，小额诉讼程序的裁判异议审查直接以原告的请求是否妥当为审查对象，如果结论与原判决内容相一致，则作出承认原判决的判断；如果不同于原判决，则撤销原判决，并另行作出裁判。[④] 对于裁判异议后作出的判决，当事人同样无权提出上诉，当然也不可能再次提出裁判异议了。

---

① 《日本民事诉讼法》第378条第1款规定："对于小额诉讼的终局判决，从收到判决书之日起在两周不变期日之内，可以向作出该判决的法院提出异议申请。"

② 《日本民事诉讼法》第379条第1款规定："异议合法时，诉讼将恢复到口头辩论终结前的程度。在此种情况下，依照通常程序进行审理及裁判。"

③ 廖中洪：《小额诉讼救济机制比较研究——兼评新修改的〈民事诉讼法〉有关小额诉讼一审终审制的规定》，载《现代法学》2012年第9期。

④ 王亚新：《对抗与判定：日本民事诉讼的基本结构》，清华大学出版社2010年版，第305页。

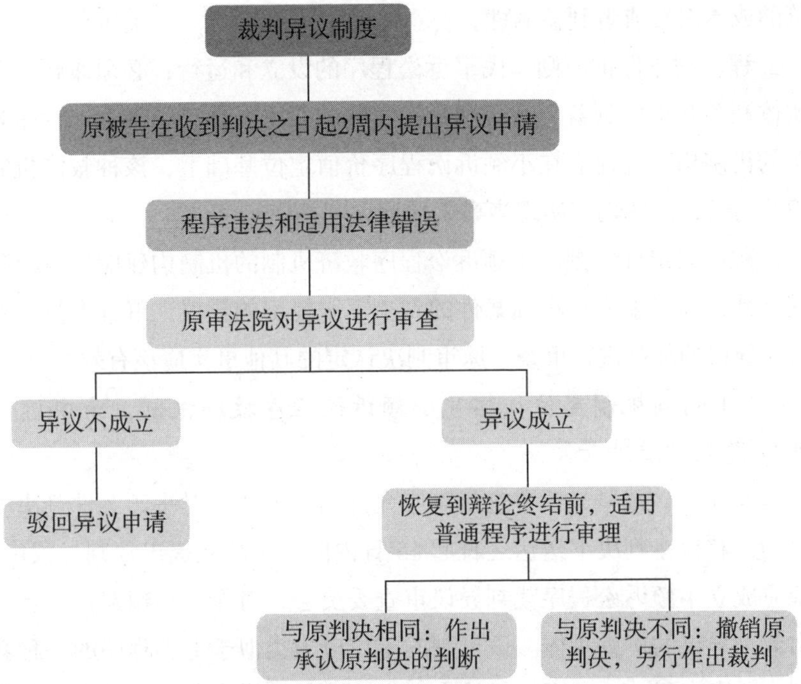

图 3　日本小额诉讼程序裁判异议制度导图

四、路径选择：设立小额诉讼程序裁判异议审查机制

基于上述理论体系，本文认为小额诉讼程序救济机制的机制构建应先确立相关基本原则，在我国现有小额诉讼一审终审的法律框架下设立裁判异议审查机制，即适用小额诉讼程序的案件当事人在收到判决书一定期间内，如认为判决书有错误的，可以向原审法院提出书面异议，由法院另行指定法官进行审查。同时该机制还应有相应的配套设计，具体内容包括机制定位、审查主体、审查程序、审查结果的运用等。

（一）明确基本原则：坚持司法公正与效率的价值平衡准则

1. 程序效率原则。“制度设计就是要谋求诉讼经济、促进诉讼，即应尽可能致力于节省劳力、时间或费用，这是民事诉讼法上的一项基本要求。”[①] 小额诉讼程序的救济机制应坚持效率原则，在当事人利用该程序或者法官运行该程序过程中，不应使法院或者当事人遭受到与案件重要性不

① 邱联恭:《口述民事诉讼法讲义(2015 年笔记版)》，中国台湾地区元照出版有限公司 2015 年版，第 97 页。

相符的成本浪费或者利益牺牲。

2. 程序利益保护原则。民事诉讼程序的设立和运行，必须兼顾当事人的实体利益和程序利益。基于理论和实践的双重考量，小额诉讼程序救济机制的机制构建应建立在小额诉讼程序价值定位基础上，该种救济机制应该简便易行，能够切实实现当事人的程序利益。

3. 程序安定性原则。小额诉讼程序救济机制的机制构建应注意保障程序安定性，即当事人对小额案件的判决不服提出的异议，审查人员仅对当事人有异议的部分进行审查，原审判决认定的其他事实应该有效。

（二）明确机制定位：拓宽小额诉讼程序救济机制，为申诉信访和再审设立“缓冲带”

本文认为，裁判异议审查机制应允许当事人如果对小额案件判决书有异议的，有权在判决书送达之日起 15 日内向原审法院提出裁判异议申请。法院应成立小额诉讼程序裁判异议审查委员会，对作为小额案件中当事人提出裁判异议的审查主体。该机制的定位应为类似于上诉程序的一种救济机制，区别在于，一方面，仍然在一审法院的框架内由专门成立的裁判异议审查委员会内的法官进行审查，原承办法官遇到自己承办的案件被审查时应当回避；另一方面，裁判异议审查机制系通过合议庭成员之外的员额法官进行审查和答疑，避免了大量小额诉讼案件直接涌向再审，同时与再

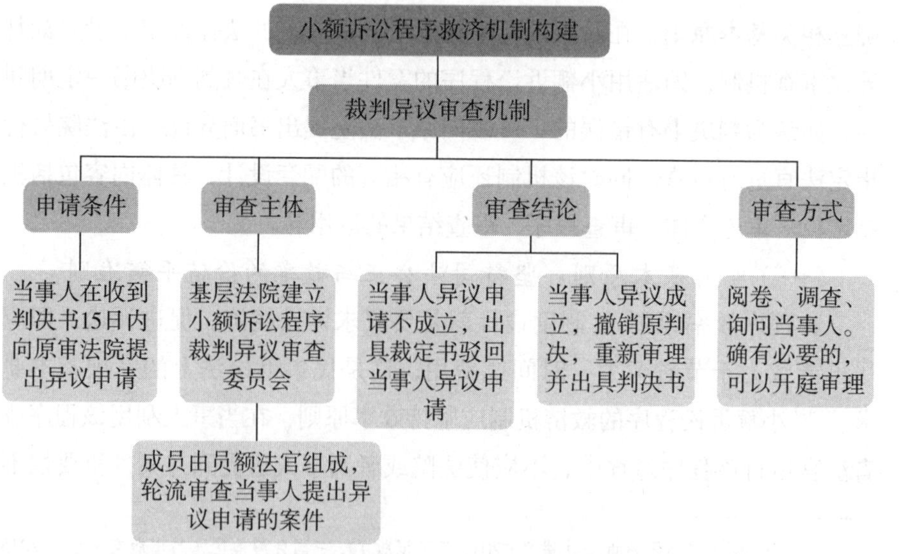

图 4　小额诉讼程序救济机制构建思维导图

审程序实现了有序衔接。该机制拓宽了小额诉讼案件的救济机制，能够通过及时有效的答疑化解当事人的疑问，使当事人对法院作出的裁判文书更加信服，减少申诉信访和再审案件的产生，有助于解决小额诉讼案件的后顾之忧。

（三）确立审查主体：组建小额诉讼裁判异议审查工作委员会

为保障裁判异议审查机制的顺畅运行，本文认为基层法院应组建成立小额诉讼案件裁判异议审查工作委员会。审查委员会成员应包括受理小额诉讼案件庭室的主管副院长、庭长和部分员额法官组成，基层法院可根据本院实际情况确定审查委员会内的成员，并明确进入和退出机制。副院长和庭长应为审查委员会内的组长和副组长，组长对案件审查过程有权进行监督，副组长负责审查委员会日常行政工作。审查委员会内可设置1~2名法官助理负责日常审查案件档案记录、通知等辅助工作。审查委员会收到当事人对小额案件判决书的书面异议后，由审查委员会指定一名员额法官围绕当事人提出异议的内容对该案件进行审查，委员会内的员额法官遇到自己的案件被审查时应当回避。审查委员会内审查人员的指定规则应为轮流负责，以确保各成员负责案件数量的均衡性。

（四）规范审查程序：建立有别于上诉或再审案件的程序规则

一是确定当事人提出异议的期间和方式。当事人提出异议应在收到裁判文书之日起15日内，向该案的承办法官以书面方式提出。承办法官在收到书面异议后，应在3个工作日内通知对方当事人，并在2个工作日内将相应材料和卷宗移转审查委员会。

二是确定负责审查的法官。审查委员会应在收到异议申请后立即指定一名员额法官对该案件进行审查，原案件承办人应配合审查法官调阅卷宗等。

三是确定审查方式。审查委员会的法官可以通过查看案件笔录、审查证据材料、组织双方当事人询问、进行庭审等方式进行审查，具体的审查方式和顺序不设限制。审查过程中法官可以组织双方当事人进行和解。

四是确定审查内容。审查委员会的法官应针对当事人提出异议的内容，对案件的程序问题和实体问题进行全面审查。值得说明的是，因小额程序快速、便捷的特点，相比简易和普通程序而言规范性较少，故对程序性问题提出的异议应严格把握。

五是确定审查期限。审查委员会的法官应自当事人提交异议申请之日起30日内作出审查结论。

（五）明确结果运用：保障当事人诉权与加强院内审判监督

审查委员会应建立裁判异议审查案件登记簿，对审查的案件信息、审查时间、审查人员、审查过程、审查结论进行登记，以做到全程留痕。审查法官经过审查得出审查结论后，应及时告知当事人并充分释明。如审查法官认为原裁判文书在事实认定和适用法律方面没有错误，则向当事人出具决定书，驳回当事人的异议申请。如审查法官认为原裁判文书确有错误需要予以纠正的，应将审查结论提交审查委员会，由审查委员会过半数的成员讨论得出一致意见是否将案件提请本院启动再审程序。如最终结论为需要启动再审程序的，向当事人出具决定书，决定该案提请本院建议启动再审程序。对于决定书，当事人不能再次提出异议。审查法官作出结论前，当事人可以撤回申请。对于一个小额诉讼案件，只允许启动一次裁判异议审查程序。此外，作为加强法院内部审判监督管理的一种手段，经裁判异议审查发现确有瑕疵的裁判文书，适当纳入对小额诉讼案件承办法官的考核管理。如检察院行使检察监督权，对该案提出检察意见或者抗诉时，审查委员会应向检察院提供审查登记簿、审查法官审查案件的卷宗材料等文件。

结　语

构建小额诉讼程序的救济机制是充分发挥小额诉讼程序制度优势的应有之义。这一机制的构建，必须符合小额诉讼程序的特点，坚持司法公正和诉讼效率相结合的原则，才能切实发挥小额诉讼程序推动普惠司法、降低诉讼成本、优化司法配置的作用。

论民事诉讼中非格式条款优先规则的不当运用及程序规制*

——以《民法典》第498条的司法适用为研究对象

杨婷婷　刘　明

引　言

《民法典》第498条[①]沿用了原《合同法》第41条的规定，在格式条款与非格式条款不一致时，应当采用非格式条款，困扰法官的两难选择（当非格式条款较格式条款相比而言，其解释对非格式条款提供方更加不利时，法官是为了有利于非格式条款提供方而选择适用格式条款，还是严格遵循法条规定适用非格式条款）依旧存在。尤其是近年来，在部分行业存在相较于格式条款而言对非格式条款提供方更为不利的“特殊约定”，其特殊性体现在名义上是双方具体协商的条款，但实质上未有具体商议的行为。这部分特别的非格式条款的产生，致使法官适用《民法典》第498条规定的非格式条款优先规则更加困难。为了解决这一两难问题，更好地适用非格式条款优先规则，合理分配合同主体的利益，本文从司法实践出发，以北大法律信息网司法案例库中560例涉及非格式条款优先规则的案例作为分析样本，[②]以法官在面临两难选择时大前提和小前提的认定及法官的推理过程为考察重点，拟对非格式条款优先规则司法适用展开规律性

* 本文获2021年全国法院第33届学术讨论会三等奖。

① 《民法典》第498条规定："对格式条款的理解发生争议的，应当按照通常理解予以解释。对格式条款有两种以上解释的，应当作出不利于提供格式条款一方的解释。格式条款和非格式条款不一致的，应当采用非格式条款。"

② 笔者在北大法律信息网的司法案例中，以“非格式条款”“本院认为”为关键词进行检索，截至2021年5月20日，共搜集2019年至2021年期间的案例2690件。经筛选后，本文获取包括商品房销售合同纠纷在内的560个案例作为分析样本。

总结，力图构建一个相对清晰、能够指引非格式条款优先规则正确适用的司法规制程序，从而增强裁判结果的一致性与可预测性。

一、现象扫描：非格式条款优先规则司法适用的实证检视

本文中“非格式条款优先规则的不当运用”是指在民事诉讼中，法官基于各种原因未能正确适用非格式条款优先规则的情形。非格式条款优先规则不当运用体现在涵摄过程中，主要有两个层面：第一个层面是意识自觉阶段，法官因格式条款的内容更有利于非格式条款提供方而放弃适用非格式条款优先规则；第二个层面是寻找法则阶段，法官把作为小前提的法律事实认定错误，或因不当地连续推理选择不利解释规则或严重失衡规则作为裁判依据。

（一）意识自觉阶段：怠于运用非格式条款优先规则

怠于运用非格式条款优先规则，是指在诉讼过程中法官应当运用非格式条款优先规则而不予运用的情形。在 560 例分析样本中，虽然均涉及非格式条款的适用问题，但仅有 85 例案件适用非格式条款优先规则进行裁判，约占文本总数的 15.1%。其余 475 例案件适用其他格式条款解释规则作为裁判依据。如图 1 所示：

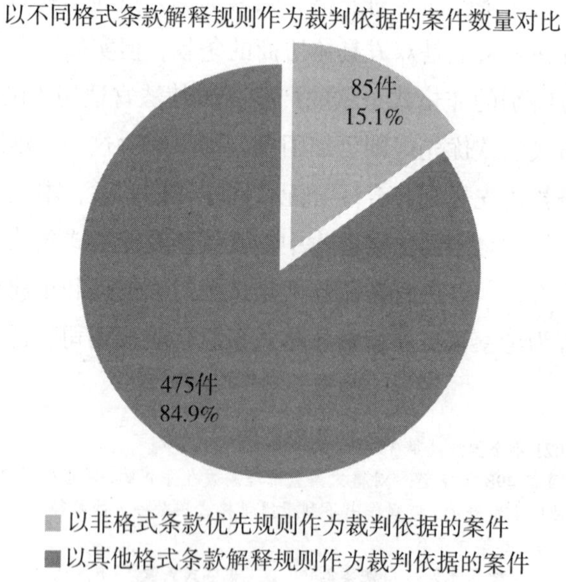

图 1　以不同规则作为裁判依据的案件数量示意图

以杨某与深圳市淞江康纳投资有限公司（以下简称淞江公司）商品房预售合同纠纷一案为例，[①] 买卖双方在主合同及其附件中就办证及违约金计算方式等事宜约定了不同内容的条款。杨某起诉要求淞江公司按照主合同而非合同附件承担法律责任。依据主合同及合同附件产生的法律效果如图 2 所示：

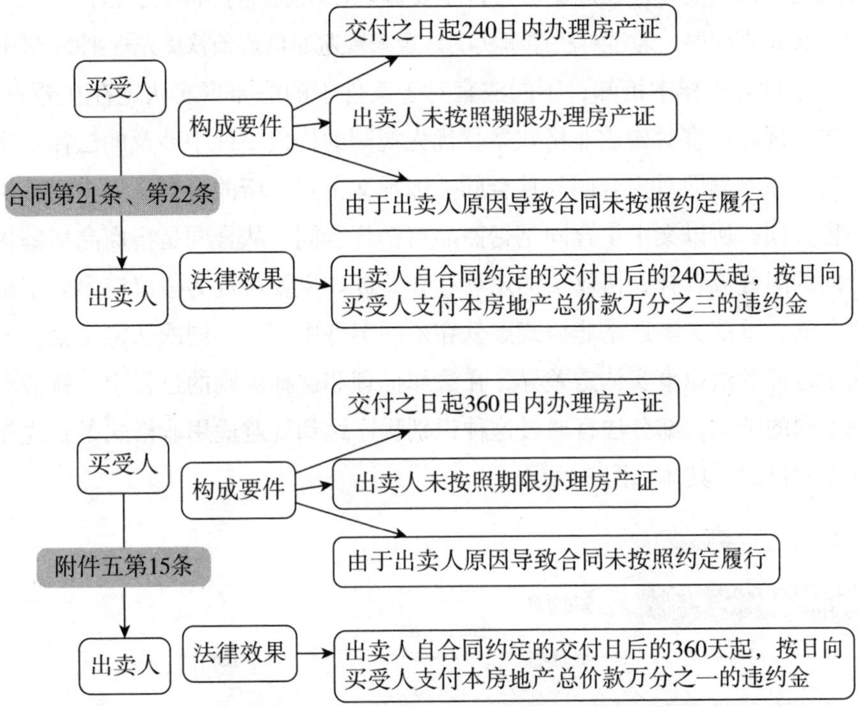

图 2　分别依据主合同及合同附件作为裁判依据的法律效果示意图

一、二审法官通过对有争议的合同条款进行对比发现，相较于合同附件条款而言，预售合同中的条款对非格式合同提供方更有利。合同附件内容放宽了办证期限、推迟了计付违约金的起算点、降低了违约金的计算标准，减轻了出卖人的违约责任，合同附件的相关条款符合格式条款的特征，同时出卖人不能证明已对该格式条款尽到了提示及说明义务。最终，一、二审法官均认为出卖方是在利用格式条款损害买受方的利益，故通过认定附件中约定的相关条款为无效的格式条款，进而支持买受人的诉讼请求。

① 参见广东省深圳市中级人民法院（2019）粤 03 民终 16796 号民事判决书。

（二）寻找法则阶段：通过甄选程序规避非格式条款优先规则

涵摄是一项严谨、精细、艰难的法学思维过程，一方面，需从法律规范去认定事实，另一方面，亦从案例事实去探求法律规范，剖析要件，来回穿梭于二者之间。[①]法律事实构建与具体法律的选择是法官审判活动中最重要的两个涵摄环节。就非格式条款优先规则的适用而言，法院在法条的甄选过程中同样存在规避行为，主要体现在识别程序和筛选程序中。

1. 识别程序：通过对法律事实的认定来规避非格式条款优先规则的适用

通过分析样本可知，不同法官对于案件中的法律事实认定存在差异，主要表现在法官对构成非格式条款优先规则的构成要件中涉及的法律事实认定存在差异即对主合同与从合同（因本文主要分析的合同类型为商品房销售合同，所以文中主合同是指商品房销售合同，从合同是指商品房销售合同的附件或者补充协议）的定性存在差异。主要表现为争议内容属于格式条款、示范文本还是非格式条款在不同案件中存在不同的认定结论。而基于这样的法律事实认定差异，在法律推理和选择规则的过程中，就会出现不同的结论。部分法官通过这种识别程序达到规避适用非格式条款优先规则的目的。具体如图 3 所示：

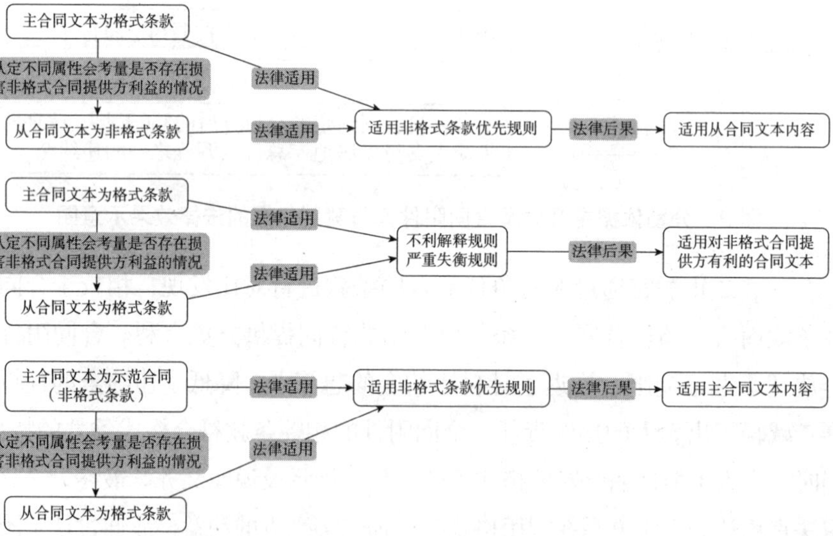

图 3　合同文本属性认定差异与格式条款解释规则适用关系图

---

① 王泽鉴：《民法思维——请求权基础理论体系》，北京大学出版社 2009 年版，第 162~163 页。

（1）主合同文本的属性认定存在差异

在商品房销售合同纠纷中，对于主合同属性的认定，有的法官认为其为格式合同，有的法官则认为其为示范合同。[①]格式合同与示范合同的差异主要在于格式合同的当事人没有讨价还价的余地。[②]法院在具体案件中对于是否构成格式合同，主要集中考察合同条款是否重复使用及订入合同时是否进行充分协商。如表1所示：

表1　不同法官对于主合同属性认定的不同观点对比

序号	案号	案件名称	主合同属性界定
1	(2019)闽05民终4922号	中喜置业集团有限公司、周某露商品房预售合同纠纷	本案《商品房买卖合同》第8条……并非合同示范文本原有内容，而是中喜公司预先拟定，包括适用于该楼盘的其他买受人，属于格式条款
2	(2019)辽0411民初4096号	才某尧、抚顺市顺大房地产开发有限责任公司房屋买卖合同纠纷	一审法院认为，案涉《商品房买卖合同》应属格式合同，该合同第15条亦属格式条款，依据法律规定，该条款应属无效
	(2020)辽04民终1338号		二审法院认为，本案所涉及的商品房买卖合同文本是根据法规和惯例而确定的将之以示范使用的文件。示范文本并非格式条款，后者是一方当事人为了反复使用而预先制定的，并由不特定的第三人所接受的，在订立合同时不能与对方协商的条款。本案中，合同的条款内容除法律要求必备条款外，大多为选择条款，对上诉人而言具有协商选择的权利，对双方而言有协商的空间。故一审认为该条款属于格式条款，应认定无效缺乏事实和法律依据

① 这里需要明确，示范合同是指通过有关的专业法规、商业习惯等确立的，为当事人订立合同时所参考的文本格式，示范合同对当事人没有强制约束力，当事人可以选择是否参照，还可以对示范合同的条款进行修改、删除。在没有专业法律人员参与、当事人法律知识相对缺乏的情况下，示范合同有利于明确当事人的权利义务，减少因合同内容欠缺而发生纠纷的可能。

② 最高人民法院研究室：《最高人民法院关于合同法司法解释（二）理解与适用》，人民法院出版社2009年版，第83页。

续表

序号	案号	案件名称	主合同属性界定
3	(2021)川11民终173号	施某川、王某与四川申阳置业有限公司商品房预售合同纠纷	双方同属平等的民事主体，购买申阳置业公司所售房屋决定权在于施某川、王某，申阳置业公司并不具备垄断地位和优势地位，双方签订《四川省商品房买卖合同(预售)》应当属于合同示范文本而非格式合同

（2）从合同文本的属性认定存在差异

司法实践中，对合同附件或补充协议等从合同的相关条款是否属于非格式条款，不同的法官亦有不同的观点。这主要是因为法官对非格式条款内涵的理解不同以及对合同提供方的提示义务的认定标准不同。部分法官认为，在从合同中载明说明条款①已经尽到了提示义务，缔约主体在要约和承诺的过程中已经协商一致，则从合同中的内容应属非格式条款。有的法官则持相反的观点，认为从是否达到证明标准而言，说明条款作为打印件中的一部分，不能作为充分证据表明合同提供方已经尽到相应的提示说明义务且未能有效证明磋商过程，这种说明方式也存在不合理及不明确的问题。如表2所示：

表2　不同法官对从合同文本属性认定的不同观点对比

序号	案号	案件名称	补充协议属性界定
1	(2020)苏05民终8620号	张家港市中梁轩置业有限公司与李某、黄某萍商品房预售合同纠纷	协议第10条系公司为重复使用而预先拟定，并在订立合同时未与当事人协商的格式条款。未特别提请予以必要的关注
2	(2019)闽05民终4922号	中喜置业集团有限公司、周某露商品房预售合同纠纷	《合同补充协议》第12条……并非合同示范文本原有内容，而是中喜公司预先拟定，包括适用于该楼盘的其他买受人，属于格式条款

① 说明条款是指附件中载明："本合同及双方签署补充协议为买卖双方经充分协商而达成的一致约定，双方在签署之前已认真阅读、理解、知悉并接受。买受人确认出卖人已采取合理方式提请买受人注意免除或限制出卖人责任的条款，并已按照买受人的要求对该类条款予以充分说明，买受人明确表示理解并接受。"

续表

序号	案号	案件名称	补充协议属性界定
3	(2019)粤03民终16796号	杨某、深圳市淞江康纳投资有限公司商品房预售合同纠纷	合同附件五的内容并非专门针对涉案房产而订立，其中多处条款内容均为涉案房产所在小区整体使用，应认定系淞江公司为了重复使用而预先拟定的，附件五的条款为格式条款
4	(2020)渝0105民初4058号	保利(重庆)投资实业有限公司与杨某商品房销售合同纠纷	补充协议内容基本一致并系打印件，未因主体不同而有所差异，系重复使用，且根据常理，开发商面对众多的买受人，难以做到一一协商，故可以认定协议内容为格式条款。虽补充协议中约定该协议非格式条款，但不影响相关条款的实质性判断
5	(2021)川11民终173号	施某川、王某与四川申阳置业有限公司商品房预售合同纠纷	双方签订的《商品房买卖合同补充协议》应为个别商议合同，协议第1条明确载明，在签署本合同及补充协议前，买受人已认真阅读了本合同及附件、本补充协议，……知悉双方的权利和义务，并在协商一致、自愿平等的基础上订立合同

2. 筛选程序：通过法律推理规避非格式条款优先规则的适用

（1）不利解释规则适用错位

通过分析样本可知，对于格式条款解释规则而言，适用最多的莫过于不利解释规则。不利解释规则是指对格式条款有两种以上解释的，应当作出不利于提供格式条款一方的解释。[①] 该规则的广泛适用是基于对非格式条款提供方的保护，法官常围绕这一立法精神进行裁判。实践中，部分案件本应适用非格式条款优先规则进行处理，但是因非格式条款优先规则对非格式条款提供方更加不利，或是在认定是否为格式条款时存在错误，最终法官通过适用不利解释规则进行裁判。

（2）严重失衡规则适用错位

基于《民法典》第497条的规定，本文所称“严重失衡规则”是指免

① 崔建远：《论格式条款的解释》，载《经贸法律评论》2019年第3期。

除、减轻合同提供方的责任或是加重合同相对人的义务或责任，限制合同相对人权利的条款无效。[①] 在是否适用非格式条款优先规则存在争议的案件中，也会存在法官通过认定争议的合同条款为无效的格式条款来达到规避适用非格式条款优先规则的情况。

如杨某与淞江公司商品房预售合同纠纷一案[②]中，主合同和从合同就同一事项约定了不一致的条款，法院在审理该案件时认为主合同中关于履行期限、违约金计算方式等内容相较于从合同的约定对购房人更为有利，法院通过认定从合同中的相关内容为格式条款且出卖人未尽到合理的提示义务，最后适用严重失衡规则作出有利于购房人的判决。

需要说的是，司法实践中也存在大量同时适用不利解释规则与严重失衡规则进行裁判的情况。如图 4 所示：

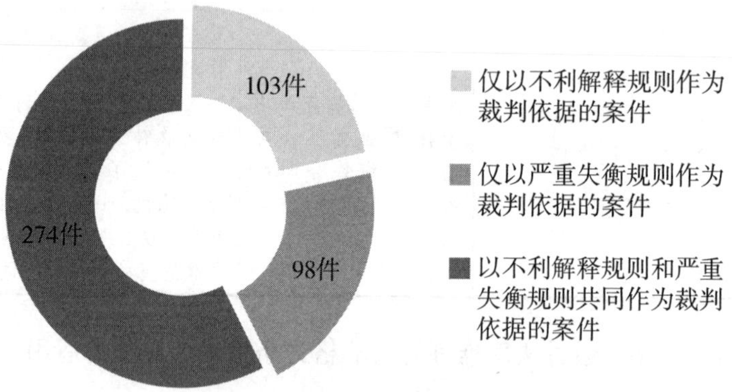

图 4　适用不同格式条款解释规则进行裁判的文书数量示意图

二、追本溯源：非格式条款优先规则不当运用的成因透视

非格式条款优先规则的不当运用会导致司法裁判不公正，有损司法权威。通过对样本数据的分析和总结，本文归纳造成非格式条款优先规则不当运用的主要原因有以下四点：

（一）非格式条款优先规则在立法方面存在不足

现行法律法规中均未对非格式条款这一概念进行明确。司法实践中，

① 张友连：《格式条款司法规制的逻辑分析——以〈最高人民法院公报案例〉为对象》，载《河北法学》2017 年第 3 期。

② 参见广东省深圳市中级人民法院（2019）粤 03 民终 16796 号民事判决书。

主要是采用排除法对非格式条款与格式条款进行区分。正如王利明教授所言，合同法适用格式条款的概念，意味着在一个合同中可以将所有的条款分为两类，即格式条款与非格式条款。[①]现阶段对于合同条文是否为非格式条款，均是通过验证其是否为格式条款进行区分。法官审理案件时一旦将合同条款认定为格式条款，则不考量其是否为非格式条款。事实上，格式条款与非格式条款的认定存在一定争议区域，对格式条款认定时需要在主观上进行判定。这会导致对格式条款的认定因主体不同而具有不稳定性，这样就会增加非格式条款的认定难度。事实上，遵循规律的法律逻辑思考，是以事实之间的逻辑关系为依据的思考过程。[②]在法律事实认定不清的情况下，直接进行规则适用，是有悖逻辑严谨性的。

（二）非格式条款优先规则在适用程序方面存在的缺失

现行法律法规对如何运用非格式条款优先规则语焉不详，在推定事实、认定证据等方面也缺乏具体的制度性规定。王泽鉴先生指出："如何在契约自由的体制下，规范不合理的交易条款，维护合同正义，使经济上的强者，不能假契约自由之名，压榨弱者，是现代法律所应担负的义务。"[③]虽然，实体正义一直是司法追求的目标，但实体正义应该建立在程序正义的基础之上。现阶段由于对非格式条款优先规则的选择和适用缺乏必要的规制程序，不少法官认为只要在裁判文书的论理过程中能够自圆其说，同时在实体公正方面不存在偏颇，内在逻辑的严密性和法律适用的正确性可以不必过于坚持。

（三）非格式条款优先规则的正确适用受法官裁判理念的影响

司法实践中，对于具体法律规则的选择适用，除了受案件事实影响外，法官对司法理念、法律规定的认知和理解也发挥着至关重要的作用。在案件审理过程中，当涉及非格式条款优先规则与不利解释规则的选择时，有的法官将争议条款解释为格式条款，而有的法官将争议条款认定为非格式条款，这种差别在法官以结果为导向的裁判思维的作用下更加凸显，当法官以保护非格式条款提供方的利益为出发点时，那么他就会在裁

① 王利明：《对〈合同法〉格式条款规定的评析》，载《政法论坛》1999年第6期。

② 鲁格罗·亚狄瑟：《法律的逻辑——法官写给法律人的逻辑指引》，唐欣伟译，法律出版社2007年版，第29页。

③ 王泽鉴：《民法学说与判例研究（第7卷）》，中国政法大学出版社1988年版，第37页。

判文书论理的过程中通过论述争议条款的内容限制合同相对人的权利或减轻合同提供方的责任，争议条款为格式条款，然后再适用严重失衡规则而作出裁判。在分析的样本中，这种情形并不鲜见。在法官保护非格式条款提供方利益的裁判理念指引下，无论采用何种格式条款解释规则，主导的裁判结果均为支持非格式条款提供方的利益。如图 5 所示：

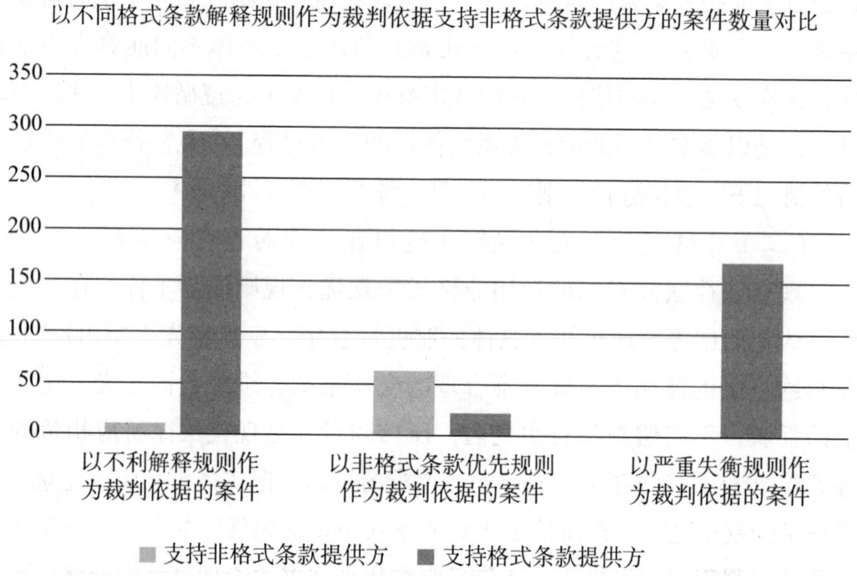

图 5　适用不同格式条款解释规则支持非格式条款提供方的文书数量示意图

（四）非格式条款优先规则的合理适用受类案检索机制的制约

合理适用非格式条款优先规则，不仅需要法官充分的理论自信，还需要法官充足的勇气。通过分析文本可以发现，法官在裁判案件时更倾向于不利解释规则以及严重失衡责任规则的运用。基于类案检索机制的制约，部分法官遇到同样或者类似的问题时会参考先前的案例，不作出独立的判断。在案件大量堆积的审判压力下，要想推翻类案的裁判理念就会需要大量的时间成本和理论支撑。基于此，一般法官会遵循先例，按照原有的裁判理念对自己的案件进行处理，这样可能会造成错误的延续。

三、理论之基：运用非格式条款优先规则的正当性源于缔约合意与合目的性

非格式条款在适用上之所以具有优先性源于契约自由原则和意思自治

原则。非格式条款作为特别内容优于一般内容，是因为经过特别磋商的意思更能反映出当事人的真实意思。保护缔约者的真实意思表示，是非格式条款优先规则写入法律的题中之义。

（一）非格式条款优先规则应以合意为基础

非格式条款相较于格式条款优先适用的法理主要在于尊重当事人之间的意思自治，尊重当事人之间的合意。非格式条款更能体现当事人之间的合意，这种合意主要体现在两方面：一是缔约与否的合意，二是契约内容的合意。

缔约自由是一种程序上权利的保障。合同当事人在订立合同时应有权选择是否缔约以及选择与何人缔约，这是非格式条款适用具有优先性的程序保障。契约内容的合意，体现为缔约主体在诚实信用原则指导下，通过充分磋商确立权利义务的过程。诚实信用不仅具有确定行为规则的作用，而且具有衡平利益冲突、为解释法律和合同提供准则等作用。[①] 合意是意思自治的充分体现，意思自治则是民事活动的重要基石。民事活动的主体以具有完全民事行为能力为前提，其对权利的处分和义务的选择，都是在充分理解的基础上作出的。

相较于格式条款而言，非格式条款是合同双方在缔约与否以及合同内容方面合意度较高，所以适用上更具优先性。值得注意的是，在合同领域，如果合同当事人在合同订立过程中怠于承担自己的注意义务，怠于行使自己磋商的权利，一味寻求事后救济，此时，司法机关对其怠于行使权利的保护是一种矫枉过正的实体正义，不利于合同的履行。

（二）非格式条款优先规则应以合目的性为追求

合目的性是指非格式条款优先规则的适用应该遵循目的性限缩的原则。法律不可能将所有问题及情况纳入其适用范围。目的性限缩的法理在于非类似的应为不同的处理，目的性限缩将某项法律规定的适用范围加以限缩，于特定案例类型不适用之。[②]

对于非格式条款优先规则应明确目的性限缩解释中的“目的”是指基于法律规范之意旨，非格式条款立法之目的在于增加合意度，在于平衡不能协商的合同当事人之间的利益失衡问题，对于能协商而未协商的当事人

① 王利明、崔建远：《合同法新论·总则》，中国政法大学出版社2000年版，第110页。
② 王泽鉴：《民法思维——请求权基础理论体系》，北京大学出版社2009年版，第209页。

的权利保护应合理限制。

非格式条款优先规则就是为了制约通过合意程度低的合同文本对非格式合同提供方的利益进行损害。格式条款合意程度低的原因一般有二：一是因合同条款提供方的限制，合同相对方不具有充分表达意思的权利；二是合同相对方忽视自己的权利，因为怠于行使权利而致使意思未能充分表达。非格式条款优先规则的运用，主要是为了保护第一种情况下合意受限的当事人的权益。至于后一种原因导致合意度低的合同当事人的权益是否应该保护或如何保护立法未明确。从非格式条款的定义出发，非格式条款隐含的是缔约主体能通过充分协商订立的合同条款。因此，积极行使磋商权利的合同当事人才是非格式条款优先规则应该保护的主体。

四、对策建议：非格式条款优先规则不当适用的程序性规制

为解决非格式条款优先规则适用的两难困境，纠正司法实践中存在的不当适用情形，在调整法官裁判理念的同时，更为重要的是要将非格式条款优先规则运用的程序科学化、明细化，只有建立在规范之上的程序才能更好地规制司法适用中的不当之处。

（一）明确适用原则：适用时应遵循最密切联系、比例及目的限制原则

针对非格式条款优先规则适用中的问题，本文认为司法实践中法官不得回避非格式条款优先规则的正确适用，在适用时应遵循最密切联系原则、比例原则及目的限制原则。

1. 最密切联系原则

本文所称“最密切联系原则”是指法官在选择裁判规则时应根据查明的事实，选择与其关联性最强、最为密切的规则。当适用格式条款的解释原则存在明显逻辑缺陷时，不能为了维护非格式条款提供方的利益和所谓的社会效果就刻意规避非格式条款优先规则的适用。若不顾法律推理的正当性，放弃最密切联系原则，适用关联性不强的规则会严重削弱裁判结果的合理性及公正性。法院所受拘束者，系判决理由中对法规之正确解释，或对不确定概念之具体化。[①] 只有正确的法律适用和合理的法律解释才能

---

① 翁岳生：《论不确定法律概念与行政裁量之关系》，载《社会科学论丛》1990 年第 17 期。

维护真正意义上的司法公正。

2. 比例原则

本文所称“比例原则”是指法官在面临非格式条款提供方利益减损以及非格式条款优先规则适用的两难选择时，法官应对非格式条款提供方与格式条款提供方之间的利益、实体正义与程序正义之间的比重进行综合权衡。如果维护格式条款提供方的利益加上因此带来社会效果高于非格式条款提供方的利益时，那么规避非格式条款优先规则的选择是符合比例原则的，也是必要的。反之，则是违背比例原则，是减损司法权威及公信力的，这对于司法公正的损害也是不可逆的。

3. 目的限制原则

本文所称“目的限制原则”是指基于非格式条款优先规则的立法目的对其适用进行限制。非格式条款优先规则适用的主要目的在于通过合同签订过程本身的协商弥补格式条款合意度不足的问题，充分尊重当事人的处分权利。这区别于立法上规制格式合同的目的即保护合同相对人的利益，是符合公平原则的，也是维护市场交易秩序的需要。“交易中诚信失落和显失公平的结果撼动了法律的良知。”①

值得注意的是，从分析样本中的交易模式来看，的确存在个别协商条款格式化的趋势，在考量是否以这类非格式条款作为确定当事人之间权利义务的依据时，应根据条款的内容来决定。如其约定明显违背非格式条款优先规则的立法目的，即未能在合同订立过程中以当事人的充分合意来实现对于自己权利和义务的明确，那么就不能以该条款约束当事人。即“合意并不是一种心理状态，而是一种行为，并且作为一种行为，是从行动里推断出来的”②。

（二）明确适用前提：确定非格式条款优先规则的适用条件

明确规则的适用条件是规则得以具体适用的前提。非格式条款优先规则的适用条件一直隐藏于司法适用中，可谓“一案一构成要件”。为解决这一问题，本文归纳司法实践中的正确做法，构建该规则的适用条件。

1. 前提条件：存在差异化条款

前提一：针对同一事项存在差异化的合同条款。如果针对同一事项只

---

① 林诚二:《民法理论与问题研究》，中国政法大学出版社 2002 版，第 25 页。

② 王家福等:《合同法》，中国社会科学出版社 1986 年版，第 65 页。

存在一个合同条款的约束，那么只能通过格式条款的其他解释规则进行认定，这也是区分不利解释原则是否适用的重要前提。前提二：差异化条款之间，有一个条款被合理地界定为格式条款。如果针对同一事项的不同约定均未认定为格式条款，则不能适用非格式条款优先规则进行裁判。

以错误引用不利解释规则为例，司法实践中经常出现的问题是因为前提确认错误从而引发逻辑混乱。不利解释规则适用的前提在于，对于同一条款有不同理解，且都是通常理解，不知道选择哪一解释时，适用不利于合同提供方的解释。分析文本中反映出司法认定的困难在于合同条款选择上存在争议，而不是理解上有歧义。若司法裁判站在错误的起点，即便就最后的结论而言，看似符合实质正义，但是论理的基础和过程是存在漏洞的。因此法官在选择规则时对于前提条件的明确非常必要。

2. 核心条件：准确认定“协商一致”

对于非格式条款优先规则适用的关键在于存在非格式条款，非格式条款认定的关键在于对“协商一致”的认定。现阶段法官主要坚持的认定标准是“是否进行事实上的协商一致”。对于是否进行协商的客观证明，通常是以该条款是否为手填为主要认定标准。这一认定标准，本文认为尚有完善的空间。关于非格式条款的界定以及认定标准在理论界也存在较大争议。如表3所示：

表3　对非格式条款界定及认定标准的不同观点对比

称谓	含义	判断标准
个别约定条款	当事人对合同内容的全部或一部分经具体协商所制定的条款	该条款是否为真诚的改变，不能简单地以是否为印刷体作为判断标准，即使是印刷体，若有真诚的改变则可认定为个别约定条款；反之，即使是手写体，若无真诚的改变，虽经修改或补充，仍属格式条款
个别协商条款	就已制定的格式条款，在订入合同时，相对人获得了与制定人进行一定范围或限度内的协商权限，通过协商改变了条款最初的部分或全部内容	双方既有协商权限加之对原合同条款内容进行改变

续表

称谓	含义	判断标准
非一般交易条款	合同条款系经合同当事人具体协商，其不构成一般交易条款	是否进行实际磋商、提供人是否作出让步，是区别关键，就个别的认定，有关格式条款还必须进行逐一磋商
个别约定条款	当事人双方就其合同内容经个别协商之后所作出的具体约定	实际协商并作出改变
个别商议合同	经当事人各方单个、具体协商议定的合同	单个的具体的实际的协商

本文认同非格式条款判断标准是该条款是否为真诚的改变，不能简单地以是否为印刷体作为判断标准，即使是印刷体，若有真诚的改变则可认定为个别约定条款；反之，即使是手写体，若无真诚的改变，虽经修改或补充，仍属格式条款。① 真诚的改变须有两个要件，一是合同主体能够主张改变，二是合同主体利用该权利去改变。这两个要件是对合同双方基于公平原则提出的要求。王利明教授于《合同法》颁布之初，首先提出应将“未与对方协商”理解为“不能与对方协商”。② 有学者指出格式条款必须是对方不能协商的，相对人仅能表示同意或不同意，而无变更、修改的权利，如果仅双方协商确定，则为非格式条款。③ 本文亦同意当事人一方在能够协商而不协商，或放弃协商的情况，无格式条款优先规则保护之必要。

3. 限制条件：坚持目的限制解释

非格式条款优先规则与不利解释规则是相互独立的，在格式条款司法规制的过程中，非格式条款优先规则应明确不需要以非格式合同提供方的利益保护为必要条件。以最高人民法院审理的成都蓉彩尚投资管理有限公司与成都鑫诚酒店管理有限责任公司租赁合同纠纷再审案 ④ 为例，尽管非格式条款的适用对非格式条款提供方存在不利，但最高人民法院依旧适用该规则进行裁判。现行法律法规中也未明确要求非格式条款优先规则的适

---

① 刘宗荣：《定型化契约论文专辑》，中国台湾地区三民书局 1988 年版，第 45 页。

② 王利明：《对〈合同法〉格式条款规定的评析》，载《政法论坛（中国政法大学学报）》1999 年第 6 期。

③ 谢鸿飞：《合同法学的新发展》，中国社会科学出版社 2014 年版，第 144~145 页。

④ 参见最高人民法院（2016）最高法民申 487 号民事裁定书。

用必须要对非格式条款提供方有利。司法实践中，并不限制在非格式条款的适用过程中将不利于非格式条款提供方的合同条款作为裁判依据，主要还是考察该条款是否为当事人经过充分磋商所达成的合意。

但尚需指出的是，个别行业中存在不利于用户或消费者的所谓“个别商议条款”[①]。如商品房买卖合同纠纷中关于接收房屋的条款、办理房产证时间的条款以及合同双方违约金计算标准不同的条款等。本文认为，若个别协商条款确实存在对非合同提供方的利益严重损害时，应考量是否进行必要的规制。

非格式条款优先规则立法目的中包含对非格式合同提供方利益的保护，那么可通过制定《民法典》的相关司法解释明确非格式条款优先规则适用的目的限制，即非格式条款的内容如果对于非格式条款提供方的利益有严重损害，便可以适用格式条款。目前，这种对于非格式条款优先规则突破的具体情形，可在最高人民法院颁布的指导性案例或公报案例中予以明确。法国的合同法将合同的解释权赋予基层法院，但要求法国最高院从两个方面对合同解释进行干预：一为法国最高院有权审查基层法院对合同解释是否有必要即是否扭曲了原本清晰和确切的合同条款；二为有权要求基层法院法官对某类合同的解释具有统一性。[②]若以此为依据，法官在规则运用、法律选择以及说理过程中就会减少阻碍，避免逻辑错误。

（三）构建程序规则：规范非格式条款优先规则的适用程序

规范非格式条款优先规则的适用程序主要包括启动程序、识别程序、辩论程序以及展示裁判文书四个方面。

1. 启动程序

非格式条款优先规则适用的启动主体主要是法官。至于判决理由所含之法律解释或规范具体化，是否妥适，原则上法院于每一个新的案件，应自为决定，即有之判决，不能免除法官此项责任。法官倘若确信，先前之判决自始即属不当，或判决时虽属正确，但规范意义业已变更，或原为判决之基础已不复存在时，则应即改变，此为法官之权利，亦为其业务。[③]

---

① 崔建远:《论格式条款的解释》，载《经贸法律评论》2019 年第 3 期。

② 尹田:《法国现代合同法：契约自由与社会公正的冲突与平衡(第二版)》，法律出版社 2009 年版，第 307 页。

③ 王泽鉴:《民法学说与判例研究(第一册)》，北京大学出版社 2009 年版，第 129 页。

非格式条款优先规则之运用关涉当事人利益，法官应充分行使释明权，让当事人充分理解不同的格式条款解释规则的内容，尤其是对于专业的法律术语。法官的释明时间为庭前会议时、询问时或开庭时，当事人可针对这一问题，在提交答辩状、书面质证意见或是开庭辩论时予以明确回复其对于规则选择及适用的意见，适用非格式条款优先规则是否符合该案件的具体特征。

2. 识别程序

识别主体是独任法官或合议庭。合同解释的对象是合同文字或者条款，其解释主体是法院或仲裁机关。[①]识别内容分为两方面：一是区别非格式条款优先规则与其他格式条款解释规则；二是当事人可以对法官认定的法律事实进行质询，如非格式条款是否存在、格式合同提供方是否充分给予协商权利或履行协商义务等事实进行举证。以才某尧与抚顺市顺大房地产开发有限责任公司房屋买卖合同纠纷为例，[②]法官应该准确识别合同文本属性这一法律事实，为裁判规则的选择奠定基础，同时可避免因法律事实认定错误致使案件被发回的情况。在识别程序中，法官主要是综合当事人的举证和自己的查证对非格式条款优先规则涉及的法律事实及非格式条款优先规则适用的条件具备与否进行初步判断和识别。

3. 辩论程序

法院在组织质辩活动时，如果选择将非格式条款优先规则作为案件的裁判依据，可通过归纳案件争议焦点的方式，让当事人重点围绕非格式条款优先规则适用的前提条件、核心条件以及限制条件等构成要件是否满足进行辩论。如当事人对是否协商存在争议时，法官应重点查明双方当事人是在程序上不能协商还是非格式合同提供方未要求协商。总之，法庭辩论环节应主要围绕非格式条款优先规则的适用条件进行。

4. 裁判展示

裁判文书上应载明非格式条款优先规则具体适用的过程及结果，包括法律事实认定及推理过程等。本文建议法官应在裁判文书论述部分载明：重要法律事实认定的依据、裁判规则选择时遵循的原则和依据（如不同条款对双方利益影响的大小是否成比例）、认定“个别协商”条款是否为格

---

① 梁慧星：《论合同解释》，载《现代法学》1986年第1期。

② 参见辽宁省抚顺市顺城区人民法院（2019）辽0411民初4096号民事判决书。

式条款或非格式条款考量的因素、是否参考其他法院已经作出的裁判文书所体现出的裁判理念等。对于有争议的格式条款规则的适用，应该写明合议庭或审判委员会的意见，并指出多数意见或者少数意见的具体内容。合议庭或审判委员会成员就案件中非格式条款优先规则的适用进行实质性的协商、论辩，可以在一定程度上防止其不当运用。具体的适用条件和规制程序如图 6 所示。

结　语

非格式条款相较于格式条款之所以优先适用的原因在于磋商过程中，当事人之间可以通过充分表达意愿确定权利和义务，这是契约自由和契约正义相统一的一种表现。司法规制格式条款时应尊重当事人之间的非格式条款的约束力，不能越俎代庖，更不能一叶障目，为了保护非格式条款提供方的利益，而忽视法律适用的内在逻辑和法律文书说理的重要性。本文旨在通过明确非格式条款优先规则的适用原则、适用前提并构建适用程序，从而达到非格式条款优先规则正确适用的目的。

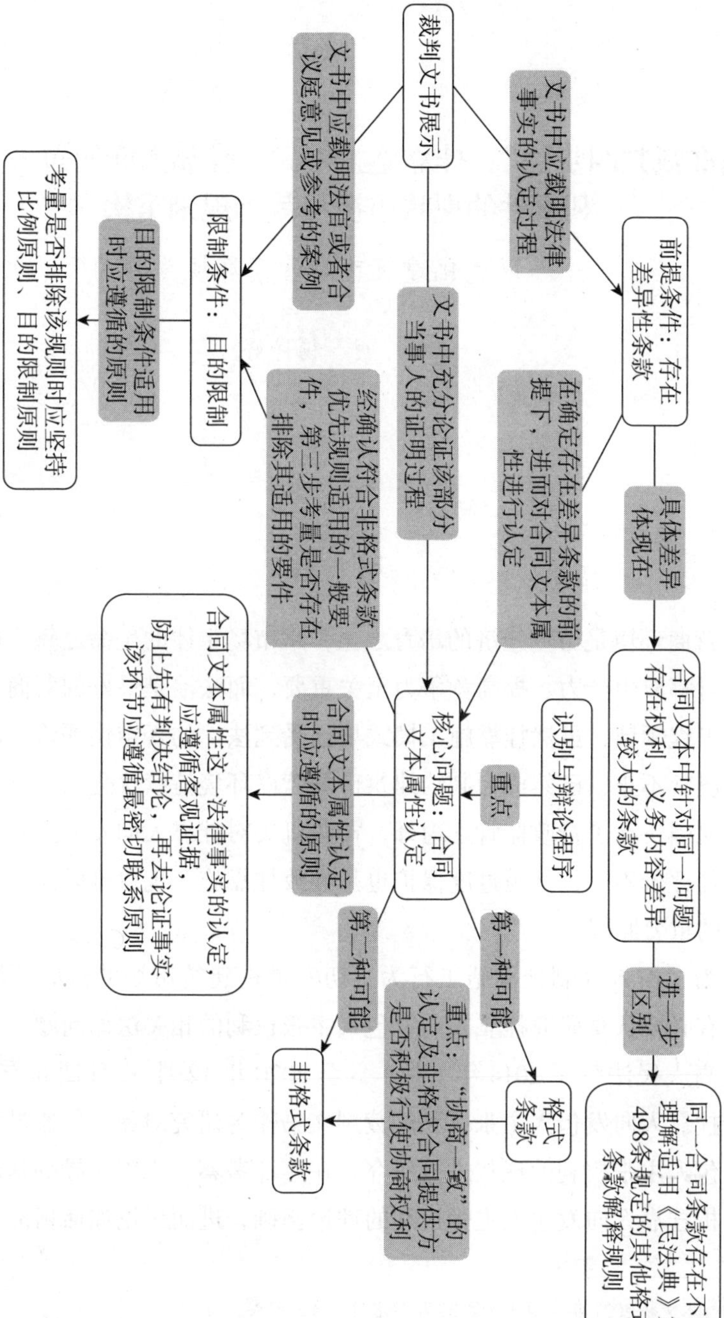

图6 非格式条款优先规则的适用条件及规制程序

“精准裁判四步法”：挂靠施工模式下挂靠人向发包人主张权利案件的现状审视与裁判规则重构*

——以优化建筑市场营商环境为视角

刘 明 杨婷婷

引 言

营商环境是市场经济的培育之土，是市场主体的生命之氧，好的营商环境对解放生产力、提高竞争力至关重要，而法治是最好的营商环境。在建设工程领域，虽然挂靠施工模式早已受到法律的否定性评价，但挂靠现象却屡禁不止，已然成为制约建筑市场营商环境持续优化的“顽瘴痼疾”。究其原因，除了行政监管乏力外，司法机关对挂靠人向发包人主张权利[①]的路径评价不一，甚至过度保护也是导致挂靠施工现象难以消弥甚至愈演愈烈的重要原因。

为了有效规制挂靠施工行为，切实推进建筑市场的营商环境持续优化，有必要认真研究挂靠人向发包人主张权利的相关法律问题。本文选取了最高人民法院于2014年1月1日至2020年12月31日期间作出的246份涉挂靠人向发包人主张权利的裁判文书作为研究对象，[②]通过对挂靠人向发包人主张权利的现状进行研究，在实证考察、原因探寻的基础上，深入分析挂靠人向发包人主张权利的理论基础，进而讨论如何精准重构对挂

* 本文获2021年全国法院第33届学术讨论会三等奖。

① 本文中所称的“主张权利”是指挂靠人向发包人提出要求支付工程款及其利息、赔偿损失等主张。

② 笔者于2021年4月22日，以“民事案件”“最高人民法院”为设置条件，以“建设工程”“挂靠”“工程款”为关键词在中国裁判文书网进行搜索，获得2014年至2020年期间裁判文书456份，去除非挂靠人主张权利的文书后剩余246份裁判文书。

靠人向发包人主张权利案件的正确裁判规则，以期对实现"同案同判"，维护正常交易秩序，深入优化营商环境有所裨益。

一、现实之困：挂靠人向发包人主张权利案件的实证检视

笔者通过对选取的246份裁判文书进行分析，发现挂靠人向发包人主张权利的案件呈现以下特点：

（一）挂靠人向发包人主张权利的方式具有"跨越性"特点

在挂靠模式下，挂靠人通常只是借用被挂靠人的营业执照、资质证书等证件，在工程承揽、参与投标、合同签订等环节都是以被挂靠人的名义进行，在合同签订后的具体施工阶段却是由挂靠人实际投入并组织施工，被挂靠人只是收取数额相对固定的"管理费"。在工程竣工验收合格交付发包人后或因多种原因导致挂靠人撤场后，被挂靠人却存在怠于向发包人主张工程款的情形，此时实际投入人力、物力、财力进行具体施工的挂靠人只能以自己的名义跨越被挂靠人直接向发包人主张权利。通过分析样本，发现挂靠人向发包人主张权利的案件占比73%，挂靠人主张权利呈现"跨越性"特点（见图1）。

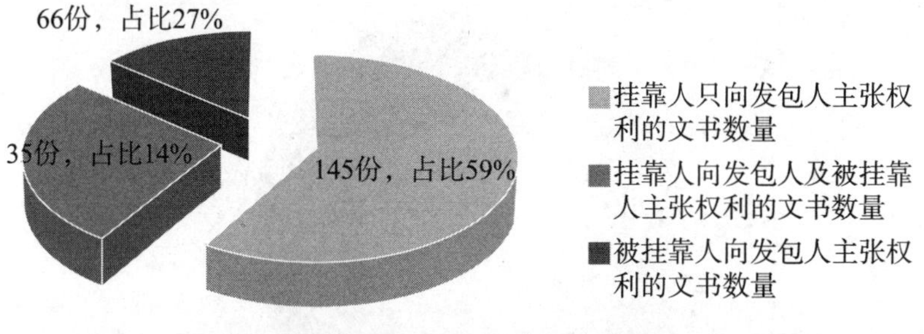

图1　挂靠人向发包人主张权利的文书数量及比例示意图

（二）挂靠人向发包人主张权利的依据呈现"类型化"特点

通过对样本进行分析，发现挂靠人向发包人主张权利的依据主要分为两种，呈现出"类型化"的特点（见图2）。一是挂靠人以其与发包人之间形成事实上的建设工程施工合同关系为由，以《民法典》第793条第1款[①]为依据，向发包人主张工程款、利息、优先受偿权等权利，此类文书

① 《最高人民法院关于审理建设工程施工合同纠纷案件适用法律问题的解释》（以下简称原《建设工程司法解释》）已被废止，其中第2条已被《民法典》第793条第1款吸收，为行文方便，本文涉及该司法解释第2条的用《民法典》第793条第1款指代。

有 84 份，约占比 40%。二是挂靠人以其为实际施工人为由，以《最高人民法院关于审理建设工程施工合同纠纷案件适用法律问题的解释一》（以下简称《建设工程司法解释一》）第 43 条第 2 款[①]为依据，向发包人主张工程款及利息等权利，此类文书共 127 份，约占比 60%。

（三）法院对挂靠人向发包人主张权利的裁判标准呈现“两极化”特点

通过分析样本，发现不同的合议庭对挂靠人向发包人主张权利所涉及的许多问题均具有不同的观点，在裁判标准上呈现出“两极化”特点。

1. 对挂靠人是否有权突破合同相对性直接向发包人主张权利观点不统一

在挂靠施工模式下，存在挂靠人、被挂靠人、发包人三方主体，其中挂靠人与被挂靠人之间是挂靠合同关系，被挂靠人与发包人之间是建设工程施工合同关系，而挂靠人与发包人之间通常不存在合同关系。根据合同相对性原则，挂靠人只能基于其与被挂靠人的挂靠合同关系向被挂靠人主张权利，而无权直接向发包人主张。实践中对挂靠人是否有权突破合同相对性直接向发包人主张权利观点不统一

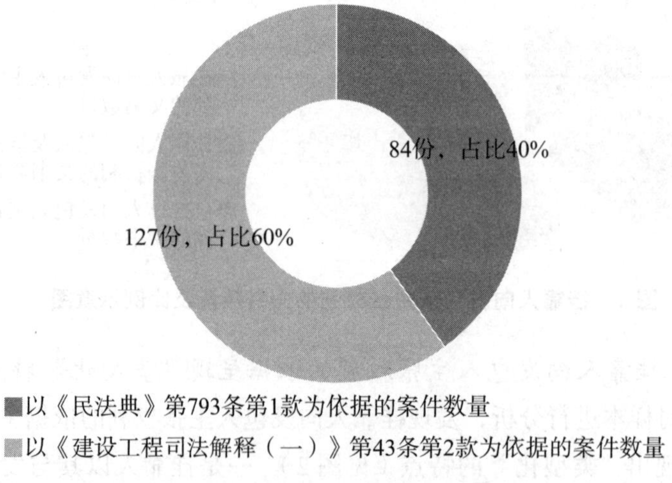

图 2　挂靠人向发包人主张权利的法律依据示意图

---

① 《建设工程司法解释一》第 43 条第 2 款与原《建设工程司法解释》第 26 条第 2 款及《最高人民法院关于审理建设工程施工合同纠纷案件适用法律问题的解释（二）》（以下简称原《建设工程司法解释二》）第 24 条的规定基本一致，本文中涉及后两个规定的均以现行的《建设工程司法解释一》第 43 条第 2 款指代。

对性向发包人主张权利发生争议的主要原因在于《建设工程司法解释一》第43条第2款关于实际施工人可以向发包人主张工程款的规定。司法实践中，不同的裁判者因为对该条款的理解不一导致在挂靠人能否依据该规定突破合同相对性向发包人主张工程款的问题上出现截然相反的两种观点（见表1）。

表1　挂靠人是否有权直接向发包人主张权利的不同观点对比

认为挂靠人无权直接向发包人主张权利的典型案件		认为挂靠人有权向发包人主张权利的典型案件	
案号	合议庭观点	案号	合议庭观点
(2020)最高法民终576号	黄某国(挂靠人)只是挂靠东方公司(被挂靠人)施工的挂靠人，在挂靠情形下工程价款应由承包人主张，东方公司作为承包人已与发包人亚星公司进行了结算，亚星公司(发包人)已向东方公司支付了除部分质保金外的全部工程款。黄某国不是与亚星公司结算工程款的主体，也不是可以直接向亚星公司请求支付工程款的主体	(2019)最高法民申652号	作为案涉工程的实际施工人，沈某洪有权以自己的名义依据《建设工程司法解释一》第26条的规定对发包人安达公司提起诉讼，安达公司应当在欠付工程价款范围内对沈良洪承担责任。安达公司主张上述法律条文中的实际施工人仅指非法转包及违法分包的施工人，不包括挂靠情形下的实际施工人，此种狭义理解不符合该条文意旨，本院不予支持
(2019)最高法民终233号	《最高人民法院关于审理建设工程施工合同纠纷案件适用法律问题的解释》第26条第2款的规定，适用于建设工程的非法转包和违法分包的情况，不适用于本案挂靠的情形	(2018)最高法民申5741号	根据《最高人民法院关于审理建设工程施工合同纠纷案件适用法律问题的解释》(法释〔2004〕14号)第26条的规定，实际施工人可以突破合同相对性追究发包人的法律责任。但建设工程中的"实际施工人"是特指无效建设工程施工合同中的实际完成工程建设的承包人，即非法转包、违法分包、借用资质情形下的实际承包人

2. 对支持挂靠人向发包人主张权利的裁判理念及依据不统一

通过对样本分析，发现法院对挂靠人向发包人主张权利的裁判理念存在很大差异，与此相对应的是法律依据也有所不同。基本可以分为以下两类：一是认为挂靠人属于原《建设工程司法解释》第26条中规定的实际施工人，挂靠人有权依据该条向发包人主张工程款，发包人应当在其欠付工程款的范围内向挂靠人承担支付责任。二是认为挂靠人与发包人形成事实上的建设工程施工合同关系，依据原《建设工程司法解释》第2条或原《合同法》第58条的规定，挂靠人有权向发包人主张工程款等权利（见表2）。

表2 支持挂靠人向发包人主张权利的不同理念及依据对比

施工人，有权依据该条规定向发包人主张权利的典型案例		认为挂靠人与发包人形成事实上的建设工程施工合同关系，挂靠人有权向发包人主张权利的典型案例	
案号	合议庭观点	案号	合议庭观点
(2018)最高法民再265号	对于金花公司(发包人)和中建公司(被挂靠人)而言，迪旻公司(挂靠人)是涉案工程的实际施工人，根据《建设工程司法解释》第26条的规定，实际施工人迪旻公司有权向发包人金花公司主张工程款，金花公司应当在其欠付工程款的范围内向迪旻公司承担支付责任	(2020)最高法民终1269号	岚世纪公司(发包人)与南通四建公司(被挂靠人)之间不存在真实的建设工程施工合同法律关系，而项目开始前黄某荣(挂靠人)即与岚世纪公司接洽并承揽工程，与发包人岚世纪公司就建设案涉工程互相设定权利义务形成了合意，并实际组织施工，承建案涉工程，作为事实上的承包人与岚世纪公司之间就本案建设工程施工合同之标的产生了实质性的、真实的法律关系。黄某荣作为实际施工主体，可根据《建设工程司法解释》第2条的规定，向岚世纪公司主张相应施工价款
(2018)最高法民申3222号	民信公司(发包人)明知齐某春(挂靠人)为违法借用资质的实际施工人，而与之设立实际施工民事合同关系，并就讼争工程建设项目的施工、付款等工程建设主要环节订立施工合同，且已部分实际履行，双方直接形成签约、施工、结算施工合同关系。一、二审根据《建设工程司法解释》第26条第2款的规定判令民信公司直接向实际施工人齐某春支付工程欠款，适用法律并无明显不当	(2019)最高法民终353号	本案建设工程施工合同由云天公司(发包人)与郑某平(挂靠人)实际履行，故双方形成事实上的权利义务关系。《合同法》第58条规定了合同无效的法律后果，即合同当事人负有返还财产、折价补偿、赔偿损失等义务。本案郑某平作为垫资施工方，其投入的材料、劳务已物化为案涉工程，其价值已通过鉴定确定，云天公司应以向郑某平支付工程款的方式，完成合同无效后的返还财产义务。郑某平对云天公司享有债权请求权，有权直接请求云天公司支付工程款

3. 对是否应将发包人对挂靠知情与否纳入认定合同效力的态度不统一

司法实践中，实务界对发包人在签订建设工程施工合同时对挂靠人以被挂靠人名义与其签订合同不知情时是否一并认定合同无效，争议较大。

第一种观点认为，挂靠人以被挂靠人名义对外签订建设工程施工合同的效力，应根据发包人是否善意、在签订建设工程施工合同时是否知道挂靠事实来作出认定。如果发包人不知道挂靠事实，有理由相信真实承包人就是被挂靠人，则应优先保护善意相对人的利益，双方所签订的合同不应因存在挂靠而无效。[①] 第二种观点认为，只要存在挂靠关系，挂靠人借用被挂靠人的资质与发包人签订的建设工程施工合同一律无效，发包人对挂靠事实是否知情不影响合同效力的判断（见表 3）。

表 3　是否应将发包人对挂靠知情与否纳入认定合同效力的不同观点对比

主张应将发包人对挂靠知情与否纳入认定合同效力的典型案例		主张不应将发包人对挂靠知情与否纳入认定合同效力的典型案例	
案号	合议庭观点	案号	合议庭观点
(2020)最高法民申4881号	在处理无资质的企业或个人挂靠有资质的建筑企业承揽工程产生的纠纷时，应区分内部关系和外部关系。挂靠人与被挂靠人之间的协议因违反法律的禁止性规定，属于无效协议。而挂靠人以被挂靠人名义对外签订合同的效力，应根据合同相对人是否善意、在签订协议时是否知道挂靠事实来作出认定	(2019)最高法民申2324号	再审申请人云海公司(发包人)以其对挂靠事实不知情为由，认为挂靠人无权向其主张权利为由申请再审，再审合议庭认为，云海公司是否明知案涉工程由熊某林(挂靠人)实际施工，不影响本案中云海公司的责任认定，其应在欠付工程款范围内承担责任

① 姜伟主编:《最高人民法院第四巡回法庭疑难案件裁判要点与观点》，人民法院出版社2020年版，第53页。

续表

主张应将发包人对挂靠知情与否纳入认定合同效力的典型案例		主张不应将发包人对挂靠知情与否纳入认定合同效力的典型案例	
案号	合议庭观点	案号	合议庭观点
(2019)最高法民申1245号	挂靠人以被挂靠人名义对外签订合同的效力，应根据合同相对人是否善意、在签订协议时是否知道挂靠事实来作出认定。如果相对人不知道挂靠事实，有理由相信承包人就是被挂靠人，则应优先保护善意相对人，双方所签订协议直接约束善意相对人和被挂靠人，该协议并不属于无效协议。如果相对人在签订协议时知道挂靠事实，即相对人与挂靠人、被挂靠人通谋作出虚假意思表示，则当事人签订的建设工程施工合同属于无效合同	(2018)最高法民申4207号	案涉《建筑工程合同》《建筑工程补充协议(一)》虽是海洲公司(发包人)与永东公司(被挂靠人)签订，但永东公司系出借资质，合同当事人实际是王某回(挂靠人)。案涉《建筑工程合同》《建筑工程补充协议(一)》因王某回借用永东公司资质签订而无效

二、问题之源：导致挂靠人向发包人主张权利乱象的原因分析

通过实证分析发现的上述问题严重影响建筑市场的交易安全和交易秩序，对建筑市场营商环境的持续优化构成重大潜在威胁。笔者认为，造成上述问题的症结需要从立法技术层面、权利行使层面、司法裁判层面三个维度进行深入剖析。

（一）立法技术层面：挂靠人与实际施工人的关系界定模糊不清

对于“挂靠”的概念，法律法规中并没有直接规定，而是将其表述为“没有资质的实际施工人借用有资质的建筑施工企业名义”。[①] 有观点认为，所谓“挂靠”是指没有相应建筑资质或建筑资质等级较低的企业、其他经济组织、个体工商户、个人合伙、自然人（即挂靠人）以营利为目的，借用其他有相应建筑资质或建筑资质等级较高的建筑施工企业（即被挂靠

① 《建设工程司法解释一》第1条第1款第2项规定：“没有资质的实际施工人借用有资质的建筑施工企业名义的建设工程施工合同无效。”

人）名义承揽施工工程的行为。[①] 2019年1月，住房和城乡建设部出台的《建筑工程施工发包与承包违法行为认定查处管理办法》（建市规〔2019〕1号）对"挂靠"进行了定义。其中第10条第1款规定："本办法所称挂靠，是指单位或个人以其他有资质的施工单位的名义，承揽工程的行为。"通俗地说，挂靠即为借用资质。[②] 挂靠人即为借用资质的民事主体，而被挂靠人即为出借资质的民事主体。

"实际施工人"并非我国现行法律规定的一种民事主体。[③] 我国现行法律、行政法规并没有关于"实际施工人"的规定。"实际施工人"的概念及适用范围主要散见于建设工程的相关司法解释中（见表4、表5、表6）。

表4　原《建设工程司法解释》中关于实际施工人的相关规定

《最高人民法院关于审理建设工程施工合同纠纷案件适用法律问题的解释》（法释〔2004〕14号）关于实际施工人的相关规定	
条款内容	**适用范围**
第1条第1款第2项：没有资质的实际施工人借用有资质的建筑施工企业名义的	认定挂靠人借用资质签订的建设工程施工合同无效
第4条：承包人非法转包、违法分包建设工程或者没有资质的实际施工人借用有资质的建筑施工企业名义与他人签订建设工程施工合同的行为无效	认定挂靠人以被挂靠人名义与他人签订建设工程施工合同的行为无效
第25条：因建设工程质量发生争议的，发包人可以以总承包人、分包人和实际施工人为共同被告提起诉讼	因工程质量发生问题时，实际施工人的诉讼地位为被告
第26条：实际施工人以转包人、违法分包人为被告起诉的，人民法院应当依法受理。实际施工人以发包人为被告主张权利的，人民法院应当追加转包人或者违法分包人为本案第三人。发包人只在欠付工程价款范围内对实际施工人承担责任	在转包、违法分包模式下，实际施工人可向发包人主张权利

① 陈旻：《建设工程案件审判实务与案例精析》，中国法制出版社2014年版，第18页。

② 周利明：《解构与重塑：建设工程合同纠纷审判思维与方法》，法律出版社2019年版，第144页。

③ 最高人民法院民事审判第一庭：《最高人民法院建设工程施工合同司法解释（二）理解与适用》，人民法院出版社2019年版，第490页。

表5　原《建设工程司法解释二》中关于实际施工人的相关规定

《最高人民法院关于审理建设工程施工合同纠纷案件适用法律问题的解释(二)》(法释〔2018〕20号)关于实际施工人的相关规定	
条款内容	适用范围
第24条:实际施工人以发包人为被告主张权利的,人民法院应当追加转包人或者违法分包人为本案第三人,在查明发包人欠付转包人或者违法分包人建设工程价款的数额后,判决发包人在欠付建设工程价款范围内对实际施工人承担责任	转包、违法分包模式下的实际施工人可向发包人主张工程价款
第25条:实际施工人根据合同法第七十三条规定,以转包人或者违法分包人怠于向发包人行使到期债权,对其造成损害为由,提起代位权诉讼的,人民法院应予支持	转包、违法分包模式下的实际施工人可向发包人行使代位权

表6　《建设工程司法解释一》中关于实际施工人的规定

《最高人民法院关于审理建设工程施工合同纠纷案件适用法律问题的解释(一)》(法释〔2020〕25号)关于实际施工人的相关规定	
条款内容	适用范围
第1条第1款第2项:没有资质的实际施工人借用有资质的建筑施工企业名义的	认定挂靠施工模式下的建设工程施工合同无效
第15条:因建设工程质量发生争议的,发包人可以以总承包人、分包人和实际施工人为共同被告提起诉讼	因工程质量发生问题时,实际施工人作为被告
第43条:实际施工人以转包人、违法分包人为被告起诉的,人民法院应当依法受理。实际施工人以发包人为被告主张权利的,人民法院应当追加转包人或者违法分包人为本案第三人,在查明发包人欠付转包人或者违法分包人建设工程价款的数额后,判决发包人在欠付建设工程价款范围内对实际施工人承担责任	转包、违法分包模式下的实际施工人可向发包人主张工程款
第44条:实际施工人依据民法典第五百三十五条规定,以转包人或者违法分包人怠于向发包人行使到期债权或者与该债权有关的从权利,影响其到期债权实现,提起代位权诉讼的,人民法院应予支持	转包、违法分包模式下的实际施工人可向发包人行使代位权

通过以上梳理和分析可以发现,挂靠人与实际施工人并不属于同一概念,二者的适用范围存在交叉。在认定建设工程施工合同效力、发包人因

工程质量问题提起诉讼确定被告主体时挂靠人才被认定为"实际施工人",但在突破合同相对性向发包人主张工程款及是否有权依据《建设工程司法解释一》向发包人提起代位权诉讼方面,并不包括挂靠人(见图3)。申言之,挂靠人是否属于实际施工人并不是以挂靠人的法律特征进行认定而是在立法层面被人为地以适用场景进行了区别划分,这也成为实践中引发争议的重要原因。

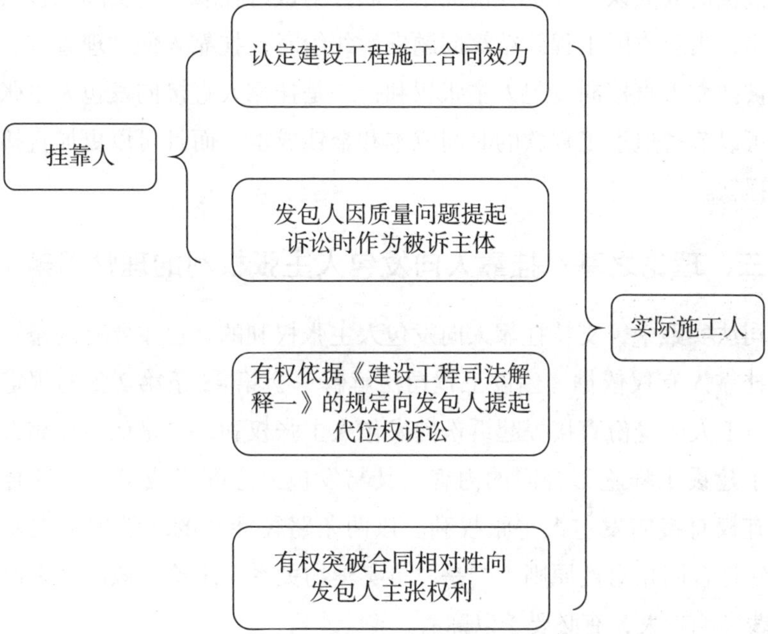

图3 挂靠人与实际施工人的应用场景示意图

(二)权利行使方面:挂靠人于被动诉讼与主动诉讼之间徘徊不定

1. 挂靠人因被挂靠人怠于向发包人主张权利被迫以自己的名义提起诉讼

在挂靠模式下,对工程项目进行实际施工的是挂靠人而非被挂靠人,因此在工程竣工验收并交付发包人后或因多种原因挂靠人停工撤场后,挂靠人急切希望能够及时获得工程款,但由于挂靠人与发包人之间并不存在合同关系,发包人往往拒绝与挂靠人直接结算,而被挂靠人因未对工程进行实际投入,尤其是在已经收取管理费的情况下,其向发包人主张工程款的积极性并不高。因此,当挂靠人无法顺利通过被挂靠人向发包人主张工程款时,挂靠人迫于回笼资金的压力,不得不以发包人为被告提起诉讼。

2. 挂靠人基于利益考量主动提起诉讼积极追求发包人直接承担责任的法律效果

司法实践中，不仅存在挂靠人被迫提起诉讼向发包人主张权利的情况，而且还存在大量挂靠人刻意向发包人提起诉讼的情况。究其原因，一是挂靠人在建设工程施工合同签订之前便与发包人达成由挂靠人借用资质与发包人订立合同的合意，在施工过程中也是由挂靠人与发包人就施工情况直接接洽或商谈。在这种情况下，双方均认可挂靠人为实际承包人的主体身份，当双方因工程款结算问题发生纠纷时，挂靠人便“理直气壮”地越过被挂靠人直接向发包人主张权利；二是挂靠人直接向发包人主张权利不仅可以节省追索工程款的时间成本和金钱成本，而且可以更加直接地获取工程款。

三、理论之基：挂靠人向发包人主张权利的理性思辨

司法实践中，支持挂靠人向发包人主张权利的路径主要有两条：一是认为挂靠人有权依据《建设工程司法解释一》第43条第2款的规定，以实际施工人的身份直接提起诉讼向发包人主张权利；二是认为挂靠人实际履行了建设工程施工合同的内容，其与发包人之间形成事实上的合同关系，有权直接向发包人主张权利。该两条路径涉及的法学理论主要有两个：一是合同相对性原则，二是“事实契约关系”理论。该两种理论对审判实践影响较大，有必要予以廓清。

（一）合同相对性原则的坚守与突破

1. 合同相对性是合同法律制度的基石，应予以坚守

契约的约束乃契约的忠实，建立在对自己承诺应予遵守的伦理性、交易安全及信赖保护之上，为契约法最基本的原则，乃私法社会及市场经济赖以存在运作的基础。[①] 合同自成立后便具有合同约束力。合同无效或者被撤销，只是不发生当事人所期望的法律上的效力，即不发生合同履行的效力，并非不发生任何法律效果，其他法律后果还是要发生的。[②] 因此，即便合同无效，对于合同无效后的处理，还是要遵循合同相对性原则，这是由“债”的相对性决定的。

---

① 王泽鉴:《民法概要》，北京大学出版社2011年版，第148页。

② 韩世远:《合同法总论》，法律出版社2018年版，第319页。

债权人基于债之关系，得向债务人请求给付。债务人的义务与债权人的权利，乃同一给付关系的两面。此种仅特定债权人得向特定债务人请求给付的法律关系，学说上称之为债权（或债之关系）的相对性。[①] 基于债之关系的相对性，债权人与债务人均应受到债之权利义务的约束。在挂靠模式下，挂靠人与被挂靠人之间要受到因挂靠所生法律关系的约束，而被挂靠人与发包人之间则要受到因建设工程施工合同所生法律关系的约束。

2. 突破合同相对性须基于实质正义的考量，应审慎对待

债权是一种针对特定人的权利。[②] 债权人原则上只能请求债务人为给付，而不能向第三人请求为给付。[③] 随着社会经济的发展和个人本位向社会本位的回归，合同相对性原则在保护第三人利益方面的局限性暴露得越来越明显。基于此等原因，法律界开始着手矫正合同相对性的缺陷，突破合同相对性，以便使其适应社会经济发展的需要。

虽然合同相对性原则在一定程度上遭到突破，但仍旧是合同基本法律制度的基石。合同相对性原则仍是司法裁判中识别合同主体，认定合同责任程度的重要依据。在法律没有特别规定的情况下，裁判者应当严格遵循合同相对性原则，不得随意突破合同相对性，扩大合同责任承担主体的范围。然而，司法实践中，在现行法律法规并没有赋予挂靠人突破合同相对性向发包人主张权利的情况下，各级法院仍旧大量存在认定挂靠人有权突破合同相对性向发包人主张工程价款的情况，这种行为属于随意突破合同相对性的情形，应当引起重视。

（二）"事实契约关系"理论下挂靠人与发包人法律关系辨析

1. "事实契约关系"理论的现实价值之反思

契约为现代交易上最重要的制度，其所蕴含代表的，为个人之自尊及自信，得本其自由意思，与自己所选择之相对人，缔结契约，以创造规范彼此之规范。[④] 契约须由二人以上之合意，方得订立，故契约之作成，应具备要约与承诺之二部分。[⑤] 然而，1941 年 1 月豪普特在就任莱比锡大学

---

① 王泽鉴:《债法原理（第二版）》, 北京大学出版社 2009 年版, 第 60 页。

② [德]卡尔·拉伦茨:《德国民法通论（上册）》, 谢怀栻等译, 法律出版社 2013 年版, 第 287 页。

③ 王洪亮:《债法总论》, 北京大学出版社 2016 年版, 第 29 页。

④ 王泽鉴:《民法学说与判例研究（第一册）》, 北京大学出版社 2009 年版, 第 83 页。

⑤ 梅仲协:《民法要义》, 中国政法大学出版社 1998 年版, 第 135 页。

教授职务时，发表了一篇专题演说《论事实契约关系》，对传统的意思表示合致契约方可成立的观点进行了猛烈抨击。根据这一理论，法律行为不必由意思表示构成。[①] 豪普特教授关于“事实契约关系”理论，在德国乃至世界范围内引发热烈争辩，迄无定论。王利明教授认为，事实合同理论的核心在于推翻以意思的合意为本质的整个合同法理论，这将从根本上动摇合同法的基本理念和制度。[②]“事实契约关系”理论目前尚未得到法学界的普遍认可，在德国已成为明日黄花。[③]

2. 挂靠人与发包人之间的法律关系难以适用“事实契约关系”理论

根据我国《民法典》第 469 条第 1 款规定，当事人订立合同，可以采用书面形式、口头形式或者其他形式。有观点认为此处的“其他形式”便是德国事实契约理论的产物。[④] 然而，根据原《最高人民法院关于适用〈中华人民共和国合同法〉若干问题的解释（二）》第 2 条的规定，此处的“其他方式”应该是指“从双方从事的民事行为能够推定双方有订立合同意愿”的形式。按照杨立新教授的观点，合同的其他形式有两种：（1）当事人未以书面形式或者口头形式订立合同，但从双方从事的民事行为能够推定双方有订立合同意愿的，可以认定是合同的其他形式。（2）法律另有规定或者当事人约定采用公证形式、鉴证形式订立的合同。[⑤]

通过以上分析可知，我国法律规定的订立合同的“其他方式”是能够根据行为推定出双方有订立合同意愿的方式即通过事实行为而使双方意思表示一致的方式。这种方式中当事人的意思表示是依然存在的，只不过是将意思表示表现于外在行动之中。这里的“其他方式”是区别于以“客观的一定事实过程”取代主观的“法律效果意思”[⑥] 的事实合同。具体到司法实践中，很多法院仅以挂靠人已经实际履行被挂靠人与发包人之间签订的建设工程施工合同内容为由，便认定挂靠人与发包人之间已经成立事实上的建设工程施工合同关系，而缺少对挂靠人与发包人之间是否存在成立建

① 朱庆育:《民法总论》，北京大学出版社 2013 年版，第 186 页。

② 王利明:《法律行为制度的若干问题探讨》，载《中国法学》2003 年第 5 期。

③ 朱庆育:《民法总论》，北京大学出版社 2013 年版，第 188 页。

④ 曹守晔:《〈关于适用合同法若干问题的解释（二）〉的理解与适用》，载《人民司法》2009 年第 13 期。

⑤ 杨立新:《中华人民共和国民法典条文要义》，中国法制出版社 2020 年版，第 344 页。

⑥ 钟奇江:《社会呼唤事实合同》，载《光明日报》2006 年 4 月 21 日第 11 版。

设工程施工合同关系的真实意思表示的考量。在挂靠施工模式下，挂靠人与发包人之间的法律关系难以适用"事实契约关系"理论作为支撑。

四、探索之路：挂靠人向发包人主张权利案件的裁判规则重构

通过反思支持挂靠人向发包人主张权利的理论依据，可以发现挂靠人通过上述两条路径向发包人主张权利难以获得坚实的理论支撑和充分的法律依据。对此，笔者从深入优化营商环境，维护交易安全的角度出发，在坚持合同相对性、尊重当事人意思自治、保护善意相对人的基础上重构挂靠人向发包人主张权利案件的裁判规则（见图 4）。

第一步：考察发包人是否为善意，进而确定建设工程施工合同的效力。

虽然《建设工程司法解释一》第 1 条第 2 项规定，没有资质的实际施工人借用有资质的建筑施工企业名义签订的建设工程施工合同无效。但司法实践中，从维护交易安全、保护善意相对人信赖利益的角度考虑，在认定建设工程施工合同的效力时，应考察发包人是否善意即对挂靠是否知情。当发包人在签订合同时是善意的，不能仅因为存在挂靠关系就否定发包人与被挂靠人签订的建设工程施工合同的效力，在不存在其他导致合同无效的情形时，应当认定发包人与被挂靠人签订的建设工程施工合同有效，否则将导致发包人无法向被挂靠人主张合同项下的权利，这对发包人而言极不公平。当发包人为非善意即在签订合同时对挂靠知道或应当知道时，发包人不属于善意相对人，不存在法律予以特殊保护的信赖利益，此时应当认定发包人与被挂靠人签订的建设工程施工合同无效。

第二步：根据建设工程施工合同的效力，判定是否存在挂靠人有权突破合同相对性的基础。

合同有效是坚持合同相对性原则的重要基础。发包人与被挂靠人签订的建设工程施工合同被认定为有效时，从维护交易安全、尊重契约精神的角度出发，发包人对被挂靠人的信赖利益更应该受到法律的保护。此时，挂靠人突破合同相对性直接向发包人主张权利的，法院不应支持。当发包人与被挂靠人签订的建设工程施工合同被认定为无效时，需要考察发包人对挂靠是否知情，进而根据能否认定发包人与挂靠人之间成立建设工程施

工合同关系而对挂靠人的主张作进一步判定。

第三步：考察发包人是否存在与挂靠人成立建设工程施工合同的真实意思表示，进而确定双方之间是否成立合同关系。

真实意思表示是认定合同成立与否的关键所在。探寻发包人与挂靠人之间是否成立建设工程施工合同关系应从双方的真实意思表示入手。一是当发包人在签订合同之前便与挂靠人进行磋商，达成由挂靠人借用其他公司的资质由挂靠人承揽工程项目的合意，同意由挂靠人以被挂靠人名义参与投标、订立合同、办理有关施工手续、从事施工等活动时，这表明发包人与挂靠人之间已经达成了订立建设工程施工合同的合意，此时应当认定双方之间成立建设工程施工合同关系。此时挂靠人的法律地位应为承包人，而被挂靠人的法律地位应界定为履行辅助人。① 当工程竣工验收合格后，"挂靠人"有权以其与发包人之间形成建设工程施工合同关系为由直接向发包人主张工程款。二是当发包人在签订合同时至工程竣工验收整个过程中均对挂靠不知情，此时发包人明显不具有与挂靠人成立合同关系的意思表示，此时不能以挂靠人完成施工内容为由直接认定双方之间形成建设工程施工合同关系。三是发包人在签订合同之时对挂靠不知情，但在合同履行过程中知悉了挂靠事宜但并没有向被挂靠人提出解除合同、追究违约责任等请求，反而继续与挂靠人履行合同权利义务，此时应当推定双方成立了建设工程施工合同关系。在建设工程竣工验收合格后，挂靠人有权以双方之间成立建设工程施工合同关系为由向发包人主张权利。

第四步：根据被挂靠人是否存在怠于向发包人主张权利的情形，决定是否支持挂靠人提起代位权诉讼。

代位权制度是为了保护债权人的利益，而对债权的保全。当债权人怠于行使属于自己的债权或者与该债权有关的从权利而危及债权人的权利实现时，债权人可以以自己的名义行使债务人怠于行使的债权。②《民法典》第 535 条规定了代位权制度，代位权制度是对合同相对性的突破。司法实践中，被挂靠人在获取管理费等不当利益后，往往会存在怠于向发包人主张工程款的情形，被挂靠人在未获得工程款时也不会主动向挂靠人垫付工

---

① 我国现行法律制度中没有履行辅助人的直接规定，通常认为履行辅助人是指协助债务人履行合同义务的合同当事人之外的第三人。

② 杨立新：《中华人民共和国民法典条文要义》，中国法制出版社 2020 年版，第 395 页。

程款，因此会导致挂靠人的权利无法得到有效保障。此时，挂靠人可以依据其与被挂靠人之间签订的挂靠协议、建设工程施工合同等资料提起代位权诉讼。法院应该在查明事实的基础上支持挂靠人选择代位权这一正确的权利救济途径。需要注意的是，此时挂靠人向发包人主张权利只适用于挂靠人以被挂靠人的名义直接与发包人签订建设工程施工合同的情形。当挂靠人以被挂靠人的名义与转包人或违法分包人签订合同即发包人与被挂靠人之间存在多手合同关系时，因代位权只能向次债务人主张，此时挂靠人无法向发包人提起代位权诉讼，挂靠人可依据其与被挂靠人之间的挂靠关系向被挂靠人主张权利或向被挂靠人的债务人提起代位权诉讼。

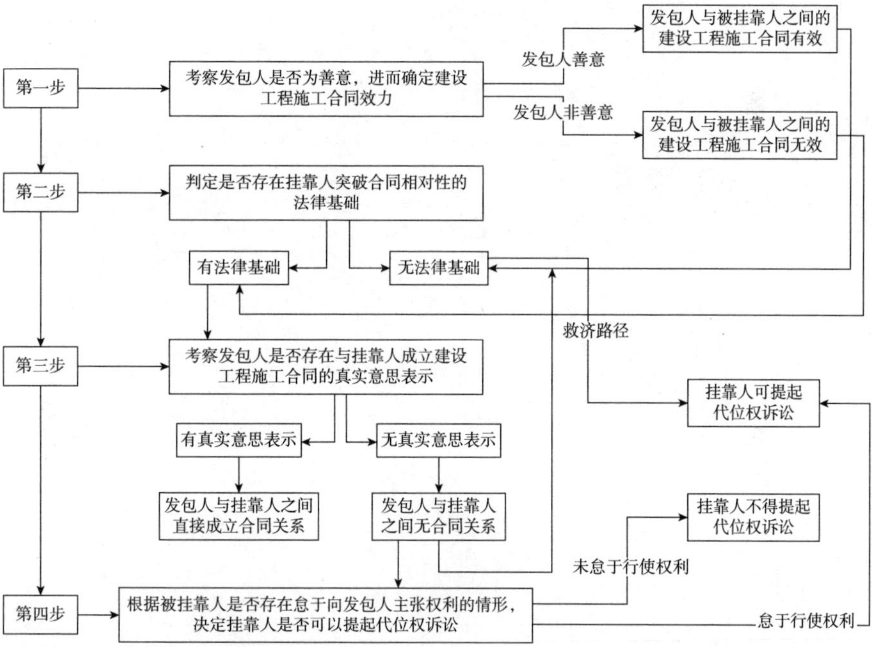

图 4　挂靠人向发包人主张权利案件裁判规则重构示意图

结　语

尽管理论界、实务界对挂靠人向发包人主张权利案件的裁判理念和标准存在很大差异，但保护善意相对人信赖利益、严守合同相对性、稳定交易预期、维护交易安全等理念和原则对于深入优化建筑市场营商环境具有"四梁八柱"的作用。基于此，本文重构了挂靠人向发包人主张权利案件的裁判规则，希望能够为实务界人士办理该类案件提供可资借鉴的裁判思路，进一步践行“法治是最好的营商环境”的经典论断。本文研究立足于当下，希望能够裨益于司法实践。

离婚经济帮助制度的适用现状检视与路径完善*

——以B市法院209份裁判文书为分析样本

赵群彩 刘 艳

序 言

《民法典》第1090条在原《婚姻法》基础上对离婚经济帮助制度进一步完善为:“离婚时,如果一方生活困难,有负担能力的另一方应当给予适当帮助。具体办法由双方协议,协议不成的,由人民法院判决。”立法新增了提供经济帮助一方“有负担能力”的限制,并删掉了“住房等个人财产”作为帮助形式的列举式规定,未对帮助的形式作限制或指引,确属一大立法进步。然而,对于离婚经济帮助制度自存续以来即存在的问题而言,解决了提供帮助一方需有“负担能力”仅是清扫出该制度实施障碍的其中一环,而司法实践中该制度还存在着许多疑难问题需要厘清,否则制度本身的价值将难以在实践中得到充分彰显。本文通过调研B市法院209份判决书和调解书,检视离婚经济帮助制度在司法实践中存在的具体问题,深入分析问题的原因,同时借鉴域外法律法规,结合我国社会发展实际,进一步分析该制度完善的路径,提出制度具体细化适用的建议,以期推进离婚经济帮助制度更好地发挥制度功能和社会价值。

一、检视:离婚经济帮助制度司法适用现状实证考察

为了解《民法典》第1090条在司法实践中的适用情况,笔者在B市

* 本文获2021年全国法院第33届学术讨论会优秀奖。

法院案件文书网以“离婚纠纷 + 经济帮助”“离婚后财产纠纷 + 经济帮助”为查询条件，以2018年1月1日至2021年5月24日为审结日期，共得裁判文书376份。剔除不涉及经济帮助的案件、二审维持原判的案件后，共得有效文书209份，本文以此209份文书为调研样本并进行逐一实证考察后，分析得出该制度在司法实践中的适用特点。

（一）适用比例低

B市法院在2018年1月1日至2021年5月24日审结离婚纠纷及离婚后财产纠纷案件共计64080件，其中涉及经济帮助的案件共计376件，占比0.58%。可见，离婚经济帮助制度在诉讼离婚中适用的比率非常低，造成这一现象的原因与我国经济帮助制度的适用条件采取“绝对困难”标准有关，即以社会一般认知判断，离婚后一方将陷入生活困难的境地时，如依靠个人财产和分得的财产无法维持当时一般生活水平的，或是没有住房的情况下，才可给予经济帮助（见图1）。

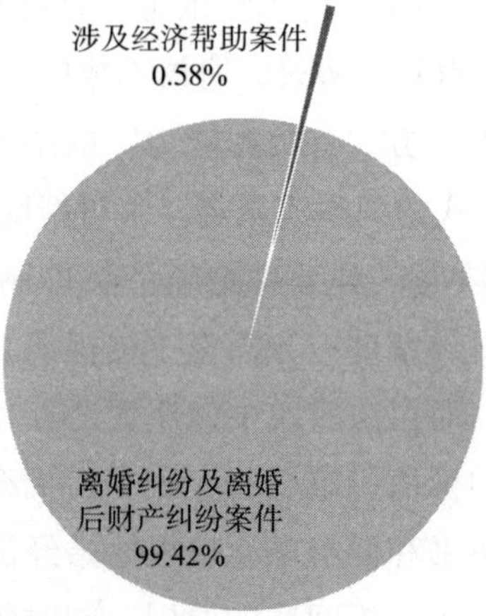

图1　离婚经济帮助制度司法适用比例情况

（二）请求主体以女性为主

分析样本中，以判决形式支持经济帮助的案件有133份。在该133份涉及经济帮助的判决文书中，请求权主体为女性的有103份，占比高达77.44%，请求主体为男性的有18件，占比为13.53%。此外，法院主动依职权支持经济帮助的案件有12件，占比为9.02%。出现此种现象的原因主要为，在我国社会生活中，受身体条件、社会文化、传统观念等因素影响，女性的整体经济能力弱于男性，她们在离婚时更容易陷入生活困难的处境。男女两性在政治、经济、文化、教育、劳动等领域存在的差异，必然在婚姻家庭领域有所反映，并表现为男女两性婚姻家庭资源的差异（见图2、图3）。[①]

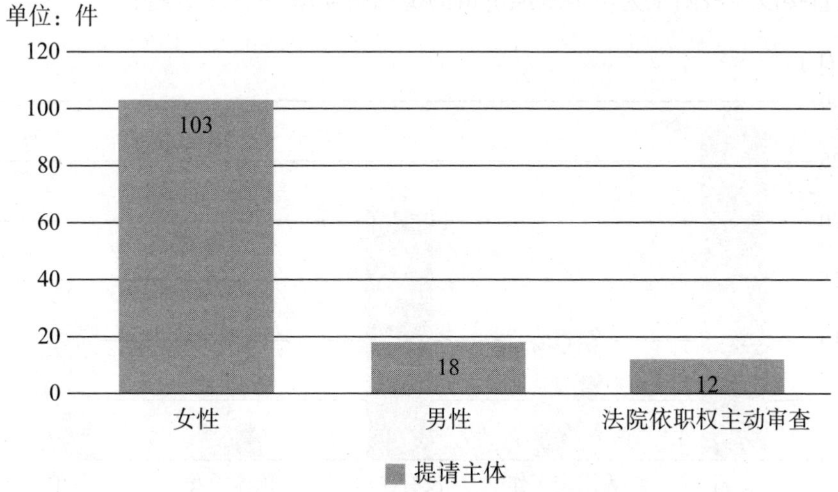

图2　离婚经济帮助请求主体数量分布情况

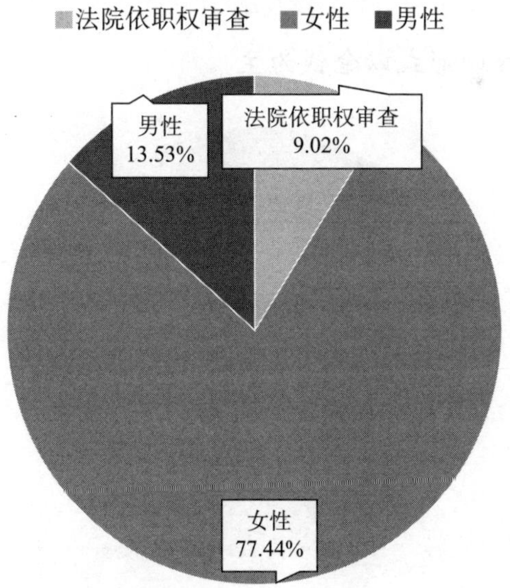

图3　离婚经济帮助请求主体占比分布情况

① 王歌雅：《经济帮助制度的社会性别分析》，载《法学杂志》2010年第7期。

（三）请求理由多样化

在有明确经济帮助理由的75件案件中，请求帮助的理由主要有患病（28件）、无固定工作（11件）、没有住房（21件）、抚养子女（3件），或是直接以经济困难为由请求经济帮助（见图4）。

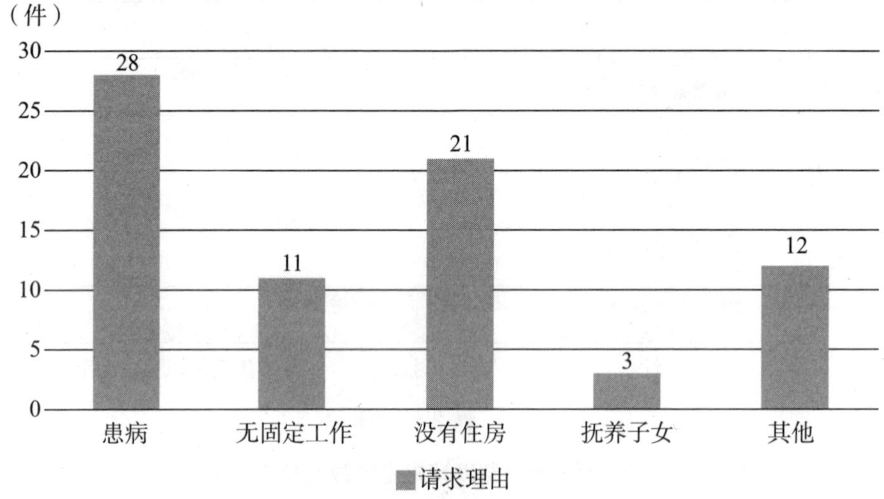

图4　经济帮助请求理由数量分布情况

（四）经济帮助形式以金钱为主

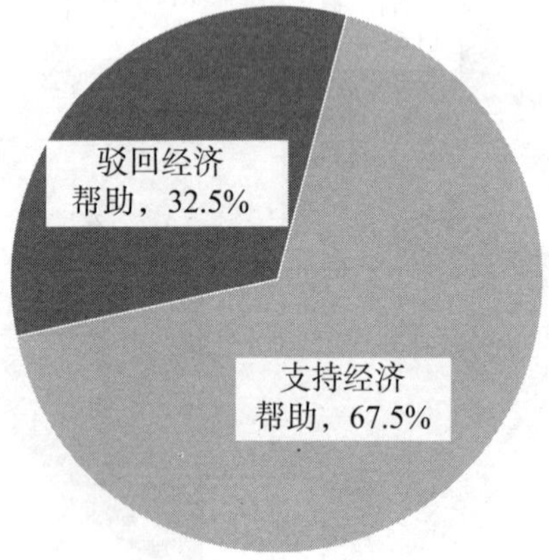

图5　支持经济帮助案件占比分布情况

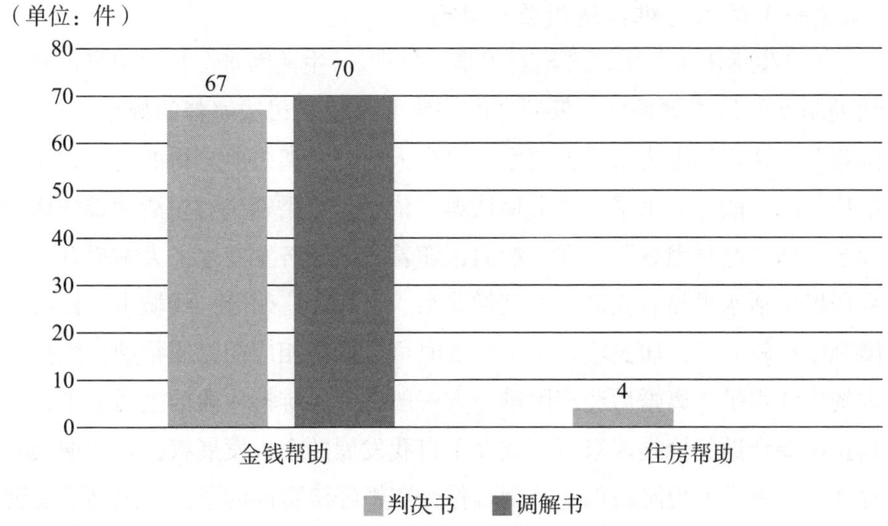

图6　判决、调解经济帮助的形式分布情况

法院判决和调解支持当事人经济帮助请求的141件，占比67.5%。其中法院支持以经济帮助金形式支付的有137件，以提供住房形式帮助的仅有4件。在以离婚后财产纠纷提起的诉讼中，法院判决支持经济帮助的案件均是原告以离婚时双方对经济帮助金有协议约定但提供经济帮助一方不履行为由起诉，该类诉讼中法院判决的数额都以双方协议中约定的数额为标准。在离婚纠纷涉经济帮助的案件中，法院以判决方式支持经济帮助的43件案件中，有36件判决经济帮助的数额在5万元以下，仅有7件在5万元以上。在涉经济帮助的调解案件中，均系双方对经济帮助金自愿达成调解协议，法院以调解方式增加了适用离婚经济帮助的数量和金额，也突破了法定的生活困难标准的限制（见图5、图6）。

二、归因：离婚经济帮助制度存在的不足

现实生活复杂多变，新形势新情况层出不穷，而法律规范具有一定的滞后性，无法完美适应社会日新月异的变化。从内因来看，经济帮助制度自身的瑕疵是导致该制度适用率低的关键。[1] 如前述实证数据显示，我国离婚经济帮助制度在实践中存在适用比例低、经济帮助数额少等缺陷，使得离婚经济帮助制度无法充分保护弱势一方的权益。

① 司丹:《经济帮助制度：适用·审视·完善》，载《学术论坛》2012年第3期。

（一）适用之难：适用条件严苛

1.“生活困难”采取“绝对困难”标准。“生活困难”是适用离婚经济帮助制度的最关键条件。依照《民法典》及相关司法解释的规定，“生活困难”的认定标准为请求方离婚后以个人财产和离婚所分得的财产“无法维持当地一般生活水平”。[①]《民法典》依然延续婚姻法对生活困难的认定标准，即“绝对困难”标准。然而，随着我国经济发展水平大幅提升，城乡居民生活水平显著提高，尤其像北京、上海、广州等一线城市，社会保障制度比较完备，居民收入水平较低时可以获得相应的物质帮助，维持基本的生活水平。离婚后经济困难一方一般都可以维持一般的生活水平，而真正需要帮助的恰是因家庭而放弃了自我发展的个人发展权，例如继续教育和工作晋升。现阶段以绝对困难作为离婚经济帮助的条件，限制了受助的范围，淡化了对弱者的帮助力度，影响了该制度功能的充分发挥（见表1）。

表1　离婚经济帮助制度“生活困难”界定立法沿革

文件规范	具体规定	认定标准
《婚姻法》第42条	离婚时，如一方生活困难，另一方应从其住房等个人财产中给予适当帮助。具体办法由双方协议；协议不成时，由人民法院判决	绝对困难
《〈婚姻法〉司法解释一》第27条	《婚姻法》第42条所称“一方生活困难”，是指依靠个人财产和离婚时分得的财产无法维持当地基本生活水平。一方离婚后没有住处的，属于生活困难	绝对困难
《民法典》第1090条	离婚时，如果一方生活困难，有负担能力的另一方应当给予适当帮助。具体办法由双方协议，协议不成的，由人民法院判决	绝对困难

2.请求时间限定在“离婚时”过于严苛。“离婚时”，顾名思义是指一方提起离婚经济帮助请求的时间限于离婚诉讼或是协议离婚当时，离婚之后则不能请求离婚经济帮助。本文检索的司法数据也显示，并不存在离婚

① 最高人民法院民法典贯彻实施工作领导小组主编：《中华人民共和国民法典婚姻家庭编继承编理解与适用》，人民法院出版社2020年版，第325页。以下情形可认定为生活困难：（1）一方缺乏或丧失劳动能力，没有收入来源或收入来源有限，以其个人财产和分得的财产，无法维持当地一般生活水平的。（2）一方因患病，个人财产和分得的财产不足以覆盖其基本医疗需要，维持当地一般生活水平的。（3）一方没有住处的。此处的住处，既包括该方自己享有所有权的房屋，也包括其租住或享有居住权的房屋。

后再单独提起离婚经济帮助请求的情况，涉及婚后经济帮助相关内容的纠纷也是以离婚时双方达成的帮助协议为证据并主要确认协议效力、要求对方履行。然而，离婚经济帮助制度判断是否一方处于生活困难的经济基础是该方的个人财产以及离婚所分得的夫妻共同财产，但是，在离婚诉讼未裁决以前，双方均对自己能分得多少夫妻共同财产无法准确预测，此时即要求一方对裁判结果进行精确预估并判断自身在离婚后将处于生活困难状态，进而提出需要经济帮助的主张，不免过于严苛。故严格限制必须在离婚纠纷之诉中提出经济帮助请求缺乏合理性，应允许双方在离婚判决书生效后的一定时限内提起离婚经济帮助请求。

（二）功效之弱：帮助方式单一与帮助标准不明

1. 经济帮助方式单一。从检索到的支持离婚经济帮助的案件看，目前离婚经济帮助的形式还过于单一，主要分为金钱帮助和住房帮助两种，其中人民法院判决以住房形式提供帮助的仅有 4 件。出现该现象的原因主要为：一方面，金钱帮助方式具有简便易行的特点，直接判决给付经济帮助金能够给经济困难一方提供最直接的帮助。另一方面，当事人对于居住权知之甚少，即使有当事人提出，因《民法典》施行前居住权尚未有明确法律规定，法官在裁判案件时为避免不必要的争议一般不予支持，而且夫妻双方因感情破裂无法共同生活而离婚，为了解决一方的住房问题，让另一方提供住房极易发生纠纷。虽然现行《民法典》对居住权作了明确规定，但在离婚案件中，如何规范生活困难方的居住权的期限及限制条件，是当前居住权适用中所要解决的问题。

2. 缺失判断经济帮助标准的因素。按照《民法典》第 1090 条规定，离婚经济帮助数额的确定，由双方当事人协议，协议不成的由人民法院判决，但对于裁判的标准并没有明确的规定。这一方面导致法官裁判案件时自由裁量权过大，司法实践中容易产生同案不同判的结果，即生活困境相当的当事人在不同的案件中最终被判定的帮助数额差距较大。另一方面也使得法官对经济帮助数额的确定难以把握，只能机械地采用当地基本生活水平标准裁判，导致经济帮助数额偏低。因此，如何防止法官自由裁量权过大，合理地确定经济帮助的数额，确定具体可行的标准，是当前法院审理离婚经济帮助类案件迫切需要解决的问题。

（三）规制不足：缺乏过错方帮助请求限制与变更终止规则

1. 对存在过错方的帮助请求没有合理限制。现行离婚经济帮助制度对请求权人的主观方面是否存在过错并未加以限定，这在一定程度上可以最大限度地发挥救济功能。如果婚姻关系中一方因存在过错导致其在离婚后生活困难，如因存在吸毒、酗酒等丧失劳动能力的，或者请求方在婚姻生活中还存在与他人同居、家庭暴力、虐待子女等情形，离婚后该过错方仍以经济困难为由要求另一方提供经济帮助，这对另一方不公平，违背法律的初衷。缺乏道德尺度的帮助背离了离婚制度的道德价值，容易造成社会道德意识的混乱。[①] 因此，不考虑经济帮助请求方的过错问题是不严谨的，应增加规定限制离婚经济帮助的法定情形，真正实现法的公平正义。

2. 缺乏经济帮助变更和终止规则。《民法典》第 1090 条没有规定离婚经济帮助制度的变更、终止情形。依照 1984 年《最高人民法院关于执行民事政策法律若干问题的意见》，离婚经济帮助终止限于两种情形：受助方另行结婚和原定经济帮助执行完毕。对于一次性提供帮助的争议较少，但对于长期提供经济帮助的情况，如果在执行阶段，双方当事人的经济状况发生重大变化，是否可以申请调整经济帮助方式或标准，或是一方当事人死亡的，是否可以终止提供经济帮助，立法并未考虑上述情形。

三、重构：离婚经济帮助制度的路径完善

新时代背景下如何为离婚经济帮助制度“松绑”，真正实现其制度价值，是当前立法和司法需要共同探索的问题。针对前述离婚经济帮助制度存在的问题，结合我国当前的法治环境和社会发展情况，汲取域外法治的司法实践，本文尝试对该制度的完善提出以下几点路径建议。

（一）合理放宽离婚经济帮助制度的适用条件

1. 以“相对困难”标准认定一方“生活困难”。原《婚姻法》采用的“绝对困难”标准已难以适应经济社会的发展趋势，《民法典》对该制度的完善并未打破适用标准的桎梏。随着我国脱贫攻坚工作的全面胜利，人民的温饱问题已得到解决，仍采用“绝对困难”会限制离婚经济帮助制度的适用，弱化该制度的价值。其他国家或地区离婚扶养制度多采“相对困

---

① 宋豫、陈鸣：《我国离婚经济帮助制度的立法缺陷及其完善》，载《法学杂志》2008 年第 3 期。

难”标准，如法国的原有生活水平主义，即请求方无法通过自己的全部财产和收入维持离婚前原有的生活水平就属于生活困难或需要帮助。德国的扶养费包括扶养权利人全部生活需要、特殊费用（如医疗保险、培训费用、预防性的扶养费）以及因为过去的扶养而产生的特殊需要也属于生活需要。上述离婚经济帮助制度均已照顾了一方除最基本的生存生活需要以外其他的以维持原有生活水平所必需的合理费用。

随着经济社会的迅速发展，我国可考虑借鉴其他国家和地区立法经验，将离婚经济帮助制度中生活困难的标准由“绝对困难”改为“相对困难”，对离婚后虽能维持当地一般生活水平，但较之离婚前的生活水平，离婚后依靠个人财产和离婚所分得的财产所维持的合理生活水平与婚前生活水平相差较大的，亦应在综合双方婚后经济状况的情况下，由具备负担能力的另一方予以帮助。相对困难标准能够最大程度地照顾到离婚后生活处于困顿或生活水平明显下降的一方以及未成年子女的权益，更加符合实质公平的原则。[①]

2. 设定离婚经济帮助请求权诉讼时效规则。作为离婚救济制度之一的离婚损害赔偿制度，《最高人民法院关于适用〈中华人民共和国民法典〉婚姻家庭编的解释（一）》中规定当事人在协议离婚后起诉要求过错方赔偿损害的，法院应当受理。相对于一方当事人能够预见或是已知晓另一方存在过错的，法律赋予其通过司法渠道救济损害的可能，而对于当事人一方在离婚当时预见可能性更小的依靠个人财产及分得的财产维持生活存在困难的情形，法律更应赋予该方在离婚后一定期限内提起经济帮助请求的权利。但该期限不同于离婚损害赔偿请求权的时限，离婚损害赔偿请求权系对婚姻关系存续期间即存在的相关事实提出主张，并不存在根据离婚诉讼的裁判结果影响相关事实认定的可能，因此即使时限为一年，亦不会导致相关事实对请求权一方发生变化，只是在该方的取证、举证上存在影响。

而离婚经济帮助制度的请求时限，影响的是对一方的离婚后经济状况是否达到“生活困难”并需要另一方予以帮助的判断，若该时限过长，因请求救济一方的原因或其他与离婚无关的原因导致其生活困难的可能性加

① 夏吟兰:《民法分则婚姻家庭编立法研究》，载《中国法学》2017年第3期。

大，此时还要求另一方基于曾经是夫妻关系而予以经济帮助显然不公平，也增加了请求一方离婚后转移财产或挥霍财产致使生活困难，进而请求另一方予以帮助的风险。因此，将离婚经济帮助请求权的时限设定在30日内较为合理。此外，期限的起算时点应是自涉及财产分割的离婚纠纷或涉及夫妻共同财产分割的离婚后财产纠纷法律文书生效后起算，此时任何一方应分得的共同财产及享有的个人财产均已明确，具备判断依靠该财产是否会导致生活困难的前提。

结合我国的社会实际和司法实践，为进一步体现离婚经济帮助制度价值，建议为该制度设定离婚经济帮助请求时限，具体为：自涉财产分割的离婚纠纷或涉夫妻共同财产分割的离婚后财产纠纷法律文书生效之日起30日内提出。

（二）丰富离婚经济帮助制度的具体内容

1. 扩大离婚经济帮助的方式。当前以给付金钱为主的经济帮助形式具有履行的便利性，确实也在较大程度上解决了生活困难一方的需求，但是导致生活困难的原因及生活困难的表现形式是复杂多样的，因此仅以金钱形式予以帮助未必能解决各种各样的生活困难样态。随着市场经济的多样化发展和社会制度的不断完善，经济帮助的形式也需不断与生活困难具体表现形式相匹配，真正做到因需而帮、帮到实处。

对不同的困难情况应有不同的帮助措施。对于因照顾子女而陷入贫困的年轻女性，对其帮助应以帮助其重新获得工作能力为主，为其提供学习、培训或就业的机会等，亦可以为其提供学费、培训费等费用帮助，使其通过培训、教育进而提高职业技能，能够自立生存。对于因年老而存在生活困难的，因已无法合理期待其能重新谋得职业，因此提供经济帮助主要以金钱帮助为主，且期限上以长期帮助为宜。对因疾病而陷入生活困难的，离婚经济帮助应侧重对医药费的帮助，期限以帮助受助方重新获得健康为宜。对于残疾人士或行动不便人员的帮助，除金钱帮助以外，还可考虑以提供特定劳务帮助的形式对其进行救济，为其生活提供便利。在帮助期限上，离婚经济帮助可以是长期性的，也可以是暂时性的；对于无业且有劳动能力的人员，原则上不予以经济帮助，即使帮助，也应是暂时性的帮助，以鼓励就业为主；对于以金钱形式帮助的，在给付方式上，可以是一次性帮助，也可以采用定期支付的方式。

2. 支持以房屋所有权或居住权提供帮助。在以住房提供帮助的情形下，涉及房屋的权能包含所有权和居住权。对于所有权，有观点主张不宜以房屋所有权作为提供经济帮助的方式，如果以房屋所有权进行帮助，一是超越了一般意义上"帮助"的含义，这种支援性物质支出在提供帮助一方的财产中不应当占过大的比例，二是不符合《宪法》保护公民私有财产权利的规定。① 对此，本文认为，在双方协议提供经济帮助的情况下，一方愿意以让渡房屋所有权的方式对另一方予以帮助系其对个人财产行使自由处分的表现，在其意思表示自愿真实的情况下，法律应予以准许。在协议不成须由法院裁判时，若提供经济帮助一方只有一套住房的，原则上不适用以房屋所有权形式对另一方提供帮助，若提供经济帮助一方拥有多套住房的，在经济困难方提出请求的情况下，亦应综合考虑各种因素，并在权衡房屋使用情况与生活困难需求相适应的情况下，有条件地予以审慎适用。但无论是双方协议还是法院裁决，都有以转移房屋所有权形式对离婚后生活困难一方予以帮助的适用可能。对于房屋居住权，在《民法典》明确规定居住权的设立相关内容后，以房屋居住权作为经济帮助形式已具备制度保障和现实可行性。

（三）增加认定离婚经济帮助的参考因素

法律之所以要求夫妻在离婚时一方给予经济困难的一方一定的帮助，既是因夫妻共同生活所产生的道义上的责任，也是因为对财产关系的处理应当本着人的生存利益优先于财产利益、基本生存利益优先于其他生活利益的规定。② 离婚经济帮助案件中如何合理地认定帮助的方式以及金钱帮助的数额，是法院审理此类案件时的重点所在。现行法律及相关司法解释没有明确规定数额的确认标准或参考因素这一重要内容，导致实际操作中法官缺乏参考因素的情况下不敢裁决、难以裁决，致使经济帮助适用率低、帮助的数额偏低，或是裁决标准不一，同案不同判现象严重，损害了司法权威等。

如何认定离婚后一方需对另一方进行经济帮助，既需要对提出请求一方达到"生活困难"的经济状况进行审查，更需要对提供经济帮助一方具备"负担能力"的经济状况进行审查，是一个裁判者对双方进行审查的

① 巫昌祯、夏吟兰：《〈民法典·婚姻家庭编〉之我见》，载《政法论坛》2003 年第 1 期。
② 孙若军：《离婚救济制度立法研究》，载《法学家》2018 年第 6 期。

过程。在审查过程中，应充分考虑以下因素：(1) 婚姻关系存续时间的长短。(2) 双方当事人的年龄、健康状况、财产状况、受教育情况、劳动能力和专业技能。(3) 双方是否直接抚养未成年子女及所抚养未成年子女的年龄、健康状况、教育状况、抚养子女对扶养一方就业的影响等。(4) 请求经济帮助一方的其他扶养义务人情况、社会福利保障情况。(5) 被请求提供经济帮助一方的其他扶养权利人情况。(6) 婚姻关系存续期间的家庭生活状况。(7) 当地的一般生活水平。

(四) 限制有过错一方的离婚经济帮助请求

对于离婚时有过错一方能否支持离婚经济帮助存在两种观点：一种观点认为，在离婚经济帮助中无须考虑权利人的过错，离婚中的过错问题应当由离婚损害赔偿制度予以调整。[①] 另一种观点认为，如果过错方处于需要经济帮助的情形，已无法适用离婚损害赔偿制度惩戒其过错行为，再给予经济帮助，岂不起到保护和鼓励过错方的作用？明显违反了正义原则。[②]

然而，无论是绝对不支持还是一律支持有过错一方的经济帮助请求均存在不妥。一方面，离婚救济的功能建构，就在于有效地救助基于离婚而导致的贫困者，以提高贫困者的自由能力，从而免于贫困的强制。[③] 作为离婚救济制度之一的经济帮助制度，相较于离婚损害赔偿制度和离婚家务补偿制度，该制度在考虑婚姻关系存续期间一方对家务的贡献程度或对婚姻的过错程度上是最弱的，在适用上更应遵循自身的价值定位，真正实现对离婚后一方生活困难救济的功能，因此，不应以对婚姻存在过错为由全盘否定对该方的经济帮助。但同时，因对婚姻存在过错一方还可能承担着对无过错方的损害赔偿责任，此种情形下，若对其进行经济帮助，一方面会使双方存在互负给付义务时的履行顺序问题，变相削弱了无过错方的离婚损害赔偿权利；另一方面，我国尚处于社会转型时期，婚姻价值理念差距巨大，短时间内完全无视夫妻间的过错，难以为社会所接受。[④] 对于无过错方而言，情感上亦难以接受。因此，对于过错方提出的离婚经济帮助应有更加严格的限制和更慎重的考量。

---

① 肖鹏：《论我国离婚经济帮助制度的完善》，载《四川大学学报》2012 年第 4 期。

② 宋豫、陈鸣：《我国离婚经济帮助制度的立法缺陷及其完善》，载《法学杂志》2008 年第 3 期。

③ 王歌雅：《离婚救济的实践隐忧与功能建构》，载《法学杂志》2014 年第 10 期。

④ 孙若军：《离婚救济制度立法研究》，载《法学家》2018 年第 6 期。

对过错一方提起的离婚经济帮助请求，应以因身体健康、智力因素等缺乏或者丧失劳动能力致使生活困难为限，其生活困难的标准判断亦需从严把握，此种情形下，在另一方具备负担能力时，方可支持其经济帮助请求，且在帮助方式上应尽可能避免双方离婚后仍存在较多接触和联络，也应当将请求方对婚姻过错的大小作为方式和数额确定的考虑因素之一。

（五）完善离婚经济帮助的变更和终止规则

民事主体间的给付义务终有因主观或客观的原因致使义务继续履行受阻或应予调整之情境，纵使父母对未成年子女的法定抚养义务或成年子女对父母的法定赡养义务亦不例外。从发展的角度看，需要离婚经济帮助的对象，最终必然由国家和社会负担，现阶段经济帮助制度应当是朝着逐步减轻婚姻责任的方向发展，而非相反。① 根据当前的法律精神，离婚经济帮助内容的变更主要是通过协商的形式来变更，协商不成时能否诉诸司法途径以及司法机关如何判定帮助条款需要变更或终止，在立法上仍是空白。离婚经济帮助制度为离婚后一方创设了对另一方予以经济帮助的给付义务，该义务当然也应存在一定情形下得以调整的可能。因此，应赋予提供经济帮助一方在特定情形下，若与接受经济帮助一方协商不成时，有通过诉讼方式变更或终止帮助内容的权利。

1. 增加离婚经济帮助内容变更的条件。有以下情形之一的，提供经济帮助一方有权请求变更提供经济帮助的内容：（1）提供帮助一方经济能力下降，继续按原帮助内容履行存在困难的；（2）接受帮助一方经济状况改善，继续按原帮助内容履行将导致对提供帮助一方不公平的；（3）原帮助内容存在事实上或法律上履行不能的；（4）其他应予变更帮助内容的情形。此处的变更既包括帮助方式的变更，也包括金钱帮助情形下帮助数额的变更。应强调的是，此种变更仅限于在原帮助标准基础上为提供经济帮助一方降低负担，减少经济帮助数额，即限于“调低”而非“调高”。

2. 增加离婚经济帮助内容终止的条件。有以下情形之一的，提供经济帮助一方有权终止提供经济帮助：（1）接受经济帮助一方经济状况明显好转，不属于生活困难的；（2）接受经济帮助一方再婚或与他人以夫妻名义共同生活的；（3）接受经济帮助一方无正当理由故意不参加工作的；（4）接

① 孙若军：《离婚救济制度立法研究》，载《法学家》2018年第6期。

受经济帮助一方恶意转移财产致使生活困难的；（5）提供经济帮助一方负担能力明显下降，无法继续提供经济帮助的；（6）接受经济帮助一方服刑的；（7）其他需终止经济帮助的情形。此外，业已确定的经济帮助内容已履行完毕或任何一方当事人死亡的，经济帮助条款当然终止。

结　语

作为一项传统的离婚救济制度，离婚经济帮助制度的立法价值在于，对离婚后经济上弱势一方，在社会保障无法第一时间予以救济时，根据离婚后双方的财产状况及经济潜力，由另一方对困难一方进行帮扶，以实现离婚双方之间的实质公平。因此，夫妻双方离婚后一方对另一方予以的经济帮助是一种基于双方曾经共同生活所产生的道义责任，该道义责任经过立法的确认，通过双方协议或法院判决的形式达成并实施，最终实现制度对离婚后弱势一方的关怀和救济。本文在分析离婚经济帮助制度适用现状的基础上，进一步探究该制度存在的不足与缺陷，结合我国社会发展实际和司法运行环境，建构该制度完善的路径，提出具体细化适用制度的建议，尝试推进离婚经济帮助制度更好地发挥其价值和功能。

三步四分法：违约金酌减规则的检视与完善*

——以《民法典》第585条第2款的具体适用为视角

袁 满 周 洁

引 言

我国民法领域的违约金酌减规定最早见于1984年颁布的《最高人民法院关于贯彻执行〈经济合同法〉若干问题的意见》，意见在区分违约过错的基础上，将违约金调整的条件限定为：违约方过失、存在经济困难，且需主动申请或者未给对方造成损失。对于故意违约的情形，则不在可申请酌减之列。① 随后，1999年颁布的《合同法》第114条对违约金酌减规则进行了修正，在肯定以"当事人申请"为前提的基础上，增加了"违约金过分高于实际损失"的法定条件。2003年颁布的《最高人民法院关于审理商品房买卖合同纠纷案件适用法律若干问题的解释》(以下简称《商品房买卖合同司法解释》）第16条将"超过造成的损失30%"明确为违约金酌减的上限标准。而针对"违约方过错""合同履行程度"等因素，则由2009年颁布的《最高人民法院关于适用〈中华人民共和国合同法〉若干问题的解释（二）》[以下简称《合同法司法解释（二）》] 第29条确立为"标准过高"以及"酌减幅度"的考量因素。上述规定构成了我国违约金酌减规则的核心条款，长期指导着合同纠纷的司法实践。目前《合同法》第114条的规定基本为《民法典》第585条所承续，《合同法司法解

---

* 本文获2021年全国法院第33届学术讨论会优秀奖。

① 参见《最高人民法院关于贯彻执行〈经济合同法〉若干问题的意见》："二、关于违反经济合同的责任问题……（二）违约金和赔偿金……关于违约金的数额，可由双方协议解决。但是对于故意违约的，违约金和赔偿金不能减少。对于过失违约的，可以考虑适当减免违约金，但必须是违约方经济上确有困难，主动提出请求或者没有给对方造成经济损失的。"

释（二）》虽已废止，但在《民法典》合同编的司法解释出台前，其所蕴含的酌减理念，仍然具有指导借鉴意义。①

一、问题提出：我国违约金酌减规则适用现状检视

根据违约金酌减规则的相关内容，人民法院对违约金进行酌减应符合两个条件和一个限制：即在违约金过分高于实际损失且当事人提出酌减申请的前提下，方得对违约金数额或计算标准进行适当调整。同时基于违约金酌减规则的规范目的，其审查的范畴应限于惩罚性违约金（非补偿性违约金）——违约金约定中超出实际损失的部分，② 其酌减结果也不应淹没违约金的惩罚功能，小于或等于实际损失。但司法实践中，囿于规则设置缺陷及认识不足，人民法院对“过分高于实际损失”的认定、酌减规则启动方式及酌减幅度把握均存在较大差异和问题。

本文以“合同纠纷”为案由，以“违约金过高”“缺席审理”为关键词，在中国裁判文书网选取2021年审结的107份违约金酌减相关的二审判决为实证分析样本。

（一）实际损失无法确定的拟制差异：资金占用利息或融资收益

【案例1】某环保公司诉某水泥公司买卖合同纠纷案中，一审法院认为环保公司未能举证证明其实际损失，故该案损失应认定为水泥公司逾期付款的同期存款利息，故在此基础上，将违约金标准酌情调整为逾期付款金额的日万分之三。而二审法院认为，水泥公司迟延支付设备款，对环保公司造成的损失应为同期银行贷款利息，故将违约金调整为同期银行贷款利息的130%。③

【案例2】某水泥公司诉某混凝土公司买卖合同纠纷案中，一审法院认为水泥公司未就混凝土公司逾期付款造成的损失提供证据，故其损失应为

---

① 根据《最高人民法院关于废止部分司法解释及相关规范性文件的决定》（法释〔2020〕16号）内容，《合同法司法解释（二）》虽已失效，但参照《最高人民法院关于审理商品房买卖合同纠纷案件适用法律若干问题的解释》（2020年修正）第12条规定（与修正前一致）可看出，最高人民法院对于“过分高于实际损失”的判断基准及以“超过实际损失30%”的上限情形所持司法态度仍未发生本质转变。故在《民法典》合同编的司法解释尚未出台前，本文仍将以此规定为基础展开论述。

② 参见最高人民法院民法典贯彻实施工作领导小组主编：《中华人民共和国民法典合同编理解与适用》，人民法院出版社2020年版，第780页。

③ 河南省高级人民法院（2014）豫法民三终字第58号民事判决书。

利息损失，将违约金标准调整为同期同类贷款基准利率上浮30%。而二审法院则认为，水泥公司的损失乃为未付资金的融资收益，参照民间借贷相关司法解释的规定，法律和社会普遍认可的资金融资收益最高限额为年利率24%的利息，故将该案违约金计算标准调整为年利率的24%。①

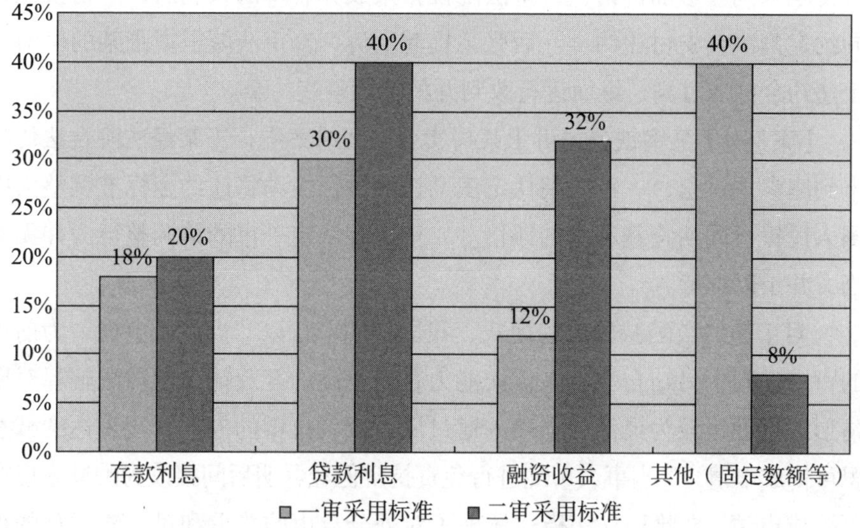

图1　法院拟制确认损失标准的类型及占比情况

违约金过分高于实际损失的判断标准主要规定于《合同法司法解释（二）》第29条，其判断前提在于确定因合同违约而产生的实际损失。司法实践中，当违约行为给守约方造成物品毁坏、价值贬损等直接损害时，实际损失的查证较为容易实现。但多数情形下，违约行为所造成的损害无法直观转化为具体金额，此时就需要人民法院对违约损失数额进行拟制性确认，法官的判断就显得尤为关键。如案例1，对于逾期付款所造成的损失，两级法院先后以"存款利息"和"贷款利息"作为拟制确认损失的标准，在数据统计中采用此类观点的做法占比分别为19%和35%。而如案例2中，两级法院以"融资收益（借贷利率法定上限）"作为拟制确认损失标准的做法则占比22%，除此之外，部分地区还存在针对特定违约情形统

① 吉林省高级人民法院（2016）吉民终3号民事判决书。

一损失拟制标准的情况。[①] 而基于不同立场对违约金标准是否过高的判断则完全不同。

（二）当事人申请不利时的司法应对：不予酌减或主动酌减

【案例3】某房地产经纪公司诉张某居间服务合同纠纷案中，张某经合法传唤未到庭参加诉讼，一审法院视张某放弃答辩的权利后，严格按照合同约定判决其支付违约金。后张某提起上诉，二审法院根据张某的申请认定违约金标准过高，继而进行改判并酌情调整违约金。[②]

【案例4】某钢铁公司诉王某买卖合同纠纷案中，王某经法院合法传唤未到庭参加诉讼，一审法院认定王某违约后，主动将违约金标准调整为中国人民银行同期贷款利率的四倍。二审法院认定一审酌情调整行为并无不当，并予以维持。[③]

对于违约金酌减的启动模式，我国长期奉行以“当事人申请”为前提的审查规则，另结合当事人诉讼能力普遍不高的客观情况，司法解释对申请形式把握也较为灵活。当事人通过反诉或者抗辩的方式直接表达酌减意思可构成申请，[④] 当事人单纯进行免责抗辩但经释明后间接改为酌减意思亦可构成申请。[⑤] 此种立法模式体现了对处分自由的尊重和对司法干预的审

---

① 如《陕西省高级人民法院关于在审理钢材买卖合同纠纷案件中调整违约金、规范人民法院自由裁量权有关问题的会议纪要》明确：“双方当事人约定的违约金除以未付货款的价金，折算为年利率后高于36%的，应当认定属于《合同法》第114条第2款规定的‘约定的违约金过分高于造成的损失’的情形。”

再如《江西省高级人民法院关于修改部分办案指导文件的决定》明确：“4. 合同约定的逾期交房违约金每日标准在已付购房款或房屋总价款的万分之一至万分之三（均含本数）范围内的，开发商主张约定过高请求调整的，原则上不予支持……6. 合同约定的逾期办证违约金每日标准在已付购房款或房屋总价款万分之零点五至万分之一点五（均含本数）范围内的，开发商主张约定过高请求调整的，原则上不予支持。”

② 上海市第二中级人民法院（2020）沪02民终5577号民事判决书。

③ 北京市第一中级人民法院（2018）京01民终1633号民事判决书。

④《最高人民法院关于适用〈中华人民共和国合同法〉若干问题的解释（二）》第27条规定：“当事人通过反诉或者抗辩的方式，请求人民法院依照合同法第一百一十四条第二款的规定调整违约金的，人民法院应予支持。”

⑤《最高人民法院关于审理买卖合同纠纷案件适用法律问题的解释（2020年修正）》第21条规定：“买卖合同当事人一方以对方违约为由主张支付违约金，对方以合同不成立、合同未生效、合同无效或者不构成违约等为由进行免责抗辩而未主张调整过高的违约金的，人民法院应当就法院若不支持免责抗辩，当事人是否需要主张调整违约金进行释明。”

慎，被各地司法实践普遍确认。[①] 但完全放任当事人约定过高的违约金，在违约方放弃答辩或坚持不申请酌减时，极有可能造成显失公平的后果，也为承办法官创设了进退两难的处境。[②] 在统计样本中，一审违约方提出违约金酌减申请或以违约金过高抗辩的占比 33%，[③] 未行使违约金酌减申请权的占比高达 67%。而上述两则案例中，两位一审法官对违约方缺席时主动酌减违约金的方式持截然相反的司法态度，而二审法官均对此作出肯定。但在当前酌减规则框架下，主动酌减方式暴露出两方面问题：一是人民法院主动酌减的审判权基础缺失，如案例 4 中，二审法院仅对一审酌减结果进行确认，却无法对其主动审查的权力渊源进行论证；二是人民法院主动酌减的导向效果不佳，如案例 3 中，二审法院因违约方上诉申请进行

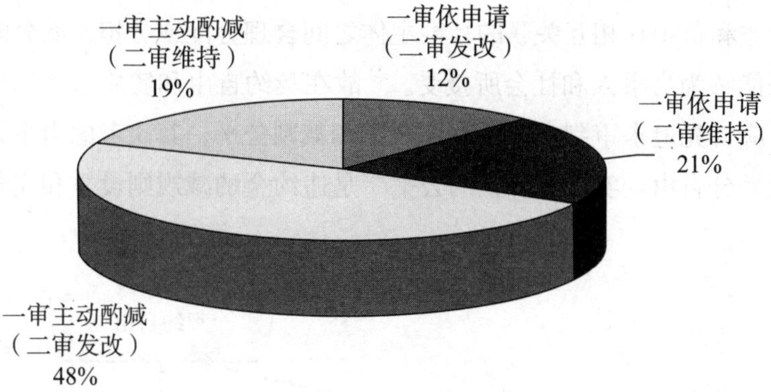

图 2　违约金酌减启动方式及终审情形统计

① 如《上海市高级人民法院关于商事审判中规范违约金调整问题的意见》规定："一、（违约金调整程序的启动原则）对于合同约定的违约金，未经当事人明确请求，法院不主动依职权进行审查和作出是否调整的裁判。"

《重庆市高级人民法院关于审理合同纠纷案件若干问题的指导意见（一）（试行）》规定："8. 人民法院对当事人在合同中约定的违约金不主动调整。在一审程序中经人民法院释明后，当事人请求调整的除外。"

湖北省高级人民法院民二庭《当前商事审判疑难问题裁判指引（2016）》规定："8. 法院调整违约金应以当事人请求调整为前提。如果当事人未明确请求调整违约金，但提出合同不成立、合同无效、未违约等抗辩却未获支持的，法院应向其释明是否请求调整违约金。释明后当事人提出调整请求的，法院应予审查。"

② 此类情况并非个案，如《浙江省高级人民法院关于印发〈商事审判若干疑难问题理解〉的通知》中，其问题 21（如果当事人约定的违约金条款明显过高，在被告缺席的情况下，人民法院能否依职权减少违约金）就专门提到了类似问题，但上级法院并未就此给予明确答复意见。

③ 样本虽以"缺席审理"为要素，但部分案件中可能存在多个被告，或者被告虽未到庭但以其他形式表达了申请酌减违约金的意思表示。

改判并酌减违约金，但酌减时未考虑其一审放弃答辩的不利情节，审判结论未体现错误行使处分权时的差异化后果，会使当事人产生一审提或不提酌减申请都将获得同等终审结论的导向，有损司法程序的威严。

二、理性思辨：违约金酌减规则的理论分析与制度借鉴

（一）理论剖析：违约金酌减规则之基石

1. 实质公平对契约自由的干预。违约金乃预定的违约时应为之给付，[①] 作为承担违约责任的重要形式，违约金更侧重于当事人的约定与预置，体现了私法自治与契约自由的精神。而对违约金的酌减属于司法干预自治的范畴，其目的在于修复因合同条款预置缺陷而产生的明显利益失衡，体现了司法维护实质公平的底线追求。民法意义上的公平强调的是权利和义务、利益和负担在相互关联的社会主体之间合理分配或分担，而分配或负担结果能够为当事人和社会所接受。[②] 故在契约自由和实质公平的角力关系中，应首先追求审判实践的程序公正和裁判公平，其次考虑当事人意思自治及处分自由。实现“矫正的公平”是违约金酌减规则设立和完善的核心要义。

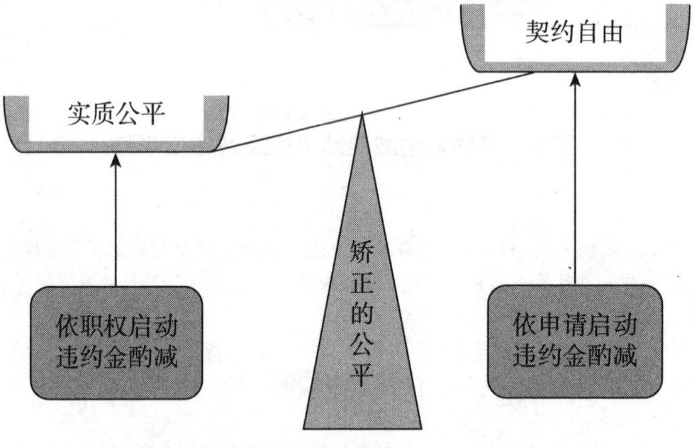

图 3　实质公平与契约自由的角力

2. 依职权审查的必要性考量。就酌减规则的启动方式而言，依职权审查强调在当事人申请不利（未提、放弃或拒绝）的情形下，赋予法官主动

---

① 姚明斌：《违约金论》，中国法制出版社 2019 年版，第 43 页。

② 赵万一：《民法的伦理分析》，法律出版社 2003 年版，第 82 页。

审查和调整的权力，其与依申请审查的核心差异不仅在于对契约自由的把握，更侧重于对处分自由的采纳态度。传统的司法实践对当事人的处分行为多采取“刚性采纳”的做法，它排除司法干预对私权处分的调整。但在当下的司法生态中，信息大数据和司法公开程度的日趋完善，个案处理的辐射效果已逐渐突破私域范畴，司法酌减实践也应被赋予更多的社会意志因素。同时，囿于各人认识的局限性，债务人在预置违约金条款时往往关注于对方违约的规制及惩罚，而过分乐观于违约金不会对己发生给付效力，低估违约金条款生效的风险，此时要求债务人完全按照其自由意志认定违约金的意义，欠缺事实基础。[①] 司法的救济功能要求法院需审查违约金标准是否符合公众的同理认知，对过于失衡的权责关系施加必要监督，过问是否存在更为可控且较小负担的救济方式，以确保争议的公平解决。因而，为兼顾实质公平和法治指引，避免当事者因认知局限“自由”创设明显不公于己的违约困境，赋予人民法院主动审查和调整违约金的职权是必要的，但此种审查应有相应限定，其审查内容及酌减方式亦应体现与“依申请审查”的差异化后果。

3. 比例原则的合理套嵌。比例原则起始于西方公法领域，其所蕴含的法益衡量精神已具有普遍指导意义，比例原则的核心内容在于手段与目的的考量，行为过错与不利后果的适应性。置于违约金酌减规则中分析，前文已就依职权审查的必要性予以论述，但此类审查毕竟与“当事人申请”的基本原则有悖，故其审查前提应更强调维护公共利益之目的，即仅在当事人申请不利且违约金标准超过法定上限时法院才能够依职权调整。同时，当事人的申请不利应视为对诉讼权利的错误处分，此时司法调整的结果亦应与之错误相适应，区别当事人有效申请酌减的情形，法院所能做的“只是切除私法自治可能滋生的肿瘤”，即此种酌减仅能被动将违约金标准调整至法律上限，不再考察其他因素（视为当事人放弃此部分利益）。

---

① 孙良国:《论法院依职权调整违约金——〈民法典〉第585条第2款之评判》，载《北方法学》2020年第5期。

（二）他山之石：其他国家或地区违约金酌减规则之参考

表1 关于违约金酌减规则的相关规定情况

国家或地区	相关条款	内容	启动方式	考量因素
瑞士	《瑞士债务法》第163条第3款	法官可依衡量减少不合理过高的违约金	依职权	债务履行情况
意大利	《意大利民法典》第1384条	主债务已被部分履行或者违约金的数额明显过大的，法官可以权衡债权人因履行所获利益而公平地减少违约金	依职权	债权人获益、债务履行情况
法国	《法国民法典》第1231-5条第2款	若违约金明显过低或过高，法院甚至可依职权予以减少或增加； 部分履行场合，根据部分履行对债权人之利益，法院甚至可主动减少违约金，且不影响前款规则之适用	依职权	债务履行情况
德国	《德国民法典》第343条第1款	违约金之金额过高者，在债务人提出申请时，得以判决减至适当之金额；违约金是否适当之判决，应考虑债权人之一切正当利益，不仅是考虑财产上之利益	依申请	债权人正当利益；过错程度；商人允诺的违约金不予酌减
荷兰	《荷兰民法典》第694条 第1款前段	若能证明依公平原则确有必要，法官可依债务人的申请而减少违约金	依申请	债务履行情况
我国台湾地区	我国台湾地区“民法”第252条	约定之违约金额过高者，法院得减至相当之数额；债务已为一部分履行者，法院得比照债权人因一部分履行所受之利益，减少违约金	依职权	一般客观事实、社会经济状况、债务履行情况、债权人可得享受的一切利益

关于司法酌减规则，大陆法系和英美法系基于司法传统的差异而有所不同。从启动方式上看，大陆法系中，德国、荷兰明确规定司法酌减以债务人申请为必要。英美法系中，瑞士、意大利、法国等则未作出明确要求，其在实践中又呈现出完全依职权启动和不完全依职权启动的分野。①

① 姚明斌：《违约金论》，中国法制出版社2019年版，第291页。

例如，瑞士法上，司法酌减虽不以债务人明确申请为必要，但至少要提出酌减理由之事实或就约定金额提出异议。[①] 我国台湾地区最高法院大多数判决则采取法院依职权酌减违约金的立场。[②] 从过高标准上看，两大法系均未按照超过损失的比例作出详细规定。按照对《国际商事合同通则》的权威解释，"过分高"需要符合以下要件：约定的数额"过分高"，即约定的数额非常清晰地对任何通常人而言都过分高；该数额与不履行造成的损害相比过分高，该损害是违约产生的实际损害，且该损害评估的时间点是违约时而非合同订立时。[③] 该标准仅作笼统的界定，未明确达到实际损失的比例。从酌减考量因素上看，两大法系均认同考虑债权人获益和债务履行情况的基础上，综合参考其他要素加以酌减。

比较法研究为我们提供了参考视角，但是我们在借鉴经验时，应依据司法环境的差异，保持审慎的态度。

一方面，在特定条件下赋予法官依职权启动的权利。只有当债务人未到庭应诉，或者虽然到庭但坚持作不违约的抗辩而不提出调整违约金请求的情况下，但是违约金确过分高于损失，法院不加以调整明显产生不公平结果的情况下，才赋予法院依职权主动调整违约金的权利。

另一方面，"过分高于"的有效界定。对过分高于的认定，理论上应存在一般审查标准结合法定上限标准两个界限。鉴于合同实践的复杂性和多样性，对一般审查标准予以量化规定，明显有违客观规律，但法定上限标准作为公共利益和国家意志的体现，可结合实际国情及司法实践经验予以量化，在无特殊情形下，该量化标准具有普适指引效能。在此基础上，通过衡量违约金标准的灵活规范结合法定上限要求，根据具体违约过错及合同履行程度因素进而对约定违约金标准予以审查更为合理。

三、路径突破：违约金酌减规则的重新构建

（一）违约金酌减规则的法律规范

1. 明确违约金酌减的法定上限。就违约金的法定上限问题，较为固定

① 杨芳贤：《民法违约金酌减规定之若干问题》，载《台大法学论丛》2011 年第 4 期。

② 梁慧星：《论合同责任》，载《学习与探索》1982 年第 1 期。

③ 孙良国：《论法院依职权调整违约金——〈民法典〉第 585 条第 2 款之评判》，载《北方法学》2020 年第 5 期。

的标准见于《商品房买卖合同司法解释》规定的“实际损失的30%”，在此类合同纠纷中，“30%”既是违约金过高的衡量标准，也是最高限额上限。而《合同法司法解释（二）》出于合同类型和特点多样化的考虑，确立了灵活衡量的审查模式，仅将“30%”列为违约金过高的典型情形。从审判实践出发，将“30%”作为违约金过高的普适衡量标准，存在以偏概全的情形，但将“30%”上升为“一般情形下”[①]违约金约定的最高额上限，应当是具备实践基础和司法精神的。因而建议，在《民法典》第585条第2款末尾增加但书规定，其内容为“但一般情况下，约定违约金超过实际损失百分之三十的部分人民法院不予保护”。这既可明确违约金约定的上限标准，又可在当事人申请不利时，通过“不予保护”的要求赋予法院主动审查和被动调整违约金权力。

2. 增加申请不利的惩罚性规定。债务人对违约金酌减的启动存在申请不利情形时，法院虽可依职权主动审查，但应将其不利因素视为过错，相应酌减结果应直接体现其错误处分诉讼权利的不利后果，抑制部分债务人及代理人所持“一审先不到庭或按对方违约抗辩，如果结果不满意，二审再申请酌减违约金”的侥幸心理，有效避免一审到不到庭、提或不提酌减申请，终审结果均无差异的司法乱象，保障审判程序的严肃性和可预见性。因而建议，以《合同法司法解释（二）》第27条为蓝本，在司法解释中补充增加第2款规定：“当事人在一审中未提出违约金调整申请，二审法院应对一审法院送达程序及释明方式进行审查，若经审查一审不存在程序违法情形的，二审法院仅对违约金标准是否超过民法典第五百八十五条第二款规定的法定上限进行认定。”

3. 重构违约金审查及酌减标准条款。在《民法典》第584条已将预期利益列为合同损失因素的情况下，针对“预期利益因素”在违约金酌减各环节重复考量问题，应将“预期利益损失”从审查违约金标准是否过高以及酌减幅度考虑因素中删除。可以《合同法司法解释（二）》第29条为蓝本，建议内容：“当事人主张约定的违约金过高请求予以适当减少的，人民法院应当以实际损失为基础，兼顾合同的履行情况、当事人的过错程度等综合因素，根据公平原则和诚实信用原则予以衡量，并作出裁决。”同

① 此处强调该标准为上限情形一般原则，但特殊情形仍可根据实际情况突破。

时，因“30%”的规定已在《民法典》中明确为违约金的法定上限，故原第2款规定亦应予删除。

(二)“三步四分法”的基本思路

在完善上述规范内容的基础上，根据本文设定的违约金酌减规则体系，可将违约金酌减的基本思路总结为“三步四分法”。

第一步：区分当事人是否行使违约金酌减请求权。

在当事人提出申请的情况下，对违约金标准的审查体现的是司法灵活干预，此时法官着重审查的内容在于合同履行和违约过错程度。在当事人缺席或者当事人未有效提出酌减申请的情况下，法官依职权启动违约金酌减程序体现的是司法被动防范（避免显失公平），此时法官着重审查的内容仅为违约金是否高于司法保护上限。

第二步：判断违约金标准是否过分高于实际损失。

司法实践中，并非每个案件均有实际损失，亦非每个案件均可对实际损失加以充分证明。因此，在实际损失无法查明的情况下，应以违约行为的对价为基数，区分合同主体的签约目的，对于以商事目的而作合同行为的，可按一般融资收益拟制其损失，参考买卖合同（典型商事行为）司法解释确定的逾期利息标准（LPR加计30%至50%）计算；对于以普通居民生活需求而作合同行为的，可参考以中国人民银行同期活期存款基准利率为标准拟制其损失。参照上文所确定的违约金标准一般上限，结合合同履行情况及过错程度进行综合判断。

第三步：分类确定违约金酌减方式。

在当事人申请人民法院对违约金进行酌减的情况下：（1）若约定标准高于法定上限时，在实际损失的100%（不包含本数）~130%区间内酌减；（2）若约定标准不高于法定上限时，在实际损失（不包含本数）与约定标准之间酌减。

在人民法院依职权对违约金进行酌减的情况下：（1）若约定标准高于法定上限时，应当将违约金总数额调整为实际损失的130%；（2）约定标准不高于法定上限时，应对当事人约定的违约金标准予以确认，不再调整。

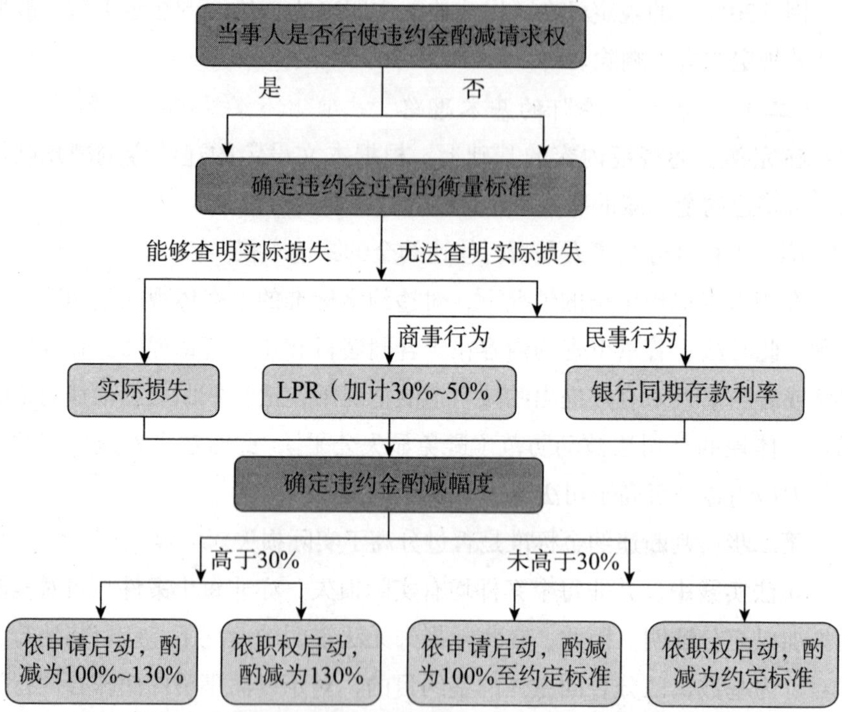

图 4　违约金酌减基本思路："三步四分法"

（三）"三步四分法"之示范

为进一步将"三步四分法"运用于违约金酌减规则，增进对其直观认识，本文结合案例进行示范分析。

1. 案情介绍

2019 年 9 月 25 日，中投公司（需方）和百润公司（供方）签订了《货物购销合同》，约定所供标的物为铝锭，合同总价款为 2300 万元，需方应于 2019 年 11 月 25 日前预付 686 万元，供方交货时间自 2019 年 12 月 23 日至 2019 年 12 月 27 日。若供方有任何违约行为，包括但不限于未交付货物、迟延交付、部分交付、瑕疵交付等，需方均有权终止合同、要求退还货款，供方还应按照已付款项的 10% 向需方支付违约金。2019 年 11 月 20 日，中投公司依约向百润公司支付预付款 686 万元，后百润公司未在约定期间内向中投公司交付货物。直至 2020 年 10 月 30 日，百润公司才收到中投公司发送的律师函，函件载有解除合同及返还货款通知。2020 年 11 月 19 日，百润公司将全部预收款项 686 万元退还中投公司。

2. 运用“三步四分法”对违约金的认定

（1）区分百润公司是否行使违约金酌减请求权

第一种情况：一审过程中，百润公司抗辩违约金约定过高，则法官依申请启动违约金酌减程序。

第二种情况：百润公司未到庭，法院缺席审理，为避免显失公平，法官依职权启动违约金酌减程序。

（2）判断违约金标准是否过分高于中投公司的实际损失

该案中，中投公司未举证证明其实际损失，因双方所签铝锭买卖合同为典型商事行为，故该案中投公司的合理损失应为预付款项在逾期期间的一般融资收益，经计算为：370097 元［6860000 元 ×LPR（4.15%/ 年）×1.3（假定加计 30%）］。在此情况下，该案违约金标准的一般法定上限不应超过损失的 1.3 倍，即 481126.1 元。而合同约定标准计算后的违约金为 686000 元，已超过法定上限，故该案违约金存在酌减的基础。

（3）确定百润公司应支付的违约金数额

在第一种情况中，因百润公司申请法院酌减，法官可根据合同履行和违约过错程度在实际损失 370097 元（不包含本数）至法定上限 481126.1 元之间进行酌减。

在第二种情况中，因百润公司未到庭，视为放弃酌减请求，法院依职权将违约金调整为法定上限 481126.1 元。

（4）假定条件：若该案合同约定违约金标准为 6%

合同实际损失 370097 元及违约金一般法定上限 481126.1 元未受影响，但合同约定标准下违约金数额将变为 411600 元，此时并未超过法定上限：

在第一种情况中，法官可根据合同履行和违约过错程度在实际损失 370097 元（不包含本数）至约定标准 411600 元之间酌减。

在第二种情况中，法官不应调整，该案违约金标准直接确定为合同约定的 6%，即 411600 元。

结　语

本文写作的初衷在于厘清违约金酌减规则的基本思路和具体标准，为司法实务提供更加明确的方向指引。在明确违约金酌减法定上限、审查标准、限制条件的基础上，通过“三步四分法”更好地把握违约金酌减幅度。

违约金司法酌减规则适用机制的完善 *

——以《民法典》第585条第2款为中心

李 耀 赵振杰

违约金司法酌减规则肇始于1999年颁布的《合同法》第114条第2款，并规定于2020年实施的《民法典》第585条第2款。长期以来理论和实践聚焦于如何认定实际损失以及举证责任的分配，却对司法酌减规则的规范属性未达成共识，对特殊情形下司法酌减规则的适用争议未予以足够重视。本文立足于司法实践的迫切需要，在规范分析《民法典》第585条第2款的基础上，从诚实信用等民法原则的立场出发剖析特殊情形如何影响司法酌减规则的适用，尝试为规则的准确适用和完善提供方案。

一、违约金司法酌减规则适用争议的实践样态

根据《民法典》的规定[①]，违约金司法酌减规则适用的标准范式为：A与B签订合同，约定B未如约履行合同义务，则向A支付特定数额的违约金。后B未按照合同约定履行义务，A将B诉至法院，诉讼中B主张约定违约金过高并请求予以酌减，人民法院将约定违约金是否高于造成的损失作为焦点审理。司法实践中出现了司法酌减规则标准范式之外的特殊情形，裁判者需要判断特殊情形的影响范围和程度，决定司法酌减规则的适用与否。

---

* 本文获2021年全国法院第33届学术讨论会优秀奖。

① 《民法典》第585条第2款规定："约定的违约金低于造成的损失的，人民法院或者仲裁机构可以根据当事人的请求予以增加；约定的违约金过分高于造成的损失的，人民法院或者仲裁机构可以根据当事人的请求予以适当减少。"

（一）排除规则适用的特别约定

【案例1】A与B签订典当合同，A以自己名下的房屋作为当物取得B的当金，双方约定：典当期满后，B在5日宽限期后仍未清偿当金赎当，视为绝当；绝当后，B应自当期期满之日起以所欠当金为基数，按照每日0.5%的标准向乙方支付违约金。双方依据平等自愿原则签订本合同，B已经充分了解并认可当物处置期间A因逾期收回当金所遭受再融资利息损失、逾期典当业务不能正常运转的经营损失等，因此完全同意并自愿接受本合同关于违约金标准的约定，放弃行使以违约金高于实际损失为由请求人民法院变更或调整的权利。B未按期返还当金，A将B诉至人民法院，B主张约定违约金过高并请求酌减。①

【案例2】A与B签订《供货合同》，约定A向B供应自动灭火系统设备，B应在按期付清款项，否则自愿承担5万元的违约金，并不得向人民法院请求调低违约金。后因B未按期支付款项，A将B诉至人民法院，B主张违约金过高并请求酌减。②

小结：人民法院行使裁判权介入违约金的调整需要满足前提条件。债务人在诉讼中行使违约金酌减请求权，是司法介入的前提。实践中出现的特殊情形是当事人通过特别约定限制违约金酌减请求权，进而排除适用司法酌减规则。从上述案例可以归纳出两种典型情形：（1）自愿放弃型：合同约定债务人放弃请求人民法院酌减违约金的权利；（2）权利禁止型：合同约定债务人不得向法院提出酌减违约金的请求。

（二）违约金条款的确定方式

【案例3】A与B签订《婚庆服务协议》，约定A向B提供婚庆服务，服务项目合计金额35000元，预付金额2500元。合同签订当天B支付预付款2500元。后因B自身原因取消婚庆典礼，同时承诺向A支付违约金2万元。B拒不支付违约金，A将B诉至人民法院，B主张违约金过高并请求酌减。③

【案例4】A与B签署《占地及地上物补偿协议》，约定B占用A的承包地，于协议签订后30日内支付地上物补偿款72600元，如B延迟支付

---

① 北京市昌平区人民法院（2020）京0114民初13075号民事判决书。

② 甘肃省兰州市西固区人民法院（2019）甘0104民初166号民事判决书。

③ 北京市昌平区人民法院（2019）京0114民初18918号民事判决书。

补偿款，每延期一日应向A支付补偿款千分之一的违约金。后B未支付补偿款，A将B诉至人民法院，B主张违约金的标准过高请求酌减，A主张协议是B提供的格式合同。①

小结：标准范式下的违约金条款是合同主体在违约事实发生前预定违约的实际损害。实践中出现的特殊情形是违约金条款的确定方式区别于标准范式，导致法直觉的判断与司法酌减规则简单适用的结果并不相符。从上述案例可以归纳出两种典型情形：（1）确认赔偿型：违约事实发生后，债务人确定造成的损失，承诺支付特定数额的违约金；（3）格式条款型：双方签署的合同系债务人提供的格式合同，违约金条款系格式条款。与确认赔偿型类似的，还有一种新情形：（3）已付赔偿型：违约事实发生后，债务人已经按照违约金的约定支付了部分违约金。

（三）合同违约的原因

【案例5】A与B签订《存量房屋买卖合同》及补充协议，约定A以223万元购买B名下房屋，如B将房屋出售给第三方，应向A支付房屋总价款20%的违约金。后B将名下房屋出售给C，并办理网签登记备案。A将B诉至法院，要求解除合同并支付违约金，B同意解除合同，A主张违约金过高请求酌减。②

小结：造成合同违约的原因多种多样，有第三人的原因、自身经营状况或经济条件的恶化、基于利益考量后的主动选择、履行不能甚至是不可抗力、意外事件等。针对上述情形，法律通过不同的制度分别予以规制，并非都作为司法酌减规则适用的影响因素。从上述案例可以归纳出一种典型情形：多重买卖型：出卖人因就同一标的物与多人签订买卖合同，并选择买受人完成交付或所有权的变更，对其他买受人无法履行合同约定。

（四）司法酌减规则的适用程序

【案例6】A与B签订《存量房屋买卖合同》，约定A以69万元购买B名下房屋，B应当在房屋所有权转移之日起120日内，办理户口迁出手续。如因B自身原因未如期迁出户口，应向A支付2万元的违约金；逾期30日未迁出的，自逾期超过15日起，B应按日向A支付房屋价款万分之二的违约金。后B在房屋过户未将户口迁出，A将B诉至法院，B经公告送

① 北京市通州区人民法院（2015）通民初字第6027号民事判决书。

② 北京市通州区人民法院（2015）通民初字第17576号民事判决书。

达未按期参加庭审，法院依法缺席审理。[①]

【案例 7】A 与 B 签订协议，约定 B 退出石灰石矿的合作经营，A 分期返还 B 已投入的资金 1450 万元，如 B 未能按照约定支付返还款项，则已返还的 200 万元及 600 万元共计 800 万元将作为支付给 A 的违约金。双方对 B 已实际返还上述款项无争议且均认可 B 在实际履行中多支付的 450 万元系 B 未按照期限返还款项的违约金。后 A 将 B 诉至法院，以约定的违约金过高为由，要求 B 返还过高的违约金 4451153 元。[②]

小结：司法酌减规则的标准范式是在诉讼中，债务人作为被告主张违约金过分高于造成的损失，并向人民法院请求酌减违约金。实践中出现的特殊情形是司法酌减规则的适用程序区别于标准范式，从上述案例中可以归纳出两种典型情形：（1）公告案件型：债务人经公告送达后未到庭参加诉讼，人民法院依法缺席审理，同时合同约定违约金的标准显然过高；（2）主动起诉型：债务人主张已支付或尚未支付的约定违约金过高，主动提起诉讼请求予以酌减或要求债权人返还。

二、违约金司法酌减规则适用争议的原因分析

标准范式之外出现的特殊情形，引发了司法酌减规则适用的争议，源于对司法酌减规则本身的认识不够清晰。

（一）司法酌减规则的规范属性未明确

限制权利的行使区分不同的程度，绝对禁止权利的使用是对权利的完全限制，某种程度上等同于权利的放弃，因此自愿放弃型和权利禁止型在法律后果上可以等而言之。强制性规范的适用是不以当事人的意志为转移的，每一个强行性规范的背后都隐含着一项禁止性规范：禁止当事人约定排除强制性规范的适用。[③]故而自愿放弃型和权利禁止型的特别约定是否有效，取决于司法酌减规则的规范属性。我国司法酌减规则的规范属性未明确，学理有观点认为应将违约金酌减规则确定为强制性规范，[④]也有观点认为当事人可以自行处分其权利故司法酌减规则可以因预先约定而排除适

① 北京市第三中级人民法院（2016）京 03 民终 2780 号民事判决书。
② 湖南省长沙市天心区人民法院（2015）天民初字第 2000 号民事判决书。
③ 王轶：《强行性规范及其法律适用》，载《南都学坛》2010 年第 1 期。
④ 姚明斌：《违约金司法酌减的规范构成》，载《法学》2014 年第 1 期。

用；[1]实务观点亦更有不同，有人认为“如果当事人在合同中约定违约金不允许调整，基于理性人的考虑，原则上尊重当事人的约定，法官不得任意地行使裁量权”，[2]也有人主张“双方均排除酌减的事先约定应以不违反公平原则为限”。[3]

（二）司法酌减规则的逻辑结构认识不到位

法律规则在逻辑上由假定、行为模式、法律后果三部分构成。[4]假定是法律规则中有关该规则的条件和情况部分，行为模式则是规定人们如何具体行为或活动。实践中较为常见的情况是，合同双方强调缔约过程中就违约金条款的设定已进行充分的协商，双方基于各自的经验和专门知识对造成损失的范围充分预估后才对违约金作出约定，换言之当事人约定“造成损失不过分高于约定违约金”。“约定违约金过分高于造成的损失”这一要件应当归类为假定，属于事实认定的范畴。当事人排除上述要件的事先约定，其实质证明力应从证据类型的视角作进一步的分析。书证分为设权性书证和证明性书证。[5]上述约定不涉及权利义务的设置，而是事实的记载，应属于证明性书证，其不具有直接证明所载内容的证据力，诉讼中人民法院有权结合涉案情况对约定违约金是否过高这一事实进行综合判断。

公告案件型需要回应的问题是面对显然过高的违约金，人民法院能否从司法酌减规则这一路径依职权酌减违约金。“当事人请求”是违约金酌减规则的形式前提，设置这一前提的目的在于限制司法介入的尺度，对于当事人无争议的违约金，司法酌减规则不存在适用的余地。在公告案件中，人民法院依职权适用司法酌减规则调整违约金，未探寻当事人的真实意思，不符合司法酌减规则的形式前提，也无法解决“过高违约金”举证责任的分配问题。在债务人缺席而约定违约金明显过高时，可以考虑采取

---

① 隋彭生：《合同法要义》，中国人民大学出版社 2011 年版，第 248 页。

② 江必新、何东宁：《最高人民法院指导性案例裁判规则理解与适用合同卷一》，中国法制出版社 2012 年版，第 476~477 页。

③ 最高人民法院（2015）民一终字第 340 号民事判决书。

④ 雷磊：《法律规则的逻辑结构》，载《法学研究》2013 年第 1 期。

⑤ 设权性书证是指记载一定的民事法律行为的内容，以设立、变更或终止一定的民事法律关系为目的的书证。证明性书证是指记载一定的事实，不以产生一定的民事权利义务关系为目的书证。

公平原则或诚实信用原则的路径。[①] 此外，从司法酌减规则的具体法律规定来看，“当事人请求”可以是债务人作为被告以抗辩或反诉的形式提出，亦不妨碍其主动提起独立的酌减之诉乃至于违约金酌减条件成就后的返还之诉。

（三）司法酌减规则的优先劣后未明晰

特殊情形出现后，司法酌减规则面临着规则之间、规则与原则的竞合与冲突，裁判者应当对司法酌减规则进行适格的价值衡量确定其使用顺位。权利的放弃由权利自由处分的原则及其限制规则进行规制，权利放弃型是当事人事先放弃违约金酌减请求权的约定，体现为权利自由处分的原则与司法酌减规则的交错，须考察违约金酌减请求权的属性，确定当事人能否事先放弃权利以及事先弃权效力判断的统一规则。

确认赔偿型和已付赔偿型是违约事实发生后，债务人追认违约的实际损害乃至于自愿给付违约金，嗣后又行使违约金酌减请求权，前后意思矛盾，体现为诚实信用原则与司法酌减规则的交错，须考察诚实信用原则这一民法帝王条款在司法酌减规则中的适用。

格式条款型是格式条款的制定者嗣后又主张违约金酌减，体现为格式条款规则与司法酌减规则的交错，须考察格式条款制定者的行为是否涉及权利滥用，比较司法酌减规则和格式条款价值基础的区别、进而确定格式条款的提供者是否为司法酌减规则的保护对象。

多重买卖型是债务人衡量违约成本和违约收益后，基于理性选择的故意违约，是故意违约中的特殊情形，体现为“任何人不得从其违法行为中获利”原则与司法酌减规则的交错，须考察故意违约之情势对违约金酌减请求权的影响范围以及多重买卖型的特殊性。

三、违约金司法酌减规则适用争议的解决路径

特殊情形下司法酌减规则适用争议的解决，一方面要从理念上强化人民法院对违约金条款的介入审查权，另一方面要确定司法酌减规则适用的强制性和排除适用的范围，从而完善司法酌减规则适用的机制。

---

① 参见巢烨:《违约金约定过高法院能否主动调整?》，载 http://hunanfy.chinacourt.gov.cn/article/detail/2014/08/id/1425701.shtml，2021 年 6 月 10 日访问。

（一）司法酌减规则的模式确定为“当事人请求+介入审查+程度审查”

司法酌减规则应将“介入审查”从“法院司法审查”中独立出来，作为“程度审查”的一个前置环节。具体如下：

第一，司法酌减规则模式的变化符合法律条文。相较于《合同法》第114条，《民法典》关于司法酌减规则相应规定更为明确清晰。旧规未体现司法酌减规则作为裁判规则的属性，未明确人民法院面对债务人请求的行为模式，更容易造成一种误读，即“约定违约金过分高于造成的损失”是当事人提出请求的前提。新规的主语由债务人变更为人民法院或仲裁结构，提出请求的主体由债务人变更为诉讼法用语“当事人”，旗帜鲜明地标出司法酌减规则是裁判规则；明确人民法院的行为模式是可为模式，人民法院有权决定是否介入违约金的酌减，可以在特殊情形下直接排除适用司法酌减规则。

第二，司法酌减规则适用机制的运作流程。司法酌减规则是对合同自由的限制，该规则的适用应予以适当规制，避免滥用，否则违约金的制度功能将完全落空，无法实现当事人减少违约后产生争议的目的。“法院司法审查”的内容不仅涉及司法权是否介入，还包括违约金是否酌减以及酌减幅度的裁量。将“介入审查”单列为一个环节，强调并非当事人一经请求法院即酌减违约金，人民法院对是否适用司法酌减规则介入违约金条款有最终决定权。司法酌减规则适用机制的运作流程如下：

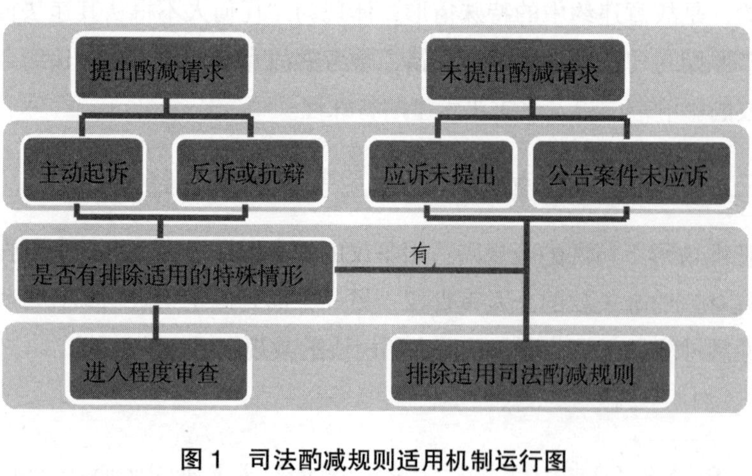

图1　司法酌减规则适用机制运行图

（二）司法酌减规则的规范目的决定了其适用的强制性

违约金司法酌减规则系效力性强制性规定，当事人不得事先约定排除适用，且当事人事前放弃酌减请求权的约定无效，具体内容如下：

第一，逻辑上限制合同自由的规则不能轻易被合同自由处分。违约金是当事人经过合意达成的合同条款，尊重违约金条款源于对私法自治、合同自由的保护。司法酌减规则是对约定违约金的限制，是立法出于某种规范目的比如保护特定人利益、维护某种秩序或者实现公平正义，而对合同自由加以限制。如果允许当事人随便通过协商排除司法酌减规则的适用，可能会使法律限制约定违约金的目的落空。从逻辑上讲，排除适用司法酌减规则是以合同自由处分为由对限制合同自由规则的再限制，必须遵循更严苛的标准。

第二，司法酌减规则的规范目的是保护过于乐观轻信合同能够如约履行而约定过高违约金的债务人。违约金是附停止条件的给付约定，合同方须在违约事实发生前预估可能造成的损失。人类的有限理性，注定其无法完全精准地规划未来事物①，同时债务人又过于自信合同能够如约履行，过高的违约金不会实际产生支付效力，最终导致严重的不公平结果。为保护债务人并避免出现严重的不公平结果，立法上须对违约金加以限制。但私法的基本立场是尊重合同自由，因此限制合同自由的规则必须要在方式、方法及其程度上更合理，司法酌减规则应运而生，既不妨碍约定违约金的制度价值，同时防范过高违约金对债务人的侵害。

第三，司法酌减规则系效力性强制性规定，但其强制性仅体现在违约金应产生支付效力前。债法中的大多数规范属于任意性规范，只有强制性规范的适用不以当事人的意志为转移权利。强制性规范有效力性和管理性的分野，区分二者需要对相关法律规范进行法律解释。司法酌减规则无法通过法律条款的用语区分规范的类型，需要进一步通过目的解释的检验：规范所保护的利益是什么，具体表现为何，相较于合同自由是否具备抽象的优先性。②司法酌减规则的规范目的是避免严重的不公平结果、保护轻信合同能够如约履行而约定过高违约金的债务人，符合强制性规范的类型

---

① 姚明斌：《违约金论》，中国法制出版社 2018 年版，第 248 页。

② 王轶：《强行性规范及其法律适用》，载《南都学坛》2010 年第 1 期。

要求。[①]其保护的利益是实质正义，相较于合同自由具备抽象的优先性，排除适用司法酌减规则的约定应从合同效力方面予以规制，综上司法酌减规则应属于效力性强制性规定。由其规范目的出发，司法酌减规则的强制性仅体现在违约金产生应支付效力前。违约金的给付条件成就后，债务人对违约造成的损失应有相应的认知，不再有债务人过于乐观乃至于轻信的情形，因此违约金产生应支付效力后，司法酌减规则的强制性不再适用。

第四，司法酌减规则的强制性要求不得事先禁止债务人行使违约金酌减请求权。强制性规范要求当事人不得约定排除强制性规范的适用，司法酌减规则的内容是债务人可以行使违约金酌减请求权，其强制性要求不得事先禁止债务人行使违约金酌减请求权。举轻以明重，相较于对权利的限制行使，权利放弃的后果更严重，因此当事人事先放弃违约金酌减请求权的约定亦无效。这与适用叶名怡教授提出的“事先弃权效力判定六要素法”的检验结果一致，具体理由是事先放弃违约金酌减请求权是放弃未来的形成权，容易出现意思表示的瑕疵，过高且不得调整的违约金对当事人的权利存在过分限制，再加之司法酌减规则旨在维护实质正义，事先放弃违约金酌减请求权会妨碍法律对于实质正义的保护。[②]

第五，司法酌减规则的构成及法律后果与显失公平等类似规则不同。司法酌减规则关注的结果是违约责任是否公平，即约定违约金是否过分高于造成的损失。显失公平规则不仅需要确定条款缔结时是否显失公平，还更关注缔约过程中意思表示出现瑕疵的原因，即缔约时债权人是否存在利用债务人处于危困状态、缺乏判断能力的情形。司法酌减规则构成要件的标准更低，法律后果相较也更轻，只是对违约金条款的调整而非合同效力上被认定为可撤销。值得说明的是，从处理程序上讲，如当事人既以违约金条款显失公平为由主张撤销条款，同时又请求酌减违约金，人民法院应当优先处理前者，确定违约金条款的效力。

---

① 强制规范包括：（1）规定私法自治以及私法自治行使的要件的规范，即如行为能力、意思表示生效的要件以及合法的行为类型（限于对行为类型有强制规定的情况；（2）保障交易稳定、保护第三人之信赖的规范；（3）为避免产生严重的不公平结果或为满足社会要求而对私法自治予以限制的规范。参见［德］卡尔·拉伦茨：《德国民法通论》（上册），王晓晔、邵建东、程建英、徐国建、谢怀栻译，法律出版社2013年版，第45页。

② 参见叶名怡：《论事先弃权的效力》，载《中外法学》2018年第2期。

（三）司法酌减规则的介入审查环节应设置以诚实信用等原则为内核的但书条款

诚实信用、禁止权利滥用、“任何人不得从其违法行为中获利”等原则在司法酌减规则的介入审查环节应当具体化适用，作为排除适用司法酌减规则的条件，以规制司法酌减规则适用中的特殊情况，具体内容如下：

第一，违约金产生应支付效力后，债务人明确承诺支付违约金或已支付违约金，又以约定违约金过分高于实际损失为由请求酌减违约金的，人民法院不予支持。对于司法酌减规则适用的标准范式，债务人未支付约定违约金并请求法院酌减违约金，本身似有违背诚实信用原则的嫌疑，但这是立法出于保护债务人的立场对约定违约金的特别限制，此种限制仅限于司法酌减规则的标准范式。违约事实发生后，出现债务人明确承诺支付违约金甚至已支付违约金的特殊情况，需要再次以诚实信用原则进行衡量。诚实信用原则涉及两重利益关系：当事人之间的利益关系和当事人与社会之间的利益关系，其目标是要在这两重利益关系中实现平衡。[①] 在当事人之间，二重确认的违约金条款如果仍然面临被调整的可能性，于债权人极为不公平，给予此种情况下债务人适用司法酌减规则的权利，严重违背了诚实信用原则的衍生原则：“允诺后不得否认原则。”[②] 在当事人与社会之间，违约事实发生后的赔偿约定或者支付行为，平息了一件可能产生争议并需要司法介入的事件，允许债务人嗣后再适用司法酌减规则，使稳定的法律关系再生变化，破坏了交易的稳定性。综上，以诚实信用原则衡之，如债务人在违约事实发生后允诺甚至支付违约金，即排除适用司法酌减规则。

第二，提供格式条款的一方以约定违约金过分高于实际损失为由，请求酌减违约金的，人民法院不予支持。《民法典》第596条规定，格式条款是当事人为了重复使用而预先拟定，并在订立合同时未与对方协商的条款。格式条款预先拟定的目的是重复使用，其价值基础在于节约交易成本、提高交易效率。格式条款的提供者没有给予对方协商的权利，其本质

---

① 梁慧星：《诚实信用原则与漏洞补充》，载《法学研究》1994年第2期。

② ［日］菅野耕毅：《诚实信用原则与禁止权利滥用法理的功能》，傅静坤译，载《外国法译评》1995年第2期。

特征是不能协商[①]，与合同自由的原则相背离，因此立法者对格式条款的提供者苛以特定义务，严格限制格式条款的订入条件，寻求格式条款与合同自由的平衡。格式条款的制定者往往是商主体，其具备相应知识、经验和资质的经济人，并以利润最大化为行为的出发点和归宿。[②]其制定的为重复使用的格式条款必然会符合自身利益，即使最初不太符合也会在调整中变得符合。格式条款的提供者司空见惯于合同发生履行障碍，其预先设置的违约金条款并不存在过分乐观的情形，更不存在自身都难以接受的过高违约金，因此格式条款的提供者不属于司法酌减规则所保护的债务人。格式条款提供者相较于一般合同当事人，更有义务履行其制定的违约金条款。其嗣后未诚信履约并行使违约金酌减请求权，对不得不接受格式条款者的妨害过甚，严重违背了诚实信用原则，应属于权利的滥用。如人民法院顺应格式条款提供者的请求酌减违约金，不仅不符合司法酌减规则的规范目的，更背离了格式条款的制度价值。

第三，出卖人就同一标的物签订多重买卖合同，买受人无法取得标的物所有权，出卖人又以约定违约金过分高于实际损失为由，向人民法院请求酌减违约金的，人民法院不予支持。在合同法司法解释的起草过程中，关于违约金司法酌减规则曾有过一种方案："对于故意违约，违约方请求减少违约金的，人民法院不予支持。"最终司法解释起草小组没有采用这一方案，理由是这一方案与《合同法》第114条的规定精神相冲突，故意违约如果没有造成损失，不应支持过高的违约金。违约者的故意并不会增加违约造成的损失，单纯故意违约造成损失的大小难以量化的，再加之故意违约的证明标准和证明责任分配亦是难题，因此将故意违约作为排除适用司法酌减规则的特殊情形并不妥当。但作为故意违约特殊情形的多重买卖型，出卖人基于违约成本和违约收益的经济考量选择故意违约，此时违约收益（标的物价格的增长）通常大于违约成本（约定违约金）。出卖人的违约收益是通过剥夺买受人的履行利益（标的物价值的增长）实现的，正常履约情况下这份收益本应该由买受人享有。从某种程度上讲，违约收益（价格）约等于履行利益（价值），因此对于多重买卖型的故意违约，约定违约金的（违约成本）低于造成的损失（履行利益），因此没有对违

① 王利明:《对〈合同法〉格式条款规定的评析》，载《政法论坛》1999年第6期。
② 江必新:《商事审判和非商事民事审判之比较研究》，载《法律适用》2019年第15期。

约金作调整的必要。如果人民法院支持违约金的酌减，相当于多重合同型的出卖人通过司法酌减规则扩大了违约收益，不仅与“任何人不得从其违法行为中获利”的原则相背离，更与诚实信用原则的要求不符。

结 语

“没有一种体系可以演绎式地支配全部问题。体系必须维持其开放性……现有体系只是暂时的概括总结”。[①] 本文写作集中于违约金司法酌减规则的介入审查环节——特殊情形下人民法院应否行使裁判权介入违约金的酌减，尝试完善司法酌减规则的适用机制：厘清司法酌减规则介入审查的基本立场，明确司法酌减规则适用的强制性，并通过设置但书条款的形式为司法酌减规则的排除适用提供指引。

① ［德］卡尔·拉伦茨：《法学方法论》，陈爱娥译，商务印书馆2016年版，第45页。

晓喻新生：中介人补充责任的现状审视与规则构建*

——以中国裁判文书网155份二审生效文书为样本

索　焱　张　华

引　言

中介人补充责任系我国补充责任制度的创新性实践成果。《最高人民法院公报》2015年第2期发布的原告李某东诉被告上海汉宇房地产顾问有限公司中介合同纠纷案中，法院认为汉宇地产未对所售房屋是否为一房二卖、公证书是否真实等事项进行核查，导致李某东定金损失，故依据原《合同法》第425条[①]和《民法典》第962条判决汉宇地产在3万元范围内承担补充赔偿责任。此后，人民法院判令中介人承担补充责任的判决数量越来越多，但分析样本后发现，中介人承担补充责任裁判规则极不统一。

一、问题检视：中介人补充责任裁判乱象分析

通过对中国裁判文书网上155份二审裁判文书[②]的分析发现，各法院对中介人补充责任在责任形态的表述、责任性质的界定、裁判依据的来源、构成要件的内容、责任范围的确定上均存在不统一，甚至相互冲突的现象。

---

*　本文获2021年全国法院第33届学术讨论会优秀奖。

①　原《合同法》第425条规定："居间人应当就有关订立合同的事项向委托人如实报告。居间人故意隐瞒与订立合同有关的重要事实或者提供虚假情况，损害委托人利益的，不得要求支付报酬并应当承担损害赔偿责任。"

②　检索设定时间：2014年1月1日至2020年12月31日，设定关键词"居间 补充责任""居间人 补充赔偿责任"，过滤重复和无关文书后共筛选出155份二审生效裁判文书（含刑事裁判文书1份）。

（一）责任形态表述混乱

各法院对中介人承担补充责任的名称使用不统一，甚至表现得较为随意：一是不同裁判文书中，判决主文中出现多种责任名称的表述（见表1）。

表1　名称使用情况统计

序号	名称	文书数量(件)
1	补充赔偿责任	68
2	赔偿	15
3	补充责任	6
4	连带补充责任	5
5	其他责任人不能赔付时赔偿	3
6	补充清偿责任	2
7	补充偿还责任	1
8	补偿	1

二是同一裁判文书中“本院认为”的论述部分名称不统一。例如，论述过程中时而使用“补充责任”，时而使用“补充赔偿责任”，存在上述情形的文书共计12件。

三是同一裁判文书中“本院认为”部分与“主文”名称不统一。如本院认为部分使用“补充责任”，主文却使用“补充赔偿责任”“补充清偿责任”“他人不能清偿部分的赔偿责任”“补偿”等表述，[①] 存在该情况的文书有42份。

四是同法院不同法官作出的裁判文书使用的名称不统一。以广东省佛山市中级人民法院和河北省廊坊市中级人民法院的判决书为例。[②]

（二）性质界定存在冲突

要求中介人承担补充责任的诉讼请求，既出现在合同纠纷中，亦出现

① 参见以下民事判决书：云南省楚雄彝族自治州中级人民法院（2016）云23民终965号民事判决书、江苏省苏州市中级人民法院（2019）苏05民终1373号民事判决书、广东省佛山市中级人民法院（2020）粤01民终25740号民事判决书、江苏省南京市中级人民法院（2016）苏01民终7669号民事判决书、河北省廊坊市中级人民法院（2019）冀10民终1253号民事判决书。

② 参见广东省佛山市中级人民法院（2019）粤06民终238号和广东省佛山市中级人民法院（2019）粤06民终3992号民事判决书，二案均判决中介人承担补充责任，但判决主文中一份表述为“补充赔偿责任”，另一份则表述为“补充清偿责任”；河北省廊坊市中级人民法院（2018）冀10民终5289号和河北省廊坊市中级人民法院（2018）冀10民终5777号民事判决书，一份判决表述为“补充赔偿责任”，另一份则表示为“连带补充赔偿责任”。

在侵权纠纷中（见表2）。

表2　中介人补充责任案件案由分布及裁判结果表

案由分布			
总计（件）	结果	合同纠纷（件）	侵权纠纷（件）
155	支持	104	4
	驳回	47	0

但关于其性质，主要存在三种观点：其一，补充责任系侵权责任。故不适用于合同纠纷中，[①]但多数法院并不赞同上述观点。其二，中介人补充责任系违约责任，即当事人可以主张中介人承担责任，法院应当进行实体审理。其三，概括责任，即中介人补充责任也不仅仅是违约责任，也可以是侵权责任。

（三）裁判依据引用失范

裁判中有三种观点，其一，没有立法规定，故以该请求于法无据，不予支持。其二，引用违约责任或侵权责任的一般性条款。其三，中介人依据原《合同法》第425条第2款（现《民法典》第962条）或原《侵权责任法》第37条第2款（现《民法典》第1198条第2款），且在裁判中，原《合同法》第425条第2款系最通用的裁判依据（见表3）。

表3　中介人补充责任裁判依据分布表

法条依据		文书采用数（件）
原《合同法》	第425条第2款	77
	第107条	14
	第97条	2
原《侵权责任法》	第6条	3
	第37条	1
没有法律依据		8

① 参见北京市第三中级人民法院（2020）京03民终4599号民事判决书，该文书载明："对于吕国有要求中原公司在10万元范围内请樊秀平履行不足部分对吕国有承担补充赔偿责任的诉讼请求，本案为合同纠纷，吕国有该项诉讼请求没有法律依据，一审法院不予支持……该上诉请求与其民事行为及民事行为责任相悖，本院不予支持。"

（四）构成要件标准不一

样本中因责任构成不统一而导致同案不同判的情况非常明显，如中介人未尽核查义务而承担的责任形态就有单独责任①、连带责任②、按份责任③、补充责任、不真正连带责任④等（见图1）。

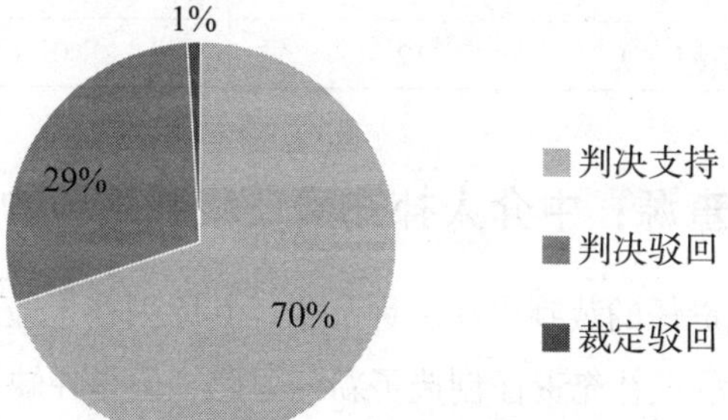

图1　中介人承担补充责任裁判结果分布

侵权案件样本中，法官从侵权责任四要件出发考量中介人是否应当承担补充责任。其中主要围绕中介人是否违反了协助履行义务或违反安全保障义务；对于因果关系的论述甚少，其中一份表述为“非主要责任”。

合同案件中，中介人补充责任构成的论述一般为“中介人具有如实告知义务/审查义务/忠实义务，中介人未尽上述义务，存在过错应当承担赔偿责任”，至于为何承担补充责任，则多数文书中表述模糊（如“承担补充责任并无不当”）。在有论述的文书中，存在两种观点：一是中介人虽然存在过错，但是其过错与损害后果之间系间接因果关系，故应承担补充责任；⑤二是中介人的责任系次要责任，故应承担补充责任。⑥

（五）责任范围不统一

影响中介人承担补充责任的范围的因素有二：其一为起算基数，其二为责任程度。现有两种基数确定方式：一是以直接损失为基础，二是以未获赔损失为基础。责任程度的确定，亦存在两种方式：第一种是按照过错

① 参见江苏省南京市中级人民法院（2018）苏01民终10333号民事判决书。

② 参见浙江省宁波市中级人民法院（2019）浙02民终1199号民事判决书。

③ 参见江西省宜春市中级人民法院（2015）宜中民四终字第48号民事判决书、福建省厦门市中级人民法院（2018）闽02民终969号民事判决书。

④ 参见广东省佛山市中级人民法院（2019）粤06民终13978号民事判决书。

⑤ 参见广东省广州市中级人民法院（2020）粤01民终25740号民事判决书。

⑥ 参见山东省滨州市中级人民法院（2019）鲁16民终2254号民事判决书。

程度，按比例承担；第二种是在全部损失范围内承担补充责任（见表4）。

表4　责任分担情况表

基数	全部范围内承担	按比例承担	总计
以全部损失为基数(件)	13	83	95
以未获赔金额为基数(件)	12	0	12

二、追根查源：中介人补充责任裁判困境的原因分析

中介人补充责任的裁判存在多种乱象，其原因在于最高人民法院的公报案例虽为中介人承担补充责任创造了新的思路，但是在缺乏明确的法律规定的情况下，法官无法从指导案例中引申出一般性裁判规则，进而产生分歧。

（一）上位概念缺失：无民事补充责任一般性条款

1. 民事补充责任非立法明确规定的责任形态

《民法典》总则编规定的多数人责任一般形态不完整，最典型的是第177条、第178条只规定了按份责任和连带责任，没有规定其他责任形态。[①]补充责任发源于司法实践经验，[②]其首先出现在最高人民法院的商事司法解释中，后逐步扩大适用于侵权责任领域，直至原《侵权责任法》首次以立法的形式正式规定了三类补充责任等,《民法典》侵权责任编延续规定了其中两个，并分别增加了追偿权。[③]

2. 增设民事补充责任一般性条款存在争议

学界关于是否应当增加补充责任的一般性条款存在两种不同的主张，且尚未形成倾向性意见。第一种观点认为，“补充责任和公平责任一样，需要立法者作出复杂的价值权衡和效果考虑，决定其适用情形，因此，侵权补充责任只能特别规定，无法一般化。”[④]第二种观点认为，“在总结

① 杨立新:《比较法研究》，载《比较法研究》2018年第5期。

② 孙华璞:《关于补充责任问题的思考》，载《人民司法》2018年第1期。

③ 现有的补充责任立法按照时间顺序，有如下一些规定：一是，开具存单的金融机构的补充赔偿责任；二是，承诺对资金进行定向使用监管的第三人的“补充赔偿责任”；三是，虚假出资人、不实出资人的“补充赔偿责任”；四是，未出资股东的“补充赔偿责任”；五是，旅游经营者或辅助服务者“补充责任”；六是，安保义务人的“补充责任”；七是，教育机构的“补充责任”。上述规定中，前五项均规定在现行有效的司法解释中，学界将该类概括为商事补充责任，该类责任的固定中且均未给予补充责任人追偿权；而后两种补充责任系民事补充责任，均给予了追偿权。

④ 谢鸿飞:《违反安全保障义务侵权责任理论冲突与立法选择》，载《法学》2019年第2期。

我国审判经验基础上，逐渐形成的补充责任制度，不仅对我国传统的民法理论进行了多方面的创新，也有利于促进我国民法理论和民事法律制度的发展。”①

3. 依据公报案例难以归纳出一般性规则

在没有立法规定的情况下，《最高人民法院关于加强和规范裁判文书释法说理的指导意见》第13条规定将最高人民法院发布的指导案例作为除法律法规、司法解释外首要的裁判参考依据。②即使认可公报案例的可参照性，但基于案件之间具体情况的区别，也导致了参照适用时出现了众多不统一。

（二）具体条款误读：扩大适用《民法典》第962条

部分案件中，法官将《民法典》第962条中介人损害赔偿责任条款进行了突破法意的扩大解释，进而将该条款作为中介人承担责任的法律依据予以适用。

1. 归责原则的扩张

中介人损害赔偿的归责原则采用的是过错责任原则，且明确为“故意”，但实践中将其扩大至过失，如中介人未对公证书、房产证的真实性进一步核实，仅仅是进行了形式上的核实，从其主观上是相信交易相对人提交的材料系真实材料而没有进行审核，其属于过于自信的过失，其主观上对于自己提供的信息是否真实是持肯定态度的，这与法条明确规定的故意要件系不相符的。样本中，中介人承担补充责任的范围已经扩大到了“过失”，且基本上属于过失范围而不是故意范畴。在此基础上进行裁判，则属于对归责原则的扩大适用，不符合法条本意。

2. 责任形态的扩张

民事责任按照责任人数的多少可分为一人承担的单独责任、二人以上承担的共同责任。③按照体系解释的方法，规定共同责任的法条中至少有

① 孙华璞：《关于补充责任问题的思考》，载《人民司法》2018年第1期。

② 《最高人民法院关于加强和规范裁判文书释法说理的指导意见》第13条规定：“除依据法律法规、司法解释的规定外，法官可以运用下列论据论证裁判理由，以提高裁判结论的正当性和可接受性：最高人民法院发布的指导性案例；最高人民法院发布的非司法解释类审判业务规范性文件；公理、情理、经验法则、交易惯例、民间规约、职业伦理；立法说明等立法材料；采取历史、体系、比较等法律解释方法时使用的材料；法理及通行学术观点；与法律、司法解释等规范性法律文件不相冲突的其他论据。”

③ 李静：《民法学》，兰州大学出版社2006年版，第83页。

两个以上的责任主体。回到《民法典》第962条的规定，该规定中仅涉及中介人对委托人的损害赔偿，其中并未涉及另一责任主体，即该处的“损害赔偿责任”的解释仅应包含中介合同当事人双方之间的单向违约责任，并不涉及第三方责任。简言之，《民法典》第962条中损害赔偿因缺少另一责任主体的指向，而不应当包括补充责任形态，案例中大量依据该条的“损害赔偿责任”判决中介人承担补充责任是对法条中“损害赔偿责任”的不当扩大解释。

3. 因果关系的扩张

《民法典》第962条规定，中介人未如实履行告知义务，所造成的损失由其进行赔偿。此处中介人的违约行为与损害后果之间的因果关系直接指向的是委托人和中介人，并未出现第三人介入因果关系的情形。在第三人介入的情形下，《民法典》合同编也规定，因第三人原因违约的，仍应当承担违约责任。可见，合同法律关系下，因果关系的规定指向的是相当因果关系，而不是间接因果关系。直接因果关系中因果关系应当达到相当因果关系的标准，相当因果关系强调行为与损害后果间的高度概率相关性，其判断核心在于，行为对于损害后果发生概率的提升是否具有相当性。然而，中介人承担补充责任仅是对间接责任的承担，不是《民法典》第962条的直接责任。如果中介人的违约行为直接导致了损害后果的发生，二者之间是直接因果关系，则中介人承担的是自己责任，而不是对第三人责任的补充。实践中，依据《民法典》第962条要求中介人承担补充责任，系对该条因果关系的不当扩大解释。

（三）现实需求紧迫：单一责任形态规制效果不足

中介人承担直接的违约责任是最通用的责任形态，但随着社会经济的发展和中介市场的日渐专业化和多元化，单一的责任形态已不能满足现实需求，中介人补充责任的应用在一定程度上满足了社会价值和定分止争的现实需求。

1. 争议解决之需求

一方面，中介合同纠纷呈现出日趋上升的态势，仅现有责任形态无法满足中介市场规制之需求。另一方面，中介人补充责任的裁判思路正在被广泛采用，样本中各年的支持类文书数量基本呈上升趋势（见图2、

图 3）。[①]

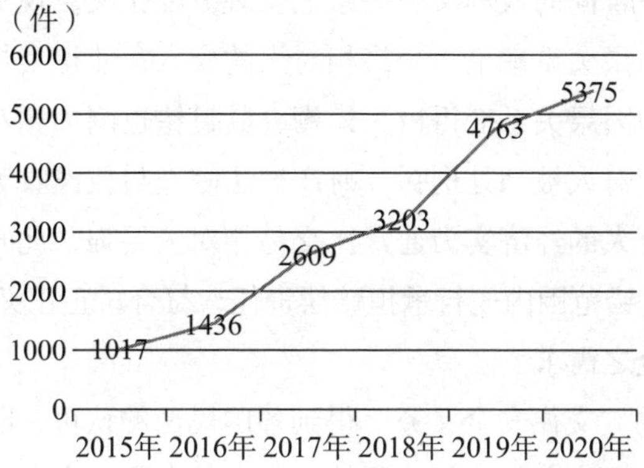

图 2　2015—2020 年中介合同纠纷案件数量

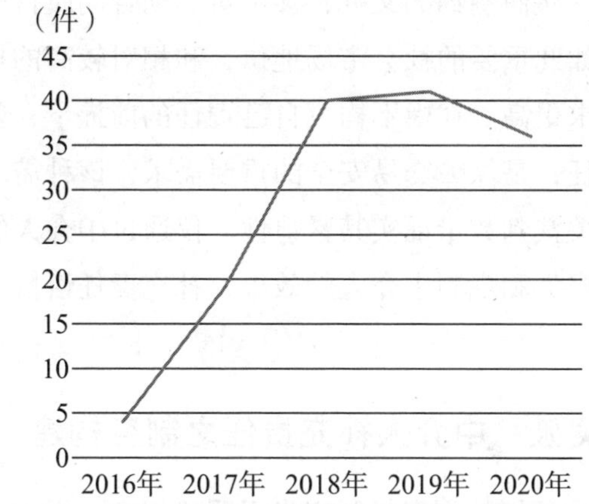

图 3　2015—2020 年中介人补充责任案件数量

从地域分布上看，中介人承担补充责任的样本已波及 66 个法院、23 个省 / 直辖市，其中，数量较多的为上海市、山东省、江苏省。

2. 矫正正义之需求

矫正正义是指权益受到侵害时，如何纠正违法行为或弥补造成的损

① 155 份文书的部分分布：2014 年 2 份、2015 年 12 份、2016 年 4 份、2017 年 19 份、2018 年 41 份、2019 年 40 份、2020 年 36 份。

失，[①] 旨在恢复受损的秩序。[②] 现有立法明确规定了中介人的如实报告义务，是为了使双方在合同的权利义务关系上实现分配正义。现实中，基于合同相对性原则和因果关系理论，交易相对人的介入，使得委托人的损失与中介人履职之间的因果关系变得极为模糊，其过错也因为相对人的出现而幸免。但在交易相对人被判处刑罚、财产被法院查封或没收等债务履行不能的情形下，中介人的经济实力通常比交易相对人要强，此时要求存在过错的中介人在其过错范围内先行承担赔偿责任，符合矫正正义的需求。

3. 交易安全之需求

来自德国的“交往安全义务”得到各国民法的认可，随着社会的不断进步，中介人在经济交往中的作用越发凸显，交易双方需通过中介人提供的信息决定是否建立交易关系，在专业的中介业务中，中介人不仅仅充当了合同签订前促进磋商签约的义务，甚至对后期合同履行程序及履行风险均有告知义务。如此重要的社会市场地位，和相对较高的报酬下，对其能够诚信履约的要求更高。在尚不构成自己责任的前提下，要求其在过错范围内承担补充责任，是保障交易安全的重要需求，该种需求也被司法实务中日渐升高的相关裁判数量证实其紧迫性。仅通过中介人的违约责任并不足以弥补委托人损失和规制中介人的效果，补充责任恰恰弥补了原责任体系的漏洞。

三、路径突破：中介人补充责任之制度构建

各国对中介人承担补充责任制度尚无明确规定。学术界中介人补充责任适用规则的研究尚未形成定论，裁判中更是五花八门，因没有明确的法律依据责任承担的论理部分普遍薄弱，常常出现“按照公平原则”“并无不当”等模棱两可的暧昧表示。如此不严谨的裁判环境只会使中介人补充责任适用更加混乱，故而应当进一步明确其适用规则。

（一）性质界定：中介人补充责任系合同责任

中介人补充责任从基础法律关系分析，其应为违反合同义务的违约责

① ［美］乔治·P. 弗莱彻、史蒂夫·谢泼德：《美国法律基础导读》，李燕译，法律出版社2008年版，第230页。

② ［美］麦金泰尔：《谁之正义？何种合理性？》，万俊人等译，当代中国出版社1996版，第148页。

任。委托人与中介人之间系中介合同关系，中介人合同义务来自法定或约定的合同义务，故中介人违反上述合同义务而产生的责任属于合同义务。样本中有个别法院将中介人界定为单一的侵权责任形态，进而驳回当事人请求的裁判不当。

（二）适用原则：中介人补充责任系严格责任

按照举重以明轻原则，在可责难性上，补充责任比连带责任更低，故而在适用原则上应使用法定适用原则，即限于法律明确规定的范围内，而不应普遍适用。

一是补充责任突破了违约责任相对性原则。中介人并非交易合同的任何一方当事人，原则上中介人并不应当对交易合同中产生的损害承担补充责任，其系不完全责任，其承担责任后有权向最终责任人追偿。

二是补充责任普遍适用会导致两极分化。普遍适用的后果有两个极端，一是本应承担自己责任，而判令中介人承担补充责任，使中介人规避了法律责任，成为中介人逃脱责任的路径。二是使无须承担任何责任的中介人承担补充责任，从而加重了中介人赔偿责任，不利于鼓励和保障中介人利益。

三是法定适用原则有利于实现委托人与中介人的利益平衡。该种责任的诞生，并非解决权利在法律上得到救济的问题，而是在解决实际执行时权利人是否可以多一条路径的问题。所以，应适用法定适用原则，严格限制其适用条件和范围，才能达到委托人与中介人利益的平衡。

（三）构成要件：中介人补充责任系过失＋间接责任

中介人补充责任从根本上系因存在违反中介合同义务而引起的责任，系被扩大的违约责任。[①]中介人补充责任的构成应当更接近于侵权责任的构成，同时应参照已经有明确法律或司法解释规定的其他补充责任的构成。

1.存在多个牵连责任主体

中介人补充责任系多数人责任，其显著区别在于其顺位性，[②]在该责任体系中存在两类责任主体：一是交易相对人，即第一顺位的责任人，也是

---

① 被扩大的违约责任包括传统的违约自己责任和非自己责任。

② 郭明瑞：《补充责任、相应的补充责任与责任人的追偿权》，载《烟台大学学报（哲学社会科学版）》2011年第1期。

被补充责任主体和直接责任人。在交易合同有效的情形下，交易相对人因违约承担违约责任；在合同非有效情形下，交易相对人因合同无效、被撤销承担相应的缔约过失责任。二是中介人，其是第二顺位的责任人、补充责任人和间接责任人。

2. 适当的中介人法定义务与不作为

中介人补充责任构成的行为要件为，中介人应为合同法上明确规定的义务而未为。中介人违反的必须是法定的义务有两方面的考虑：第一，中介人的补充责任其实是对不构成自己责任的中介人责任的责任加重，所以对其作为义务应当有更高、更基础和更根本的标准，才能保证中介人补充责任不被滥用，避免对中介人责任的过分扩大；第二，如果中介人违反的是合同约定的义务，根据合同的严格责任原则，其本身已经构成了自己责任，应当承担比补充责任更重的责任，而不是补充责任。

一是调查义务。中介人的如实告知义务与主动调查义务是一体的。[①] 我国台湾地区“民法”第 567 条就明确规定了居间人的调查义务。中介人履行核查义务是告知义务的基础和前提，中介人并不是机械地做“传声筒”，还应当对其提供信息的真实性承担核查义务。

二是如实报告义务。最高人民法院民法典贯彻实施工作领导小组表示，《民法典》第 962 条第 1 款系指中介人的如实报告义务，其包括两方面的内容：一是在报告中介中，中介人应当向委托人报告订约机会；二是在媒介中介中，中介人应向委托人和相对人报告订约事项。[②] 本文认为，应采用新法的解释。

三是忠实义务。其包括三方面内容：“一是将所有的订约情况或者商业信息如实告知委托人和相对人；二是禁止为影响订约的不利行为，损害委托人利益；三是就中介事项负有保密义务。”[③] 样本中忠实义务本身就包括了调查和告知义务。但新法既然已经对忠实义务的范围作出了明确界定，则应使用狭义的忠实义务为宜。

中介人承担补充责任的违法行为表现为“不作为”，若中介人系通过

---

① 王恩兆、苏仲轩:《论房地产居间合同》,载《经济研究导刊》2008 年第 8 期。

② 参见最高人民法院民法典贯彻实施工作领导小组:《中华人民共和国民法典合同编理解与适用(四)》,人民法院出版社 2021 年版,第 2712 页。

③ 参见最高人民法院民法典贯彻实施工作领导小组:《中华人民共和国民法典合同编理解与适用(四)》,人民法院出版社 2021 年,第 2712 页。

积极作为的方式违反法定义务，那么其本身已经构成了独立的违约责任，而不是承担补充责任。

3. 中介人存在过失

合同责任包括缔约过失责任、合同无效责任、违约责任等，并分别适用过错责任、过错推定责任和无过错责任三个归责原则。[①]中介人承担补充责任不适用传统违约责任中的严格责任，而应当适用过错原则。

中介人存在过错才承担相应责任，但这种过错多数情形下为过失，即疏忽和懈怠。[②]中介人存在疏忽，即应当预见或者能够预见而没有预见。[③]比如，房屋买卖中介时，交易人提供了房产证复印件，中介人疏于对原件的核实，其对合同无法继续履行存在过失。中介人存在懈怠，即中介人对自己行为的结果虽然预见了却轻信可以避免。[④]比如，在房屋买卖中介时，交易相对人拿着父亲的房屋产权证出售房屋，并称自己可以补交委托手续，后因委托人无法提交委托手续，导致合同无法继续履行。此时，中介人预见委托人可能无法提交委托手续，亦未等到手续交齐后再促成合同签署，其觉得可以避免，中介人存在懈怠。

4. 不作为与损失之间存在间接因果关系

因果关系要素系补充责任区别于其他最终责任的核心要件。司法实践中创新补充责任制度，所要解决的就是一部分案件中不作为行为与损失间存在间接因果关系时，不作为一方承担的民事责任的问题。

中介人承担补充责任的因果关系要件即中介人不作为行为与损失之间存在间接因果关系。直接因果关系和间接因果关系曾在侵权责任构成要件的理论中被讨论，二者分别指向必然因果关系和偶然因果关系，[⑤]但该理论之后被相当因果关系所取代。[⑥]在安保义务人承担补充责任的情形下，第三人行为系产生损害的直接原因，而安保义务人的行为只是损害发生的间接原因。[⑦]同样，在交易合同出现问题时，按照合同相对性原则最终责任

① 杨立新：《我国合同责任的归责原则》，载《河南公安高等专科学院学报》2003年第2期。

② 王利明、杨立新、王轶、程啸：《民法学》：法律出版社2014年版，第757页。

③ 王利明、杨立新、王轶、程啸：《民法学》：法律出版社2014年版，第757页。

④ 王利明、杨立新、王轶、程啸：《民法学》，法律出版社2014年版，第757页。

⑤ 参见刘信平：《侵权法因果关系理论之研究》，法律出版社2008年版，第123~124页。

⑥ 参见朱岩：《侵权责任法通论·总论》，法律出版社2011年版，第202页。

⑦ 杨立新：《多数人侵权行为与责任》，法律出版社2017年版，第176页。

是交易相对人，但中介人在中介过程中因过失未履行相应义务，且其过失为损害后果的发生提供了条件，即二者存在间接因果关系的，可以要求中介人在过错范围内承担补充责任。所以，在多重法律关系中，因因果关系的不同，中介人可以承担不同的法律责任。不同因果关系条件下，中介人承担不同责任（见表5）。

表5 中介人责任类型统计表

因果关系类型		责任方式	最终责任
完全因果关系	因中介人原因导致交易相对人违约	交易相对人向委托人承担责任后，向中介人主张权利	100%
按份因果关系	中介人、交易人均违约，各自造成损失	各自对自己造成的损失承担违约责任	按比例
多个完全因果关系	中介人、交易人均违约，各自均可造成相同后果	委托人可择其一承担相应责任	0或100%
间接因果关系	交易人违约，中介人提供条件	交易人承担最终责任，中介人承担补充责任	0

（四）立法建议：增加中介人补充责任司法解释条款

如塞尔斯所言“补充责任的研究应该提前150年”[①]。根据立法和理论现状，我国增加补充责任的一般性条款的时机尚不成熟。但是，这并不阻碍我们通过对现行法中具体条款提取公因式的方式，归纳已经无争议的补充责任构成要件和特点，并将其灵活和优秀的制度先行推广到某一具体责任领域。中介人补充责任的裁判已经积累了五年的裁判经验，现亟须通过司法解释的方式将该责任适用条件固定下来。

建议条款：“委托人在中介促成的交易合同中，因交易相对人造成损失的，依法由交易相对人承担责任；中介人对损失有过错的，承担相应的补充责任。[②]中介人承担补充赔偿责任后，有权向交易相对人进行追偿。”

① 转引自谢鸿飞：《违反安保义务侵权补充责任的理论冲突与立法选择》，载《法学》2019年第2期。

② 郭泽喆：《居间人损害赔偿责任的司法认定——兼论民法典编撰中对〈合同法〉第425条规范漏洞的填补》，载《时代法学》2019年第6期。

结 语

中介人补充责任制度的建立并非空中楼阁，而是在充分的司法实践经验基础上的制度探索。笔者认为，现有的法律规定和学理尚不足以指导中介人补充责任得到充分正当的应用，故而应当在未来，通过司法解释或立法的途径增加中介人补充责任的适用条款和相应法律效果条款。希望中介人补充责任能找到其合适的责任位置，在维护各方当事人利益的基础上，适当地发挥其在规范和引导中介市场秩序中的作用。

殊途同归：自甘冒险行为的司法审查与认定*

——以《民法典》第1176条的适用为切入点

田　媛　张　焱

引　言

自甘冒险（Assumption of risk，Handeln auf eigene Gefahr），又名自甘风险，[①] 是指受害人已经认识到某种风险的存在，或者明知将遭受某种风险，却依然冒险行事，致使自己遭受损害。[②] 我国《民法典》第1176条[③] 首次明确地将自甘冒险纳入我国"侵权编"的免责事由体系，对我国既有的司法实践产生了重要影响。然而该条款谦抑的立法态度并不能完全回应多样的实践需求，受害人的冒险行为能否构成免责事由定位下的自甘冒险，需要进一步明确审查和认定标准。

一、现状描摹:《民法典》对自甘冒险案件的客观影响

（一）外在表征：案件审理的双重变化

笔者分别以"自甘冒险""自甘风险"作为关键词在中国裁判文书网检

---

* 本文获2021年全国法院第33届学术讨论会优秀奖。

① "自甘冒险""自甘风险"均为学理概念，王利明教授在其《论受害人自甘冒险》一文中使用的是"自甘冒险"，杨立新教授在其《〈民法典〉规定的自甘风险规则及其适用》一文中使用的是"自甘风险"。最高人民法院民法典贯彻实施工作领导小组主编的《中华人民共和国民法典侵权责任编理解与适用》中使用的是"自甘冒险"，故本文为方便论述，除引用原文的情形外，将统一以"自甘冒险"作为论述对象。

② 王利明:《论受害人自甘冒险》，载《比较法研究》2019年第2期。

③《民法典》第1176条规定:"自愿参加具有一定风险的文体活动，因其他参加者的行为受到损害的，受害人不得请求其他参加者承担侵权责任；但是，其他参加者对损害的发生有故意或者重大过失的除外。活动组织者的责任适用本法第一千一百九十八条至第一千二百零一条的规定。"

索到2014年1月至2021年6月的相关法律文书2250篇。经过统计分析，自《民法典》实施以来，涉自甘冒险的案件存在以下两方面显著变化。

1. 变化一：案件数量持续增长

尽管在《民法典》实施前自甘冒险并未作为免责事由纳入我国法律体系，但司法实践中以此进行抗辩、裁判的情形一直存在，并呈逐年增长趋势。《民法典》颁布后，受害人自甘冒险可以免除致害人责任的规定引起广泛关注，以自甘冒险进行抗辩的案件数量较2019年近乎翻了一番。《民法典》实施后，在不足半年的时间里，[①] 以自甘冒险进行抗辩的案件已经接近300件。可以看出，自甘冒险作为免责事由被社会大众所广泛认可和接受。

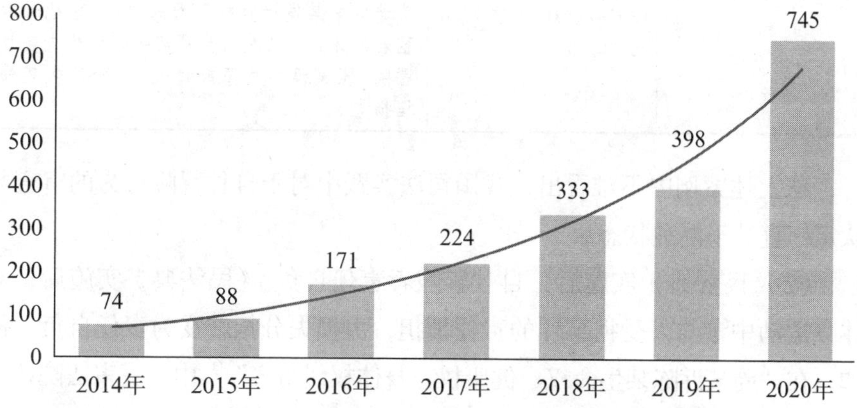

图1　以自甘冒险进行抗辩的案件数量

2. 变化二：裁判结果走向统一

（1）《民法典》实施前：损害结果由致害人共同分担。对体育运动引发的人身损害纠纷，司法实践中主要有以下几种做法：①适用公平责任，判决致害人对受害人适当补偿；②认定共同过失，判决致害人与受害人双方分担责任；③适用自甘冒险规则，判决侵权人不承担赔偿责任（见表1）。

① 数据统计至2021年6月16日。

表 1　体育运动中人身损害纠纷的多种裁判思路

裁判思路	案例	案情简介
思路1：适用公平责任，判决被告对受害人适当补偿	(2019) 冀09民终2582号判决书	在羽毛球练习活动中，李某杀球时撞上都某，导致都某眼睛受伤，构成八级伤残。法院认为基于自甘冒险规则，李某无需承担侵权责任，但都某眼睛受伤确系李某导致，且八级伤残给生活带来不便，故依据公平责任，由都某、李某各分担损失的50%
思路2：认定共同过失，判决原被告双方分担责任	(2019) 川01民终12505号判决书	在羽毛球双打练习活动中，曾某与李某争抢羽毛球导致曾某眼睛受伤，构成十级伤残。法院认为自甘冒险适用于竞技体育，不适用于练习活动，故判决损害责任由双方分担
思路3：适用自甘冒险规则，判决被告不承担赔偿责任	(2019) 粤03民终7720号判决书	公园足球比赛中，郑某作为守门员在禁区内跳起接球时与相对方向冲入禁区跳起争夺头球的张某发生直接正面的撞击，落地时后脑着地死亡。法院认为郑某的行为构成自甘冒险，张某没有故意或过失，不应让张某分担损失

从上述案例中不难看出，我国司法实践中对于自甘冒险行为的审查与认定一直处于混乱状态。

（2）《民法典》实施后：自甘冒险者责任自负。《民法典》实施后，对体育运动中参与人受损事件的责任承担，由损失分担转变为责任自负。例如，在“周某诉陈某生命权、健康权、身体权纠纷案”① 中，一审法院认为陈某不存在故意或过失，无需承担侵权赔偿责任，但根据公平责任酌情确定由陈某承担30%的补偿责任；二审法院认为陈某不存在伤害周某的故意或重大过失，周某系自甘冒险，判决撤销原判，驳回周某全部诉讼请求（见表2）。

① 广东省第一中级人民法院（2021）粤01民终2136号民事判决书。

表 2　两级法院在《民法典》实施前、后分别作出的不同裁判

审级	时间	裁判理由	法律依据	法律依据
一审	《民法典》实施前	篮球运动是一种具有一定对抗性和危险性的竞技群众性体育运动，参与者应对该运动的内容和性质引发的合理风险有所认识和预见，该合理风险应包括但不限于参加者之间因身体接触、冲撞甚至一方犯规所导致的身体损伤 陈某不存在伤害周某的故意或过失，陈某无需向周某承担侵权赔偿责任 周某的受伤系陈某所致，如果由陈某完全承担损害后果，不符合公平原则，但如果让陈某承担过高的补偿责任，也同样对其不公，故由法院酌情确定	《侵权责任法》第24条	双方对损害结果均无过错，根据公平原则，由陈某对周某本次受伤造成的损失承担30%的补偿责任
二审	《民法典》实施后	篮球运动属于具有一定风险的文体活动，其风险主要表现在对抗性明显且时常伴随有激烈的身体碰撞，容易造成一定程度上的人身损害 球员自愿参加此类比赛属于一种自甘风险的行为 陈某在事故发生时不存在伤害周某的故意或者重大过失，周某不得请求对方承担侵权责任	《民法典》第1176条	周某自甘冒险，陈某无需向周某承担侵权赔偿责任，也无需对周某予以补偿

《民法典》第1176条的实施，深刻改变了既有司法实践的一般经验，在受害人自甘冒险致损时，损害结果由补偿分担转为责任自负，排除了公平原则、过失相抵原则在自甘冒险活动中的适用，裁判结果趋向统一与一致。

（二）现实问题：认定标准不一的必然结果

《民法典》第1176条弥补了我国长期以来相关法律空白的缺憾，也给案件审理带来了全新变化，但从司法实践来看，法律规范与审判实践之间仍然存在着矛盾和冲突。

1. 自甘冒险的适用范围较为狭窄

为避免自甘冒险规则的泛化适用，《民法典》第 1176 条采用了较为审慎的立法态度，将范围限缩在“一定风险的文体活动”中，[①] 从字面意思理解，即具有一定风险的文娱及体育活动。然而，《民法典》颁布前，司法实践就已经在危险同乘[②]、体育比赛、户外探险[③] 等领域对涉及自甘冒险的案件进行了有益探索。《民法典》颁布后，在工程劳务、交通事故、体育运动、户外旅游等领域主张受害人自甘冒险要求减轻或免除致害人责任的情形亦不在少数（见图 2）。然而，第 1176 条已将适用范围限缩在“一定风险的文体活动”中，对其他领域自甘冒险行为应予何种法律评价，第 1176 条无法予以有效的回应。

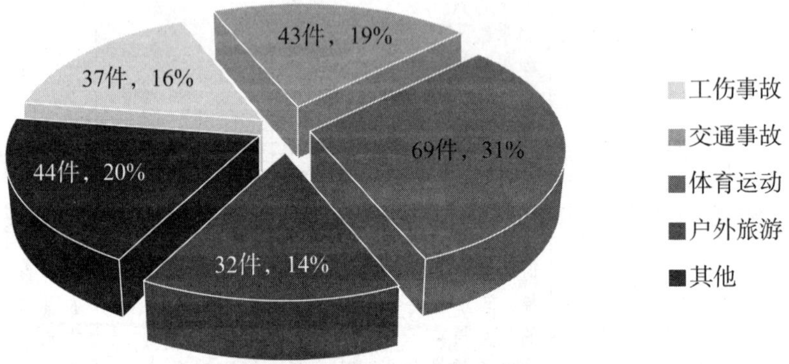

图 2　《民法典》实施后以自甘冒险抗辩的案件类型

2. 自甘冒险的识别标准相对模糊

受害人是否构成自甘冒险，需要将其现实行为纳入法律要素中进行衡量和论证，然而现有规定并不明确，“文体活动”“自愿参加”“一定风险”“故意和重大过失”等各个抽象要素都需要进一步细化和说明，否则，复杂的现实行为难以在法律条文中找到恰当的定位，法院对同一行为就有

---

① 《民法典（草案·二次审议稿）》第 954 条之一首次规定了自甘冒险规则，即“自愿参加具有危险性的活动受到损害的，受害人不得请求他人承担侵权责任”。有意见提出，自甘冒险规则的适用范围不宜过宽，应限定在体育比赛等具有一定风险的文体活动，立法机关采纳了这一意见，对草案进行了修改。

② 广西壮族自治区柳江县人民法院（2011）江民初字第 1301 号民事判决书。

③ 湖北省宜昌市中级人民法院（2018）鄂 05 民终 1891 号民事判决书。

可能作出不同的法律评价和裁量结果。例如，有的法院认为自甘冒险仅适用于竞技体育比赛，在训练活动中并不适用；[①] 而有的法院并不区分日常训练和正式比赛，均援引了自甘冒险规则；[②] 再比如，在进行“故意和重大过失”的判断时，有的法院直接以是否违反比赛规则作为判断依据，[③] 有的法院则根据案件实际情况进行具体论述。[④]

3. 其他冒险的裁判依据暂不明晰

《民法典》第 1176 条的有限适用，导致大量自甘冒险行为游离在其适用范围之外，对这些自甘冒险行为进行法律评价的逻辑和思路尚不明确，导致法官在说理论证时只能选择模糊处理。

例如，在“李某诉张某等侵权责任纠纷”[⑤] 一案中，李某横穿学校篮球场时被正在打球的张某碰倒并受伤，二审法院将李某的行为认定为自甘冒险并免除了张某的责任，延续了《民法典》第 1176 条的评判标准和价值选择。李某非活动参与者，其自甘冒险行为自然不适用《民法典》第 1176 条的规定，但究竟应该适用哪一具体条文进行评价，二审法院并没有列明，仅在裁判文书中论述和矫正了一审法院未认定李某系自甘冒险的观点，裁判结果的法律依据无从知晓。

小结：现实变化反映了立法者及社会公众观念的转变，也是《民法典》作为“市场经济基本法”“社会生活百科全书”的角色定位下从单一价值追求向利益衡平方向发展的必然结果。司法裁判亦应遵循和贯彻相同的价值理念：从注重“个案公正”到兼顾行业发展，从保障“权利救济”到兼顾行为自由。然而，第 1176 条仅系原则性规定，其适用的情形亦相对有限，如何对现实生活中风险爱好者的各种冒险行为作出统一的法律评价，体现司法裁判理念的一贯性，需要对行为的认定和规制进行进一步明确和探讨。

---

① 四川省成都市中级人民法院（2019）川 01 民终 12505 号民事判决书。

② 广东省深圳市中级人民法院（2018）粤 03 民终 17151 号民事判决书。

③ 北京市第一中级人民法院（2015）一中民终字第 07077 号民事判决书。

④ 湖北省武汉市中级人民法院（2021）鄂 01 民终 3508 号民事判决书。

⑤ 湖北省武汉市中级人民法院（2021）鄂 01 民终 1941 号民事判决书，《老太横穿比赛中的篮球场被撞伤后起诉索赔——武汉中院：老太自甘冒险应自行承担损害后果》，载《人民法院报》2021 年 5 月 19 日第 3 版。

二、多维探析：不同视角下对自甘冒险行为的评价

尽管“一定风险的文体活动”在实践中有其典型适用的领域，但也有进一步具体解释甚至扩大适用的空间，需要有相关价值判断和利益衡量的考虑。[①] 故笔者认为，尽管囿于“文体活动”适用范围限制难以对第 1176 条进行扩大适用，但该条所反映的立法观点和价值追求是司法实践中对自甘冒险进行行为评价的基础。因此，应以第 1176 条的正确适用为突破口，探寻自甘冒险案件的审查标准，延续自甘冒险规则背后的价值选择，实现裁判结果的妥当性与一致性。

（一）法典思维——“自甘冒险免责”的层次适用

我国法律有着体系化思维的传统，在《民法典》时代，表现为法典思维：法律规则首先来源于法律条文，法官应适用法律条文且遵循三段论推理。我国民法典编纂的目标是“体例科学、结构严谨、规范合理”[②]，因而不论是民法典的立法还是解释，都应追求逻辑一贯、层次合理，且不同条文、不同制度之间应分工清楚、配合密切。[③]

自甘冒险作为免责事由规定在侵权责任编的第一章，属于免责事由的一般规定。而《民法典》本身对免责事由采取了“一般规定 + 特别规定”“一般法 + 特别法”的立法模式，因此，在免责事由法律规定的适用上，应当遵循特别规定优于一般规定，特别法优于一般法的原则。[④]

具体到自甘冒险，受害人自甘冒险的行为，仅仅免除的是其他参与人的责任，对于活动的经营者、管理者、组织者或教育机构的补充责任，并不能以受害人自甘冒险为由予以免除，而应根据《民法典》第 1198 条至第 1201 条的规定，以其是否尽到安全保障责任或者教育、管理职责作为判断免除侵权责任的依据。如果未尽到相应的安全保障义务或教育、管理职责，应视为加大了风险，需承担相应的侵权责任。此外，在受害人因自甘冒险免除了其他参与人的责任时，尽管经营者、管理者、组织者或教育

① 最高人民法院民法典贯彻实施工作领导小组主编：《中华人民共和国民法典侵权责任编理解与适用》，人民法院出版社 2020 年版，第 115 页。

② 参见全国人大常委会法工委 2016 年 6 月在第十二届全国人大常委会第二十一次会议上所作《关于〈中华人民共和国民法总则（草案）〉的说明》。

③ 周晓晨：《论受害人自甘冒险现象的侵权法规制》，载《当代法学》2020 年第 2 期。

④ 程啸：《侵权责任法》，法律出版社 2021 年版，第 325~330 页。

机构承担的是补充责任，也不能向其他参与人进行追偿（见图3）。

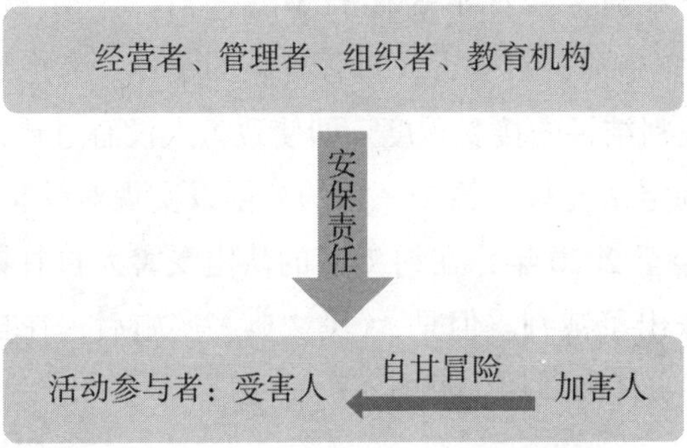

图3　管理人员与参与人的免责事由

（二）理论辨析——区分"自甘冒险"与"过失相抵"

侵权法对行为人自由的保障和规定，主要是通过其对侵权抗辩的规定完成的，包括"过失相抵"[①]"受害人故意""自甘风险"等。[②]在过去的司法实践中，一些法院将受害人参与的任何对自身安全具有危险的行为都认定为自甘冒险，进而作为受害人的过错而减轻或者免除加害者的侵权责任，这种做法显然是将作为免责事由的自甘冒险与作为减责事由的过失相抵规则加以混淆了。[③]

"自甘冒险"与"过失相抵"最大的区别在于法律性质的不同。自甘冒险作为免责事由，其成立意味着致害人的致害行为不构成侵权行为，致害人无需承担侵权责任，是从构成要件的角度予以考量；而过失相抵作为减责事由，其发生前提是侵权赔偿责任已经成立，侵权行为所引起的损害结果也已经发生，需要确定在侵权人和受害人之间如何分担损失的问题，其适用在侵权责任成立后的损失分担领域。

法律性质的不同决定了司法适用路径的不同。对于符合第1176条规定情形的受害人冒险行为，可以直接免除其他参与人的法律责任；而对于不符合第1176条规定情形的受害人冒险行为，则不能简单地免除被告的侵权责任，应当先依据相应的归责原则确定侵权责任是否成立，然后适用

① 过失相抵，又称为"受害人与有过失"，《民法典》第1173条规定："被侵权人对同一损害的发生或扩大有过错的，可以减轻侵权人的责任。"

② 赵耀彤：《"自甘风险"原则的教义学结构与实践展开》，载《山东审判》2021年第1期。

③ 程啸：《侵权责任法》，法律出版社2021年版，第352页。

过失相抵等其他规则减轻侵权赔偿责任。

（三）前后有别——公平责任的排除适用

《民法典》实施前，对受害人自甘冒险的案件，考虑到原、被告双方及社会大众对裁判结果的接受程度，即使致害人没有过错，法官通常也会依照公平原则判定由侵权人给予一定的补偿以实现对受害人损失的弥补。据统计，2017 年至 2020 年，在约 72% 的认定受害人自甘冒险案件中，法院依公平责任作出了裁判。但是，《民法典》实施后，在自甘冒险案件中将完全排除公平责任的适用（见图 4）。

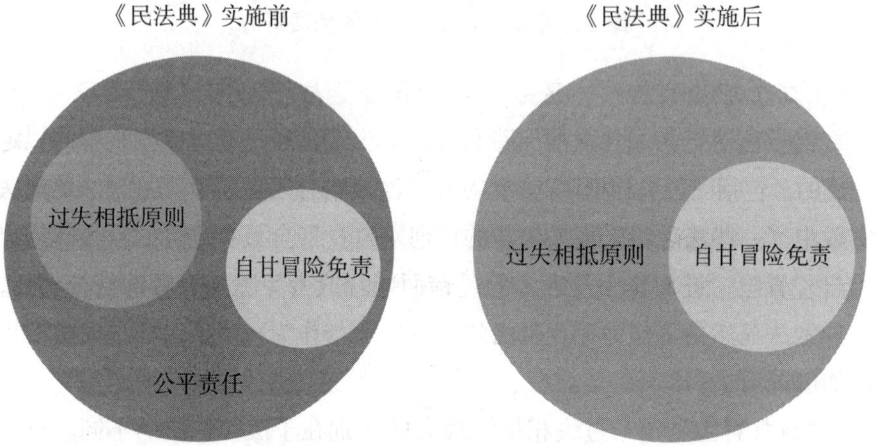

图 4 《民法典》实施前后自甘冒险行为的归责原则

一方面，公平责任与自甘冒险规则的立法理念相背离。实践中适用公平责任，往往是以财产之有无、多寡作为责任分担的依据，体现的是道德规范的法律化，实践的是分配正义而非矫正正义。[①] 其适用的泛化不仅容易导致司法裁判不加审慎地认定致害人是否具有过失，还会造成有资力的一方承担社会保障的任务，这显然与自甘冒险规则的立法理念相违背。

另一方面，《民法典》第 1186 条限缩了公平责任的适用范围。《民法典》第 1186 条将《侵权责任法》第 24 条中的“根据实际情况由双方分担损失”修改为“依照法律的规定由双方分担损失”，表明公平责任的适用将更加严格，法官只能依据法律的规定，而不能自行决定根据所谓的实际情况来适用公平责任。而“依照法律规定”既包括法律规定适用公平责任

① 王泽鉴：《侵权行为》，北京大学出版社 2009 年版，第 401 页。

的情形，也包括法律规定不适用公平责任的情形，《民法典》第1176条即为排除了公平责任适用的情形。

（四）域外借鉴——“自甘冒险”的二元划分

自甘冒险规则起源于英美法系，根据行为人是否有明确的自甘冒险的外观表示，将自甘冒险分为明示的自甘冒险与默示的自甘冒险（见表3）。

表3　英美法系自甘冒险的基本形态及法律效果

类别	含义	法律效果	我国类似规定
明示的自甘冒险	明示的自甘冒险是指受害人在从事某项活动时，以明示方式明白表示愿意承担该活动所生损害之危险，按其形式，多为签署“弃权条款”或“责任排除条款”，从而放弃了赔偿请求权	通过签署免责协议免除对方法律责任	《民法典》合同编相关规定
默示的自甘冒险	(1) 主要的默示自甘冒险(Primary implied assumption of risk)：侵权人对受害人不负有注意义务，因受害人自愿参与侵权人隐含危险之行为或活动，从而，受害人被推定承诺免除侵权人之责任	排除违法性，直接免除加害人责任	《民法典》第1176条
	(2) 次要的默示自甘冒险(Secondary implied assumption of risk)：侵权人对受害人负有注意义务，当侵权人因违反该注意义务而有过失的情况下，因受害人亦未尽其合理注意，视为其默示地自愿承担侵权人行为的危险性	加害人不能完全免责，但可适用过失相抵原则	《民法典》第1173条

1. 明示的自甘冒险

明示的自甘冒险本质是一种契约，其免除侵权责任的效果并非来自侵权法，而是来自契约法，[①]是受害人意思自治范围内的内容，只要不违反法律的强制性规定而且不悖于善良风俗，法律就应该认可这种同意或自甘冒险的意思表示。[②]司法裁判中可以根据合同法的相关规定，对于意思表示是否真实、责任排除条款是否有效的问题，适用相关法律即可。

① 李超：《自甘冒险与侵权责任的承担》，载《民商法论丛（第67卷）》，社会科学文献出版社2018年版。

② 参见梁慧星主编：《中国民法典草案建议稿附理由：侵权行为编》，法律出版社2014年版。

2. 默示的自甘冒险

我国侵权法领域的自甘冒险一般指的是默示的自甘冒险，即行为人虽然不以书面或其他明示方式表达自己对风险和风险后果的自愿承担，但能够通过他的行为判断其主观意愿是同意自己负担风险的情形。根据对方是否具有注意义务及其程度，又分为主要的默示自甘冒险和次要的默示自甘冒险，[①] 主要的默示自甘冒险具有排除违法性的作用，可以直接免除致害人的侵权责任，类似于我国法律体系中的免责事由；次要的默示自甘冒险认为致害人违反注意义务应当对损害承担责任，但受害人也未尽合理注意义务，故应当分担风险，其实质是比较双方对损害的过失程度，以减轻致害人的责任，与我国的过失相抵原则相类似。

英美法对自甘冒险的相关规则可以在我国法律中找到类似规定，在对自甘冒险进行司法审查和认定时，可以英美法的实践经验为借鉴。

小结：自甘冒险来源于英美法，但在我国的适用应置于《民法典》的逻辑体系之下，符合我国法律的价值追求。第 1176 条确立的自甘冒险规则适用时应当与过失相抵、安全保障义务进行区分。同时随着自甘冒险规则的确立和公平责任适用范围的限缩，应避免公平责任在自甘冒险案件中的滥用，从而实现权利救济与行为自由的价值平衡。

三、标准探寻：自甘冒险行为的识别规则

自甘冒险具有直接免除致害人责任的法律效果，根据《民法典》第 1176 条，在致害人提出自甘冒险抗辩时，法官应在确定案涉领域属于自甘冒险规则的法定适用范围后，对损害结果是否属于固有风险以及受害人是否自愿、致害人是否具有主观过错的主观状态进行判断（见图 5）。故此，笔者将以第 1176 条为切入点，通过明确作为法定免责事由定位下自甘冒险行为的审查要素和认定规则，实现“目光在事实与法律规范间的来回穿梭”。[②]

---

① 参见[美]肯尼斯·S. 亚伯拉罕、阿尔伯特·C. 泰特:《侵权法重述第二版：条文部分》，许传玺、石宏等译，法律出版社 2006 年版，第 206~208 页。

② [德]伯恩·魏德士:《法理学》，丁晓春、吴越译，法律出版社 2003 年版，第 296 页。

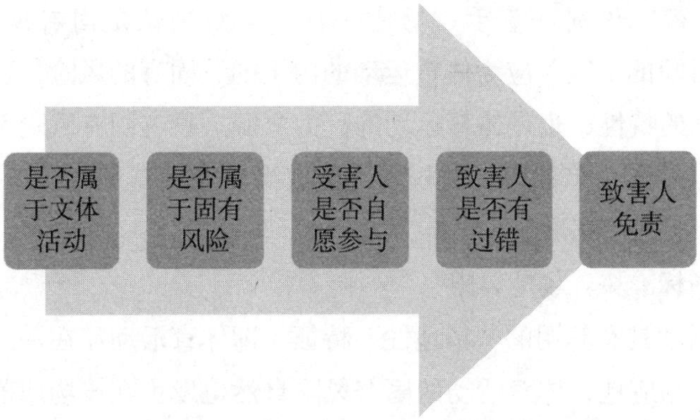

图 5　冒险行为的审查路径

（一）范围锚定：对文体活动作一般性的宽泛理解

为了避免自甘冒险规则的泛化适用，在《民法典》制定过程中，自甘冒险规则的适用范围经历了从“危险性的活动”到“具有一定风险的文体活动”的修改过程。因此，只有致害行为发生在具有一定风险的文体活动中，致害人才可以主张受害人自甘冒险应免除己方责任。

但是，不宜再对文体活动进行限缩解释。除实践中对文体活动进行区别对待外，学理上也有学者主张应将训练活动、教学活动、业余活动与竞赛活动相区分，排除在非竞赛活动中援引自甘冒险。[①] 但是，从立法目的而言，“文体活动”这一条件的设置，是为了限制自甘冒险在工伤事故、劳务伤害、交通事故等领域的适用，其本意在于让风险偏好者自行承担事故损害后果，避免预防成本转嫁至组织者、其他参与者身上，以此减轻组织者、其他参与者在具有一定风险活动中的法律责任，从而促进相关文体行业的繁荣发展。[②] 如果再对文体活动进行限缩解释，那人们依然会为了避免“无妄”的赔偿责任而减少参与文体活动，文体行业的发展则无从谈起。

因此，对文体活动应作一般性的宽泛理解，至于致害人能否最终适用自甘冒险规则免责，应结合其他要件予以综合判断。

① 参见石佳友：《侵权责任制度的重要完善——评“民法典侵权责任编（二审稿）”》；贺光辉：《论自甘风险规则在侵权责任法中的有限适用》。

② 唐林垚：《自甘风险规则的世界观与方法论——基于82份司法判决的法律分析》，载《人大法律评论》2020年第1辑。

（二）客观识别：基于“场地—行为”规则认定固有风险[①]

自甘冒险的“险”应为体育运动的内生的、固有的风险，这种风险既是体育运动的特性，也是体育运动的魅力之源。只有固有风险引发的人身伤害才可以发生免除致害人侵权责任的效果。对固有风险的识别与判断，可以参考以下两个标准。

1. 判断标准一：场地界限

体育活动具有鲜明的“场地性”特征，即体育活动需在一定的场地范围内进行，相应地，体育活动的固有风险自然也发生在该场地范围内。因此在进行固有风险的判断时，可以体育活动场地的边界为界限，将体育活动场地以外发生的风险排除在体育活动固有风险的范围之外，适用过错相抵等归责原则进行法律评价。

但是固有风险的“场地界限”标准也存在例外情形。即使风险发生在场地的物理界限外，但如果风险仍然是由场内正在进行的体育活动所引发的，也应该认定其符合“场地界限”。比如篮球比赛中，两人同时为了抢救正要飞出界外的篮球而相撞受伤，尽管已经超出了篮球比赛的场地界线，但该损害系场内体育活动风险的延伸，同样可以认定为“固有风险”。

2. 判断标准二：参与人所凑发

从《民法典》第1176条的“因其他参加者的行为受到损害的”这一表述可知，适用“自甘冒险行为免责”的固有风险在文义上仅指体育活动参与人行为所引发的风险。因此，非参与人带来的风险，包括非由“人”产生的风险和非由“参与人”产生的风险，都不能认定为体育活动的固有风险，不适用自甘冒险行为免责，比如因篮筐质量问题断裂造成的伤害或者观众投掷物品造成的伤害均不属于固有风险。

---

① 基于体育运动突出身体性、对抗性、竞技性等特征成为自甘冒险规则最常涉及的领域，我国司法实践中在文化娱乐活动中适用自甘冒险规则的情况也相对较少，故后文将以体育活动为论述对象来说明自甘冒险的要素识别和认定标准。

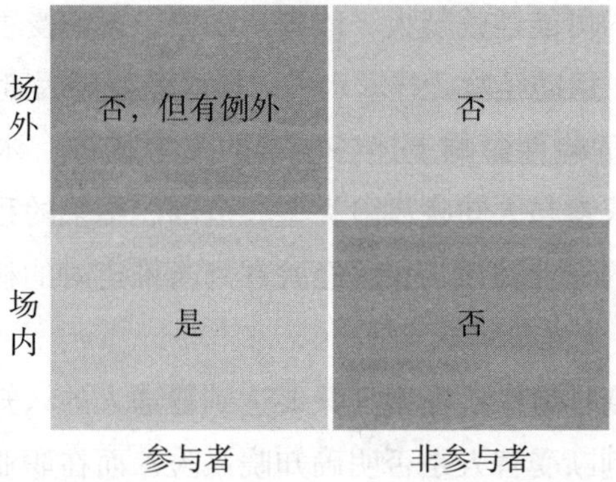

图6 基于“场地—行为”规则的风险认定

（三）主观推定：基于“人—活动”互动的动态评价体系

自甘冒险规则包含着对参与人主观状态的两种推定：受害人自愿参与和致害人没有过失。对主观心理状态的判断必须基于客观化的事实，体育活动是参与人与活动本身的相互作用，参与人在参与体育活动的同时从体育活动中获得愉悦和认可，因此对受害人、致害人的主观状态可以从参与人和体育活动之间的互动进行推定。

1. 受害人具有自愿参与的主观意愿

（1）以“应知”风险为推定核心

受害人“自愿参加”是构成自甘冒险的最本质要件。[①]受害人已然知晓风险是判断其参加行为是否自愿的前提，因此受害人的“自甘”应包括“认知风险”和“意愿参与”两层含义。

“意愿参与”即在非强迫或胁迫的情况下参与体育活动，可以通过受害人的参与行为进行直观判断，即使存在胁迫、强迫行为，受害人也可以通过举证加以证明。但受害人对固有风险是否真实知晓却难以证明和认定，需要进行推定，即以一个正常的社会主体的思维模式为标准，通过客观事实推定自甘风险者对固有风险应当是知晓的。[②]

（2）“应知”推定：基于受害人认知能力与活动危险性进行动态判断

一般而言，受害人的认知能力与受害人“应知风险”的可能性呈正相关，即受害人对风险认知的水平越高，其“应知”风险的可能性就越大，

① 王利明：《论受害人自甘冒险》，载《比较法研究》2019年第2期。

② 参见王泽鉴：《侵权行为》，北京大学出版社2014年版。

受害人“自愿”的可能性就越大。体育活动中，影响受害人认知能力的包括：性别、年龄、运动经验、技术水平、体育爱好等因素。

体育活动的危险性影响上述各要素的参考权重。体育活动发生损害的概率越高，要求参与人知晓风险类型、范围、结果的程度就越高，与其所参与活动有关的专业知识、相关经验在判断推定时的权重也就越高（见表 4）。

例如，在大众体育中，受害人只要达到普通人的认知水平即可，甚至仅从年龄就可以判断受害人是否明确知晓风险；而在职业竞技比赛中，运动的专业化、竞技性较强，要求参与者对伤害的预见能力也就更强，推定受害人“应知”风险时，需要更加注重对参与人运动经验、技术水平等要素的考量。

表 4　认知能力影响因素与受害人应知风险的推定

危险程度越高所占比重越大	认知能力影响因素		受害人应知风险概率
	年龄	年幼或年老	一般较低
		青壮年	一般较高
	性别	男	一般较高
		女	相对较低
	运动经验	丰富	较高
		欠缺	较低
	技术水平	高	较高
		低	较低
	体育爱好	有相关的体育爱好	较高
		没有相关的体育爱好	较低

小结：对受害人“应知”风险的判断是一个综合评价的过程，应结合受害人的认知能力和活动本身的危险性一案一议。

2. 致害人没有故意或重大过失

（1）以违反注意义务为认定关键。体育活动运用的是肢体动作和身体力量，造成人身伤害的几率必然高于其他活动领域，尤其在对抗活动中，由于情绪激动或求胜心理，动作变形导致他人受伤的情形并不少见。但是，“通过参与一项运动，参与者可能被认为已经接受了该项运动固有的风险，但这并不能消除一方对另一方的所有照顾义务”。[①] 英美法中，致害人是否具有故意或重大过失以是否违反注意义务为标准，我国对此予以了借鉴和吸收，在体育运动中未尽到注意义务的致害人将不能以受害人自甘冒险免责。

（2）注意义务的确定：基于活动对抗性与致害人专业性动态判断。致害人的注意义务与体育活动的对抗性、激烈程度呈负相关。例如跆拳道、拳击等对抗性项目本身就是以打倒对方、战胜对手为目标，人身损害是难以避免的，加之对抗过程中形势瞬息万变，参赛者注意力集中于运动，每次行为不可能都经过慎重考虑，因此，此类运动本身就要求参与人有较高的风险承受能力，相对方应尽的注意义务也应当相对较小。与之相关的考量因素包括：身体接触程度、是否为竞赛、运动普及率、是否佩戴护具等。

致害人的注意义务与行为人的专业化、职业化程度呈正相关。注意义务基于对活动风险的充分认知，专业运动员对体育活动风险的预判也更为充分和准确，其对应的注意义务也应明显高于业余选手。因此，参与人的专业化程度、是否为职业选手以及竞技项目的整体收入水平可以作为评判注意义务高低的依据。

（3）运动规则：区分犯规的故意与伤害的故意。运动规则为注意义务的判断提供了重要的标准尺度，但故意犯规不能等同于侵权行为。现实竞技活动中，故意犯规如技术犯规并不少见，甚至有人认为故意犯规增强了体育竞技的精彩程度，是竞赛的组成部分。[②] 如果有故意犯规即认定为行为人存在故意或重大过失，将会使体育活动参与人在比赛中畏手畏脚，不利于体育运动的发展，也背离了自甘冒险规则设置的初衷。

因此，对犯规行为是否构成对注意义务的违反，仍然应当依据客观呈现的犯规行为判断行为人的主观过错形态：一是行为人所实施的犯规行为与体育活动的进程或结果之间的密切程度，如果对体育运动的进程或结果不能产生任何影响，行为人的目的更可能是为了直接伤人；二是犯规行为是否脱离了体育活动的合理范围，如果行为人主观上对损害结果的发生具

① Rootes v.Shelton（1967）116 C.L.R383 at 385.

② 杨其虎:《故意犯规“不当性”辨析》，载《伦理学研究》2015 年第 3 期。

有故意或重大过失，则其所实施的行为必然缺乏严谨性，脱离体育活动的合理范围。

小结：致害人主观故意或重大过失的判断关键在于衡量其是否违反注意义务，可以从活动的对抗激烈程度与致害人专业程度进行综合判断，活动的预设规则可以作为重要参考，但应当区分犯规的故意与伤害的故意（见图 7）。

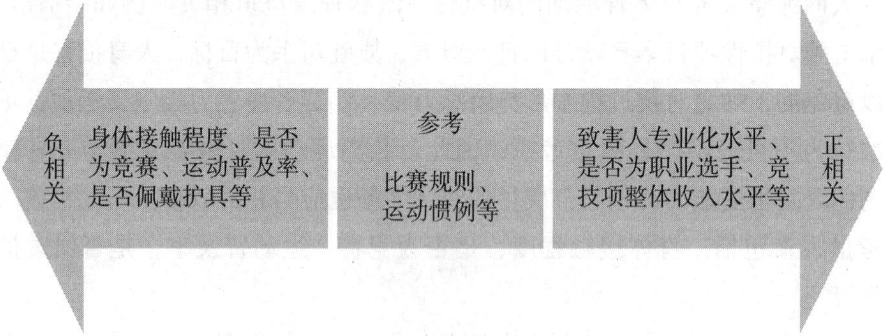

图 7　致害人注意义务的判断

（四）责任回归：其他冒险行为适用过失相抵

在逻辑关系上，自甘冒险行为是自甘冒险规则必要不充分条件，对于不符合《民法典》第 1176 条规定的冒险行为，应回归侵权法的一般归责原则——过失相抵，比较致害人与受害人之间的过错程度及行为的原因力大小（见图 8）。

需要注意的是，过失相抵适用的前提是侵权行为成立，因此，在致害人主观上不具有过错，即没有违反注意义务时，可以直接认定为不构成侵权行为，上述判断客观风险与主观状态的方法在此种情形下依然适用。

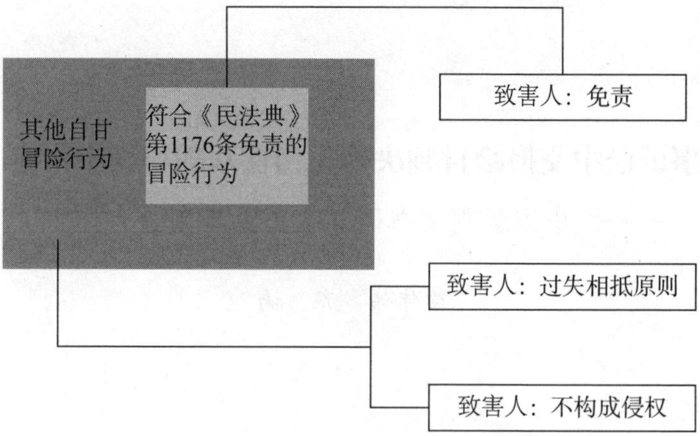

图 8　自甘冒险行为与归责原则的对应关系

结　语

《民法典》第 1176 条对自甘冒险的确认，弥补了法律空白，为实现侵权法合理规制与文体事业健康发展的动态平衡提供了法律保障，但第 1176 条较为原则与宏观的规范，不利于实践中具体问题的针对性解决，对自甘冒险行为的审查与认定标准还需要在实践中继续总结和归纳。

民事诉讼中交换给付判决的正当性基础与程序构建 *

——以中国裁判文书网433份民事判决为样本

梁伟伟　齐　楠

引　言

同时履行抗辩权在民事实体法及学说上并非新鲜事物，但是在民事诉讼领域却鲜有提及。由于程序法上配套机制尚未健全、规范目的尚未厘清，导致同时履行抗辩制度在司法程序中未能发挥出应有的作用，以同时履行抗辩权为基础的交换给付判决①制度仍未确立，同时履行抗辩权的相关规定可能将沦为“具文”。本文拟在实证考察的基础上，探索如何固本培元，构建彰显“实体—程序”融贯价值的交换给付判决制度。

一、现状考察：同时履行抗辩权成立时裁判存在的问题

本文借助中国裁判文书网，查找统计了近几年判决中涉及同时履行抗辩权的民事裁判文书，初始样本为1425份。② 经过删除重复、无效及同时履行抗辩权未被采纳的案件样本，重置错误分类，选取有效样本433份。通过筛选及整理分类后，大致勾勒出同时履行抗辩权成立时人民法院的裁判情况。

---

* 本文获2021年北京法院第33届学术讨论会优秀奖。

① 交换给付判决又称同时履行判决，是指在原告提出给付诉讼时，其给付请求与被告主张的同时履行抗辩权均成立的情况下，人民法院作出被告履行给付义务但附以原告应向被告为对待给付的判决。

② 样本选取于2021年5月18日，样本筛选关键词：“同时履行抗辩”“同时履行”“判决”。此外，为进一步提升筛选有效性，亦通过《合同法》第66条及《民法典》第525条进行了相关检索。

（一）裁判之形：同时履行抗辩权成立时的判决方式存在差异

在同时履行抗辩权成立时，人民法院在判决形式上存在着判决驳回原告诉讼请求、判决原被告先后履行、判决原被告同时履行以及其他[①]判决类型，具体如图 1 所示。

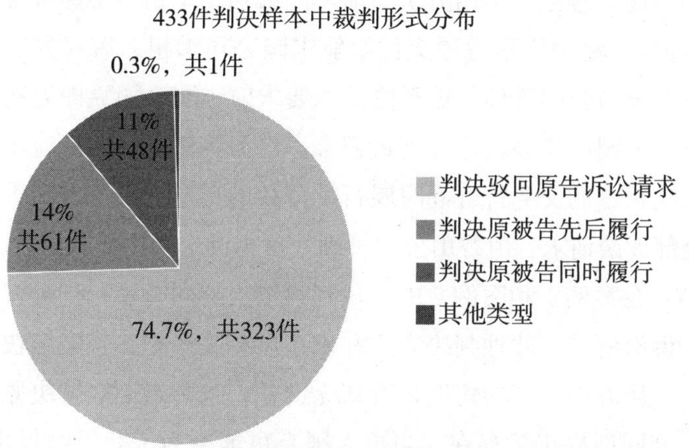

图 1　433 份判决样本中裁判形式分布

1. 判决驳回原告诉讼请求

在被告主张同时履行抗辩权被法院采纳的情况下，判决驳回原告诉讼请求，由原告承担相应诉讼费用，这是目前司法实践中最常见的裁判方式。

【案例 1】李某海与北京世纪中天旺防水材料技术开发有限公司房屋租赁合同纠纷[②]

原告李某海与被告世纪中天旺公司签署《租房协议书》，因合同履行发生争议，诉至法院。原告要求解除与被告世纪中天旺公司房屋租赁合同，被告支付逾期房屋租金及承担本案诉讼费用。世纪中天旺公司辩称，原告至今拒不履行“接通电路”先前判决义务，导致被告无法使用该涉案房屋，被告拒交租金合情合理合法，并无不当之处。法院审理后认定，经先前法院生效判决确认李某海应当为涉案房屋接通电源，但截至开庭之日

---

① 其他类型判决仅检索到一件，在被告提出同时履行抗辩权被采纳的情况下，仍然判决支持原告诉讼请求，在此不作具体分析，详见安徽省凤阳县人民法院（2015）凤民二初字第 712 号民事判决书。

② 北京市房山区人民法院（2019）京 0111 民初 15066 号民事判决书。

李某海尚未履行该项义务，世纪中天旺公司以此拒绝支付租金，未违反相关法律规定。因此驳回原告全部诉讼请求，诉讼费用由原告承担。

【案例 2】北京市香山公园管理处与北京航丰园科技发展有限责任公司房屋租赁合同纠纷[①]

香山公园管理处（出租方）与航丰园公司（承租方）签订《白松亭房屋租赁合同》，将白松亭房屋交付给航丰园公司承租，后双方因租赁合同发生争议。香山公园管理处诉至法院，要求航丰园公司立即返还非法占用的位于香山公园白松亭场地并支付租金。经人民法院审理，航丰园公司拒绝履行交纳租金的义务符合同时履行抗辩权的情形，判决驳回香山公园管理处的全部诉讼请求，由香山公园管理处负担诉讼费用。

小结：在案例 1 和案例 2 中，裁判均以支持同时履行抗辩权为由判决驳回原告诉讼请求，此种判决方式并未违反相关法理，且能够快速审结该案。但是，从诉讼经济的角度来看却无助益，且并未彻底解决原被告之间的争议，合同僵局仍然存在，当事人很有可能会为了获得给付再次起诉，先前裁判将沦为诉讼程序的空转，造成司法资源的浪费。

2. 判决原被告先后履行

在法院采纳被告的同时履行抗辩后，按照一次性解决纠纷原则判决原被告先后履行相关给付义务，主文大多表述为：被告于判决生效后履行给付义务，原告在被告履行后，履行相应的给付义务。

【案例 3】朱某等与董某房屋买卖合同纠纷[②]

原告朱某等四人与被告董某签订房屋买卖合同，后因合同履行发生争议，朱某等四人将董某诉至法院，要求被告董某协助办理涉案房屋不动产转移登记手续，被告董某提出其未办理房屋过户登记的原因系原告仍有 2000 元购房款尚未支付。法院经审理认为，被告董某抗辩系正当行使同时履行抗辩权，并无不当，为免当事人诉累，维护市场交易安全稳定，判决四原告向董某支付剩余房款 2000 元，被告董某在上述购房款支付后五日内协助原告办理房屋过户手续。

---

① 北京市海淀区人民法院（2019）京 0108 民初 51478 号民事判决书。

② 浙江省绍兴市柯桥区人民法院（2018）浙 0603 民初 1887 号民事判决书。

3. 判决原被告同时履行

该类裁判形式的判决主文多表述为：原告的给付义务与被告的给付义务同时履行。

【案例 4】杨某与叶某丰、季某英房屋买卖合同纠纷[①]

原告杨某与被告季某英、叶某丰签订房屋买卖协议，后双方因过户原因发生争议。杨某将季某英、叶某丰诉至法院，要求办理过户手续。人民法院审理后，认为因当事人并未约定履行顺序，应当同时履行。为减少诉累，原告向被告叶某丰支付 3 万元与被告叶某丰、季某英协助原告办理过户手续同时履行。

小结：上述判决形式，人民法院从一次性解决双方争议、减少当事人诉累的角度出发作出原被告先后或同时履行的判决，符合诉讼经济之目的，具有积极意义。但不可忽视的问题在于，上述案例在原告诉讼请求未包含自身给付的诉讼请求情况下判决原告履行给付义务，此举超越原告诉讼请求进行裁判，有违民事诉讼中的辩论原则，构成诉外裁判，正当性仍然值得商榷，本文将在下文详细论述。

（二）裁判之实：同时或先后履行裁判对辩论主义的突破

按照民事诉讼一般原理，裁判应当坚守辩论主义原则，尊重当事人处分权，判决应当限于原告声明的范围，当事人未主张的事项，人民法院不得纳入裁判范围，法院只能依当事人所纷争限度内为审判，当事人可以自由地决定纷争的对象。但是在法院作出同时或先后给付的裁判中，部分裁判秉持诉讼经济的理念，存在超越原告诉讼请求进行裁判的现象，突破了辩论主义的基本诉讼法原理。

在双务合同纠纷中，原告出于各种原因的考量，并无在诉讼请求中提出自身先为给付的动机和可能，在诉讼请求中仅要求被告履行相关给付义务。但人民法院在审理过程中，出于一次性解决纠纷和减少诉累的考虑，在未释明原告变更诉讼请求的情况下，径行判决原告先行或同时履行其给付义务，超出原告诉请进行裁判。对比案例 3 和案例 4 原告诉讼请求和判项内容，可详见表 1。

---

① 案例详情参见河北省沧州市运河区人民法院（2020）冀 0903 民初 793 号民事判决书。

表1　案例3和案例4原告诉讼请求和判项内容对比

	原告诉请	被告抗辩理由	判项内容
案例3	协助办理涉案房屋不动产转移登记手续	原告仍有2000元购房款尚未支付	原告支付剩余房款，被告在购房款支付后协助原告办理房屋过户手续
案例4	要求被告协助办理过户手续	合同未约定履行顺序，应当同时履行	支付购房款与协助办理过户同时履行

（三）裁判之基：法官释明情况不一

民事诉讼中，辩论主义的意涵在于将事案之解明委诸当事人的辩论，但是为了正确接受当事人辩论，进而为了使当事人尽可能充分地穷尽辩论，作为诉讼指挥权作用的一个方面，人民法院可以对当事人施加影响予以推动，法院的这种权能就是释明权。[①] 释明权的目的在于推动案件事实的充分发现，谋求审理的充实化、促进化以及公平审理的实质化。在双务合同中，针对原告不同的诉讼请求，确认合同无效或者要求获得对待给付等不同情况，法官释明的情况也不同，导致释明情况参差不齐。

1. 释明存在缺位

双务合同中，由于当事人的法律意识和诉讼能力均有所差别，一方当事人仅起诉要求确认合同有效或者无效，未提出相应的给付请求。此时部分法官未能释明原告增加给付请求或者增加要求对方给付的请求，仅就合同效力进行确认，仍然导致当事人在合同无效或者合同有效后重新提起诉讼以满足给付要求，导致司法资源浪费，不符合诉讼经济。

2. 释明标准不清

在原告主张获得合同对待给付的情况下，是释明被告提出反诉或者主张同时履行抗辩权，实践中存在不同做法。根据民法学说，同时履行抗辩权属于当事人意思自治范围，必须经过当事人行使人民法院方可审究，不得依职权将其考虑在内，因此直接释明当事人提出同时履行抗辩权，可能并不符合实体法规范目的。部分法官考虑到上述情况，便释明被告是否提出反诉以获取原告交换给付，但是反诉仍属于独立的诉讼请求，相当于在诉讼上又增加了一个诉，造成司法资源的浪费。因此，在双务合同中，当

① ［日］新堂幸司：《新民事诉讼法》，林剑锋译，法律出版社2008年版，第313页。

事人不同的诉讼请求下，人民法院并没有统一的释明标准，造成实践中适用的混乱。

二、追根溯源：实体法规范目的与诉讼程序独立价值存在张力

上述实践现状的形成不仅仅是对同时履行抗辩权法理的认识与适用出现了问题，其背后更有着实体和程序法上理论无法合理自洽的原因。同时履行抗辩权制度在实体规范目的上追求阻碍给付、维护交易安全与诉讼程序追求诉讼经济之目的、坚持辩论主义原则上无法有效融合。这种情况导致实体法规范目的和诉讼程序独立价值之间存在张力，未能发挥出同时履行抗辩权制度应有之功能。本文从实体法规范目的和诉讼程序独立价值之间存在的内外张力入手进行分析，进一步剖析同时履行抗辩权成立时裁判实践乱象的成因。

（一）外在张力：阻碍给付与诉讼经济之间

由于程序法和实体法之间在功能定位上的差异以及它们之间所追求价值目标之间的错位，导致二者之间存在张力。这种外在张力主要体现在同时履行抗辩权追求阻碍给付和诉讼程序追求诉讼经济、争取一次性解决纠纷之间。

1. 同时履行抗辩权的阻碍给付效果

按照学界通说，同时履行抗辩权是指在双务合同中一造当事人在另一造当事人未为对待给付之前，可以拒绝履行自身给付的权利。[①] 关于同时履行抗辩权的性质，主要有两种对立的争论，第一种为统一的交换请求权说，该学说认为双务合同中当事人仅享有以自身给付请求对方作出给付之权利，从而在诉讼上原告必须证明自身已经履行其给付义务或没有先为给付之义务；第二种为抗辩说，认为双务合同中当事人的请求权是互相独立的，仅其实现他方当事人行使抗辩而互相发生牵连而已。[②]

基于双务合同的牵连性理论，学说大多以此构造同时履行抗辩权的理论基础。同时履行抗辩权制度作为一种朴素的正义观，体现了“一手交钱一手交货”的规范目的，兼具“避免授予信用”及“增施履行激励”的双

① 韩世远：《合同法总论》，法律出版社 2018 年版，第 380 页。

② 王泽鉴：《民法学说与判例研究（重排合订本）》，北京大学出版社 2015 年版，第 1228 页。

重重要功能。[①]同时履行抗辩权的目的及功能并不在于实现双务合同中给付与对待给付在同一时间作出，对于未约定履行顺序的合同，基于公平考量，法律只能作出“同时履行”的约束，不能厚此薄彼。基于同时履行而产生的抗辩权，亦并非追求双方的给付在“同时”发生，[②]而是通过营造双方给付义务在履行顺序上的制衡关系，推动想要获得对待给付的一方必须先迈出这一步。

此外，同时履行抗辩权是双务合同效力的体现，属于抗辩权中一时的抗辩或延期的抗辩，具有阻却给付作用的抗辩权，能够暂时阻碍对方提出的给付请求，但并无消灭对方当事人请求权之效力。[③]法律设立同时履行抗辩权的目的在于维持双务合同当事人之间利益关系上的平衡，一方当事人不履行自身所负合同义务便要求对方履行，有悖于公平正义。

2. 诉讼经济原则的旨趣

“对公平正义的追求，不能无视其代价。”[④]诉讼经济原则源于经济学领域“投入—产出”关系运用到法学领域，要求在民事诉讼程序的设计和运行中应当符合经济效益的要求，诉讼主体以最小的诉讼成本化解争议，实现诉讼目的。

诉讼经济理论产生的根源在于司法资源的稀缺和社会需求的矛盾，逐渐成为研究程序经济行为的分析工具，强调迅速裁判，讲求程序简化和避免程序浪费或重复。[⑤]

目前，随着大量民事纠纷涌入法院，人民法院可资利用的人、物资源有限的情况下，如何以最小的资源投入迅速解决纠纷成为诉讼经济关注的重要方面。在案例3和案例4中，法院在裁判时便指出，为了进一步减轻当事人诉累，实现诉讼经济之目的，判决原被告之间同时或先后履行给付义务。

---

① 韩世远:《构造与出路：中国法上的同时履行抗辩权》，载《中国社会科学》2005年第3期。

② 学者称其为“同时履行的幻象”，之所以是“幻象”，因为“同时履行”在物理学意义上几乎是不可能的。具体内容参见韩世远:《合同法总论》，法律出版社2018年版，第381页。

③ 王洪亮:《〈合同法〉第66条（同时履行抗辩权）评注》，载《法学家》2017年第2期。

④ 熊秉元:《正义的成本：当法律遇上经济学》，东方出版社2014版，第31页。

⑤ 作为程序法上的共同原则，诉讼经济对诉讼程序提出了六方面的要求：迅速裁判、简化程序、合并处理、维持有效、避免浪费和避免重复。具体参见林俊益:《程序正义与诉讼经济》，中国台湾地区元照出版公司1997年版，第92页。

3. 阻碍给付与诉讼经济之间张力的表现形式

双务合同中存在两个请求权，根据大陆法系关于诉讼标的旧实体法理论，一个请求权对应一个诉讼标的，而一个诉讼标的则代表着一个诉讼。由此，双务合同产生的纠纷均有可能通过两个诉来加以解决，无论是反诉或者另诉都将要付出各项成本，占用诉讼资源。

案例 1 和案例 2 中，人民法院均基于同时履行抗辩权的阻碍给付权能，判决驳回原告的诉讼请求，在实现同时履行抗辩权阻碍给付的实体规范目的上得到满足。虽然看似该诉讼得以圆满地解决，但是将原告的诉讼请求驳回后，双方之间的合同争议又恢复到诉讼之前的僵局状态，在原告的给付请求没有得到满足的情况下，再次诉讼的可能性就会变大，这一结果与诉讼主张一次性解决纠纷之间存在张力。

（二）内在张力：诉讼经济与辩论主义之间

前文提到，诉讼经济作为民事诉讼程序追求的快速、一次性解决纠纷的重要理念，如在交换给付裁判中片面看重诉讼经济之贯彻，便会动摇作为民事诉讼理论基石的辩论主义原则，在诉讼程序内部产生张力。

1. 辩论主义原则的旨趣

辩论主义是《民事诉讼法》的基本原则，按照学者一般理解，所谓辩论主义，是指将确定裁判基础事实所需资料（诉讼资料）之提出作为当事人权能及责任的原则。[①] 人民法院以当事人声明的范围及所提供的诉讼资料作为判决的基础，当事人没有声明的利益，不得归属于当事人，当事人未提出的事实及证据，不得作为判决的考量。

从机能上来说，辩论主义强调应当依照两造当事人的意思来形成争点，并从事实角度依照双方的意思来判定应当解决纠纷的范围，为当事人主张和证明活动提供方向，保障当事人实质武器和防御机会平等。

2. 诉讼经济原则与辩论主义之间张力的表现形式

案例 3 和案例 4 中，人民法院基于减少诉累的目的，确实可以达到诉讼经济之效果，尽可能一次性解决纠纷。但是从辩论主义原则的角度观之，超越原告诉讼请求进行裁判，则难免导致违背辩论主义裁判的产生，其正当性有待商榷。

---

① ［日］新堂幸司：《新民事诉讼法》，林剑锋译，法律出版社 2008 年版，第 305 页。

在双务合同中，原告如在起诉时要求被告履行给付义务，且未声明自身为对待给付，在这种情况下应当尊重当事人的选择，不应超越当事人的诉讼请求进行裁判。另外，如要实现诉讼经济之目的，亦应当通过法官释明这一重要诉讼指挥权来实现，保障当事人诉讼程序实质平等，这是坚持辩论主义原则最基本的要求。

三、旨趣融贯：交换给付裁判制度在诉讼程序中的再定位

在探讨了交换给付裁判制度在实践中存在的各种问题以及其背后深层次的理论原因后，不难发现同时履行抗辩权追求阻碍给付和交易安全的实体法规范目的在诉讼层面并未与诉讼程序所坚持的辩论主义合理融贯，造成实体法和程序法之价值目标的双重减损。

（一）交换给付裁判制度的可行性

1. 法律规范并未禁止判决主文附条件

交换给付裁判制度落实到最终的诉讼结果上便是交换给付判决，从本质上说交换给付判决是附条件的判决，条件就是债权人须为对待给付，如果原告（债权人）没有为对待给付，则该判决不能申请强制执行，没有执行力。

我国《民事诉讼法》第152条对判决书的要素内容进行了规定，但并未禁止作出交换给付判决，亦未禁止判决附条件，这就为交换给付裁判的作出留出制度空间。换句话说，判决主文附条件与《民事诉讼法》第152条并无冲突。

2. 判决附条件与明确具体要求并不冲突

全国人大常委会法工委在对判决主文的要求进行解读时，提出判决主文要明确具体，有执行内容的主文应当具有可操作性。[①] 判决主文附条件与上述主文明确具体并不相冲突。原因在于，即使判决附条件也并非不明确具体，不违背上述要求，另外，判决附条件仅仅是在条件成就之前该判决并无执行力，一旦条件成就，该判决就跟普通判决并无两样，亦具有可操作性。

---

① 全国人大常委会法工委民法室编：《中华人民共和国民事诉讼法：条文说明、立法理由及相关规定》，北京大学出版社2007年版，第276页。

（二）兼顾程序与实体双重正义的立场

实体优先和程序优先的思路优缺互见。在上文论述的案例中，无不各有偏向，导致裁判结果有失偏颇，较为合理的思路是在各种冲突的价值观念中找到一个平衡点。

1. 程序与实体价值应当等量齐观

法治发展过程中，程序法与实体法呈现出完全不同的发展路径，其制度和原理也并非严丝合缝，在追求的目标上并不相同，亦在价值功能上彼此相异，但都有极为重要的地位。因此，在诉讼过程中，追求对当事人实体权利的救济是民事诉讼的重要理念，不能随意抛开这个理念。基于当事人的程序公正、诉讼经济、辩论主义等因素的考量，人民法院在诉讼过程中应当兼顾当事人的实体利益与程序利益，二者应当等量齐观，不能厚此薄彼，不宜将民事实体权利的保护作为民事诉讼制度的唯一目的，应当充分赋予当事人程序选择权，将程序利益和实体利益有机统一。

2. 充分尊重当事人的程序选择权

在实现诉讼程序独立价值的过程中，会面临实体与程序的外部张力，也会面临不同程序价值之间的内部张力，在解决上述张力的过程中，应当充分尊重当事人的程序选择权，依据当事人的主张范围，决定审理范围。充分发挥释明的重要功能，利用诉讼指挥，合理推动诉讼进程。

四、解决进路：交换给付裁判制度的程序构建

面对交换给付裁判制度司法实践中的各种问题，在对现状进行分析及背后的原因进行厘清之后，围绕当事人主张、法院释明、举证责任、判决主文、裁判上诉等问题，对交换给付裁判制度的各要素进行分析和说明，以期推动交换给付裁判制度在我国司法实践中发挥更大作用。

（一）同时履行抗辩主张的提出

1. 提出的要求

提出同时履行抗辩主张的理想状况便是当事人依照我国《民法典》第525条的规定主张同时履行抗辩权，阻碍对方当事人一项具体的给付请求。但是司法实践中，当事人缺乏必要的法律素养，可能并不清楚同时履行抗辩权的法律术语，取而代之的可能是模糊的表述。在这种情况下，只要当事人表达出类似的事实或者意思，就应当认定被告实际上提出了同时履行

抗辩权的主张，具体要件事实以及法律后果等内容可以由法官作出释明（见图 2）。

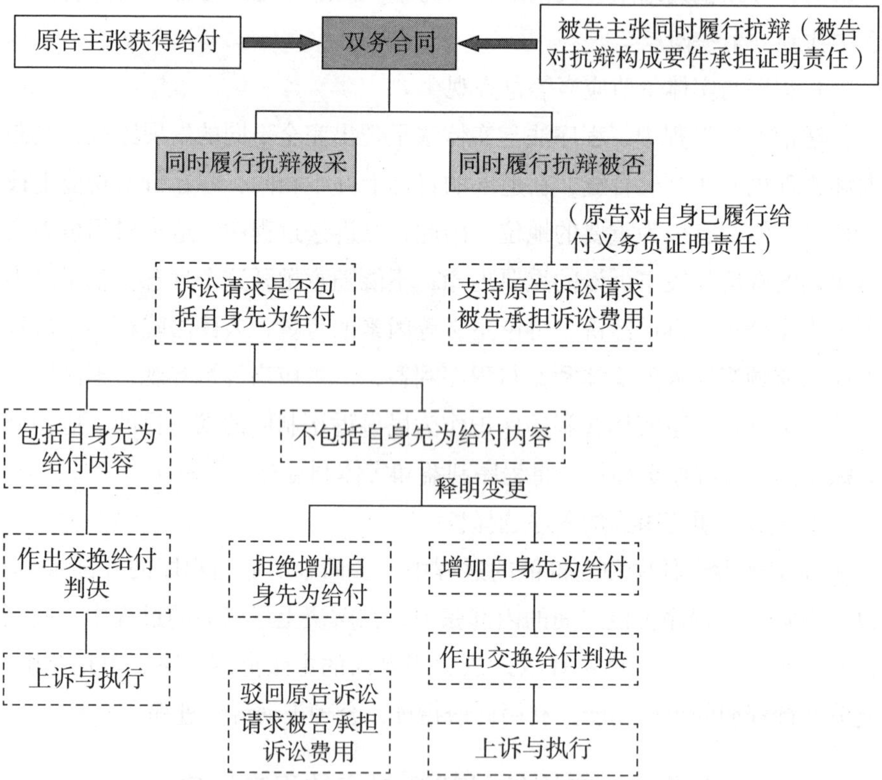

图 2　交换给付裁判制度流程示意

2. 提出的时限

按照一般理解，同时履行抗辩权在诉讼上及诉讼外均可主张，因其属于事实上的主张，应当在言辞辩论终结前提出。

3. 提出的对应范围

同时履行抗辩权阻碍请求权行使应当对应着不同层次，具体而言应当包括：（1）一方未履行全部给付义务并提出给付请求的，另一方当事人可以依据双务合同主张同时履行抗辩权，拒绝全部对待给付请求；（2）一方当事人未履行部分给付义务并提出给付请求的，另一方当事人主张拒绝对应的给付请求；（3）一方当事人虽履行双务合同中的给付义务但不符合约定，另一方当事人亦可以拒绝对应的对待给付。

因此，在被告主张同时履行抗辩权的情况下，应当说明拒绝给付的范围及原因，不仅有利于法院归纳争议焦点，也有利于提高诉讼效率。

（二）法院的释明：应予适当扩张

同时履行抗辩权必须经过行使，法院才可以纳入审理范围。因抗辩权并无否定请求权的权能，在一方当事人并未援引同时履行抗辩权时，法官不得依据诉讼资料主动审究同时履行抗辩权，更不得依职权主动援引同时履行抗辩权作出交换给付裁判，但是此种情况下亦无法达到诉讼经济之程序目的。因此，为消减这一诉讼程序的内在张力，人民法院审理过程中应当对同时履行抗辩权主张的释明进行适当扩张，可以使因机械化适用辩论主义带来的不合理性获得修正，充分保障当事人的程序选择权，进而有助于人民法院作出恰当、公平的裁判，并在此基础上达到一次性解决纠纷之目的。

1. 对被告的释明：以防御方法澄清为目标的释明应予扩张

当事人在诉讼活动中存在着不明确或者可疑之处时，法院可以要求释明当事人进行说明。按照日本学者对于释明的分类，释明可以分为澄清不明确的释明、消除不妥当的释明、补充诉讼材料的释明、新提出诉讼材料的释明以及举证方面的释明。[①]释明担负着旨在谋求审理充实化、促进化以及公平审理实质化的目标。

在双务合同中，如果被告仅主张“原告没有为对待给付”，且仅为事实上的陈述，当事实陈述足以成立同时履行抗辩权的情况下，人民法院应当释明被告将其上升至“权利抗辩”的高度，即同时履行抗辩权的明确主张，并提示原告进行明确的辩论，这种释明的扩张应属于上述分类中澄清不明确的释明。[②]如果机械适用“不告不理”原则，仅就当事人的诉讼请求进行审查，无助于一次性解决纠纷。在这一过程中，应当对法官释明范围进行扩张，以达到一次性解决纠纷的目的。应当明确的是，法官释明补充后，同时履行抗辩权的主张仍然由当事人决定。

此外，根据《全国法院民商事审判工作会议纪要》第36条的规定，

---

① ［日］高桥宏志：《民事诉讼法——制度与理论的深层分析》，林剑锋译，法律出版社2003年版。转引自［日］奈良次郎：《诉讼资料搜集中法院的权限与责任》，载新堂幸司：《讲座民事诉讼第四卷》。

② 参见董昊霖：《论同时履行抗辩权——以程序法的基本理论为视角》，载《广东社会科学》2020年第5期。

在双务合同中，要防止机械适用“不告不理”原则，仅就当事人的诉讼请求进行审理，而应向原告释明变更或增加诉讼请求，或者向被告释明提出同时履行抗辩，尽可能一次性解决纠纷。因此，作为一种防御手段，在辩论原则的约束下，按照该纪要的规定，同时履行抗辩权亦可以被“从无到有”地提出。

2. 对原告的释明：应当释明原告变更诉讼请求

在上述判决原被告先后履行或同时履行的案例中，存在的问题在于超越原告诉讼请求进行裁判，违反民事诉讼辩论原则，为学者所诟病。为解决这一矛盾，应当充分发挥法官释明作用，在原告要求被告为对待给付的情况下，被告主张同时履行抗辩权并拒绝履行相应的给付义务，应当审查同时履行抗辩权是否成立，以及对应的拒绝履行范围。在被告同时履行抗辩权被支持的情况下，原告的诉讼请求中未包含自身先履行的诉讼请求，应当释明原告是否变更诉讼请求。

若原告增加自身先履行的诉讼请求，可直接作出交换给付裁判；若原告未增加自身先履行的诉讼请求，则应当驳回原告诉讼请求，以彰显同时履行抗辩权阻碍给付的规范目的。

（三）证明责任的承担

上文提到同时履行抗辩权性质的两种主张，具体到诉讼程序中亦有不同后果。如坚守抗辩说，则被告陷入消极事实证明的陷阱，难以证明原告未履行或履行不符合约定，造成原被告双方实质诉讼平等地位受到损害。因此，在证明责任的承担上应当考虑双方当事人掌握的事实资料、举证能力以及避免对消极事实进行举证，合理划分当事人之间的举证责任。

同时履行抗辩权的权能在于阻碍给付请求，被告方主张同时履行抗辩，应当对同时履行抗辩权的构成要件进行举证，但是问题在于，原告未为自身给付或给付不符合约定应当由谁来进行证明。若由被告证明原告未为自身给付或给付不符合约定，则属于典型的消极事实之举证，难以证明。

1. 被告承担证明责任之范围

在证明责任的承担上，被告对同时履行抗辩权的构成要件承担证明责任：（1）因同一双务合同互负给付义务；（2）对方的给付义务与自身给付义务均已至清偿期。对于原告的给付情况仅为基本的说明即可。

2. 原告承担证明责任之范围

原告对自身给付已履行和履行符合合同约定承担证明责任。

（四）同时履行抗辩权成立时的判决

交换给付裁判制度的重要落脚点便是交换给付判决的作出，这一点集中展现在裁判的主文中。

1. 作出交换给付判决不必基于当事人的请求

原告在诉请中即使明确要求法院作出无保留被告给付的判决或者没有要求法院作出交换给付的判决，在被告主张同时履行抗辩权时，仍应当作出交换给付判决。

2. 作出交换给付判决

为在双务合同中实现一次性解决纠纷，实现诉讼经济之目的，在德国、日本以及我国台湾地区均设置了诉讼“一揽子”解决方案，即作出交换给付判决（又称同时履行的判决），将给付判决附条件，条件便是债权人须为对待给付。德国《民法典》第 322 条第 1 款规定：“双务契约之一方起诉请求自己之给付者，他方主张于对待给付提出前，得拒绝自己给付之权利时，仅生他方应受同时履行之判决之效力。起诉之一方应先为给付者，他方受领迟延时，得诉请于对待给付受领后为给付。”[①]

针对交换给付判决，有学者便指出，“倘若被告援用同时履行抗辩权，则法院亦非可遽将原告之诉驳回，法院仅得谕知交换履行之原告胜诉判决，实可收诉讼经济之长”。[②] 作出交换给付判决是在连接实体法和程序法的同时，既尊重了实体法规范目的，又为诉讼法带来了收益。此外，2018 年 5 月最高人民法院发布的《关于人民法院立案、审判与执行工作协调运行的意见》，其中第 11 条亦规定法律文书应当具体明确，当事人互负给付义务的，应当明确履行顺序。

具体到交换给付判决主文内容的构建上，应当表述为“原告履行合同义务时，被告履行自身对待给付义务”，以达到通过强调双方当事人在履行顺序上的制衡关系，实现同时履行抗辩权的制度意旨。判决的落脚点应是推动双方当事人均履行合同义务，打破合同僵局，促进交易安全。

---

① 中国台湾大学法律学院、中国台湾地区台大法学基金会编译：《德国民法典》，北京大学出版社 2017 年版，第 310 页。

② 林诚二：《民法债编总论——体系化解说》，中国人民大学出版社 2003 年版，第 461 页。

（五）交换给付判决胜诉方的确定与诉讼费的负担

1. 原告应当是胜诉方

交换给付判决是原告胜诉的判决，是德国、日本及我国台湾地区一致的做法。究其原因，原告的诉求在判决中获得了承认和肯定，并没有被驳回，难以认定是原告败诉。被告主张同时履行抗辩权，仅发生阻碍原告请求给付的效力，并非否定原告的权利，因此应当认定交换给付判决时原告胜诉的判决。

2. 被告承担诉讼费用

附条件的判决，应当由被告承担诉讼费用。原因有二：一是原告主动提起给付之诉，意欲打破合同僵局，促进交易，应当鼓励该行为，自不必要求原告承担诉讼费用，否则打击其积极性，无论是原告负担还是双方共同负担均起不到这一效果；其二，在被告主张同时履行抗辩权的情况下，并未否定原告的给付请求，仅是因被告抗辩而受到阻碍，暂时无法行使，因此并不是原告败诉的判决，由原告承担诉讼费用实不合理。

（六）交换给付判决的执行

1. 原告申请强制执行

交换给付判决作为一种附条件的判决，条件即为原告先履行给付义务，在所附条件成就时原告方可申请强制执行，关键问题在于如何证明原告已履行或履行符合约定。本文认为，原告可以通过履行或者提供履行证明的方式证明自身已经履行，如给付凭证、汇款凭证等。此外，建立有效的执行许可制度亦可以解决原告证明自身已先为履行的问题。原告向人民法院就该对待给付判决申请执行证明书，由原案件审判庭对判决给付的条件是否达成进行审查，条件成就的则核发许可执行文书，移转至执行部门。

2. 被告不得申请强制执行

原告起诉要求被告为对待给付，被告主张同时履行抗辩权成立的情况下作出交换给付判决，从性质上来说仅是限制原告请求被告所为给付的附加条件，即债权人申请强制执行的条件，并非独立的诉讼标的，既无既判力，亦无执行力。因此，被告不得请求债权人为对待给付，或请求强制执行。

结 语

同时履行抗辩权成立时的裁判并非单纯的实体法或程序法内容，而是实体法在程序法上的延伸，实体法规范能够影响具体的诉讼程序构建，因此在构建具体诉讼程序时应当融贯“实体—程序”之规范目的，方可进一步彰显二者的规范目的。本文提出的具体构建内容还比较粗疏，如何进一步推动交换给付裁判与执行的衔接、保障双方当事人程序正义，实现司法公正，将是今后重要的研究方向。

公私场域竞合下法官名誉权救济程序的检视与规制*

尹海萍　周　洁　俞新峰

引　言

完善法官职业保障制度，健全法官履行法定职责保护机制，是审判权依法独立公正行使的重要条件，是司法体制改革的重要内容。而法官因依法履行职责遭受侮辱诽谤以致名誉受到损害的现象时有发生，既侵害了法官个人人格权，影响了其职业尊荣感，又损害了司法公信力。2019年修订的法官法、《中共中央办公厅、国务院办公厅关于印发〈保护司法人员依法履行法定职责规定〉的通知》(以下简称《规定》)和《人民法院落实〈保护司法人员依法履行法定职责规定〉的实施办法》(以下简称《实施办法》)，分别对法官因依法履职被侮辱诽谤致使名誉受到损害的情形规定了相关救济、追责机制。此外，《民事诉讼法》第111条及相关司法解释、《行政诉讼法》第59条及相关司法解释、《刑事诉讼法》第199条及相关司法解释，均对诉讼过程中侮辱诽谤法官行为的司法强制措施作出了规定，即按照妨害诉讼行为进行处罚。然而，相关立法仍有不尽完善之处，实务操作做法不一，亟须建立一套完善的法官名誉权救济程序。

一、问题源起：法官名誉权救济程序的实证检讨

对侮辱诽谤法官的行为如何调查处理，《法官法》《规定》和《实施办法》均规定法院可以“会同”有关部门澄清事实、追究责任。但是未明确调查处理主体的权责边界，亦未构建规范化程序，导致实务中操作较为混乱。

---

* 本文获2020年全国法院第32届学术讨论会二等奖。

本文通过互联网向A市的法官发放调查问卷，并结合典型案例对相关问题进行实证考察。在收回的272份有效问卷中，法官履职过程中受到侮辱诽谤的共222人，未受到侮辱诽谤的共50人；在222位遭受侮辱诽谤的法官中，仅22件对行为人作出处罚（见图1）。

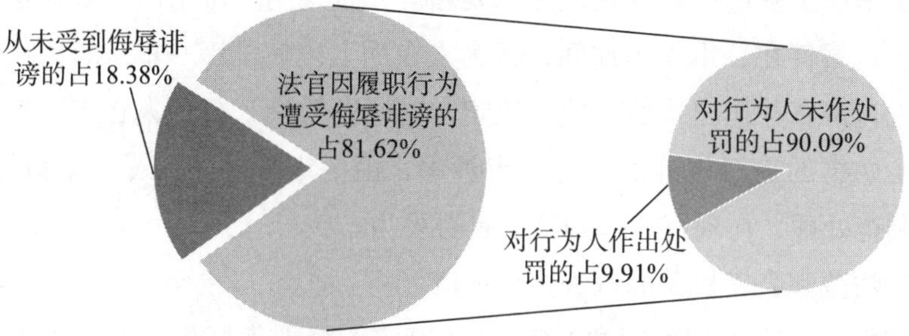

图1　法官因履职遭受侮辱诽谤及处罚情况

（一）调查主体各异

当前，对于行为人在网络上或者其他场合公开发表的言论或者作出的行为是否定性为侮辱或诽谤，需要对相关事实进行核实。实务中，调查主体各异，权责边界不清，导致违法行为不能得到有效规制。

1. 调查主体的范围和层级不定

法官名誉权受损事件发生后，有的由公安机关按照治安案件立案调查，有的由司法机关自行调查，有的由法院、检察院、公安机关等相关部门成立联合调查组进行调查。即使在法院自行调查时，内部调查主体有的为纪检监察或申诉信访部门，有的为法官权益保障委员会（实务中为人事部门），还有的由案件承办法官自行固定证据后向分管副院长汇报。究竟由哪一主体调查，并无统一规则（见图2）。

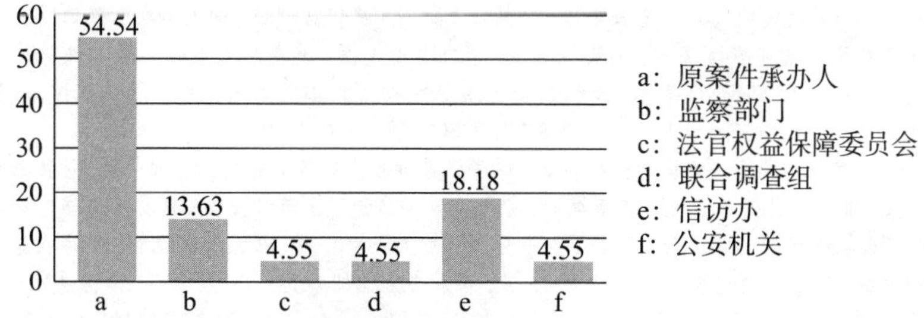

图2　调查主体对比

对于侮辱诽谤涉及多个对象或发生在不同程序中的，调查主体亦有争议。例如，在谭某造谣诽谤被司法拘留案[①]中，判决生效且再审申请被驳回后，行为人以“山西高院官官相护”为网名对承办法官进行侮辱诽谤，最终由一审法院进行处罚。有网友质疑，侮辱对象涉及上级法院的法官时，由基层法院进行调查处理是否妥当。在张某网上诽谤法官被司法拘留案[②]中，案件在二审审理期间，行为人在网上发帖诽谤一审法官，由一审法院进行调查并作出拘留和罚款决定。有网友质疑，行为人在二审期间的行为，妨害的是二审诉讼还是一审诉讼，由一审法院依照《民事诉讼法》进行调查处理，在现行法律制度下是否妥当。

2. 法院和公安机关的调查边界不清

依据《治安管理处罚法》第42条规定，公然侮辱他人或者捏造事实诽谤他人的，公安机关可以按照行政治安案件进行调查和处理，但是在诉讼程序中侮辱诽谤法官的，法院也可以按照妨害民事诉讼行为进行调查处理。由于侮辱诽谤行为发生时间、地点各异（见图3和图4），由法院和公安机关哪一主体调查操作不一。在审判和执行程序终结后，当事人对判决或执行结果不满，进而对承办法官进行侮辱诽谤，对此有的法院按照《民事诉讼法》第111条对其进行处罚，有的则移送公安机关处理。此外，即使行为发生在诉讼程序终结前，但发生在审判法庭之外或者法院周边的，再或者公安机关已就言论所反映的事实或侮辱诽谤事件本身立案的，调查

---

① 谭某造谣诽谤被司法拘留案：原告刘某与被告某汽车销售有限公司、赵某、冀某确认合同无效案，A法院作出判决后，B中级人民法院和C高级人民法院先后驳回原告刘某的上诉和再审申请。原告委托诉讼代理人谭某为泄私愤，公然以“山西高院官官相护”的网名在新浪微博上用实名方式发表对承办法官的诽谤性、不实性言论，并发至朋友圈，造成恶劣影响。后A法院依法对谭某实施司法拘留15日。《不满判决泄私愤 造谣诽谤被拘留》，载山西省高级人民法院网站，http://shanxify.chinacourt.gov.cn/article/detail/2018/12/id/3605256.shtml，2020年6月2日访问。

② 张某网上诽谤法官被司法拘留案：原告张某诉被告马某名誉权纠纷案，B法院依法驳回其诉讼请求，张某不服提起上诉。二审期间，张某在某知名论坛上连续发帖，声称承办法官在案件审理中隐瞒证据并模仿其签名伪造证据，点击量总数达数千次之多。B法院经调查，不存在张某在网帖中所说情况，故依法对张某作出拘留15日、罚款2万元的处罚。《网上诬陷、诽谤法官，一当事人被镇海法院司法拘留》，载搜狐网，http://m.sohu.com/?spm=smwp.404.0.0.15619646693724I8eflI，2020年5月22日访问。

处理主体亦有不同。以崔某事件[①]为例，执行过程中行为人在网上发布诽谤言论，并就言论所指向的事实向公安机关报案，称在法院内被法官和法警殴打，该事件由上级法院联合区级公安部门等成立联合调查组展开调查，并以调查组名义公开调查结果。通常情况下，当公安机关对治安案件立案后，如果经调查确实不存在侵权事实的，应由公安机关作出终止调查决定，受害人不服的，可申请行政复议，对复议结果不服的，还可提起行政诉讼。那么由上级法院联合公安机关直接调查并作出结论，在现行制度下，无论结果是否公正，在程序上是否有损当事人的行政复议权和相关诉权，存在不同认识。

3. 公安机关刑事侦查标准不明确

根据《刑法》第246条规定，侮辱罪、诽谤罪属于告诉才处理的案件，只有“严重危害社会秩序和国家利益”时才作为公诉案件立案侦查。《公安部关于严格依法办理侮辱诽谤案件的通知》和《最高人民法院、最高人民检察院关于办理利用信息网络实施诽谤等刑事案件适用法律若干问题的解释》第3条均列举了“严重危害社会秩序和国家利益”的情形，主要包括导致群体性事件、公共秩序混乱、民族宗教冲突、侮辱诽谤多人、损害国家形象、造成恶劣国际影响以及侮辱诽谤对象为外交使节、来访的外国国家元首、政府首脑等人员的。上述规定均没有将侮辱诽谤“法官”这一对象的行为直接纳入“严重危害社会秩序”的范畴，也未明确侮辱诽谤情节严重到何种程度才能视为“其他危害社会秩序”进行刑事侦查。而司法实践中，很少甚至没有法官会提起自诉，公安机关对侮辱诽谤法官行为进行刑事侦查的标准不明确，也导致实务中追究其刑事责任的情况并不多见。

---

① 崔某事件：2015年4月12日，崔某发表《北京女律师给全国媒体及律协的求援书》，称在C法院办理执行案件过程中遭到法官和法警殴打。后B高级法院联合市律师协会、区委政法委、区公安分局，组成联合调查组进行调查。4月30日，联合调查组召开新闻通报会，公布调查结果：不存在法官和法警殴打崔某的情况，但是崔某最后未因此事受到处罚。《崔某事件调查结果公布：法官、法警没有打人》，载中国法院网，https://www.chinacourt.org/article/detail/2015/04/id/1606533.shtml，2020年6月4日访问。

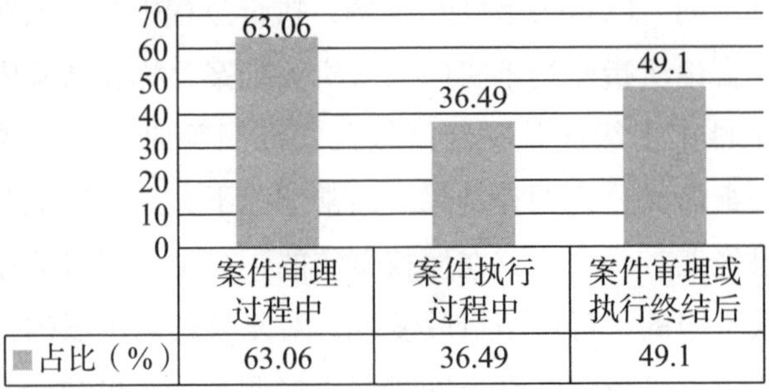

图 3　侮辱诽谤法官行为发生时间

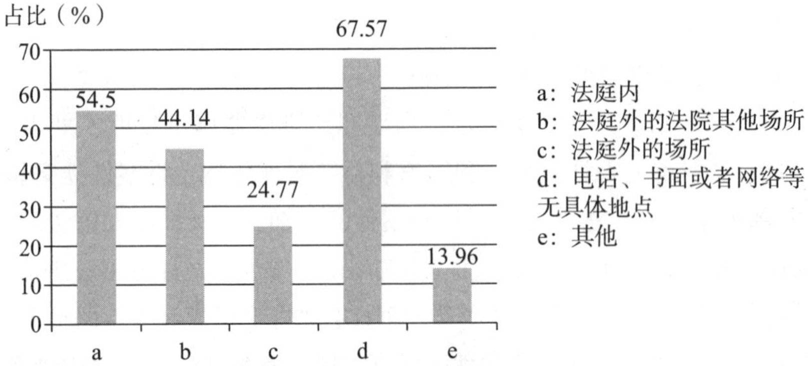

图 4　侮辱诽谤法官行为发生地点

（二）调查处理过程不规范

调查问卷显示，侮辱诽谤法官的行为发生后，有一半以上的法官会自行固定证据并提出处理建议，然而，调查过程尚无明确规范的程序，导致处理决定的社会接受程度不一。

1. 调查启动条件不明确

部分诉讼参与人或者案外人并没有经过正常的信访投诉或者纪检举报等途径表达诉求，而是径行在网络上发帖、在法院周边拉条幅、在公开场合辱骂等（见图 5），有的通过不同方式多次侮辱诽谤法官。调查问卷显示，遭受侮辱诽谤 10 次以上的占 33.33%，3~10 次的占 30.63%，3 次以内的占 36.04%。对此，除非纪检监察部门主动介入，多数法官即使明确知晓是侮辱诽谤，但是碍于处理程序耗时费力、担心矛盾激化等原因（见图 6），通常不会自行报案、起诉或者要求法院相关部门启动调查。对于名誉权受到损害的法官而言，通常仅能被动接受组织调查，没有法定的调查启动的申请权。

2. 调查流程存在多样性

对于按照妨害诉讼行为由法院自行处理的案件，有的承办法官自行固定证据、向院长汇报并经院长批准后出具处罚决定书，尽管最终以法院的名义作出决定，但是处理过程难免有法官“自证清白”的嫌疑。有的法官为回避，并不参与调查，而是由法院纪检监察部门或者法官权益保障委员会（人事部门）作为第三方介入调查，但是根据司法改革的部门职责定位，纪检监察部门和法官权益保障委员会均不设员额法官，由这些部门安排工作人员进行调查，其对于法官的纪律处罚虽有建议权，但是对于行为人是否构成侮辱诽谤的法律定性、是否采取司法强制措施等没有裁判权、执法权，所以其职能行使有所局限。关于调查过程，由于没有统一的关于取证、质证或听证程序规范，实务中，有的法官对相关监控视频、执法记录仪等证据进行封存，有的则径行提取。此外，对于情节严重构成犯罪的，涉案法官所在法院是否在审判环节回避也存在不同做法。由于处理流程各异，调查结论的社会认可度也不尽相同。

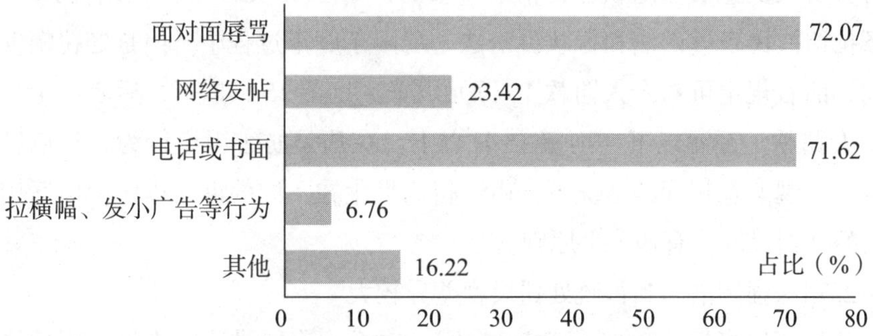

图 5　侮辱诽谤法官的形式

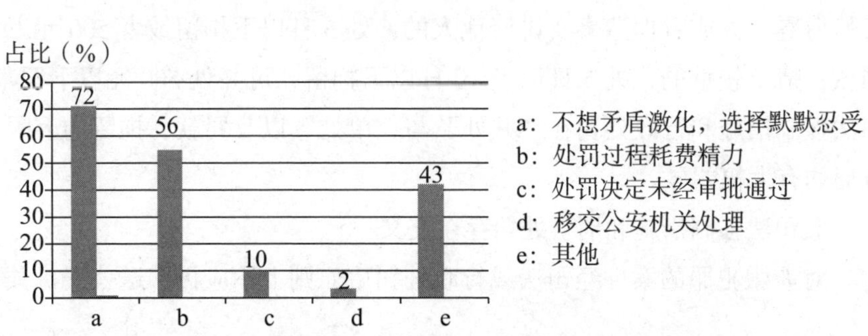

图 6　法官对侮辱诽谤行为未采取司法强制措施原因对比

3. 调查结果公开方式和立卷归档方式不统一

对于经调查核实构成侮辱诽谤的，有的法院直接向社会公开调查结果，有的则在处罚决定书中简要陈述处理依据，有的既未公开调查结果，也未采取司法强制措施，法官对处理结果有异议的，无法进行申诉。此外，按照最高人民法院公开的司法强制措施文书样式，对于妨害民事诉讼行为的处罚，须立“司惩字”案号，有的法院专门就调查处理过程中形成的证据、处罚决定等立卷归档，有的则按照原审案件的一部分立卷归档。

（三）处罚尺度不统一

由于《民事诉讼法》《刑事诉讼法》《行政诉讼法》以及《治安管理处罚法》对侮辱诽谤行为的规定均不相同，法院对发生在民事诉讼、行政诉讼或刑事诉讼中的妨害诉讼行为处罚尺度不统一，公安机关行政处罚和法院司法强制措施有很大差别。

1. 不同诉讼程序对妨害诉讼的侮辱诽谤行为处罚尺度不一

《刑事诉讼法》第 119 条规定，在法庭审判过程中，如果诉讼参与人或者旁听人员违反法庭秩序，情节严重的，处 1000 元以下罚款或者 15 日以下拘留。民事诉讼法和行政诉讼法未局限于庭审过程中，但是处罚幅度不同，前者规定可对个人罚款 10 万元以下、拘留 15 日以下，后者规定可对个人罚款 1 万元以下、拘留 15 日以下。在均是妨害诉讼行为，且危害程度、主观恶意相同的情况下，由于行为发生在不同的诉讼程序中而适用不同的处罚尺度，有违公平原则。①

2. 司法强制措施和行政处罚尺度差异较大

依据《民事诉讼法》《行政诉讼法》，对个人侮辱诽谤行为可分别顶格处罚 10 万元、1 万元，并处 15 日拘留。《治安管理处罚法》第 42 条规定，公然侮辱他人或者捏造事实诽谤他人的，处 5 日以下拘留或者 500 元以下罚款；情节较重的，处 5 日以上 10 日以下拘留，可并处 500 元以下罚款。司法强制措施和行政处罚在“并处”与“单处”以及罚款、拘留的上限等方面均有大幅差异。

3. 司法强制措施和刑事处罚存在交叉

对涉嫌犯罪的案件经司法或行政处罚后原则上不应再移送公安机关处

① 占善刚、张博：《我国妨害诉讼的强制措施之检讨》，载《信阳师范学院学报》2016 年第 6 期。

理，① 但实务中存在对妨害诉讼行为人采取司法强制措施后又追究其刑事责任的情形，对此是否违反“一事不再罚”原则存在争议。例如，王某犯侮辱罪案② 中，王某因不满执行工作向法官泼墨并辱骂，法院对其作出司法拘留后，公安机关以涉嫌寻衅滋事罪对其采取刑事拘留，该案最终判其犯侮辱罪，判处有期徒刑一年三个月，司法拘留的期间予以折抵刑期。该案通过折抵刑期的方式化解了与“一事不再罚”原则的冲突，但司法拘留折抵刑期并未在司法解释中予以明确。

二、理论探析：法官名誉权救济程序的逻辑起点

法官名誉受损，致使个人利益与公共利益的保护发生竞合时，“公共利益优先”立场与视角的选择是法官名誉权救济程序设计的基础，在处理过程中界定司法权和行政权的管辖界限是前提条件。

（一）从“公共利益本位论”出发解决公私场域竞合的问题

法官职业的特殊性主要在于其角色的双重性，在私人领域，其公民角色追求自身利益的最大化，在公共领域，其公务员角色行使国家公权力，代表国家公共利益。③ 当前，法官因依法履行职责遭受侮辱诽谤，不仅使法官名誉受到损害，同时扰乱了司法秩序，降低了司法公信力和法律权威。因此，该行为不仅侵害个人利益，更严重的是侵害公共利益，进而引发公共利益与私人利益、公力救济与私力救济双竞合问题。

“公共利益本位论”认为，在个人利益与公共利益的矛盾冲突中，公共利益居于主要地位。④ 它强调的是个人利益服从公共利益，当二者发生冲突时以“以公共利益为本位而告终”。但是，这种冲突的消除，并不是

① 练育强：《行刑衔接视野下的一事不再罚原则反思》，载《政治与法律》2017年第3期。

② 王某犯侮辱罪案：执行案件结案后，王某因不满D法院刘法官的执行工作，于2015年9月7日来到法院对正在与其他当事人谈话的刘法官进行泼墨并辱骂，致使刘法官面部、嘴上、上身部位大面积被墨汁污染，房间内办公设备、案卷及地面被墨汁污染，正在谈话的当事人受到惊吓，造成其他当事人围观，法官正常工作被迫中止。当日，D法院对王某司法拘留15日。9月21日，被害人刘法官报案，公安分局当日对王某采取刑事拘留的强制措施，后E法院经审理，判决王某犯侮辱罪，判处有期徒刑一年三个月。参见北京市第四中级人民法院（2016）京04刑终5号刑事裁定书。

③ 拜燕·多斯江：《论公共利益与个人利益的冲突》，载《法制博览》2016年第15期。

④ 余少祥：《论公共利益与个人权利的冲突与协调》，载《清华法学》2008年第2期。

通过消灭个人利益来实现的，而是将公共利益与个人利益保持一致。[①]

依据“公共利益优先”原则，在公益和私益发生竞合时，应以公共利益为导向健全法官名誉权救济规则，即由法院作为调查处理的主体，对同时损害公益和私益的行为进行矫正，实现公共利益和个人利益保护的协调发展（见图7）。笔者认为，由法院实施公力救济，介入处理法官名誉权受侵害事件，不受其他机关的影响和干涉，对于保护法官个人权益、加强司法职业保障、维护司法权威和司法秩序意义重大。

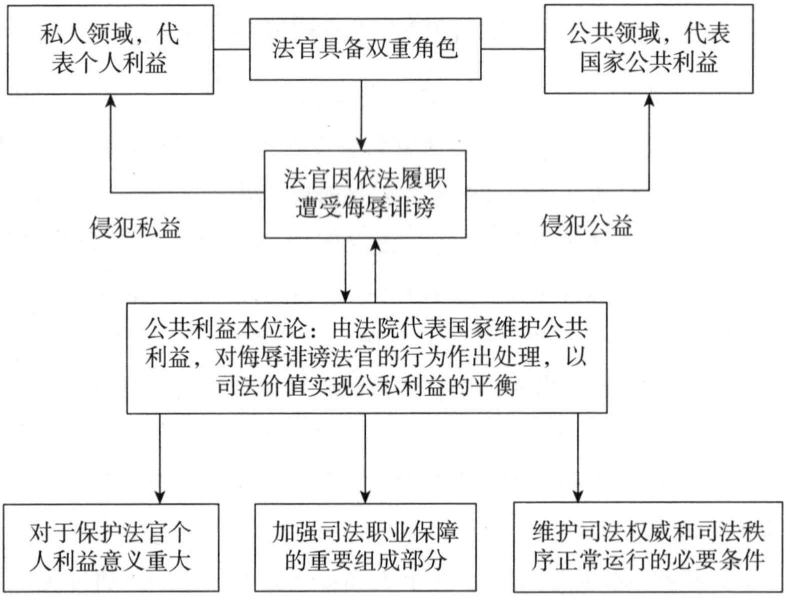

图7　公共利益本位论内涵及作用

（二）以“国家干预原则”为基点维护司法秩序

审判过程中，由人民法院代表国家维护社会公共利益。如果行为人严重违反法律规则，侵犯了社会公共利益或公民、法人的合法权益，就要依法受到司法制裁。[②]这是“国家干预原则”在审判活动中的体现。人民法院代表国家对妨害司法秩序的行为实行“国家干预”，遵循法定、公正、公开以及惩戒与教育相结合的原则对违法行为采取司法强制措施，可

① 孙明杰：《浅析行政法视野下的公私利益和谐——从利益的公共悖论谈公务员个人利益与公共利益的平衡》，载《法制博览》2012年第6期。

② 邱本：《论国家干预及其法治化》，载《财经法学》2016年第4期。

以将国家或者社会保护法庭秩序的价值观念和价值标准凝结为固定的行为模式，内化或者渗透在公民心中，通过法的实施对一般公民的行为进行引导。①

诉讼过程中，法院对妨害诉讼行为采取强制措施，既能够保障当事人、其他诉讼参与人以及法官等合法利益在审判活动中免受侵害，或使所受到的侵害得到及时的制止和排除。②同时，通过惩罚违法者来发挥法律的威慑效应，起到教育警示、价值宣示、指引评价等作用，对于提高司法权威、维护法律尊严、优化诉讼环境以及培育民众对法治的信仰具有重要的意义。③

诉讼程序终结后，行为人作出侮辱诽谤行为仍基于法官依法履职而发生，针对的是法官在诉讼活动中的行为，应视为对妨害诉讼秩序的延续。因为在审判或执行程序终结后，还有可能启动再审、执行回转等程序，并不意味着所有司法秩序的终结。因此，从国家干预的角度，对于上述妨害司法秩序的行为，也应赋予法院采取司法强制措施的权力。

（三）遵循“司法优位原则”化解司法权和行政权的管辖冲突

司法权和行政权共同指向相同的执行法律对象，两种权力都要以自己为主体执行法律，即此时两种权力发生管辖权重叠。④化解权力冲突的规则是“司法优位原则”，即司法权与行政权相分离，司法行为不受行政权的干预，唯此才能确保最终实现国家司法权力的正常运行和司法职能的正当性。⑤

法官因遭受侮辱诽谤而使名誉权受到损害，依据现有法律规定，法院和公安机关对其均具有管辖权，但是由于事件的起因、处理过程及结果等因素都与司法行为，即法官的履职行为密切相关，因此出于便利性和成本性考虑，应扩大司法权管辖范围，由法院自身对事件作出处理，法院司法权的行使不受公安机关的干预和制约。

---

① 曹春燕、贾御博：《藐视法庭行为的处罚原则的思考》，载《法制与社会》2014 年第 9 期。

② 江伟：《民事诉讼法》，高等教育出版社 2007 年版，第 220 页。

③ 张学良、李亚津、樊帅杰：《妨害民事诉讼秩序行为现象及对策研究》，载《法学研究》2015 年第 6 期。

④ 彭涛：《司法权与行政权的冲突处理规则》，载《法律科学》2016 年第 6 期。

⑤ 李娟、杨建华：《司法与行政关系的法理解读——基于应然层面或法律层面的分析》，载《中共山西省委党校学报》2016 年第 1 期。

三、路径选择：法官名誉权救济程序的规制完善

现行的法官名誉权救济程序，应当在厘定相关主体权力和职责边界的基础上，明确调查启动方式、规范调查流程、公开调查结果，统一处罚标准并完善救济路径。

（一）厘定调查主体权责边界

1. 扩大法院自行调查的范围

对于发生在诉讼过程中侮辱诽谤法官的行为，法院可按照妨害诉讼行为作出处理，对于诉讼程序终结后的侮辱诽谤行为，鉴于上述分析，只要是因法官依法履职而发生的且针对的是法官诉讼中的行为，就应赋予涉案法官所在法院自行调查处理的权力。故建议将《法官法》第56条修订为："法官因依法履行职责遭受不实举报、诬告陷害、侮辱诽谤，致使名誉受到严重损害，并妨害司法秩序的，人民法院应及时澄清事实，消除不良影响，并依法追究相关单位或者个人的责任，必要时会同有关部门共同作出处理。"另外建议，侮辱诽谤多个法院的法官时，由层级较高的法院调查处理，社会影响较大的，可由共同的上级法院调查处理。

2. 明确法院会同有关部门处理的情形

建议在法官法的相关司法解释或配套规范中明确《法官法》第56条中法院会同有关部门进行处理包括的情形：一是公安机关或纪律监察机关已经就言论反映的事件本身立案调查的。例如，行为人反映法官打人、收受贿赂等，公安机关或纪律监察机关已立案，并需要法院协同调查的。二是行为发生在法院外围，同时扰乱社会秩序的。例如，在法院门口散发带有侮辱诽谤性质的材料、打立横幅或者大声辱骂，上下班路上尾随法官对其进行辱骂，同时扰乱司法秩序和社会公共秩序，因此建议由法院会同公安机关处理。三是社会影响特别巨大的。此时由法院会同有关部门成立联合调查组，更有利于相互监督制约，提高调查结论的公信力。

3. 将涉嫌侵害法官名誉权犯罪列入公诉案件范畴

建议在《刑法》"严重危害社会秩序和国家利益"可能构成侮辱罪、诽谤罪的情形中，增加"侮辱诽谤法官和其他司法人员，严重扰乱司法秩序的"情形，由公安机关进行刑事侦查，并移送检察机关依法审查、提起公诉。建议建立公诉机关和审判机关的回避机制，对于此类案件，在审查起

诉阶段，由同级检察机关报请上一级检察机关指定管辖，最终由名誉权受损害的法官所在法院之外的其他法院进行审理，确保裁判结果公平公正。

（二）明确调查启动方式

1. 建立“法官权益保障委员会主动介入 + 法官申请”相结合的启动模式

为避免法官自行固定证据并提出处罚建议所导致的程序弊端，建议名誉权受损的法官本人不作为调查主体参与调查，而是由法官权益保障委员会牵头作出该类案件的调查。原则上相关程序由法官权益保障委员会主动启动，法官权益保障委员会因故未启动的，可赋予名誉权受损的法官申请启动的权利，法官权益保障委员会收到申请后，经形式审查符合条件的，应启动法官名誉权救济程序，经审查不符合条件的，应及时答复申请法官，做好解释工作。

2. 建立“固定 + 随机抽取”的合议庭组合模式

由于合议庭需要参与取证、举证、听证以及作出处罚等程序，处理结果可能涉及限制行为人的人身自由，所以建议由具有裁判权、执法权的员额法官参与调查，同时，吸取人民陪审员和法官权益保障委员会专职委员组成合议庭。其中，专职委员为固定人员，员额法官和人民陪审员可在专职委员的引导下，由行为人随机抽取，行为人不抽取的，由法院随机确定。

（三）规范调查流程和处理结果

1. 规范取证过程

只有通过运行证据调查程序，才具有把握过去事实的必要性和可能性，因而程序要求的正当性就成了能否正确衡量和把握过去事实的重要指标。[①] 法官名誉权救济机制也必须建立严格的调查程序。对于侮辱行为，由于被侮辱法官是亲历者，所以情况紧急的，由其自行固定证据，事后向合议庭提交；对于诽谤行为，应由合议庭给予行为人一定的举证期限，由其对言论指向的事实提供相应证据。法院亦应当主动调查取证，例如，调取相关监控视频、执法记录仪，询问目击证人、行为人和涉案法官等，并对调查取证和询问过程等全程录音录像，必要情况下，在行为人和第三方监督下，对相关证据进

① 张斌、蒋剑鸣：《论民事证据调查程序的基本理论问题》，载《法学研究》2006年第6期。

行封存。

2. 举行公开听证

举证期限届满后，要举行公开的听证程序，实现该类案件的调查由封闭、单向的传统模式向开放、有序的调查程序转变，给予利益主体整合并集中表达诉求的机会。[①]听证过程中，由行为人陈述其利益诉求并举证证明，同时法庭就调取的证据听取行为人意见。对于经核实作出调查处理结论的，也通过听证程序向行为人告知，听取其意见陈述，并赋予其向上一级法院申请复议的权利。听证过程可以邀请人大代表、政协委员、群众代表等人员旁听，在不损害公共利益、商业秘密和个人隐私的情况下，还可以借助网络等媒介进行直播，保证程序在约束与监督下进行。

3. 规范处理结果并单独立卷归档

经调查构成侮辱诽谤的，由法官权益保障委员会作出处罚建议，经院长批准后以法院的名义作出处罚决定书。不构成侮辱诽谤的，亦向行为人和涉案法官进行告知。经调查，法官确实存在违法违纪行为的，启动相应的问责机制。对于调查形成的书面和视频证据、笔录、报告以及处理过程的视频、处罚决定书等，在诉讼卷宗之外单独立卷归档。鉴于调查之初无法确定是否进行惩处，故建议立“司调字”案号。

（四）完善处罚和救济方式

1. 统一处罚尺度

首先，统一三大诉讼法对于妨害诉讼行为的处罚尺度。鉴于发生在不同诉讼程序中的同类妨害诉讼行为所损害的利益、破坏的秩序以及社会危害性具有同一性，故对于在刑事诉讼和行政诉讼中侮辱诽谤司法工作人员和其他诉讼参与人的，均参照《民事诉讼法》第111条和第115条的规定进行处理。一方面，对刑事诉讼中的侮辱诽谤行为的处罚范围，从法庭审判过程扩大到整个诉讼过程；另一方面，将三大诉讼法中关于司法强制措施中罚款金额和拘留期限统一为同一标准和幅度。其次，建议在《治安管理处罚法》第42条中增加“公然侮辱诽谤法官和其他司法人员的，依法从重处罚”的规定。

2. 建立责令公开赔礼道歉及正名机制

建议增加“责令公开赔礼道歉”的名誉权损害救济方式，对于经调查

① 金太军、赵学锋：《风险社会的治理之道》，北京大学出版社2018年版，第325页。

核实，确实存在侮辱诽谤法官行为的，在法院澄清事实之前，应首先责令行为人限期在言论影响范围内的相应载体上公开赔礼道歉，并将是否履行作为是否采取司法强制措施以及处罚尺度的参考因素之一。如果责任人未在指定期限内作出道歉声明的，则由法官权益保障委员会启动法官正名机制，通过报纸、电视、官方网站、微信公众号等载体，采取个别说明、反馈告知、公开通报等方式，对不实言论予以澄清。

3. 建立法官权益保障基金

法官名誉权受到侵害后，社会评价可能随之降低，必然遭受较大的精神损害，为维护法官的职业尊荣感，有必要对法官个人利益损害作出补偿。因此，建议建立法官权益保障基金，以从员额法官办案津贴中扣划和国家财政补贴相结合作为基金来源，其中扣划和补贴基数可视上一年度司法强制措施适用情况进行调整。

结　语

加强法官履职保障，维护法院干警人格尊严和合法权益，是司法改革的重要内容。本文着眼于“公共利益本位论”，提出适度扩大司法权管辖范围，由法院自行处理法官名誉权受侵害事件，并在此基础上构建了一套完善的法官名誉权救济程序（见图 8），以期有效规制侮辱诽谤法官行为，有力维护法官职业尊荣感和司法公信力。

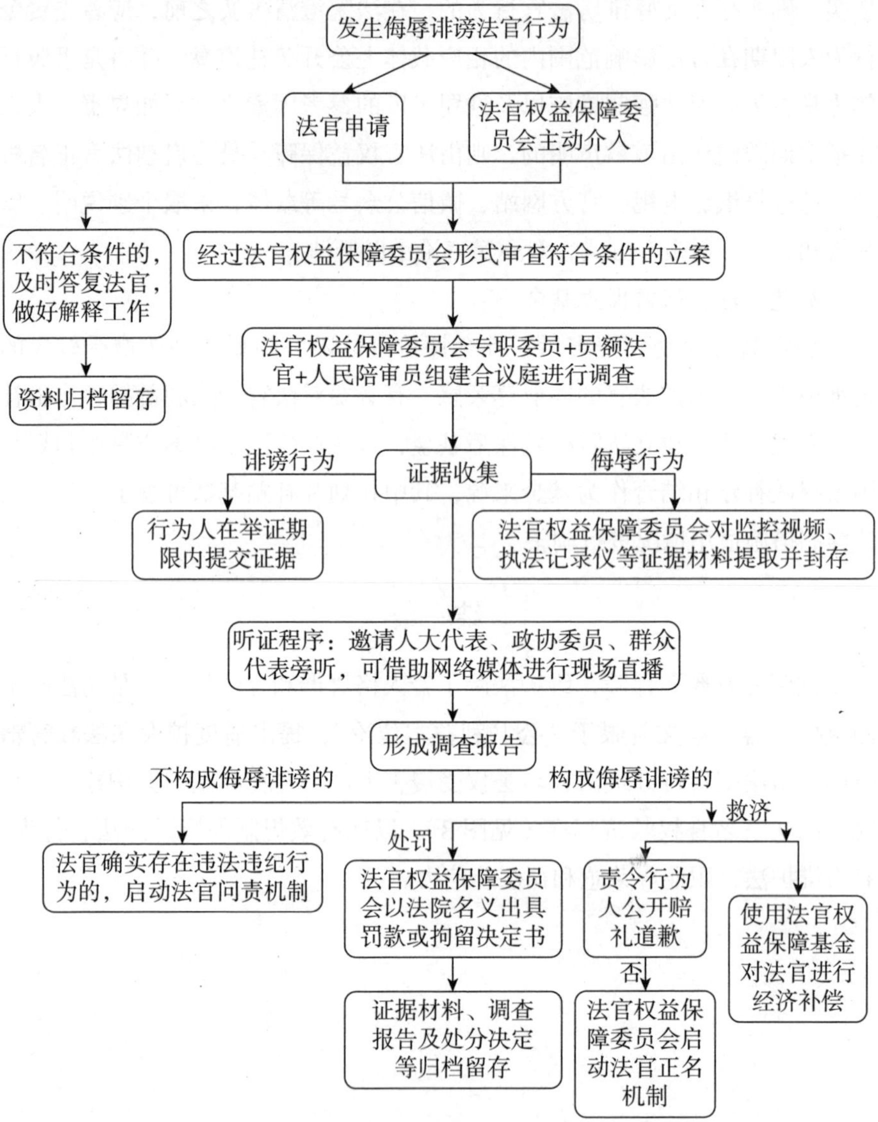
发生侮辱诽谤法官行为
法官申请
法官权益保障委员会主动介入
不符合条件的，及时答复法官，做好解释工作
资料归档留存
经过法官权益保障委员会形式审查符合条件的立案
法官权益保障委员会专职委员+员额法官+人民陪审员组建合议庭进行调查
诽谤行为
证据收集
侮辱行为
行为人在举证期限内提交证据
法官权益保障委员会对监控视频、执法记录仪等证据材料提取并封存
听证程序：邀请人大代表、政协委员、群众代表旁听，可借助网络媒体进行现场直播
形成调查报告
不构成侮辱诽谤的
构成侮辱诽谤的
救济
处罚
法官确实存在违法违纪行为的，启动法官问责机制
法官权益保障委员会以法院名义出具罚款或拘留决定书
责令行为人公开赔礼道歉
使用法官权益保障基金对法官进行经济补偿
证据材料、调查报告及处分决定等归档留存
否
法官权益保障委员会启动法官正名机制

图8　法官权益救济程序

以“内心确信”为核心的证明标准之建构*

——民事诉讼“排除合理怀疑”条款的理解与适用

李安国　赵　霏

引　言

证明标准是法官等事实裁决者认定待证事实存在所须达到的确定性程度，是民事诉讼中事实认定的基础。不同案件的事实虽互有差异，由此而来的证据的收集、审查、评价也不尽相同，但在事实认定均须达到特定确定性程度上是相同的。对待证事实存在所须达到的确定性程度的法规制，形成了证明标准的两种典型模式：一种是以大陆法系为代表的以内心确信为核心的单一的、接近真实的证明标准，该模式下是否存在认定待证事实的确定性程度原则上取决于法官的自由心证，认定事实的法官承担着严格的论证负担；另一种是以英美法系为代表的层次性的或多元的证明标准，该模式下区分认定不同类型的待证事实所需要的各种确定性程度，以满足指导陪审团具体情形中作出事实认定的需要。

具体到《最高人民法院关于适用〈中华人民共和国民事诉讼法〉的解释》(以下简称《民事诉讼法解释》)、《最高人民法院关于民事诉讼证据的若干规定》(以下简称《证据规定》)等相关法律条文而言，我国似乎在确立“高度盖然性”证明标准的同时，通过“法律另有规定的，从其规定”的开放性条款，试图建构层次化的证明标准体系。[①] 但与这一证明标准层

* 本文获2020年全国法院第32届学术讨论会二等奖。

① 《民事诉讼法解释》第108条第1款规定：“对负有举证证明责任的当事人提供的证据，人民法院经审查并结合相关事实，确信待证事实的存在具有高度可能性的，应当认定该事实存在。”第3款规定：“法律对于待证事实所应达到的证明标准另有规定的，从其规定。”

次化趋势相悖的是，司法实践中《民事诉讼法解释》第109条[①]的适用并不统一。该条款在对欺诈、胁迫、恶意串通以及口头遗嘱或赠与事实的认定上规定了"排除合理怀疑"，但"排除合理怀疑"应如何理解？是层次化证明标准体系中的一个独立层次抑或其他？其与"高度盖然性"的关系为何？诸多问题亟待研究，以期给出能统一法律适用的清晰解答。

一、问题提出："排除合理怀疑"条款适用不统一

"排除合理怀疑"条款在实践中呈现不同适用形态。

（一）作为高于"高度盖然性"标准的严格适用[②]

此种情形下，法官将《民事诉讼法解释》第109条规定的"排除合理怀疑"当作在"高度盖然性"基础上提高的标准予以适用。适用该标准时，内心确信必须达到比"高度盖然性"更高的确定性程度。

其依据在于，《民事诉讼法解释》第109条之所以针对欺诈、胁迫、恶意串通、口头遗嘱等特殊事实规定更严格的证明标准，是因为这类事实往往带有准刑事犯罪性质，或待证事实存在与否对特定社会秩序影响重大，故而法官须在有限的诉讼资源条件下，尽可能追求接近"客观真实"的"法律真实"，以期维护交易安全与法律关系的稳定。域外如英美国家对于上述特殊事实也有提高证明标准的倾向。

（二）在说服意义上适用"排除合理怀疑"标准[③]

此种情形下，将"排除合理怀疑"理解为更严格的论证或说服负担，其针对的不是证明标准的高低问题，而是要求法官针对此类事实给

---

① 《民事诉讼法解释》第109条规定："当事人对欺诈、胁迫、恶意串通事实的证明，以及对口头遗嘱或者赠与事实的证明，人民法院确信该待证事实存在的可能性能够排除合理怀疑的，应当认定该事实存在。"

② 该类案例参见北京市第二中级人民法院（2018）京02民终2455号、北京市西城区人民法院（2018）京0102民初485号、北京市第三中级人民法院（2016）京03民终8938号、北京市第三中级人民法院（2015）三中民终字第13939号等。

③ 持该类适用的司法实务人员观点可参见李益松：《论民事诉讼"排除合理怀疑"证明标准——以〈民事诉讼法解释〉第一百零九条为分析基础》，载贺荣主编：《深化司法改革与行政审判实践研究——全国法院第28届学术讨论会获奖论文集》，人民法院出版社2017年版。这一适用情形通常在证明标准上并没有作出改变，在很大程度上可以理解为仍然坚持"高度盖然性"的一般证明标准，如北京市第二中级人民法院（2017）京02民终6785号民事判决书、北京市第一中级人民法院（2017）京01民再93号民事判决书等。

出清晰、完整而有说服力的证明过程。[①]这种说服意义上的“排除合理怀疑”似乎仍然坚持“高度盖然性”的证明标准，只是在认定特定事实存在与否时，事实认定者须承担至少在裁判文书说理中公开心证过程的严格的说服负担。

其理据在于，民事诉讼证明标准立足的“高度盖然性”之“高度”是法官内心确信意义上的高度，[②]“排除合理怀疑”是对法官自由心证过程的要求，应将排除合理怀疑作为达至内心确信的必经途径。[③]

（三）依托“优势证据标准”展开的实用主义式适用[④]

此种情形下，对“排除合理怀疑”是否属于提高的证明标准上不予表态或态度模糊，它所关注的不是对待证事实应适用何种程度证明标准的问题，以至于持这种观点的法官在裁判文书中通常会避免将“排除合理怀疑”与“高度盖然性”进行比较。它关注的是这一标准如何在具体案件中被实用主义式地适用，以满足在具体案件中实现公平正义的需要。践行这种观点的裁判文书所采用的一般论述模式是：“一方对于待证事实的主张，所举证据达到/未达到排除合理怀疑程度，本院予以/不予采信；另一方对其主张未提供/提供了相应证据，本院不予/予以采信。”

就其根据而言，“排除合理怀疑”实则是异化的“优势证据标准”。后者指的是在认定待证事实存在与否时，若一方提出的证据大于另一方提出证据的证明力，则对证明力较大的证据予以确认。“优势证据标准”辅以证据证明力大小判断的指导性规则，在司法实践中展现了相当程度的可操作性。由此，在涉欺诈、胁迫、恶意串通，以及口头遗嘱或赠与事实的案件中，法官往往基于“优势证据标准”得出事实认定的初步结论——这一初步结论通常与法官内心所欲采取的法律推理之事实要件要求相符合、相

---

① 参见李益松：《论民事诉讼“排除合理怀疑”证明标准——以〈民事诉讼法解释〉第一百零九条为分析基础》，载贺荣主编：《深化司法改革与行政审判实践研究——全国法院第28届学术讨论会获奖论文集》，人民法院出版社2017年版，第642页。

② 参见霍海红：《提高证明标准的理论反思——以〈民诉法解释〉第109条为中心》，载《民事程序法研究》，厦门大学出版社2016年版，第285页。

③ 参见闫巍：《对我国民事诉讼证明标准的再审视》，载《人民司法》2016年第31期。

④ 该类适用的案例参见北京市第一中级人民法院（2017）京01民终7285号、北京市密云区人民法院（2016）京0118民初8645号、北京市第一中级人民法院（2017）京01民终7770号、北京市高级人民法院（2016）京民申1421号、北京市高级人民法院（2015）高民申字第04241号、北京市高级人民法院（2017）京民申3914号等。

匹配，之后依托具体案情的复杂程度、双方普遍存在不同程度的证明困难、“排除合理怀疑”术语含义的模糊性，以及判断该标准达成与否存在的不确定性等，简单以“达到/未达到排除合理怀疑”的定论方式，作出实现公平正义所欲求的事实认定结论。

二、原因剖析：“排除合理怀疑”条款存在不足

“排除合理怀疑”条款的适用不统一问题，除了受术语混搭刑事证明标准常用表述、缺乏足够理论共识等可能因素影响外，究其原因在于条款本身存在不足。

（一）规范设计“一刀切”

当前我国民事诉讼试图建构层次化证明标准体系的趋势，从司法实践中享有颇多共识的关于《民事诉讼法解释》的条文理解类图书中可窥一二。[①] 根据其中对“条文主旨”的表述，《民事诉讼法解释》第 109 条“是关于提高证明标准的特殊情形的规定”，且根据实体法规定为之。由此，将“排除合理怀疑”作为一种高于“高度盖然性”标准的严格适用，应最契合立法本意。但实践中又为何会存在其他不同适用形态呢？笔者认为，其原因在于《民事诉讼法解释》第 109 条对欺诈、胁迫、恶意串通，以及口头遗嘱或赠与事实的证明标准，采取了“一刀切”的规范设计，而未能区分不同情形。

基于妥善解决纠纷、实现公平正义等价值追求，司法事实认定中存在某种稳定而又兼具灵活性的法定证明标准应属当然，但“一刀切”的规范设计往往难以适应社会现实的变化，无法满足证明标准稳定性与灵活性兼具的要求。简言之，即便同属涉及欺诈、胁迫、恶意串通，以及口头遗嘱或赠与事实的案件，每一案件在案件性质、证明难易程度、管辖地的司法传统及对特定社会秩序追求与维护的程度等方面均可能存在不同，受这些不同因素的叠加影响，实践中存在需要予以区别对待的例外情形。

（二）定位不明“引歧义”

《民事诉讼法解释》第 109 条在立法语句上将“排除合理怀疑”与“人民法院确信该待证事实存在的可能性”混搭一起，导致“排除合理怀

① 如江必新主编的《新民诉法法义精要与实务指引》等，在司法实践中近乎被当作“权威解释”对待。

疑”的本身定位不明，引起不同理解。

1. 将“排除合理怀疑”理解为标准

若把“人民法院确信该待证事实存在的可能性”理解为人民法院认定待证事实存在所须达到的确定性程度，则“能够排除合理怀疑”显然指的是反映盖然性程度的证明标准，属于“标准”范畴。

持此理解者，在适用“排除合理怀疑”时必然将之作为一种高于“高度盖然性”的标准予以严格适用。

2. 将“排除合理怀疑”理解为进路

若把“人民法院确信该待证事实存在的可能性”理解为对法官等事实认定者内心确信的检验，则“能够排除合理怀疑”指的则是“从反面审查既有证据对待证事实的证明效果及其面临的任何合理挑战或质疑”[①]，属于“进路”范畴。

持此理解者，在适用“排除合理怀疑”时通常依据高度盖然性标准从正面审视既有证据的证明效果后，再反向排除内心可能的合理疑点，把“排除合理怀疑”作为司法事实认定中所必须承担起的“说服负担”。

3. 将“排除合理怀疑”理解为方法

若把“人民法院确信该待证事实存在的可能性”理解为强调司法事实认定最终应达至确信程度，则“能够排除合理怀疑”指的是形成内心确信的一种证明方法，属于“方法”范畴。

持此理解者，将“排除合理怀疑”作为通往内心确信的一种途径，作实用主义式的适用。这一适用带有“按图索骥”的特征，表面上似乎具备事后审查的可能，但往往事与愿违。除非事实认定者明确表达了对“排除合理怀疑”含义的理解，或者其可供审查的相关表达明显有悖法律共同体之共识性理解，否则上诉审几乎没有机会从证明标准层面对其事实认定进行有力审查。[②]

（三）实体赋权“无依据”

提高证明标准情形在实体法上使用“足以”“显失公平”等表述反映法

---

① 霍海红:《提高证明标准的理论反思——以〈民诉法解释〉第109条为中心》，载《民事程序法研究》，厦门大学出版社2016年版，第267页。

② 参见吴泽勇:《“正义标尺”还是“乌托邦”——比较视野中的民事诉讼证明标准》，载《法学家》2014年第3期。

律有意拔高证明标准的意图。但提高证明标准系根据实体法规定为之，也即为实体法赋权，实则并无依据。

首先，上述立法术语的使用与《民事诉讼法解释》第109条规定的五种待证事实并非完全对应，则退一步讲，此表述下对无法涵摄的待证事实提高证明标准显然不当。

其次，诉讼双方当事人应处于平等地位，将其中一方当事人负有举证责任的事实证明标准提高，在无正当理由的前提下，则意味着对另一方当事人的不公平，与民事诉讼程序对当事人诉权平等保护的价值理念不符。问题正在于欠缺这一打破平衡的、确定的令人信服的正当理由。

试想一下，在同一个法律关系中主张存在欺诈、胁迫、恶意串通情形以致合同无效或者可撤销的当事人必须举证达到排除合理怀疑的确定性程度，而主张存在构成要件缺失、不可抗力等影响合同成立及履行等法律后果的当事人却只需大致高度盖然性。司法实践中或有这样的个案存在，但这种提高同一个法律关系中不同事实的证明标准的做法从未给出类似英美法系先例那样拘束后来案件裁判的效力。真实的情况更可能是，这是司法实践基于分配正义、价值评价和利益衡量后，通过分配证明责任、释明权、调查取证等具体途径临案作出的判断。

最后，将“足以”“显失公平”等表述理解为有意提高证明标准，显然属于以偏概全。第一，如前所述，法律适用本质上是一个评价思考的过程，须兼顾“规则命题”与“社会命题”①的一致性。拔高证明标准倘若出于与社会命题保持一致的需要，这种拔高可能首先无关立法本意，因其是在具体个案裁量活动中作出的，特定的确定性程度取决于法官的自由心证。第二，司法事实认定的过程不仅关注事实认定的准确性，还兼顾处于司法证明程序的各项目标。②所谓拔高证明标准的单向指令显然无法胜任这一要求。

---

① “‘规则命题’一词指那种意味着国家法律规则，一般可以从用来表述法律规则的文本性法律渊源中找到或容易从其中推导得出的命题……‘社会命题’一词指规则命题之外的全部其他命题，如道德、政策和经验的命题。”详见[美]迈尔文·艾隆·艾森伯格：《普通法的本质》，张曙光、张小平、张含光等译，法律出版社2007年版，第1页。

② 参见樊传明：《自由证明原理与技术性证据规则——英美证据法的前提性假设和两种功能解释》，载《环球法律评论》2014年第2期。

三、对策研究：建立以内心确信为核心的证明标准

（一）走出证明标准层级化的迷雾："排除合理怀疑"并非关于独立的证明标准的表述，而是作为形成内心确信的途径发挥作用

1.层级化证明标准体系在建构上存在天然缺陷

从《民事诉讼法解释》第108条、第109条以及《证据规定》第86条的字义看，我国民事诉讼似乎试图建构层级化的证明标准体系（见图1）。

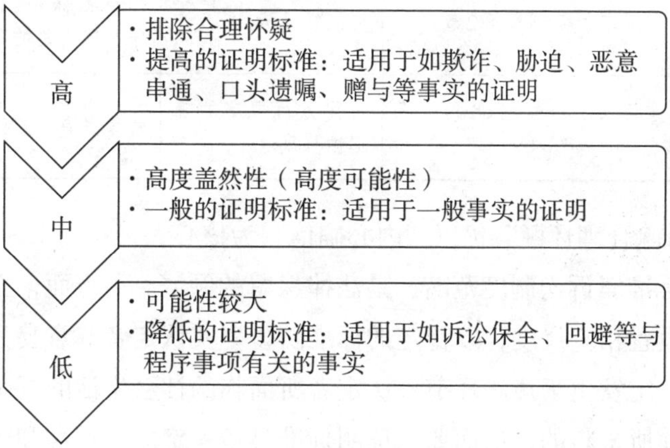

图1　我国目前的证明标准体系

然而，恰如条文解释书所担忧的那样："证明标准是裁判者对待证事实是否存在的内心确信程度……证明标准具有模糊性的特征，精确界定证明标准是非常困难的。"① 上述层级化努力注定无法摆脱其体系建构上的天然缺陷：

其一，证明标准关注裁判者对事实认定达到内心确信的程度，而内心确信追求的是单一的接近真实的证明标准，与层次化并不兼容。

其二，鉴于层级化证明标准体系由待证事实类型和相应证明标准两部分组成，姑且不论除了"排除合理怀疑""高度可能性""可能性较大"外还有无其他确定性程度的证明标准，单就对每一类标准下待证事实的分类

① 参见樊传明：《自由证明原理与技术性证据规则——英美证据法的前提性假设和两种功能解释》，载《环球法律评论》2014年第2期。

就存在不尽周全、挂一漏万的潜在弊端（见表1）。

表1　证明标准体系层级化建构下的各证明标准与所适用待证事实类型

序号	法律条文	证明标准	待证事实类型
1	《民事诉讼法解释》第109条及《证据规定》第86条第1款	排除合理怀疑	欺诈、胁迫、恶意串通、口头遗嘱、赠与等事实
2	《民事诉讼法解释》第108条第1款	高度盖然性(高度可能性)	一般事实
3	《证据规定》第86条第2款	可能性较大	如诉讼保全、回避等与程序事项有关的事实
4	《民事诉讼法解释》第108条第3款	法律另行规定的确定性程度	法律另有规定的待证事实

2.“排除合理怀疑”仍以“内心确信”为核心

证明标准属诉讼制度范畴，是法律保留的领域。一方面，立法需要为自由心证设置相应尺度，以稳定的标准防止事实认定者肆意妄为；另一方面，事实认定发生于司法环节，认定者所面临的社会生活的复杂多样可能是立法者前所未料的，从而要求证明标准具备一定的灵活性和开放性，以满足个案中实现公平正义的需要。一言以蔽之，证明标准本身必须兼具灵活性与稳定性。

就“排除合理怀疑”而言，其文义中并不提供关于证明标准所对应的事实认定的特定的确定性程度，在民事诉讼中也没有类似刑事诉讼中无罪推定、疑罪从无等基本原则予以补足。“排除合理怀疑”单凭己力不足以指称事实认定所需的确定性程度，只能通过影响事实认定进路与方法，作用于内心确信的心证状态才得以发挥作用，因而并非独立的证明标准。易言之，“排除合理怀疑”是作为法官形成内心确信的途径发挥作用，仍以“内心确信”为核心。

（二）揭开“高度盖然性”的面纱：“高度盖然性”意指对事实认定形成内心确信，作为内心确信的标尺发挥作用

长期以来，“高度盖然性”术语几乎成了我国民事诉讼法定证明标准的指称，但其内涵在理论与实践中并未完全形成共识。为正确理解“排除

合理怀疑”，有必要对“高度盖然性”内涵予以澄清。

1.“高度盖然性”所关注的是证据所具有的使人信服的力量评价即证明力，而非证据数量多寡

“高度盖然性”字义所指事实存在的高度的盖然性，但作为证明标准，它反映的是法官在判断待证事实存在与否时，综合证据的说服力、经验和论理等，对认定待证事实形成内心确信。“如果一方当事人提出的证据不具有说服力，另一方当事人即使不提出任何证据或进行反驳，前者仍不能胜诉。”①

例如：“……卑某某提交的证据不能认定涉案交易发生时卑某某持有银行卡，不能排除存在人卡分离、他人用密码持卡交易的可能。对此本院认为，即使卑某某提交的证据不能排除这个可能，但是工行嘉美风尚支行并未提交任何证据证明该主张，且按照前述司法解释的规定本案的事实认定不需达到‘能够排除合理怀疑’证明标准，结合双方提交的证据可以认定涉案交易并非卑某某本人或本人授权的交易。”②

2.“高度盖然性”的“高度”是指内心确信意义上的“高度”，是自由心证中“确信”的标尺

在事实认定的心证过程中，具有核心地位的始终是内心确信。相比作为形成内心确信途径的“排除合理怀疑”，“高度盖然性”是描述事实认定者内心对自己的事实认定结论达至“确信”所需的盖然性程度的指标，也即自由心证中“确信”的标尺。

鉴于在事实认定中形成内心确信的盖然性程度，只能由事实裁决者综合司法传统、案件事实的性质、待证事实查明的难易程度、当事人举证难易程度、对特定社会秩序和价值的维护等因素来决定。只有将“高度”视为法官内心确信意义上的“高度”，才能做到在对待证事实的查明上坚持了接近真实的证明标准，进而满足增进裁判的真实性和正确性需求，并且在面对纷繁的社会生活时，也只有通过附有依据的“确信”，才能营造事实认定上的开放性，满足增进裁判的公正性与可接受性要求。这一“确信”的指标或标尺，在司法过程中实际被转化为事实认定的论证负担，要

---

① 王利明等编著:《中国民事证据的立法研究与应用》，人民法院出版社2000年版，第857~858页。

② 参见北京市朝阳区人民法院(2016)京0105民初65538号民事判决书。

求具体心证内容应以可得事后审查的形式公开。

（三）厘清证明标准的脉络：现行关于证明标准的相关法律条款并非具有同一意义，“内心确信”在证明标准体系中居于核心与统领地位

第一，《民事诉讼法解释》第108条第1款，并非层次化证明标准体系中针对除欺诈、胁迫、恶意串通、口头遗嘱、赠与等事实之外的其他事实的特定证明标准，而是关于民事诉讼证明标准的总体性规定，确立了以高度盖然性为内心确信之标尺的单一的、接近真实的证明标准体系。

作为内心确信之标尺的高度盖然性具备开放性，相比通过“法律另有规定”的形式添加提高或降低证明标准情形，关注司法事实认定中内心确信如何达成，足以满足证明标准兼顾平衡稳定性与灵活性的要求。就达至内心确信所需面临的综合考量而言，以内心确信为核心建立起的单一的、接近真实“高度盖然性”标准，不仅能满足案件事实认定的开放性要求，还能在看似混乱的适用实践中找到内在的一致性。

第二，《民事诉讼法解释》第109条（包括《证据规定》第86条第1款），既非相比高度盖然性提高的证明标准，也非前述实用主义式适用情形，其意义在于揭示形成内心确信的路径或方法。该条款意指法官自始至终基于内心确信认定事实，将“排除合理怀疑”与内心确信连接起来，强调事实认定的路径和方式，并非先预设内心确信的不同盖然性程度，再选择具体的论证方式。

第三，《证据规定》第86条第2款，并非针对诉讼保全、回避等与程序事项有关的事实规定了降低的证明标准，其关于“认为有关事实存在的可能性较大的”措辞仍是关于内心确信的描述，是以内心确信为核心的证明标准的一个具体表现。

综上，现行关于证明标准的相关法律条款并非具有同一意义，“内心确信”始终在证明标准体系中居于核心与统领地位：《民事诉讼法解释》第108条第1款所确立的“高度盖然性”标准是以“内心确信”为核心的证明标准的概括性或总则性描述，而非仅仅针对特定类型的待证事实；第109条的排除合理怀疑条款并非关于证明标准的描述，而是作为达至内心确信的途径，对事实认定者的进路与方式作出要求；《证据规定》第86条第2款同样并非关于证明标准的描述，而是意指负有举证责任的当事人可

通过就其主张作出说明或相关证据的方式使事实认定者达至内心确信作出倡导性规定，“可能性较大”同样系立足于内心确信而言（见图 2）。

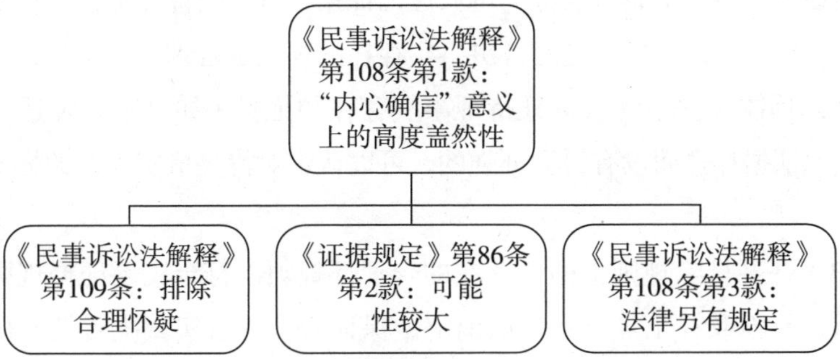

图 2　我国证明标准相关法律条款的脉络

（四）细化“排除合理怀疑”的适用规则：“排除合理怀疑”作为达至内心确信的前道关口，只有细化为具体的适用规则，才可能成为具有可操作性和实效性的法制度

“排除合理怀疑”的具体适用规则主要有操作规则和心证公开规则两类。

1.“排除合理怀疑”的操作规则

“排除合理怀疑”的操作规则大致可分为怀疑产生规则、怀疑确认规则、怀疑排除规则三类。

（1）怀疑产生规则是指任何与思维法则、经验法则、自然法则、立法意旨等相悖、足以影响待证事实的可能性、合理性和现实性的主观判断即可构成怀疑产生的依据。

在事实认定中，怀疑“只能是有理由的怀疑，而不是随便的怀疑；因为任何与人为的事务有关并且依赖于人为的证据的东西都容易存在可能的或者想象的怀疑”。[①]J.W. 塞西尔・特纳解释说：“必须是正直的人在冷静地分析全部证据之后所出现的有理性的怀疑，必须是不受诉讼双方影响、不存先人之见、不受恐惧干扰的一种良心上的怀疑。”[②]

（2）怀疑确认规则是指产生的怀疑只有在与民事证据一般规则，如优先

① ［英］K.S. 肯尼、J.W. 塞西尔・特纳：《肯尼刑法原理》，王国庆、李启家等译，华夏出版社 1989 年版，第 549 页。

② ［英］K.S. 肯尼、J.W. 塞西尔・特纳：《肯尼刑法原理》，王国庆、李启家等译，华夏出版社 1989 年版，第 549 页。

规则、补强规则、合法性规则等要求不一致的前提下，才能被认为是合理存在的怀疑。例如，根据优先规则，具体案件中存在比既有佐证待证事实存在的证据在证明力上更具真实性、可靠性的证据，且应当优先提供、出示却没有提供、出示的，可以认定对待决事实存在的怀疑是合理的；又如，根据补强规则，具体案件中既有佐证待证事实存在的证据（如当事人陈述）必须得到其他证据补强而没有得到补强的，可以认定对待决事实存在的怀疑是合理的。

（3）怀疑排除规则指的是存在的合理怀疑须以符合民事证据规则要求的出示、补强或补正等方式得以消解，保证法官等事实裁决者的自由心证过程符合证据审查与采纳的具体要求。

就怀疑排除规则的具体过程而言，“怀疑”的排除系诉讼当事人的举证责任应有之义。在本证证明达到“高度盖然性”的标准后，反证需将法官自由心证的状态拉回到“合理怀疑”，本证则需要再将疑点排除，再次使法官对事实的发生形成“内心确信”。从最终意义上讲，是否“排除合理怀疑”并非法官等事实裁决者恣意而定，而是取决于与司法事实认定相关的法官、人民陪审员、当事人、律师、上级法院、法律学者、特定第三人或社会民众等在内的主体的广泛认同。

2.“排除合理怀疑”的心证公开规则

法官在适用“排除合理怀疑”达至内心确信时并不是完全主观的，为了防止主观臆断、保证法官严格适用法定证明标准，其心证应以可事后审查的客观形式公开。

（1）心证公开应体现在裁判文书的事实说理部分。当前我国民事裁判文书在事实认定部分存在诸多问题，如只表明证据采信结论、缺乏具体分析和论证的“一句话主义”，在事实推理时对案件主要事实认定理由简单的“公式化倾向”，对当事人主张不表明态度或态度模糊、回避关键性问题的“避重就轻方式”。[①] 这些问题掩盖了法官等事实认定者的内心是如何克服“合理怀疑”从而达到确信的过程，不仅无法实现对法官等严格适用证明标准的事后审查，也不利于增加事实认定的可接受性。

---

① 张伟：《“相同”与“差异”之间：民事诉讼证明标准的客观化初探》，载《东南学术》2015年第3期。

“内心确信并不是法官的经不住批判的本能印象，而是法官从证据中推定出来的结论，因此它是可以合理地说明和论证的。”[①] 故而法官在裁判文书中应当且必须明示其认定待证事实存在与否的理由，将其如何排除合理怀疑进而达至内心确信的过程予以公开。

（2）心证公开也体现在事实认定中法官释明权的行使中。在“排除合理怀疑”的过程中，法官针对案件性质、证明的难易程度、当事人距离证据的远近、信息是否对称等具体情况，应适时在举证质证等环节向当事人释明应优先提供哪些证据，并就现有证据证明力是否需要补强、是否需要进一步举证等公开自己的初步判断，并将之记入笔录备查。

结　语

《民事诉讼法解释》第109条“排除合理怀疑”条款的适用不统一，既暴露了证明标准条款在规范设计上的缺陷，也折射出我国民事诉讼证明标准无法兼顾稳定性与灵活性要求的现状。在建构证明标准体系的进程中，与其通过“法律另有规定”提高或降低证明标准，不如转向现有证明标准的内涵澄清。以内心确信为核心建立起的单一的、接近真实“高度盖然性”标准，不仅能满足案件事实认定的开放性要求，还能在看似混乱的实践适用中找到一致性。而对于形成确信的自由心证，与其视其为主观臆断的口诛之矢，不如视之为完善证据规则、规范法官自由裁量的制度内因，相较而言，后者更符合“让审理者裁判，由裁判者负责”之要求。

① 王利明等编著:《中国民事证据的立法研究与应用》，人民法院出版社2000年版，第865页。

裁判文书中公开审委会意见的现状审视与制度完善*

——以322份裁判文书为分析样本

刘 明 杨婷婷

引 言

审委会作为司法体制中“权威性最高”[①]的一种审判组织，是我国司法制度的独创，在法院审判职能发挥、审判管理等方面起着“定海神针”般的作用。2018年10月颁布的《人民法院组织法》、2019年2月最高人民法院颁布的《最高人民法院关于深化人民法院司法体制综合配套改革的意见——人民法院第五个五年改革纲要（2019—2023）》（以下简称《五五改革纲要》）均强调“审判委员会讨论案件的决定及其理由应当在裁判文书中公开，法律规定不公开的除外”。反观司法实践，在裁判文书中公开审委会意见[②]机制的运行效果并不理想。本文选取了2013年1月1日至2019年12月31日期间作出的322份裁判文书作为研究对象，在实证考察、原因探寻的基础上，论证在裁判文书中公开审委会意见的正当性并对如何完善在裁判文书中公开审委会意见进行深入探讨，以期进一步促进审委会意见在裁判文书中公开机制能够真正“落地生根”。

* 本文获2020年全国法院第32届学术讨论会二等奖。

① 刘练军：《法定法官原则：审判委员会改革的新路径》，载《北方法学》2018年第6期。

② 本文的研究对象“在裁判文书中公开审委会意见”是指在裁判文书中公开审委会讨论案件作出的决定及理由。

一、现实之困：裁判文书中公开审委会意见的实证考察

笔者在中国裁判文书网抽取了322份裁判文书作为调查样本，[①]对在裁判文书中公开审委会意见的案件数量、法院层级、案件类型、公开方式四个方面进行了全面考察。

（一）在裁判文书中公开审委会意见的案件数量考察

审委会是各级人民法院的最高审判组织。[②]审委会的审判职能直接表现为讨论决定重大、疑难、复杂案件的法律适用问题。经审委会讨论的案件不仅有民事案件、刑事案件，还有行政案件、执行案件。通过对322份裁判文书进行研究，发现在裁判文书中主动公开审委会意见的仅有84份，约占全部案件数量的26%。而这84份裁判文书中，有79份未公开审委会的详细意见，约占全部公开审委会意见案件数量的94%。在这84份裁判文书中仅有5份（见表1）较完整地公开了审委会的详细意见，约占全部公开审委会意见案件数量的6%。

表1　详细公开审委会意见的裁判文书基本情况

序号	案号	案件名称	裁判法院	审委会意见概述
1	(2018)渝0113民再2号	原告刘某远与被告姚某、张某川无因管理纠纷	重庆市巴南区人民法院	本院再审并经审判委员会讨论后认为，关于本案是否属于民事诉讼案件受理范围的问题。首先，虽然对于部分共同犯罪人退赔全部损失后，能否向其他共同犯罪人主张民事责任的问题存在争议，但本院审判委员会多数意见认为，依照《最高人民法院关于刑事附带民事诉讼范围问题的规定》（法释〔2000〕47号）第1条、第5条之规定，刑事判决确定的退赔义务，其本质为民事侵权的赔偿义务。因此，部分共同犯罪人退赔被害人的全部损失后，共同犯罪人内部的责任分担问题属于民法调整范围，本案可以作为民事案件受理。其次，现被告张某川已明确表示其接受原审判决结果，系其对自身民事权利及诉讼权利的自由处分，本案亦无再审撤销或者变更原判决的必要

① 2020年5月8日，通过中国裁判文书网，设置关键词："审判委员会""多数意见"，设定日期：2013年1月1日至2019年12月31日，获取各类裁判文书322份。

② 钟宣、胡继先：《〈关于健全完善人民法院审判委员会工作机制的意见〉的理解与适用》，载《人民司法》2020年第1期。

续表

序号	案号	案件名称	裁判法院	审委会意见概述
2	(2016)湘3126民初8号	原告田某娥与被告向某明、向某燕民间借贷纠纷	湖南省古丈县人民法院	本案的争议焦点为被告向某燕向原告田某娥的借款是否属于夫妻共同债务。审委会在讨论过程中,主要形成以下两种不同观点。第一种观点认为,该借款属于夫妻关系存续期间的夫妻共同债务,应由二被告共同偿还(理由略)。第二种意见认为,该借款属于夫妻关系存续期间的个人债务,应由向某燕个人偿还(理由略)。审委会多数意见同意第二种观点。综上,审委会多数意见认为,依据证据规则和举证责任的分配原则,原告应当对被告向某燕借款系夫妻共同债务承担举证责任。因原告没有提供相关证据,其应当承担举证不能的法律后果。原告主张的债务并不属于二被告的夫妻共同债务
3	(2018)鄂1002行初36号	荆州开发区劳社局等与张某等工伤认定	荆州市沙市区中级人民法院	关于如何理解上下班途中的含义。经合议庭评议后提交审委会讨论,少数意见认为,从"上下班途中"用语来看,是指职工以上下班为目的,在合理时间内往返于工作地点和居住地的合理路线的途中。本案中,杨某桂从单位下班回到经常居住地后再行外出,并在工厂外的路口发生交通事故,不属于"合理路线的上下班途中"。多数意见认为,杨某桂外出是为了支取工资而发生交通事故受伤,劳动者维持日常生活也是其得以继续第二天的工作所必要的前提。尽管杨某桂系居住于职工宿舍,但不能将其从事日常工作生活所需要的活动范围限于厂区与职工宿舍之间,也不能将在认定工伤时法律所规定的"上下班途中"狭义地理解为厂区与职工宿舍之间,所以杨某桂为维持日常生活而外出支取工资的合理路线也应当理解为"上下班途中"

续表

序号	案号	案件名称	裁判法院	审委会意见概述
4	(2013)清民再初字第1号	贵阳远大公司与余光辉建设工程施工合同纠纷	贵州省清镇市人民法院	对原告主张因存在混凝土层脱砂、起灰问题，被告是否应当承担修复责任，审判委员会讨论中存在不同的观点。第一种观点认为，双方虽未约定脱砂、起灰问题的质量保修期，但不确认施工人的保修责任不利于建筑工程质量的保障和建筑施工社会秩序的维护，按照《建设工程质量管理条例》的规定，应确定被告具有保修责任。第二种观点认为，在不符合上述条例规定的最低保修期的情形下，需要双方进行约定，没有约定则不承担保修责任。本案中双方未对混凝土层的脱砂和起灰等问题约定修复，且在未严格履行竣工验收手续的前提下，原告实际上已经接收并使用了涉案工程，故对原告的主张不予支持。本院审委会讨论中多数意见认为应按第二种观点裁判
5	(2016)湘0524民初862号	李某海诉罗某春等民间借贷纠纷	湖南省隆回县人民法院	本院审委会多数意见认为被告罗某春、肖某金、贺某华、罗某凤应当对被告罗某向原告的借款承担连带偿还责任

（二）在裁判文书中公开审委会意见的法院层级考察

目前，按照我国的审判体系设置，共有四级法院，按照由高到低的层级分别是最高人民法院、高级人民法院、中级人民法院和基层人民法院。[①]通过数据分析，可以发现在裁判文书中公开审委会意见的法院，按照法院层级由低到高呈现递减的趋势：基层人民法院在裁判文书中公开审委会意见的案件数量最多，中级人民法院次之，高级人民法院再次之，最高人民法院最少（见图1）。

① 《人民法院组织法》第12条规定："人民法院分为：(一)最高人民法院；(二)地方各级人民法院；(三)专门人民法院。"第13条规定："地方各级人民法院分为高级人民法院、中级人民法院和基层人民法院。"

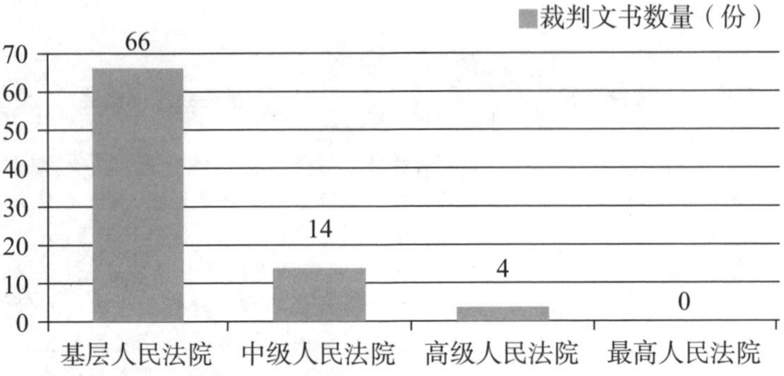

图 1　各级法院公开审委会意见的裁判文书数量

（三）在裁判文书中公开审委会意见的案件类型考察

通过中国裁判文书网获取的322份裁判文书中，既有民事案件、刑事案件，也有行政案件和执行案件。通过对在裁判文书中公开审委会意见的84份裁判文书进行研究，发现将审委会意见在裁判文书中公开的案件类型主要集中在民事案件，其次是刑事案件，执行案件和行政案件所占比例最小（见图2）。

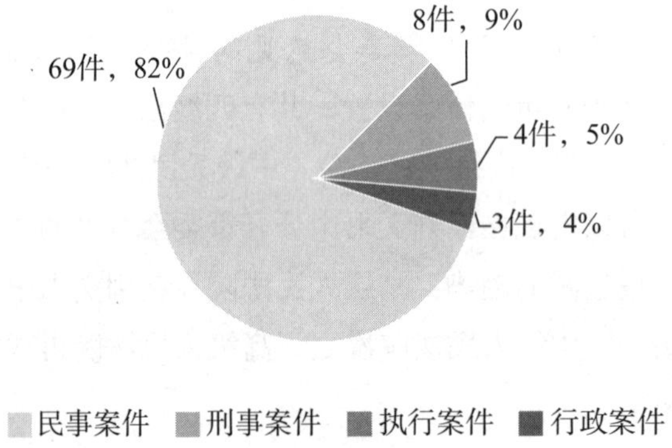

图 2　公开审委会意见的案件类型数量及占比

（四）在裁判文书中公开审委会意见的方式考察

2016年1月，南京市玄武区人民法院在（2015）玄少民初字第123号民事判决书中公开了审委会在讨论案件过程中主要形成的三种不同观点。这在国内尚属首例，引发理论界与实务界热议。[①] 司法实践中，地方各级

① 杨月萍:《论合议庭少数意见的公开》，载《河南大学学报（社会科学版）》2017年第6期。

人民法院仍处于“摸着石头过河”的探索阶段，审委会意见的公开方式存在诸多形式。

1. 在裁判文书中只公开审委会的决定而不公开理由

通过对主动公开审委会意见的84份裁判文书进行分析，发现有75份裁判文书只公开了审委会作出的决定，而未公开作出决定的理由。基层人民法院作出的裁判文书中通常表述为：“依照《中华人民共和国××法》第××条之规定，经本院审判委员会讨论决定，判决如下：……”① 中、高级人民法院作出的裁判文书也有类似表述：“依照《中华人民共和国××法》第××条之规定，经本院审判委员会讨论决定，判决如下：……”②

2. 在裁判文书中只公开多数意见而不公开少数意见

多数意见与少数意见是相对的，有多数意见就有少数意见。通过对在裁判文书中较为详细地公开审委会意见的5份裁判文书进行分析，发现有2份裁判文书（见表2）只公开了审委会经讨论所形成的多数意见，而未公开少数意见。

表2　只公开审委会多数意见的裁判文书

序号	案号	案件名称	裁判法院	审委会意见内容
1	(2018)渝0113民再2号	原告刘某远与被告姚某、张某川无因管理纠纷	重庆市巴南区人民法院	本院再审并经审判委员会讨论后认为，关于本案是否属于民事诉讼案件受理范围的问题。首先，虽然对于部分共同犯罪人退赔全部损失后，能否向其他共同犯罪人主张民事责任的问题存在争议，但本院审判委员会多数意见认为，……本案可以作为民事案件受理。其次，现被告张某川已明确表示其接受原审判决结果，系其对自身民事权利及诉讼权利的自由处分
2	(2016)湘0524民初862号	李某海诉罗某春等民间借贷纠纷	湖南省隆回县人民法院	本院审判委员会多数意见认为被告罗某春、肖某金、贺某华、罗某凤应当对被告罗某向原告的借款承担连带偿还责任

3. 在裁判文书中公开审委会多数意见和少数意见的方式不同

在裁判文书中公开审委会多数意见和少数意见的方式不同主要表现

① 参见湖南省宁乡市人民法院（2019）湘0124民初2610号民事判决书、河南省新乡县人民法院（2017）豫0721民初1169号民事判决书。

② 参见河南省郑州市中级人民法院（2018）豫01民终5079号民事判决书、江西省高级人民法院（2014）赣民二终字第80号民事判决书。

为：有的裁判文书在正文理由部分直接写明“少数意见”“多数意见”的具体内容，而有的裁判文书则先写明审委会讨论案件过程中形成的不同观点（如表述为“第一种观点”“第二种观点”）及理由，然后再论述审委会多数意见同意那种观点（见表3）。

表3　裁判文书中公开审委会意见的不同方式

公开方式	案号	案件名称	审委会意见表述方式
直接区分多数意见与少数意见	(2018)鄂1002行初36号	荆州开发区劳社局等与张某等工伤认定	关于如何理解上下班途中的含义。经合议庭评议后提交审委会讨论,少数意见认为，……多数意见认为，……按照少数服从多数原则，依照《行政诉讼法》第70条第2项之规定，判决：……
先区分不同观点再论述多数意见	(2016)湘3126民初8号	原告田某娥与被告向某明、向某燕民间借贷纠纷	本案的争议焦点在于……经分管副院长批准，本案提交院审委会讨论。审判委员会在讨论过程中，主要形成以下两种不同观点：第一种观点：……理由：……第二种观点：……理由：……审判委员会多数意见同意第二种观点。综上，审判委员会多数意见认为，……
	(2013)清民再初字第1号	贵阳远大公司与余某辉建设工程施工合同纠纷	对于……问题，在合议庭以及审委会讨论中存在不同的观点。第一种观点认为，……第二种观点认为，……合议庭多数意见认为应按第二种观点裁判，本院审判委员会讨论中多数意见亦认为应按第二种观点裁判。本院审委会讨论决定，按照少数服从多数原则，以第二种观点裁判

二、问题之源：导致在裁判文书中公开审委会意见现状的原因探寻

探寻导致在裁判文书中公开审委会意见现状的原因需要从制度设计、实践指导两个层面入手。

（一）制度设计：公开审委会意见缺乏制度保障

1. 在裁判文书中公开审委会意见操作机制缺失

立法机关虽然对在裁判文书中公开审委会意见一直持肯定态度，但在制定规范性文件时并未明确审委会意见公开应如何操作。如《人民法院组织法》第39条第3款明确规定：“审判委员会讨论案件的决定及其理由应

当在裁判文书中公开，法律规定不公开的除外。”该规定类似宣示性的规定，只是表明了立法机关的态度，但未明确如何公开。2019年2月，最高人民法院在《五五改革纲要》中重申要完善审委会意见公开机制，但至今尚未出台详细的操作办法。

2. 在裁判文书中公开审委会意见监督机制不足

在法院内部，缺乏对在裁判文书中公开审委会意见的监督、考核机制是导致审委会意见公开现状的一个非常重要原因。

（二）实践指导：裁判文书制作方式依赖传统路径

正如学者所言：“一个制度一旦形成，自有其运行的路径，而且会深刻影响其后的路径选择，以后的制度供给都是在初始制度的框架内进行，一个制度的变迁会显示出强烈的路径依赖特征。”[①] 从最高人民法院最新制定的裁判文书样式来看，文书制作仍坚持传统路径，并未将公开审委会意见纳入设计裁判文书样式时的考量范围。采用“本院认为”行文开头内含法院观点的统一，给了裁判者只书写统一观点的心理暗示。[②] 在这种统一书写样式下，审委会所形成的不同意见放入“本院认为”部分书写将会显得格格不入。如何将审委会的不同意见自然通畅地融入裁判文书中，需要裁判者打破常规，发扬敢于尝试、勇于试错的精神，而这种创新所要求的能力并不是每个裁判者都拥有的，同时这种尝试所蕴含的风险也并不是每个裁判者都愿意承担的。

三、理论之基：在裁判文书中公开审委会意见的正当性基础

司法裁判文书是法院审判工作的“最终产品”，是全部诉讼活动的重要载体。[③] 在裁判文书中公开审委会意见不仅是裁判者履行职责的需要，而且对规范审委会运行、促进法律体系的日臻完善均具有极其重要的现实意义。

---

① ［德］柯武刚、史漫飞：《制度经济学：社会秩序与公共政策》，韩朝华译，商务印书馆2000年版，第97页。

② 邵新、姜源：《司法责任制全面落实背景下裁判文书少数意见公开的再思考》，载《法律适用》2019年第11期。

③ 李冬青：《司法公信力目标下司法透明度建设的方向探索》，载《广西社会科学》2018年第12期。

（一）职能本位：裁判者履行审判职能的本位要求

1. 公开审委会意见是审委会履行职能的需要

审委会具有讨论决定重大、疑难、复杂案件法律适用的职能。① 审委会讨论案件的实质是在法律规范框架内进行判断与决策的行为。② 这种“判断”“决策”也是审判的过程。“审判必须是公平的、公开的”③，公开审判原则的实现状况标志着一国的法治化程度。④ 按照我国法律的规定，人民法院审理案件，除法律规定的特别情况外，一律公开进行。⑤ 将审委会的意见在裁判文书中公开是审委会按照审判公开原则履行职能的必然要求。

2. 公开审委会意见是承办法官的法定职责

裁判文书是诉讼程序的有机组成部分，而且是其中至关重要的部分，说理是裁判文书的实质和灵魂。⑥ 在裁判文书中公开审委会意见不仅是加强裁判文书说理的重要举措，而且是司法改革的应然要求。毫无疑问，在裁判文书中公开审委会意见已经成为承办法官在撰写裁判文书时的一项法定职责。

（二）规范价值：公开审委会意见有助于审委会规范运行

审委会作为审判权力运行体系的重要组成部分，是司法责任制落实的重要载体。在裁判文书中公开审委会意见对于规范审委会的运行具有重要的现实意义。

1. 监督审委会的职能是否有效发挥

司法责任制全面落实要求审委会限缩对个案的具体处理，转向统一裁判尺度、类案研究等方面的宏观指导。⑦ 从审委会的职能定位来看，审

---

① 《人民法院组织法》第 38 条及《最高人民法院关于健全完善人民法院审判委员会工作机制的意见》第 7 条均有规定。

② 张卫彬：《审判委员会改革的模式设计、基本路径及对策》，载《现代法学》2015 年第 5 期。

③ ［美］罗尔斯：《正义论》，何怀宏等译，中国社会科学出版社 1988 年版，第 229 页。转引自刘凤景：《不同意见写入判决书的根据与方式——以日本的少数意见制为背景》，载《环球法律评论》2007 年第 2 期。

④ 刘凤景：《不同意见写入判决书的根据与方式——以日本的少数意见制为背景》，载《环球法律评论》2007 年第 2 期。

⑤ 《宪法》第 130 条规定：“人民法院审理案件，除法律规定的特别情况外，一律公开进行。被告人有权获得辩护。”

⑥ 赵朝琴、邵新：《裁判文书说理制度体系的构建与完善——法发〔2018〕10 号引发的思考》，载《法律适用》2018 年第 21 期。

⑦ ［德］柯武刚、史漫飞：《制度经济学：社会秩序与公共政策》，韩朝华译，商务印书馆 2000 年版，第 97 页。

委会只讨论决定重大、疑难、复杂案件的法律适用问题。在审委会的运行机制下，出现不同意见实属正常。正如美国著名法学家埃尔曼所言："有足够的理由认为，在联合组成的法庭，关于所希望的结果，会有不同的意见，不管这种不同意见只是偶然发生或是经常发生，也不管涉及的是要鉴别事实还是适用法律抑或两者兼有。"① 若裁判文书中只公开了一种意见，则存在两种可能原因：一是该案在法律适用方面不具有复杂性和争议性，本不应提交审委会讨论。二是审委会委员准备不充分，存在人云亦云、随意附和别人观点的现象。以上两点均说明审委会的运行可能存在问题，审委会的职能未有效发挥。

2. 提高审委会作出决定的水平和能力

司法实践中，存在少数审委会成员责任心不强的问题，如存在对案情了解不深入，对相关法律知识不熟悉，就轻易表态、发表意见的情况。② 如果将审委会的意见在裁判文书中公开，将会迫使各审委会成员在案件讨论前认真查看案件资料、学习相关知识，讨论时能够发表更加专业的意见。通过在裁判文书中公开审委会意见可以增强审委会委员的责任心和进取心，进而从整体上提高审委会作出决定的水平和能力。

（三）立法价值：公开审委会意见有利于法律体系完善

1. 法律适用与法律认知相互深化

法律适用与法律认知是密切相关的，二者之间既相互联系又相互区别，法律适用可以促进法律认知不断深化，而法律认知的不断深化又会反作用于法律适用。随着社会经济的快速发展，法院受理的各种新类型案件层出不穷，由于法律本身具有滞后性，法官在裁判具体案件时可能陷入"无法可依"的窘境。将审委会在讨论新类型案件时所形成的不同意见在裁判文书中予以公开，可以向当事人及社会呈现审委会不同意见理性思辨的过程和结果，从而引发人们对法律适用、法律认知方面的思考与研究，将会为法律体系的完善提供丰富的理论支撑和实证研究。

① ［美］埃尔曼：《比较法律文化》，高鸿钧译，三联书店1990年版，第222页。转引自付悦余、宣海林、高翔：《合议庭少数意见公开：行走在价值与现实的结合点》，载《法律适用》2009年第2期。

② 刘文基：《判决书可否写入合议庭或审委会不同意见（部分读者讨论意见——肯定说）》，载《人民法院报》2005年8月23日。

2. 多数意见与少数意见理性竞争

传统观点认为，在裁判文书中公开审委会的不同意见会暴露法院内部认识不统一，将会“削弱法院裁判之统一性与权威性”[①]。然而，在民主集中制的运行原则下，审委会形成多数意见和少数意见已经成为常态。与其通过刻意掩饰审委会内部的分歧和争议来提高法院的公信力和权威性，倒不如在裁判文书中直接公开审委会多数意见和少数意见，通过多数意见与少数意见的理性竞争来说服当事人及社会公众，让“真理”越辩越明，让脱离于社会经济发展轨迹的法律法规暴露于专家学者的视野之内，反而有助于从根本上促进法律法规的修订与完善。

四、探索之路：在裁判文书中公开审委会意见机制的完善

各地人民法院对审委会意见不规范、不统一的公开方式严重影响了裁判文书的说理性和严谨性。笔者认为，有效推进审委会意见在裁判文书中公开制度真正贯彻落实，除了从宏观层面制定严格的监督考核机制外，更重要的是如何在微观实操层面着手。对此，本文架构“三进三退”的操作规则（见图 3）。

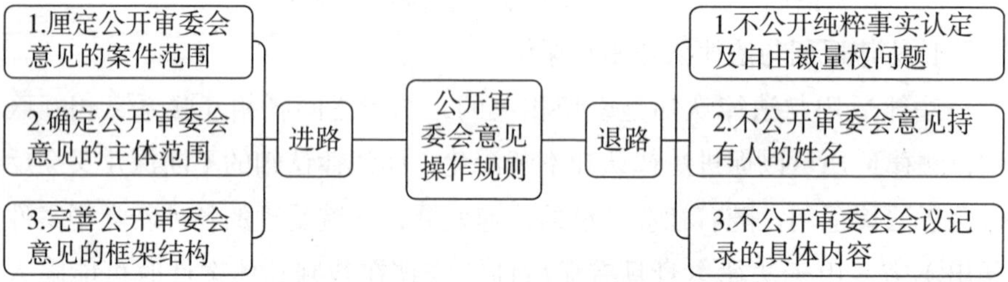

图 3　“三进三退”操作规则

（一）裁判文书中公开审委会意见的“进”路

1. “进”路之一：厘定公开审委会意见的案件范围

有观点认为，选择公开不同意见的案件范围应该以不激化矛盾、稳定当事人情绪、确保社会稳定为基本前提。具体而言，各级人民法院应该选择知识产权、金融、海事、商业案件以及涉外案件作为试点，而刑事、行

① 孙笑侠、褚国建：《判决的权威与异议——论法官“不同意见书”制度》，载《中国法学》2009 年第 5 期。

政、执行案件中暂时不宜公开不同意见。[①] 笔者对此持不同意见。一方面，以案件类型进行划分并不具有合理性。比如，民商事纠纷案件具有类型多、难度大、主体广等特点，处理结果直接关系到市场主体的切身利益，甚至关系到市场主体的存亡。[②] 这类案件不可谓社会影响不大。另一方面，在裁判文书中公开审委会意见，不仅能够彰显司法自信，而且能够"通过阐明裁判结论的形成过程和正当性理由，提高裁判文书的可接受性，实现法律效果和社会效果的有机统一"。[③] 笔者认为，应坚持"普遍公开为原则，法定不公开为例外"的原则确定公开审委会意见的案件范围。对于哪些案件的审委会意见不应在裁判文书中公开，应由立法机关在制定法律法规时予以规定。笔者认为，目前阶段，涉及国家安全、国家秘密、外交、社会稳定等重大、敏感案件的审委会意见不宜在裁判文书中公开。

2. "进"路之二：确定公开审委会意见的主体范围

实践中，有观点认为，目前由于我国基层人民法院法官的整体素质尚待提高，因此在判决书中公布少数意见的应主要是上诉审理法院。[④] 笔者认为，该种观点并不可取。反观实证研究，恰恰是基层人民法院作出的公开审委会意见的裁判文书，不管是在数量方面还是质量方面均占绝对优势。在法律没有特别规定的情况下，笔者认为各级人民法院均应在裁判文书中公开审委会意见，尤其是较高层级的人民法院。因为较高层级的人民法院在裁判文书中公开审委会意见不仅可以起到引领示范作用，而且更有利于解决法律适用分歧，统一裁判规则。

3. "进"路之三：完善公开审委会意见的框架结构

（1）在正文首部中加入案件经审委会讨论的信息。裁判文书的正文首部包括诉讼参加人及其基本情况、案件由来、审理经过等情况。案件经审委会讨论属于审理过程中的一个重要程序，应当在首部中进行说明。可采用如下表达模式："原告 ××× 与被告 ×××……（写明案由）一案，本院于 ×××× 年 ×× 月 ×× 日立案后，依法适用普通程

① 张泽涛：《判决书公布少数意见之利弊及其规范》，载《中国法学》2006 年第 2 期。

② 李国光：《中国民商行政审判的回顾与展望》，人民法院出版社 2003 年版，第 262 页。

③ 李少军：《新时代裁判文书说理改革的功能定位及重点聚焦》，载《人民法院报》2018 年 6 月 13 日。

④ 王宝文：《美国司法裁判文书制度考察兼论我国司法裁判文书的改革——读〈Judicial Process〉有感》，载《前沿》2005 年第 10 期。

序，公开/因涉及……（写明不公开开庭的理由）不开庭进行了审理，原告×××及其委托诉讼代理人×××，被告×××及其委托诉讼代理人×××（写明当事人和其他诉讼参加人的诉讼地位和姓名或名称）到庭参见诉讼，本案经本院审判委员会讨论并形成决定，现本案已审理终结。”在正文首部加入案件经审委会讨论的信息可与正文理由部分论述审委会的意见首尾呼应，更加体现司法审判程序的严谨性和规范性。

（2）在正文理由部分阐明提交审委会讨论的原因、形成的意见及其理由。正文理由部分是回应当事人诉辩意见，充分释法析理，增强裁判文书说理性的重要“阵地”。因提交审委会讨论的案件基本都是重大、疑难、复杂的案件，因此，在这一部分可以采用“本院认为内化式”[①]的方式先总结案件的争议焦点，然后阐明将案件提交审委会讨论的原因，再详细阐明审委会讨论案件所形成的不同意见及理由，最后说明审委会讨论案件所形成的决议。可采用如下表达模式：“本案的争议焦点为……在合议庭评议过程中，因意见分歧，未能形成决议，为统一类似案件的法律适用问题和处理规则，经院长批准，本案提交审判委员会讨论。审判委员会在讨论案件过程中，主要形成以下两种不同意见：第一种观点：……（具体理由）1.……；2.……；3……第二种观点：……（具体理由）1.……；2.……；3.……审判委员会多数意见同意第一种观点。对于第二种观点，审判委员会多数意见认为，（论述反驳第二种观点的原因）1.……；2.……故第二种观点不正确。对于第一种观点，审判委员会多数意见认为，（论述赞同第一种观点的原因）1.……；2.……综上，审判委员会多数意见认为，……按照少数服从多数原则的要求，本院依第一种观点进行裁判。据此，依照《中华人民共和国×××法》第×××条之规定，判决如下：……”

（二）裁判文书中公开审委会意见的“退”路

1.“退”路之一：不公开纯粹事实认定问题及自由裁量权问题

在裁判文书中公开审委会意见是对传统裁判文书制作方式的重大突破，为避免产生不良影响，应对公开的内容予以规范。笔者认为，对于存在较大争议的法律适用方面的意见应该在裁判文书中公开，而对于纯粹的事实认定及自由裁量权范畴内的问题则不宜公开。依照法律规定审委会

① ［德］柯武刚、史漫飞：《制度经济学：社会秩序与公共政策》，韩朝华译，商务印书馆2000年版，第97页。

只讨论决定案件的法律适用问题，而不讨论案件事实认定问题，在裁判文书中公开审委会对案件事实认定方面的意见不符合法律规定。另外，法官自由裁量权的行使往往与具体的案件事实相关联，自由裁量权范畴内的问题并不属于存在较大争议的法律适用问题且往往难以进行标准化衡量。所以，属于纯粹案件事实认定问题及法官自由裁量权范畴内的意见不宜公开。

2.“退”路之二：不公开审委会意见持有人的姓名

在司法保障体系尚未完善的背景下，在裁判文书中公开审委会意见具体持有人姓名的条件尚未成就。一方面，经审委会讨论的案件普遍是重大、疑难、复杂案件，对当事人的利益权重比普通案件要大，不公开审委会委员的姓名可以保障审委会委员免遭可能存在的打击报复和社会舆论产生的心理压力。另一方面，不公开审委会意见的具体持有人姓名并不会影响该项制度的功能价值。

3.“退”路之三：不公开审委会会议记录的具体内容

实践中，有些案件并非单纯的法律问题，可能涉及政治问题、涉诉信访等问题。审委会会议记录是审委会讨论案件过程中形成的各项意见的书面表达，在讨论过程中可能会进行“政治实质化考量”①。相关笔录内容不宜公开。

结　语

尽管理论界、实务界对在裁判文书中公开审委会意见是否妥当存在很大争议，但相关规定多次强调要在裁判文书中公开审委会意见。针对目前该项制度贯彻落实的实际情况，本文提出了“三进三退”的操作规则，希望既能够为公开审委会意见在实操层面开辟路径，又能够为避免公开审委会意见产生不良影响构建起严密的防范体系。本文研究立足于当下，希望能够裨益于司法实践。

① 邵六益:《审委会与合议庭：司法判决中的隐匿对话》，载《中外法学》2019年第3期。

“后果主义”裁判模式的实践失范与路径重塑 *

——以人民法院执行公共政策为视角

梁伟伟　张　焱

引　言

公共政策深刻地影响裁判的过程和结果，“无论是程序的运行还是裁判结果的生成抑或经由全流程所展现出的整个司法场景，都不仅要服务于纠纷解决这一公共目的，也要确保国家公共政策的实施。”① 在极具公共属性的案件中，法官依据通常演绎推理得出的司法结论有时无法达到政治效果、法律效果和社会效果的统一，便转向运用“后果主义”裁判模式来实现公共政策所欲达到的目标，但是在运用过程中存在着机械适用的问题。因此，本文从四起典型的执行公共政策案件入手，通过分析运用“后果主义”裁判模式的实践失范，探究其思维进路及价值定位，明确其在工具价值上具有有限的工具独立性，以期规范人民法院执行公共政策案件中“后果主义”裁判模式的运用。

一、人民法院运用“后果主义”裁判模式执行公共政策的实践

传统司法裁判坚守法教义学的金科玉律，从既有法律规范出发，通过涵摄将本案特定事实纳入法律规范之下，从而通过演绎得出结论。随着越来越多的公共政策作为裁判时需要考虑的因素，法官需要更关注裁判在社

* 本文获 2020 年全国法院第 32 届学术讨论会二等奖。

①［美］达玛什卡：《司法和国家权力的多种面孔：比较视野中的法律程序》，郑戈译，中国政法大学出版社 2015 年版，第 114 页。

会实践中实在后果的"后果主义"裁判模式。这也为法官在公共政策司法案件中提供了一种创新裁判路径。

（一）运用"后果主义"裁判模式时同案不同审级之间裁判结果差异较大

【案例1】电梯劝阻吸烟案①

2017年5月2日，杨某某在进入居住小区时，发现段某在电梯内吸烟，对其吸烟行为进行劝阻，双方发生言语争执，一直到走出电梯，经物业工作人员劝阻，双方才停息。几分钟后，段某因心脏病发而猝死。死者家属将杨某某诉至法院，要求杨某某赔偿各项损失40余万元。一审法院认定杨某某的行为虽然与段某的死亡无必然因果关系，但段某死亡确实发生在与杨某某言语争执后，故根据公平原则判决杨某某补偿死者家属1.5万元。一审判决后，杨某某并未上诉，死者家属提起上诉。二审法院经审理，认为杨某某的劝阻行为与段某的死亡之间不存在法律上的因果关系，杨某某不应承担侵权责任，也不应适用公平原则，一审判决适用法律错误，损害社会公共利益，因此撤销一审判决，驳回死者家属全部诉讼请求。

【案例2】村民私自上树摘果坠亡案②

涉案某村为国家3A级旅游景区，不收门票，该村内河堤旁栽种有杨梅树，村委会为杨梅树所有人，杨梅树仅为观赏用途，且村委会亦未向村民或游客提供杨梅采摘旅游项目。吴某系该村村民，因某日私自上树采摘杨梅不慎从树上跌落，于当日经抢救无效死亡。后吴某子女以村委会未尽到安全保障义务为由诉至法院，要求赔偿各项损失共计60余万元。本案一审、二审均认定村委会有过错，酌情确定村委会承担5%的赔偿责任。后法院再审认为，吴某自行爬树坠亡，其行为有违村规民约和公序良俗，且村委会并未违反安全保障义务，故再审判决驳回吴某子女的诉讼请求。

在案例1和案例2中，一审法院通过法律规范得出了看似符合法律规定的判决，却引起了巨大舆论争议，被学者称为"合法却不合理"；而二（再）审法院充分运用"后果主义"裁判模式进行改判，取得了良好的社会效果。较大的反差（见表1、表2）也清晰地展示了"后果主义"裁判

① 参见河南省郑州市中级人民法院（2017）豫01民终14848号民事判决书。

② 参见广东省广州市中级人民法院（2019）粤01民再273号民事判决书。

模式的工具优势。

表1 电梯劝阻吸烟案裁判结果对比

审级	裁判逻辑	规范后果
一审	从规范到后果	规范：侵权责任法中公平原则的规定 后果：判决补偿死者家属1.5万元
二审	从后果到规范	后果：驳回原告全部诉讼请求 规范：适用法律错误，损害社会公共利益

表2 村民私自上树摘果坠亡案裁判结果对比

审级	裁判逻辑	规范后果
一审 二审	从规范到后果	规范：违反安全保障义务 后果：酌情确定村委会承担5%的赔偿责任
再审	从后果到规范	后果：驳回原告全部诉讼请求 规范：有违村规民约和公序良俗

（二）运用“后果主义”裁判模式时援引法律规范混乱

法官在运用“后果主义”裁判模式时，不能仅依据后果作出判决，必须回归法律规范，但在援引规范的过程中，并没有细致考虑其文本或者体系含义，造成了援引法律规范的混乱。

【案例3】袁某解除劳动关系案①

2015年，袁某与某公司签订劳动合同，约定该公司聘请袁某担任项目部司机，期限为三年，月工资3400元。2016年，该公司安排袁某出差，却发现无法为其订购机票，经查袁某系失信被执行人，遂向袁某发出辞退信，双方纠纷经仲裁后袁某不服诉至法院。一审法院认为失信有损社会和企业利益，袁某隐瞒其失信被执行人身份违反了该公司管理制度，判决解除劳动合同。二审法院确认了一审思路，但认为袁某已经达到了无法继续履行劳动合同的情形，故维持解除劳动合同的判决。

袁某解除劳动关系案系人民法院在解决执行难过程中所发生的典型案例，具有明显的政策考量，其背景在于失信被执行人要受到法律的否定性评价。虽然一、二审法院在后果考量上表现一致，但是在援引法律规范上

① 参见江西省吉安市中级人民法院（2016）赣08民终1103号民事判决书。参见周再奔：《全国首例因失信被执行人身份遭公司辞退 江西公布5起典型案例》，载https://m.sohu.com/a/126788514_114731，2020年6月1日访问。

却存在明显不同（见表3），而这一点也进一步增加了法律解释的不一致，有损法律的稳定性。

表3　袁某解除劳动关系案中裁判结果对比

审级	裁判逻辑	后果一致但适用法律规范不一致
一审	从后果到规范	后果：惩戒失信被执行人 规范：严重违反用人单位规章制度的情形用人单位可以解除劳动合同
二审	从后果到规范	后果：惩戒失信被执行人 规范：劳动者无法继续履行劳动合同时，用人单位可以解除劳动合同

（三）运用"后果主义"裁判模式时相关后果考虑不足

【案例4】于欢故意伤害案[①]

山东聊城苏银霞母子二人遭高利贷讨债人员以"极端手段"逼债凌辱，当地民警处警不力，苏银霞之子于欢愤而刀刺讨债人员，致一死三伤。聊城中院一审以故意伤害罪判处于欢无期徒刑，被害人家属及于欢均不服判决提起上诉。山东高院经审理判决驳回附带民事上诉，维持原判附带民事部分；撤销原判刑事部分，以故意伤害罪改判于欢有期徒刑五年。

于欢故意伤害案之所以引起社会舆论的巨大争议，其主要原因在于一审法院严格按照法律判决，忽视对相关后果的分析与梳理（见表4），导致判决与人民群众朴素的正义观相违背。而二审法院不仅对正当防卫作了全面、深入的分析，也充分考虑了天理人伦、群众朴素的正义观等道德因素，实现了法律效果与社会效果相统一。

表4　于欢故意伤害案中判决所考虑后果对比

	一审	二审
考虑的后果	刑法中关于故意伤害罪的规定	刑法中故意伤害罪、正当防卫以及防卫过当的规定；被害人严重违法、亵渎天理和人情等伦理道德因素
未考虑的后果	相关天理、人情等伦理道德因素	无
判决的可接受程度	较低	较高

① 山东省高级人民法院（2017）鲁刑终151号刑事附带民事判决书。

二、“后果主义”裁判模式的思维进路与价值定位

人民法院在执行公共政策中运用“后果主义”裁判模式出现一些问题，根源在于对其理解不深。因此，有必要对其独特的思维进路进行分析，并在此基础上准确定位“后果主义”裁判模式的价值。

（一）“向前看”：“后果主义”裁判模式的思维进路

“后果主义”裁判模式根源于实用主义裁判理论，工具主义和实用主义是其哲学基础。对于在个案裁判中贯彻实用主义哲学，霍姆斯与波斯纳都认为司法实践中需要一种“向前看”的司法裁判模式，区别于法条主义崇尚的“向后看”模式。[①]这种“向前看”的模式，考虑案情的裁决对将来产生的效应，对于类似情形中的当事人，他们将来的选择会受到该案件裁判的影响。在德国，“后果主义”模式被称为“结果导向的法律适用”，即在论证法律裁判时，考虑判决的后果并且后果给定的情况下，依据相关的后果来修订解释内容。换言之，传统法教义学通过认定相关的案件事实并依据明确的规范来确定裁判，而“后果主义”裁判则是通过对判决所导致的后果来修订裁判。[②]其基本逻辑构造为：裁判 X 可以产生后果 Y——后果 Y 对于政治、经济、社会、道德以及公共福祉的促进是肯定的（否定的）——裁判 X 是正当的（不正当的）。

但在这个过程中，法官的思维进路又是什么样的？为此，美国学者波斯纳提出了后果权衡与法律适用过程的“四步分析法”[③]（见图 1），这也进一步向我们揭示了“后果主义”裁判的思维进路。

① 有学者指出，诉讼应当关注纠纷本身，关注立法者所创制的规则，即所谓的“后”，“前”指的是因裁判可能带来的各种后果。参见张顺：《“后果主义”审判：渊源、思维特征与理论定位》，载《北方法学》2019 年第 2 期。

② 张清波：《理性实践法律：当代德国的法之适用理论》，法律出版社 2012 年版，第 264 页。

③ [美]波斯纳：《法理学问题》，苏力译，中国政法大学出版社 2002 年版，第 37 页。

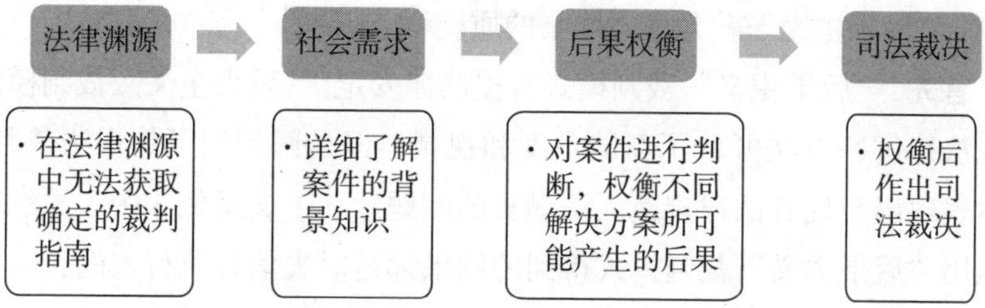

图1　波斯纳实用主义审判的"四步分析法"

本质上，"后果主义"裁判是一种基于法律解释的进路，法官不可能依据后果来进行裁判，必须回归到规范中去，完成"从后果到规范"的完整过程。我们将规范回溯的过程加上，更能够清晰地描绘出"后果主义"裁判的思维进路（见图2）。

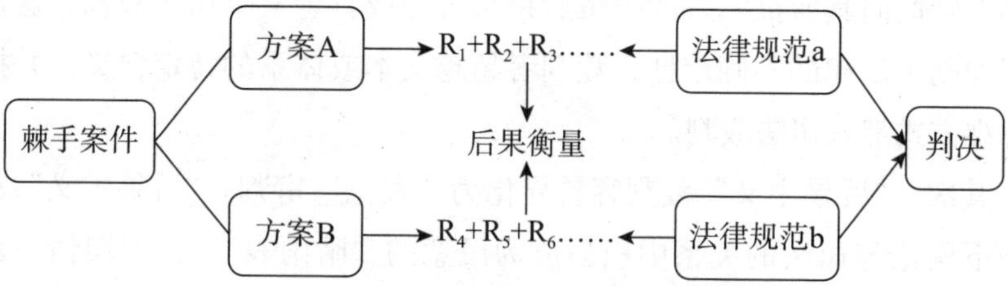

图2　"后果主义"裁判思维过程

"向前看"的"后果主义"裁判模式这种思维进路更需要比较思维及更加宏大的思维模式，要求法官对法律背后的政治要求、民众期待、立法目的等因素更加敏感和重视，这也给法官提出了更高的要求。

（二）有限独立性："后果主义"裁判模式的价值定位

"社会效果与法律效果相统一"作为一以贯之的司法政策，要求裁判者在审理过程中通过精湛的审判能力应对当下社会转型期间所产生的各种利益诉求以实现主导政治力量所推崇的政治目标。在这一过程中，"后果主义"裁判模式作为明显优势的法律解释工具，或明或暗地成为法官裁判的逻辑顺序。这甚至给裁判者带来一种假象，以为司法注重社会效果就是要求把社会效果作为推理和论证的起点及裁判是否正当的标准。因此，"后果主义"裁判的价值定位需要我们认真思考，正视合理的质疑和反对理由。

1.“后果主义”裁判模式面临的质疑

首先，“后果主义”裁判模式有损法律安定。“后果主义”裁判模式为传统法律解释方法开辟了新的角度和视域，但是回到当下的司法裁判中，仍然表现出与现有法律规范无法融贯的问题。在上文案例3中，虽然裁判者运用“后果主义”裁判模式得到的结果都是对失信被执行人的否定性评价，但援引的法律规范明显不同。这种做法是否超越了规范本身的含义或体系含义仍然是值得探讨的，并且一、二审判决中并未对规范适用的前提和条件进行细致的说明。当法官在裁判过程中，过分依赖规范外的各种后果，导致审理过程中的规范因素遭到挤压、排斥甚至隐退，这使得案件裁判最终依靠的并不是规范，而是形式主义法治所排斥的规范之外的其他不确定因素。[①]当疑难案件或者充满公共属性的案件摆放在裁判者面前时，裁判者转而向其所欲实现的政策后果来否定或肯定某个司法裁判，这也进一步加剧了法律的不确定性，裁判者超越文本或体系的特定含义，并把这种思维方式带入司法裁判。

其次，“后果主义”裁判容易异化为“舆论”审判。“后果主义”裁判在当下舆论与司法的关系中极易成为民意的“晴雨表”。面对舆情，裁判全过程时刻处于公众视野里、媒体聚光灯下，以情感认知作为基础的道德评价与以理性冷静为基础的司法裁判存在诸多冲突的情况下，裁判者会不自觉地将是否达到“社会效果”等同于舆论支持与否。因此，“后果主义”裁判很有可能因为把握不了舆论与司法原则之间的关系，异化为舆论审判的工具，从而偏离法治的基本原则。

为了解舆论对裁判过程的影响，笔者向所在法院不同审判庭的法官发放了调查问卷。[②]调查结果显示，81%的法官认为其裁判会受到舆论的影响并会在裁判时关注相关舆情，尤其是社会大众关注度比较高或者涉及群体利益的案件；有43%的法官在裁判时会考虑舆情对于判决结果的影响。

2.“后果主义”裁判模式与我国司法实践的契合

首先，“后果主义”裁判模式符合我国的国情。我国的政治体制决定

---

① 孙海波:《“后果考量”与“法条主义”的较量——穿行于法律方法的噩梦和美梦之间》，载《法制和社会发展》2015年第2期。

② 笔者向所在基层法院120名民事、商事和刑事员额法官发放《裁判与舆论的关系》问卷，共收回有效问卷108份。

了中国共产党作为中国特色社会主义法治事业的领导核心，司法作为重要的权力体系之一，应当遵从并致力于贯彻党的路线、方针和政策。司法不仅具有定分止争的功能也具有政治功能，这也是党和国家对于司法功能的期待；司法通过发挥职能融入国家治理和社会发展的宏大蓝图中，特别是将党和国家的路线、方针及政策适时转化到司法工作的重点任务中。司法机关应合理合法妥善处理和化解社会变迁中暴露的各种纠纷和矛盾，积极推动党和国家所期待的社会秩序，并以此不断推动社会进步和转型。① 司法机关从这一政治期待着眼，运用“后果主义”模式便与政治期待有了契合点。

其次，“后果主义”裁判模式与法院司法功能定位的重塑相吻合。在公共政策案件中，法院对自身功能的设定都超越了在当事人之间化解纠纷的作用，扮演了追求法律效果与社会效果的角色。换言之，近现代司法的明显趋势在于其逐步改变了封闭、自洽、矜持的特点，变得更具外部性、互动性及包含性，司法实践与社会生活的互动也不断加深。② 社会和国家对一个坚实有力的法律体系的第一要求便是其应当回应社会的实际感受和需求，无论其是对还是错。③ 对于合法且符合社会大众期待的法律行为，裁判者要进行肯定，反之则要进行明确的否定。因此，“后果主义”裁判的运用是司法自我功能定位的重塑，实现司法公共治理的功能。

最后，“后果主义”裁判模式符合司法实践的现实需求。“后果主义”裁判模式能有效应对社会不断出现的各种“现代性诉讼”及疑难案件。法谚“法律的生命不是逻辑，而是经验”已经为人所熟知，殊不知“经验”后还有一段被人忽视的话：“一个时代为人们感受到的需求、主流道德和政治理论、对公共政策的直觉——无论是公开宣布的还是下意识的，甚至是法官与其同胞们共有的偏见，在决定赖以治理人们的规则方面的作用都比三段论推理人得多。”④ 简单案件适用三段论的传统司法逻辑就能得出相对应的裁决结果，但是随着社会实践的不断发展，公共政策类案件数量不断增长，这种情况下法律适用便陷入两难的境地。立法者在立法时未曾预

① 顾培东:《当代中国司法生态及其改善》，载《法学研究》2016 年第 2 期。

② 顾培东:《当代中国司法生态及其改善》，载《法学研究》2016 年第 2 期。

③ [美]理查德·波斯纳:《波斯纳法官司法反思录》，苏力译，北京大学出版社 2014 年版，第 181 页。

④ [美]霍姆斯:《普通法》，冉昊、姚中秋译，中国政法大学出版社 2006 年版，第 1 页。

料到许霆利用自动提款机故障取出存款的案件存在，也未曾预料到电梯劝阻吸烟案这种情况存在。因此，“后果主义”裁判逻辑在公共政策案件中更能契合司法实践的需求，并成为极具潜力的裁判工具。

尽管存在种种趋向，但并不意味着“后果主义”裁判模式对司法裁判来说具有根本性地位，其作为裁判工具仅具有有限的独立性。后果在某些案件尤其是在执行公共政策案件中，的确是非常重要的，但并非对一切司法裁判来说都是一样重要。因此，应明确“后果主义”裁判模式具有有限的独立性，而且需要在法律框架内寻求其效果最大化。

三、“后果主义”裁判模式下人民法院执行公共政策的路径重塑

“后果主义”裁判模式在公共政策司法中具有明显的逻辑优势，不仅是人民法院执行公共政策的重要方式，也进一步通过裁判彰显社会理性、重塑公共价值。但司法实践中仍然存在着一些问题，需要我们系统厘清该路径并提出完善建议。

（一）重塑前提：“后果主义”裁判模式需基于成文法规范体系

运用“后果主义”裁判模式执行公共政策，为法外因素进入司法开辟了通道，但有可能进一步消解法的形式正义，这一点必须引起裁判者足够的关注与警惕，以避免对法治的解构与销蚀。具有有限独立性的“后果主义”裁判模式应当严格基于实在法规范体系，从而发挥其实践价值。

1. 遵循规范解释的基本逻辑

裁判结果不管在“后果主义”考量下看起来是易于接受或者令人心情愉悦，都必须在法律上找到相关的根据。[①] 本质上“后果主义”裁判模式是一种解释进路，法官不可能依据后果裁判，而是建立在所追求后果的基础上，寻找合适的法律规范，通过对该规范的论证，最终得到所追求的裁判结果。即“价值”透过结果取向“进入”并决定“规范”解释的过程。[②] 公共政策在法律解释过程中具有极其鲜明的反向解构倾向，希望按照其意欲达到的目的和逻辑来解释法律规范，但基于法教义学的法律规范内部具有保持稳定的惯性，抵消公共政策在法律解释中的影响。因此，在法律规

---

① ［英］尼尔·麦考米克：《法律推理与法律理论》，姜峰译，法律出版社2005年版，第147页。

② 刘飞：《宪法解释的规则综合模式与结果取向——以德国联邦宪法法院为中心的宪法解释方法考察》，载《中国法学》2011年第2期。

范的含义并不清晰或者所追求达到公共政策的目的情况下，法官需要进行法律解释，但是在法律解释过程中需要遵循规范解释的基本逻辑。

法律解释要以法律规范的文义为限，并遵循从文义到目的的解释顺序。法律解释以规范文义为限，文义以内便是法律解释，逾越文义就已经属于实质性法律续造活动。因此，以执行公共政策为基础的法律解释不仅要受制于法教义学，也要遵循特定的法律方法，包括遵循从文义到目的的顺序进行解释，不得随意变更。上文案例 3 中，一审和二审虽然得出了同样的结论，但是在援引法律规范时，一审援引劳动者严重违反用人单位的规章制度进而解除双方劳动合同，二审则援引劳动者已经无法继续履行劳动合同的情形进而解除双方劳动合同。这两种截然不同的规范援引，也向我们进一步展示了法律解释是否受限于规范文本本身可能的含义，可惜的是两份判决文书中并未给出劳动者系失信被执行人情况下是否属于严重违反用人单位规章制度的情况抑或失信被执行人身份是否属于事实上无法继续履行劳动合同的合理解释。

2. 细致考虑后果的四个层次

法学家波斯纳针对裁判所关切的后果进行了细致的分析，他认为"后果主义"裁判逻辑是"把行动建立在事实和后果基础上，而不是建立在一般性、虔诚和口号的基础上"[①]。在此基础上，将裁判所关注的后果细分为四个层次（见图 3）。

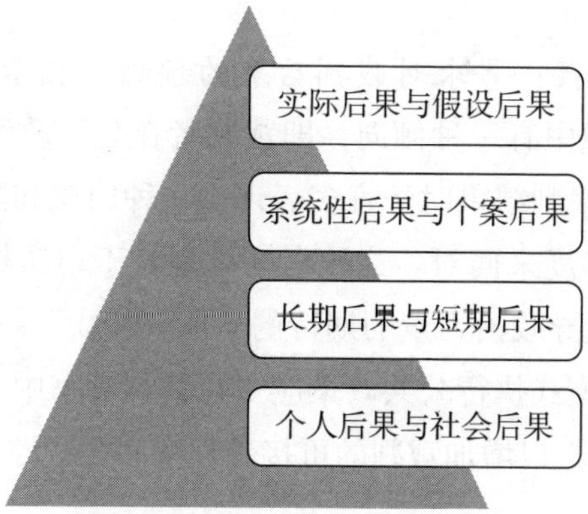

图 3　裁判后果的分类

① ［美］波斯纳：《法律、实用主义与民主》，凌斌、李国庆译，中国政法大学出版社 2005 年版，第 7 页。

裁判者应当关注实际后果而非假设后果，应当既关注系统性后果又关注个案后果，裁判者虽无法忽视短期后果，但应当将长期后果放在首位，应当关注对社会不特定人产生的社会效果。因此，法官在运用“后果主义”裁判模式执行公共政策时，应当将社会的相关需要转化为不同的后果，并根据个案裁判所产生的后果与影响来论证和检验裁判的合法性与科学性。①

3. 引入证伪原则：排除不当后果对裁判的影响

法官运用“后果主义”裁判模式执行公共政策有其合理之处，如果并非非此即彼、绝对正确与错误的价值判断，还应当引入证伪原则来确保其正确性。

科学哲学家卡尔·波普提出“不对称”原则：“根据有限的单称陈述证实一个有关科学知识的全称命题无法实现，反而，根据一个对立的单称命题去证伪一个全称命题则是可能的。”②“不对称”原则带给我们的启发便是，如果我们无法证伪一个命题时，就应当暂时认可这个命题的科学性。法官运用“后果主义”裁判模式执行公共政策，无法去论证其是否能够完美契合当下司法实践，但就其证伪来说，被证伪的后果不应被纳入权衡的范围。

本文认为，不应被纳入权衡的后果应当包括：与案件事实无关的后果；经证明无须考量的后果；经证明不会发生的后果；被明确排除不得考量的后果。

（二）重塑路径：寻求对裁判后果的预测、展示和解释

当下司法实践中有一种倾向，即裁判者在公共政策司法案件中采取“后果主义”得出裁判结果时法官多表现出一种回避和隐匿的态度，但是更应抱着开放的态度来面对。这种态度更是对于司法机关应对社会实践不断发展和回应主导政治力量的期待的“理直气壮”。本文认为法官运用“后果主义”裁判模式执行公共政策应当在裁判文书中寻求对不同后果的预测、展示和解释，以增加裁判的可接受程度和合法性基础，实现公共政策之目的。

---

① 张顺：《“后果主义”审判：渊源、思维特征与理论定位》，载《北方法学》2019年第2期。

② ［法］博杜安：《卡尔·波普》，吕一民、张战物译，商务印书馆2004年版，第36页。

1. 裁判后果的预测

案例 1 和案例 2 中，一审裁判者并没预想到裁判后可能出现的各种舆情风暴，损害了司法机关的公信力和判决的可接受性。因此，建立一套合理的裁判后果预测机制变得十分重要。

本文认为科学的预测机制应当包括两部分：裁判所依据的事实、大众舆情的变化、社会主流价值的贯彻等都要在裁判之前借助社会学、心理学等方面的内容进行科学的预测；通过大数据大量搜集相似案例，研究相似案例中大众舆情的变化、社会接受程度等后果，辅助裁判后果的预测。但这种预测不能完全等同于裁判作出后的真实社会效果，只是提供一个可供参考的坐标系，帮助裁判者最大限度接近相关后果。

2. 裁判后果的展示

裁判者在裁判中应当考虑的是实际后果、系统后果、社会后果、长期后果。在公共政策司法过程中，裁判者应当在裁判文书中针对不同的裁判后果进行展示并进行分析，增加裁判合法性与可接受性。

通过裁判文书的内容展现法官的思维过程与结果，如法官在裁判过程中考虑了哪些不同的后果，将这些后果进行一一展示，以及这些后果将会带来何种影响等。通过正反两方面不同结果的展示，体现了司法者所欲追求的裁判效果，并与公共政策所追求实现的社会价值、远景目标进行对比，体现司法的政策性与正当性。

3. 裁判后果的解释

当某种后果经过选定作为裁判者所追求实现的目标后，最重要的就是要对裁判者为何选取该种后果作为裁判目标的理由、依据进行说明和解释。针对后果的不同，应当有不同的解释机制。参考不同学者的论述，本文按照后果的类型进行划分，并对不同后果的解释机制进行分析。

（1）为什么不：基于否定性后果而进行的解释。在裁判过程中，裁判者有时被明显地要求裁判结果不能导致某种事先确定的否定性后果。换言之，对该后果的解释要避免明确的否定性后果，这种否定性后果是社会大众所共同推崇的或者规范所明确的。在泸州遗赠案[①]中，法官就明显采取了否定性后果并对其进行解释，即遗赠行为违反了公序良俗，助长了社会

① 参见上海市高级人民法院（2001）沪民一终字第 621 号民事判决书。

上不良风气等。类似地，德国学者阿列克西所指出的法律论辩中存在着的不可承受的论述形式，即基于否定性后果而进行的解释，其基本逻辑结构应当为：基于某个规范 A 所作的解释 B——解释 B 将导致结果 Z，结果 Z 是不可取、不能承受、毫无意义、不可理喻的——解释 B 为不正当、不可取、不被允许的。

基于否定后果的解释意在对某项不可欲后果的否定来证伪可能的解释，并以此来将合理的解释结论贯穿至其他具有可欲性的解释中。

（2）为什么可：基于肯定性后果而进行的解释。与基于否定性后果而进行的解释恰恰相反，援引或解释某项规范得出的结论是公共政策所欲达到的效果，这种解释便是可接受的。例如在案例 1 中，二审法院在基于劝阻吸烟合法正当，是自觉维护社会公共秩序和公共利益的行为基础上，认为一审挫伤了公民依法维护社会公共利益的积极性，故而二审判决驳回原告的诉讼请求。在这一裁判过程中，法官基于对公民依法维护社会公共利益的肯定解释得出了裁判结论。其基本逻辑结构应当为：基于某个规范 A 所作的解释 B——解释 B 将导致结果 Z，结果 Z 是社会提倡的、符合当前民众道德准则和合法的——解释 B 为正当、可取、正确的。

（3）为什么选：基于比较性后果而进行的解释。上述两类后果的解释相对简单，裁判者需要考虑的结果无非是肯定性或否定性的后果，但是司法实践错综复杂，不可能在每一件案件中都是“二选一”的情况，更多的是裁判者针对不同的后果所代表的价值进行评价，通过比较得出优势后果。甚至有学者指出：“由于后果的评价与比较在此种法律解释中可以被视为常态，在此意义上，我们甚至可以说后果取向的法律解释实际上就是以优势后果为导向的法律解释。”[①] 可以用这种逻辑结构来表示裁判者的思维进路：对法律规范 A 采取解释 a，可能导致裁判后果 b——对法律规范 A 采取解释 c，可能导致裁判后果 d；裁判后果 b 与裁判后果 d 都是好的，但是裁判后果 b 更优——应当采取解释 a。

在“后果主义”裁判模式中，基于比较后果而进行的解释需要裁判者在多重后果中，仔细甄别考量，以最优选项作为裁判考量因素。

---

① 杨知文:《后果取向法律解释的运用及其方法》，载《法制与社会发展》2016 年第 3 期。

（三）重塑提升：将后果的比较判断转化为法律规范之间的衡量与论证

法官运用“后果主义”裁判模式执行公共政策本质是对两种或多种不同的后果进行对比取舍，而后果之间的取舍实际是对不同后果之间代表的价值的取舍。正如上文论述，裁判者在进行裁判时采取“后果主义”考量最终落脚到对现行法律规范的解释中，通过对法律规范的解释来达到所追求的裁判后果。但是面对着两种甚至多种不同后果的考量，有些时候在裁判过程中并没有进行比较分析，得出的结论过于草率简单。在这种情况下，将两种不同的法律后果的对比与取舍上升为法律规范的冲突与取舍便能很好地避免裁判过于草率、简单。

泸州遗赠案中，法官开宗明义适用公序良俗原则来论证遗赠协议的效力，从而导致学者批评该做法草率、简单，并未给出充分而细致的说明。如果换一种角度，将不同后果之间的冲突转化为相对应的法律规范的冲突，在对相互竞争的法律原则（公序良俗与意思自治）进行衡量的基础上，进行比较论证，从而得出哪一个法律原则应当得到保护，这种裁判进路既可以避免简单说理，也可以增加说理的充分程度（见图4）。

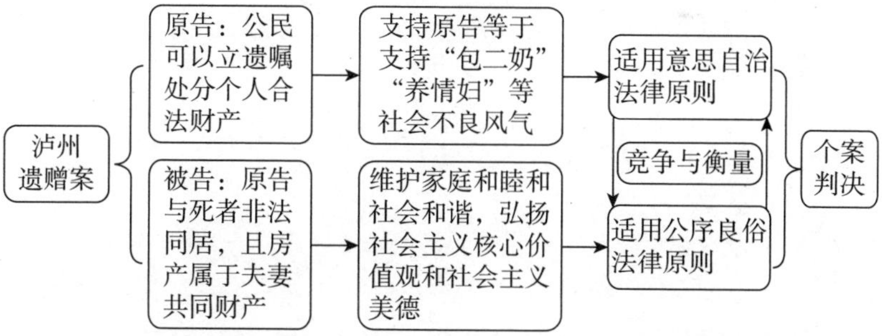

图4　不同后果之间冲突转化为相关法律原则的冲突

从图4可以看出，将不同后果之间的冲突转化为法律规范之间的冲突，在规范冲突的框架内分析后果的取舍，明确哪个法律原则应当得到优先保护，可以避免以法官个人后果判断带来的争议和结果的不当性。

结　语

“后果主义”裁判模式为人民法院执行公共政策提供了新的裁判角度，

虽然其在具体适用中存在一些问题，但值得被认真对待。法官在适用“后果主义”裁判模式时应当对我国法律背后的政治理想、风俗民情、人民大众朴素的正义观等保持敏感，并在裁判过程中构建在诸多价值间融贯秩序的裁判进路。唯有如此，方能发挥其最大工具价值。

实现担保物权特别程序运行的检视与再造*

朱晋华　曹成旭

引　言

担保物权制度是规范市场经济秩序的重要民事法律制度，是保障市场安全、维护市场秩序的有效工具。2012 年修正的《民事诉讼法》将“实现担保物权案件”纳入特别程序。2014 年最高人民法院出台的相关司法解释对该程序作了进一步细化规定。目前，实现担保物权特别程序因角色错位、原则缺失、路径不畅存在运行困境，选择该程序的当事人面临诉讼结果不确定性及由此产生额外诉讼成本的风险，导致程序适用动力不足。

一、检视：实现担保物权特别程序的运行现状及困境

立法规定，除有明确规定外特别程序适用民事诉讼法的有关规定。普通诉讼程序中当事人享有大量程序性权利，以确保实体裁判的公平公正。显然，对于特别程序而言，程序设计并不负担如普通诉讼程序那般重要职责，而将简便和效率要求置于优先位置。在特别程序规定相对简略的情况下，如何适用普通诉讼程序规定且同时符合特别程序的程序特性，实践中存在困惑和分歧。

（一）程序性适用问题

在适用特别程序的情况下，当事人依据普通诉讼的规定主张行使程序性权利的，法院对于不同路径选择的性质认定，以及特别程序中程序性权利的范围厘定，直接影响当事人程序权利的行使和实体权利的实现。

---

* 本文获 2020 年全国法院第 32 届学术讨论会三等奖。

问题1：程序关系的认识分歧。即特别程序与普通诉讼程序的关系。梳理实践中当事人主张担保权利的实现路径，既有通过合同之诉以确认担保合同有效的情形，又有通过物权保护之诉或物权确认之诉以确认担保物权成立的情形。在前面两类诉讼案件中，当事人既可能同时提出对担保物优先受偿的请求，又可能仅主张确认担保权利的存在而未要求优先受偿。

【案例1】① 甲银行对A公司、B公司提起合同纠纷，要求A公司还本付息，并要求确认甲银行对B公司设立抵押的房产具有优先受偿的权利。法院以债权之诉与担保物权实现程序属于不同诉讼程序不应合并审理、原告诉求不明确为由裁定驳回甲银行的起诉。

【案例2】② 乙银行与C公司签订借款合同，并与刘某等四人签订抵押合同、与周某等二人签订保证合同。后C公司未还款，乙银行以借款合同为由提起诉讼，要求C公司支付借款本金，并要求刘某等人及周某等人承担连带责任，法院判决刘某等人不承担责任。后乙银行就刘某等四人向法院提起实现担保物权案件，法院认定双方纠纷已经实体审理属重复起诉，裁定驳回申请。

案例1中法院认为特别程序是主张担保物权实现的前置程序。该案件为一审案件，后二审作出裁定③ 认为当事人有权同时主张债权及抵押物的优先受偿，即认为特别程序与诉讼程序并行可选。案例2中法院认为二者程序叠加时构成重复诉讼，即当事人提起普通诉讼后丧失特别程序适用权利。对于两类程序的关系认定存在差异。

问题2：管辖异议的准入分歧。《民事诉讼法》在审判程序编第一审普通程序章节中规定了管辖权异议。相关司法解释规定了实现担保物权程序中被申请人有五日异议期，但该异议不等同于管辖权异议。

【案例3】④ 莫某申请实现担保物权一案，被申请人陈某对案件管辖权有异议，法院以案件涉及其他生效的执行依据为由，直接驳回了莫某的申请。

【案例4】⑤ 钟某申请实现担保物权一案，被申请人甲公司对管辖权提

① 参见辽宁省本溪市平山区人民法院（2019）辽0502民初396号民事裁定书。

② 参见天津市河东区人民法院（2016）津0102民特81号民事裁定书。

③ 参见辽宁省本溪市平山区人民法院（2018）辽05民终550号民事裁定书。

④ 参见湖南省新邵县人民法院（2020）湘0522民特2号民事裁定书。

⑤ 参见重庆市九龙坡区人民法院（2019）渝0107民特575号民事裁定书。

出异议，同时对于借款金额及利息提出异议。法院在裁定中先认定案件管辖符合法律规定，但在后续审理中以双方之间具有实质性争议裁定驳回申请。

案例3中法院未处理管辖权异议，实际否认了该程序中当事人具有管辖异议权利。案例4中法院虽处理了管辖权异议，但未给予当事人对管辖权异议裁定的上诉权利。特别程序中的当事人是否享有管辖异议权利、对管辖权异议裁定是否享有上诉权利及管辖权存在异议是否意味着存在实质性争议，实践中存在不同认定。

问题3：公告送达的适用分歧。担保权人在无法与担保人取得联系的情况下，自然无法通过协商方式实现担保物权，需要通过司法程序得以实现对担保物处置后的优先受偿，因此，产生实现担保物权特别程序中被申请人下落不明时的送达问题。

【案例5】[①] 颜某申请实现担保物权一案，因被申请人陈某不能有效送达。法院认为，抵押物与陈某重大实体权利相关，向陈某送达申请书等材料是必需阶段，且从效率角度看不适用公告送达，裁定驳回申请人申请。

【案例6】[②] 甲公司申请实现担保物权一案，法院虽未能向被申请人解某有效送达，但法院认为被申请人逾期还款，抵押权实现条件已成就，故对申请人的申请予以支持。

《民事诉讼法》总则编中规定了在受送达人下落不明时，或用其他方式无法送达的，可适用公告送达方式。《民事诉讼法》第180条关于特别程序审限的规定中有“公告期满后三十日内审结”的要求，即特别程序未否认公告送达方式。但实践对于实现担保物权特别程序中公告送达的适用存在差异。

（二）实质性争议的审查问题

“实质性争议”是法院审理申请实现担保物权案件的边界，但其作为抽象概念，内涵与外延均不明确，审查范围及标准不尽一致。

问题4：“部分实质性争议”的类型虚设。相关司法解释区分非实质性争议、部分实质性争议、实质性争议三类情形，规定法院应分别作出准许、准许部分实现担保物权和驳回申请的裁定。当被申请人提出的异议是就担保权利的部分存在实质性争议的，法院可以先就无争议的部分财产进

① 参见福建省厦门市海沧区人民法院（2018）闽0205民特61号民事裁定书。

② 参见天津市武清区人民法院（2017）津0114民特8号民事裁定书。

行处理。但实践适用情况并不理想。

【案例7】[①] 赵某申请实现担保物权一案，被申请人仅对申请人主张的债权数额有异议。法院认定被申请人对上述权利有实质性争议，裁定驳回申请。

案例7的裁判结果是常见的处理方式，对于主债权金额、担保财产范围等提出的异议通常被认定为存在实质性争议。但在被申请人非否认债权存在而仅对金额有异议的，其无异议部分是否可以认定为无争议部分而准予实现该部分担保物权值得进一步探讨。

问题5：申请人适格性的认定差异。相关司法解释中规定了有权请求申请实现担保物权案件的主体，[②] 但实践中对申请人适格性的审查仍存在分歧。

【案例8】[③] 杨某向某银行借款，并用房屋抵押担保。后某银行将上述债权转让给张某。杨某未依约还款，张某申请实现担保物权。杨某对张某的申请无异议，但法院认为某银行虽将债权转让，但未进行抵押变更登记，申请人不是涉案房屋的抵押权人，不具有申请资格，裁定驳回申请。

案例8中法院将申请人的范围限定于登记担保权利人。法院在特别程序中是否仅能依据登记信息确认申请人，抑或可以对于债权转让情况进行形式审查后确定实际权利人为申请人，认定并不统一。

二、溯源：实现担保物权特别程序适用困境的原因

实现担保物权特别程序在实践中存在适用分歧，既体现了实务界对于特别程序与普通诉讼程序在性质认识上的混淆，又凸显了特别程序参照适用普通诉讼程序规定的做法存在欠缺。该种现象在一定程度上说明现行程序规定尚不完善，还需调整、优化和补足。

（一）角色错位：附随性规定导致程序选择困境

特别程序虽以单独成章的形式规定于《民事诉讼法》中，但条文较为简单，无规定的还需参照《民事诉讼法》及其他相关法律规定适用。特别程序依附于普通诉讼程序。不论是程序关系的认定问题，还是具体程序

① 参见广西壮族自治区北海市银海区人民法院（2019）桂0503民特7号民事裁定书。

② 《最高人民法院关于适用〈中华人民共和国民事诉讼法〉的解释》第361条规定："民事诉讼法第一百九十六条规定的担保物权人，包括抵押权人、质权人、留置权人；其他有权请求实现担保物权的人，包括抵押人、出质人、财产被留置的债务人或者所有权人等。"

③ 参见陕西省西安市碑林区人民法院（2019）陕0103民特54号民事裁定书。

适用如管辖异议的处理、公告送达问题，除特别程序既有规定以外，如完全适用普通诉讼程序，将导致特别程序的诉讼化，影响特别程序的利用效率；如完全追求效率和简化，在现有规定不完善的情况下，又容易导致关系人的权益损害；如进行平衡，则有可能导致程序选择性适用，不仅易造成司法裁量标准的不统一，也可能损害程序的公平公正性。

（二）原则缺失：程序职责不明导致审查范围模糊

特别程序中规定了其程序适用的范围、审判组织、另行起诉及审限、属于民事争议的处理方式等，但该规定仅为概括性的要求，并未上升为核心原则。程序运行困境源于对不同程序原则的价值判断和衡量分歧。普通诉讼程序强调当事人平等及辩论原则，给予当事人行使程序权利的充分性和自由意志。特别程序在于强调职权推动与快速高效。由于现行特别程序未明确其基本原则，更遑论原则间的内在逻辑关系，法院在认定争议是否为实质性等抽象问题时，由于缺乏原则指引易导致机械套用字面定义，或简单惯性驳回申请人申请，或扩大程序审查范围，以上均阻碍程序发挥功能实质。

（三）路径不畅：程序无衔接导致制度功能受限

现行规定下，当实现担保物权申请因存在实质性争议而被驳回后，若要实现担保权益，利害关系人只能另行起诉。申请人启动程序需承担较高的诉讼成本及诉讼风险，而被申请人逃避或拖延担保责任承担几乎不存在任何成本。上述情形阻碍了特别程序的作用发挥。

司法实践意识到程序转换阻滞的问题，以扩大程序审查范围为途径加强实现担保物权特别程序的适用。司法解释规定可就无争议部分先行裁定处理，[①] 该规定具有实践应用的合理性，在市场诚信行为尚在建立培养阶段，担保义务人不提出异议、愿意主动进入执行程序的占比不高，如严苛界定无实质争议范围，将进一步压缩程序适用空间和可能。但该规定出台后，实践中罕见单独剥离出无争议部分先行处理，部分实现担保物权的可能性极低。为解决特别程序的虚置化，应该顺畅特别程序与普通诉讼程序

---

① 《最高人民法院关于适用〈中华人民共和国民事诉讼法〉的解释》第 372 条规定："人民法院审查后，按下列情形分别处理：（一）当事人对实现担保物权无实质性争议且实现担保物权条件成就的，裁定准许拍卖、变卖担保财产；（二）当事人对实现担保物权有部分实质性争议的，可以就无争议部分裁定准许拍卖、变卖担保财产；（三）当事人对实现担保物权有实质性争议的，裁定驳回申请，并告知申请人向人民法院提起诉讼。"

的衔接转换路径。

三、思辨：重塑实现担保物权特别程序的理论基础及域外借鉴

我国特别程序适用于非民事权益争议的案件，该规定是对特别程序非讼性的界定。以非讼性为核心属性的“非讼事件”具有以下特征：无对立的双方当事人，无须法院就是非曲直作出判断，较浓厚的公益性，程序上需要法院简易、迅速、灵活处理。①审理非讼事件的各类程序总称为“非讼程序”。我国《民事诉讼法》虽未使用这一概念，但特别程序是法院依照《民事诉讼法》审理非争议案件的特殊程序，在性质上属于非讼程序。②

（一）非讼程序的域外立法例

非讼程序的立法模式，大陆法系国家可划分为以德国、日本为代表的单独立法形式，以及以法国为代表的非单独立法形式（见图1）。法国通过在民事诉讼法中规定特有规则，以确保非讼程序的独立性：一是“法典序则中并列于诉讼指导原则规定的非讼程序总则”，二是“在程序各具体要素中规定符合非讼事件审理特点的规则”。③

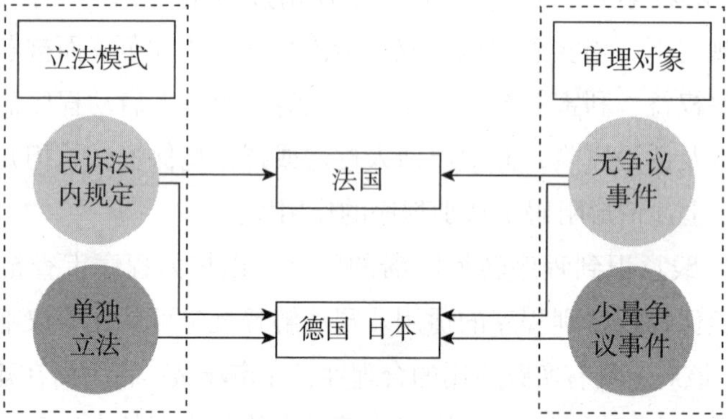

图1　域外立法例④

我国的民事诉讼程序立法与法国具有相似性，法国模式对我国更具参

① 孙永军：《非讼法理在诉讼程序中的适用》，东南大学出版社2018年版，第15页。

② 张卫平：《民事诉讼法》，法律出版社2019年版，第463~472页。

③ 郝振江：《法国法中的非讼程序及对我国的启示》，载《河南财经政法大学学报》2012年第2期。

④ 如《德国非讼案件管辖法》《日本非讼案件程序法》。参见章武生：《非讼程序的反思和重构》，载《中国法学》2011年第3期。

考价值。我国在程序规范完善中，可通过增加特别程序的基本原则及程序设置的进一步细化，解决现行特别程序处于附随性的不当境地。

（二）非讼程序的独立性及基本原则

非讼程序是一种对没有争议的非讼事件的审理程序，司法权介入其中，主要作用不在于解决纠纷，而是发挥监护、确认、许可及证明等功能。[①]基于职能作用，其基本原则应以非讼性为核心，依赖职权主义作为程序推进力，保证程序效率，对裁判者地位及裁判效率的要求高于程序的保障。非讼程序各原则之间具有较强的逻辑性（见图2）。

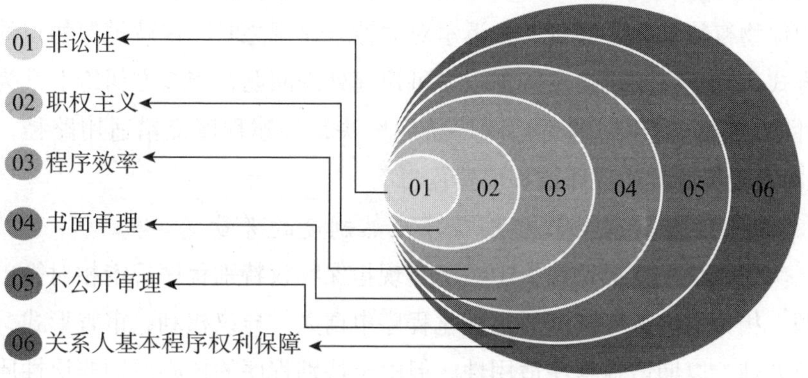

图2　非讼程序基本原则

强调法院干预是非讼性的实质所在，亦是其程序功能实现的保障。由于非讼程序解决的纠纷权属，已不仅限于私权争议的范畴，法院不再完全受私权自治的拘束，为保护私权所提供的公开、对审等程序保障不复存在，法院以其职权主动推进民事案件的处理进度，实现程序效率。但仍应具备最低限度的程序保障，如法官应听取案件当事人对案情基本事实的描述，同时还要保障当事人有被告知案情的权利。[②]

（三）非讼与诉讼程序交错适用法理

程序是遵循特定原则和价值考量的相互关系，用以按照一定方式作出决定。明确程序的独立性和基本原则，在于明晰程序功能，避免适用紊

① 白彦、杨兵：《论司法确认程序的性质》，载《北京大学学报（哲学社会科学版）》2015年第2期。

② 郝振江：《论非讼程序在我国的重构》，载《法学家》2011年第4期。

乱。程序边界的清晰，并非为了绝对地隔离两种程序及避免互通，而是为程序之间实现良好协调提供保障。事实上，由于社会生活中民事事件的多样化、不同事件对于处理需求的特性化，要求审理方式具备兼顾程序基本要求的弹性。

我国台湾地区法律学者邱联恭对此提出：“应该且可能在诉讼程序或非讼程序分别交错适用不同的程序法理（诉讼法理与非讼法理），组成多样类型的程序保障方式。该项程序保障之践行确能发挥衔接、统合程序之机能，藉以调和真实之发现与程序之促进等程序法上基本要求。”[①] 两种程序的衔接对于提高程序运行效率、增强纷争化解功能具有积极作用。以实现担保物权特别程序为例，在诉争对立性未显现之时，仅就担保物权的实现方式存在争议的，适用特别程序可快捷处理问题；当双方纠纷上升为实质性争议时，需以普通诉讼程序予以解决，构建程序交错适用路径，可“及时避免另开诉讼程序招致浪费”。[②]

（四）实现担保物权特别程序应然制度的考量

为解决《民事诉讼法》中关于实现担保物权特别程序规定相对简单的问题，相关司法解释尝试通过细化程序申请人、异议权利、审查形式、范围及处理，以期增强程序适用性。但由于特别程序的核心原则非讼性质并未明确，导致该程序实际适用过程中无据以作为裁判的程序规则，大量普通诉讼程序规定通用于特别程序。故虽在若干方面以细节性规定予以填充，但并不足以支撑起该特别程序清晰、独立的制度框架体系。相关司法解释的补充性规定未能解决程序适用的根本障碍。实现担保物权特别程序的应然制度设计应以非讼基本法理为基础涵盖以下需求考量。

1. 严守非讼边界

程序设置体现自身特性和价值考量，严守职能边界是程序适用具有正当性的前提。非讼程序是处理非讼事件的民事程序，区分非讼程序、普通诉讼程序的重要原则即为事件是否具有争议性，非讼程序中法院不就是非进行判断，这也是法院可依职权径行推进程序的法理基础。在实现担保物权特别程序中，在被申请人或其他利害关系人提出担保物权权属、担保合同效力等问题，则不论该问题的认定是否清晰可断，在未进行诉讼抗辩程

① 邱联恭：《程序制度机能论》，中国台湾地区台湾大学出版中心，第111页。
② 邱联恭：《程序制度机能论》，中国台湾地区台湾大学出版中心，第111页。

序的前提下，法院无权直接作出裁决。

2. 确定原则体系

实现担保物权特别程序是担保物权人及其他有权请求实现担保物权的人向法院提出实现担保物权的申请，寻求国家公权力的介入，其目的在于获取对一定行为强制执行的名义。[①] 该程序下法院的裁决仅作为执行程序的启动依据，不具有诉讼案件中法院裁决的既判力。特别程序与普通诉讼程序具有不同的程序目标和价值，二者并不存在前置或附随关系，在先后提起时亦不构成重复起诉；在二者同时提起时，只会因存在实质性争议而非讼申请被驳回。

与普通诉讼程序中当事人主义不同，特别程序中法院依职权进行审查，审查范围、裁判基础不受限于当事人主张。并基于特别程序灵活、快捷的程序要求，管辖问题应为法院依职权审查内容，不宜在特别程序中给予被申请人以管辖异议权利。对于送达问题，普通诉讼程序中在受送达人下落不明或无法通过其他方式送达的，可适用公告送达方式。但在特别程序中，因一审即终审且无再审等，以公告方式推定相对方收取申请书和异议权利告知书，对于相关方的权利保护不足，在该特别程序中如被申请人不能正常送达的，应裁定驳回申请。

3. 畅通程序转换

在现行规范体系下，特别程序审查中一旦出现实质性争议，即发生程序阻断事由，双方当事人回归到申请立案之前的状态，申请人还需重新发动普通诉讼程序。即使相关司法解释为提高实现担保物权特别程序适用而细分出三类情形并区分进行处理，但被申请人基于拖延等恶意仍可以随意提出存在实质性争议的异议。故为增加申请人对于程序的信任度、提高恶意被申请人的诉讼成本，建议在被申请人提出实质性异议后，除申请人撤回申请外，自动转入普通诉讼程序。同时，普通诉讼程序中也可根据案情进行二次分流，即在开庭准备阶段符合非讼条件的，经当事人同意可转入特别程序审理。出现特别程序与普通诉讼程序相互转换的，将出现是否重新确定管辖的问题。为减少程序衔接环节、便于程序转换，并考虑已受理法院已进行部分程序性审查，应采用管辖恒定原则予以约束。即案件受理

① 李林启:《论实现担保物权非讼许可裁定的效力》，载《湘潭大学学报(哲学社会科学版)》2016 年第 6 期。

后进行程序转换的，当事人不具有管辖异议权利，仍由已受理法院管辖。

此外，无论是在特别程序还是普通诉讼程序阶段，法院均应要求当事人签署诚信陈述的保证书，对于被申请人在特别程序中恶意提出异议的，可根据相关规定予以惩戒。

四、再造：完善实现担保物权特别程序的路径设计

基于我国民事诉讼程序中特别程序的非讼性质，为解决程序适用之困境，应首先赋予实现担保物权特别程序的非讼性独立地位，明确基本程序原则，规范审查范围及标准；其次通过构建诉讼、非讼的程序转换机制增强特别程序的适用效率；最后通过完善程序的救济渠道，确保程序适用的公平正义。

（一）明确定位：厘清适用范围及审查标准

实现担保物权特别程序与担保物权的实体法保护密切相关，其程序功能在于当担保物权人与担保人就实现担保物权具体方式存在争议时提供司法解决途径。有关程序设置应围绕程序职责及非讼原则体系予以确定。

1. 限缩适用范围

担保物权以特别程序实现的基础之一在于物权登记的公示性及公信力。从程序效率原则出发，该程序区分物权登记情况限缩适用于两类情形：（1）法律规定必须经过登记才能设立的担保物权；（2）双方无争议的担保物权。

2. 界定审查标准

根据非讼核心原则，并结合限缩程序范围所确定的适用情形，审查标准分别为：（1）经登记设立的担保物权，法院对于担保物权登记信息、主合同及抵押担保合同材料的完整性进行形式审查；（2）当事人对于担保物权设立事实无异议的，法院对于主合同、担保合同、债权转让合同等材料的完整性、连续性进行形式审查。

（二）构建衔接：实现诉讼非讼的程序转换

特别程序与普通诉讼程序的衔接关系到实现担保物权特别程序的适用效率，也关系到利害关系人的权利救济。诉讼非讼程序转换应坚持下述原则：（1）非讼事件与诉讼事件的划分非绝对；（2）某些案件既需要诉讼程

序也需要非讼程序；（3）诉讼程序与非讼程序可以相互转换。[①]

程序间可相互转换。普通诉讼程序转换特别程序，以双方当事人不存在实质性争议为前提，程序转换以当事人主动要求适用为原则，采用选择式转换模式；特别程序转换普通诉讼程序，以降低程序成本、简化程序流程为原则，采用自动式转换模式（见图 3）。

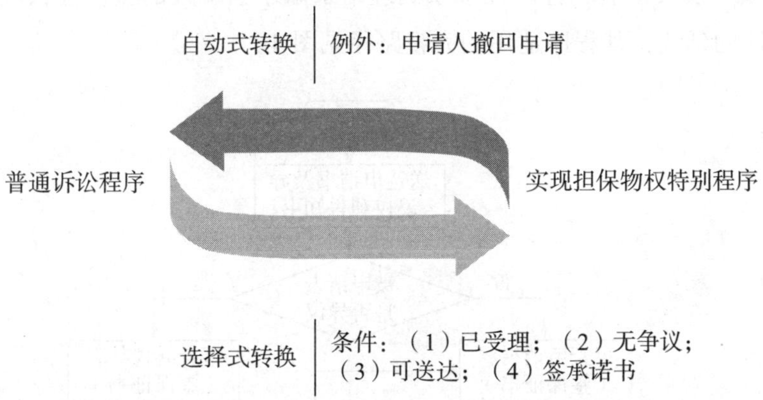

图 3　程序转换模式及路径

1. 选择式转换模式

在开庭准备阶段当事人没有争议、符合程序规定条件的，可转入特别程序。在转换中，要确保案件已由法院受理、当事人之间就本案无民事权益争议、符合程序适用范围且能够有效送达、法官释明到位、保障当事人程序选择权、签署诚信陈述保证书等辅助措施。

2. 自动式转换模式

申请担保物权实现案件被裁驳后，申请人收到裁定书后七日内未明确表示撤回申请的，由法院直接转为普通诉讼程序，避免立案等程序重复运作，减少当事人诉累。若申请人不同意转入诉讼程序的，应向法院提交撤回申请书。

（三）延伸保护：完善特别程序的救济渠道

实现担保物权特别程序的申请人可在申请被驳回后提起诉讼；被申请人和其他利害关系人可在程序审查阶段、裁定作出后法定期限内提出异

① 陈桂明、赵蕾：《比较与分析：我国非讼程序构架过程中的基本问题》，载《河北法学》2010 年第 7 期。

议。审查阶段提出的异议即为非讼程序的审查内容。而对于裁定作出后所提异议的审查方式，以及异议期满后提出的实质性异议的救济途径，是为另行提起普通诉讼抑或提起执行异议之诉，应基于程序内部架构关系予以明确和完善。

1.类型一：非实质性异议

该异议权是对于程序性事项处理结果赋予当事人的救济性权利，是原程序的延续，其程序适用的完整路径见图4。

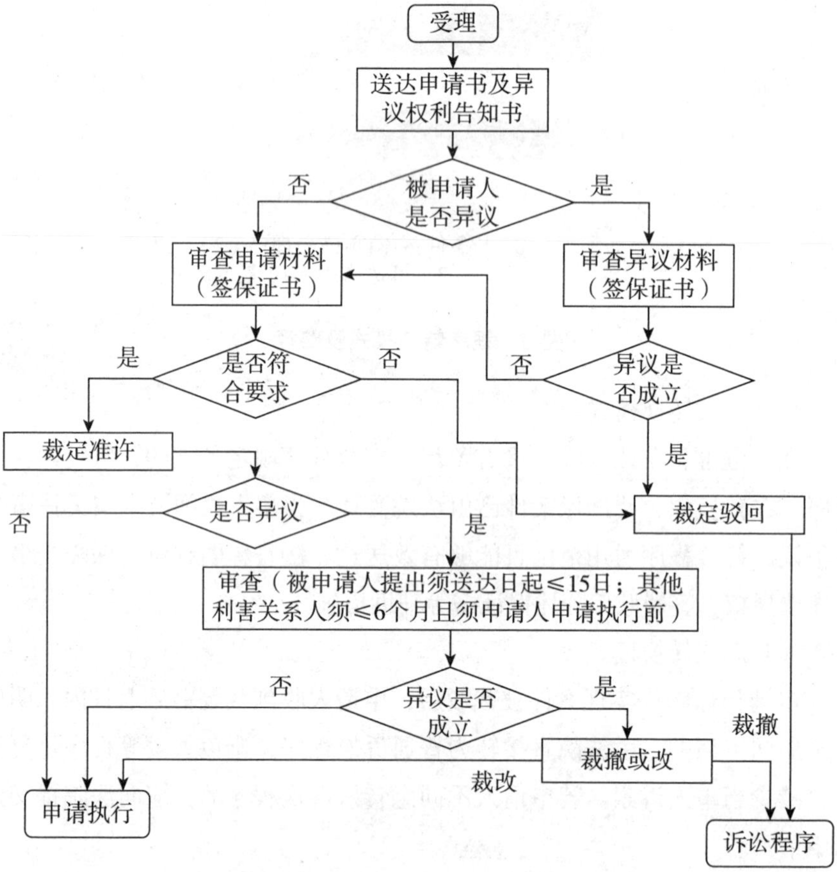

图4　非实质性异议审查路径

（1）适用特别程序审查。法院准许实现担保物权的裁定不具有确认双方实体权利义务的效力。该阶段的异议权，是平衡特别程序的快速性和基本程序权利保障，以及兼顾非讼事件的暂定性而给予的程序性权利。故对于该阶段所提出的异议，仍应按照特别程序规则进行审查和认定。

（2）设定异议期间。利害关系人在现行规定的6个月内提起异议，执行程序很大可能已经完成了担保物的拍卖变价，作为特别程序中的救济权利，异议权对于利害关系人的实体权利无作用。从程序效率角度出发，应规定利害关系人的异议期间截至申请人申请执行的立案日，且最长不超过裁定送达申请人、被申请人之日起6个月。

2. 类型二：实质性异议

对于该类异议的救济，执行异议程序仅限于案外人提起，被申请人非适格主体；该程序中案外人的诉求应与原判决、裁定无关，而利害关系人对于准许实现担保物权裁定的实质性异议即是针对该裁定本身，不符合执行异议程序的适用条件。此外，我国的民事诉讼程序中没有规定债权人异议制度。综上，不论被申请人还是利害关系人，可适用于实质性异议的救济路径仅为另行提起普通诉讼，具体实现路径见图5。

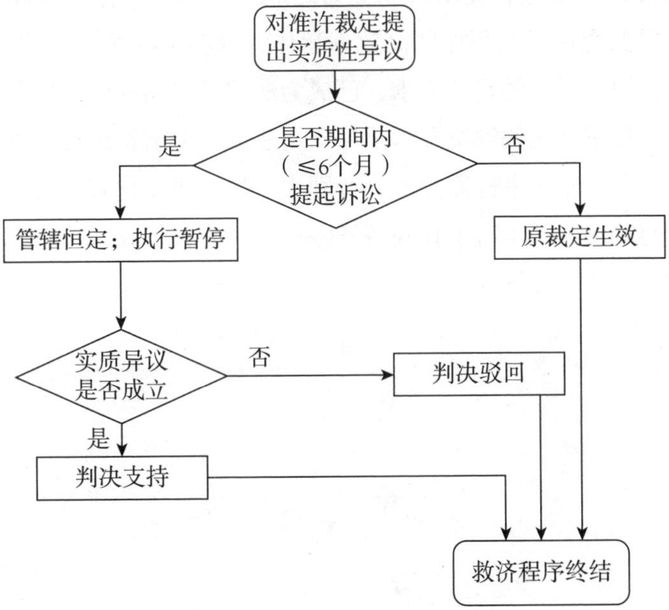

图5　实质性异议审查路径

（1）设置起诉期限。对于被申请人和特别程序中的已知利害关系人，其已经享有异议权利，故法律赋予其提起诉讼权利，应从平衡双方实体权利及程序权利考虑，建议设置起诉期限为被申请人自收到裁定文书之日起、利害关系人自知道或者应当知道其民事权益受到侵害之日起6个月内。

（2）暂停处分标的。特别程序未对实体性权利义务进行审查，从设置实质性异议的救济途径的初衷，以及担保物被执行产生的物权变动后果及其具有不可逆性，对于该类诉讼，建议赋予其与执行异议之诉相同的法律效力：审理期间执行标的不进行处分，除非执行申请人要求继续执行并提供担保且法院予以准许的。

（3）恒定诉讼管辖。该类普通诉讼与申请人提起的诉讼，均属于特别程序向普通诉讼程序的转换，同时由被申请人或利害关系人起诉的，与执行程序存在密切关系。出于简化转换流程及方便审判、协调，该类案件由受理特别程序的法院管辖为妥。

结　语

程序设计不合理将徒增市场交易之成本，影响担保物权制度发挥功效。实现担保物权特别程序的高效率运作，依赖于程序设计的合理优化。人民群众更加多元化的司法需求，已成为法院当前面临的现实问题。单纯的普通诉讼程序已无法解决和满足民众司法诉求的增长性和民事纠纷类型的多样化，大量非讼事件需要通过特别程序加以快速化解。实现担保物权特别程序的重构，既丰富了权利救济路径，又完善了我国特色民事诉讼程序体系。

失信被执行人权利救济的现状检视与制度完善*

——以B市C区法院司法实践为视角

杜潇潇 王 涛

引 言

将被执行人纳入失信名单是人民法院在解决执行难、信用体系构建中确立并逐步完善的间接强制措施，其在弥补直接强制措施的不足和解决执行难方面发挥了积极作用。[①] 被执行人被纳入失信名单后，不仅其名誉权、荣誉权及隐私权等人身权利会受到影响，招标投标、融资信贷及设立公司等经济权利也会受到极大限制。如法彦所说："没有救济的权利不是权利。"笔者发现，失信被执行人因不应纳入而被错误纳入失信名单、纳入失信信息不准确、未及时删除失信信息或失信信息删除不彻底向法院申请救济时，仍旧会陷入申请救济主体受限、救济程序虚化、救济时间较长、失信记录难消除及损害赔偿虚化的救济困境，亟须完善现行失信被执行人的权利救济制度。

一、检视：失信被执行人权利救济之现状审视

B市C区法院地处经济发达地区，年均受理执行案件数量高达1万件，近三年37%的被执行人被纳入失信名单，申请救济的失信被执行人的比例高达70%。本文以失信被执行人权利救济为切入点，随机选取B市C区法院近三年1000件案件为基础进行调研，以期全面了解现行失信被执行人权利救济制度之弊端。

---

* 本文获2020年全国法院第32届学术讨论会三等奖。

① 罗书臻：《破除实现公平正义的最后一道藩篱》，载《人民法院报》2017年2月28日第2版。

（一）申请救济主体受限

2013 年《最高人民法院关于公布失信被执行人名单信息的若干规定》（以下简称《失信规定》）明确规定被纳入失信名单的被执行人可以向法院申请纠正，但权利受限主体和被纳入失信名单的主体并非完全重合，如被纳入失信名单的被执行人的子女上学受限、配偶工作中受歧视，司法实践中法官对申请救济主体的范围认定不一。笔者选取的 1000 件案件中，有 387 名被执行人被纳入失信名单，共有 295 人次提交了失信信息纠正申请书，其中 32 人次利害关系人向法院提交了纠正申请书，24 份申请书因救

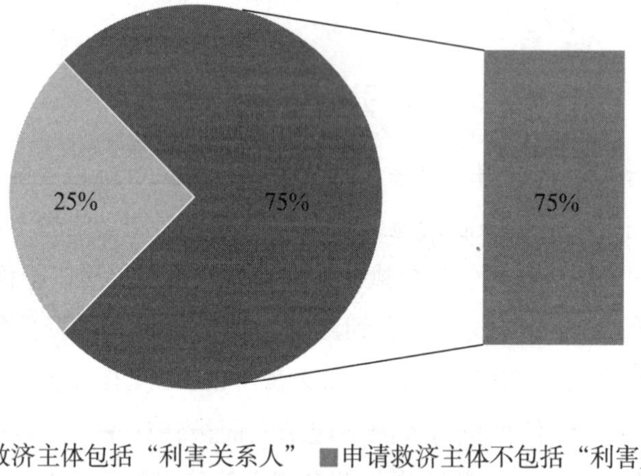

图 1　申请救济主体的范围限定

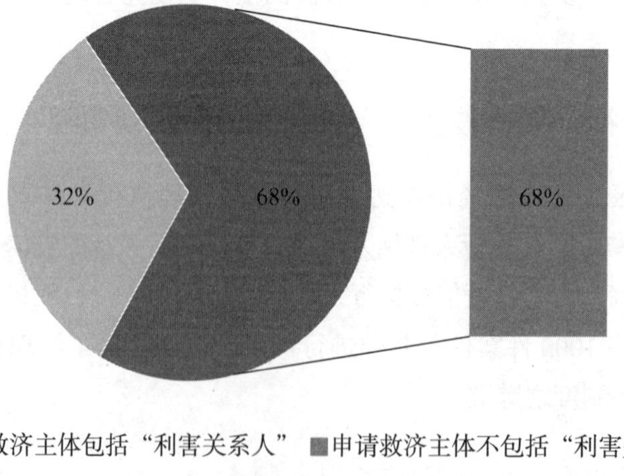

图 2　申请救济主体的范围限定

济主体非案件当事人被法院驳回。此外笔者结合工作实际运用问卷及访谈相结合的调研方法对B市C区法院19名法官进行调研得知，仅有6名法官认为救济主体的范围包括“利害关系人”。具体情况如图1及图2。

（二）救济程序不足

《失信规定》明确规定失信被执行人认为被纳入失信名单错误、失信信息不准确、未及时删除失信信息或信息删除不彻底可以向法院申请纠正，对纠正决定不服的可以向上一级人民法院申请复议。1000件案件中，有387名被执行人被纳入失信名单，295名被执行人向法院提交了退出或更正失信名单的申请，申请救济的比例高达76%，最终被纠正的比例为38%。被错误纳入失信名单的被执行人主要通过其他渠道得到了纠正，使得失信纠正程序适用不足。此外，部分承办法官收到纠正申请书后，既无驳回亦未纠正，审查期的无限延长加剧了救济程序适用不足的现状。

（三）救济时间较长

失信被执行人向法院申请纠正的，执行法院应当在15日内审查，理由成立的，应当在3个工作日内纠正，理由不成立的，决定驳回，但《失信规定》并未明确规定法院的具体审查时间。司法实践中法官对于救济时间把握不一，被执行人救济时间较长。295件样本案件对纠正申请首次回

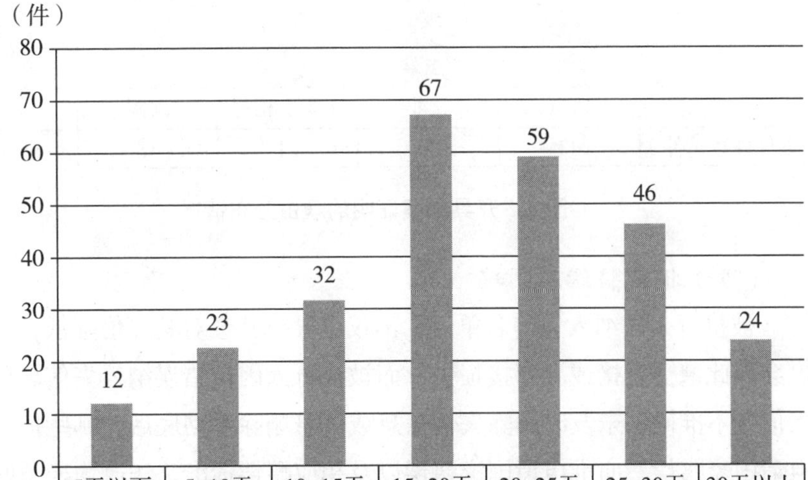

	5天以下	5~10天	10~15天	15~20天	20~25天	25~30天	30天以上
天数（天）	12	23	32	67	59	46	24

图3 失信被执行人权利救济的天数情况

应时间平均为 19.34 天，同时未考虑以失信管理系统为依据的征信业系统和最高人民法院失信管理平台信息更新延迟对被执行人造成的损失。救济天数的具体分布情况如图 3。

（四）失信记录难消除

高科技大数据时代下，被执行人失信信息记录很难完全消除，失信记录的长期留痕使得退出失信名单的被执行人权利仍然受到社会各方限制，继续影响被执行人及其利害关系人的工作及生活，更是侵害了被错误纳入失信名单的被执行人的合法权益。以笔者选取的 B 市 C 区法院 1000 件样本案件为例，157 名被执行人退出失信名单后因无法消除实质影响而向法院申请开具结案证明，占退出失信名单人次总数的比例高达 63%。开具结案证明的理由分布情况如图 4。

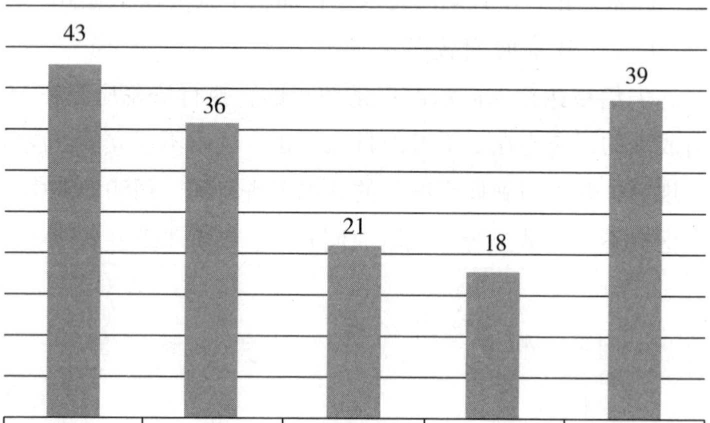

	信贷	就业	租车、租房	保险	其他
案件件数（件）	43	36	21	18	39

图 4　开具结案证明的理由分布情况

（五）损害赔偿不明确

被执行人被纳入失信名单后，不仅会导致社会对其评价降低，其财产也会因此遭受直接或者间接损失，而被执行人因被错误纳入失信名单、纳入信息不准确、未及时删除失信信息或信息删除不彻底后，哪些损失可以申请国家赔偿，向谁申请国家赔偿以及相应赔偿标准，法律均未予明确规定。[①] 以B市C区法院近三年来387件被采取失信措施的案件为例，其中99名失信信息有误的案件纠正措施主要是删除失信信息、屏蔽被执行人信息，尚无对造成的经济损失进行国家赔偿。此外，对于未及时删除失信信息致使被执行人权益损害扩大的网站、微信公众号等媒体及恶意提供虚假材料的申请执行人，法律也没有规定被执行人可否通过诉讼的方式要求上述责任主体进行民事赔偿。

二、反思：失信被执行人权利救济不足之原因探析

笔者通过对失信名单的理论和实践考察得知，失信执行人权利救济不足主要有制度、法官、程序、机制及技术五个维度的原因。

（一）制度维度：救济机制建构之欠缺

我国目前关于失信被执行人权利救济的规定欠缺规范性及系统性。相关法律只有《民事诉讼法》第255条这一条规定，其他的都是司法解释，有关失信被执行人权利救济的规定不明确，且缺乏统一的权利救济体系，难以应对司法实践中复杂的执行问题。[②] 首先，《失信规定》规定的审查时间是15天，理由成立的，3个工作日内进行纠正，但并没有明确规定具体审查时间。其次，法律仅规定了失信被执行人可以向法院申请纠正，对纠正决定不服的可以向上一级人民法院申请复议，但对于具体的救济主体的范围、申诉的结果是应当删除信息还是应当对被执行人造成的损害作出赔偿及向谁主张赔偿均未涉及。[③] 最后，社会传媒、其他行政部门、社会力量获取失信被执行人个人信息后，不当处理、利用失信被执行人个人信息所产生的民事责任，法律上同样存在疏漏。法律对于失信被执行人权利救济规定的模糊及缺乏体系化，使得失信被执行人权利救济虚化。

（二）法官维度：制度认知有偏差

《若干规定》明确规定，只有那些具有履行能力而不履行生效法律文书确定义务并具有六种规定情形之一的被执行人，才可以被纳入失信名单，受到信用惩戒。失信被执行人名单的功能为惩戒、威慑及引导，主要

---

① 栗峥：《中国民事执行的当下境遇》，载《政法论坛》2012年第2期。

② 李继：《失信被执行人权利保护的路径选择——基于执行行为正当性的探讨》，载《政法论坛》2018年第8期。

③ 王其生：《失信被执行人信息公开的依据和限度》，载《人民法院报》2016年6月22日第8版。

功能为通过间接执行措施督促被执行人尽快履行义务，该制度在运行过程中过度放大其惩戒功能。[①] 笔者经调研得知，B 市 C 区法院有时将未履行生效法律文书义务的被执行人纳入失信名单，“失信被执行人名单”异化为“被执行人名单”。

（三）程序维度：纳入过程未充分实现正当程序

1. 告知程序缺失

告知程序在执行实践中，缺乏明确而统一的规定，不能使被执行人充分认识到其被纳入失信名单的后果。失信被执行人名单，一定程度上会侵害被执行人的隐私权、名誉权及财产权等权利。程序告知有利于督促失信被执行人明细风险、及时履行义务、监督违法执行行为。但通过对 B 市 C 区法院的调研可知，法院在决定将被执行人纳入失信名单时，有时并没有履行提前告知程序，未充分听取被执行人的陈述，而是向被执行人送达执行通知书之后，便将被执行人纳入失信被执行人名单。

2. 送达程序不规范

在认定和惩戒失信被执行人过程中，送达方式及送达过程不规范，既不能使被执行人充分认识到被纳入失信名单的严重后果，又增加了已履行义务者被纳入失信被执行人名单的风险。《失信规定》第 5 条规定，决定书应当按照《民事诉讼法》规定的法律文书送达方式送达当事人，但该规定未充分考虑执行案件的特殊性，即很多被执行人无法找到。B 市 C 法院 387 人次被纳入失信名单的案件中，362 件案件采用邮寄送达的方式，仅有 25 件采用直接送达的方式。其中，323 件成功送达，仍有 64 件法律文书被退回（13 件直接送达的法律文书因为地址错误而无法成功送达）。基于上述 64 份未成功送达的法律文书，一方面不能使被执行人知晓被纳入失信名单的严重后果，另一方面也不能使被执行人及时行使其抗辩权，避免法院将不符合失信条件的被执行人纳入失信名单。

（四）机制维度：配套措施不完善

1. 惩戒机制不健全

《失信规定》第 13 条规定，人民法院工作人员违反本规定公布、撤销、更正、删除失信信息的，参照有关规定追究责任。但并没有详细规定

① 孔令章：《德国民事间接执行制度研究——兼论民事间接执行补充性理论》，载《河北法学》2010 年第 1 期。

具体的惩戒措施。实践中，存在申请执行人故意不告知法院被执行人履行完毕致使被执行人被错误纳入失信名单的情况，法律亦未规定对此类申请执行人的惩戒措施，进一步造成被执行人的衍生利益受损。

2. 监督程序缺位

失信被执行人权利救济不足的原因，一方面是检察院在民事执行活动中的检察监督还未形成制度化、体系化、常态化的监督机制，[①]另一方面是除却检察院以公权形式介入监督外，法院内部监督及社会监督尚未充分发挥其作用。

（五）技术维度：集中公示平台的缺失

被执行人退出失信名单后，因技术障碍或不同部门的制度衔接无法在法院删除失信名单时一并消除相应社会影响。一方面，目前对于失信被执行人已履行法律文书确定的义务或不符合纳入失信名单条件的，须由被执行人向法院提出删除失信信息申请，最终由最高人民法院统一处理，延长了审批时间。另一方面，大量的相关单位以法院公布的失信名单作为惩戒制裁的依据，法院只是失信惩戒措施的信息源头，但不是惩戒实施的实际控制人，仅通过法院的信息更正不足以改变已实施的惩戒现状。

三、证成：被纳入失信名单的被执行人权利救济理论之基

笔者在分析失信被执行人权利救济虚化原因的基础上，运用衡平理论分析了失信被执行人权利救济的必要性，并从比较法视野下分析了失信被执行人权利救济的可行性。

（一）权利救济之必要性

1. 衡平公权力与私权利

失信被执行人名单以行为限制为表象，以权利限制为实质。权利限制即国家公权力对公民私权的限制，目的是为了纠正跑偏的私权，促使私权的合法行使。[②]但为防止公权力的无限扩张对公民私权利的过度侵害，在私权利受到过度的、不合理的限制时，应当赋予公民必要的程序参与权与实体救济权，避免公权力的无限扩张。失信被执行人名单作为一种信用惩戒措施，体现了国家公权力对公民私权利的限制，不仅会对被执行人的隐

① 赵靖：《民事执行检察监督工作机制研究》，载《重庆理工大学学报》2015年第9期。

② 李琼：《权利边界、冲突及其衡平》，载《湘潭大学学报》2012年第1期。

私权、名誉权产生影响，而且会限制被执行人从事各种民商事活动，给其经济造成较大损失。[①] 被执行人因为自己的不诚实行为需要承担信息被公开的义务，但当法院对被执行人采取失信惩戒措施存在不当行为时，应当允许被执行人依照法定程序对法院的错误行为进行纠正，救济自身受损的权利。

2. 衡平信用惩戒与权利保护

在法律的帝国，法益衡量贯穿始终，加大对失信被执行人的权利救济不仅是对债务人合法权益的尊重，也是平衡双方当事人权益的关键点。我国《宪法》第33条规定："中华人民共和国公民在法律面前一律平等。"从权利保护的角度出发，这表明每个公民的权利都应当得到法律的平等保护。民事执行是依靠国家强制力实现生效法律文书确定的义务的法律行为，其目的在于通过限制被执行人的权益，强制被执行人履行义务，保护债权人的合法权益。但是，保护债权人权益并不代表不当剥夺被执行人的基本权利，不得逾越达到此目的所必要的程度。权利的平等性要求在执行工作中，人民法院应当全面保护当事人合法权益，既要使债权人的合法权益得以实现，维护法律的正义，又要兼顾被执行人的利益，体现制度的公平。因此，在对失信被执行人进行信用惩戒的同时，理应重视对失信被执行人权利的救济。

（二）权利救济之可行性

失信被执行人名单制度源于中国本土，域外也有相关制度规定，如德国的债务人名录制度、韩国的债务不履行者名单制度，且域外对被采取失信惩戒措施的被执行人权利救济法律规定较为完善，对我国具有一定借鉴意义。

1. 法律位阶

德国和韩国的失信惩戒机制名称不同，且内容上存有差异，但均规定于法律之中。德国的制度规定于民事诉讼法，韩国的制度规定于民事执行法，虽然规定内容的法律不同，但是均为民事执行相关法律。且韩国将民事执行分离于民事诉讼法，单独制定法律，并制定相关配套法律，更具立体性。我国有关失信名单的法律规定仅有《民事诉讼法》第255条，其他

① 王杏飞：《失信被执行人名单制度的完善》，载《人民法院报》2016年7月27日第8版。

都是司法解释和行政法规，法律位阶较低。

2. 纳入条件

德国的债务人名录制度，将债务人以履行能力为标准划分为两类：一是缺乏清偿能力的债务人，执行法官可要求其进行财产公示；二是具备清偿能力但不履行义务的债务人，执行法官可最长拘留其六个月。同时，根据债权人的申请，经执行人员审查之后，满足条件的债务人将被纳入“债务人名录”之中。在我国，进入执行程序的被执行人不论失信行为的严重性，只要不履行义务，便有被纳入失信名单的风险。

3. 纳入程序

德国的债务人名录制度规定，法院在决定将债务人纳入名录之前，程序上给予债务人言辞申辩机会，否则债务人有权向执行法院的上级法院提出抗辩。并且规定，即使债务人被纳入名单后，债务人对此决定仍有异议的，可以在法律规定的期限内向执行法院提出。

4. 救济渠道

德国的债务人名录制度规定，债务人认为将其纳入名录是错误的，或名录记载的信息有误时，可自决定作出之日起向执行法院提出异议。并且，德国的强制执行理论将是否载入、涂销的有关争议纳入执行救济的渠道，并区分载入、涂销等措施与相关争议的裁判，分别由初级法院和上级法院处理。[①] 韩国的债务不履行者名单制度规定，债务人认为法院裁判不合理的情况下，可以向决定法院申请抗辩，该抗辩权不适用《民事诉讼法》的相关规定。[②]

5. 审查程序

韩国的债务不履行者名单制度规定，法院原则上需要对递交的执行申请进行书面审查，必要时需要询问相关的人员。且规定在债务人已收到其他处罚时，债权人需要书面说明其申请的理由。[③]

四、建构：失信被执行人权利救济现状之完善

明确失信被执行人权利救济现状之完善的必要性及可行性后，除去必

---

① 刘惠明、余飞阳:《欧盟被遗忘权评析》,载《行政与法》2018 年第 2 期。

② 姜大成:《韩国民事执行法》,法律出版社 2010 年版,第 23~46 页。

③ 丁启明:《德国民事诉讼法》,厦门大学出版社 2016 年版,第 43~57 页。

需的理论基础作支撑外，更需要规范的机制来维护失信被执行人的权益，建构统一的权利救济机制。

（一）明确申请救济的主体

对于申请救济的主体，法律理论界及司法实务界存有两种不同观点：一种观点认为申请救济的主体仅包括被纳入失信名单的被执行人，另一种观点则认为申请救济的主体还应包括“利害关系人”。因失信的特殊惩戒措施和失信与限制高消费的关联性，确有利害关系人因他人被纳入失信名单自身权利受限存在的情况，如子女无法正常入学、子女工作因政审问题耽搁及配偶在工作单位受歧视等。[①]此外司法实践中存在被错误纳入失信名单的被执行人下落不明或死亡后，因申请救济的主体受限信用无法修复的问题。因此笔者认为，被纳入失信名单的被执行人及其“利害关系人”均具备主体资格。《失信规定》第11条中“被纳入失信名单的公民、法人或其他组织认为有下列情形之一的，可以向执行法院申请纠正”应改为“被纳入失信名单的被执行人及其利害关系人认为有下列情形之一的，可以向执行法院申请纠正”。

（二）拓宽和规范救济渠道

失信被执行人认为不应纳入而被错误纳入失信名单、失信信息不准确、未及时删除失信信息或信息删除不彻底时可向法院或检察院提出救济申请，法院或检察院应当及时审查被执行人的申请。

1. 重构执行法院失信纠正程序

现行的《失信规定》虽然明确了失信被执行人可以向执行法院申请纠正，但失信纳入和纠正审查权实质上应属于审执分离不同的执行权范畴，缺乏内部监督的“申请—审查—纠正—复议”程序导致救济程序不足。[②]另外，《最高人民法院关于限制高消费的若干规定》明确规定被纳入失信名单的被执行人应当对其采取限制高消费措施，因此纳入失信名单是比限制高消费更加严厉的惩戒措施，限制高消费可通过《民事诉讼法》第225条提出执行异议，而对失信措施的纠正却采取了审查纠正程序，不符合程序正当原则。基于此，笔者建议被执行人及其利害关系人对失信名单

---

① 李继：《失信被执行人权利保护的路径选择——基于执行行为正当性的探讨》，载《政法论坛》2018年第6期。

② 谢怀栻：《德意志联邦共和国民事诉讼法》，中国法制出版社2001年版，第4页。

不服的，可以提出执行异议，通过执行行为异议这一现有的独立程序进行审查。当被执行人及其利害关系人认为，不应将其纳入失信名单，失信信息记载有误，或限度超过其失信行为时，可以自知道被纳入失信名单后10日内向执行法院提交无履行能力、已经履行完毕、失信信息不准确等书面申辩材料，证明其不应被纳入失信名单或证明自身失信行为限度。执行法官对材料实行书面审查制，必要时可以约谈双方当事人核实情况，同时应当在收到材料后15个工作日内审查完毕。理由合法且合理的，法院应当在2个工作日内删除或更正失信信息；相反，应作出驳回申请裁定书并详细阐明理由，并将失信决定书送达被执行人。申请救济主体对驳回裁定不服的，可以向上一级人民法院申请复议。

2. 向检察院申请检察监督

检察院作为法定的法律监督实施机构，笔者建议优化检察监督程序，对被纳入失信被执行人名单申请救济监督的，检察院应当自收到书面监督申请之日起15日内审查完毕，必要时可以对法官工作进行调查，理由成立的，应当在3个工作日内向执行法院发出更正或者删除名单的检察建议，法院收到检察院的检察建议后，组成合议庭对纳入失信被执行人名单的决定进行审查，并将结果函告检察院。检察院认为被执行人的申请不成立的，驳回其申请，从而实质上对执行程序中的失信进行监督。

3. 增设审核程序，采取分级惩戒

笔者认为，被执行人在收到被纳入失信名单通知书后5日内，可以向执行法院提交书面申辩材料，证明自己不存在失信行为、无履行能力、已履行完毕及失信信息不准确等不应被纳入失信名单的理由，或者证明自身失信程度。法院在收到被执行人的书面申辩材料后2个工作日内审查完毕，经审查若属实可以作出不纳入、暂缓及更正纳入失信名单的决定，以免对其造成权利损害，降低将被执行人收录进名单过程中出现错误的概率。若被执行人的确符合纳入失信名单的条件，可结合被执行人的履行态度及执行案件性质划分失信行为等级，对不同类型的失信被执行人采取不同的公示方式、公示内容及公示期限，并将失信决定书送达被执行人。

（三）缩短救济时限

司法实践中，失信被执行人权利救济时间较长的原因，一方面是法律对权利救济时间规定不明确，另一方面是平台技术不健全。笔者认为在明确权利救济时间的基础上，可以将失信系统的管理权限下放至各地高院，由各地高院指派专人对失信信息进行管理，避免相关工作堆积到最高人民法院，拉长更新周期。[①] 地方法院对外删除失信信息后，失信信息将永久保留在最高人民法院的信息保存系统中。此外应在失信管理系统与征信业管理系统及公安管理系统之间建立专门的对接端口，实现失信管理系统的实时更新。同时，法院对失信被执行人的每次履行行为都需要及时记录，逐步放开其权利限制，直至最后一笔义务履行完毕，法院应当及时删除被执行人的公开信息。

（四）完善赔偿和惩戒机制

1. 完善赔偿机制

被执行人被错误纳入失信名单后，不仅出行、工作等受限，部分被执行人的经济权利也会受到较大损失。笔者认为被执行人因错误纳入失信名单、纳入信息不准确、未及时删除失信信息及随意复原失信信息等行为致使自身财产权益受损的，可以要求责任主体赔偿。一方面，法律应明确规定被执行人财产受到损害时，可以向法院申请国家赔偿。法院收到赔偿申请书时，可以通过速裁程序，以公布时间与公布的失信等级作为单位计算造成的损害。[②] 另一方面，被执行人可以要求未及时删除失信信息、随意复原失信被执行人个人信息的侵权主体承担民事责任。但同时笔者认为，失信被执行人过错在先，根据“过错原则”，对于失信被执行人的损害赔偿责任可以低于一般的国家赔偿或者民事赔偿。

无论是国家赔偿还是民事赔偿均以支付赔偿金为主要方式，以返还财产或者恢复原状为辅助方式，而个人信息权受到损害后通常很难完全用赔偿金衡量。笔者认为在赔偿方式上可以参照《侵权责任法》，用特别条款的方式加以规定，允许失信被执行人要求相关责任主体以消除影响、恢复名誉等方式承担责任。[③] 具体来说，法院可以通过“白名单”专项公示平台，集中公示已被删除的失信被执行人信息，便于社会公众比较和查询，从而恢复被错误纳入失信名单者的名誉，减少不当信息公开行为所致不良

① 陈杭平:《比较法视野下的执行权配置模式研究》，载《法学家》2018 年第 2 期。

② 张新宝:《从隐私到个人信息：利益再衡量的理论与制度安排》，载《中国法学》2015 年第 3 期。

③ 夏祖国:《完善被执行人财产申报制度的几点建议》，载《法制与社会》2019 年第 2 期。

影响。其他相关主体则应当及时在相应平台删除失信信息，并向法院申请将相关信息录入“白名单”专项公示平台。

2. 加强对责任主体的惩戒措施

被执行人权利救济虚化固然与人案矛盾突出、法官追求结案效率、申请执行人故意报复等因素有关，但究其本质是相关责任主体未对其行为承担责任。笔者认为对于错误纳入、纳入信息不准确、未及时删除失信信息或删除信息不彻底的法官应当落实追责机制，对于没有给被执行人造成经济损失的应当在院内批评教育，对于给被执行人造成经济损失但没有达到较大程度的应当在院内给予警告处分，对于给被执行人造成较大经济损失或带来信访压力的，可以给予记过处分。申请人恶意隐瞒事实，致使被执行人被错上失信或失信信息删除不及时的，除了应当赔偿被执行人的损失外，法院可认定为妨害执行的行为，视情节轻重对其进行罚款、拘留。

结 语

失信惩戒机制的功能定位应是督促失信被执行人尽快履行义务，推进我国信用体系建设，目前失信被执行人名单机制过度注重其惩罚功能，对被执行人权利的救济不足。笔者立足司法实践，从权利救济的问题入手，分析问题产生的原因，提出一些粗浅的建议，希望能对失信被执行人名单制度的完善提供一些帮助。

破茧重生：民事小额诉讼程序的困境与突破[*]

——以北京市基层法院2017—2019年民事案件数据为样本

张　华　索　焱

引　言

进入21世纪，中国经济突飞猛进的同时，法律纠纷数量也大幅提高，以2019年为例，地方各级人民法院受理案件3156.7万件，审结、执结2902.2万件，同比分别上升12.7%、15.3%。一方面，法院面临着空前的审判压力；另一方面，当事人也面临程序烦琐等诉讼担忧。应运而生的小额诉讼制度，对于司法大众化以及缓解审判压力具有里程碑的意义，取得了一定效果，但仍被困于简易程序之茧中，未充分发挥其简洁、高效、便捷、经济的实务效果，且制度推行者（法官）和制度受用者（当事人）均有较大程度的抵触心理。下文在窥探现实困境基础上，发现"茧"之在，探析成"茧"之因；并试图通过建立独立的小额诉讼程序寻求破"茧"之道，以使小额诉讼发挥其应有的程序效应。

一、寻"茧"：小额诉讼程序运行困境

在民商事案件逐年剧增的严峻形势下，如何寻找到一条高效、便捷、经济的途径，突破民商事案件审判的困境，是我们面临的一道难题，小额诉讼程序即为解决这一难题的一种探索。小额诉讼程序是指，针对请求小额金钱或者其他替代物或者有价证券的案件所规定的一种比简易程序更加简化的诉讼程序。[①] 小额诉讼在我国确立后，在一定程度上使得部分案件

---

* 本文获2020年全国法院第32届学术讨论会三等奖。

① 徐琦：《论我国小额诉讼程序之完善》，载《法制博览》2013年第5期。

得到快速解决，有效化解了社会矛盾，缓解了法院的办案压力，减轻了当事人双方的诉讼成本。但通过对中国裁判文书网公布的数据分析，小额诉讼并未在司法实践中得以普及，适用的前景也并不容乐观，主要存在以下几方面的问题。

（一）适用率低，分流作用有限

与域外小额诉讼程序较为成熟的国家相比，我国的适用率明显较低。早在 2012 年，韩国采用小额诉讼程序审理的一审民事案件就占全国民事案件的 70.8%。[①] 而我国小额诉讼的适用率则远远低于 30% 的预期目标。例如，2013 年至 2016 年，安徽省某基层人民法院 2013 年 1 月至 2016 年 6 月适用小额诉讼程序共审结案件 270 件，仅占民商事案件结案总数的 1.33%；[②]2016 年辽宁省基层人民法院小额诉讼适用率仅为 7.65%；[③]2017 年至 2019 年北京市基层人民法院民事案件[④]小额诉讼适用率分别为 7%、5%、3%（见图 1）。

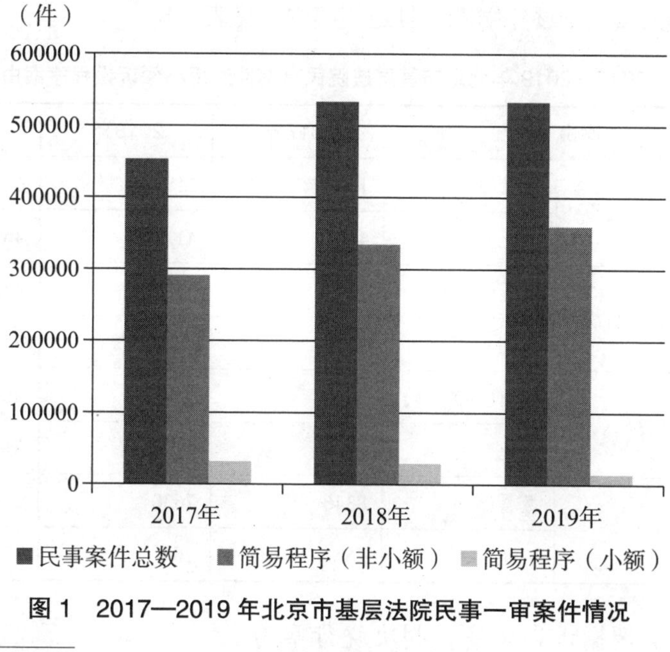

图 1　2017—2019 年北京市基层法院民事一审案件情况

---

① 谢鹏远：《韩国小额诉讼制度现况及对我国的启示》，载《河南财经政法大学学报》2014 年第 5 期。

② 项晗：《关于适用小额诉讼程序案件的司法统计分析》，载 http: //www.lafy.gov.cn/view/5158.html，2020 年 6 月 1 日访问。

③ 赵英伟、唐学峰、孙维良、高菡、王维鑫：《规范小额诉讼制度，彰显一审终审价值》，载《人民法院报》2017 年 11 月 23 日。

④ 本文采用的 2017 年至 2019 年北京市各基层法院民事一审案件情况数据系作者经智慧云申请，北京市高级人民法院技术部统计反馈的数据。

以上这类数据表明，2017年至2019年，北京市基层法院民事案件数量基本上处于上升趋势，简易（非小额）程序案件数亦随之上涨，但是简易（非小额）诉讼程序在一审审结案件中所占的比率却逐年降低，而且远远低于30%的预期，并没有实现司法大众化的价值追求，也未能起到提高审判效率的功能。

（二）适用范围逐年缩减，适用类型集中

2011年《民事案件案由规定》细分了424种三级案由。《最高人民法院关于适用〈中华人民共和国民事诉讼法〉的解释》（以下简称《民事诉讼法解释》）所列举的适用小额诉讼程序的金钱给付纠纷共涉及“买卖合同纠纷、租赁合同纠纷、借款合同纠纷、银行卡纠纷”等十几类纠纷，但司法实践中，适用小额诉讼程序较为集中和单一，2017年至2019年北京市基层法院民事案件适用小额诉讼程序案由类型分别为420种、355种、269种，适用案由类型逐年缩减，且适用集中（见表1）。

表1　2017—2019年北京市基层法院民事案件适用小额诉讼程序案由情况

案由		2017年	2018年	2019年
物业服务合同纠纷	数量(件)	13010	11899	6393
	占比	41%	41%	46%
供用热力合同纠纷	数量(件)	8110	6783	4702
	占比	25%	24%	34%
买卖合同纠纷	数量(件)	2545	2461	463
	占比	8%	9%	3%
其他	数量(件)	8346	7630	2329
	占比	26%	26%	17%

（三）调撤诉占比高，判决绕行率高

2017年至2019年北京市基层法院民事小额案件结案方式见图2。

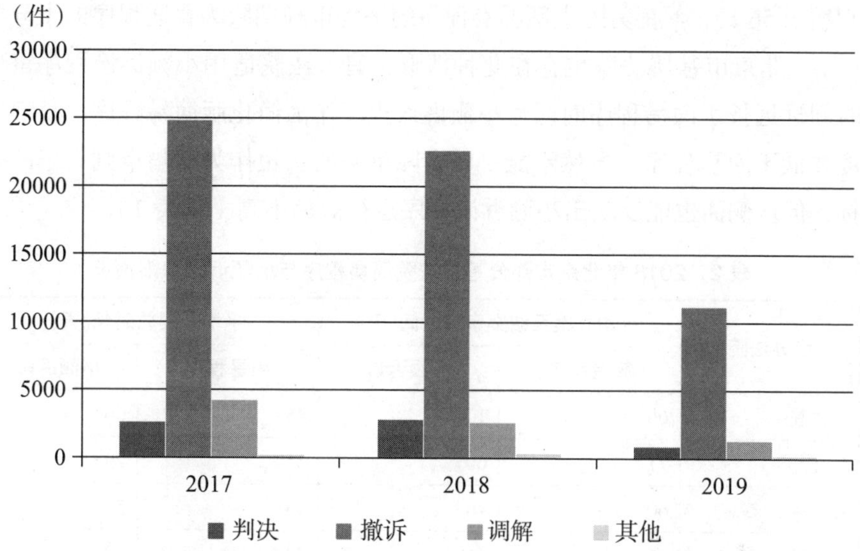

图 2　2017—2019 年北京市基层法院民事小额案件结案方式

之所以出现如此高的调解、撤诉率，除案件本身的难易程度外，一部分原因是案件进入小额程序后，法官的调解力度大。法官为了避免当事人对判决不服与一审终审之间的冲突，不可“强判”，故而为了保证当事人对诉讼结果的满意程度，一般会做大量的调解工作，以促成双方能够达成合意，使案件能够得以实质解决。另一部分原因在于诉前调解案件的转入。司法实践中，因诉前调解制度的存在，一定数量的案件在实质化解决以后，需要通过法院文书将诉前调解结果以生效文书的形式确定下来，而将该部分案件在立案时标记为小额诉讼程序案件。通过内部努力和外部输入的方式，使得小额诉讼案件的结案方式呈现上述特征。

（四）运行效率不高，审限优势不突出

小额诉讼审理的案件的主要优势之一为高效快捷，在案件审理过程中的主要表现形式就应当为审理期限较短，但实际情况却不尽如人意。以某基层法院为例，2015 年适用小额诉讼程序审结案件的平均审理期限为 41 天，而该法院同年适用简易程序审结案件的平均审理期限为 53 天，两者仅差 12 天；[①] 而同期，韩国小额诉讼程序的平均审理期限则短于独任审

① 项晗：《关于适用小额诉讼程序案件的司法统计分析》，载 http://www.lafy.gov.cn/view/5158.html，2020 年 6 月 1 日访问。

判期限56日；[①] 在美国小额诉讼程序的平均审理期限为普通程序的十分之一。[②] 北京市基层法院也存在此种情形，有些法院适用小额诉讼程序审理时间远远长于简易程序时间。小额诉讼程序作为简化版简易程序，复杂程度要低于简易程序，虽然不能仅以实际审限的长短作为衡量审判效率的指标，但从侧面也能反映出小额诉讼程序运行效率不高（见表2）。

表2　2018年北京市部分基层法院简易程序与小额诉讼审限情况

经办法院	平均立案至结案审理时间(天)		平均审理总时长(天)	
	简易程序	小额诉讼	简易程序	小额诉讼
X法院	66	101	48	66
C1法院	71	60	35	29
H法院	60	76	43	59
T法院	46	160	33	50
D法院	60	103	45	59
S法院	33	156	26	59
C2法院	47	42	38	38
Y法院	38	73	34	73

二、析“茧”：小额诉讼程序运行困境之成因

小额诉讼在域外国家和地区的成功实施，与我国设立后存在的运行困境形成了鲜明的对比，笔者认为之所以造成小额诉讼程序运行困境存在以下原因。

（一）新生制度，立法尚不完善

司法领域所面临的严峻审判压力，早已引起我国立法机构的重视。全国人大常委会法制工作委员会在2010年起草《民事诉讼法修正案》的过程中，就有多方建议将小额诉讼程序列入方案之中。在最终公布的《民事诉讼法修正案（草案）》中，增加小额诉讼制度作为第161条，但其仅为民事简易程序的一种新形式，实质为完善简易程序的一种新探索。

① 《中国法院司法改革年鉴（2015年卷）》，人民法院出版社2018年版，第746~751页。

② 《美国小额诉讼制度的“便简快”》，载《法制日报》2011年11月1日。

2012年修正的《民事诉讼法》第162条[①]规定了小额诉讼制度。本次修正虽然形成了小额诉讼制度的雏形，但法律条文的单一以及所处的篇章位置，决定了小额诉讼为简易程序的一部分，不具备自身的独立性，可操作性不强。

2015年，《民事诉讼法解释》用13个法律条文规定小额诉讼程序，使其在一定程度上具有了可操作性。[②]首先，司法解释以列举的方式明确了能够适用和不能够适用小额诉讼的案件类型，能够适用的案件类型均为金钱给付之诉，且案由均与普通公民日常生活、交往密切相关，这与小额诉讼应体现司法大众化理念的要求相契合。同时，司法解释还对审理小额诉讼时法院的告知义务、管辖异议处理、裁定驳回起诉、当事人举证、答辩及异议、程序转换等事宜进行了规定，使小额诉讼在很大程度上具备了可操作性，但是隶属于简易程序的本质并未改变，还存在很多不完善之处，亟须进行改进。

（二）未“自立门户”，束缚于简易程序

在我国，简易程序实质上是对普通程序的一种简化。现行《民事诉讼法》仅用一个法律条文对小额诉讼进行了粗线条式的勾画，虽然《民事诉讼法解释》用十余个条文对小额诉讼进行了补充细化，但小额诉讼程序始终为简易程序的一部分，究其本质，小额诉讼程序实际上是对简易程序的再简化。小额诉讼程序的设置不仅是为了对案件进行繁简分流、减轻司法审判的压力，更重要的应该是实现司法的大众化，使普通公民能够以更低的成本参与到诉讼中，寻求司法的最后救济。现行小额诉讼程序的一审终审制、管辖异议的处理、举证答辩期限、救济途径等的规定，通过程序的简化，过度地追求快捷、高效，忽视了当事人在参加诉讼中的主体地位，极易损害当事人的诉讼权利，也容易造成法官自由裁量权的扩大，最终可能损害了诉讼参与者的利益，不利于实现司法公平、公正的终极目标。

---

① 《民事诉讼法》第162条规定：“基层人民法院和它派出的法庭审理事实清楚、权利义务关系明确、争议不大的简单民事案件以及当事人双方约定适用简易程序的案件，标的额为各省、自治区、直辖市上年度就业人员平均工资百分之三十以下的，实行一审终审制。”

② 邱饰雪、张永利：《我国小额诉讼程序实证研究》，载《湖北经济学院学报（人文社会科学版）》2018年第9期。

1. 与简易程序的适用界限模糊，识别难度高

首先，适用案件性质界限模糊。根据现行规定，在适用的案件性质上，小额诉讼与简易程序相同，即为“事实清楚、权利义务关系明确、争议不大”，二者并无区别，在符合此前提的情形下，如何适用程序，可操作性不强。其次，适用案由有限。小额诉讼仅适用于金钱给付之诉，在繁简分流的司法改革中，对于其他非金钱给付的简单案件不能适用，不利于充分发挥小额诉讼的作用。最后，划定标准单一。对于小额诉讼的标的额，我国各地经济发展不平衡，局部区域差距过大，规定的每个地区并不一样，有其一定的进步性，但是“年平均工资百分之三十以下”的标准，以北京为例，2017年全市职工平均工资101599元，意味着在30479.7元以下的案件才可以适用小额诉讼，诉讼标的额的硬性规定使大量实质上满足小额诉讼案件受理要求的案件，仅仅因为数额问题被排除适用小额诉讼程序，这与北京经济发展水平不相适应。

2. 与简易程序的诉费标准相同，成本优势不突出

与简易程序相比，小额诉讼程序在送达方式上更为灵活、举证期限和答辩期限较短、庭审程序和裁判文书也均以简洁为原则。但是，当前，我国的小额诉讼程序嵌套在简易程序中，其无独立的诉讼费标准，不利于我国小额程序的推行。在最早设立小额诉讼程序的美国，其诉费标准远远低于一般普通程序，而当事人主动选择小额诉讼程序的原因之一，也在于能够节省一大笔诉讼开支。而我国当前的诉费标准整体较低，无论是选择哪种程序，当事人诉讼费成本均较低；相较而言，简易程序较普通程序可以减半交纳诉讼费，但小额诉讼程序不仅剥夺了当事人的上诉权，同时在诉费成本上并无优势。显然，除非法院强制适用小额诉讼程序，否则当事人主动适用的可能性基本为零。从成本效益原理上看，程序简化本应降低相应的诉费标准；从消费心理上看，小额诉讼程序削弱了当事人的部分诉讼利益，但未降低诉讼费，也不利于当事人在强制适用范围外，合意选择适用小额诉讼。

3. 与简易程序救济途径各异，审级自相矛盾

当下，我国小额诉讼采用“一刀切”的原则，无一例外地适用一审终审，当事人未享有在判决作出后的程序异议权或上诉权，而仅能通过申请再审的方式寻求救济。申请再审确实是对生效判决进行监督和纠错的有

效方式，也是当事人实现救济的一种法律途径，但其实现的难度要远远大于通过上诉获得救济的难度。北京市基层法院2017年、2018年、2019年小额诉讼案件通过申请再审获得救济的案件数量分别为5件、2件、3件，足以看出小额诉讼通过申请再审获得救济的难度之大。实现救济的难度过大，权利便形同虚设，当事人必要救济性程序选择权的缺失必将造成实体权利的损害。简易程序与普通程序均系二审终审制，而小额诉讼作为嵌套在简易程序中的制度，却不采用二审终审制，在法理上是存在冲突的。

4. 审判组织混同，任意转化程序现象明显

法院一般依照案件类型划分部门，而每一种案件类型均可能出现不同难易程度的案件，这就导致同一法官因案件复杂程度不同而可以审理三种不同程序案件的现象存在；当下，速裁庭和速裁法官的设立，一定程度上解决了上述问题，但仍然存在小额诉讼案件任意转为其他程序的情况。三种程序制度设计虽有不同，但独立性并不强，审判实践中的操作并没有太大的区别。受之前审判管理制度的影响，独任制审判的简易操作、简易程序适用率的考核指标等因素促使很多基层人民法院在立案时，并不对案件加以区分筛查，而全部以简易程序立案，法官在审理案件过程中，发现疑难复杂、审限不足等情形时，再将简易程序转换为普通程序，普通程序往往成为简易程序审限不足时的一种补充手段。[①]这种情况在适用小额诉讼时也时常发生，导致符合小额诉讼条件的案件在立案时标记为小额诉讼，在经过调解等前期工作无法解决纠纷时，转为简易程序或普通程序。

5. 适用主体抵触态度，阻碍程序适用

从司法实践看，作为当事人，因一审终审制、上诉权丧失，而审判监督程序获得救济的难度过大引发的顾虑，导致其拒绝在强制适用小额诉讼程序外，选择合意适用小额诉讼程序，即使在强制适用的情形下，当事人亦存在不满情绪，尤其是败诉一方当事人，常在判决作出后通过上访、投诉等方式发泄不满情绪。而作为司法审判人员，一审终审带来的风险亦很明显，当事人之不满情绪多指向一审法官。另外，虽然小额诉讼采用强制适用原则，但是适用范围存在不确定性，不适当地使用小额程序会带来错案风险，如果不适用即不可能产生该项风险，所以法官为规避风险，在适

① 杨硕：《论我国民事诉讼简易程序的问题与完善》，载《魅力中国》2011年第20期。

用程序时，只要不能调解或撤诉的案件，审判人员即选择转用简易程序审理的情况（见图3）。

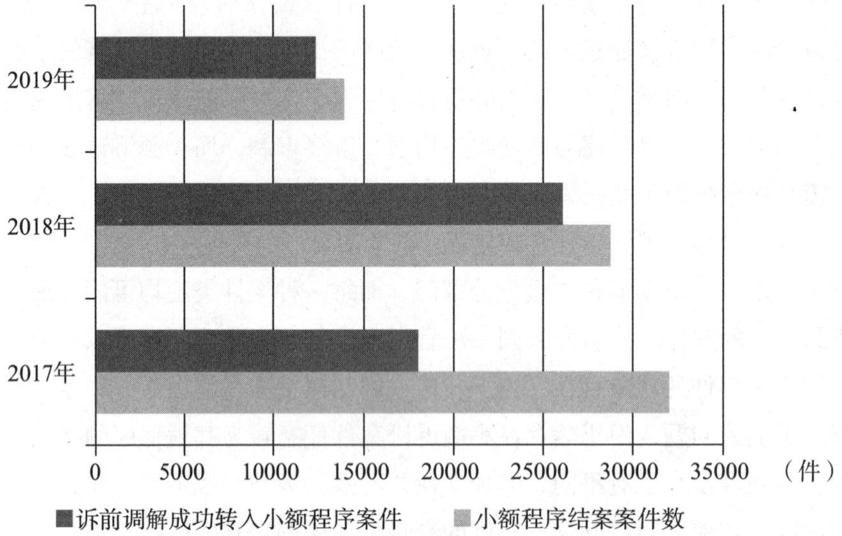

图3 2017—2019年北京市基层法院民事一审诉前调解成功转小额程序的案件数情况

三、破“茧”：完善小额诉讼程序

小额诉讼制度是我国在借鉴其他国家和地区立法经验的基础上设立的，作为新型制度难免有不完善之处，司法实践中暴露出的问题也为我们如何完善小额诉讼程序提供了实践依据。

（一）建立独立于简易程序的小额诉讼程序

国际上较为成熟的小额诉讼程序均有独立的自属程序，[①] 与其他诉讼程序相并列而存在。无论是在受理的案件类型、案件的受理费、当事人传唤方式、庭审程序、文书制作方式、审限和审级均有特别的规定。而且从几十年的司法实践效果看，更有利于其发挥制度优势。

我国的小额诉讼程序从立法的体系上属于简易程序。但是，却在实

① 国内外小额诉讼程序的立法模式主要有两种：第一种是独立式。该种模式下，小额诉讼程序作为一种与其他两种程序等量齐观的诉讼程序，在诉讼制度上有特有的规定。第二种即镶嵌式。该种模式下仅能称之为小额诉讼制度，因其只是简易程序或普通程序项下的特别制度，不具有程序上的独立性。

质上突破了简易程序，最为明显的特征在于对当事人的上诉权利，规定了一审终审制。一审终审并不属于简易程序的特征，这也是从性质上使小额诉讼区与简易诉讼泾渭分明。案件受理的标准上差异不大，却产生审级上的区别，这极易导致法官在二者如何适用上抉择困难，也容易让当事人产生法官故意适用小额诉讼程序刁难自己、对方请托有关系等方面的误解，并不利于小额诉讼制度作用的发挥。为充分发挥小额诉讼在繁简分流改革中的作用，使所有进入诉讼的案件能够有更精细化的程序与之对应，应适时将小额诉讼从现有的简易程序中分离出来，成为继简易程序、普通程序之后又一一审民事诉讼程序，在追求司法大众化的同时，也为审判效率的提高提供坚实的保障，真正并高效实现“努力让人民群众在每一个司法案件中感受到公平正义”。

（二）完善小额程序前置程序，增设建议履行制度

韩国在2002年修订小额案件审判法时，增加建议履行制度，即在小额案件进入正式的庭审前，法院直接向被告发出要求其履行原告诉讼请求义务的裁定，如被告未在规定时间内提出异议，则该裁定发生与判决相同的法律效力，如被告在规定时间内提出异议，则建议履行裁定不发生法律效力，案件进入审判程序。在2008~2012年间，韩国所审结小额诉讼案件中，以履行裁定方式结案的案件数均为全年结案数的15%以上，其中2008年更是高达23.5%。[①]如此高的结案比例，为我国该项制度提供了实践经验的支持。故而，建议我国引入类似的制度，初步意见为：进入小额诉讼程序的案件，由审判团队成员先行向被告发送简单格式化的建议履行裁定，同时将建议履行裁定接收后的法律后果、异议权行使等事项充分告知被告；被告在收到裁定后10日内可以以申请书或答辩状形式提出异议，法院在收到被告异议材料后，将案件转入审判程序，如被告未提出异议，裁定具备执行效力，原告可据此裁定申请执行。

（三）充实小额诉讼程序的内容

1. 赋予小额诉讼程序当事人程序选择权

程序选择权是指立法者、司法者对诉讼参与人就与其利益、权利、义

① 谷珍：《中韩小额诉讼制度比较研究》，载《湖北经济学院学报（人文社会科学版）》2018年第9期。

务密切相关的程序给予程序参与和选择的权利，以保障诉讼参与人的诉讼利益。[①]笔者认为，赋予小额诉讼参与人程序选择权，既有利于维护当事人诉讼参与主体地位，又有利于当事人接受因其自愿处分诉讼权利而产生的裁判结果。因为，当事人在作出选择之前往往对小额诉讼程序的审理方式、审限、审级等事宜有充足的知情权，纵使判决结果对其不利也会容易接受，即使对判决结果不服，产生的也是对个案的不满意，但不会对整个司法制度和司法环境产生怀疑，更利于维护司法的权威。故而，从应然和未来小额程序完善的角度考虑，应当赋予诉讼参与人程序选择权。

当下，在法律规定符合小额诉讼条件的案件必须强制适用小额诉讼的前提下，小额诉讼的适用效果并不理想，如果赋予当事人程序选择权会不会导致小额诉讼适用率创下新低，是埋在很多司法者、立法者心中的困惑。在小额诉讼程序制度完备、优势凸显的情形下，案件进入法院后，当事人在衡量司法成本、效率等多方面因素后，能够主动选择适用小额诉讼程序。换言之，特定形式下的强制适用规则也可理解为扩大小额诉讼程序知悉面等的一种手段，仅适用于制度推行前期，但在制度日渐成熟的情况下，应赋予当事人自由选择之权利。

2. 扩大小额诉讼程序的适用范围

在美国和欧洲的部分国家，均采用详尽列举的方法来说明可以适用小额诉讼程序的案件有哪些类型，禁止适用小额诉讼程序的类型有哪些。[②]我国用列举案由的方式确定了适用小额诉讼案件的类型，案件的类型均为金钱给付之诉，同时用否定式列举方式确定了不适用小额诉讼案件的类型。考虑到小额诉讼高效快捷的精髓，对于金钱给付之诉外的事实清楚、争议不大的简单案件，可以纳入小额诉讼案件适用范围。至于司法实践中如何认定“争议不大”，法官或法官助理在接触案件时，可以通过原告提交的起诉状对案件的诉讼标的、事实、理由等进行综合评价，如其认为案件较为简单，继而可通过与被告沟通，分析双方是否就“案件的是非、责任承担以及诉讼标的争执”有原则性分歧，如无原则性分歧，则可进行充

---

① 赵泽君:《民事诉讼发回重审制度的反思与建构——以民事诉讼法修正案草案为视角》，载《政法论坛》2012年第4期。

② 廖中洪:《小额诉讼立案标准与受理规则比较研究——兼论我国小额诉讼程序的立法完善》，载《法治研究》2012年第9期。

分释明，鼓励当事人选择适用小额诉讼程序。

3. 以否定排除方式，合理确定小额诉讼程序的适用标的

从域外国家和地区的经验来看，各国和地区对小额诉讼程序的适用案件标的额并不相同，这与各国和地区经济发展水平、小额诉讼适用方式等因素密切相关。我国司法解释规定“年平均工资百分之三十以下”的案件适用小额诉讼程序，该种弹性标准有利于小额诉讼在空间、时间上与各地域经济发展水平相适应，有很强的灵活性。但是现在的经济发展水平，“百分之三十”的标准是否妥当值得探讨。笔者以为，小额的标准因人、因时、因地等的不同而应有不同的认定，可以通过否定排除的方式确定一个标准，标的额超过这个标准的案件均不能适用小额诉讼程序，对于其他案件，在法官进行充分释明的前提下由当事人自行协商，是否适用小额诉讼程序。至于如何确定这个标准，笔者认为，以各省、自治区、直辖市上年度就业人员平均工资为宜，在强制适用规则未改变之前，可以再次进行细分，低于上年度就业人员平均工资百分之五十以下的案件可以强制适用，对于在百分之五十以上至百分之百的小额案件，可由当事人充分协商决定是否适用。

（四）尝试建立专门的小额诉讼法庭或小额诉讼团队

小额诉讼在立法上完善后，其程序设计上的独立性，必须要有与之相适应的审判团队或审判庭室具体负责办理，以避免小额诉讼久拖不决而被转为简易程序或普通程序。笔者认为，我国地域广大，各地区情不同，司法资源充裕的基层法院可以成立小额诉讼法庭，其他地方也可以成立小额审判团队，实现小额诉讼审理的专业化。专业的审判庭室或团队在处理海量的小额诉讼案件时，更容易完成经验的积累和规则的总结，能在更大程度上提高小额诉讼的效率。同时，考虑到我国法官绩效考核的各项指标，对于纯粹适用小额诉讼程序导致的信访、投诉等要严格区别于案件办理过程中程序的适用错误或实体上事实的认定错误引发的信访、投诉，对于办理小额诉讼案件的法官应当有一个客观公正的评价，要充分调动小额诉讼案件法官办理案件的积极性。

（五）完善小额诉讼程序的救济制度

“有错误就应当有救济。”[①]一审终审制决定了小额诉讼当事人丧失了上诉权，申请再审的救济手段在实践中的操作难度过大。其他各国都设置了一定的救济制度以保证小额诉讼当事人的权利。德国的小额诉讼程序原则上一审终审，但在例外情况下，允许当事人上诉；[②]英国亦规定小额诉讼当事人有特殊上诉权；[③]日本规定当事人可以提出异议申请来保障当事人的权利。[④]除以上模式外，美国的半数以上州采用的是动议制。[⑤]小额诉讼判决作出后，仅意味着上诉权的消失，但是当事人可以通过其他方式获得救济。为节约司法成本、尽快实现小额诉讼程序的效率价值、减少当事人诉累，可以通过设立申请异议的程序来保证当事人权利。判决后，小额诉讼当事人如认为判决错误，可向原审法院提出异议。原审法院在收到异议后，另行组织审判组织审查异议，如当事人申请的异议成立，原小额诉讼判决不发生法律效力，小额诉讼转入普通程序，继续审理。

结　语

小额诉讼程序在我国尚处于起步阶段，无论是强制适用制度还是全面禁止上诉制度，在制度推行初期有一定的必要性，但要充分发挥小额诉讼程序便简快的程序优势，扩大当事人合意适用的范围，则不仅需要立法上创设一整套独立的程序规程，还需要司法者的高度重视和诉讼当事人的充分认知。

① 廖中洪：《小额诉讼救济机制比较研究》，载《现代法学》2012年第5期。
② 《德意志联邦共和国民事诉讼法》，谢怀栻译，法律出版社2001年版，第126~127页。
③ 肖建华、唐玉富：《小额诉讼制度建构的理性思考》，载《河北法学》2012年第8期。
④ 白绿铉编译：《日本新民事诉讼法》，中国法制出版社2000年版，第123页。
⑤ 苏柱达：《浅谈我国小额诉讼的救济程序》，载《商界论坛》2014年第18期。

我国司法确认案件管辖规则的再审视 *

——以“二重获得合意理论”为视角

赵　霏　李安国

引　言

确认调解协议案件（以下简称司法确认案件）因甘肃定西法院首创并经不断完善，被立法确认后规定在《民事诉讼法》第15章，得到了司法界和人民群众的高度肯定。司法确认案件的管辖规则与当事人的诉讼成本、案件执行等紧密相关，但是该问题在理论和实务界并未引起应有的关注。

一、问题切入：调解组织选择与司法确认管辖的混同

现行法律及司法解释规定了司法确认案件的管辖法院为调解组织所在地基层人民法院（或者它的派出法庭）。如《最高人民法院关于人民调解协议司法确认程序的若干规定》（以下简称《若干规定》）第2条、《民事诉讼法》第194条、《最高人民法院关于适用〈中华人民共和国民事诉讼法〉的解释》（以下简称《民事诉讼法解释》）第353条。司法确认案件管辖规则与调解组织严格对应，但是在立法规定和司法实践中均存在可商榷之处。

（一）现象：相同纠纷不同管辖

试举一例：居住在北京市昌平区的赵某和王某因民间借贷关系产生纠纷，该二人之间的借贷事实关系清楚，有赵某向王某出具的借条以及赵某

* 本文获2020年全国法院第32届学术讨论会优秀奖。

向王某的转账记录为证。该借款已届清偿期，但是赵某多次向王某催要，王某均未偿还。赵某有如下解决方案：

方案一：赵某依据被告住所地的管辖标准，向北京市昌平区人民法院起诉，经审理，该院判决王某向赵某偿还借款。

方案二：赵某依据被告住所地的管辖标准，向北京市昌平区人民法院起诉，赵某申请该院的调解员进行先行调解，后二人达成调解协议，王某向赵某偿还借款，该院出具调解书。

方案三：赵某依据被告住所地的管辖标准，向北京市昌平区人民法院起诉，赵某申请法院将该纠纷委托给街道人民调解委员会先行调解，该二人达成调解协议后共同向该院申请司法确认。

方案四：赵某多次催要未果后，找到二人共同的朋友进行调解并达成调解协议。赵某担心王某反悔不履行调解协议，遂提出到调解组织固定该调解协议并申请司法确认。王某同意到调解组织固定协议，但是称昌平区的熟人较多，要求到延庆区的调解组织固定该协议。赵某只好同意，于是二人到延庆区某街道的人民调解委员会固定该协议后，共同向该区法院申请司法确认。

方案五：赵某多次催要未果，亦不想将二人关系彻底僵化。遂向王某提议，二人到北京市电视台的第三调解室的电视节目进行调解。王某不同意，担心熟人太多、影响不好，提议二人到江西卫视的《金牌调解》节目调解。二人在该节目达成调解协议，并在当地的调解组织进行了确定后共同向江西省南昌市某区法院申请司法确认。

虽然可能以上例子较为少见，但是可以看出相同的基础纠纷[①]审查或审理的法院却不尽一致，由此也导致案件执行法院的不同，甚至在方案四和方案五完全是因为当事人的选择产生了对基础纠纷毫无连接点的法院对案件进行管辖，以致相同基础纠纷的管辖规则不同，导致了不公平。

（二）困惑：两种标准冲突并行

在现行标准确立之前，《最高人民法院关于建立健全诉讼与非诉讼相

---

① 本文将司法确认案件中基于当事人之间的法律关系实际发生或潜在发生的纠纷称为基础纠纷。该基础纠纷可能实际发生，即当事人之间已经产生争议而达成调解协议后申请司法纠纷；也可能不会实际发生，处于潜在发生的状态，如被继承人死亡后，所有法定继承人对被继承人财产的继承达成调解协议后申请司法确认。上文所举例子中基础纠纷即指赵某与王某之间的民间借贷纠纷。

衔接的矛盾纠纷解决机制的若干意见》(以下简称《若干意见》) 确立的管辖规则是:"当事人可以在书面调解协议中选择当事人住所地、调解协议履行地、调解协议签订地、标的物所在地基层人民法院管辖,但不得违反法律对专属管辖的规定。当事人没有约定的,除《中华人民共和国民事诉讼法》第三十四条规定的情形外,由当事人住所地或者调解协议履行地的基层人民法院管辖。"《若干规定》将管辖规则确立为现行标准,但是规则制定者在说明原因的时候仅表示"人民调解委员会主要调解民间纠纷,多为婚姻家庭、继承纠纷,相邻关系纠纷以及简单的民事合同、侵权责任纠纷,而且人民调解委员会与纠纷当事人之间联系密切,与当事人通常就在同一个村或者同一个街道。因此,就人民调解协议的司法确认管辖而言,没有必要规定若干个选择项供当事人选择"[①]。此后,《民事诉讼法》及《民事诉讼法解释》对该标准和理由进行了完全承继。但是,"没有必要"是否作为修改标准的理由?随之而来的困惑是《若干意见》确立的标准是否完全废止,仍有待权威解释的进一步说明。

(三)不足:调解组织选择无据

《人民调解法》仅规定了双方向"人民法院"申请确认,未履行的可以向"人民法院"申请执行,确认调解协议无效的向"人民法院"提起诉讼,并未确立司法确认案件法院的管辖规则,似乎是将司法确认案件的管辖规则确立交给了《民事诉讼法》。但是,目光转向《民事诉讼法》及相关司法解释以后,又发现对此并未规定。

二、理论基石:调解达成合意与申请确认合意的厘清

本文认为,以上问题根源在于对司法确认制度价值和定位不清晰,因此对于司法确认案件的管辖与一般诉讼案件管辖规则之间的关系、调解组织的确定与司法确认案件管辖法院的确定的关系存在认识上的误区,对此,下文从该制度价值的正当性以及司法确认案件的性质定位进行厘清。

(一)机理:当事人达成二重合意

司法确认的实践价值已经得到广泛认可,但是对其背后的理论基石却

---

① 卫彦明、蒋惠岭、向国慧:《〈关于人民调解协议司法确认程序的若干规定〉的理解与适用》,载《法律适用》2011年第9期。

鲜少探索。在这一方面，日本法学家棚濑孝雄提出了“二重获得合意”[①]这一可资借鉴的理论框架。

司法确认案件的内在结构是纠纷即将发生或实际发生后，当事人的第一次合意获得了自愿合法的调解协议（当然，这个过程是包括调解组织在内的当事者在相互之间探讨能让大家都满意的妥协点，从而达成合意解决纠纷的过程），又形成第二次合意——将调解协议交由法院进行司法确认，以使其获得强制执行力。从这个意义上说，第一次合意是第二次合意的基础和阶梯，第一次合意结束后当事人之间的纠纷在某种意义上已经暂时终结，但是因为终结纠纷方案的不确定性，所以当事人之间达成第二次合意，以使得该纠纷解决方案通过法院的审判权确定下来。两次合意的达成紧密相连，而且对于彻底将纠纷终结具有同样重要的作用。这正是司法确认的内在机理，也是其合法性的来源，但这两次合意是不同的阶段，其标志是是否进入法院、审判权是否开始介入。

在这一机理之下，有必要区分当事人对调解组织的选择以及与调解组织紧密联系的法院的管辖。这是两个阶段，同时也是两重合意的达成，不应混为一谈。即调解组织的确定和调解协议获得的正当性在于当事人的合意选择。而法院进行确认的基础在于当事人合意的共同申请，当事人既然合意选择由司法权对其达成的第一重合意进行审查，那么就应该服从法律对其管辖法院的确定规则。而现行规定存在一定程度的冲突。

（二）本质：兼具诉讼和非讼特点

对于司法确认案件的性质，我国法学界乃至从比较法的经验看，一直存在不同观点。如德国将其视为加快的普通民事诉讼程序，法国将其界定为非讼事务。《民事诉讼法》将司法确认程序规定为特别程序，作为非讼程序的一种。对于司法确认的性质，学界主要有以下几种观点：（1）非讼程序说。该观点是主流观点，认为司法确认是在诉讼之外选择调解的方

① 参见[日]棚濑孝雄：《纠纷的解决与审判制度》，王亚新译，中国政法大学出版社1994年版，第79~80页。作者提出“合意的二重获得”原本是指审判外纠纷的解决机关发挥作用最基本的条件，纠纷处理的开始和最终解决方案的提示的两个阶段都必须获得当事者的合意，这一点是审判外解纷机关纠纷处理与审判的决定性区别，也是其提供解决方案的正当性所在。本文对该理论借鉴转化，认为在司法确认案件中，第一重合意的获得在当事人调解阶段，该阶段的合意包括当事人将纠纷提交调解组织进行解决并且达成调解协议；第二重合意的获得是当事人合意将调解协议提交给法院，以使其获得法律认可的效力。司法确认程序兼具了审判外解决纠纷的空间和低成本的优势，同时经过法院的审查具有了强制执行的效力，达到了与审判解决纠纷相同的效果。

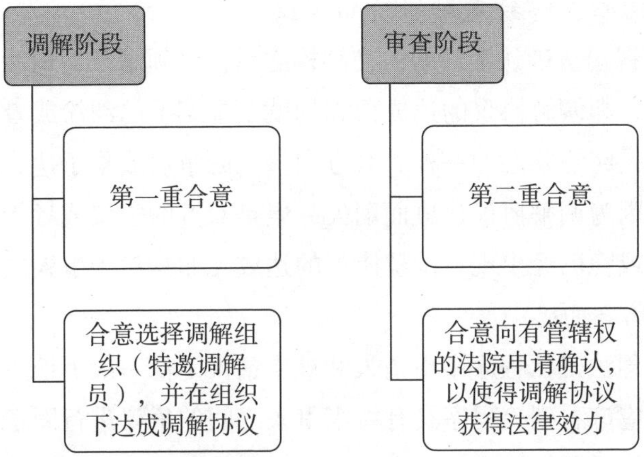

图 1　“二重获得合意”理论下司法确认程序结构

式解决纠纷，实现的是对纠纷的预防。[①] 而且司法确认程序中不存在诸如原被告之间的对抗，表明双方不存在争议，所以不是诉讼。[②]（2）诉讼程序说。这种观点认为司法确认针对的是有争议的纠纷，正是基于双方当事人之间的争议才达成了调解协议，确认程序只是纠纷的一个环节。[③] 此外，还存在诉讼调解说、独立程序说等观点。但主要的争议点仍在于诉讼程序和非讼程序之间。本文认为，应该摒弃关于诉讼与非讼的严格界分，而应该借鉴“交错适用理论”对司法确认程序的性质进行再次审视，显然，司法确认程序不同于诉讼程序，与严格意义上的非讼程序亦有区别，而是兼具了诉讼和非讼程序的特点。

本文之所以对司法确认程序的性质再次进行讨论，是因为这关系到司法确认程序作为特别程序是否应将《民事诉讼法》关于管辖的规定作为总则进行适用的问题。本文认为司法确认兼具诉讼与非讼程序的特点，对于司法确认程序性质的选择不过是法政策的选择问题。[④] 进而，对于司法确认案件的管辖规则之确定也不必遵循关于诉讼程序的规定，而应该着眼于司法确认程序本身的特点进行审视和构建。

---

① 参见胡辉:《人民调解协议之司法确认程序再探》,载《广西社会科学》2012 年第 5 期。

② 参见占善刚:《人民调解协议司法确认之定性分析》,载《法律科学》2012 年第 3 期。

③ 参见向国慧:《调解协议司法确认程序的完善和发展——结合〈民事诉讼法〉修改的再思考》,载《法律适用》2011 年第 7 期。

④ 参见白彦、杨兵:《论司法确认程序的性质》,载《北京大学学报(哲学社会科学版)》2015 年第 2 期。

（三）回归：终结基础纠纷的争议

仔细审视司法确认案件的内在结构之后，必须承认，司法确认案件的第一重合意，即调解协议的达成面临的就是事实上的纠纷或者潜在的利害对立，这都是纠纷状态的一种。双方当事人的争议或早于达成调解协议呈现，或可能因为调解协议达成而消失，但是双方的争议或者矛盾可能在各个阶段或早或晚已经出现，调解协议的达成无非是对当事人之间的纠纷达成一种解决方案而已。

诚然，司法确认程序中申请人和被申请人不像一般诉讼案件那样两造对抗，但是应该看到该程序具有将当事人之间的争议进行固定和终结的作用；而且法院对调解协议的审查与一般案件的审判过程极为类似。所以司法确认程序的管辖规则当然需要考虑其基础法律关系的内容，而非仅着眼于调解组织所在地域。我们难以认为，仅仅因为当事人选择了司法确认程序对争议进行解决就默认相同基础法律关系产生的争议管辖法院不同，进而引发对案件执行管辖法院的不一致，所以司法确认案件的管辖必须回归到基础纠纷的层面之上。当然，因为司法确认案件具有非讼程序的特点，所以在考虑其与传统诉讼案件相似性的同时，必须同时符合经济性、便利当事人的特点与作用。

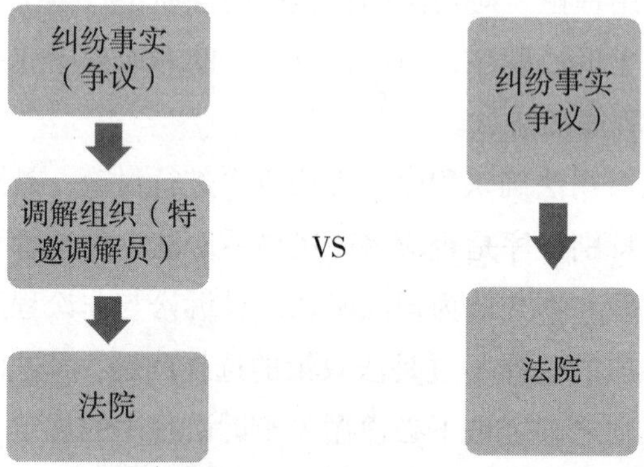

图 2 司法确认程序与诉讼程序的过程

三、建构完善：司法确认案件管辖的原则与规则

基于以上本文理论体系的阐述，本文按照“原则 + 规则”的方式对司法确认案件的管辖规则进行重构。

（一）宏观：基本原则之确立

1. 重大风险防范原则。防范化解重大风险原则是习近平总书记的重要论述，对于法院司法确认案件的审查当然同样适用。因为司法确认案件经过法院的审查获得强制执行力，所以一般公众对法院出具的文书总是抱有使得纠纷正确解决的期待，但是由于司法确认案件的第一重合意的达成在法院之外的调解组织形成，且调解组织对调解协议的达成并不进行实质审查；而且因为调解组织对纠纷的解决并无强制力，亦无发现和强制当事人选择实质审查后提出实质性正确的方案的权力、能力和保障，甚至还可能存在纠纷虽以第三者判断的形式来解决，也不过是将已经由当事者自己形成的合议予以宣布和呈现的情形；更为本质的是，调解与审判的本质理念的区别就在于当事人的合意是调解协议的正当性。这些都给法院审查调解协议的合法性、自愿性和可执行性带来了风险和挑战。法院作为维护公平正义的最后一道防线，司法确认案件的管辖不能也不应仅着眼于第二重合意阶段，即法院审查阶段。而是应该同时延伸到协议达成的调解阶段。司法确认案件的管辖不应完全依赖于当事人对调解组织的选择，而是应该设立司法确认案件独立的管辖规则，真正实现对诉讼风险的防范和化解。

2. 最密切联系原则。最密切联系原则起源于著名法学家萨维尼提出的“法律关系本座说”，“强调的是说某一法律关系和某地有某种联系”①，该学说提出后，在国际社会上得到了越来越广泛的应用。本文认为，国内民事案件的地域管辖规则与国际社会案件国家管辖确定原则亦有相同之处，对于司法确认案件的管辖也应该遵循最密切联系原则，管辖法院应该与司法确认的基础法律关系有密切联系，而不能仅仅依赖于当事人有自主选择权的调解组织的确定。这一原则的严格遵循将避免因为对调解组织的完全依赖导致与该地无任何联系的纠纷集中在特定法院，同时也可以起到便于法院审查和执行的效果。

3. “两便”原则。“两便”原则是民事诉讼中确立案件管辖法院的基本原则。其主要包括两方面的内容：其一是方便公民、法人等行使诉讼权利；其二是指便于法院对案件进行审理和执行。基于方便当事人原则，所以对于司法确认案件的绝大部分案件由基层法院进行管辖。但是“两便”原则的遵

① 于飞：《最密切联系原则的发展与适用》，载《法律科学》1995年第5期。

守前提是公平，即相同法律关系的管辖规则应该一致。司法确认案件审查和执行的管辖规则也应遵循该原则，达到便利当事人诉讼和法院审查执行。

（二）微观：具体规则之完善

1. 司法确认案件的级别管辖。“基层人民法院”应进行扩大解释，按照我国目前的法律规定，在最高人民法院之下有地方人民法院和专门人民法院两种序列之分，其中如知识产权法院、军事法院等最低层级相当于地方人民法院的中级法院，所以此处的“基层人民法院”应作扩大解释，即既包括一般地方法院中的基层法院，也包括专门法院中的最低层级法院。

允许专门法院管辖司法确认案件有其必要性和合理性。首先，专门法院管辖的案件中有许多适宜通过司法确认程序对纠纷进行解决，如果不允许，将导致司法需求与司法供给的不一致；其次，专门法院管辖案件的正当性基础在于案件审理性质的专业性，如果不允许其用司法确认程序，则可能出现当事人选择司法确认程序规避专门法院管辖的情况，显然不合理。最后，允许专门法院使用司法确认案件解决纠纷，将最大限度发挥司法确认程序的价值，真正做到司法确认程序的立法价值与现实需求的契合。[①]

2. 司法确认案件的地域管辖。案件地域管辖的确定应基于“两便”原则，具体到司法确认案件的审查中，“两便”原则一方面应该指向便于当事人适用该程序，另一方面则应指向便于人民法院对调解协议的审查，所以立法者选择了“调解组织所在地法院”的标准。这一规则看似简单明了，而且基于对上文的体系性解释，似乎不存在任何问题。但是，仔细探究，地域管辖的法院确定的基础在于调解组织的选择，但是对于调解组织的选择《民事诉讼法》却未予着墨。

梳理关于调解组织的确定标准可以发现，当事人对人民调解委员会的选择范围在不断扩大。《人民调解工作若干规定》第 21 条规定：“民间纠纷，由纠纷当事人所在地（所在单位）或者纠纷发生地的人民调解委员会受理调解。村民委员会、居民委员会或者企业事业单位的人民调解委员会调解不了的疑难、复杂民间纠纷和跨地区、跨单位的民间纠纷，由乡镇、街道人民调解委员会受理调解，或者由相关的人民调解委员会共同调解。”该规定确立了当事人所在地或者纠纷发生地的标准。在《人民调解法》制

① 刘加良：《解释论视野中的司法确认案件管辖》，载《政治与法律》2016 年第 6 期。

定时，为发挥人民调解灵活解决纠纷的特点放弃了上述标准，只是提倡“应当遵循与当事人有密切联系的原则、就近原则和有利于纠纷解决的原则”。[①]这三个原则未规定在法律当中，对当事人选择调解组织亦无强制力，可以说对当事人自主选择权给予了最大限度的尊重，对于调解解决纠纷的价值发挥给予了最大空间，人民调解的自治性也最大限度地得到了体现。但是由此却产生了当事人选择调解组织的随意性这一问题。这样首先不利于调解组织的均衡发展。另外，在司法确认程序未出现的当时不存在无法调和的司法风险，因为当事人在达成调解协议后，只存在两种可能，一种是当事人自觉履行，那么纠纷便彻底得到了解决；如果当事人一方反悔，不再履行调解协议，那么当事人的调解协议具有的是民事合同的性质，当事人就该民事合同进行诉讼。

但是，当调解协议可以通过司法确认获得具有强制力时，冲突和问题由此产生。当事人选择调解组织的随意性和不确定性决定了管辖法院的无标准可依。尤其在收视率、收费等自身内在目的驱动的情形下，调解组织的不确定性也导致了管辖法院的不确定性，对于案件的审查和执行带来极大不便。因此，此种现象理应得到规制。

本文认为司法确认程序的管辖应该“穿透”调解组织这一中间环节，而是要着眼于基础法律关系的管辖规则。司法确认案件管辖法院的确定应该坚持按照基础纠纷对于管辖法院的确定标准，一方面达到方便当事人的目的，另一方面本着平等原则，相同的基础纠纷管辖法院也相同，避免了当事人利用司法确认程序规避法院管辖的情况，而且有利于法院的审查和案件的执行。最为关键的是理顺调解组织选择与法院管辖的关系，杜绝了管辖法院对调解组织的绝对依赖，消解由此带来的内部冲突和矛盾，也避免了不同形态的调解主持者出现带来的对法院管辖规则的挑战，[②]而是建立了统一的管辖标准，即司法确认案件的管辖规则与基础法律关系的管辖规则相同。

---

① 扈纪华、陈俊生主编:《中华人民共和国调解法解读》，中国法制出版社2010年版，第66页。

② 如人工智能背景下，人工智能机器主持下达成的调解协议，现行的规则之下无法确定管辖法院，因为首先不存在调解组织，其次该调解主持者亦不属于任何调解组织。

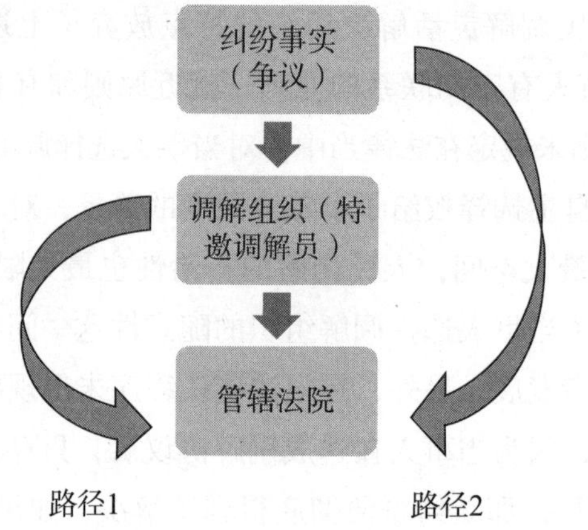

图 3 管辖法院确定规则的两种路径

3. 专属管辖与协议管辖在司法确认案件中的应用。行文至此，对于一般情形下司法确认案件的管辖法院的“经纬度”已经可以确定。但是，有必要思考另一个问题，即地域管辖的例外，在一般诉讼案件中的专属管辖和协议管辖是否在司法确认案件中依然可以适用?

《民事诉讼法》第 33 条规定了三种案件由特定法院进行专属管辖，即因不动产纠纷提起的诉讼由不动产所在地法院管辖、因港口作业中产生的纠纷提起的诉讼由港口所在地法院进行管辖、因继承遗产纠纷提起的诉讼由被继承人死亡时住所地或主要遗产所在地法院管辖。专属管辖是民事诉讼中法定程度最高的管辖，其将特定种类的案件由特定地域的法院进行管辖的制度一一固定下来，从而达到方便当事人与方便法院到港口、不动产或遗产所在地进行调查、勘验等诉讼活动。[①] 本文认为司法确认案件并无突破专属管辖的理由，其审查亦应该遵循此种先例，从而达到方便当事人和法院的效果。

与专属管辖这一法定程度最高的管辖方式相较，另外在于当事人享有最大选择余地的协议管辖。《民事诉讼法》第 34 条对协议管辖进行了规定，将协议管辖的对象从合同类扩展到“其他财产权益纠纷”，同时增加了“与争议有实际联系的地点”作为一般接结点，极大地放宽了当事人可以选择的法院的范围，体现了尊重当事人选择的理念。同样，协议管辖的

① 参见王亚新、陈杭平、刘君博:《中国民事诉讼法重点讲义》，高等教育出版社 2017 年版，第 44 页。

在司法确认案件中也有适用的空间，如果当事人的选择在法律确定的基础纠纷法院的管辖法院范围之内，应最大限度遵循当事人的意思自治。

4. 特邀调解员调解的司法确认案件管辖法院的确定规则。《民事诉讼程序繁简分流改革试点问答口径（一）》将当事人自行约定由特邀调解员调解后申请司法确认的情形分为三种情况："第一，调解协议实际签订地与管理特邀调解名册的基层人民法院辖区一致的，由调解协议实际签订地的基层人民法院管辖；第二，调解协议实际签订地与管理特邀调解名册的基层人民法院辖区不一致的，以管理特邀调解名册的基层人民法院辖区为调解协议签订地；第三，因调解协议在线签订等情况，难以确定实际签订地的，由管理特邀调解名册的基层人民法院管辖。"① 可以归纳如下：

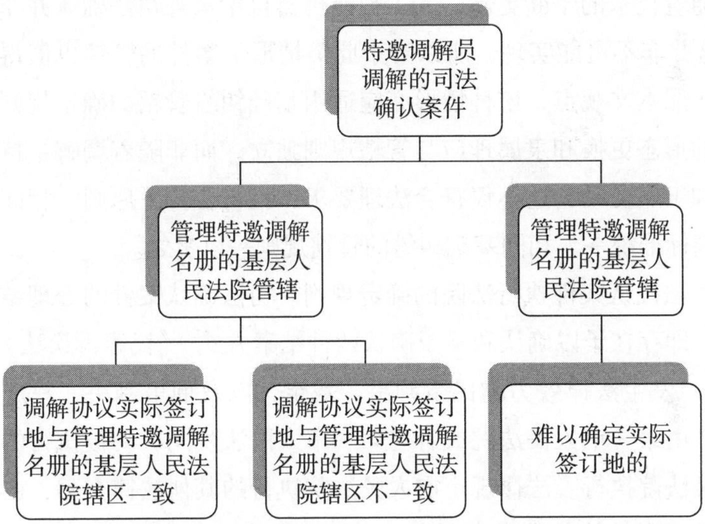

图 4　特邀调解员调解的司法确认案件管辖法院的确定规则

由此可见，对于特邀调解员进行调解的案件，无论何种情形，最高人民法院均认为应该由管理特邀调解名册的基层人民法院管辖，该规定与调解组织调解的司法确认案件的规定标准一脉相承，但是是否完全合理仍然存在讨论的空间。

这一规定面临的理论和实践困境与调解组织主持调解的司法确认案件并无不同，即由调解组织（特邀调解员）确定对应法院，但是这一规则同

① 《民事诉讼程序繁简分流改革试点问答口径（一）》，载《人民法院报》2020 年 4 月 18 日第 3 版。

样忽视了司法确认案件同样具有的诉讼案件的特点，对基础法律关系，即当事人之间可能或者已经产生的纠纷进行了忽略。同时，现行法律对于当事人选择特邀调解员的规定尚属空白，而且在未来可以预见的时间内，无法对当事人选择特邀调解员这一更加灵活的调解协议达成方式进行有效规制，当事人选择的随意性必然造成基础纠纷与管辖法院无有效连接点的情况，这将给管辖法院对调解协议的审查以及执行都带来极大困难。

对此，本文认为应该回归司法确认案件的本质，此时更应着眼于其具有的诉讼案件或者说争议解决的性质，应该按照最密切联系原则，类比诉讼案件中对于基础纠纷的确定规则确定管辖法院。

此外，还有观点提出了“人工智能＋在线司法确认”的模式，并指出该模式随着技术的不断更新，人工智能机器自主审查司法确认并非遥不可及。[①]这并非不可能实现，所以对于此类情形下案件的管辖也值得讨论和关注。按照本文观点，该种情形亦应适用基础纠纷管辖的确定规则。调解主持者的形态更换和隶属理应与管辖规则独立，而非随着调解主持者形态的更换和隶属变动，这不仅符合法理要求，且符合公平原则，相同法律关系的管辖标准统一，相同基础纠纷的管辖规则一以贯之。

5. 司法确认案件执行法院的确定规则。司法确认案件的处理结果是二元方式，即存在予以确认和不予确认两种结案方式。《民事诉讼法》第 224 条规定：“发生法律效力的民事判决、裁定，以及刑事判决、裁定中的财产部分，由第一审人民法院或者与第一审人民法院同级的被执行的财产所在地人民法院执行。法律规定由人民法院执行的其他法律文书，由被执行人住所地或者被执行的财产所在地人民法院执行。”对于有执行内容的司法确认案件执行管辖法院的确定，首先需要考察司法确认案件的法律文书形式。

司法确认法律文书最初规定在《若干规定》第 8 条确定为决定书，后来被《民事诉讼法》第 195 条确定为判决书，后改为裁定书，此后一直被延续下来。依照三段论进行推论，予以确认的司法确认裁定书应由第一审人民法院或者与第一审人民法院同级的被执行的财产所在地人民法院执行。

① 钟明亮:《人工智能下司法确认的功能定位与风险防控》，载《人民法院报》2020 年 7 月 5 日第 2 版。

应该注意立法者制定该条款时目光聚焦的是诉讼案件，所以规定的是第一审法院，暗含了二审终审的意义。而司法确认案件适用的是一审终审，无论是不予受理、予以确认、不予确认均不可上诉。所以此处的第一审法院指的就是司法确认案件中作出裁定的法院。

同时，《民事诉讼法》还规定了被执行的财产所在地法院，意在解决被执行财产与执行法院分属异地的情况，可谓是对执行难的一种回应。此时会出现司法确认案件的裁定作出法院与执行法院不一致的情况，但这种不一致似乎并不构成障碍，所以理应得到遵循。

结　语

调解组织范围不断扩大，甚至出现了特邀调解员、电视调解、网络调解等在制定法律之初未曾预料到的方式，简单规定由调解组织所在地基层法院管辖，其不合时宜性也日益凸显。本文借鉴引入“二重获得合意”理论，对司法确认的过程进行了内在解构，在此基础上提出应按照基础纠纷密切联系地法院进行管辖规则的确定。当然，这涉及法院与调解组织的衔接与协同，并非由最高人民法院制定司法解释就可以解决，而是需要“党政主导、综治协调、多元共治”[①]，需要对现行法律规定进行重新审视和修改。

① 马骁:《优化司法确认程序的制度定位、推进原则和工作机制》，载《人民法院报》2020年3月26日第8版。

舆论风险语境下法官判断力的法理思辨与路径探析 *

赵 岩 郭海丽

引 言

《中共中央关于全面推进依法治国若干重大问题的决定》中规定，司法机关要及时回应社会关切。规范媒体对案件的报道，防止舆论影响司法公正。《最高人民法院关于深化人民法院司法体制综合配套改革的意见——人民法院第五个五年改革纲要（2019—2023）》中提出，全面提升司法能力、司法效能和司法公信，推动营造更加良好的社会主义法治环境，创造更高水平的社会主义司法文明，准确把握审判权作为判断权的特征和中央事权属性，着力提高法律政策运用能力、防控风险能力、群众工作能力、科技应用能力、舆论引导能力。舆论是各种社会意识形式中一种十分独特的形式，对国家政治、经济、文化、军事、科技、生态、社会等方面的安全产生着越来越直接、越来越重大的影响。① 舆论是维护社会公平正义的基石和支柱，是监督司法权力的重要社会力量。当面对舆论风险，法官通过准确的判断将司法以恰当、及时的方式转换为社会公众普遍期待的法律精神，其判断力就显得尤为重要。

一、舆论风险语境下法官判断力的概念解读

在哲学领域，判断力以理性、感知、想象、直觉、洞察等方面的交互作用为前提，表现为分析、比较、推论、确定、决断等活动的统一。① 康

* 本文获2020年全国法院第32届学术讨论会优秀奖。

① 赵强:《试论舆论的功能》，载《学术界》2009年第2期。

② 杨国荣:《判断力简论》，载《哲学动态》2010年第4期。

德将判断力分为两种，第一种是将普遍规律和范畴用于个别事物的决定判断力，第二种是反省判断力。[①]法官判断力是指法官把通过诉讼活动呈现在面前的所有素材，在诉讼的不同阶段作出分析、论证、推理，形成内心确认，得出裁判结论的综合能力。本质上，是法官在事实与法律的流连忘返之间逐渐获得的，是法官司法能力的核心要素，是公民对法律保持稳定这一心理预期的前提和基础。

（一）法官判断力的应然特征

1. 内敛性。法官是司法权力的行使者，行使司法权力是以国家强制力为后盾的。为了防止国家强制力侵害当事人的诉权以及实体权利，司法权力具有天然的消极性（被动性）特征。这决定了法官判断力需要保持谦抑和内敛。

2. 主观性。审判的过程是一个主观判断的过程。[②]更准确地说，法官对案件的判断是一种主观见之于客观的思维过程。法官认知是主观世界与客观对象的应对过程，是心和物的交织过程。这一应对或交织过程之所以可能，既在于案件事实的可认知性，也在于法官主观世界的认知能力。[③]在事实认知上，法官需要依靠证据去判断，并依赖这种判断形成心证。而这种判断只能是无限接近客观事实的法律事实，绝对客观的判断是不存在的。

3. 可表达性。法官判断力并非玄妙不可及，是可以通过口头或者书面形式表达出来的。最典型的表现形式就是被誉为“法官名片”的判决书，判决书中对证据的认证过程，“审理查明”是对案件事实的看法，“本院认为”是法官表达对案件的态度和观点。

4. 认知性。从心理学角度分析，法官对案件事实的判断可以看作一种认知活动，它反映了法官对待决案件由未知到已知、由感性认识到理性认识的认知过程。法官以法律的思维，在证据之间流转往复、作出判断的复杂过程充分体现了法官判断力的心理学属性。

5. 稳定性。“以事实为依据，以法律为准绳。”一方面，法官作出司法裁判的大前提法律，在一定时期、一定场景下具有稳定性的特征，客观上

---

① 牟宗三:《康德：判断力之批判》，吉林出版社集团有限责任公司2013年版，第1页。

② 肖建华:《诉讼证明过程分析》，中国人民大学出版社2000年版。

③ 谢晖:《诠释法律的客观性及其原因》，载《法学》2003年第3期。

要求其判断能力保持一定的稳定性。另一方面，“在法官作出决定的瞬间，被别的观点，或者被任何形式的外部权势或压力所控制和影响，法官就不复存在了。”[①] 法官判断力不受外界侵扰，面对相似大小前提维持相近结论，才能有效维护裁判的权威性、终局性与稳定性。

（二）舆论风险语境下法官判断力特征的补强

面对舆论风险的时代语境，法官判断力的应然特征或被加强，或需要相应调整，面临着挑战。

1. 世俗性。随着科技的发展，特别是互联网技术的突飞猛进，人们表达诉求和情感的渠道日益多元化，社会舆论环境日益宽松复杂。社会的世俗性表征凸显。法官用现实世界的知识来充实自己，这是不够的，司法的本质要求法官“在这世界里生活、呼吸、思考并参与意见”[②]。只有关注世俗社会不同阶层的利益诉求及情感表达，司法才能够避免被边缘化的危险，这在一定程度上，挑战着司法谦抑的品性，使得原本主观化的裁判过程融入了更多的世俗考量，可能威胁司法的稳定性。

2. 公共性。在舆论的推动之下，个案反映的私人纠纷可能成为社会问题，从而被公共化。法官的审判过程与裁判结果，表面上看仅是针对某个特定案件的当事人，而实际上影响的是不特定的社会公众。司法裁判的公共性特征，特别是近年来频频发布的影响性诉讼[③]，一方面，使得个案中蕴含的抽象规则及法治精神（这对于法官裁判而言，原本具有较强的主观性特征）为社会大众所接受，为法官判断力获得认可提供更为广泛的社会基础；另一方面，在客观上对法官判断力具有的可表达性特征提出了更高挑战，要求法官依据事实、法律和逻辑作出裁判的专业化过程能够以更加可视化的方式呈现在公众面前，从而增强与社会化表达的共容性。

3. 回应性。回应性是在舆论风险语境下，法官判断力的一项重要的属性，表现为对社会舆论所反映的当事人与社会之需求能够作出迅速且有效的回应。回应性属性是与公共性属性密切联系的，通过有效的回应，使得司法裁判真正转变为社会大众普遍接受的司法产品。这意味着赋予法官更

① ［美］罗杰·科特威尔：《法律社会学导论》，潘大松译，华夏出版社1989年版，第307页。

② 《构建法官与社会的良性互动关系》，载https://www.chinacourt.org/article/detail/2019/01/id/3719041.shtml，2020年5月15日访问。

③ 在社会上产生广泛影响并具有重大法治意义的案件，被称为影响性诉讼。

多的自由裁量权，通过行使判断权，使得法律的实施与社会现实在一定程度上保持在“相互适应与相互纠正”的良性状态。

4. 情感性。由于群众分布的广延性，舆论谴责不仅具有深厚的社会层次性，而且包含怒斥、攻击、挖苦、谩骂等多种情感。传播媒介把批评的力量放大，使批评的舆论威力不亚于法庭审判。① 这就要求法官应当传递法官裁判过程的温度与情感。这与法官判断力的认知性特征不谋而合，加强了法官作出裁判这一心理过程的情感性因素。但这种情感性因素不应只是对社会舆论的一味迎合。

5. 公开性。随着越来越多的人通过互联网获取信息，舆论已经由相对单一日益趋于相对多元，“众声喧哗”已然成为舆论的常态，并在现实生活中形成了线上与线下“两个舆论场”。降低“两个舆论场”对司法裁判权威性和公信力的挑战，需要让司法的裁判过程更加公开透明。在具体的个案中，不同法官因知识、视角的不同而呈现出差异较大甚至是截然相反的做法，而公开这种原本充满神秘感的内心确认过程，对法官判断力的认知性、稳定性都是一种考验（见图 1）。

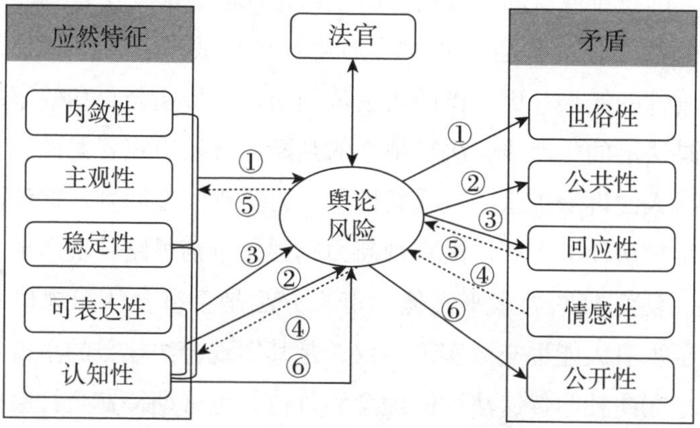

图 1　舆论风险语境下法官判断力的特征

二、舆论风险语境下法官判断力的价值分析

通过认知、评价舆论风险语境下司法之于整个社会的价值取向，是分析法官判断力价值所在的一个重要维度。运用类型学，可区分为两类，实

① 刘建明、王泰玄等:《宣传舆论学大辞典》，经济日报出版社 1993 年版，第 3 页。

质价值和形式价值，对应韦伯的价值理性和工具理性。

（一）实质价值

舆论风险语境下，法官判断力的实质价值是面对社会舆论，司法呈现出的目的性价值。

1. 整合价值。在社会舆论的监督下，从防范风险的角度，法官判断力应该具备整合内外资源，平衡法律效果和社会效果的功能价值。人们不仅期望司法要发挥其治理功能，维护社会秩序的稳定，而且期望它发挥价值整合与价值重建的功能，弥合价值断裂，整合价值分歧，还希望它发挥精神的建构功能，以便增进我们公共生活的个人尊严和群体尊严的同时，塑造我们的公民德性，丰富我们的精神生活，促成我们的精神信仰。[①] 具体表现为舆论对司法期望的实践化、法官价值需求的衬象化，最终实现法律价值的实质化。通过这三者的互动，形成社会舆论的主体需求与法律实存的价值整合，从而最大限度降低司法为社会所接受的社会成本，实现两个效果的平衡统一。

2. 导向价值。导向是个人或群体在发展过程中为追求事物的预期结果，所选取的思维或行动的方向。防范舆论风险，需要法官判断力具有鲜明的导向。法官作为社会矛盾纠纷的化解者和裁判者，其判断力不仅直接决定着案件的结果，更是借助司法裁判向社会传递公正和效率的价值导向。公正是法治的生命线，法官精准的判断力直接决定着案件质量，有利于厘清当事人的诉辩主张，查明案件事实，实现同案同判，保证法律适用的统一，维护法律的尊严。法官判断力越强，审判思路越快形成，办案效率就越高。法官判断力水平高低，审判方法是否符合认知规律和诉讼制度，决定了当事人能否充分实现诉权，是其实现合法权益的重要保证。法官判断力是在向社会传递法律的理念和价值，也可期待在全社会引发崇尚法治、信仰法律之风潮。

（二）形式价值

衡量法官判断力的形式价值标准是法官行使司法权力时的价值选择的合法化与程序的科学化。

1. 约束价值。人的判断行为是外部环境因素和内在心理因素的共同支

① 方乐：《司法如何面对道德》，载《中外法学》2010年第2期。

配决定的，法官判断力具有外部昭告与内在自律的一体两效性。社会舆论可以通过对法官的内在主体意识影响和外在裁判行为的约束来强化作为法官行使司法裁判权对自身角色以及拥有公权力的正确把握。从本质上讲，这是在法官作出实际的裁判行为前，预先发挥了社会舆论的外部校准作用，也强化了其内部的意志巩固。在舆论的监督下，法官头上始终高悬着“达摩克利斯之剑”，约束其判断力无条件忠诚于法律，从而最大可能接近真实的事实，达到程序正义与实体正义的统一。

2. 可视正义价值。在信息技术飞速发展的现实下，人民法院加快了与互联网的融合速度和深度。继 2013 年 11 月最高人民法院推进审判流程公开、裁判文书公开、执行信息公开三大司法公开平台后，2016 年 9 月 27 日“中国庭审公开网”正式上线运营，各级法院庭审公开的视频都将第一时间汇聚至该平台，并推送至各大主流可视媒体。庭审网络直播已经实现了庭审直播的升级，“可视正义”成为司法公开的新时代价值。[①] 根据中国庭审公开网的最新显示数据，截至 2020 年 6 月 15 日，最高人民法院累计直播 4490 件，全国累计直播 75 万余件，全国各相关网站累计访问 247 亿余次。

三、舆论风险语境下法官判断力的现实动因

法官判断力在舆论风险语境的加剧下，呈现出更为明显的现实性背景，是其动因所在。

1. “断裂”社会的舆论呈现与法官的角色紧张

【案例 1】马彩云生前系北京市昌平区人民法院回龙观人民法庭法官，2016 年 2 月 26 日晚，马彩云法官为避免无辜群众受到伤害，在同犯罪分子的激烈斗争中，不幸英勇牺牲，年仅 38 岁，并被追授为“全国模范法官”荣誉称号，被评定为烈士。该事件发生短期内，网络舆论出现了相当一部分质疑案件处理结果，漠视事实真相，甚至为暴行喝彩的负面声音。随着持续而深入的媒体报道，社会舆论逐渐平息并转为谴责暴力行为，祭奠、缅怀、致敬遇难法官。

小结：面对司法突发事件时，舆论的反映首先是借机发泄不满，散

① 李军海：《庭审网络直播对全民守法的价值分析》，载《青年记者》2018 年第 8 期。

播虚假信息，质疑法官裁判的公正性。这样的舆论呈现，反映了社会转型背景下的相关问题，在这种情况下，法官所面临的任务与其说是法律规则的适用，不如说是在不同利益中寻求平衡。[①]这种平衡，不仅仅是均衡社会各群体之间的不同利益，同时还包含着调和法官自身与其他社会群体之间因权力分配不同而代表的不同社会利益。社会舆论是赢得社会信任、支撑司法公信力的重要前提，但社会不同的角色期望之间存在巨大的差异，导致法官角色紧张。[②]

2. 社会舆论的共识性认同与法律知识的“抽离化”

【案例 2】2016 年 4 月，因欠高利贷未如约还款，于欢和母亲苏银霞遭遇十余人登门催债，于欢持尖刀捅刺，最终致杜某造等人一死三伤。一审法院以故意伤害罪判处于欢无期徒刑。2017 年 6 月 23 日，山东省高级法院二审宣判，认定于欢属防卫过当，以故意伤害罪改判有期徒刑五年，维持原判附带民事部分。二审兼顾了民众的舆论与司法的公正审判，做到民众有所呼、司法有所应，既坚守了法律底线，也理性回应了公众的期待，实现了审判与舆论的良性互动，被称为“一堂全民法治公开课”，成为中国法治道路上的新标志。

小结：认同是人们在社会生活中产生的一种情感和意识上的归属感，它是人们在一定的社会生活和社会联系中确定自己的身份，并自觉地以其组织并规范自己行为的社会认知活动。[③]舆论的认同，主要是基于朴素的、普遍性的社会共识。社会舆论对于司法判决的认同，体现了公众对于法官判断力的充分信任，是集体意识中正义情感的表征，也意味着法律通过法官裁判行为而为社会所信奉和遵循，是司法获得正当性和合法性的基础。如果法官判断力缺乏社会公众的普遍认同，意味着判决的效力以及司法的运行效果正在或可能受到人们的质疑。就本案而言，从法律上说，于欢实施了故意伤害的行为，致一死三伤的严重后果，依法判决并无不当。但依情论理，于欢“刺死辱母者”的行为无疑得到了绝大多数人的同情和支持，可见法官这种孤立地办案而不考量社会基本价值以及公众对公平正义

① 葛玲：《从法院面临的困境看纠纷解决机制的完善》，载《法律适用》2006 年第 6 期。

② 吴英姿：《转型社会中法官的角色紧张与角色认同》，载王亚新主编：《法律程序运作的实证分析》，法律出版社 2005 年版，第 78 页。

③ 王成兵：《当代认同危机的人学解读》，中国社会科学出版社 2004 年版，第 16 页。

的一般要求的“无期徒刑”判决显而易见无法得到社会舆论的认同。二审法官在民意的基础上进行了改判，被评价为“做到民众有所呼、司法有所应，既坚守了法律底线，也理性回应了公众的期待，实现了审判与舆论的良性互动”，可谓既兼顾了民众的舆论，又实现了司法的公正审判，得到了舆论的认同，实现了良好的裁判效果。于欢案二审改判从某种程度上反映了社会舆论对法官判断力产生了实质性的影响。需警惕的是，舆论对司法的干预具有“双刃剑”的作用，因此必须关注社会舆论对作为公共事务的司法的不当干预。

四、舆论风险语境下法官判断力的路径探析

虽然知性能够接受教导，而且能够用规则来武装自己，判断力却是只能得到练习而不能得到教导的一种特殊才能。判断力是人们称为天赋智力的一种特质；缺乏了这种特质，就不是教育所能补救的。[①]康德有关判断力的哲学思考，在当前中国社会舆论传播背景下，有一定的启发。笔者据此提出法官判断力提升的策略考量，即职业自觉、法官智慧和职业开放。这里，笔者提出的仅为方向性的路径。

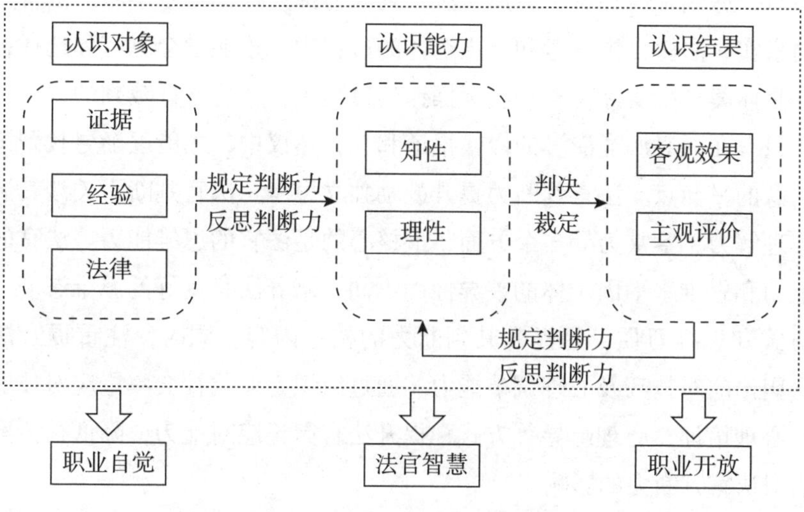

图 2　法官判断力的提升路径

① 郁振华:《认识论视野中的判断力——康德判断力理论新探》，载《哲学研究》2005 年第 6 期。

（一）职业自觉：法官判断力的主体意识

康德启示我们，判断力是不能教的，它需要通过自己去实践，从而逐渐形成自己的经验，才能够获得判断力。这就强调了法官的主体能动性，即法官的职业自觉。这是法官公正裁判、承担社会责任、面对社会舆论的逻辑起点，包含角色自觉、反思自觉、能力自觉。

1. 角色自觉。法律制度所应获得的尊严和威望，在很大程度上取决于该制度的工作人员的认识广度以及他们对其所服务的社会的责任感的性质与强度。[①] 法官对自身所承担社会角色的认知，往往对其作出裁判具有决定性的作用，也影响着其看待社会舆论的视角。作为法官，只有具备对社会公平正义的强烈追求，怀有对社会大众的深沉感情以及对社会发展的人文关怀，坚持正义原则，注重证据审判，对事实负责，才会在面对社会舆论时不卑不亢、从容淡定，从而才有可能作出公正的裁判，成为法律精神的代言者和实践者。

2. 能力自觉。法官判断力的提升重视知识习得。可靠的判断力总是建立在比较充分、完善的知识基础之上。法官判断力的培养，不仅依靠法律知识的传授，而且特别看重法官对于真理原则、价值尺度、舆论倾向的全面占有、深刻领悟和灵活运用。法官判断力提升提倡自主学习。法官只有在对事实、法律自主思考和自主选择的过程中，才能学会思考和选择；只有在具体案件中实际参与和实际操作的过程中，才能掌握裁判的方法和技巧；只有在面对汹涌澎湃的媒体报道和社会热议中，才能逐渐寻找到司法与民意的平衡点。法官判断力提升鼓励独立思考。法官判断力关涉其洞察力、理解力、鉴赏力等多个方面，最核心的是法官的思维能力。法官的思维能力和思维水平因个体的差异性而不同，培养法官良好的思维态度、思维方式和思维习惯，是提升其判断力的核心内容。同时，注重提升法官社会舆论应对技巧及心理调节能力。通过组织专业化社会舆论应对技能培训、心理培训、心理疏导等方式，提升法官舆论应对能力，降低社会舆论压力对法官判断力的影响。

3. 反思自觉。职业复杂性、多样性、不确定性，以及社会舆论的突发性、公共性、敏感性，使得法官判断力显得极为重要。反思并不与对象本

---

① ［美］E. 博登海默：《法理学——法哲学及其方法》，邓正来等译，华夏出版社 1987 年版，第 491 页。

身相关，以便径直从它们获得概念，相反，它是心灵的一种状态，我们在这种状态中首先要发现使我们能够到达概念的诸般主观条件。反思是被给予的表象与我们不同的知识来源的关系的意识，唯有通过这种意识，各种知识来源的相互关系才能够得到正确的规定。[①] 在职业过程中，法官需要通过不断的反思，达到自我意识的觉醒，不断建立起职业的思维，发现职业过程的不足，积累起对于如何妥善处理舆论所反映社会情绪的职业判断经验。

（二）法官智慧：法官判断力的哲学借鉴

延续前一部分的思想，从康德判断力思想的观点进行分析、借鉴，笔者认为可以得到一些哲学启示。

1. 规定判断力强调指导案例的作用。康德在分析趣味判断时多次提到“范例的有效性”，他认为判断什么是美没有一条客观规则可以遵循，不过先前存在的榜样却有助于提升我们的趣味。而且伟大作品的示范性质不是单纯地存在供我们模仿，它帮助我们自己产生一个范例。阿伦特对康德提出的“范例有效性”极为赞同，认为这种范例“一直是一个特殊之物，只是它就其独特的特殊性表明了普遍性，不这样的话这种普遍性就是无法界定的”[②]。这种范例、典范，作为判断的结果，同时给之后的判断提供借鉴而非规范。通过范例的有效性理论，使得指导案例制度成为法官经验获取的基本来源，对于遵循逻辑三段论的司法格式化起到规范性的作用。在访谈中，多名法官也提出，案例指导是降低社会舆论对法官判断力影响的最快速、有效途径。

2. 共通感对漏洞填补具有积极作用。康德判断力思想中提出审美判断力的概念。审美判断具有主观的普遍性，后者源自人的社会性的“共通感”（commonsense），共通感又立足于“站在每个别人的地位上思想”，它使我们在审美中产生愉快或不快的情感，这些情感无需概念也能普遍地传达开来。作为由特殊去寻求普遍规则的能力，审美判断力运用的情境不限于审美活动，它完全可以扩张到填补法律漏洞的情境。社会性的共通感对

---

① 卢春红：《由“反思”到“反思性的判断力”——论康德反思概念的内涵及其意义》，载《哲学研究》2015年第2期。

② 王寅丽：《未写出的政治哲学——阿伦特对康德判断力概念的政治阐释》，载《社会科学》2006年第9期。

于填补法律漏洞也颇有启示。从实用的角度讲，运用共通感（近似的名称有“伦理常识”“共识”）来填补法律漏洞，是一种常见的司法技艺。康德工作的最大意义或许在于，使运用共通感来填补法律漏洞的正当性获得了批判哲学的保证。在不考虑政治制度和司法环境的前提下，任何要求回归法律形式主义、反对法官造法的理论主张，都不得不接受批判哲学的挑战。

3. 两种判断力交互作用促进法官判断力提升。在司法的决策过程中，康德所称的规定判断力与反思判断力代表着判断力的不同作用方向。在具体的案件裁判中，法官既需要依据案件事实，用涵摄的思维方式，“把事物归摄到规则之下”；同时也需要依照对规则的理解，去反思案件所反映的生活中的特殊概念。二者的交互使用、循环作用，使得“作为解释者，心中当永远充满正义，目光得不断往返于规范与事实之间，唯此，才能实现刑法的争议性、安定性与合目的性”[①]。可以通过建立重点案件剖析讨论会的形式，在形成经典判例，指导法官审判的同时，通过反思、讨论，使法官深入理解案例，内化成为审判经验，降低社会舆论对法官判断力的影响。

（三）职业开放：法官判断力的外在显现

提升法官判断力水平，必须努力寻求开放性与封闭性之间的平衡。

1. 开放的视野。法官判断力的实现，必要的常识、生活的智慧、丰富的社会认知。虽然判断力在一段时期内具有一定的稳定性，但法官的司法裁判过程必须充分尊重和敬畏社会舆论。这就意味着，法官要有相当开放的视野，包括必备的生活常识、丰富的社会知识，同时更要有对待社会舆论开放、包容和坚强的心态。

2. 充分的公开。法官判断力一个重要的原则是公开性，其发挥本身便是一个向外显现的过程，可以防止思考重新堕入自己与自己对话的“孤独者的沉思”。最高人民法院已先后建成裁判文书、审判流程、执行信息和庭审公开四大司法公开平台，如何通过完善四大平台，让公众真正看得到、感受到法官判断力的显现和提升，应成为下一步司法公开工作的重点和难点。

① 张明楷：《刑法解释理念》，载《国家检察官学院学报》2008 年第 16 期。

3. 公众的参与。社会舆论何以认同司法裁判，认同法官判断力，一个重要的途径是让公众走进司法里面来。在四大公开平台之外，开设网页论坛，作为“第五大公开平台”，对社会关注度较高的案件，在立案、开庭、判决等阶段公开相关信息，为网友讨论提供一个具体的“舆论场”，法官可根据情况及自身承受能力，选择是否在审判阶段关注这个“舆论场”，以防止对判断力造成实质影响。同时，相关部门定期分析此平台上对热点案件的网友评论，梳理观点，形成“后评估制度”，反馈给法官，为其判断力提升提供舆论依据，也为科学引导社会舆论提供决策参考。

结　语

习近平总书记强调，深刻认识和准确把握外部环境的深刻变化和我国改革发展稳定面临的新情况新问题新挑战，坚持底线思维，增强忧患意识，提高防控能力，着力防范化解重大风险。[①] 新时代背景下，强化风险意识，认真对待社会舆论，不断提升法官判断力，最大限度实现法律的尊严和权威，努力让人民群众在每一个司法案件中感受到公平正义。

① 习近平:《提高防控能力着力防范化解重大风险 保持经济持续健康发展社会大局稳定》，载新华网，http://www.xinhuanet.com/politics/leaders/2019-01/21/c_1124021712.htm，2020 年 5 月 19 日访问。

社会组织提起行政公益诉讼的理性思辨与制度构建 *

——以野生动物保护为切入点

杨　杰　刘洋洋

引　言

突如其来的新冠疫情将野生动物保护提升到空前的高度，然而行政机关在野生动物保护领域依旧存在不依法履职的现象，故应当充分利用行政公益诉讼制度对行政机关予以监督。当前作为提起行政公益诉讼的唯一主体，检察机关在野生动物保护领域因自身定位难有作为。因此有必要发挥社会组织在野生动物保护领域的优势，建立社会组织提起行政公益诉讼制度，以全面监督行政机关依法履行野生动物保护的职权。

一、现状检视：野生动物保护领域单一主体提起行政公益诉讼困局

公益诉讼是任何团体、个人在法律法规允许的情况下都能对危害国家与公共利益的行为实施诉讼的司法制度，一般而言，在具体司法实践中公益诉讼可分为行政公益诉讼与民事公益诉讼两大类。① 为解决长期存在的“公地悲剧”问题，我国对公益诉讼制度也进行立法规定（见表 1）。但在行政公益诉讼方面，仅将检察机关作为单一提起主体，尤其在野生动物保护领域困境凸显。

---

* 本文获 2020 年全国法院第 32 届学术讨论会优秀奖。

① 许建宝、刘海洋：《公益诉讼筑牢生态环保法治之墙》，载《人民论坛》2019 年第 23 期。

表1 我国有关公益诉讼的法律规定

《民事诉讼法》	第55条 对污染环境、侵害众多消费者合法权益等损害社会公共利益的行为，法律规定的机关和有关组织可以向人民法院提起诉讼 人民检察院在履行职责中发现破坏生态环境和资源保护、食品药品安全领域侵害众多消费者合法权益等损害社会公共利益的行为，在没有前款规定的机关和组织或者前款规定的机关和组织不提起诉讼的情况下，可以向人民法院提起诉讼。前款规定的机关或者组织提起诉讼的。人民检察院可以支持起诉
《环境保护法》	第58条 对污染环境、破坏生态，损害社会公共利益的行为，符合下列条件的社公组织可以向人民法院提起诉讼：(一)依法在设区的市级以上人民政府民政部门登记；(二)专门从事环境保护公益活动连续五年以上且无违法记录。符合前款规定的社会组织向人民法院提起诉讼，人民法院应当依法受理 提起诉讼的社会组织不得通过诉讼牟取经济利益
《消费者权益保护法》	第47条 对侵害众多消费者合法权益的行为，中国消费者协会以及在省、自治区、直辖市设立的消费者协会，可以向人民法院提起诉讼
《行政诉讼法》	第25条 行政行为的相对人以及其他与行政行为有利害关系的公民、法人或者其他组织，有权提起诉讼 有权提起诉讼的公民死亡，其近亲属可以提起诉讼 有权提起诉讼的法人或者其他组织终止，承受其权利的法人或者其他组织可以提起诉讼 人民检察院在履行职责中发现生态环境和资源保护、食品药品安全、国有财产保护、国有土地使用权出让等领域负有监督管理职责的行政机关违法行使职权或者不作为，致使国家利益或者社会公共利益受到侵害的，应当向行政机关提出检察建议，督促其依法履行职责。行政机关不依法履行职责的，人民检察院依法向人民法院提起诉讼

（一）我国野生动物保护现状堪忧

我国是世界上生物多样性最丰富的国家之一，同时也是生物多样性遭受严重威胁的地区之一。根据环境保护部、中国科学院于2015年5月发布的《中国生物多样性红色名录——脊椎动物卷》显示（见表2），我国极度濒危、濒危、易危物种已达932种，占总数的21.4%，再加上数据缺乏以及近危动物，中国需关注和保护的脊椎动物达2471种，占被评估物种总数的56.7%。

表 2 中国脊椎动物红色名录等级及比例

评估等级	种数(种)					总种数	总比例(%)
	哺乳动物	鸟类	两栖动物	爬行动物	鱼类		
灭绝(EX)	0	0	1	0	3	4	0.1
野外灭绝(EW)	3	0	0	0	0	3	0.1
区域灭绝(RE)	3	3	1	2	1	10	0.2
极度濒危(CR)	58	15	13	34	65	185	4.2
濒危(EN)	53	51	46	37	101	288	6.6
易危(VU)	67	80	117	66	129	459	10.5
近危(NT)	153	190	76	78	101	598	13.7
无危(LC)	262	876	102	175	454	1869	42.9
数据缺乏(DD)	74	157	52	69	589	941	21.6
总和	673	1372	408	461	1443	4357	100

来源：环境保护部、中国科学院：《中国生物多样性红色名录——脊椎动物卷》评估报告

我国于 1988 年便建立《野生动物保护法》，但野生动物却面临越来越危险的处境，地方政府重发展、轻环保的理念仍然根深蒂固，保护野生动物同其他环保议题一样，往往陷入“说起来重要、做起来不要”的困境。

（二）在野生动物保护领域检察机关提起行政公益诉讼存在明显不足

根据中国裁判文书网显示，全国可查询的野生动物保护领域刑事附带民事公益诉讼案件有 385 件、行政公益诉讼案件仅有 17 件、民事公益诉讼案件仅有 7 件。[①] 由此可见，在野生动物保护领域，检察机关提起行政公益诉讼的数量与其定位和人民期望存在较大差距，究其原因如下：

① 参见梁冰、陈明慧：《野生动物保护领域检察公益诉讼的实务探究》，载微信公众号“公益诉讼研讨”，2020 年 3 月 7 日。

1. 线索来源有限，缺乏主动性

检察机关的工作性质决定了案件线索大多数来源于刑事案件办理或者群众举报工作，但在野生动物保护领域，存在着违法建设破坏自然保护区、环评文件审批部门违法审批等问题，这些问题普通群众很难发现，若不涉及刑事犯罪，检察机关亦很难获得有效线索。同时，环保领域的公益诉讼往往需要检察机关付出更多的诉讼成本，因此其往往“有选择性”地对诉讼成本低、取证容易、办案熟悉的领域提起诉讼，而对野生动物等“小众公益”群体选择性回避。

2. 专业知识不足，缺乏预防性

在野生动物保护方面，对相关专业性知识与敏感度有极高要求，需要了解野生动物的种类、保护级别、习性、对栖息地环境的要求等，普通法律工作者很难掌握。即使检察机关工作人员可以在办理具体案件过程中学习相关知识，那么也只能起到在野生动物被侵害后“亡羊补牢”的作用，无法有针对性地提起预防性诉讼。

（三）在野生动物保护领域社会组织的优势受限

笔者曾就《关于在野生动物保护领域社会组织提起行政公益诉讼》的有关问题向自然之友、中华环保联合会、绿发会等15家环保社会组织进行问卷调查，分析如下：

1. 在野生动物保护领域仅有3家（占比20%）社会组织对行政机关依法履职、检察机关依法履行监督职责表示满意及以上（见图1）。

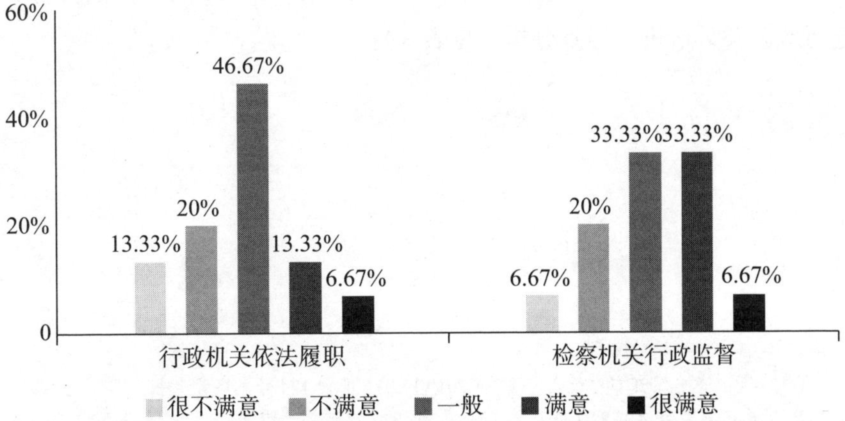

图1　社会组织对行政机关依法履职、检察机关依法监督满意状况统计图

2. 有 8 家（占比 53.33%）社会组织在环保实践中发现过行政机关不依法履职致使野生动物遭受侵害的情况。

3.15 家（占比 100%）社会组织全部认为有必要也有意愿针对行政机关不依法履职的行为提起行政公益诉讼，其中只有 6 家（占比 40%）社会组织没有提起能力。

由此可见，在野生动物保护领域，大部分社会组织对行政机关依法履职和检察机关依法监督的情况不满意，并有能力和意愿对行政机关不依法履职的情况提起行政公益诉讼。但当前将社会组织排除在行政公益诉讼之外，导致其只能在生态环境遭到严重破坏后，通过提起民事公益诉讼的方式追究直接侵权人的责任，而无法在发现问题伊始，通过提起行政公益诉讼的方式来纠正行政机关的违法行为，存在“一条腿走路”的现象。如镇江江豚民事公益诉讼一案[①]，社会组织只能就直接侵权人提起民事公益诉讼，而无法针对当地行政机关的违法行为提起行政公益诉讼，使得行政机关长达十余年不作为的违法行为得不到纠正，使得当地生态环境遭受巨大破坏。[②]

二、理性思辨：在野生动物保护领域社会组织提起行政公益诉讼的 SWOT 分析

SWOT 分析法是管理学上对企业的内部优势（Strengths）和劣势（Weaknesses）以及外部环境的机遇（Opportunities）和威胁（Threats）进行综合分析，以便确定企业发展战略。[③] 现借助 SWOT 图谱对社会组织提起行政公益诉讼进行矩阵分析（见表 3）：

① 参见江苏省镇江市中级人民法院（2019）苏 11 民初 124 号民事裁定书。

② 《长江豚类省级自然保护区违法开发 江滩湿地破坏严重》，载人民网，http: //env.people.com.cn/n1/2018/1018/c1010-30348835.html，2020 年 6 月 15 日访问。

③ 熊永清：《管理学》，湖南人民出版社 2012 年版，第 84 页。

表 3　社会组织提起行政公益诉讼的 SWOT 分析

	优势(S)	劣势(W)
内部(组织)	1. 具备专业野保知识，利于取证 2. 累积公益诉讼经验，利于衔接 3. 拥有野保专注力，免受外界干预	1. 法律专业知识欠缺，对诉讼程序不了解 2. 诉讼成本过高，缺少资全支持 3. 行政机关地位强势，诉讼阻力大
	机遇(O)	挑战(T)
外部(环境)	1. 新冠疫情下野生动物保护得到空前重视 2. 完善社会治理体系亟须社会组织共同参与 3. 公共信托理论提供法理依据 4. 行政公益诉讼主体的扩大化成为发展趋势	个别社会组织滥用行政公益诉讼制度，妨碍行政机关依法履职

（一）内部优势

在野生动物保护领域，关于社会组织相较于检察机关提起行政公益诉讼的优势，笔者向 15 家社会组织发放的调查问卷结果如图 2 所示，针对其优势具体分析如下：

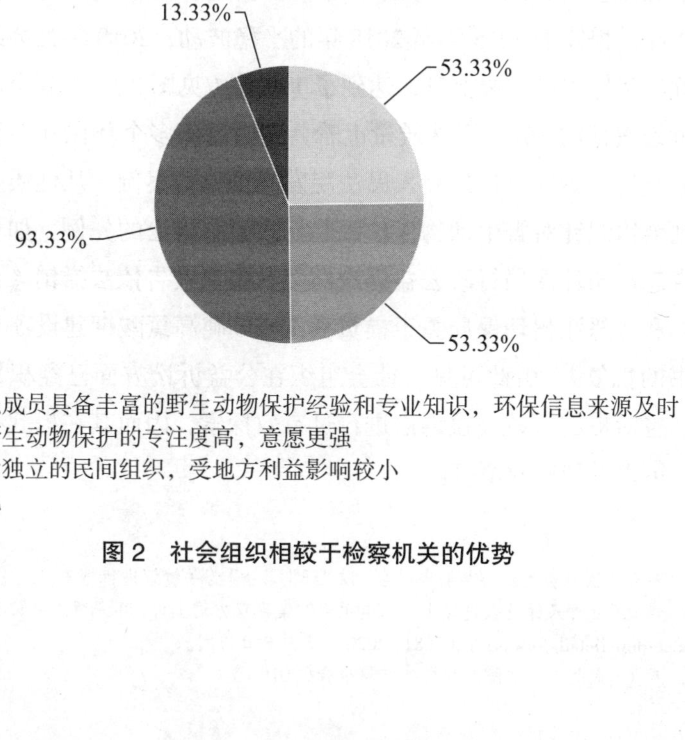

图 2　社会组织相较于检察机关的优势

1. 具备野生动物保护专业知识，利于取证

首先，我国直接以野生动物命名的社会组织有 141 个，[①] 其他非以野生动物命名的环保社会组织下面也设立有野生动物保护分支机构。这些社会组织汇聚了大量野生动物保护专业人才，长期致力于野生动物保护工作。其次，社会组织在进行公益活动时会主动留存野生动物种类、多样性及栖息地环境变化的视频、照片等，这些资料在诉讼时往往成为十分重要且唯一的证据。以 2020 年 3 月 20 日一审宣判的“云南绿孔雀案”为例，该案的成功得益于自然之友取得了绿孔雀在水电工程规划淹没区域存活的大量照片和视频。为取得这些照片和视频，社会组织需要前往不通路、不通船、不通桥的淹没区实地调研，只能采取漂流、攀岩这些专业的户外手段，需要专家学者、摄影师、律师和漂流运动员等协同配合，多次取证。[②] 因此，只有像自然之友这样的公益环保组织，才能凭借专业的知识，通过长年累月的观测，感受到野生动物数量、种群、栖息地的细微变化，对行政机关不依法履职的行为给野生动物造成的不利影响作出科学、合理的预判，进而及时采取措施。

2. 累积公益诉讼经验，利于衔接

从数量上看，2015 年至 2019 年，社会组织提起的环境公益诉讼案件达 422 件，相较于 2015 年至 2018 年的平稳波动，2019 年社会组织提起的公益诉讼案件数量大幅上升，达到了 179 件（见图 3），占到全部环境民事公益诉讼案件的 36%。[③] 从质量上看，过去五年多个环保社会组织提起的环境公益诉讼案件入选最高人民法院发布的典型案例。从性质上看，我国也有社会组织针对野生动物保护提起行政公益诉讼的先例，如自然之友诉云南省怒江州环保局行政公益诉讼两案，要求被告依法撤销《行政处罚决定书》和《怒江州环保局关于福贡县 15000 吨高氯酸钾建设项目环境影响报告书的批复》。由此可见，社会组织在公益诉讼方面已经积累了丰富的经验，也对提起行政公益诉讼进行过有效探索，因而其在提起行政公益诉讼时，可以做到有效衔接。

---

① 参见中国社会组织公共服务平台，以“野生动物”为关键词进行搜索。

② 参见《五百只绿孔雀逼停十亿水电项目？案件双方均上诉，环评留隐患》，载 https://www.thepaper.cn/newsDetail_forward_7305681，2020 年 5 月 8 日访问。

③ 参见《最高人民法院环境司法发展报告（2019）》。

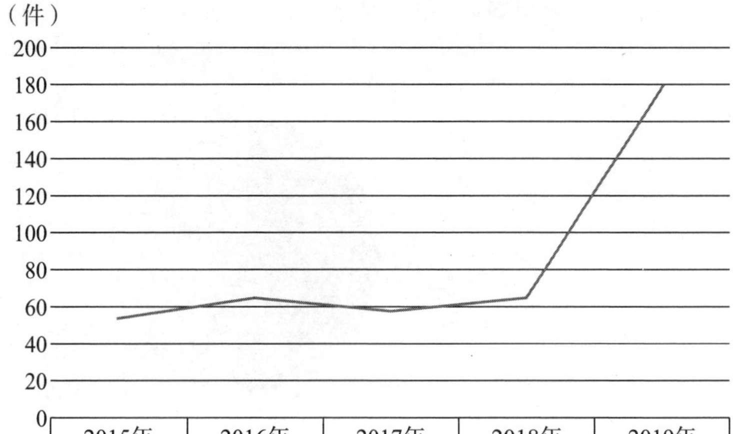

	2015年	2016年	2017年	2018年	2019年
社会组织提起环境公益诉讼数量（件）	55	65	58	65	179

—— 社会组织提起环境公益诉讼数量

图 3　2015—2019 年社会组织提起环境公益诉讼案件情况

3. 拥有野生动物保护专注力，免受外界干预

对检察院而言，公益诉讼部门只是检察院的一个内设机构，而野生动物保护更是公益诉讼领域的一个偏门。但对环保社会组织而言，从事野生动物保护活动是其设立的宗旨，也是其不断吸收会员、吸纳社会资金进行发展壮大的根本。部分社会组织还专门就提起公益诉讼进行公开募捐，例如中国绿发会设有环境诉讼支持基金、全民共护野生动物基金，自然之友设有月捐人慈善基金，这些基金设立的目的之一便是支持野生动物领域的公益诉讼，因此环保社会组织有意愿、有能力专注于野生动物保护工作。

同时，赋予社会组织对损害公共利益的行政行为提起司法审查的权利，将保护公益的司法大门向社会打开，就可以用社会权利对行政权力进行制约，充分发挥社会组织在保护公益中的作用。[①]

（二）内部不足

关于社会组织相较于检察机关提起行政公益诉讼的不足，笔者向 15 家社会组织发放的调查问卷结果如图 4 所示，具体分析如下：（1）法律专业知识欠缺，对诉讼程序不了解；（2）诉讼成本过高，缺少资金支持；

① 冯勇：《论社会团体的行政公益诉讼原告资格——从可行性及规则设计的角度》，载《中州大学学报》2010 年第 3 期。

（3）行政机关地位强势，诉讼阻力大。

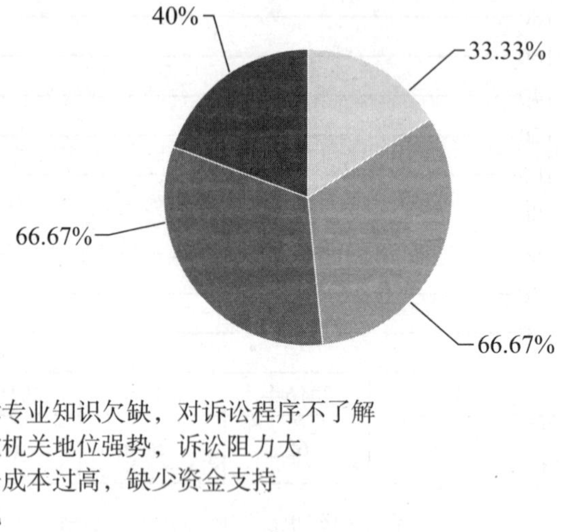

图 4　社会组织相较于检察机关的不足

（三）外部机会

1. 新冠疫情下野生动物保护得到空前重视

面对新冠疫情，2020 年 2 月 14 日，习近平总书记强调把生物安全纳入国家安全体系。2 月 24 日，十三届全国人大常委会第十六次会议审议通过《关于全面禁止非法野生动物交易、革除滥食野生动物陋习、切实保障人民群众生命健康安全的决定》，明确全面禁止食用野生动物，严厉打击非法野生动物交易。随后，最高人民法院、最高人民检察院及各国家部委均针对野生动物保护陆续出台相应政策法规，北京大学自然保护与社会发展研究中心等 9 家机构也向全国人大法工委提出《野生动物保护法》修法建议，提出在《野生动物保护法》中确立野生动物保护相关的民事及行政公益诉讼制度。

2. 完善社会治理体系亟须社会组织共同参与

党的十九大报告提出“打造共建共治共享的社会治理格局”，强调“应充分认识社会组织在社会建设中的重要作用。社会组织是社会治理和公共服务的合作者，是社会和谐与秩序稳定的影响者，是社会公益慈善事业的推动者，在推进国家治理现代化中可以发挥重要作用”。社会组织提起行政公益诉讼，从而与检察机关形成对行政机关野生动物保护监督的合力，有利于充分发挥社会组织的积极性和能动性，推动形成党的领导、政府治理、社会调节和司法审判良性互动的局面，进而完善多元治理格局。

3. 公共信托理论提供法理依据

公共信托理论可溯源至罗马法上的公众共用物概念，之后美国学者约瑟夫·萨克斯教授将该理论引入环境保护方面，他认为："阳光、水、野生动植物等环境要素是全体公民的共有财产，公民为了管理他们的共有财产，而将其委托给政府，政府与公民从而建立起信托关系。"① 该理论逐渐演变成行政公益诉讼信托，即当全体国民交给国家信托管理的财产受到侵害时，国家就有义务保护信托的财产不受损害，国民委托政府管理公共财产的同时，将自己的一部分诉权也托付给国家。② 当前我国代表国家和人民提起行政公益诉讼的主体仅限定为检察机关，当检察机关未及时发现行政机关违法履职的线索，或者虽然已经发现但无法及时进行有效监督，导致野生动物面临现实紧迫的危险时，就应当允许社会组织提起行政公益诉讼，做到有权利必有救济。

4. 行政公益诉讼主体的扩大化成为发展趋势

德国、日本及我国台湾地区等许多国家和地区都允许社会团体针对行政机关不依法履职的行为诉讼，起诉资格的扩大化正逐渐成为行政公益诉讼的一种趋势（见表 4）。

表 4　其他国家和地区社会团体提起行政公益诉讼制度介绍

	法律文件	内容
德国	《联邦自然保护法》	经主管机关认可的环保团体，符合法定要件者，即依法直接取得提起行政诉讼的权能，既不以该团体主观权益受到侵害为要件，也不须经其他社会授权而取得③
日本	《行政事件诉讼法》	请求纠正国家或公共团体机关的不合法行为的诉讼，是不以选举人资格以及其他涉及个人利益为条件而提起的诉讼④

① 李琳莎、王曦：《公共信托理论与我国环保主体的公共信托权利和义务》，载《上海交通大学学报（哲学社会科学版）》2015 年第 1 期。

② 张晓玲：《行政公益诉讼原告资格探讨》，载《法学评论》2005 年第 6 期。

③ 汤维建：《论检察机关提起民事公益诉讼》，载《中国司法》2010 年第 1 期。

④ 参见王彦：《日本行政案件诉讼法》，载《行政法学研究》2005 年第 1 期。

续表

	法律文件	内容
中国台湾地区	“行政诉讼法”	人民为维护公益，就无关自己权利及法律上利益之事项，对于行政机关之违法行为，得提起行政诉讼。但以法律有特别规定者为限

（四）外部风险

未允许社会组织提起行政公益诉讼主要出于对滥诉风险的担忧，即个别社会组织为一己私利，更有甚者接受境外资金支持，滥用行政公益诉讼制度，妨碍行政机关依法履职。但面对公益，不能因噎废食，只要制度设置合理，就能避免滥诉的危害，“公众行政诉讼”（含自然人和社会组织发起的）势必会与“检察行政公益诉讼”一起，相得益彰，共同发挥作用。这也是一个向人民负责的执政体系应有的诉讼装置。①

（五）社会组织提起行政公益诉讼必要性小结

在野生动物保护领域赋予社会组织提起行政公益诉讼的权利，将会与检察行政公益诉讼形成良好的互补局面，全方位监督行政机关依法履职。以小见大，在关乎社会公共利益的其他领域，也应当允许社会组织提起行政公益诉讼，在检察机关职能缺位时，通过社会组织进行有效补充。

三、制度构建：社会组织提起行政公益诉讼的程序设计

为充分发挥社会组织专业性强、专注度高、经验丰富的优势，解决其诉讼能力不足、与行政机关沟通不畅等困难，以及对现有行政公益诉讼制度中偏重于事后纠正而非预防诉讼、鉴定标准不统一、诉讼成本高等不足之处进行反思，下文笔者将从明确起诉条件，完善诉前程序，设立行为保全、庭前会议、支持起诉、诉讼激励制度等方面出发，对社会组织提起行政公益诉讼提出合理的制度建设方案。

（一）起诉条件

1. 防止滥诉：将行政公益诉权赋予特定社会组织

我国依法登记的社会组织有 880 余万个，不仅数量极大，且在规模、专业能力、社会责任感上也有差距。为规范行政公益诉讼活动，防止滥用

① 沈岿：《重新定义检察行政公益诉讼》，载《中国法律评论》2017 年第 5 期。

诉权对行政机关正常履职及司法秩序的妨碍，应当对有权提起行政公益诉讼的社会组织进行一定限制。参照我国《环境保护法》及《最高人民法院关于审理环境民事公益诉讼案件适用法律若干问题的解释》相关规定，只有在设区的市，自治州、盟、地区，不设区的地级市，直辖市的区以上人民政府民政部门登记的社会团体、民办非企业单位以及基金会等，且在提起诉讼前五年内未因从事业务活动违反法律法规的规定受过行政、刑事处罚的，才认定为“法律规定的社会组织”。并要求社会组织提起的诉讼所涉社会公共利益，应与其宗旨和业务范围具有关联性。

2. 预防性诉讼：将对公共利益的威胁纳入诉讼客体范围

由于社会组织长期从事公益活动，相比于党政机关具有专业性、专注度与敏感度的优势，不仅可以在公共利益受到破坏时进行保护，更能够在公共利益面临威胁时及时作出反应。如“云南绿孔雀案”，就是公益组织在绿孔雀栖息地被破坏前及时发现并提起的“预防性”诉讼。因此，应当将“负有监督管理职责的行政机关违法行使职权或者不作为，致使国家利益或者社会公共利益面临威胁”也纳入行政公益诉讼的起诉条件。

（二）诉前程序：高效化解公益受损困境与充分发挥社会组织专业性优势

诉前程序是行政公益诉讼起诉的必要前置条件。该制度价值在于行政公益诉讼的旨趣不在于扩张司法权而是督促行政，体现司法权的谦抑与对行政权专业性的尊重。[①]行政公益诉讼的目的绝非追求行政机关败诉的结果，而是要通过诉讼或诉前程序督促行政机关依法履职。设立诉前程序的初衷正是在于提高监督效力、发挥行政机关履职的能动性。[②]根据2020年最高人民检察院工作报告，全国检察机关全年办理的行政公益诉讼案件119787件，有96%在诉前程序办结，其中向行政机关所发出的103076份检察建议，回复整改率为87.5%，不仅节约了大量司法资源，更是将公共利益受到侵害的问题高效化解在诉前。

社会组织提起行政公益诉讼，既是依法对行政权进行监督，也是积极参与社会综合治理的行为，同样应当履行诉前程序，向行政机关发送“社

① 刘超:《环境行政公益诉讼诉前程序省思》,载《法学》2018年第1期。

② 参见沈开举、邢昕:《检察机关提起行政公益诉讼诉前程序实证研究》,载《行政法学研究》2017年第5期。

会治理建议书”。因社会组织长期从事某一领域活动、能够形成数据积累、对环境变化较为敏感，在诉前程序中恰可以发挥其专业性强、经验丰富、研究有深度的优势，在“社会治理建议书”中可以强化说理，准确写明公共利益受损的表现，提出合理有效的整改措施或意见。同时应将建议书报登记管理机关备案，避免对行政执法机关正常履职的不当干涉。

（三）行为保全：对被诉行政机关及直接侵权人提出行为保全申请

在生态环境和资源保护、食品药品安全公益诉讼案件中，由于侵犯的客体往往具有紧迫性与不可逆转性，因此立即停止违法行为是比胜诉更为重要的任务。环境行政执法与环境司法相比，无疑成本更低，效率更高。[①] 行为保全作为一项“预防性”措施，是绿色环境司法体系中的重要一环。如在中华环保联合会诉江阴市长泾梁平生猪专业合作社、江阴市长泾栋梁生猪养殖场水、土壤污染环境公益诉讼案中，人民法院同时适用了行为保全和证据保全，还根据案件实际情况采取了财产保全措施，保证了受损生态环境得以有效修复。[②]

行为保全应当以“裁定书”的形式作出，并明确违反诉讼禁令产生的相应责任，同时可以允许当事人申请同级人民法院复议一次。因行政权与司法权同是国家公权力的重要组成部分，司法权对行政权应当是监督、规范，而非命令、指导、替代作用。因此，行政公益诉讼中的行为保全应当有证据证明申请的正当性与紧迫性，不能仅以申请人提供财产担保作为提起的前提，而是要有证据初步证明行政机关不依法履职致使公共利益受到难以逆转的侵害或面临紧迫威胁。

（四）庭前会议：畅通交流与“庭前调解”

庭前会议源于刑事诉讼程序，旨在将部分程序性争议解决在庭审前，能有效提高庭审效率、增强庭审的连贯性。行政公益诉讼案件存在法律关系复杂、所涉领域专业性强、社会舆论关注密切、社会组织与行政机关沟通渠道不畅通等特点、难点，引入庭前会议制度并将听证制度、“圆桌会议”纳入其中，不仅可以解决相关程序性问题，还能发挥调解作用，将矛

---

① 杨凯：《民行一体化：环境司法诉讼禁令制度的重构与完善》，载《武汉大学学报（哲学社会科学版）》2019年第4期。

② 江必新：《中国环境公益诉讼的实践发展及制度完善》，载《法律适用》2019年第1期。

盾化解在庭前，敦促行政机关自觉履职。同时也有利于在涉及法律与科学技术问题的交叉时，在充分尊重科学解决手段特性的前提下裁决法律纠纷。[①]行政公益诉讼庭前会议与刑事诉讼庭前会议相比具有更多的柔和性、具体领域的专业性与参与积极性；与听证会相比具有更强的程序性与独立性；与圆桌会议相比具有更强的规则性与约束力（见图5）。

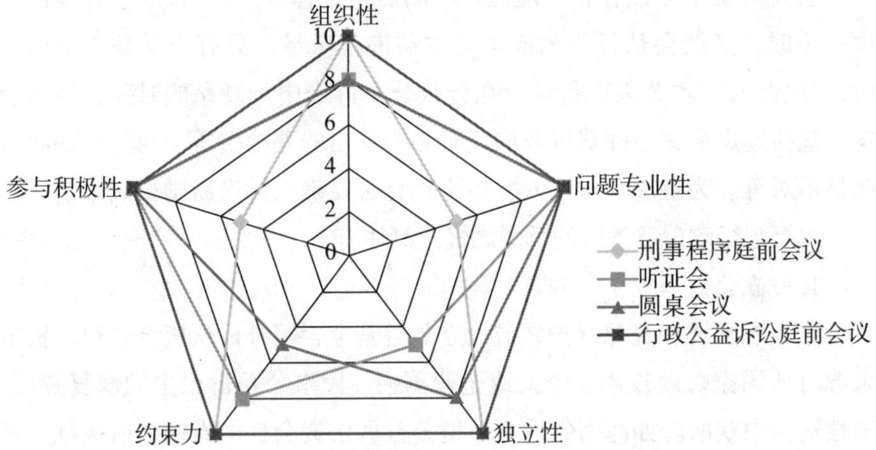

图5　庭前会议与其他庭前程序对比

除当事人外，还可以通知行政相对人、利害关系人、鉴定人、专家学者、人大代表或政协委员参加并发表意见。在综合听取社会各界意见的基础上，重点调查具体案件中的法律适用问题，如行政机关履职标准、国家利益和社会公共利益的界限、鉴定意见与专家意见的效力、行为保全的内容等。经过庭前会议后，如被诉行政机关纠正违法行为、依法履行职责而使公益诉讼起诉人的诉讼请求全部实现，或者提出经公益诉讼起诉人认可的有效可行的整改方案，公益诉讼起诉人撤回起诉的，人民法院应当裁定准许，公益诉讼起诉人变更诉讼请求，请求确认原行政行为违法的，人民法院应当判决确认违法。

（五）支持起诉制度：社会组织与检察机关形成合力

为更好地将社会组织的专业性、独立性、积极性与检察机关的地位优势、诉讼能力结合在一起，应建立检察机关支持起诉制度。在社会组织提

① 李义松、霍玉静：《论环境公益诉讼庭前专家会议制度的构建》，载《内蒙古社会科学（汉文版）》2017年第6期。

起行政公益诉讼及诉前程序时，可以申请检察机关支持起诉，检察机关认为起诉理由成立的，可以通过协助调查取证、委托鉴定、搭建沟通机制，或直接通过出具《支持起诉意见书》、派员出庭等方式支持起诉；[①] 也可以作为共同公益诉讼起诉人一起参加诉讼，享有独立的诉讼权利。

（六）诉讼激励机制：解决起诉后顾之忧

公益诉讼中必然存在“理性人”的衡量选择。[②]“理性人”在作出一项决定时，必然会从行为的成本与收益进行考量，只有当受益大于成本时，“理性人”才会采取行动。在行政公益诉讼中，高昂的时间、经济成本（包括鉴定费、律师费以及取证时必要支出的差旅费等）与诉讼的收益明显不对等。为解决“理性人”担忧，有必要确立诉讼激励机制来解决社会组织提起行政公益诉讼的后顾之忧。具体有：

1. 设立公益基金

在生态环境和资源保护领域设立公益基金，填补诉讼资金缺口。资金来源可从国家财政投入、个人或企业募捐、民事公益诉讼中的修复费用、赔偿资金中获取。如海南省设立环境公益诉讼资金，由省级政府拨款，专款专用。

2. 统一鉴定标准

健全专家参与制度，建立野生动物、林业、海洋、大气等各领域专家库，畅通专家联系渠道；完善专家咨询、鉴定人参加庭前会议、出庭制度，统一鉴定意见的司法采用标准；对鉴定人、专家参与诉讼发生的交通费、住宿费和误工补贴等费用，由人民法院承担。

3. 缓交鉴定费

在全国各地推选出一批专业鉴定机构，对行政公益诉讼中涉及的对财产损失及修复费用、污染物性质判断、食品药品成分等鉴定事项，由鉴定机构预先受理鉴定并出具鉴定意见，鉴定费待人民法院判决后由败诉方承担。对不预收鉴定费的鉴定机构，地方政府可以在政策、资金等方面给予扶持。

---

① 刘奕君：《论检察机关支持起诉在行政公益诉讼中的运用》，载《广西政法管理干部学院学报》2008 年第 5 期。

② 闫少婷：《掣制与突围：论环境民事公益诉讼激励机制的构建——以公共选择理论以及激励理论为视角》，载《深化司法改革与行政审判实践研究——全国法院第 28 届学术讨论会获奖论文集（上）》，人民法院出版社 2017 年版。

结　语

保护野生动物就是保护人类赖以生存的家园。在当前疫情背景下，应当探索建立社会组织提起行政公益诉讼制度，作为对检察行政公益诉讼的有效补充，以共同监督行政机关依法履行野生动物保护职责。本文只是对社会组织提起行政公益诉讼作了初步的理性思辨和制度构建（见图6），相关问题还有待更为全面精细的研究，但是我们坚信在司法改革稳步推进的基础上，社会组织提起行政公益诉讼制度一定能够建立。

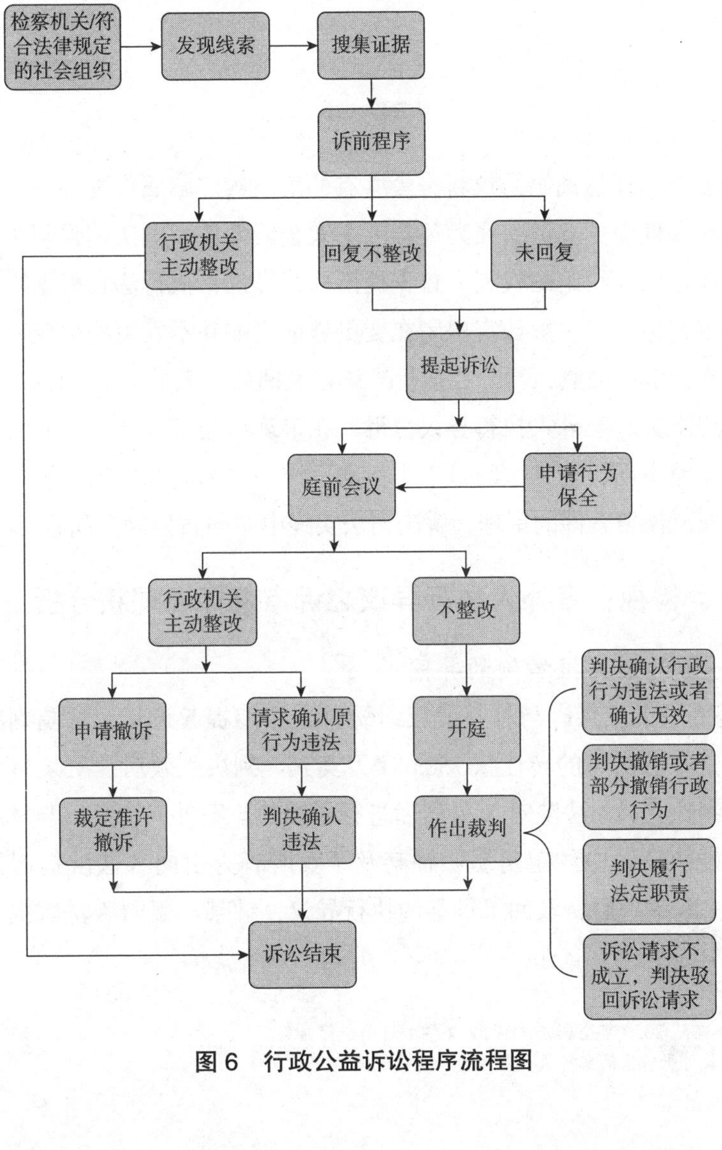

图6　行政公益诉讼程序流程图

检视与构建：案外人执行异议之诉审查标准探析 *

——以离婚协议能否排除金钱债权执行为切入点

余 淼 张 焱

引 言

夫妻双方通过离婚协议将夫妻共有的房屋约定归属夫妻一方或子女所有，但未办理变更登记，在另一方因个人金钱债务而被法院强制执行该房屋时，离婚协议约定的权利人首先提出执行异议，执行法官根据物权公示原则的审查标准，一般认定房屋在变更登记之前并不发生物权变动的法律效果，支持继续强制执行。在执行异议被驳回后，案外人①依据《民事诉讼法》规定提起案外人执行异议之诉，在审理该类案件中，不同法院采取的裁判思路不同，究其原因系审查标准不统一。因此亟须确定统一的审查标准，规范该类案件的审理，解决司法实践中“同案异判”问题。

一、检视：案外人执行异议之诉审查标准现状分析

（一）两则公报案例的异同

【案例 1】王某因与林某股权纠纷向 A 法院提起诉讼，法院判决林某应返还王某已支付的转让款 750.681 万美元。判决生效后，王某向 A 法院申请强制执行，A 法院对 X 处房屋进行了续封。案外人钟某以与林某签订的《离婚协议》中约定房屋归钟某及子女所有为由向 A 法院提起执行异议。A 法院审理后，驳回了钟某的执行异议，钟某不服向 A 法院提起案外

* 本文获 2020 年全国法院第 32 届学术讨论会优秀奖。

① 本文所讨论的案外人包括夫妻一方或子女。

人执行异议之诉。[①]

【案例2】刘某因与吕某之间因股权转让纠纷诉至B法院，B法院判令刘某归还吕某人民币2000万元并支付相应的利息。判决生效后，吕某向B法院申请强制执行，B法院查封了刘某名下位于Y处的房屋。付某依据其与刘某签订的《离婚协议》已约定Y处房屋归其所有为由要求解除对争议房屋的查封并中止执行。法院审理后，驳回了付某的执行异议，付某不服提起了案外人执行异议之诉。[②]

表1　两则公报案例审查标准比较

	案例1	案例2
权利形成时间	离婚协议早于债权形成时间	离婚协议早于债权形成时间
争议房屋状态	未过户、案外人一直占用	未过户、案外人一直占用
申请执行债权类型	金钱债权	金钱债权
案外人享有权益类型	福建高院：物权、具有人身关系性质 最高人民法院：特殊的变更登记请求权	债权，不可对抗第三人
案件审查标准	依据离婚协议享有权利VS一般债权	物权公示原则
判决适用法律	《婚姻法》《民事诉讼法》	《物权法》
裁判结果	排除强制执行	继续强制执行

小结：两则案例案情基本相同，但由于裁判法院采用的审查标准不同，导致判决结果完全相反（见表1）。A法院认为，钟某与林某《离婚协议书》中对共同财产的分割具有解除人身关系的性质，不同于一般处分房产所有权的协议，支持了钟某的诉讼请求。二审法院认为钟某及其所生子女享有将讼争房产的所有权变更登记至其名下的请求权，该请求权与王某的请求权在成立时间、内容、性质、发生根源若干方面存在不同，具有排除执行的效力，故维持了原判。B法院则认为，付某与刘某在离婚协议中约定房屋产权均归付某所有的处分行为未经产权变更登记并不直接发生物权变动的法律效果，也不具有对抗第三人的法律效力，故驳回了付某的诉讼请求。

（二）案外人执行异议之诉审查过程中存在的问题

通过文书检索，笔者共检索到B市范围内2013年至2019年离婚协议

---

① 参见《最高人民法院公报》2016年第6期。

② 参见《最高人民法院公报》2017年第3期。

类案件裁判文书126篇，其中对本文研究有参考价值的为53篇。[①] 经过梳理与分析，发现该类案件的审查标准主要存在如下问题：

1. 执行标的实体权属判断标准不同

按照物权公示原则，夫妻双方虽在离婚协议中约定房屋归属一方或者子女所有，但并未进行变更登记，不发生物权变动的效力，该房屋的所有权仍归属于被执行人，属于被执行人的责任财产。实践中多采用这一标准认定案外人对房屋不享有权利。在53篇裁判文书中，有28篇直接适用该标准驳回了案外人诉讼请求，占比达53%。但有些法院探究静态物权背后真实的权利属性，从离婚协议中房屋归属约定的效力出发判定案外人对房屋享有权益，并对该权益能否排除执行进行比较判断。

2. 案外人对房屋享有权益性质判断存在差异

依据物权公示原则无法认定案外人对房屋享有所有权，但夫妻双方通过离婚协议对房屋进行了处分，该处分具有法律效力。案外人依据离婚协议对房屋享有权益，但对于权益的性质，司法实践中有不同观点，以案外人对房屋享有要求被执行人协助变更登记的债权请求权为主。在53篇裁判文书中，有19篇将案外人权益性质认定为债权请求权，占比36%（见图1），部分法院认为案外人享有的权益性质为所有权或物权期待权。

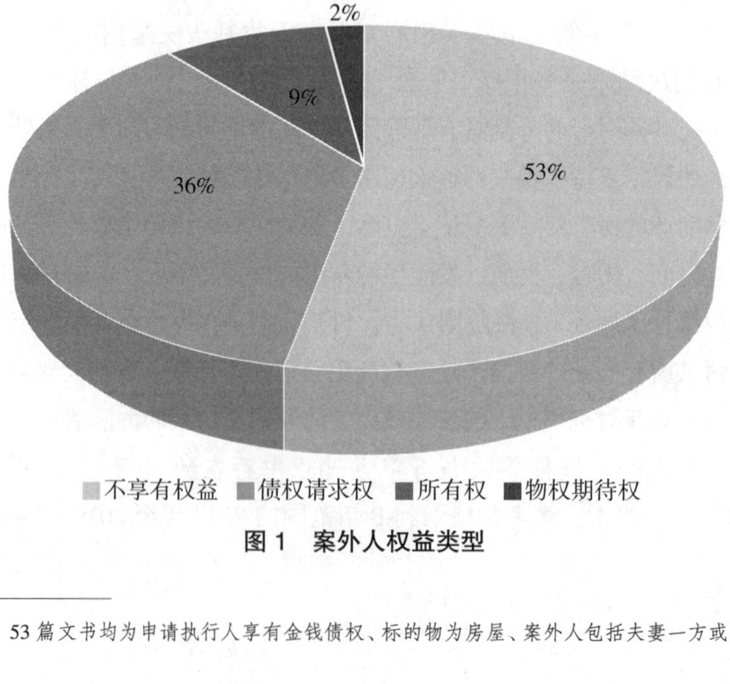

图1 案外人权益类型

---

① 53篇文书均为申请执行人享有金钱债权、标的物为房屋、案外人包括夫妻一方或子女。

3. 案外人权益与执行债权对抗优先性不一致

在金钱债权执行案件中，因对案外人的权益性质未形成统一的观点，不同权益之间的对抗会产生不同的对抗效力。当案外人享有物权时，其优先于申请执行人的债权受到保护并未有异议。但当案外人享有的权益为债权请求权时，在研究的样本中，79% 的法院认为案外人协助过户请求权与申请执行人债权应当受到平等保护，案外人权益不享有优先性；有 21% 的法院认为案外人请求权与一般债权请求权在若干方面存在不同，并从案外人权益的性质、内容、产生的时间等方面分析，主张应当优先进行保护。

4. 排除强制执行考量因素不统一

判断案外人享有的权益能否排除强制执行，不应当仅仅就两者权益的性质在理论层面进行比较分析，还需要结合案件实际情况，考察案件特殊因素，比如一些案件中法院首先分析依据离婚协议享有权益的时间与执行债权形成时间的先后，从而判断案外人是否存在恶意；一些案件考察案外人对于未及时办理过户是否有过错，认为较长时间未过户将承担不利的后果；另外一些案件则考察离婚协议真实意思及特殊性质，结合伦理道德价值，最终作出能否排除强制执行的裁判。因此，不同因素的考量将影响审判标准的判断，最终影响裁判结果。笔者研究发现，江苏省高级人民法院、江西省高级人民法院与最高人民法院民一庭[①]关于离婚协议能否排除强制执行因素也有着不同的考量（见表 2）。

表 2　排除强制执行考虑因素差异

	最高人民法院民一庭	江西省高级人民法院	江苏省高级人民法院
是否恶意逃避债务	考量	考量	未规定
权利形成时间	未规定	考量	考量
未转移登记是否有过错	未规定	未规定	考量
道德义务	考量	未规定	未规定

（三）究其原因系案外人执行异议之诉审查规则缺失

上述两则公报案例在执行异议阶段的裁判结果一致，执行异议之诉的

① 笔者从网络上搜索相关规定，搜集到三家法院和部门对此有规定或意见。

结果却相反，原因在于法律已明确规定执行异议程序适用物权公示原则的审查标准，但未对执行异议之诉的审查标准进行规定。

2007 年我国《民事诉讼法》借鉴域外立法经验，增设案外人执行异议之诉制度，后对该制度进行不断完善并就程序性事项进行了细化规定，但对具体类案如何进行裁判并未形成规范（见表 3）。在具体案件中，审判法官直接或者间接适用《最高人民法院关于人民法院办理执行异议和复议案件若干问题的规定》作为裁判依据，[①] 然而该规定只适用于执行异议程序，部分法院援引该规定系因该类案件审查规则的缺失。

表 3 法律法规关于案外人执行异议之诉的规定

《民事诉讼法》(2007 年修正)	
发布主体	全国人民代表大会常务委员会
发布时间	2007 年 10 月 28 日
主要涉及内容	第 204 条　执行过程中，案外人对执行标的提出书面异议的，人民法院应当自收到书面异议之日起十五日内审查，理由成立的，裁定中止对该标的的执行；理由不成立的，裁定驳回。案外人、当事人对裁定不服，认为原判决、裁定错误的，依照审判监督程序办理；与原判决、裁定无关的，可以自裁定送达之日起十五日内向人民法院提起诉讼
《最高人民法院关于适用〈中华人民共和国民事诉讼法〉执行程序若干问题的解释》	
发布主体	最高人民法院审判委员会
发布时间	2008 年 11 月 3 日
主要涉及内容	第 17 条　案外人依照民事诉讼法第二百零四茶规定提起诉讼，对执行标的主张实体权利，并请求对执行标的停止执行的，应当以申请执行人为被告；被执行人反对案外人对执行标的所主张的实体权利的，应当以申请执行人和被执行人为共同被告 第 18 条　案外人依照民事诉讼法第二百零四条规定提起诉讼的，由执行法院管辖 第 19 条　案外人依照民事诉讼法第二百零四条规定提起诉讼的，执行法院应当依照诉讼程序审理。经审理，理由不成立的，判决驳回其诉讼请求；理由成立的，根据案外人的诉讼请求作出相应的裁判
《最高人民法院关于适用〈中华人民共和国民事诉讼法〉的解释》	
发布主体	最高人民法院审判委员会
发布时间	2015 年 1 月 30 日

① 笔者通过裁判文书网搜索 126 篇离婚协议类裁判文书，发现有 32 篇适用了该规定，适用率 25%。

续表

主要涉及内容	第311条　案外人或者申请执行人提起执行异议之诉的，案外人应当就其对执行标的享有足以排除强制执行的民事权益承担举证证明责任 第312条　对案外人提起的执行异议之诉，人民法院经审理，按照下列情形分别处理： (一)案外人就执行标的享有足以排除强制执行的民事权益的，判决不得执行该执行标的 (二)案外人就执行标的不享有足以排除强制执行的民事权益的，判决驳回诉讼请求 案外人同时提出确认其权利的诉讼请求的，人民法院可以在判决中一并作出裁判

江西省高级人民法院、江苏省高级人民法院、最高人民法院民一庭对离婚协议类案件的审理出台了规范或倾向意见（见表4），从规范和倾向意见的内容来看，三者观点有相同的部分，即均未根据物权公示原则直接驳回案外人的诉讼请求。但三者在能否排除强制执行考量因素上并未形成统一意见，江苏省高级人民法院以案外人过错、债权形成先后时间作为考量因素；江西省高级人民法院以离婚事实是否存在、债权形成先后时间、案外人是否恶意作为判断标准；最高人民法院民一庭的观点比较笼统，以案外人与被执行人是否恶意串通作为考量因素。

表4　地方法院关于离婚协议类案外人执行异议之诉的规定

《江苏省高级人民法院执行异议及执行异议之诉案件审理指南(一)》	
发布主体	江苏省高级人民法院
主要内容	27.执行依据确定的债务人为夫妻一方，被执行人在案涉房产查封前已经协议离婚，约定被查封房产归另方所有，被执行人原配偶提起执行异议及异议之诉的，区分下列情形处理： (1)案涉房产已经过户登记到被执行人原配偶名下，被执行人原配偶因此提起案外人执行异议之诉，请求排除执行的，如果离婚财产协议分割行为发生在执行依据诉讼或仲裁之前，或者发生在执行依据所确定的债务形成之前的，应予支持。申请执行人有证据证明被执行人系与案外人虚假离婚放弃财产或无偿转让财产的，可根据《合同法》第五十二条、第七十四条规定另行起诉，请求确认夫妻财产分割协议无效或撤销该协议 (2)案涉房产仍在被执行人名下，尚未过户登记到被执行人原配偶名下，被执行人原配偶以其为权利人为由，提出案外人执行异议及执行异议之诉，请求排除执行的，不予支持。但其提供的证据能够证明其对未办理房屋所有权转移登记没有过错，且离婚财产分割行为早于执行依据所确定的债务形成时间的，应予支持

续表

	(3)被执行人未履行离婚协议，原配偶在该房产被查封前已通过诉讼、仲裁且已裁决被执行人为其办理房屋变更登记；查封时尚未办理过户登记手续；原配偶提出案外人执行异议之诉，主张该房归其所有，请求排除执行，如果离婚协议签订于执行依据所确定的债务形成之前的，可以参照《异议复议规定》第二十六条第一款第一项规定，判决不得对该房屋执行
《江西省高级人民法院关于执行异议之诉案件的审理指南》	
发布主体	江西省高级人民法院
主要内容	第27条　金钱债权执行中，离婚协议约定的房屋所有权人与登记所有权人不一致，离婚协议约定的房屋所有权人对登记在被执行人名下的房屋提起执行异议之诉，符合下列条件的，应予支持： (1)离婚的事实客观存在 (2)离婚协议约定的房屋变更登记请求权先于执行案件的债权而产生 (3)离婚协议对房屋所有权的处分不存在规避执行或逃避债务的情形
《民事审判指导与参考(2011—2018年合辑)》	
发布主体	最高人民法院民一庭
主要内容	3.离婚协议对于房屋产权的约定能否对抗申请执行人 离婚协议中已约定了房屋产权归属，在未进行产权变更的情况下，是否具有对抗外界债权主张的法律效力，目前有两种不同观点：一种意见认为，婚姻法对于不动产的处分区别于一般的物权变动，虽然房屋的产权变更未作登记，但如果双方对于房屋权属的约定是明确的，双方也非假离婚而逃避债务，则应当支持案外人停止执行的诉讼请求 另一种意见认为，物权具有公示公信力，对于房屋产权的认定应以登记为准。我们倾向于第一种意见。司法实践中：双方离婚，往往约定将房屋归属于负责抚养子女的一方，为防止对方再婚，通常不变更房屋的产权归属。此时，若允许执行，则其基本生活将无法保障。因此，只要不是双方事前串通恶意逃债，应当支持其停止执行的诉讼请求

二、剖析：案外人执行异议之诉审查标准的理论基础

根据《最高人民法院关于适用〈中华人民共和国民事诉讼法〉的解释》第311条规定，案外人提起执行异议之诉的，案外人应当就其对执行标的享有足以排除强制执行的民事权益承担举证证明责任。法院审理此类案件应首先根据案外人提交的证据判断案外人对执行标的物是否享有权益，但因是否适用物权原则的审查标准不同，判断结果相异。

（一）物权公示原则非实质权益判断的唯一标准

1．物权公示原则只推定形式物权

我国《物权法》采纳了物权公示原则，并采用的是登记生效要件主

义。但通过法定的物权公示方法所反映的权利信息，有可能不能绝对真实地表达物权的实质归属。[①] 在执行程序中，执行法官根据公示推定理论，推定登记人对标的物享有权利，并对该标的物采取强制措施。执行法官将不动产登记簿上记载的事实表现出来的物权作为权属正当的物权来处理，符合法律认可的外观形式反映出来的权利表象作为真实权利。但审判程序有别于执行程序，在案外人执行异议之诉的审判程序中，权利推定规范并不能导致拥有形式物权的不动产登记簿上的登记人终局、确定地享有真实权利，只是减轻了他的证明负担，因而他无须积极证明自己权利的真实性，而是将举证责任转移给提出相反主张的案外人，由其提供证据推翻权利推定。

因此，在案外人执行异议之诉中，并不应完全以物权公示原则作为权属的判断标准，而应根据案外人提供的反驳证据，实质审查案外人对房屋是否享有实质权益。审理中，首先应当对案外人提出的主张进行实体审查，判断权益基础法律关系，在案外人无证据证明其对房屋享有权益时，适用《物权法》的规定驳回其诉讼请求，而不是直接适用《物权法》作出裁判。

2. 案外人执行异议之诉价值在于探究实质权益

我国案外人执行异议之诉制度是将执行异议程序作为审理程序的前置程序，在执行异议程序中对实体权利进行形式的、非终局的审查之后作出裁定，案外人不服提起异议之诉。全国人大常委会法工委民法室在阐述该条的立法理由时指出："案外人异议是执行程序中经常遇到的问题，既涉及对案外人、执行当事人合法权益的保护，也涉及执行工作效率。考虑到审判程序比较复杂，如果对所有的案外人提出的异议不经审查便直接进入审判程序，不仅影响执行效率，还可能给一部分债务人拖延履行留下空间，不利于债权的及时实现。实际上，一部分案外人异议仅通过执行机构的初步审查即可得到解决。"[②] 由此可知，执行异议与案外人执行异议之诉制度不同（见表5）。在离婚协议类案外人执行异议之诉中，如果采取的标

① 肖建国：《执行标的实体权属的判断标准——以案外人异议的审查为中心的研究》，载《政法论坛》2010年第3期。

② 全国人大常委会法工委民法室编：《〈中华人民共和国民事诉讼法〉条文说明、立法理由及相关规定》，北京大学出版社2012年版，第366页。

准与执行程序物权公示原则一致，不符合制度设计逻辑，案外人执行异议之诉保护案外人实质权益的价值不能体现。

表5　执行异议与案外人执行异议之诉的区别

	执行异议	案外人执行异议之诉
程序性质	执行程序	审理程序
程序阶段	前置程序	诉讼救济
权属判断标准	物权公示原则	实质审查
程序终局性	非终局性	终局性
裁判依据	《最高人民法院关于人民法院办理执行异议和复议案件若干问题的规定》	《物权法》《合同法》《婚姻法》等实体法
程序价值	执行效率	平衡案外人利益保护与执行债权实现

（二）案外人依据离婚协议对房屋享有实质权益

1. 离婚协议中房产归属约定具有法律效力

在理论界和实务界，对于离婚协议的性质认定存在诸多学说，目前通说观点为复合协议说，即离婚协议包含形成行为和附随行为两个部分，即包括解除婚姻关系形成的身份行为，还包括夫妻财产分割、子女抚养等附随的身份行为。形成行为要以登记为生效要件，必须以到婚姻登记机关登记离婚或者到人民法院协议离婚为特别生效要件，附随行为要以形成行为的生效为前提条件，在离婚协议未进行登记之前，附随的财产分割条款也不生效。[①]故当离婚协议未经登记或法院认定时，该协议并未发生效力，根据《最高人民法院关于适用〈中华人民共和国婚姻法〉若干问题的解释（三）》第14条的规定，此时双方当事人均可以反悔，一方不可依据离婚协议向另一方主张权利，所以案外人依据未经登记的离婚协议主张排除强制执行的，均不予支持。

关于离婚协议中约定将房产归属夫妻一方所有的效力问题，根据《最高人民法院关于适用〈中华人民共和国婚姻法〉若干问题的解释（二）》规定，离婚协议中关于财产分割的条款对男女双方具有法律约束力。因《婚姻法》对此种情况有特殊规定，双方应当按照该规定履行离婚协议中

① 许莉：《离婚协议效力探析》，载《华东政法大学学报》2011年第1期。

的财产分割约定，办理房屋交割及过户手续，一方依据离婚协议主张权利的，法律依法进行保护。关于离婚协议中约定将房产归属子女约定效力问题，虽然目前仍有争论，但笔者认为，房产归属子女所有的约定属于夫妻双方对子女的赠与行为，但和一般赠与行为有所不同，根据离婚协议的性质，涉及夫妻身份关系的解除以及夫妻共同财产的分割、子女抚养问题等有机联系的整体，在性质上，属于附有道德义务的赠与，属于离婚协议整体的一部分，不能任意撤销，夫妻双方有协助办理房屋交割及过户的义务。

2. 案外人对房屋享有物权期待权

目前对于案外人对房产享有权益类型有不同的观点，包括物权说、物权期待权说、债权说。笔者认为，案外人基于《婚姻法》或者《合同法》主张对房屋享有权益，在房屋未过户至其名下之前并未享有所有权，只享有依据离婚协议约定请求过户的物权变动请求权，形式上属于债权，但考虑到离婚协议特殊的性质，财产的分割需与身份关系解除、子女抚养一体进行考虑，同时基于离婚协议的内容不可随意撤销，所以笔者认为案外人基于离婚协议对房屋享有的权益为物权期待权。从实际权利人的角度考量，如果其已经实际占有使用房屋，且房屋产权登记正在办理变更或者对于未办理房屋产权变更登记没有过错，则其距离完整的法律意义的所有权人仅仅有一步之遥，其享有的权利的性质为物权期待权，对其应当优先于普通金钱债权人予以保护。[①]

（三）物权期待权属于足以排除强制执行民事权益类型

目前我国法律及司法解释未对案外人执行异议之诉中“足以排除强制执行的民事权益”的类型作列举式规定，仅有总体性概括，以至于在司法实践中产生各地法院对权益类型把握不一的情况。从民法关于民事实体权利的分类来看，物权（所有权、用益物权、担保物权）、债权、期待权、股权、知识产权等实体权利都可以成为异议事由，合法占有以及已采取诉讼保全措施的保全物也能够阻止强制执行。[②]我国台湾学者杨与龄认为：“除所有权外，何种权利，始可排除强制执行，应当依其在实体法上之性

① 王毓莹：《离婚协议关于房屋产权的约定能否对抗申请执行人》，载《人民法院报》2017年11月22日第7版。

② 张卫平：《论案外人执行异议之诉》，载《法学研究》2009年第1期。

质、效力及执行目的或方法定之。凡第三人在执行标的物上所存在之权利无忍受强制执行之法律上理由者，无论是否物权，均可提起本诉。”[①] 期待权理论最早由德国学者所创设，后为大陆法系国家和地区所普遍接受。期待权用于描述取得特定权利所必需的必要条件虽已部分实现，但尚未全部实现之“暂时的权利状态”[②]。期待权之性质一直聚讼纷纭，通说认为这是“一个所有权的预备阶段”，一项接近物权但还不是完整物权的权利。[③] 案外人依据离婚协议约定对房屋享有的物权期待权应受到法律保护，当房屋被强制执行时，案外人可依据其对房屋的期待权对抗执行债权的基础法律关系，至于能否排除强制执行，应当在个案中结合基础权利性质、案外人过错程度、道德义务等多方面综合衡量进行判断。

三、构建：案外人执行异议之诉的审查标准设计

根据前文分析，笔者认为夫妻一方或子女均享有依据《婚姻法》或《合同法》要求被执行人协助将登记在其名下的争议房屋办理变更登记的权利，该权利性质属于物权期待权。物权期待权优先于金钱债权受到保护，故可排除金钱债权的强制执行。笔者从案外人执行异议之诉的本质出发，结合离婚协议类案件的特殊性质，对审查标准的构建提出建议，以期形成统一的裁判思路，规范金钱债权执行中离婚协议类案件的审理。

（一）案外人执行异议之诉的审查原则

1. 以审查能否排除强制执行为原则

诉讼中，案外人一并提起确认房屋归其所有及协助办理过户的诉讼请求，同时案外人或申请执行人主张执行依据确定债务为个人债务或者夫妻共同债务，法院对是否应列为审理范围及判项内容的做法不一。笔者认为，案外人提起执行异议之诉的目的在于排除对房屋的强制执行，因此只应在判断案外人对房屋是否享有实质权益的基础上作出能否排除强制执行的裁判。执行依据已确定夫妻一方承担责任，执行部门应当严格依据该判决采取强制措施，执行异议之诉是作为执行的救济途径，自然应当遵从执行依据的效力，不应对债务承担主体进行重新认定，该争议应当通过另案

① 杨与龄编：《强制执行法论》，中国政法大学出版社2002年版，第204页。

② 王轶：《期待权初探》，载《法律科学》1996年第4期。

③ 申卫星：《所有权保留买卖买受人期待权之本质》，载《法学研究》2003年第2期。

解决。目前，我国法律只规定确认之诉可一并处理，故在法律未明确规定给付之诉、形成之诉可一并审理时，案外人提起的协助办理过户的诉讼请求亦应另案处理。

2. 以案外人实质权益优先受到保护为原则

在判断案外人权益和申请执行人债权何者应获优先受到保护时，依据物权公示原则推定权利人，通过权利外观表征取代人们对真实权利判断的误差，在权利归属判断上具有效率性，故属于执行异议的审查标准。然而，申请执行人不同于因信赖权利外观而与被执行人发生交易的善意第三人，不属于为维护交易安全而优先受到保护的第三人，申请执行人对被执行人享有金钱债权并不直接指向房屋，而案外人的权益直接涉及房屋，所以申请执行人的信赖利益并不必然优先于案外人的实质权益。在我国，不动产由于登记错误或没有及时变更登记而导致形式物权与实质物权分离的例子，也并不罕见，[①] 一律遵循物权公示原则，将会导致实质权利人的权益受到严重损害，案外人权益将无法获得保护。因此，当案外人无过错且非恶意的情况下，应当优先保护案外人的实质权益。

3. 以保护案外人生存权为原则

案外人依据离婚协议对房屋主张权益，应当结合离婚协议的整体性对案外人的权益进行考量。夫妻双方在离婚协议中对房屋进行处分的同时，往往还就婚姻状态、子女抚养等事项进行约定，夫妻双方对房屋的处分结果往往与婚姻解除及照顾子女相关联，并非纯粹的财产处分行为。所有在执行异议之诉审理中，应当结合社会大众的一般认知程度与价值因素进行综合考量。裁判结果不能背离一般公众所能接受的朴素的法感情。[②] 离婚时，房屋往往约定归照顾子女的一方所有，如其已长期在该房屋内生活且为唯一住房时，若被强制执行，案外人将无房屋可居住，生活将无保障。法律是严肃的，但法律也是有温度的，在维护伦理道德价值方面，法律应展现情理的一面。

---

① 肖建国：《执行标的实体权属的判断标准——以案外人异议的审查为中心的研究》，载《政法论坛》2010 年第 3 期。

② 王毓莹：《离婚协议关于房屋产权的约定能否对抗申请执行人》，载《人民法院报》2017 年 11 月 22 日第 7 版。

（二）案外人执行异议之诉的审查标准的具体构建

人民法院审理案外人执行异议之诉主要围绕案外人是否系执行标的物的权利人、该权利的合法性与真实性、该权利能否排除执行等要素展开。[①]实践中，产生的分歧系围绕着案外人执行异议之诉的本质展开，即审查案外人对执行标的是否享有、享有何种民事权益，以及该民事权益能否对抗申请执行人执行债权发生的基础权利。[②]所以，在案外人执行异议之诉中需作出三项判断，对应着三种审查标准（见图2）。

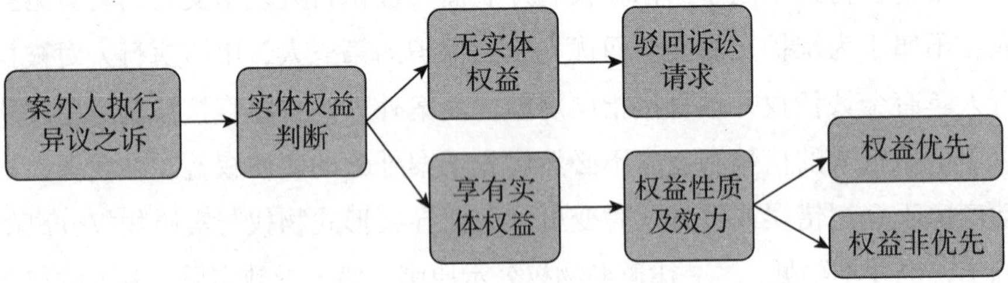

图2　案外人执行异议之诉的审查标准

1. 标准一：案外人是否享有实质权益判断

案外人主张停止对标的物执行的诉讼请求能否得到支持，须考察其对标的物享有的权益能否足以排除强制执行，因此案外人对标的物享有权益是案件审理的基础，若案外人不享有权益，则无须进行权益性质及权益对抗的判断，法院应直接驳回案外人诉讼请求。实践中，因借名买房、借名买车、隐名股东的情况大量存在及登记制度的不完善，导致物的形式物权与实质物权相分离，此时将涉及案外人是否享有权益的判断标准问题。《最高人民法院关于人民法院办理执行异议和复议案件若干问题的规定》第25条是关于权利人确定标准的一般规定，其将静态的权属判断与物权背后的各种交易相区分，辅以登记公示之方式来确定财产权属，其适用范围包括动产与不动产。简言之，判断案外人是否系权利人的一般标准为权属变动公示规则。[③]该条规定是执行异议权益判断的标准，这与执行异议

① 江必新、刘贵祥主编：《最高人民法院关于人民法院办理执行异议和复议案件若干问题规定理解与适用》，人民法院出版社2015年版，第339页。

② 肖建国、庄诗岳：《论案外人执行异议之诉中足以排除强制执行的民事权益——以虚假登记财产的执行为中心》，载《法律适用》2018年第15期。

③ 汤维建、陈爱飞：《足以排除强制执行民事权益的类型化分析》，载《苏州大学学报（哲学社会科学版）》2018年第2期。

形式审查的原则相吻合。但是根据笔者前文分析，案外人执行异议之诉是对执行异议的诉讼救济，追求的是实质审查，探究形式物权背后的真实权益。具体到离婚协议类案件中，不应直接适用物权公示原则认定案外人对房屋不享有权益而驳回其诉讼请求，应根据离婚协议的特殊性质，对案外人是否享有权益进行系统、整体的实质审查，虽根据物权变动的原因与物权变动效力理论无法认定案外人对房屋享有所有权，但其享有要求被执行人协助办理变更登记的权利，该权利同样受法律保护。

2. 标准二：民事权益的性质与效力判断

经审查，如确定案外人对标的物享有实质权益，接下来需要审查该权益的性质及效力，因为只有在案外人权益的性质与效力明确后，才可以进行第三项权益对抗优先性的判断。进行该项判断的依据为案外人提交的证据，比如买卖合同、租赁合同、占有状态、预告登记等。案外人依据不同的证据主张不同的权益，法院需要结合案件事实作出权益性质的判断。实践中，案外人主张的权益类型包括所有权、用益物权、占有保护、债权等，不同的权益对应着不同的效力。但由于社会活动的复杂化，法律规定的权益类型无法满足对所有权益性质的定义，物权期待权、债权物权化等权益概念被提出，导致权益性质的判断亦存在标准问题。在离婚协议类案件中，从权益外观上看，案外人享有的为债权请求权，但笔者综合离婚协议的特殊性质，认为债权请求权无法对案外人权益进行充分的保护，所以应参考房屋买卖合同类案外人执行异议之诉的审查标准，将案外人的权益认定为物权期待权，并将物权期待权的效力界定在债权与物权之间，认为在满足标准三中特定的条件下优先于金钱债权的效力。

3. 标准三：权益对抗优先性判断

之所以引发案外人执行异议之诉，究其根本，系两种权利产生了冲突与对抗，即执行案件的基础权利与案外人前来主张的实体权利并存的情形下，究竟该优先保护何者的问题。[①] 所以法院在判断案外人权益最终能否排除强制执行时，须进行权益对抗分析，在对抗分析之后判定优先保护的权益，从而作出判决。所有权作为物权具有排他性，一个标的物上不可能同时存在两个所有权，所以当案外人享有的权益为所有权时，可以排除强

① 汤莉婷：《关于离婚协议能否排除执行的案外人执行异议之诉审查标准解析》，载《法律适用》2019 年第 10 期。

制执行。当案外人享有的权益非所有权时，此时需要与申请执行人依据执行依据享有的权利进行对抗分析。离婚协议类案件中，如果申请执行人仅为一般金钱债权人，并未办理抵押登记等公示行为，其债权未经公示不具有优先效力，根据权利的优先性比较，其对债务人的债权难以对抗实际权利人对讼争房产享有的物权期待权。[①]笔者认为，案外人依据离婚协议原则上可以排除金钱债权的执行，这是基于案外人享有权益的特殊性质及对善意的案外人实质权益及生存权优先保护的考虑。当夫妻双方通过离婚方式恶意转移财产或案外人有过错时，其权益不应当有限保护。所以在作出排除强制执行之前应当考虑以下因素：

因素一，离婚协议已在民政部门备案。案外人据以提起执行异议的离婚协议类型多样，包括婚内签订但未实际离婚、离婚协议未备案、离婚协议已备案、离婚后签订的财产分割协议四类。笔者认为应当以在民政部门备案公示的离婚协议作为案外人享有权益的基础，案外人依据其他类型的离婚协议主张权益的，法院可直接驳回其诉讼请求。

因素二，离婚协议备案早于执行债权确定及房屋被查封的时间。债权的成立时间虽然对债权的平等性不产生影响，但在特定情形下对于该债权能否继续履行以及履行的顺序会产生影响。[②]实践中，夫妻双方通过签订离婚协议恶意逃避债务的情况非常常见，当在执行债权确定或房屋被查封之后夫妻双方签订离婚协议处分财产，主观恶意明显，该协议的内容不应当受到保护。

因素三，案外人无过错。案外人应当及时行使权利达到物权变动的效果，从而维护自身的权利及交易安全。当案外人出于自身利益的考虑主观上长时间未进行变更登记时，应当认定案外人存在过错，造成的不利后果应当由其承担；当因被执行人拒绝配合变更登记、房屋贷款抵押未消除无法变更的客观原因时，如案外人积极主张权利，此时应当认定案外人无过错，优先保护其权利。

因素四，案外人长期居住且为唯一住房。案外人生存权保障及离婚协

① 孙美华、饶群:《离婚协议关于房屋产权的约定排除执行的标准》，载《人民司法》2018年第17期。

② 王毓莹:《离婚协议关于房屋产权的约定能否对抗申请执行人》，载《人民法院报》2017年11月22日第7版。

议涉及的伦理道德价值是笔者认为案外人权益可以排除强制执行的重要原因。当案外人未居住在该房屋内，其生存权并未因房屋被强制执行而受到损害，同时案外人享有的物权期待权的必要条件未得到满足，不可排除强制执行；案外人同时拥有多套住房，而申请执行人债权只能通过强制执行该房屋才能得以实现时，申请执行人的权利应当优先得到保障，案外人无偿对房屋享有的权益不具有优先性。

因素五，案外人与被执行人无恶意逃避债务的共同故意。当存在离婚非双方真实意思表示；离婚协议内容明显不公平；在民间借贷等债权债务关系明确的案件中，被执行人在执行依据作出之前且无力偿还债务时签订离婚协议的均可认定案外人有恶意。

结　语

虽然物权变动以登记发生公示公信效力已获普遍共识，但社会生活中，权利外观有时不一定真实地反映权利实质状态，名不符实的情形普遍存在，一味坚持权利外观作为判断标准，很有可能给案外人造成权利损害。在离婚协议类案外人执行异议之诉中，以案外人对标的享有的实体权利审理为中心，探究形式物权背后的真实权益，充分保障真实权利人的权益，符合案外人执行异议之诉制度设计的价值。相信随着相关规范性法律文件的出台，该类案件的审理将更加规范统一。

论确认行政协议无效之诉起诉期限的司法审查*

——以法律适用规则探析为视角

赵振杰　李　耀　黄乾雄

自2015年起施行的《行政诉讼法》将行政协议纳入行政诉讼受案范围以来，行政协议案件数量逐年增加，日益受到世人瞩目。同时，关于如何妥善审理确认行政协议无效之诉的争论一直未曾停歇，尤其对于该类案件起诉期限问题众说纷纭。2020年1月1日开始施行的《最高人民法院关于审理行政协议案件若干问题的规定》（以下简称《行政协议若干规定》），对于行政协议的受案范围、受理条件、效力类型、裁判方式等领域进行了规定，统一了司法裁判规则，但其对确认行政协议无效之诉起诉期限审理困境未提出明确的解决方案。在如今行政协议越发频繁地被各级政府采用的背景下，破解这一问题越发紧迫。

一、问题提出：确认行政协议无效之诉起诉期限司法裁判存在多样样态

根据《行政协议若干规定》第1条的规定，判断一份协议是否属于行政协议，需要同时满足目的、主体和内容三方面的条件：首先，该份协议须为“实现行政管理或者公共服务目标”，否则不属于行政协议；其次，订立该协议的一方主体必须为行政机关，由此排除了非行政机关与公民之间、公民与公民之间订立行政协议的可能性；最后，行政协议虽然系行政机关与公民、法人或其他组织之间通过协商方式订立，但必须具备行政法

---

* 本文获2020年北京法院第32届学术讨论会优秀奖。

的权利义务，此为区分行政协议与民事合同的核心标志。[①]

综上，行政协议兼具“行政性”和“契约性”双重属性，针对行政协议的司法审查便是合法性审查和合约性审查的有机结合。正是这种复合属性，赋予行政协议司法审查更为复杂的特质，尤其在关于确认行政协议无效之诉起诉期限的审查方面，各地司法实践呈现多样无序的样态。

（一）数据维度：确认行政协议无效之诉是否受起诉期限制约存在争议

笔者在中国裁判文书网，通过设置关键词“行政协议”“无效”“起诉期限”，文书落款时间自 2015 年 5 月 1 日起至 2020 年 5 月 1 日进行检索，经剔除依据《最高人民法院关于适用〈中华人民共和国行政诉讼法〉的解释》（以下简称《适用解释》）第 162 条裁定驳回起诉文书等无统计意义样本，最终剩余裁判文书 232 份。其中，认为提起确认行政协议无效之诉应当受起诉期限限制的文书共 188 份，占比 81%；认为提起该类诉讼不受起诉期限限制的文书共 44 份，占比 19%（见图 1）。

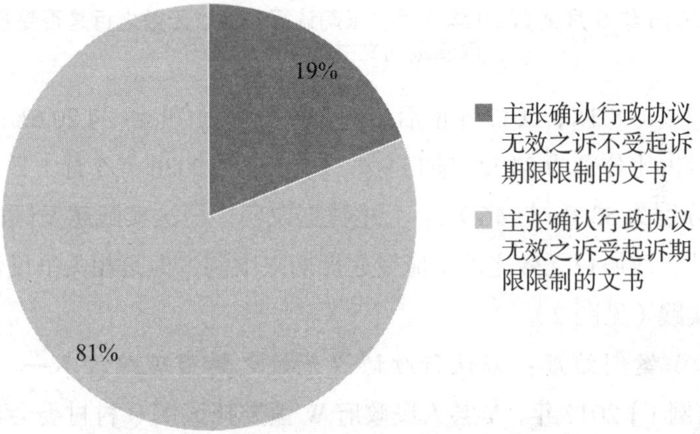

图 1　2015 年 5 月至 2020 年 5 月主张确认行政协议无效之诉是否受起诉期限限制裁判文书统计图

以裁判文书作出时间为基准统计得知，在 2015 年 5 月至 12 月，认为提起确认行政协议无效之诉受起诉期限制约的文本占比 87.9%，认为提起此类诉讼不受起诉期限制约的文本占比 12.1%；2016 年前后二者的占比分

---

① ［德］哈特穆特·毛雷尔:《行政法学总论》，高家伟译，法律出版社 2000 年版，第 350~351 页。

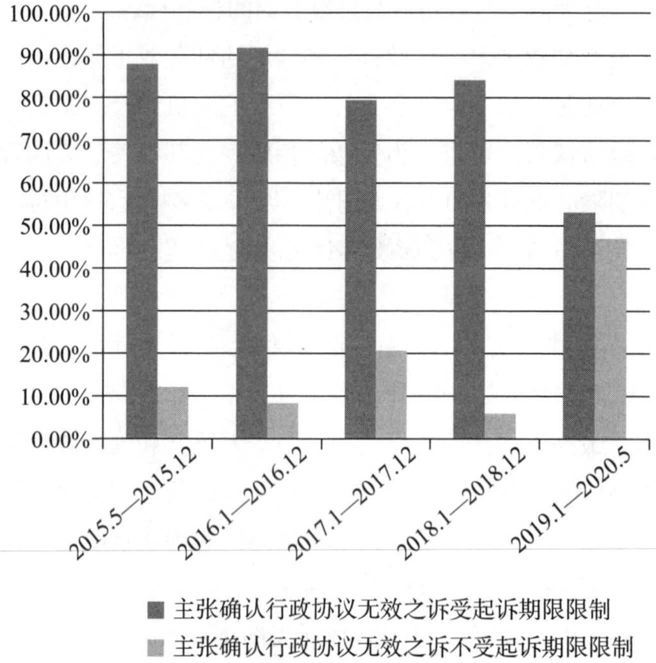

图 2　2015 年 5 月至 2020 年 5 月主张确认行政协议无效之诉是否受起诉期限限制裁判文书逐年统计图

别为 91.7% 与 8.3%；2017 年前后二者占比分别为 79.4% 与 20.6%；2018 年前后二者占比分别为 84.1% 与 15.9%；2019 年至 2020 年 5 月 1 日，前后二者占比分别为 53.1% 与 46.9%。上述数据说明，司法实践越发倾向于认为提起确认行政协议无效之诉不应受起诉期限限制，但是相关争议仍旧困扰着司法实践（见图 2）。

（二）案例维度：确认行政协议无效之诉审理路径不一

【案例 1】2017 年，Y 县人民政府 W 镇委托该镇 Q 村村委会与村民蒋某签订房屋征收补偿安置协议。该协议在蒋某未授权委托的情况下，由其丈夫游某以蒋某的名义签订。蒋某不服，以游某无权代理为由诉至法院，请求确认被诉协议无效。二审法院认为，该案不属于行政机关作出单方变更、解除行政协议的行为，不适用起诉期限的规定。由于该协议未经权利人追认，故属于无效协议，不受诉讼时效的限制，最终法院依据《行政诉讼法》第 75 条，《合同法》第 48 条、第 52 条的规定，支持了蒋某的诉讼请求。[1]

【案例2】2003年12月，原告W县Z镇某村民小组与W县Z镇政府分别签订荒山征地协议和荒山征地补充协议。上述两个征地协议由被告方的工作人员程某作为代表签名，未盖单位公章，原告有7名村民签名。该村民小组随后提起行政诉讼，请求确认该两份协议无效。一审法院经审理，以原告起诉超过起诉期限为由裁定驳回起诉。原告不服，提起上诉。二审法院经审理，认为涉案纠纷属于协议履行争议，应适用诉讼时效的规定。由于无效民事合同不受诉讼时效制约，因此该案亦不受起诉期限制约。最终，二审法院裁定撤销一审裁定，指令发回继续审理。[2]

【案例3】第三人金某生、金某芬系原告金某父母，所居住房屋的所有权人登记为金某。2015年5月，金某生、金某芬向拆迁工作人员提供了村镇房屋所有权证。同月，金某生以自己名义在房屋安置拆迁补偿协议上签字。金某以金某生无权处分为由，诉至法院要求确认该份协议无效。法院经审理，根据相关民事法律规范，认定涉案协议属于无效协议。最终，依据《行政诉讼法》第75条等规定，以行政行为存在重大明显违法为由，判决确认涉案协议无效。[3]

上述三个案例均存在当事人无权处分的情节，但法官采取了不同的裁判思路。在案例1和案例2中，法官依据《合同法》等有关规定进行审理，并未对行政协议的合法性进行评价。不同的是，案例1中法官直接排除了对于起诉期限的审查，而案例2中的法官肯定了无效行政协议不受起诉期限的制约，但认为这是无效协议不受诉讼时效制约的应有之义。案例3虽然亦是从合约性审查的角度对于合同的效力进行了分析，但最终以行政行为存在“重大明显违法”为由确认行政协议无效，进而得出原告的起诉不受起诉期限制约的结论。

上述三个案例鲜明体现了目前学界对于确认行政协议无效之诉的困惑，这一困惑的核心在于确认行政协议无效之诉是否应当受起诉期限的制约；同时，如果肯定此类诉讼不受起诉期限的制约，由于起诉期限属于必须优先审查的程序性事项，而协议效力属于实体审查范畴，二者之间的逻

---

① 湖北省黄石市中级人民法院（2019）鄂02行终51号行政判决书。

② 江西省上饶市中级人民法院（2017）赣11行终78号行政判决书。

③ 江苏省南通经济技术开发区人民法院（2018）苏0691行初750号行政判决书。

辑裂痕如何弥合。

二、问题探析：确认行政协议无效之诉是否受起诉期限制约

（一）裁判路径差异化的原因分析

笔者经分析认为，上述差异性的产生主要系以下原因导致：

1. 无效行政协议是否受起诉期限制约现行立法未予以明确规定。在目前的法律法规中，就提起确认行政协议无效之诉是否受起诉期限制约，未有明文的规定。实践中，在涉及此问题时，以相关法律未予以明确规定为由否认无效行政协议不受起诉期限制约的文书较为多见。例如，在原告唐某诉N市国土局等要求确认拆迁房屋协议书无效一案中，法院认为确认行政协议无效之诉属于行政诉讼范围，因此应当严格遵守行政诉讼法等关于起诉期限的规定，原告主张提起确认行政协议无效之诉不受起诉期限的主张没有法律依据。[①]

2. 无法确定单方行政行为的效力规范对于行政协议的可适用性。具体行政行为的效力包含四方面的内容，即公定力、确定力、拘束力和执行力。由于行政协议具有鲜明的契约性，具体行政行为效力理论是否适用于行政协议，在学界存在分歧。根据《行政协议若干规定》等规定，行政协议的当事人受协议内容的约束，应严格履行相应的权利义务；即使行政机关行使行政优益权，也需要符合法定的条件和要求。在因协议发生纠纷时，行政机关可以通过申请强制执行的方式、民众可以通过诉讼方式维护自身的权益。由此可知，行政协议具备与单方行政行为相同的确定力、拘束力和执行力。

而行政协议是否具有公定力，特别是行政协议是否具有对世的效力，是既有针对单方行政行为的效力条款适用于行政协议需要克服的理论障碍。笔者认为，应当肯定行政协议的公定力，尤其是对世效力的存在。一方面，同单方行政行为一样，行政协议也是政府履行其行政公共管理职能的方式，肯定行政协议具有公定力，不仅有利于公法秩序的稳定，亦是保障行政管理高效有序的必需；另一方面，行政协议基于公益性的本质，其

---

① 湖南省高级人民法院（2019）湘行申592号行政裁定书。

拥有对其他主体一定的对抗效力，即作为非缔约方的社会公众，包括法院在内，必须尊重行政契约的内容，不得随意挑战和破坏，更不得无视其存在。[①]从这一点看，行政协议所具有的公定力与单方行政行为具有一致性，单方行政行为的效力规范可以适用于行政协议案件的审理。[②]

3. 混淆了诉讼时效和起诉期限之间的差异性。在行政协议案件中，借由民事诉讼中确认合同无效不受诉讼时效限制得出确认行政协议无效之诉不受起诉期限制约的思路较为常见。但笔者认为，上述观点模糊了起诉期限和诉讼时效之间的本质差异，将因果关系的论证构筑于朴素的联系之上。行政诉讼中，起诉期限是诉的适当性要件，法院必须主动审查，原告超期起诉将面临诉权丧失的不利后果；而在民事诉讼中，诉讼时效的客体一般为请求权，属于实体审查的范畴，除非当事人提出抗辩，否则法院无权主动审查。[③]因此，借由诉讼时效相关理论论证无效行政协议是否受起诉期限的制约不具有可行性。一方面，民法中确认合同无效之诉以形成权为基础，不适用诉讼时效制度，而论证某一诉请是否受诉讼时效制约应以诉讼时效制度适用于该情况为前提；另一方面，对于无效行政协议是否受起诉期限的制约，仍需从行政协议本身属性出发，通过对理论与案例的分析和挖掘最终获得结论。

（二）确认行政协议无效之诉不应受起诉期限的制约

1. 确认行政协议无效之诉不受起诉期限制约，是对无效民事行为理论的承继。在民法理论中，契约无效被包含在法律行为无效的理论框架中。法律行为无效，首先，意味着该行为不发生法律效力，即该行为不会因为行为人的意思表示发生效力，但不排除因该行为无效而产生其他法律效果，例如返还财物、赔偿损失等。[④]其次，法律行为无效，意味着该行为自作出之时便不具有效力。再次，法律行为无效，意味着该行为当然地不会发生法律效力，这一效果不需要经过任何机关的确认和当事人的主张即可实现。最后，法律行为的无效，意味着该行为的效力状态已经被最终确

---

① 蔺耀昌:《行政契约效力研究》，法律出版社 2010 年版，第 93 页。

② 王贵松:《行政协议无效的认定》，载《北京航空航天大学学报（社会科学版）》2018 年第 5 期。

③ 朱庆育:《民法总论》，北京大学出版社 2013 年版，第 521 页。

④ 朱庆育:《民法总论》，北京大学出版社 2013 年版，第 302 页。

定，不会发生改变。[①] 作为民事合同制度继承者的行政协议，在内在逻辑上应当与民事合同相关制度和理论具有一致性。因此，从合约性审查的角度看，对于无效的行政协议，由于其效力先天缺失，因此不应当对当事人寻求救济设置障碍。

2. 确认行政协议无效之诉不受起诉期限制约符合无效行政行为的本质属性。在德国、日本的实践中，均认可确认行政行为无效之诉不受起诉期限的限制。在德国，根据《联邦行政程序法》第 44 条第 5 款的规定，对于无效的行政行为，行政机关可随时依职权确认无效，申请人有正当权益的，行政机关因为该申请也须确认无效。德国学者哈特穆特・毛雷尔指出，无效的行政行为自始不产生超期的后果，公民不必服从，任何时间都可以主张该行为无效，而此种不受时间限制的救济权，正是无效行政行为本质在程序法方面的自然结果 。[②] 在日本，由于长期奉行撤销之诉中心主义，对于包括确认无效之诉在内的确认之诉着墨有限，但是日本学界对于确认无效之诉不受起诉期限制约普遍持支持态度，并认为不受起诉期限制约是无效确认之诉区别于撤销诉讼的一个显著特征。[③]

根据我国《行政诉讼法》第 75 条的规定，行政行为被确认无效应当符合重大且明显违法的标准，例如存在行为的实施主体不具备主体资格，或者行为没有依据等情况，具有明显承继德日实践的特质。[④] 同时，针对无效行政行为的起诉不受起诉期限的制约的观点也频见于最高人民法院的著作与文件中。[⑤] 由此，行政协议作为行政行为的一种，原告提起要求确

① 梁慧星：《民法总则》，法律出版社 2011 年版，第 197 页。

② [德]哈特穆特・毛雷尔：《行政法学总论》，高家伟译，法律出版社 2000 年版，第 253 页。

③ 杨建顺：《日本行政法通论》，中国法制出版社 1998 年版，第 722 页。

④ 德国判别行政行为是否无效所采取的标准为“明显瑕疵标准”，具体而言，是指尽管法的安定性赋予行政行为公定力，但如果某一行政行为根据典型的、理智的公民的认知，具有明显、重大的瑕疵，那么实质正义便可突破法的安定性，该行为应当被确认无效。参见[德]哈特穆特・毛雷尔：《行政法学总论》，高家伟译，法律出版社 2000 年版，第 251~252 页。日本判别行政行为是否无效所采取的标准为“重大明显标准”，即如果某一行政行为在构成要件上存在重大失误，并且如果这一重大失误达到了在外观上、客观上对一般人而言一目了然的程度，那么确认该行为违法无碍相对人或者一般公众对行政行为的信赖，参见[日]南博方：《行政法（第六版）》，杨建顺译，中国人民大学出版社 2009 年版，第 53~54 页。

⑤ 最高人民法院行政审判庭编著：《最高人民法院行政诉讼法司法解释理解与适用（上）》，人民法院出版社 2018 年版，第 438 页；江必新主编：《〈中华人民共和国行政诉讼法〉理解适用与实务指南》，中国法制出版社 2014 年版，第 343~344 页。

认行政协议无效的诉讼，不受起诉期限制约便为应有之义。[①]

3. 确认行政协议无效之诉不受起诉期限制约顺应我国法治的价值取向。作为法治理论的两大流派，形式法治和实质法治之争由来已久。实质法治具有一定道德诉求的超脱地位，赋予了民众对于法律良善进行价值判断的权利。如果某一行为具有“重大且明显”的瑕疵，民众则具有拒绝执行该项行为的权利，行政行为不会发生效力，行政机关亦不得实施。[②]然而在形式法治的观点看来，即使具有“重大且明显”瑕疵的行政行为，民众仍应当遵从，无拒绝的权利。因此，只有在实质法治的土壤中，作为确认无效诉讼的基础，无效行政行为方有扎根的条件；同样，也正是实质法治对于公平正义的终极追求，任何对于民众拒绝无效行政行为所设置的限制都会变得不合时宜，民众对于无效行政行为的质疑和攻击不应受到任何限制。

现实中，由于法的安定性与公平正义的价值诉求同样重要，因此形式法治和实质法治并非非此即彼的对立关系，而是处于不断博弈的动态变化中。我国的法治实践具有鲜明的实质法治的价值倾向。无论是社会主义制度的要求，抑或是对于传统礼法德治思想的传承，对于实质正义的偏好历来在我国具有深厚的社会和文化基础，而我国目前行政诉讼制度中实质性化解行政争议理念的确立以及行政和解、行政调解制度在实践中的推行，更加强化了我国行政诉讼重视实质正义的价值底色。因此，肯定确认行政协议无效之诉不受起诉期限的制约，与我国目前法治实践的价值诉求相契合。

4. 确认行政协议无效之诉不受起诉期限制约是维护当事人合法权益的要求。实质法治赋予了民众对无效行政行为的拒绝权和抵抗权，这似乎已经宣告确认无效诉讼不具有存在的必要。但是，这种对于抵抗权的表述更多具有宣言性质，一方面，由于行政行为的无效性和公定力之间的紧张关系，行政机关作出的行政行为即使无效，在未经有权机关作出效力认定的

① 在判别行政行为与行政契约的关系上，我国立法实践采全部公法行为说，主张行政行为系行政主体的全部具有公法意义的行为，行政契约属于行政行为的一种。德国、日本奉行具体行为说，此学说认为只有行政主体针对具体事件所作的公法行为才属于行政行为，由此行政行为和行政契约同属行政活动的子概念。参见姜明安主编：《行政法与行政诉讼法》，北京大学出版社 2019 年版，第 148 页。

② 梁君瑜：《论行政诉讼中的确认无效判决》，载《清华法学》2016 年第 4 期。

情况下，常被推定为有效，民众如果主张该行为无效而拒绝履行，难以避免遭遇不利后果的局面；此外，行政机关相对民众具有绝对优势，在这种不对等的权力体系中，民众对于行政机关的任何抵抗，无论是暴力形式，抑或是其他更为“理性”的方式，所产生的作用均微乎其微。[①]另一方面，可撤销行政行为和无效行政行为之间并不存在泾渭分明的界限，甚至呈现相互交叉乃至模糊不清的样态，对于普通民众，往往没有能力予以准确甄别。[②]在民众遭遇违法甚至无效行政行为侵害的情况下，如果仍旧对其维权设置障碍，必定增加维权成本，这无疑与公平正义的基本原则相背离。

三、规则探究：效力优先审查机制的确立

无效行政协议，具有自始无效、当然无效的特质，确认行政协议无效之诉理应不受起诉期限的限制。但在行政诉讼中，行为的无效性属于裁判理由的具备性问题，而非诉的适当性问题，简言之，即行为的无效性属于行政诉讼实体审查的范畴。[③]在行政诉讼诉的适当性审查在先，实体审查在后的既定模式下，探索弥补确认行政协议无效之诉中逻辑裂痕的方法具有迫切的现实意义。笔者认为，确立行政协议效力优先审查机制可以有效解决这一难题。

（一）行政协议效力优先审查机制的内涵

所谓行政协议效力优先审查机制，是指法院在审理行政协议案件时，可以突破既定的程序审查在先、实体审查在后的裁判规则，优先对行政协议的效力进行评价。经审查，如果被诉行政协议存在法定无效的情形，则可依法裁判；如果被诉行政协议不存在无效情形，即排除法定无效的事由，则该诉应当受到起诉期限的制约，法院依据相应的规则继续开展审理工作。[④]

（二）效力优先审查机制的可行性

行政诉讼存在对行政行为合法性和效力双重评价的属性，这是由于在行政法学领域，行政行为的合法性和有效性并非完全对应关系。一般而言，对于合法的行政行为，其合法性和有效性是统一的；但对于违法的行

---

① 何海波：《公民对行政违法行为的藐视》，《中国法学》2011年第6期。

② ［德］哈特穆特·毛雷尔：《行政法学总论》，高家伟译，法律出版社2000年版，第254页。

③ ［德］胡芬：《行政诉讼法》，莫光华译，法律出版社2003年版，第324页。

④ 湖南省怀化市中级人民法院（2019）湘12行终141号行政判决书。

政行为，其效力并不必然同时受到法律的否定性评价，反之，在符合一定条件时可以被保留，此即撤销判决、确认违法判决和确认无效判决的理论基础。[①] 因此，对于行政行为合法性和有效性的判断具有相对的独立性，法院在审理中优先对行政协议的效力予以审查，并不存在行政法理论上的障碍。

同时，效力优先审查机制并非要求法院对被诉行政协议从合法性和合约性的角度进行全面的实质性审查，而只是要求法院对涉案协议是否具有法定的无效事由进行确认和排除，但凡符合其中一项无效的法定事由，行政协议便会被认定为无效。[②] 因此，效力优先审查机制具有相较其他审理要素的独特性质，也为法院继续开展对行政协议的审理排除了障碍。之所以采用无效事由排除的审理模式，一方面，相较于具体行政行为等单方行政行为，行政协议的契约性扩宽了其无效事由的类别，行政行为合法性审查原则与合同绝对拘束性原则，不允许协议当事人频繁挑战行政协议的合法性与存续性；另一方面，相较于一般的行政相对人，订立行政协议的公民、法人或者其他主体具有更大表达意见的空间，这使得订立协议过程中存在的明显瑕疵可以及时治愈，增强了行政行为的存续性。[③] 故而只有在特殊情况下，行政主体与公民的合意才被评价为无效。

（三）效力优先审查机制的法律依据

确认行政协议无效之诉的核心在于被诉的行政协议属于无效行为，反之，如果被诉行政协议不符合无效行政协议的要件，则面临诉的类型转换的问题。对此，《适用解释》第 94 条予以了规定。该条虽未明确建立效力优先审查机制，但是暗含了法院在审理确认行政行为无效之诉时应当优先审查行为效力的含义。笔者认为，在审理确认行政协议无效案件时，法院可以援引该条款，通过对被诉行政协议的效力进行审查，实现诉的类型的辨析和裁判规则的选取。[④]

---

① ［德］哈特穆特·毛雷尔:《行政法学总论》，高家伟译，法律出版社 2000 年版，第 240~242 页。

② 王贵松:《行政协议无效的认定》，载《北京航空航天大学学报（社会科学版）》2018 年第 5 期。

③ 王敬波:《司法认定行政协议无效的标准》，载《中国法学》2019 年第 3 期。

④ 在此需要强调，《行政协议若干规定》第 25 条中“不依法履行、未按照约定履行”系指基于请求权产生的纠纷，并非基于确认无效等形成权纠纷，因此该条文并非审查确认行政协议无效之诉起诉期限的法律依据。

（四）效力优先审查机制的运行

通过上文的分析，笔者总结得出效力优先审查机制的运行须符合以下要点：其一，效力优先审查机制的目的是弥合确认行政协议无效之诉既有规定的逻辑裂痕，而只有在原告超越法定起诉期限起诉时这一问题的严重性和紧迫性方才凸显。因此，效力优先审查机制的适用前提便是原告超越起诉期限提起的确认行政协议无效之诉。其二，行政诉讼需要以可诉行政行为的存在为前提，在行政协议这一行政、民事紧密交互的领域有关受案范围的审查更为关键。因此在原告提起要求确认行政协议无效之诉后，法院应首先对被诉协议是否属于行政协议，是否属于行政诉讼受案范围进行审查。综上，笔者总结效力优先审查机制运行的流程如图3所示：

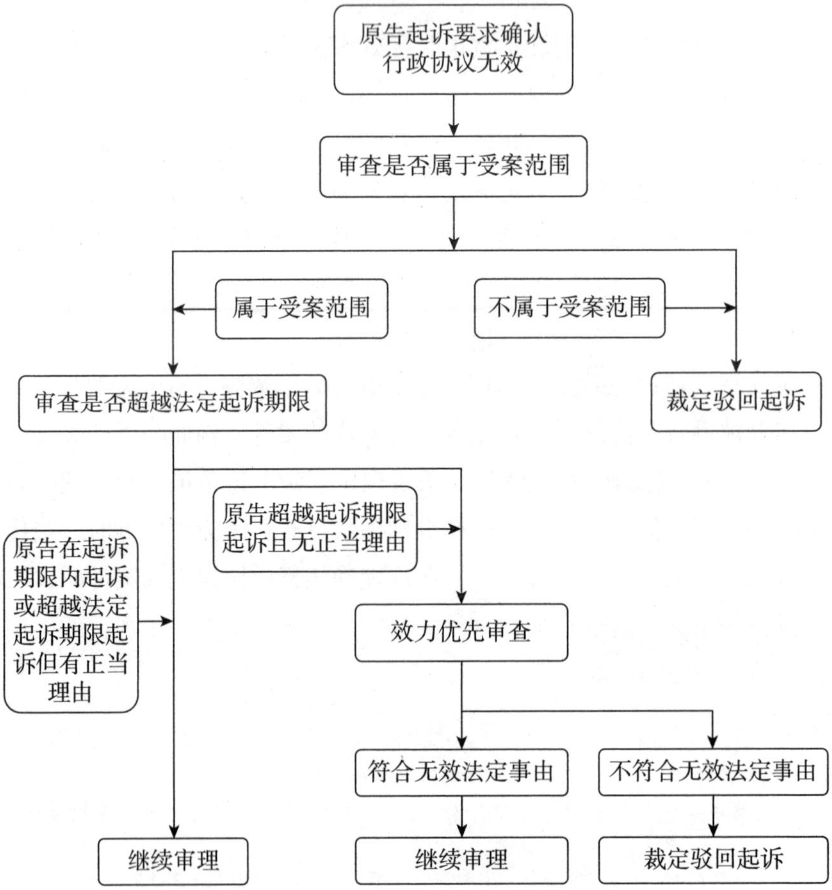

图3 效力优先审查机制运行图

另外，该项规则的运行尚需解决两方面问题：其一，此类案件中“诉判不一致”的情况是否允许；其二，如何评价法院在该规则运行中的角色和功能。

笔者认为，根据诉讼功能的不同，行政诉讼可以划分为主观公权利救济诉讼模式与客观法秩序维护诉讼模式两种类型。前者强调维护原告的主观公权利，要求行政诉讼的“诉”与“判”对应一致；后者强调对客观既有的法律秩序的维护，认为行政诉讼应当维护社会公法秩序，保障公法实施的有效性，因此允许行政诉讼的裁决结果突破原告诉讼请求的范围。[①]我国所采取的系主观公权利救济诉讼模式与客观法秩序维护诉讼模式二者相结合的折中模式。[②]这一模式是行政诉讼兼顾个人利益保护和公共秩序维护双重使命的结果，要求法院在审理行政案件时采取综合性视角，在尊重原告的诉求与监督政府依法行政、维护社会公共秩序之间获得平衡。具体到确认行政协议无效之诉，如果原告在诉讼请求中明确要求确认被诉行政协议无效，那么法院便应当尊重原告的诉请，优先开展对于被诉行政协议效力的审查；如果原告所提起的并非要求确认行政协议无效，但法院在审查过程中发现被诉行政协议可能存在无效的情况，亦应当在文书中首先开展对被诉行政协议效力的评价，此时法院突破起诉期限的制约对被诉行政协议进行实质性审查便具有了正当性。

（五）法律适用模式分析

笔者认为，确认行政协议无效之诉对于民事法律法规的适用模式，应当为补充适用。[③]理由如下：

1. 补充适用民事法律规范符合现行规定。根据《行政协议若干规定》第 12 条的规定，法院在审理确认行政协议无效之诉时，应当根据《行政诉讼法》第 75 条进行审查，如果行为具备“重大且明显违法”的情形，则应判决确认无效。同时，该条第 2 款规定可以适用民事法律规范，笔者认为此处的表述即表现出民事法律规范适用的补充性。

2. 补充适用民事法律规范符合行政协议的特质。行政协议必须具备

① 张祺炜、金保阳：《无效行政行为的司法审查标准与程序规则》，载《人民司法》2017 年第 7 期。

② 邓刚宏：《我国行政诉讼诉判关系的新认识》，载《中国法学》2012 年第 5 期。

③ 李广宇：《审理行政协议案件对民事法律规范的适用》，载《中国法律评论》2016 年第 1 期。

行政法上的权利义务关系，也即行政协议虽然具有公私法混合的特质，但是其根本属性仍旧属于行政行为，在对行政协议开展审查时，一般情况下仍应当适用行政法律规范，否则便弱化了行政协议与民事合同之间的区别。① 正如南博方所言，由于行政契约是出于实现行政管理目的而缔结的，因此，无论当事人在协商订立契约时的动机为何，都应当视为“基于公共性、公正性和透明性的要求，私人自治应当受到限制”②。

结 语

完善包括确认行政协议无效之诉起诉期限等在内的法律规定和裁判规则，既关乎当事人合法权益的维护，更是优化营商环境、创新政府治理模式、持续深入推进构建服务型政府的必需，是维护经济、社会秩序稳定以及我国行政协议制度长远健康发展的关键举措。确立效力优先审查机制，不仅顺应了当前的立法规定，满足了审理活动的客观需要，同时也在维护客观法律秩序的稳定与实现实质正义之间实现了平衡，最大限度保障了当事人权利救济的途径，对于督促行政机关依法行政，提升社会整体法治水平具有积极的推动作用。

---

① 蔡小雪：《审理涉行政协议行为案件与审理民事合同纠纷案件的区别》，载《山东法官培训学院学报》2019年第4期。

② ［日］南博方：《行政法（第六版）》，杨建顺译，中国人民大学出版社2009年版，第53页、第181页。

涉商业秘密政府信息公开案件中司法审查机制多元化格局重构*

——基于全国134份裁判文书样本的分析

赵振杰

目前，无论是《行政诉讼法》，还是2019年5月15日生效的《政府信息公开条例》，对于法院在审理商业秘密政府信息公开案件时司法审查标准的适用均未予以明文规定。于2011年7月施行的《最高人民法院关于审理政府信息公开行政案件若干问题的规定》(以下简称《信息公开规定》)中，对政府信息公开诉讼受案范围、审理方式等进行了规定，但对该类案件司法审查标准的规定仍不够明确。由此造成的影响，自《政府信息公开条例》生效至今，已经呈现越发明显之趋势。

一、问题提出：我国商业秘密政府信息公开案件司法审查标准适用不一

为更为全面地反映我国法院在审理商业秘密政府信息公开案件时司法审查标准的适用情况，笔者以从2008年5月1日《政府信息公开条例》生效之日起至2019年5月1日为节点，从中国裁判文书网取的134份裁判文书为样本，以案例论述和大数据统计两个维度展开描述。

（一）案例论述维度：同类案件中司法审查标准的适用未予统一

【案例1】Z公司不服S市H区规划和土地管理局政府信息公开答复及S市H区政府行政复议决定，向一审法院提起行政诉讼，要求确认被诉信息公开答复违法并责令S市H区规土局重新予以答复，同时撤销被诉复议

* 本文获2019年全国法院第31届学术讨论会三等奖。

决定。一审法院经审理，认为根据S市H区规土局所提交的证据，能够证明涉案信息属于商业秘密范畴，被诉信息公开答复具有事实依据，且不存在违反法定程序之处，故判决驳回Z公司诉讼请求。Z公司不服，提起上诉。二审法院经审理，判决维持一审结果。①

【案例2】H公司不服H市住房和城乡建设局政府信息公开答复函，向一审法院提起行政诉讼，请求撤销被诉答复函，并责令H市住建局按照法律规定提供原告申请的政府信息。一审法院经审查，认为涉案信息符合《反不正当竞争法》有关商业秘密的规定，被诉答复函认定事实清楚，程序合法，适用法律正确，故判决驳回H公司诉讼请求。H公司不服，提起上诉。二审法院经审理，判决维持一审结果。②

【案例3】Z某、T某不服D市M镇政府信息公开决定，向一审法院提起行政诉讼，请求撤销被诉答复并重新作出答复。一审法院认为，M镇政府根据第三人的质询回函意见，认定涉案信息属于商业秘密而不予公开，具有事实依据，因此对原告的诉讼请求未予以支持。Z某、T某不服，提起上诉。二审法院经审查，认为涉案信息不符合商业秘密的构成要件，被诉答复适用法律错误，应予撤销，故判决撤销一审判决，支持了Z某、T某的诉讼请求。③

小结：上述三案均属于履责之诉，且争议焦点相同，即涉案信息是否属于商业秘密，是否应当依法不予公开，但是法院在审理中采取了截然不同的司法审查标准。案例1中，两审法院均认为，事实的认定应当以行政机关提交的证据为准，法院应最大限度尊重行政机关的意见，适用有限的司法审查标准；而在案例2中，两审法院在审查时对于行政机关的结论均未予以考虑，重新审查了案件事实，最终以法院的认定意见取代了行政机关的决定。在案例3中，两审法院就司法审查标准的适用产生分歧，一审法院适用有限的司法审查标准，但二审则通过适用全面的司法审查标准否定了一审的裁判结果。

---

① 上海市黄浦区人民法院（2018）沪0101行初63号行政判决书、上海市第二中级人民法院（2018）沪02行终207号行政判决书。

② 浙江省吉安县人民法院（2017）浙0523行初5号行政判决书、浙江省湖州市中级人民法院（2017）浙05行终44号行政判决书。

③ 广东省东莞市中级人民法院（2018）粤19行终169号行政判决书。

（二）数据统计维度：我国商业秘密政府信息公开案件司法审查标准适用具有随机性

在笔者选取的前述134份裁判文书中，着重审查行政机关作出行为的证据，即进行形式审查的文书占比59.7%；而对事实重新予以审查，即进行实质审查的文书占比40.3%。另，经过复议的案件占总案件数比重为54.5%，在采取形式审查方式的案件中经过复议程序的案件占比为42.5%；在采取实质审查方式的案件中经过复议程序的案件占比为41.1%。为更加鲜明地突出我国商业秘密政府信息公开案件司法审查标准适用的特征，笔者对2008年5月1日至2019年5月1日期间该134份裁判文书中司法审查标准的适用情况逐年予以了统计（见图1）。

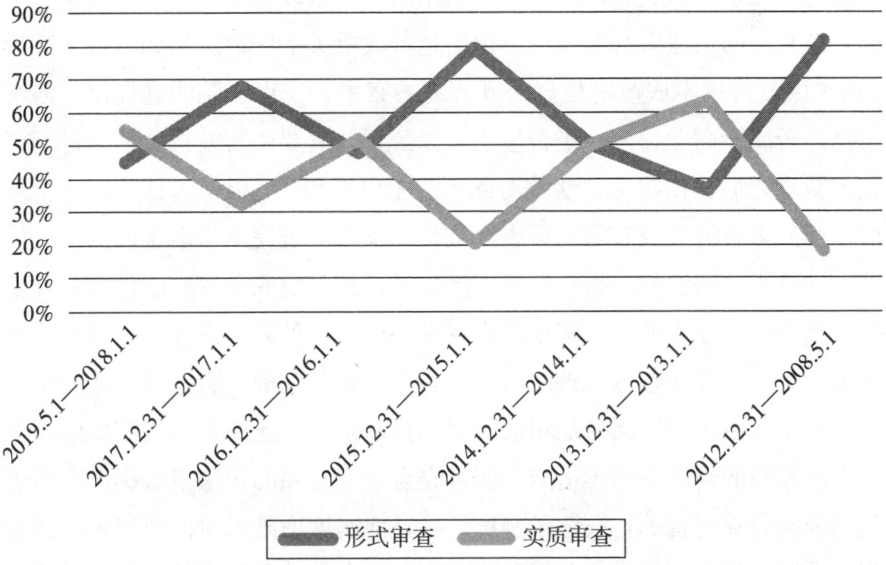

图1　2008年5月1日至2019年5月1日我国法院审理商业秘密政府信息公开案件司法审查标准适用比例逐年统计图

笔者认为，无论是统计数据的随机化样态，还是同类案件中司法审查标准适用的不一，均揭示了同一问题，即司法审查标准适用机制的缺失造成了法院在审理商业秘密政府信息公开案件时自由裁量权的不当扩大，由此继发了裁判基准的不一。这不仅影响当事人权益的有效保护，同时也不利于司法资源的合理使用，削弱了法院在推动政府“放管服”改革中的角色和作用。

二、方案分析：应构建我国商业秘密政府信息公开案件司法审查标准多元化适用机制

目前，对于我国商业秘密政府信息公开案件司法审查标准的适用存在两种意见，其一为适用单一的司法审查标准，其二为适用多元化的司法审查标准。笔者就该两种意见分别予以展开论述：

（一）单一司法审查标准适用机制分析

就商业秘密政府信息公开案件审理时应统一适用全面的审查标准还是有限的审查标准，目前存在争议。部分观点认为，法院在审查该类案件时应当采取全面的审查标准，不应拘泥于行政机关的意见和决定。[①] 另有观点认为，在审理该类案件时，应当适用同一般行政诉讼案件相同的审查标准，即有限的司法审查标准，不得僭越行政机关的职权。例如，在 Z 某诉 J 市 T 区教育局不服政府信息公开答复一案中，二审法院明确提出，涉案信息是否属于商业秘密，是否应当予以公开，需要由行政机关依法进行调查与裁量之后作出决定，法院对此不应予以干涉。[②] 但笔者认为，完全采取全面的审查标准或有限的审查标准均不可取。若完全采取全面的审查标准，姑且不论司法权是否对行政权产生了僭越，商业秘密政府信息公开案件所具有的高度专业性，将令法官在审理此类案件时不堪重负，因为法官不可能对于除专业领域以外的事项均有所了解和掌握。将涉案事实的认定工作完全交由法院，无论从司法效率的提高角度，还是更为切实保障当事人合法权益的角度，均不适当。而若完全采取有限的司法审查标准，由于我国未能建立完备的行政记录制度，且目前制度中既未对商业秘密的定密程序予以全面规定也未充分保障当事人在整个行政程序中的参与权，因此将事实认定的主动权完全交于行政机关，可能造成行政机关不当扩大不予公开的政府信息的范围，进而损害当事人的合法权益。

（二）多元司法审查标准适用机制分析

目前，大部分观点居于“完全采取全面的司法审查标准”与“完全采取有限的司法审查标准”两极之间，总体而言，均赞同我国法院在审理商

---

① 李广宇：《政府信息公开司法解释读本》，法律出版社 2011 年版，第 250~251 页。

② 参见山东省济南市中级人民法院（2016）鲁 01 行终 316 号行政判决书。

业秘密政府信息公开案件时应适用多元化的司法审查标准。笔者对此亦持赞同态度，理由如下：

1. 多元化司法审查标准具有立法的正当性基础

在我国行政诉讼现行立法中，商业秘密政府信息公开案件与一般行政诉讼案件在司法审查标准适用方面的差异性已初见端倪。

根据《行政诉讼法》以及《最高人民法院关于适用〈中华人民共和国行政诉讼法〉的解释》(以下简称《适用解释》)的相关规定，法院在判决撤销被诉行政行为的同时，可以责令行政机关重新作出行政行为，并且重新作出的行政行为不得与被撤销的行政行为具有事实和理由的一致性；如果被告没有履行法定职责或者拒绝履行法定职责，法院可以判决被告在一定的期限内履行该职责，或者对于尚需行政机关调查与裁量的，判令该机关重新作出处理。分析可知，法院在作出该类判决时，一般不包含实体裁决的意图，对于行政机关在判决生效后具体如何履行，法院不作干预。[①]但依据《信息公开规定》第9条和第10条的规定，对于未履行或者拒绝履行政府信息公开职责的行政机关，法院在判决其重新履行相应职责的同时，不仅可以确定重新履行的期限，还可以判令该行政机关以申请人要求的内容或者法定的适当形式提供特定的政府信息。经与前述行政诉讼法以及适用解释的相关规定比较可知，信息公开规定突破了《行政诉讼法》以及《适用解释》所划定的审查范围，允许法院在审理相关案件时可以采取较一般行政案件更为严格的司法审查标准，这也意味着构建商业秘密政府信息公开案件多元化司法审查标准适用机制具有立法基础。

2. 多元化司法审查标准具有利益分析的合理性基础

商业秘密政府信息公开案件，关涉政府、商业秘密提供者以及不特定公众三方的利益纠葛。正如利益法学派代表人物赫克所指出的，法律的本质即“利益的安排与平衡”，是人们对社会中各种利益冲突予以评价分析后制定而成的，因此，法律文本本身蕴含着利益衡量的因子，对于相应制度利益的构成与分析不应脱离法律文本的表述。[②]目前，我国政府信息公开立法有关利益衡量的规定是以“公共利益优先”与“公开优先”两个角

① 李傲、胡煜：《我国行政履行判决的省思及完善》，载《河北法学》2018年第5期。

② 何勤华主编：《西方法律思想史》，复旦大学出版社2005年版，第225页。

度展开的。[①] 就“公共利益优先”而言，依据《政府信息公开条例》的规定，该条例立法目的有三，即保障公众知情权、监督政府依法行政、促进社会发展，均体现了公共利益优先的特质。具体到商业秘密领域，政府对于商业秘密原则上不得公开，但是如果不公开会对公共利益造成不利影响，则应当公开。此处，公共利益因素具有突破法律原则规定的功效，如果公共利益非法律所追求的核心价值，如此制度安排将不会存在。就“公开优先”而言，在《政府信息公开条例》第5条中，立法者已经将公开为常态、不公开为例外予以明文规定，奠定了政府信息公开制度“公开优先”的基调。在价值顺位上，“公共利益优先”处于第一顺位，在利益衡量时应当优先于个体利益的保护；“公开优先”居于第二顺位，在权衡众多公共利益时，优先考虑支持公开的公共利益。[②] 据此，由于不服不予公开的当事人所代表的利益为公众知情权的保障，而认为政府不当公开行为对其合法权益造成损害的利害关系人起诉所要求捍卫的系其自身利益，因此在利益权衡时，应当对于前者予以更多的考虑，前一类诉讼应当适用更为严格的司法审查标准。尽管在后一类诉讼中，相关主体的具体权益可以通过某些方式，如国家赔偿等方式转化为公共利益，但是这一利益转化一方面存在极大的不确定性，在利益考量时不宜作为参照标准；另一方面，“转化”本身即说明在后一类诉讼中“具体利益”与“公共利益”存在本质的不同，如果将具体利益所衍生的公共利益亦纳入考量范围，则会消弭具体利益和公共利益之间的界限，各方利益将被人为统一于最广泛的“公共利益”范畴中，利益衡量所赖以存在的基础，以及相关制度的立法目的将不复存在。

3. 多元化司法审查标准与我国目前商业秘密政府信息公开救济制度更具契合性

依据《政府信息公开条例》第51条的规定，当事人如果认为行政机关在政府信息公开过程中侵犯其合法权益，可以选择三种救济途径：其一，向上一级行政机关或者政府信息公开工作主管部门投诉、举报；其二，申请行政复议；其三，提起行政诉讼。信息公开规定中另外肯定了当事人可以就行政机关的不当公开行为对其造成的损害提起行政赔偿的

---

① 王敬波:《政府信息公开中的公共利益衡量》,载《中国社会科学》2014年第9期。

② 王敬波:《政府信息公开中的公共利益衡量》,载《中国社会科学》2014年第9期。

权利。

为更为全面地反映当下我国政府信息公开救济途径的现状，笔者通过在司法部法律法规数据库网站[①]通过输入关键词“政府信息公开”，选择“按标题检索”，共获取检索信息53条，经剔除修改的旧版本文本等无效结果，最终获得包括《政府信息公开条例》《信息公开规定》在内现行有效的各类规范性文件33份，其中31份为地方政府规章和部门规章。经统计，在这31份地方政府规章和部门规章中，与上位法规定一致的文本共计15份，占比43.39%；单独规定投诉、举报的文本共计5份，占比16.13%；单独规定复议或者诉讼途径的文本共计4份，占比12.90%；未对救济途径予以规定的文本4份，占比12.90%。在上述文本中，规定当事人有权提起行政赔偿的文本共计9份（其中2份为单独规定赔偿途径），占比29.03%（见表1）。

表1　全国部门规章和地方政府规章关于商业秘密政府信息公开救济途径规定统计

	投诉、举报	复议	诉讼	赔偿
北京市政府信息公开规定	√	√	√	
安徽省政府信息公开办法	√	√	√	
山西省政府信息公开规定	√	√	√	
中华人民共和国海关政府信息公开办法	√	√	√	
宁夏回族自治区实施《政府信息公开条例》办法	√	√	√	
浙江省政府信息公开暂行办法(2015年修正)	√	√	√	
福建省政府信息公开办法	√			
青海省实施《政府信息公开条例》办法	√			
郑州市政府信息公开规定(2011年修正)	√			
上海市政府信息公开规定(2010年修正)	√	√	√	
海南省政府信息公开办法(2010年修正本)			√	

① 参见司法部法律法规数据库，载http://search.chinalaw.gov.cn，2019年6月24日访问。

续表

	投诉、举报	复议	诉讼	赔偿
山东省政府信息公开办法	√	√	√	
湖南省实施《政府信息公开条例》办法	√	√	√	
海口市政府信息公开规定	√	√	√	
中国银行保险监督管理委员会政府信息公开办法	√	√	√	
成都市政府信息公开规定				√
河北省实施《政府信息公开条例》办法	√		√	√
天津市政府信息公开规定				
甘肃省政府信息公开试行办法	√	√	√	
新疆维吾尔自治区实施《政府信息公开条例》办法		√	√	√
深圳市政府信息公开规定	√	√		√
本溪市人民政府信息公开暂行办法	√			
黑龙江省政府信息公开规定		√	√	√
辽宁省政府信息公开规定				
陕西省政府信息公开规定				
贵阳市政府信息公开暂行规定				√
鞍山市政府信息公开暂行办法	√	√	√	√
宁波市政府信息公开规定	√	√	√	
武汉市政府信息公开暂行规定	√	√	√	
湖北省政府信息公开规定				
杭州市政府信息公开规定	√			√
广州市政府信息公开规定			√	√

经分析可知，上述规定呈现以下特点：其一，各地方政府和国家部委在制定细化规则时对救济的途径和方式进行了取舍，但这更多地体现出随意性和多样化的特征，缺乏统一性、规律化的标准。其二，相关规定，尤其是有关当事人投诉、举报的程序规定较为原则化，例如，上述规范性文件普遍对于行政机关针对当事人投诉举报的受理条件、办案期限、行政文书记录和出具等内容未予以细化和明确。其三，前述四种救济途径，当

事人在认为行政机关信息公开过程中侵犯其合法权益时，可以任意选择使用，法律法规对于救济途径的先后顺序未予以强制性规定。

笔者认为，在商业秘密政府信息公开案件中，行政机关在事实认定方面较之法院更为专业，因此在为当事人提供救济时，行政机关能够更加准确地把握争议焦点和认定案件事实。对于经过行政机关有效救济的案件，法院出于节约司法成本的考虑和司法谦抑的立场，除非存在重大明显不当，应当尊重行政机关的决定，采取更为保守的司法审查标准。而对于未经行政机关有效救济的案件，法院则可以采取更为全面的司法审查标准，更好地保护当事人权益。由此可知，在我国目前的救济体系下，多元化的司法审查标准适用机制能够在最大限度保障司法效率的基础上实现与行政救济的无缝衔接，为当事人提供更为立体和全面的救济保障。

三、域外撷英：我国商业秘密政府信息公开司法审查标准适用之对策建议

笔者认为，有必要在借鉴域外经验的基础上，构建适宜我国本土特色的商业秘密政府信息公开司法审查标准适用机制。

（一）建立“信息公开诉讼”与“反信息公开诉讼”的分类体系

在美国司法实践中，广义上的商业秘密信息公开诉讼包括“《美国信息自由法案》诉讼”与“反《美国信息自由法案》诉讼”。前者指因行政机关拒绝主动公开一定的信息，或者拒绝当事人依申请要求公开一定的信息所引发的诉讼；后者指向行政机关提供信息的主体，起诉行政机关不得向社会公众或第三者公开其提供于政府的秘密信息。两类诉讼的不同之处在于：首先，诉讼发起主体不同。《美国信息自由法案》诉讼的原告系不服政府不予公开特定信息的当事人，而反《美国信息自由法案》诉讼的原告系主张政府不当公开的行为侵犯其合法权益的当事人。其次，适用法律不同。对《美国信息自由法案》诉讼法院主要依据《美国信息自由法案》予以审理，而对反《美国信息自由法案》诉讼，法院主要依据《联邦程序法案》予以审理。最后，司法审查标准不同。根据《美国信息自由法案》的规定，法院在审理《美国信息自由法案》诉讼案件时，适用重新审查标准。而法院在审理反《美国信息自由法案》诉讼时，应采取与审理一般行政诉讼相同的司法审查标准，即实质性证据审查标准及专横、任性、滥用

自由裁量权标准。

如前所述，不服政府不予公开决定的当事人与主张政府不当公开侵害其权益的当事人代表不同的利益诉求，具有本质的差异，因此借鉴《美国信息自由法案》诉讼与反《美国信息自由法案》诉讼的分类模式，在我国司法实务中根据原告的身份类型对案件予以分类处理十分必要。同时，由于我国法院在审理商业秘密政府信息公开案件时统一适用《行政诉讼法》《政府信息公开条例》等法律法规，不存在针对不同原告主体分别适用不同法律规定、继而适用不同司法审查标准的立法体例，因此在借鉴《美国信息自由法案》诉讼与反《美国信息自由法案》诉讼的分类模式时，应当将上述概念的含义限缩于原告主体身份的不同这一要件上，不应作扩大化解释。笔者认为，可以“信息公开诉讼”与“反信息公开诉讼”两个概念予以称呼。

（二）明晰“完全审查标准”与“合理性证据审查标准”

所谓重新审查标准，是指法院在审理过程中可以完全不顾行政机关的专业和意见，自主地审查案件事实或者法律适用。根据《美国信息自由法案》的规定，法院在审理《美国信息自由法案》诉讼案件时，应当对于争议事实全面地审查；在审查过程中，法院可以通过审查行政机关的记录文件来决定涉诉政府信息是否属于《美国信息自由法案》所规定的可以不予公开的信息范畴。所谓实质性证据标准，是指行政机关在作出行政行为时，应当有实质性的证据予以佐证，只要行政机关对于证据的判断符合理性，法院便可支持行政机关的决定。而所谓专横、任性、滥用自由裁量权的标准，是指行政机关在作出行政行为时达到了极不合理的程度，以至于找不到任何合理性的基础。根据《联邦行政程序法案》的规定，实质性证据规则适用于审查正式的行政裁决中的事实问题，专横、任性、滥用自由裁量权标准适用于非正式行政裁决中的事实问题以及行政机关行使自由裁量权的情况，但是从本质上比较，二者均包含法院对于行政行为的合理性审查，只是审查的程度不同。同时，由于近年来美国行政记录制度的不断完善，二者之间的差异正在逐渐消弭，一些法院已经对这两项标准不加区分，直接统一采用实质性证据审查标准审理该类案件。根据我国《行政诉讼法》的规定，行政诉讼是对被诉行政行为的合法性予以审查，但我国《行政诉讼法》并未明确排除合理性原则的适用。对于合法行政行为的判断标准，《行政诉讼法》第 69 条作了明确规定，具体为：行政行为证据确凿，适用法律、法规正确，符合法定程序，违反上述标准中的任意一项，将招致行为被撤销或确认违法的不利后果。《行政诉讼法》中有关合理性审查标准的规定见于该法第 77 条的规定，即对于行政处罚明显不当的案件，法院可以判决变更。另，依据该法第 70 条第 6 项的规定，对明显不当的行政行为，法院应当判决撤销或者部分撤销，并可以判令被告重新作出行政行为，同样表明法院具有在一定条件下对被诉行为开展合理性审查的权限。

美国未明确限定司法审查中合法性审查和合理性审查的顺位；美国法院在审查行政机关是否违反管辖规定与法定程序的同时，对于行为的合理性也予以了极大的关注，《联邦行政程序法案》中专横、任性和滥用自由裁量权的标准便是典型的合理性审查标准。这一点与我国的司法实践存在较大差异。笔者认为，美国司法实践中“重新审查标准”与“实质性证据标准（包括专横、任性和滥用自由裁量权的标准）”具有功能上的可借鉴性，但是由于我国行政诉讼坚持以合法性审查为常态、合理性审查为例外的基本原则，对于美国该两项司法审查标准的借鉴应在这一基本原则的规制下展开。笔者认为，可以“完全审查标准”与“合理性证据标准”冠名之。

（三）确定“复议先行处理”的标准

美国法院在审理《美国信息自由法案》诉讼时采用了最为严格的重新审查标准，之所以没有造成案件的积压与法院负担的不当加重，与美国行政诉讼实行穷尽最终救济的管辖原则不无关联。

所谓穷尽救济原则，是指当事人只有在穷尽所有可能的行政救济途径之后，方可向法院起诉，寻求司法救济。具体到商业秘密政府信息公开案件中，根据《美国信息自由法案》的规定，行政机关拒绝当事人的请求时，当事人有权向该机关的首长通过申诉的途径寻求救济，行政机关收到申请后，应当在规定的期限内作出决定。当事人只有在申诉无法达到救济目的时方可起诉。同时，美国具有发达的行政记录制度，这些行政记录为法院开展实质性证据审查或者专横、任性、滥用自由裁量权标准审查提供了坚实的依据。

分析美国司法经验可知，充分发挥行政机关在纠纷解决中的作用和价值，对于纠纷的最终实质性化解意义重大。正如最高人民法院于 2019 年 2 月 27 日颁布的《关于深化人民法院司法体制综合配套改革的意见》中所指出的，深化多元化纠纷解决机制，将非诉讼纠纷解决机制挺在前面，完善行政救济和司法救济的衔接机制，能够最终实现从源头减少案件数量的目标。但这一改革的前提在于行政救济程序完备而高效，能够切实保障当事人的合法权益，否则行政救济与司法救济将无法形成有效合力，多元纠纷机制的顺利运行自然无从谈起。

结合前文论述，在目前我国商业秘密政府信息公开行政救济途径中，投诉、举报因程序构建不完备，且各地实践做法不一，因此难以起到纠纷化解的实质作用。相较而言，充分挖掘行政复议制度的潜能更为可行。笔者认为，行政复议除具有一般行政救济途径专业性强、灵活高效的优点外，其在全国范围内较为统一的法律适用以及准司法的制度构建，在保障救济申请人合法权益方面具有投诉、举报途径无可比拟的优势，与美国行政记录制度在功能上最为类似。因此，笔者主张，案件是否经过行政复议程序的先行处理，可以作为法院在司法审查标准适用评估时应予以考虑的因素之一。如果案件已经经过了复议程序的处置，除非存在重大明显违法情形，法院不必再就争议事实本身进行审查和评价。

（四）我国商业秘密政府信息公开案件司法审查标准的具体适用规则

法院在对商业秘密政府信息案件开展司法审查前，应当首先依据原告的主体身份，对案件类型予以甄别。同时，结合案件是否经过行政复议的先行处理，最终确定适合的司法审查标准。

1. 完全审查标准的适用

如果涉案争议未经行政复议先行处置，且行政诉讼的发起人系不服行政机关不予公开信息的当事人，法院在审理时应当适用完全审查标准，不仅应当对于行政机关在作出行政行为时的权限、程序等问题予以审查，更应当舍弃行政机关的处置意见与决定，独立地对涉案信息本身是否属于商业秘密、是否应予以公开、被诉行政行为是否具有事实依据作出司法评价（见图 2）。

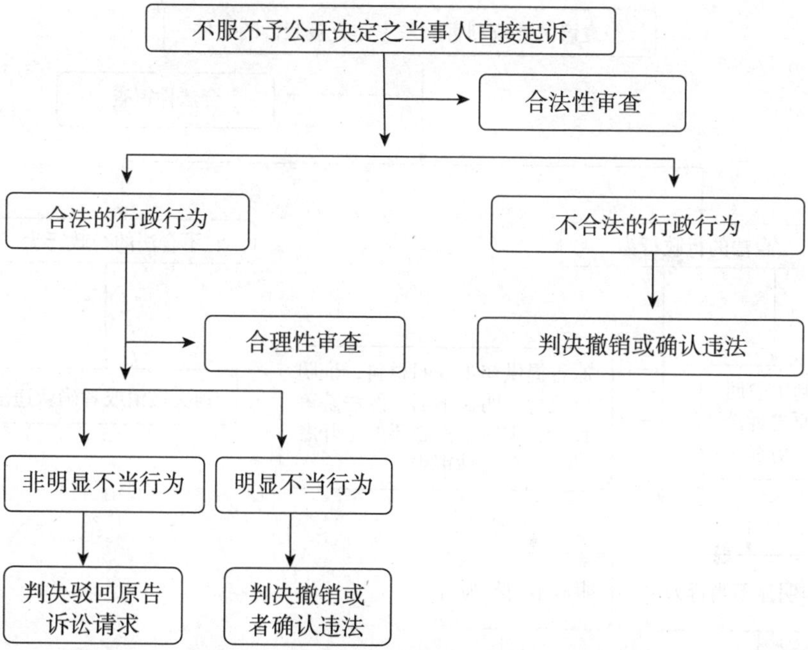

图 2　“信息公开诉讼”审理流程图

2. 合理性证据标准的适用条件及机制

如果行政诉讼的发起人系与行政机关是否公开有关信息具有利害关系的其他主体，其认为政府不当公开相关秘密信息侵犯了其合法权益而未经行政复议直接提起行政诉讼，法院在审查时应当采取合理性证据审查标准，着重审查被诉行政行为的合法性，即被诉行政行为是否是行政机关基于合理的证据所作出的。如果原告提出证据证明涉案事实存在明显不合理，法院经审查，认为确有对事实予以重新审查的必要，则启动完全审查标准的审查。除此以外，法院均应尊重行政机关的判断和意见。同样，如果涉案争议已经经过行政复议先行处置，从节约司法资源、减少当事人维权成本的角度考虑，则无论案件系“信息公开诉讼”或“反信息公开诉讼”，法院在适用司法审查标准时均应采取上述做法（见图 3）。

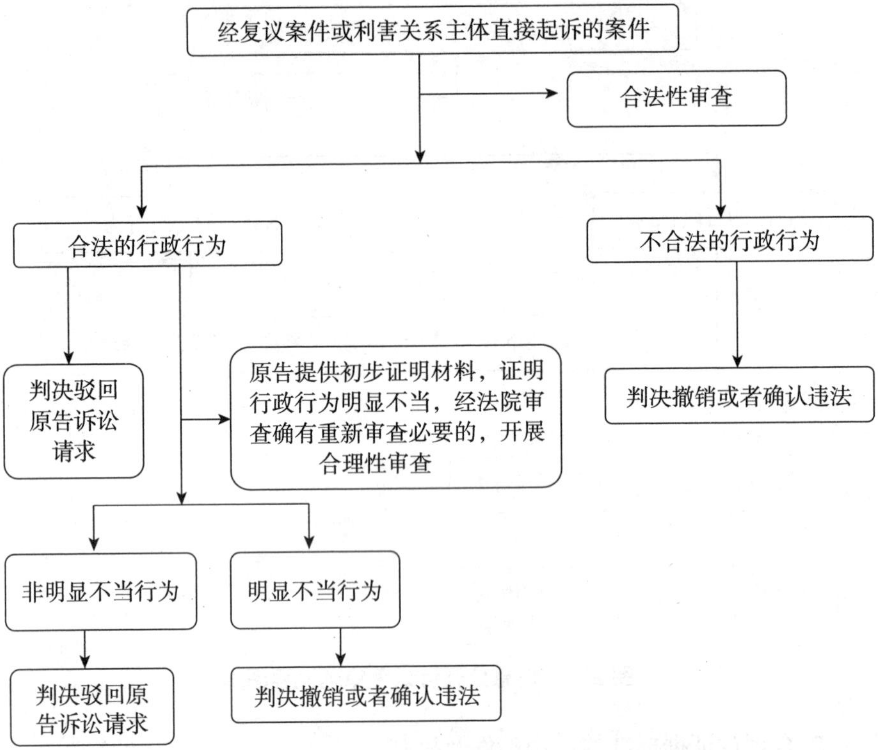

图3 “反信息公开诉讼”与经复议案件审理流程图

结 语

涉商业秘密政府信息公开案件司法审查标准的适用，关乎行政权和司法权的分工配合，关乎政府、商业主体和不特定公众之间的利益权衡，更关乎我国政府信息公开制度立法目标的实现以及每一个社会成员合法权益的保护。构筑多方位、多层次、有机高效的司法审查标准适用机制，不仅是当下我国法院在审理商业秘密政府信息公开案件时所迫切需求的，亦是密切政府和法院在实质性化解矛盾工作方面联动配合机制的重要途径，更是推动司法体制改革工作不断深化、促进政府社会治理能力现代化程度不断提升的关键举措。

离婚冷静期制度适用的困境反思与路径完善 *

——以民事诉讼社会化为视角

张　焱　梁伟伟

引　言

离婚冷静期制度是家事审判工作改革的一项重要内容，也是司法机关兼顾情、理、法的有益探索，它为濒临破裂的婚姻构建了一座法律与人性的桥梁，对于维护婚姻家庭稳定具有重要意义。2017 年 3 月 8 日，四川省安岳县人民法院发出了该省第一份《离婚冷静期通知书》，① 自此“离婚冷静期”作为一项重要的家事审判方式和工作机制得到了各地法院的响应。2018 年 7 月 18 日，最高人民法院在总结各试点工作的基础上发布了《最高人民法院关于进一步深化家事审判方式和工作机制改革的意见（试行）》[以下简称《意见（试行）》]，其中第 40 条规定了离婚冷静期制度。② 这一改革意见也为离婚冷静期制度提供了基本遵循。然而伴随着有益探索的同时，离婚冷静期在实践运行中出现了一定的偏差，亟须重视及解决。

一、实践考察：离婚诉讼中冷静期制度全面落地难

自 2016 年 4 月《最高人民法院关于开展家事审判方式和工作机制改革试点工作的意见》发布以来，各地法院就离婚冷静期制度出台了诸多有

* 本文获 2019 年全国法院第 31 届学术讨论会三等奖。

① 杨傲多:《主审法官详解如何按下离婚“暂停键”》，载《法制日报》2017 年 3 月 21 日。

② 《最高人民法院关于进一步深化家事审判方式和工作机制改革的意见(试行)》第 40 条规定:“人民法院审理离婚案件，经双方当事人同意，可以设置不超过 3 个月的冷静期。在冷静期内，人民法院可以根据案件情况开展调解、家事调查、心理疏导等工作。冷静期结束，人民法院应通知双方当事人。”

针对性的改革举措。虽然在全国试点整体工作态势良好，但该制度似乎尚处于“应然状态”，依然存在制度设计不合理、全面落地难的问题。

（一）缺乏统一的法律规定和操作规范

离婚冷静期制度的规定仅仅在《意见（试行）》中有所体现，但是对于冷静期的启动、适用范围、适用期限、终止与届满等问题法律没有明确规定，且缺乏统一的操作规范。司法实务中冷静期的具体操作细则主要散见于各地方法院制定的“改革方案”“实施意见”和“操作规程”中（见表1）[①]。

表1 部分地方法院关于离婚冷静期的规定

法院	山东德州武城法院	四川资阳安岳法院	广东高院	广西南宁良庆法院	江苏徐州贾汪法院
操作规范	《武城县人民法院家事审判方式及工作机制改革实施方案（试行）》	《安岳县人民法院关于离婚案件冷静期设置的操作规程（试行）》	《广东法院审理离婚案件程序指引》	《离婚案件情感冷静期工作规程》	《关于适用“感情冷静期”处理离婚纠纷案件的实施意见》
启动方式	双方同意	法院依职权	法院依职权	依申请/依职权	法院依职权
适用范围	离婚案件	危机婚姻	人民法院认为双方有和好可能	冲动型离婚或离婚后对子女抚养、老人赡养等问题产生重大影响的案件	危机婚姻
适用期限	不超过6个月；可中止或延期	1个月至3个月；可终止或延长	不超过60日	1个月至3个月，最长不超过6个月；可终止	30日到90日，最长不超过6个月
扣除审限	不计入审限	无规定	不计入审限	不计入审限	无规定
届满	无规定	无规定	无规定	撤诉/调解/审理	撤诉/调解/判决

不同法院在离婚冷静期的理解与认识上不一致，导致在自行制定操作细则时存在诸多不统一。在启动方式上，主要包括双方当事人依申请启动和法官依职权启动两种方式。在适用范围上，有的法院认为在离婚诉讼中

① 笔者通过百度检索和电话咨询，搜集到5家具有详细操作规范的法院，它们对离婚冷静期的适用规定也各不相同。

均可适用冷静期，有的法院则认为应当仅限于危机婚姻。在适用期限上，冷静期的期限是否应当排除在审限之外各地法院存在不同认识，部分法院明确不计入审限，且突破《意见（试行）》规定的3个月限制，视具体情形可终止、可延长，而有的法院则没有规定。在冷静期届满后，有的法院明确了具体的结案方式，但由于标准不一，最终裁判方式也不尽相同。这些不一致性无疑影响了离婚冷静期效果的最大程度发挥，导致该制度在全面推行中步履维艰，也进一步加剧了社会对于离婚冷静期的各种争议。

（二）决定启动离婚冷静期的文书存在诸多问题

通过公开检索，笔者共检索到相关离婚冷静期的法律文书58份。① 经过梳理和总结，发现决定启动冷静期的文书存在如下问题：

1. 文书名称混乱

决定启动冷静期后以何种文书告知双方当事人，法律没有明确规定。实践中多以“离婚冷静期通知书”的形式制作法律文书并送达，占比达84%（见图1）。

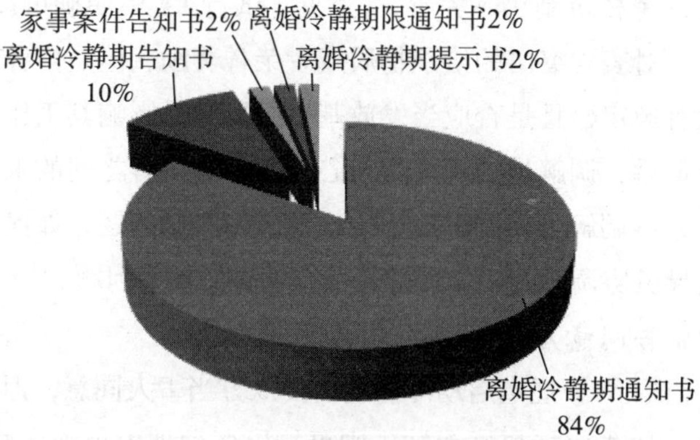

图1　启动离婚冷静期的文书名称

2. 发布主体不统一

绝大多数法院决定设置冷静期的文书均是以法院的名义发布，且加盖法院印章，但有的法院则是同其他部门联合发布文书。比如四川资阳某法院于2018年4月9日发布的“离婚冷静期提示书”，发布主体为该县法院

① 由于离婚纠纷案件属于不公开上网的文书，笔者通过百度和微信检索，共检索到58份涉及离婚冷静期且案号均已隐去的文书。

和民政局。

3. 文书内容不规范

由于缺乏统一规定，各地法院在文书的内容上存在较大差异。有的法院倾向从情理角度阐释冷静期的必要性，如山东济南某法院在签发冷静期通知书的同时附带了一首劝和歌，但对于相关规定和救济程序未予明确，抒情有余而法律效果不足；有的法院只是单纯地告知冷静期限，未对禁止性规定予以提示。如江西抚州某法院出具的家事案件告知书，除冷静期限外并无多余内容，这样单薄的告知书想发挥离婚冷静期的作用显然不现实。

（三）配套制度落实不到位

《意见（试行）》规定在冷静期内法院需要“根据案件情况开展家事调解、家事调查、心理疏导等工作”，该规定在于建立相应的家事审判配套机制，但实践中并没有落实到位。首先，法院与司法局、妇联、共青团、社区等部门或组织的具体协作工作机制尚未建立，导致第三方组织不知晓冷静期制度或者不知道如何配合法院形成合力。其次，调解员、调查员与心理疏导员的考核机制仍不完善，《意见（试行）》中明确可以发放误工、交通等补贴，对表现突出的给予物质或者荣誉奖励，但是何种情况下属于表现突出没有规定，且是否应当发放基本报酬亦是影响其工作效果的重要因素之一。最后，调解员、调查员与心理疏导员三者之间的工作衔接机制尚不完善。家事调解员在调解过程中面对诸多复杂问题，如何与家事调查员、心理疏导员协调相关工作无疑是亟待解决的重要问题。①

（四）原告同意启动冷静期较为困难

《意见（试行）》规定启动冷静期需要双方当事人同意，但在实践中的大多情况下，原告坚持离婚而被告则可能以各种理由拒绝离婚。据统计，2017 年度 140 余万起离婚纠纷案件中，夫妻一方起诉离婚，另外一方不同意离婚的案件占比约为 91.09%。② 因此，双方当事人均同意设置冷静期并不现实，尤其是原告。一是原告认为冷静期制度干涉婚姻自由，加大了离婚的难度；二是作为迫切想要结束婚姻关系的一方，原告认为第一次到法

---

① 有学者指出，家事审判中，家事审判员、调解员与调查员存在角色定位模糊不清、职能范畴界定不明、协作机制尚未健全等问题。参见任容庆：《论家事诉讼中家事“三员”协作体系的构建》，载《法律适用》2017 年第 19 期。

② 《司法大数据专题报告之离婚纠纷》，载 https：//www.chinacourt.org/article/detail/2016/12/id/2491837.shtml，2019 年 5 月 10 日访问。

院起诉离婚有“劝和不判离”的审判惯例，第二次离婚则要等待六个月，额外增加的期限无法满足其快速离婚的心理预期。

（五）法官主动推行积极性不高

笔者通过发放调查问卷的方式，向各地法院家事法官调查离婚冷静期的适用情况。[①] 从调查问卷的结果看，56%的法官赞同适用离婚冷静期制度，但只有35%的法官适用过该制度，适用率较低。

大约82%的法官首先想到的是冷静期期限与审限制度不匹配（见图2）。由于法律没有明确规定冷静期不计入审限，在审理离婚案件时仍然需要遵循民事诉讼法中关于审限的规定。额外设置的冷静期，极易与审限产生矛盾。承办法官受审理期限、结案率、绩效等考核因素影响，往往来不及仔细了解夫妻之间是否有缓和余地，在权衡利弊后便不会选择启动冷静期。此外，设置冷静期不仅颠覆了传统婚姻案件的审理模式，而且倒逼法官把“挽救婚姻”作为化解婚姻矛盾的第一考量，除了需要继续开展调解工作，还需要适时进行心理疏导和回访，因此，不但不是法官对审判工作推脱的表现，相反在很大程度上平添了法官的工作量。[②]

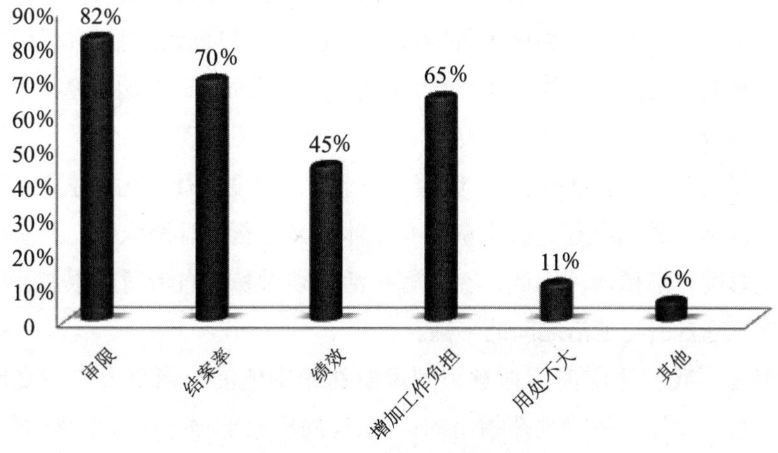

图2　影响法官适用离婚冷静期的因素

---

① 笔者向10个基层法院194名家事法官发布《离婚诉讼中冷静期制度的适用情况》，共收回有效问卷109件，答题者包括北京、山西、安徽、河北、山东等地家事法官。

② 郑桂灵：《设“离婚冷静期”有多重意义》，载《中国人口报》2018年9月7日。

二、正本溯源：民事诉讼社会化的引入及其与离婚冷静期制度的契合

从上述实证经验看，离婚冷静期制度并未达到预期目的，笔者考察的多个法院在面对新兴事物时更是疑虑重重，采取消极或者回避具体政策的态度。究其本质，是适用该制度时在保持婚姻家庭的“自治”与“他治”之间的平衡出现了问题。笔者认为，引入民事诉讼社会化理论，能有效解决离婚冷静期制度当前面临的困境。

（一）民事诉讼社会化的引入

社会化民事诉讼理论源于近代，“法社会学——民事诉讼法学者”弗朗茨·克莱恩认为：“民事诉讼制度与政治、经济和社会等系统性因素是密切相连的，任何民事诉讼的改革措施都必须建立在对上述因素的全面考察之上，让生活和法律制度有效衔接。”[①] 由于民事诉讼的过程、结果关系到公民生活的各方面，诉讼过程必须注重保护社会家庭稳定和秩序。民事诉讼的公共性和社会性是民事诉讼制度在构建、运行时的出发点。具体到婚姻家庭领域，也有学者指出系“以外在力量介入应属于私人自治范畴的婚姻家庭关系，干预该领域中可能出现的主体意思自治滥用，进而保障婚姻家庭所承载的社会公共利益得以实现”[②]。通常而言，婚姻家庭作为私法的重要领域，要求法律体系“在没有足够充分且正当理由的情况下，不得主张限制民事主体的自由”[③]。但随着民事诉讼制度在社会化背景下被注入了时代精神，婚姻家庭更被强调具有整体主义色彩且日渐浓厚，反观个人主义色彩则日渐稀薄。因此，在家庭生活中须对私人自治适当限制，以实现婚姻家庭自治与他治之间的平衡。

但是，我们还应清醒地意识到家事纠纷中他治与当事人自治之间的良性关系，就像王福华教授指出的：“法官的职权干预存在着合理的限度，不能重蹈超职权主义覆辙，通过诉讼的社会化或公共性以压制当事人行使诉权，这也是我们在构建制度中必须警惕的倾向。”[④]

---

① 王福华：《民事诉讼的社会化》，载《中国法学》2018年第1期。

② 肖喜新：《论民法典婚姻家庭编的社会化》，载《中国法学》2019年第3期。

③ 王轶：《民法价值判断问题的实体性论证规则——以中国民法学的学术实践为背景》，载《中国社会科学》2004年第6期。

④ 王福华：《民事诉讼的社会化》，载《中国法学》2018年第1期。

（二）民事诉讼社会化与离婚冷静期制度的契合：实现婚姻家庭“自治”与“他治”的平衡

自由是人类追求的重要价值目标之一，[①]婚姻自由也不例外。法律保障夫妻双方的婚姻自由，即强调婚姻家庭的自治，这既是程序正义的要求，也是强调民事诉讼处分权基本原则的要求。但自治存在被滥用的风险进而损害他人权益或公共利益，破坏公共秩序。因此任何自治只有在法律的保证下，才可能是稳定的和现实的。法律确认和保障自由，就在于对自治的准许和干预之间。积极自由之保障原则的形式就是限制主体的一定自由，而实质是为了保证主体自由。[②]

我国民法赋予每个公民离婚自主权，这是法律对个人在婚姻领域自治的确认。然而“闪离”正在成为现代社会的流行词。这背后多是夫妻双方冲动用事，为了鸡毛蒜皮的小事或者一时之怒就离婚，离婚自由一定程度上被“滥用”。根据民政部2019年8月发布的《2018年社会服务发展统计公报》显示：“2018年全国依法办理离婚手续的共有446.1万对，比上年增长2.0%，其中民政部门登记离婚381.2万对，法院判决、调解离婚64.9万对。离婚率为3.2%，与上年持平。”[③]自2002年开始，离婚率已经连续16年增长。面对持续增长的离婚率，家庭的稳定性受到持续的挑战。

长期以来，婚姻家庭制度作为以个人主义为基础构建的私法制度，过分强调当事人自治的核心地位，忽视婚姻家庭制度他治色彩。有学者指出，“以私法自治理论推进婚姻自由，从实践的反馈而言，已成为离婚等家事领域自由泛滥的制度原因，误导了立法、司法实践与社会舆论，尤其与保护婚姻家庭稳定的目标直接相悖。”[④]在这个层面上，民事诉讼社会化强调司法机关的介入，强调对私人自治在家庭生活中予以适当限制，在平衡婚姻家庭自治与他治的基础上完全可以成为保护婚姻家庭稳定的法律技术方案。

民事诉讼社会化既强调保护私权，又体现出诉讼作为公共物品的特

① 张文显：《法理学》，高等教育出版社、北京大学出版社2007年版，第314页。

② 张文显：《法理学》，高等教育出版社、北京大学出版社2007年版，第324页。

③ 《2018年社会服务发展统计公报》，载http://images3.mca.gov.cn/www2017/file/201908/1565920301578.pdf，2019年8月26日访问。

④ 巫若枝：《三十年来中国婚姻法“回归民法”的反思——兼论保持与发展婚姻法独立部门法传统》，载《法制与社会发展》2009年第4期。

点，在这一点上与离婚冷静期既要在制度上保障当事人诉权又要维护婚姻家庭稳定上具有天然的契合性。婚姻家庭是社会组织的基本组成单位，其稳定性直接决定了社会的稳定程度，这一理念应当时刻保持在家事法官的脑海中，在离婚冷静期制度的构建上应当充分认识到社会秩序稳定的目标与保护当事人诉权的目标具有同等重要性。

在离婚诉讼中设置冷静期，就是对离婚自由的一种保护和干预。这种干预行为否定了欲求离婚一方的意思自治，如果没有这种干预，任由这一现象发酵，婚姻家庭的正常秩序就极易被破坏，非理性的离婚行为不断在社会蔓延，从而动摇整个社会的婚姻家庭基础。正如波斯纳所说："正义作为法律的先导，在特定阶段阻却离婚自由的实现反而更契合自由的本质属性。"① 当然，离婚冷静期这种积极自由保障制度并不意味着对离婚自由干预的广泛授权，应当加以边界限制，即："干预的根据不是为了促进被干预者的福利，而是为了防止其境况变坏，为了防止其重大利益受到损害。"②《最高人民法院关于开展家事审判方式和工作机制改革试点工作的意见》中也提出："要在诊断婚姻状况的基础上，注意区分婚姻危机和婚姻死亡，积极化解婚姻危机，正确处理保护婚姻自由与维护家庭稳定的关系。"冷静期制度的适用更要注重范围和边界，区别对待"危机婚姻"和"死亡婚姻"，充分保障当事人的离婚自由。

三、完善进路：以民事诉讼社会化视角构建离婚冷静期制度

离婚冷静期制度在全国推广之前，因其具有较强的主观色彩，必然会对其设置的正当性、合理性和可行性经历一个探索实践阶段。③ 笔者认为确立民事诉讼社会化的价值取向，既能够为社会权力介入离婚领域提供正当性依据，又能使其规则更加符合体系化要求。因此，本文从前文论述的冷静期制度面临的困境出发，以民事诉讼社会化为视角，有针对性地提出我国离婚诉讼中冷静期制度构建的建议，以期实现婚姻家庭中自治与他治

---

① ［美］理查德·A. 波斯纳：《性与理性》，苏力译，中国政法大学 2002 年版，第 152 页。

② 黄建武：《试论法律自由的确认与调整》，载《中山大学学报（社会科学版）》2000 年第 1 期。

③ 刘敏：《21 世纪全球家事诉讼法的发展趋势》，载《中国应用法学》2017 年第 5 期。

理念之间的有机平衡。

（一）顶层规范：完善离婚诉讼中冷静期的适用规则

1. 启动：突破“经双方当事人同意”的原则

笔者认为，如果冷静期的启动坚持以“原被告双方同意”为基础的自治原则，当事人双方尤其是原告一方基于诉讼效率的问题很可能会拒绝适用，由此一来该制度就丧失了适用的基础。因此笔者建议冷静期的启动既可以由当事人主动申请，也可以由法院依职权设置，法官根据实际情况进行判断是否启动离婚冷静期，以凸显制度启动中的他治色彩（见图 3）。

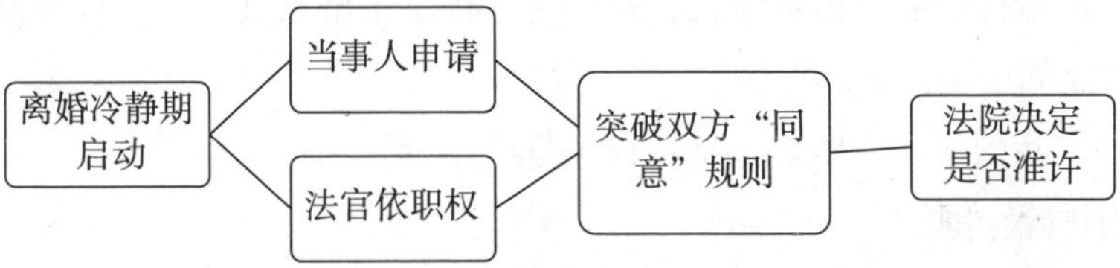

图 3　离婚冷静期的启动

（1）当事人申请启动，即离婚诉讼中原、被告均可以向法院申请启动离婚冷静期，但是否准许应当由人民法院决定。当事人可以通过口头或书面的形式向法院提出申请，并对申请理由进行说明，口头提出的，书记员应当书面记录并由当事人签字确认。

（2）法院依职权启动，要求法官对起诉状、答辩意见、证据等卷宗材料及相关案件背景进行充分了解，对当事人的婚姻情况进行初步诊断，在充分做好双方当事人思想工作的基础上综合全案决定是否启动冷静期。

应当指出的是，当事人申请冷静期应当以第一次起诉为限，针对再次提起的离婚诉讼应当不再设置冷静期。因为《民事诉讼法》第 124 条第 7 项已经设置了 6 个月的不准起诉期间，故不再另行设置冷静期，防止过分干预当事人诉讼权利。

2. 适用范围：因婚姻危机而冲动提起的离婚诉讼

虽然现在学术界和实务界的主流观点均认为离婚冷静期主要是针对因婚姻危机而冲动提起的离婚诉讼，[①] 但对何为危机婚姻尚未有明确的界定。域外立法以德国为代表，构建了比较完备的离婚冷静期适用范围。

---

① 张智全:《给冲动型离婚戴上冷静的法律辔头》，载《人民法院报》2018 年 9 月 1 日。李贺贤、刘志强:《完善家事审判工作的三个关键制度》，载《人民司法》2016 年第 34 期。

（1）德国模式：以适用为原则 + 以排除为例外

德国在其《家事事件与非讼事件程序法》中规定法官在内心确信婚姻关系仍有望存续时，应当依职权中止离婚程序。[①] 这一点也赋予了法官较大的自由裁量权，保证在每个离婚案件中能够把握双方当事人的基本情况及案件事实，在不存在排除事由的情况下积极适用离婚冷静期，主动干预离婚诉讼，保证社会秩序的有序运转。在以适用为原则的前提下，设置了离婚冷静期的排除事由，即配偶双方分居超过一年且反对中止的，不得中止程序。这种立法模式既明确了国家在草率离婚诉讼上的态度，又赋予法官在具体案件中的自由裁量权，较好地平衡了婚姻家庭的稳定性与当事人自治性之间的关系。

（2）我国司法实践之选择：以“危机婚姻”为适用前提，以“死亡婚姻”为排除范围

就目前我国家事审判的具体情况而言，婚姻类型大致划分为“死亡婚姻”和“危机婚姻”，[②] 而这种划分恰恰也可以作为适用离婚冷静期的良好实践基础。针对如何区分二者，笔者认为在于“夫妻感情是否确已破裂”。[③]

针对“危机婚姻”，主要是指夫妻双方之间因缺乏信任和有效沟通，导致在处理夫妻生活、子女教育、婆媳关系、生活支出等家庭琐事时引发矛盾和信任危机，没有达到“夫妻感情确已破裂”的法定情形仍有和好可能的婚姻状态。法官应当把握好离婚冷静期的制度功能，主动适用冷静期，为夫妻双方实现感情修复提供一个缓冲期，放缓诉讼进程，使双方能够反思存在的问题并在法官和社会力量的帮助下积极妥善化解家庭矛盾。

针对“死亡婚姻”，在查明满足感情确已破裂的情况下，法院应当加快诉讼进程，不再设置冷静期。在依法查清案件事实的基础上，充分保障当事人的离婚自由，妥善处理未成年子女抚养、财产分割等问题，避免因

① 王葆莳、张桃荣、王婉婷：《德国家事事件和非讼事件程序法》，武汉大学出版社 2017 年版，第 64 页。

② 谢勇：《杜万华在湖北广西调研家事审判工作时强调积极发挥基层首创精神 有力推进家事审判改革》，载《人民法院报》2016 年 6 月 20 日。

③ 我国《婚姻法》第 32 条规定：“有下列情形之一，调解无效的，应准予离婚：（一）重婚或有配偶者与他人同居的；（二）实施家庭暴力或虐待、遗弃家庭成员的；（三）有赌博、吸毒等恶习屡教不改的；（四）因感情不和分居满二年的；（五）其他导致夫妻感情破裂的情形。一方被宣告失踪，另一方提出离婚诉讼的，应准予离婚。”

久拖不决给当事人双方增加诉累，同时减少司法资源的浪费。

3. 适用期限：设置弹性期限并扣除审限

《意见（试行）》中规定在审理离婚案件时可以设置不超过3个月的冷静期。笔者认为3个月[①]的时间足以让双方当事人在法官和社会力量的帮助下权衡利弊，重新审视自己的婚姻状况。如果时间过长反而容易生变，不利于保护当事人诉权，徒增诉累。

关于冷静期的期限，其他国家的规定也可供我们参考。例如英国要在3个月后作出婚姻破裂的证明；德国以1年的最短分居限制当事人离婚，规定了不同分居时间的不同后果；美国普通离婚程序要在6个月内才能完成离婚手续；等等。[②]笔者认为法官应当结合以下因素进行弹性设置，包括夫妻双方结婚时间长短、有无未成年子女以及子女的年龄大小、矛盾产生的原因以及是否分居等状况（见表2）。需要指出的是，家事诉讼千差万别，更糅杂了当事人的感情与性格因素，笔者提出的考虑因素属部分可量化因子，对于不能量化的感情、性格及其他因素，应当由法官综合考量。

表2 离婚冷静期期限的参考设置

婚姻存续时间	有无子女	是否分居	离婚冷静期期限
一年以下	有	未分居	1~2个月
	无	未分居	1个月
一年以上三年以下	有	分居半年以下	2~3个月
	无	分居半年至一年	1~2个月
三年以上	有	分居一年以上	3个月
	无	分居一年半以上	1~2个月

随着离婚案件数量的不断上涨、审理难度的不断加大，人案矛盾尚未缓解，效率与公正难免会产生冲突。在离婚案件中如果机械地适用审限制度，法官在结案和审限的压力下难免会为了追求效率而放弃实质性化解离婚纠纷的追求，法院化解婚姻危机、稳定社会和谐的功能也将难以有效发挥。结合《广东法院审理离婚案件程序指引》等试点法院的成功经验，笔

① 另有学者认为可以设置6个月或4个月的冷静期，关于时限的讨论具体参见陈苇：《婚姻家庭继承法学》，群众出版社2012年版，第312页。

② 周一叶：《离婚过程中的博弈与制度安排的有效性》，载《湘潭师范学院学报（社会科学版）》2007年第1期。

者建议应当将冷静期的适用期间排除在审限之外。

4. 法律文书：送达正式的《离婚冷静期通知书》

正式的法律文书是体现国家意志的重要工具，也是维护社会稳定、给当事人予以震慑力的有力手段，更是进行法治宣传的生动教材。在离婚案件中，启动冷静期更需要出具正式的法律文书，以此约束夫妻双方遵循法律规定，正视夫妻间存在的问题，互相包容和理解，积极配合法官有效化解矛盾。因此，不论是当事人申请启动冷静期还是法官依职权启动，均应向双方当事人送达《离婚冷静期通知书》。

通知书中，首部应当写明法院名称、案号等，正文部分应当列明双方当事人情况、理由以及冷静期的期间、禁止事项、救济途径和法律后果等，在尾部应当加盖人民法院院印。

5. 离婚冷静期的终止与届满

冷静期的终止是指针对冷静期内出现的相关情形，由当事人或者第三方组织申请，法院可以提前终止冷静期，主要是指以下情形（见表 3）。

表 3　离婚冷静期的终止情形及处理方式

情形	处理方式
情形1：双方当事人自愿和好	终止离婚冷静期，出具准许撤诉裁定书或和好调解书
情形2：双方当事人同意离婚，并就子女抚养、财产分割等问题达成调解协议	终止离婚冷静期，出具准许撤诉裁定书或调解书
情形3：一方当事人出现实施家庭暴力、虐待、自残、遗弃家庭成员，赌博、吸毒，恶意转移财产，抢夺、转移、藏匿未成年子女等情形的，经另一方当事人申请	终止离婚冷静期，恢复本案审理
情形4：家事调解员、调查员、心理疏导员、妇联及村（居）委会等第三方人员或组织发现一方当事人存在情形3的事项	第三方人员或组织应当及时向人民法院建议终止离婚冷静期，由法院决定是否终止

需要注意的是，无论是一方当事人还是其他组织申请法院终止冷静期，对其申请应当是形式审查，这种审查不应当成为另外一种“庭审”，只要出现相关事实并提出初步证据，法官即应当决定终止离婚冷静期，恢复对本案的审理。

冷静期终止或届满恢复审理后原告坚持离婚的，人民法院结合冷静期内双方的表现以及婚姻中出现的问题，按照下列情形，分别处理（见表4）。

表4 冷静期终止或届满恢复审理后的处理方式

情形	处理方式
情形1：因生活琐事冲动离婚，经审理查明未达到感情确已破裂，经调解不成，原告坚持离婚的	判决驳回原告的诉讼请求
情形2：因生活琐事冲动离婚，经审理查明未达到感情确已破裂，经调解，原告主动撤回起诉的	裁定准予撤诉
情形3：因生活琐事冲动离婚，经审理查明未达到感情确已破裂，经调解，被告同意离婚的	出具调解书准予离婚
情形4：经查夫妻感情确已破裂，无和好可能，调解不成的	作出准予离婚的判决

（二）优化配置：提高家事法官的专业性和积极性

家事案件随着性别观念、婚姻继承关系、家庭形态以及社会环境的变化越发复杂，推进家事法官的正规化、专业化和职业化建设已经成为家事审判改革的重要一环。离婚冷静期制度的适用对家事法官的专业化程度要求更高。就加强法官的专业性而言，涉及选任、培训及设置单独的绩效考核机制等方面。首先应当设置更加严格的选任条件。不少法院在选择家事法官时往往从普通民事法官中抽调组成家事审判团队，但这一做法并不能完全满足家事审判专业性的要求。因此在选任家事法官时，应当结合性别、兴趣、具有婚姻家庭经历、年龄[①]、是否具有社会学心理学相关知识等角度予以选任。其次，专业家事法官的成长离不开专业的培训，这种培训应当是科学系统的长效培训机制，以此培养家事法官解决家事纠纷的系统性能力和修复婚姻家庭关系的能力等。最后，在保障家事法官专业性的同时，应当建立可行的专门绩效考核机制，家事法官所付出的感情努力可能比一般民事法官要更加突出，因此，单纯地从结案数量角度出发不能很好地衡量家事法官的工作绩效，应当更多地从案件效果、社会效果以及一次性化解纠纷的角度进行评价。家事法官的专业性直接决定了离婚冷静期间

---

① 有些国家针对家事法官的年龄给出了具体的规定，比如日本的家事法官年龄限定在40~70岁，纽约州的家事法官任期10年，可以直至70岁法定退休年龄。另外，是否具有婚姻家庭经历也很重要，否则难以理解当事人的所作所为，裁判结果过于生硬，无法达到良好的社会效果。参见王琦：《聚焦我国家事审判改革的几个面向》，载《政法论丛》2018年第1期。

工作的有效性，因此需要不断提升法官的专业能力和积极性，增强其化解婚姻危机的能力和投身家事审判改革的动力。

（三）诉讼辅助：建立“四位一体”的合作体系

离婚诉讼中适用冷静期制度不是孤立的，而是一个开放的体系。当事人不仅需要在法官的帮助下对婚姻问题进行反思和积极修正，需要其亲属析理劝和，更需要专业人士的介入。[①]目前《意见（试行）》中针对家事调解员、调查员以及心理疏导员的实际操作进行了详细规定。在此基础上，笔者认为应当建立家事法官、家事调解员、家事调查员以及心理疏导员“四位一体”的合作体系，形成以家事法官为主导力量，家事调解员为基本力量，家事调查员与心理疏导员为辅助力量的配置方式。作为拥有诉讼指挥权的家事法官在总体上把控家事诉讼的各项工作，并不实际介入调解，而是赋予调解员工作主动权，在需要调查员与心理疏导员介入的基础上，由后者予以配合。其次，在经费保障和报酬方面，法院应当积极建立专项经费保障机制，确保用在家事审判辅助力量的经费及时到位。在绩效方面，应当建立细致的考核机制，按照三类辅助力量的参与度，结合参与时间、工作难度以及取得的工作效果等方面适当酌情确定三类辅助力量的绩效，以保障其工作积极性与成效。通过上述力量的整合与参与，对各种“生病”、危机婚姻进行诊断和调解，在冷静期内推动原被告双方积极调解，以期让离婚冷静期效益最大化，争取将矛盾纠纷调解在基层、化解在源头。

结　语

离婚诉讼中的冷静期制度作为一项伴随着家事审判方式改革而诞生的改革举措，其重要性和必要性不言而喻，尤其是目前民事诉讼社会化不断得到深化和以人民为中心的发展思想背景下，如何在公众需要自治与维护婚姻家庭稳定的他治之间寻求平衡，需要我们不断地探索和细致的考量。相信在各方通力配合下，离婚冷静期制度能够在化解婚姻危机中发挥更大的作用，小家庭将更加美满，社会大家庭将更加和谐。

---

① 参见任容庆：《论家事诉讼中家事“三员”协作体系的构建》，载《法律适用》2017 年第 19 期。

民事诉讼中滥用管辖权异议的反思与规制*

——基于中国裁判文书网263份民事裁定书的实证分析

李 强 谢宝石

引 言

管辖权的确定是诉讼的起点，关系着审判程序的正当运行，而管辖异议权的设立，旨在矫正法院管辖不当，破除地方保护主义，保护合理诉权和实现程序正义。但在管辖异议层面，法律规定稍显苍白，为当事人（尤其是被告）在司法实践中滥用异议留下了操作空间，用以拖延诉讼，形成利己诉讼状态，争取利益最大化。面对管辖权异议被日益滥用的乱象，法院实际的应对办法并不多，致使诸多案件审理不畅。基于此，笔者尝试从司法实务入手，对地域管辖的异议权行使进行实证分析，① 探究管辖权异议被滥用的成因，并提出规制之策，以期为防范滥用异议和保障正当诉权有所增益。

一、实证研判：滥用管辖权异议之现状透视

现行《民事诉讼法》第127条规定了管辖权异议制度，②2015年《最高人民法院关于适用〈中华人民共和国民事诉讼法〉的解释》（以下简称

* 本文获2019年全国法院第31届学术讨论会优秀奖。

① 本文将管辖异议研究限定为“地域管辖”的异议研究，地域管辖是诉讼中涉及最广、当事人异议最多、最具代表性的管辖问题；其余类型的管辖异议在实践中并不常发，且规定相对明确，本文不再考察。

② 《民事诉讼法》第127条规定：“人民法院受理案件后，当事人对管辖权有异议的，应当在提交答辩状期间提出。人民法院对当事人提出的异议，应当审查。异议成立的，裁定将案件移送有管辖权的人民法院；异议不成立的，裁定驳回。”

《民事诉讼法司法解释》）对其进行了具体说明，[①] 随着司法实践的深入，当事人异议权的行使逐渐过滥和异化，如何规制滥用管辖权异议关系着审判权的良性运行。探究管辖权异议被滥用的情况，须立足于现实的司法案件，对不同情形的管辖异议全面考察。笔者以“管辖权”“提出异议”为搜索关键词，在中国裁判文书网随机选取了B市某基层法院263份管辖权异议民事裁定书为样本，样本涵盖了民事诉讼的基本类型，如图1所示，具备有效的研究属性。[②]

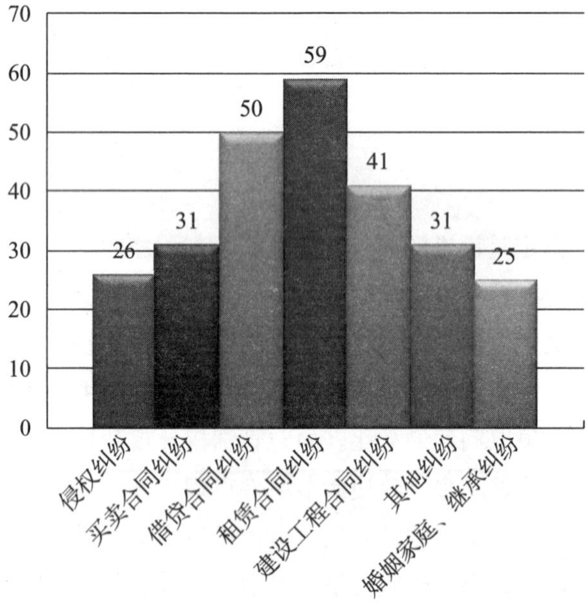

图1　263件样本案件涵盖了不同案件类型

263件样本案件中，裁定驳回为195件，比例高达74%；裁定驳回的案件中，有144件上诉，二审法院维持131件，维持率达91%，总体维持高驳回率、高上诉率和高维持率的态势。从提出异议到不服上诉，当事人一般会穷尽管辖权异议的所有流程，存在滥用异议之嫌。在实证层面，笔

---

① 详见《民事诉讼法解释》第39条、第82条、第223条、第333条之规定。

② 随机选取的263份民事裁定书均为2016年后出具的文书，具备时效性，几乎涵盖民事案件的所有主要类型，避免单一性，裁定结果包含移送管辖和驳回异议，基本实现了统计样本的客观性和科学性。

者进一步对裁定驳回的195件样本案件抽丝剥茧、全面分析，[①] 发掘滥用异议的潜在表现形式与内容。

（一）不合理的异议提出形式

1.“卡点”式的异议提出时间

《民事诉讼法》将提出管辖权异议的时间限定在答辩期内，一般为15天，从图2的统计发现，195件样本案件中异议提出时间集中于答辩后期，前5天提出异议仅占11%，最后5天提出异议占比高达68%。上诉案件也有半数以上“卡在”最后时间提出上诉，客观上造成当事人权利失衡的情况。因为管辖确定是程序性事项，这种“卡点”提出的目的是否正当有待商榷。

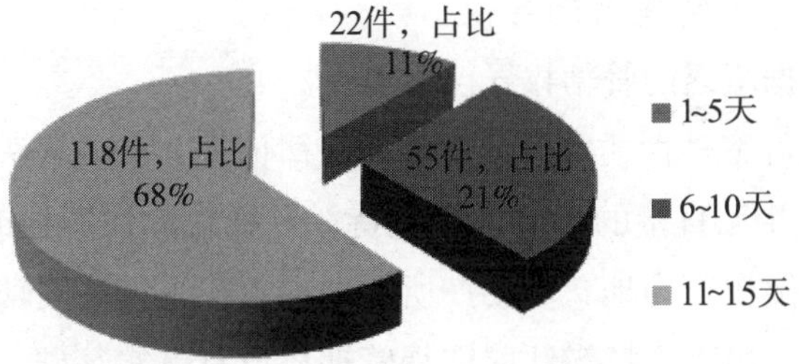

图2　195件案件中异议提出时间的比例分布图

【案例1】某买卖合同纠纷，甲因乙住所地位于C法院辖区内而向该法院起诉，乙公司收到诉状后，在答辩期最后一天提出管辖异议，认为合同履行地位于D法院辖区内，要求案件移送至D法院审理。C法院根据乙提交的营业执照确认了其住所地在本院辖区，驳回了乙提出的异议。乙在上诉期届满前一天又以同一理由提起上诉，二审法院驳回了乙的上诉，此时距乙提出异议的时间已经过去了3个月之久。[②]

2.“隔空”式的异议提出方式

当事人提出异议的方式有很多，包括口头、邮寄、现场交付等多种方式，其中邮寄的方式最为普遍，如图3所示。邮寄一份异议申请书而别无其他，且不注明有效联系方式和地址，事先也不通知法院，法院却不能

① 裁定移送即表明异议成立，当事人系正当行使权利，不存在滥用的情况，本文不再考察分析。

② 北京市昌平区人民法院（2017）京0114民初2600号民事裁定书。

无视，仍须反复核实邮件的真实性，并安排审理时间。这种故意不联系法院，“隔空”传递一纸申请，也无证据佐证的行为，看似荒唐，实则是当事人利用规则拖延或逃避诉讼的办法。

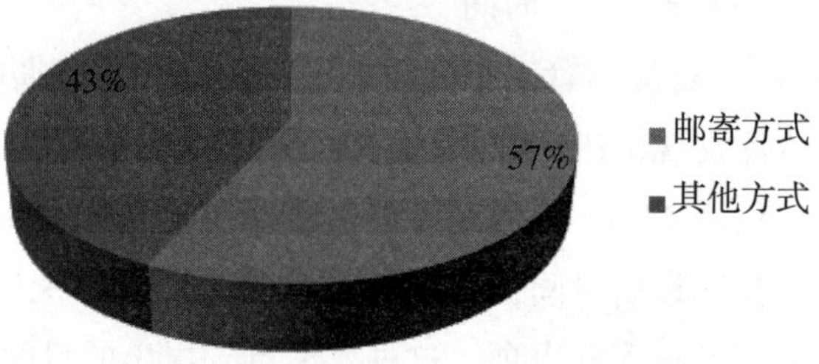

图3　195件案件中异议提出方式的比例分布图

（二）缺乏事实理由的异议

1. 事实证据匮乏的管辖权异议抗辩

当事人认可案件性质和确认管辖的法律依据，但认为法院确认管辖的事实不当，却并无直接的事实证据支持，包括谎称住所地或经常居住地、合同履行地、侵权行为地、不动产所在地等不在受诉法院辖区内等多种情形。此种情况，当事人抗辩法院取得管辖权没有事实基础，却仅存在于自称的层面，缺乏相关的证据佐证，可以看作被告的“一厢情愿”，既没有任何依据，也没有对方当事人的承认。

【案例2】某网络购物合同纠纷，甲因合同履行地在C法院辖区而将乙诉至该法院，乙认可双方之间存在合同关系，且认可合同履行地法院对合同纠纷案件的管辖权，但以合同履行地在乙所在的W市为由提出抗辩，要求案件移送至W市法院审理，却无法提供任何证据证明。[①]C法院认为依据甲提交的购物订单及物流信息截图，收货地址位于C区，乙未提供在W市的合同履行证据，故C法院具有管辖权，二审亦认可此事实，并维持了一审结果。

2. 事实证据否认的管辖权异议抗辩

原告依管辖协议向有管辖权的人民法院起诉，对方当事人否认管辖协议的存在，否认与原告之间的关系，不认可受诉法院的管辖权。

【案例3】甲与乙因某合同履行产生纠纷，甲依据合同中协议约定，向

① 北京市昌平区人民法院（2017）京0114民初9942号民事裁定书。

C 法院起诉，答辩期内乙抗辩称并未与甲签订过合同，否认双方存在合同关系，本案应以被告住所地确定管辖，因被告住所地位于 S 市，故要求将案件移送至 S 市法院审理。C 法院认为乙虽否认与甲签过合同，但其撤回了对合同上乙的笔迹和手印的鉴定申请，也未提交其他相关证据，视为乙认可双方存在合同关系，合同约定了“协商不成，提请 C 法院裁决，协议履行地为 C 区”，故 C 法院具有管辖权。[①]

（三）缺乏法律理由的异议

这种管辖权异议是对受诉法院的管辖权法律依据否认，异议的表现内容多样，包括多被告提出异议、无视共同管辖、跨越专属管辖和协议管辖等。

1. 多被告的案件

存在诸多被告住所地或经常居住地不在同一法院辖区内的情形，原告选择被告之一所在地的人民法院提起诉讼，未在该法院辖区内居住的其他被告提出管辖异议，声称受诉法院无管辖权，案件应由其住所地人民法院管辖。这明显与《民事诉讼法》规定的地域管辖一般原则相违背，[②] 并没有任何法律基础，是被告基于自身利益和便捷应诉而采取的不当异议。

2. 否认共同管辖权

否认共同管辖权涉及的合同纠纷案件和侵权纠纷案件居多，是诉讼中常见的管辖异议，主要涉及原告基于共同管辖权选择任一法院，对方无视规定而抗辩应由另一法院管辖。

原告选择合同履行地或被告住所地人民法院起诉，被告不认可一般合同的管辖选择规定，径行提出移送其他法院的无道理异议，干扰正常的审判流程。还有一些特殊合同案件，法律规定详细载明了确认管辖的依据，被告尤其是在法院释明后仍坚持提起，缺乏对法律常识的基本判断。而侵权诉讼中普遍存在着侵权行为地与被告住所地不在同一法院辖区内的情形，这为被告滥用管辖异议提供了借口。原告依据侵权行为地选择法院起诉，被告认为应移送至其住所地的法院；原告依据被告住所地选择法院起诉，被告认为应移送至侵权行为地的法院，与一般合同案件相仿，被告对

---

① 北京市昌平区人民法院（2018）京 0114 民初 1897 号民事裁定书。

② 《民事诉讼法》第 21 条第 3 款规定：“同一诉讼的几个被告住所地、经常居住地在两个以上人民法院辖区的，各该人民法院都有管辖权。”

共同管辖规定选择性无视，就可以人为拖延案件数月之久。

【案例4】甲与乙因交通事故产生纠纷，甲向事故发生地所在的C法院起诉，乙以一般地域管辖规定为由提出异议，认为乙的住所地在S省N县，C法院并无管辖权，要求将案件移送至N县法院审理。[①]《民事诉讼法司法解释》明确了侵权行为地包括侵权行为实施地、侵权结果发生地，原告诉至C法院并无不当，被告以侵权行为地不明确，应由被告住所地法院管辖为借口进行管辖抗辩，显然缺乏法律依据。

3. 违背专属管辖条款

专属管辖是《民事诉讼法》对于特定纠纷直接规定了管辖确认依据，[②]其适用优先级高于一般管辖及协议管辖。原告基于专属管辖提起诉讼，被告常以一般管辖为由（主要是被告住所地）进行异议抗辩，或者以双方之间的协议约定了诉讼法院来对抗专属管辖，这些都是不合理的法律依据。

【案例5】甲与乙因继承问题发生纠纷，甲诉至C法院，乙认为自己的户籍地在B区，故案件应移送至B法院。C法院经过审查，认为遗产继承纠纷属于专属管辖，应按照被继承人死亡时住所地或者主要遗产所在地人民法院管辖，本案中主要遗产房屋位于C区，所以C法院具有管辖权，进而驳回了乙的异议。

4. 违背协议管辖条款

协议管辖是双方意思自治的表现，多见于合同纠纷，只要不违反级别管辖和专属管辖就可以适用，优先于一般管辖。但被告往往忽略或者否认协议，异议申请内容中全然不提协议约定，坚持合同纠纷应由合同履行地或被告住所地法院管辖。这明显回避双方的合同内容，为了提出异议而刻意找寻无关的法律依据。

（四）不充分的异议上诉请求

上诉理由与初始异议提出的理由完全一样，只载明对一审驳回其异议的裁定不服，重复一审的异议理由，没有任何新的依据。在一审裁定书准确释明裁判理由及法律依据的情况下，当事人仍提出上诉，且理由不变，可推断为主观恶意利用“合法”程序来拖延审理，形成对自己有利的诉讼

---

① 北京市昌平区人民法院（2017）京0114民初18315号民事裁定书。

② 详见《民事诉讼法》第33条及《民事诉讼法司法解释》第28条之规定，且大多数物权纠纷均符合专属管辖之规定。

状态，这种情形实为滥用上诉权利。

上诉权利被当事人滥用，直接导致了案件长时间流转，经对195件样本中144件上诉案件的统计发现，这些上诉案卷的流转时间均在30天以上，最长达半年之久，客观上降低了审判效率，如图4所示。

二、追根溯源：滥用管辖权异议之成因剖析

透过现状分析，笔者认为管辖权异议被滥用成灾是多方面因素的综合作用。制度设计的模糊和空白，造成了事前无规定、事中无安排、事后无制裁的现状；司法深入及思想多元化带来的两面性，也体现在申请人不当使用异议规则上。

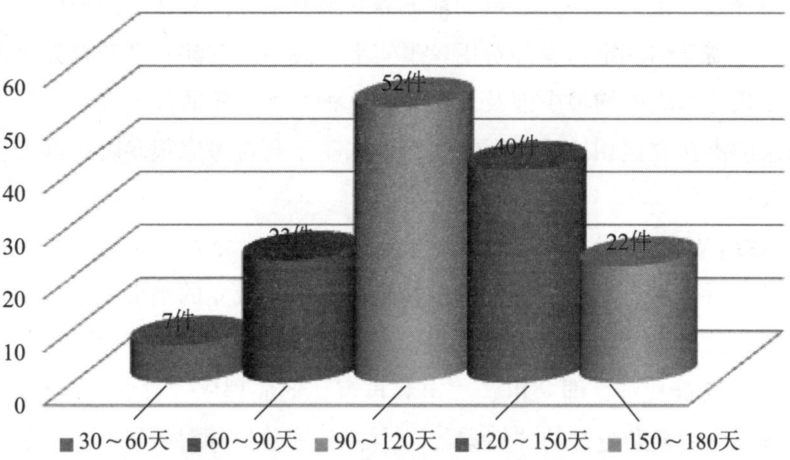

图4　管辖权异议上诉案件流转时间表

（一）异议提起的条件缺失

1. 异议主体范围不明

法律规定当事人有权提出异议，但并未对当事人范围进行细化和界定，实务中被告提出异议居多，但原告及第三人是否拥有异议权，实践中标准不一，导致了涉及诉讼的当事人都可能提出异议，甚至出现了一个诉讼中多方提出异议的情况，范围的不明确导致权利的恣意使用，影响程序正义和其余当事人实体权利的实现。①

① 常怡主编:《民事诉讼法学》，中国政法大学出版社2007年版，第138页。

2. 异议提出条件宽松

《民事诉讼法》仅规定了必须在答辩期内提出异议，即“提出”就需要审查。但对异议申请的形式、理由、依据及证据材料等没有明确载明，这导致了当事人提出异议的门槛过低。[①] 无需合理理由，无需提供证据，甚至口头提出、只邮寄申请也符合启动管辖权异议的程序要求。异议裁定作出后，对于上诉只需要“不服”就可以提起，简言之，明知不合理不合法的上诉请求也能用“不服一审裁定”的外衣来争取时间。

（二）异议提起的成本过低

《诉讼费交纳办法》规定，当事人提出案件管辖权异议，异议不成立的，每件交纳50元至100元。审理费采用的是交纳后置程序，即对管辖权提出异议，无论是一、二审，都无需交纳费用，只有在驳回异议裁定生效后，才需交纳规定的少许费用。事实上，几乎所有涉及管辖权异议的案件，在最终判决中均很少涉及诉讼费，这种几乎为零的提出成本与延缓诉讼带来的潜在收益相比差距巨大，当事人基于利益考虑很多时候都会滥用异议权利。[②]

（三）缺乏有效的制裁机制

法律并未明确滥用异议的制裁措施，异议不成立的当事人，只需承担裁定驳回的后果，甚至还能以管辖错误为由申请再审。[③] 法律赋予了管辖权异议的三重救济，即一审、二审和再审，形成程序“过剩”，给了当事人一种程序越复杂越好的“幻觉”，[④] 保障程序价值却对当事人肆意利用没有全面的处罚机制，即使法院知道当事人恶意提出异议，但缺乏法定的制约举措，助长异议人有恃无恐地滥用权利。

（四）社会法律信仰的降低

司法被动性是民事诉讼程序的基本属性，但长久以来对司法被动性的

① 张弘、于洋：《从防止诉权滥用角度来完善管辖权异议制度》，载《西南科技大学学报》2013年第1期。

② 刘远志：《管辖权异议制度之反思与重构——以地域管辖为视角》，载《法律适用》2012年第4期。

③ 《民事诉讼法》第199条规定：“当事人对已经发生法律效力的判决、裁定，认为有错误的，可以申请再审。”虽然实践中管辖权异议再审不影响案件的实体审理，但无理由的再审牵扯其他当事人的精力并浪费司法资源，也是一种滥用的表现。

④ 张卫平：《管辖异议：回归原点与制度修正》，载《法学研究》2006年第4期。

过分强调导致了审判权的缺位。[①]司法实践中，针对一些有害民事诉讼的行为，审判者囿于法律法规，怠于行使权力，在事实调查领域及程序指挥和管理领域出现不作为状态，导致公正、效率等价值目标的失落。[②]司法权的弱化使得整个社会法律信仰降低，公众对诉讼的态度从敬畏和配合变成了疑虑和对抗，致使当事人选择穷尽诉讼程序以获得安全感，也侧面加重了异议滥用程度。

随着物质文明的发展，各种思想冲击着人们的传统道德体系，功利主义日益盛行，法律所提倡的诚实信用在利益面前逐渐丧失。肆意行使异议权，当事人可以实现拖延诉讼、转移财产甚至诉讼敲诈的目的，在案件进入实体审理前掌握一定的主动权。律师代理制度的普及，使得民事诉讼更具趋利性，一些职业道德低下的律师利用自身专业知识，帮助其当事人利用异议程序的“合法”外衣加大对方权利实现的成本，争取可能的不当利益。

三、探索完善：滥用管辖权异议之规制路径

司法改革推动着案件向又精又快方向审理，而滥用管辖权异议与提升诉讼效率的观念背道而驰，有学者曾提出“只有在高效益的前提之下才能使公正的等级达到更高，这是所谓正义的更高一级含义，也就是说效率也包含在正义之内”[③]。掌握管辖异议权滥用的界定标准，才能客观地甄别与警惕当事人异议行为，进而提出有针对性的规制之法，保障效率与程序的双重正义，推动管辖权异议制度的不断完善。

（一）明晰滥用异议权的界定标准

通过现状检视和成因梳理，可以强化对滥用管辖权异议的识别，如图5所示，从主客观两个角度加以认定：主观上具有恶意，客观上实施了滥用行为，最终服务于当事人的不法目的。[④]

① 魏新章、张军斌、李燕山：《对“虚假诉讼”有关问题的调查与思考》，载《法律适用》2009年第1期。

② 王海超：《我国民事诉讼管辖权异议制度的研究》，载贺荣主编：《公正司法与行政法实施问题研究——全国法院第25届学术讨论会获奖论文集》，人民法院出版社2014年版，第371页。

③ [美]理查德·波斯纳：《法律的经济分析》，蒋兆康译，中国大百科全书出版社1997年版，第31页。

④ 黄娟：《当事人诉讼权利的法理分析——兼谈“法制现代化”话语中的中国民事诉讼改革》，西南政法大学2002年博士学位论文。

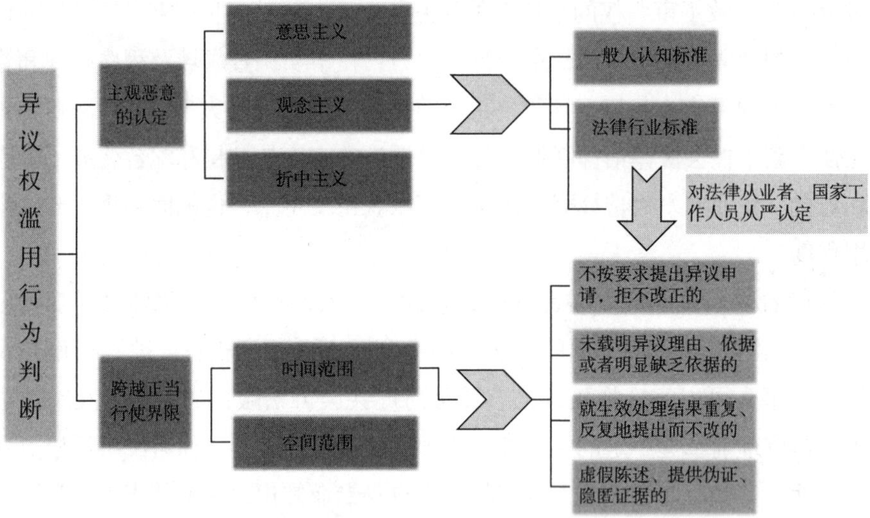

图 5　滥用管辖权异议的判定标准

1. 主观恶意的认定

主观上故意提出不合理的异议，以达到不法目的。对于何为“故意”，学界有意思主义和观念主义两种观念，前者认为行为人须对损害结果抱有积极态度，后者只需要行为人对于行为后果能够预见。[①]笔者认为，判定故意应采取折中主义：当事人既应认识或预见到滥用异议的后果，也应对该后果持希望或意欲的态度，后果为拖延诉讼时间，同时可能转移财产、隐匿资金或给对方设置障碍等。在此，法院可借鉴英美法系的一般理性人标准加以判断，考察社会上一般人处于当事人的相同情况下，是否明知不具备提起管辖权异议的合法要件，或者明知没有事实和法律依据。比如被告仅提供一纸申请书，不记载任何理由及依据的，可推定为滥用管辖异议权；再如被告以距离太远为由，要求移送其他法院审理，其主观心态显然为故意。另外，对于接受过法律教育的人尤其是律师，衡量他们提出异议是否为恶意的标准不同于一般人，其标准应是行业标准。[②]

2. 跨越异议行使的正当界限

当事人行使管辖异议权时，应当出于善意的目的，不会对他人合法

① 包冰锋:《民事诉讼证明妨碍制度研究》，西南政法大学 2011 年博士学位论文。

② 肖建国、庄诗岳:《滥用管辖异议权的法律规制——基于我国五省市 500 份裁判文书的分析》，载《中国知识产权杂志》2016 年第 2 期。

权益及社会利益造成损害，否则即超越了正当界限。当事人心怀恶意提出异议，就会与他人权益和社会利益之间产生一定冲突，违背了管辖权异议制度设立的初衷。因此，应对异议申请人行使权利所享有的自由度进行限制，保障其在有效领域行使具有正当性。当行为超过相应的限制便跨越了正当界限，则构成权利滥用，实质上成为一种不当的侵权行为，侵害了法律所保护的权益：一方面是对方当事人的权益（时间成本、期待利益等），另一方面破坏了司法公信力。

（二）严格规范异议审查程序

《民事诉讼法》第127条规定管辖权异议必须在答辩期内提出，但是对于提出主体、提出形式、提交材料、审查内容及上诉应具备的要件均未限制。

1. 限定异议申请的主体为被告

笔者认为，将提出管辖权异议的主体明确为案件被告，是一种制度常态化的需求。之于原告，《民事诉讼法》规定，当事人对管辖权有异议的，有权在提交答辩状期间提出。诉讼由原告启动，对受诉法院具有相应的选择权，从诉讼平等的角度来看，不应再赋予其管辖异议权。若对方当事人异议申请成立，裁定移送时，原告拥有的是上诉权，而非异议权。之于第三人，《最高人民法院关于第三人能否对管辖权提出异议问题的回复》中赋予了有独立请求权第三人参与诉讼或另行起诉的选择权，也认为无独立请求权第三人在诉讼中是以一方当事人主张为转移，处于一种辅助地位。[①]《民事诉讼法司法解释》亦明确了无独立请求权的第三人无权提出异议。上述规定阐明了第三人的地位和作用，解释了第三人不宜成为异议主体的缘由。之于被告，其本身作为异议主体并无疑问。[②]须注意的一点是，如果案件审理中追加被告，则可以给追加的被告提出管辖权异议的权利，但案件原有被告不能因此获得再次提出管辖权异议的权利，因为原有被告在

---

① 参见1990年7月28日最高人民法院颁布的《关于第三人能否对管辖权提出异议问题的回复》:“一、有独立请求权的第三人主动参加他人已开始的诉讼，应视为承认和接受了受诉法院的管辖，因而不发生对管辖权提出异议的问题；如果是受诉法院依职权通知他参加诉讼，则他有权选择是以有独立请求权的第三人的身份参加诉讼，还是以原告身份向其他有管辖权的法院另行起诉。二、无独立请求权的第三人参加他人已开始的诉讼，是通过支持一方当事人的主张，维护自己的利益。由于他在诉讼中始终辅助一方当事人，并以一方当事人的主张为转移。所以，他无权对受诉法院的管辖权提出异议。”

② 李华敏、李连杰:《民事诉讼的管辖权异议制度》，载《法制博览》2017年第11期。

答辩期内已享受过该项权利，不能重复享有权利。[①]

2. 落实异议申请的书面化制度

异议申请形式和内容不规范，让管辖权异议制度缺乏权威性和仪式感。异议申请必须提交书面材料，在申请书中应当载明提出异议的事实、理由以及相应的法律依据，对于仅提出异议主张，而无具体异议事实、法律依据的，受诉法院有权对申请不予审查。根据公平原则，原告选择受诉法院起诉会基于相应的理由和证据，被告质疑管辖权也应提出书面证据，比如被告以经常居住地在他处而提起管辖权异议的，须提供在他处的近期房屋租赁合同、暂住证等；又如被告以双方协议管辖来提出异议的，须提供书面协议进行佐证。被告未提交、拒绝提交初步书面证据或提交完全不相关的证据，法院根据现有证据认为属于明显无正当理由的，有权告知其申请不当，退回申请。若一方不认可一审裁定意见，上诉亦需提交书面材料与证据，二审法院依此可从速裁判。

3. 优化管辖权异议的处理模式

被告恶意提起管辖异议的主要目的就是拖延诉讼，故须在制度层面对审理架构予以完善，阻却其不当目的的实现。一是严格适用提起异议和上诉申请的时限，管辖确定是较容易判断的程序内容，应释明当事人严格遵循答辩期和上诉期的时间；二是缩短审理时长，对异议的审查主要考察事实证据和法律依据，极少涉及实体问题，故限定一审法院10日内作出一审裁定，二审法院可采取速裁方式审查上诉材料，在10日内作出终审裁定为宜；三是规范审理方式，一审法院可借鉴二审法院的书面审理模式，确有必要再进行询问与开庭，提高效率；四是简化移转衔接，针对异议上诉的卷宗，缩短移送时间，采用绿色通道，建立专人对口交接制度，简化交接手续，尝试通过传真、互联网等完善线上移转。上诉移转及退回的时间均不得超过5日，若异议成立，确需移送管辖的案件，应在裁定生效后10日内完成案卷移送。[②]

（三）提高成本与强化惩戒并重

异议被滥用，付出成本的低廉和惩戒罚则的缺位是重要因素，通过规

---

① 参见杜杰锋：《对管辖权异议制度的几点思考》，载 https://www.66law.cn/domainblog/76197.aspx。

② 周成泓：《民事管辖权异议制度完善研究》，载《法制博览》2015年第4期。

制来使得恶意异议人望而却步，才能平衡诉讼双方，使程序趋于公正。

1. 提高异议收费标准

审理异议的后置收费程序，让被告有了“反正不交钱，先提一个再说”的错误认识，即使申请错误，被驳回异议，付出的成本只有几十元的受理费。因此，优化标准、提高成本成为必然，规定提出即交费的原则，从经济学的“成本政策”[①]来预防被告滥用异议权。笔者认为可以参照《诉讼费用交纳办法》的标准，按照案件标的额预交异议受理费，异议成立的，预交费用予以退回，异议不成立的，则不予退还。对不按规定交纳管辖权异议费的当事人，法院对其提出的异议不予审查。

2. 罚款与赔偿相结合的惩戒机制

越界的滥用管辖权异议损害了原告的权益和司法审判权，实质上是一种侵权行为。若造成对方当事人损失的，受害方可按照一般侵权责任原理要求滥用异议人承担损害赔偿责任，[②]在本诉中提起损害赔偿之诉讼请求，由受诉法院在审理本诉时一并处理，这就为当事人（尤其是原告）提供了救济途径。对主观恶意明显、滥用行为严重的异议申请人，建议参考《法国民事诉讼法》的规定，[③]将其作为妨碍民事诉讼的行为进行处理，人民法院可以根据情节轻重予以相应的惩戒。

（四）倡导培育诚信诉讼理念

《民事诉讼法》将诚实信用原则作为一项基本原则在民事诉讼中予以确定，管辖异议权是法律赋予当事人的合法诉讼权利，当事人及其诉讼代理人在行使这一普遍的诉讼权利时，应以诚信诉讼为基本要求，体现出对法律的敬畏和对司法的尊重。通过法院释明和社会宣传，积极提倡合法、合理、适当地行使管辖权异议。恶意提起异议的权利滥用行为，是法律和公众所不允许的，也违背了社会主义核心价值观的要求。

同时，律师或者法律工作者在为当事人提供专业法律服务时，应遵循

---

① ［日］棚濑孝雄：《纠纷的解决与审判制度》，王亚新译，中国政法大学出版社2004年版，第283页。

② 万挺、张闻：《管辖权异议之诉附带审查诉讼要件问题研究》，载《法律适用》2018年第1期。

③ 《法国新民事诉讼法法典（上册）》，罗结珍译，法律出版社2008年版，第162页。第88条规定：“因提出管辖权可能引起的费用由在管辖权问题上败诉的当事人负担，如败诉方是提出管辖权异议的人，还可被科处最高3000欧元之民事罚款，且不影响可能对其请求的损害赔偿。”

诚信原则，恪守职业道德。在管辖权异议的审理中，应体现出自身的敬业精神和专业素养，为纠纷的合理解决提供正当的法律服务，而不是将诉讼技巧滥用。

结　语

随着我国依法治国的全面深入推进，人民法治观念不断提升，对司法工作也提出了更高的要求。管辖权异议制度在法治建设进程中应当发挥其应有之义，而不是成为当事人谋求利益的工具。防止异议权被肆意滥用，是完善制度的应有之义，笔者通过借鉴相关规定，同时考虑可实操性，尝试拟制《关于审理民事诉讼中地域管辖异议案件若干问题的意见（建议稿）》，对异议申请、异议内容、异议审理、滥用规制等予以规定，让当事人提出管辖权异议时有章可循，使诉讼环境得以净化，以期诉讼归于司法本真。

追缴刑事犯罪中违法所得的困境与出路 *

——以B市基层法院384件刑事追缴案件为分析样本

刘　明　杨婷婷

引　言

意大利刑事古典学派创始人切萨雷·贝卡利亚认为："任何刑罚手段经判决确定，则唯有彻底执行，否则国家司法威信扫地，致而助犯罪。"作为国家审判机关的人民法院出具的刑事判决书必须得到彻底执行，才能发挥其惩治罪犯，预防犯罪的功能，才能维护宪法、法律权威，实现社会公平正义。近年来，随着"两到三年基本解决执行难"工作任务的强力推动，执行工作取得了巨大成效。然而，刑事追缴案件①执行成功率低的现实窘况并未得到有效扭转依然是理论界、实务界争论的焦点。刑事追缴案件得不到成功执行，除了被告人确因生活贫困无财产可供执行的客观因素外，②违法所得认定困难、执行程序二元结构、被告人恶意转移财产等因素已经成为影响执行效果的主要因素。本文坚持以问题为导向，通过对刑事追缴案件进行实证分析，剖析刑事追缴案件执行成功率低的深层次原因，进而"对症下药"，提出相关建议，以期有利于司法实践。

一、实践考察：刑事追缴案件执行情况现状分析

笔者通过中国裁判文书网对B市基层法院2017年至2018年作出的涉及继续追缴被告人违法所得内容的刑事判决书进行了统计梳理，该类案件

* 本文获2019年北京法院第31届学术讨论会优秀奖。

① 本文将刑事判决主文中涉及继续追缴被告人违法所得的案件统称为"刑事追缴案件"。

② 本文的讨论排除被告人因生活贫困无财产可供执行的情形。

共计384件，[①]其中2017年有161件，2018年有223件。案件类型主要集中在盗窃罪、非法经营罪、抢劫罪、非法吸收公众存款罪、集资诈骗罪。经分析发现刑事追缴案件呈现以下突出特点：

（一）刑事追缴案件未全部移送执行部门进行追缴

2017年，B市基层法院作出包含继续追缴被告人违法所得的刑事判决书161份，其中有24件未移送执行部门进行追缴，未移送执行率约为15%。2018年，B市基层法院作出的包含继续追缴被告人违法所得的刑事判决书223份，其中有51件未移送执行部门进行追缴，未移送执行率高达23%（见图1）。

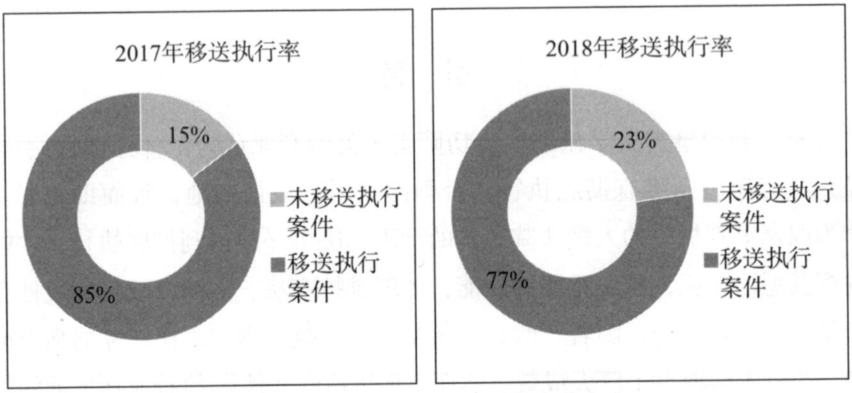

图1　2017—2018年移送执行情况

（二）刑事追缴案件执行成功率偏低

通过对B市基层法院2017年、2018年作出的有关刑事追缴案件的裁判文书和执行文书的统计分析，发现追缴违法所得的判决执行成功率相较于一般民事案件偏低。B市基层法院2017年作出判决的161件案件中移送执行的为137件，执行成功的案件仅有4件，执行成功率约为3%。2018年作出判决的223件案件中移送执行的为172件，执行成功的仅有2件，执行成功率约为1%（见图2）。

---

① 检索时间：2019年6月24日；搜索网站：中国裁判文书网；案件类型：刑事案件；设定关键词：继续追缴，违法所得；法院层级：基层法院；法院地域：北京市；设定日期：2017年、2018年，共搜索到396份判决，剔除重复及不能查阅的文书后共有384份刑事判决书。

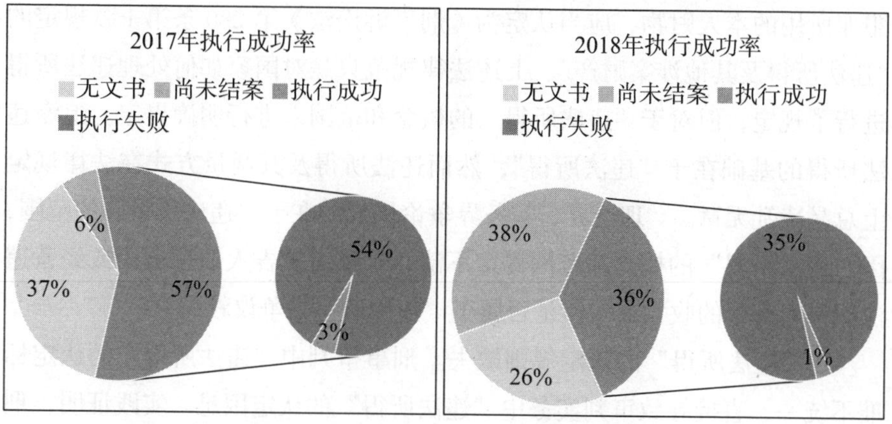

图 2　2017—2018 年执行成功率分析

（三）刑事追缴案件执行周期长

笔者对 B 市基层法院作出的 384 份判决中移送执行的案件进行分析，发现追缴周期平均约为 6 个月，部分案件追缴周期更长。比如，B 市 C 基层法院办理的被告人何某、张某、范某某、杨某非法吸收公众存款罪案件，C 法院于 2018 年 8 月作出刑事判决书，判项中包含继续追缴上述被告人的违法所得。C 法院于 2018 年 11 月对该追缴案件进行立案，截至 2019 年 6 月底该追缴案件已达 8 个月之久，但尚未执行结案。

二、原因剖析：规范缺失与实操障碍双瓶颈

（一）规范层面：立法缺失造成“先天不足”

1. “违法所得”概念界定不清。现行《刑法》《刑事诉讼法》等相关规范对“违法所得”的界定模糊，我国相关法律法规对“违法所得”只是进行了原则性规定。《刑法》第 64 条规定犯罪分子违法所得的一切财物，应当予以追缴或者责令退赔。《刑事诉讼法》第 173 条第 3 款规定人民检察院决定不起诉的案件，对被不起诉人需要没收其违法所得的，人民检察院应当提出检察意见，移送有关主管机关处理。第 282 条第 1 款规定人民法院经审理，对经查证属于违法所得及其他涉案财产，除依法返还被害人的以外，应当裁定予以没收。《最高人民法院关于适用〈中华人民共和国刑事诉讼法〉的解释》（以下简称《刑事诉讼法司法解释》）第 509 条规定实施犯罪行为所取得的财物及其孳息，以及被告人非法持有的违禁品、供

犯罪所用的本人财物，应当认定为《刑事诉讼法》第 280 条第 1 款规定的“违法所得及其他涉案财产”。上述法律规范只是对国家如何处理违法所得进行了规定，但对于“违法所得”的概念和范围未进行明确界定。追缴违法所得的基础在于“违法所得”，然而违法所得及其衡量方式在法律规定上总是凌乱无章。[①]理论界、实务界争论最大的在于“违法所得”的范围，因“违法所得”的概念和范围界定不清，导致对被告人通过运用或经营违法所得所产生的收益或增值是否属于“违法所得”争议较大。

2.“违法所得”的认定规则缺失。刑事审判中“违法所得”的认定标准不统一，直接导致审判实务中“违法所得”的认定困难。实践证明，刑事审判中对“违法所得”的认定困难影响了刑事追缴的执行效果。在刑事判决中，违法所得认定困难，一方面是因为立法中关于何为“违法所得”未进行明确的界定，这致使法官在部分刑事判决中不能过于明确。另一方面，违法所得的衡量方式未形成统一的标准，如到底依据“审判时”违法所得的数额认定可追缴资产的价值还是依据“获得时”认定可追缴资产的价值，还是需要具体情况具体分析，存在争议。再例如被害人已经偿还的财产数额在计算追缴违法所得时是否扣除，间接损失或是第三方损失是不是需要计入违法所得，亦存在争议。[②]再比如违法取得的财物与合法财产混同后用于投资，由此产生的收益如何认定？刑事审判的复杂情况增加了违法所得的认定难度。现在针对这些复杂的情况尚未有统一的认定规则，容易导致司法裁判尺度不一，难以取得良好的社会效果。

3.“追缴”适用标准混乱。我国刑事立法对“追缴”这一概念的使用非常频繁，在《刑法》《刑事诉讼法》等法律规范中频频出现。但是对追缴的法律性质却见仁见智，由此导致司法实践中适用追缴的情形杂乱无章，没有统一的适用标准。“追缴”一词在《刑法》中共出现了 6 次，在《刑事诉讼法》中共出现了 2 次，在《最高人民法院关于适用〈中华人民共和国刑事诉讼法〉的解释》中出现了 12 次，在《最高人民法院关于刑事裁判涉财产部分执行的若干规定》中共出现了 7 次（见图 3）。

① 吴广哲：《论我国追缴违法所得判决的实现路径》，载《河北法学》2017 年第 1 期。
② 黄风：《刑事没收与资产追缴》，中国民主法制出版社 2019 年版，第 34 页。

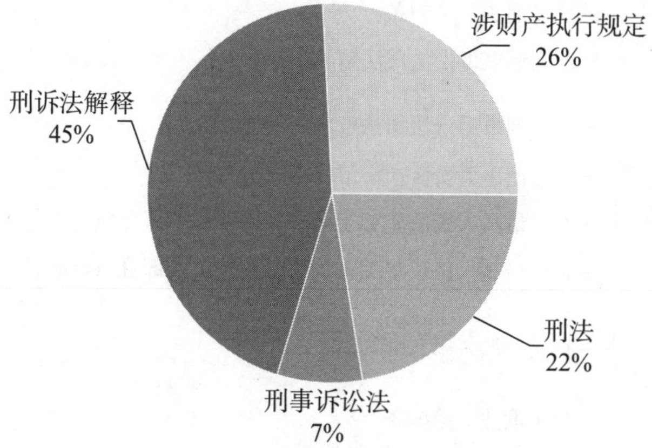

图 3 “追缴”一词适用分布图

通过对上述法律规范中“追缴”的适用语境进行分析，发现“追缴”一词在不同的法规中适用的对象不尽相同。有时适用于罚金，有时适用于违法所得，有时适用于一切涉案财物等（见图 4）。作为处理对象的违法所得的一切财物、被害人的合法财产、违禁品和供犯罪的本人财物彼此之间没有明确的区分，甚至有不同程度的重合。[①] 对于重合的部分财物，是使用“追缴”“责令退赔”还是“返还”不无疑问。实践中，还发现“追缴”与“没收”“责令退赔”存在混同适用的情形。如在 B 市 T 区法院审理的被告人毛某盗窃罪一案[②]中，判决主文部分表述：“继续追缴被告人毛某的违法所得，发还被害人杨某、王某。”同时在退赔清单中表述为：“一、被告人毛某需退赔被害人杨某的损失：（1）人民币 1650 元；（2）钱包、公交卡等物。二、被告人毛某需退赔被害人王某的损失：人民币 2400 元。”在该判决中“追缴”与“责令退赔”就存在混同使用的情况。

（二）审判层面：判决主文表述不明影响追缴效果

刑事判决书是对被告人违法所得继续追缴的执行依据。刑事判决书的主文表述是否清晰、准确直接影响执行效果。笔者通过对 B 市基层法院 2017~2018 年作出的 384 份刑事判决书深入分析，发现该类刑事判决书在主文表述方面存在以下突出问题：

1. 判决主文不明确违法所得具体追缴金额。有的刑事判决在事实认

① 张磊：《〈刑法〉第 64 条财物处理措施的反思与完善》，载《现代法学》2016 年第 6 期。
② 北京市通州区人民法院（2017）京 0112 刑初 415 号刑事判决书。

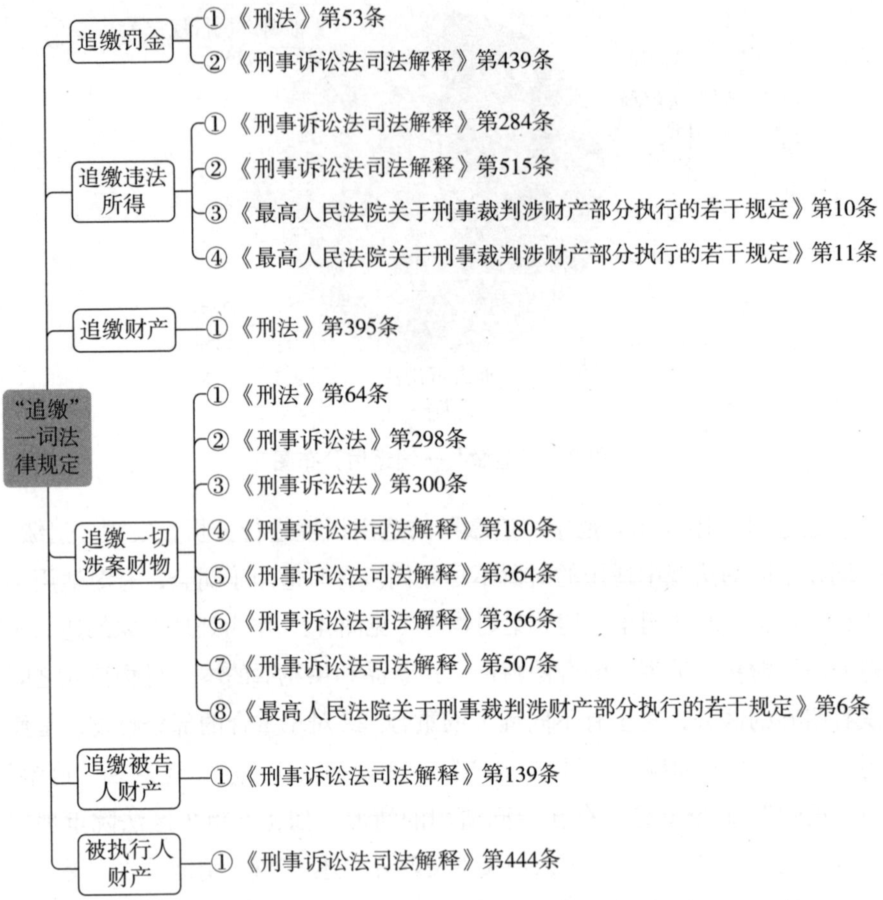

图 4　“追缴”在不同法规中的适用情况统计

定部分不能明确被告人是否在刑事犯罪中获利，存在部分获利的案件中亦不能明确获利的具体金额，只是在判决主文中对被告人违法所得的情况表述为“继续追缴被告人某某的违法所得”。经统计，发现 B 市基层法院，2017 年度作出的 161 份判决中无具体追缴数额的为 30 份，约占比 19%。2018 年度作出的 223 份刑事判决中无具体追缴数额的为 94 件，约占比 42%（见图 5）。在判决主文部分不明确继续追缴的具体数额容易造成后期执行困难，甚至导致无法执行。

2. 判决主文不明确违法所得追缴后的处理方式。被告人的违法所得在被追缴之后按照法律规定或予以没收或返还被害人，然而存在部分判决不表述或不准确表述违法所得追缴后的处理方式，导致违法所得成功追缴后无法处理。如在B市F区法院审理的姜某盗窃罪一案[①]中，法院在判决中认定姜某分别盗取了被害人张某现金人民币6000余元，窃取被害人符某现金人民币1000余元。法院在判决主文部分表述为：继续追缴被告人姜某违法所得发还各被害人。该判决主文不仅未准确表述应该追缴的具体金额，而且对未全部追缴时如何在两个被害人之间分配未进行明确。

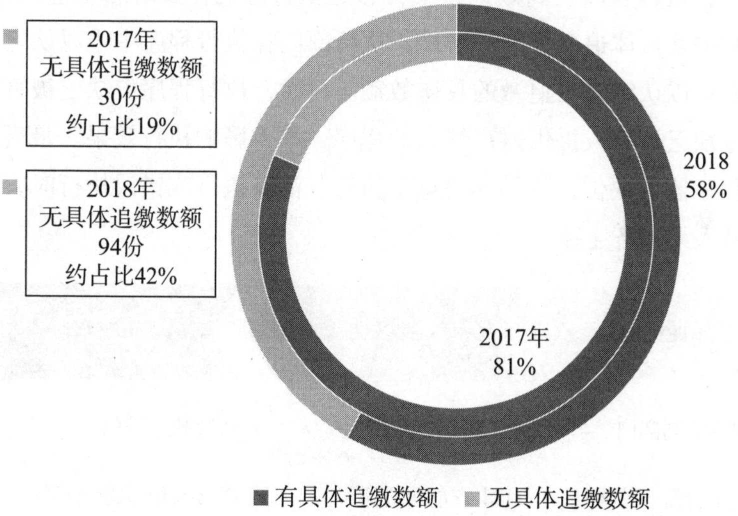

图5　刑事判决中是否载明追缴数额情况统计

3. 判决主文将违法所得追缴后的归属主体表述错误。被告人的违法所得在追缴之后应该上缴国库或返还被害人，但存在部分案件判决主文将应返还给被害人的财产表述为“上缴国库”，或者将应上缴国库的表述为“返还被害人”。

（三）执行层面：执行程序二元主体结构掣肘追缴效果

我国财产刑执行法律关系中，仅存在法院和被执行人两个程序主体，呈现只有两方主体的二元主体构造特征。[②]目前追缴被告人违法所得通常的运行模式为：法院的刑事审判庭作出刑事判决，刑事判决生效后，由作出判决的刑事审判庭直接将需要追缴违法所得的案件的相关材料移送立案部门，立案部门经审查符合立案条件后进行立案，然后由立案部门将执行

① 北京市丰台区人民法院(2017)京0106刑初530号刑事判决书。

② 乔宇:《论财产刑执行的法律问题》，载《法律适用》2015年第10期。

案件移送执行部门，执行部门接收材料后将案件分配给具体的执行法官或执行团队，由执行法官或执行团队负责具体执行（见图6）。该种模式在本质上属于执行程序二元主体结构即由法院刑事审判部门依职权启动，法院执行部门对被告人进行追缴，只呈现法院、被执行人两方主体，不同于传统民事案件执行中的申请执行人、法院、被执行人这种三元主体结构。这种二元主体结构的执行程序存在以下弊端：首先，刑事审判庭在繁重的审判压力下，难以及时、高效地将案件移送执行部门，及时启动追缴程序。其次，对缺乏具体追缴数额的案件，执行部门在执行程序中难以认定财物归属，亦难以认定应当追缴的具体数额。再次，执行程序中缺乏被害人的监督，也缺乏被害人提供财产线索的程序，严重影响执行效果。最后，刑事执行程序监管缺位，执行部门怠于执行、消极执行或错误执行时，被害人或案外人无救济途径。

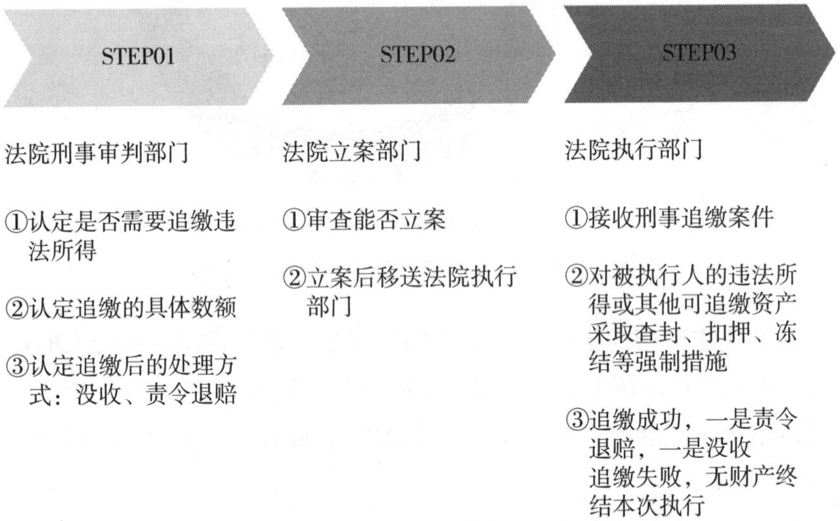

图6　现阶段刑事追缴执行程序流程图

三、出路探寻：基于司法机关职能优化的解决方案探索

（一）充分发挥法院主动权，明确违法所得认定规则

人民法院作为国家审判机关，其主要职能是审判。但人民法院在行使审判权的过程中积累了大量的司法实践经验，在拥有大量经验、理论积累的基础上，依据宪法和法律规定，可以优化自身的司法职能，提高审判工

作的主动性和能动性。[①] 具体到本文中，即法院可以通过修改已颁布的司法解释中不合理的部分以及构建相关规则的基础上，实现法院对于追缴违法所得的主动作为。

1. 修改《最高人民法院关于刑事裁判涉财产部分执行的若干规定》。该规定第 7 条规定："由人民法院执行机构负责执行的刑事裁判涉财产部分，刑事审判部门应当及时移送立案部门审查立案。移送立案应当提交生效裁判文书及其附件和其他相关材料，并填写《移送执行表》。《移送执行表》应当载明以下内容：（一）被执行人、被害人的基本信息；（二）已查明的财产状况或者财产线索；（三）随案移送的财产和已经处置财产的情况；（四）查封、扣押、冻结财产的情况；（五）移送执行的时间；（六）其他需要说明的情况。人民法院立案部门经审查，认为属于移送范围且移送材料齐全的，应当在七日内立案，并移送执行机构。"建议将该条修改为："人民法院作出的涉财产执行内容的刑事判决书生效后，人民检察院应当及时向人民法院申请强制执行，申请执行应当提交生效裁判文书及其附件和其他相关材料，并填写《申请执行书》。《申请执行书》应当载明以下内容：（一）被执行人、被害人的基本信息；（二）已查明的财产状况或者财产线索；（三）随案移送的财产和已经处置财产的情况；（四）查封、扣押、冻结财产的情况；（五）申请执行的时间；（六）其他需要说明的情况。由人民法院立案部门审查立案后移送执行部门，由执行部门负责具体执行工作。"修改后的主要变化在于申请主体由人民法院的刑事审判部门变更为人民检察院。本条规定是构建以人民检察院为追缴执行程序启动主体的法律依据。

2. 明确违法所得的认定规则。法院每年审结大量涉及刑事追缴的案件，但尚未有统一的司法文件明确违法所得的具体认定规则。针对这一问题，法院可聚焦审判职能的充分发挥，将审判实践中积累的经验上升到规则层面，明确认定规则，统一裁判尺度。针对审判中遇到的不同情形下的违法所得存在的特点，认定违法所得可遵循以下规则：

一是明确将犯罪衍生所得纳入违法所得。"犯罪衍生所得"并不属于严格意义上的法律术语，笔者将犯罪分子通过犯罪行为获取财物后通过经

① 莫纪宏：《法院职能配置在立法层面上的思考》，载《法律适用》2012 年第 8 期。

营行为所产生的增值或收益，称为“犯罪衍生所得”。这种“犯罪衍生所得”包括相关财物的自然孳息、法定孳息以及犯罪分子通过投资、置业等经营行为获取的物质利益。实践中，对于违法所得范围的争论，主要集中在这种犯罪衍生所得是否属于违法所得的范围。笔者认为，犯罪衍生所得应该纳入违法所得的认定范围。追缴犯罪收益是由违法所得来源的违法性决定的，予以追缴体现了刑事法律“任何人不得因犯罪获利”的基本思想。① 正是由于犯罪衍生所得的来源具有违法性，即便犯罪分子在经营过程中付出了劳动和智慧，但因其本身具有“原罪”的属性，故应当予以追缴。司法实践中，已经有部分判决将犯罪衍生所得纳入了被告人的违法所得范围进行追缴。如在B市S区法院审理的被告人席某某犯贪污罪、受贿罪，被告人欧阳某犯贪污罪一案②中，被告人欧阳某通过利用单位资金购置房产获得了收益。最终，法院在刑事判决中判决对被告人欧阳某用单位资金购置房产产生的违法所得人民币216万元，追缴后予以没收，上缴国库。

二是以填平被害人损失为原则，综合认定违法所得。在对可追缴资产的价值进行评估时应考量违法所得与被害人的财产损失之间的关系。在许多情况下，违法所得与被害人的损失并不等同，这就需要在认定违法所得时遵循填平被害人实际损失原则。所以以被害人的实际损失作为衡量违法所得的价值时应该针对具体情况具体分析，对于不属于被害人实际损失的不应纳入违法所得的认定范围。如被害人在与犯罪相关的交易中收益数额的处理，则在认定违法所得时，遵循在犯罪过程中被用来抵销有效民事权利请求权的财产，不应计入可追缴资产的数额范围之内。③

三是以等值为原则，追缴替代所得。如果在追缴中发现追缴的标的物不能直接予以没收、已经灭失、严重贬值或发生混同等情形时，如何有效地进行追缴，是刑事追缴中时常困扰执行法官的问题。对此，可以借鉴域外经验，对追缴标的物进行等值替换，追缴替代物（通常指货币）。如《德国刑法典》第74条规定：“如正犯或共犯可能知道将要没收行为时属于其所有或者享有的处分权的物品。而于判决前用尽该物品，尤其是出售

---

① 张伟、戴哲宇：《浅析刑事涉案财物的追缴及分配》，载《法学杂志》2017年第5期。

② 北京市石景山区人民法院（2017）京0107刑初第47号刑事判决书。

③ ［匈牙利］珀尔特·彼得：《匈牙利新〈刑法典〉选评（第1~2卷）》，郭晓静、宋晨晨译，上海社会科学院出版社2014年版，第235页。

或耗损，或以其他方式致使无法没收该物的，法院可判令没收正犯或共犯应交付于该物价值相当的折价款。”[1] 由此可见，国外部分国家针对应当追缴的对象不能直接予以没收的情况下，可以通过等值折抵的方法，进行转化，并对替代所得进行追缴。相关规则如图 7 所示：

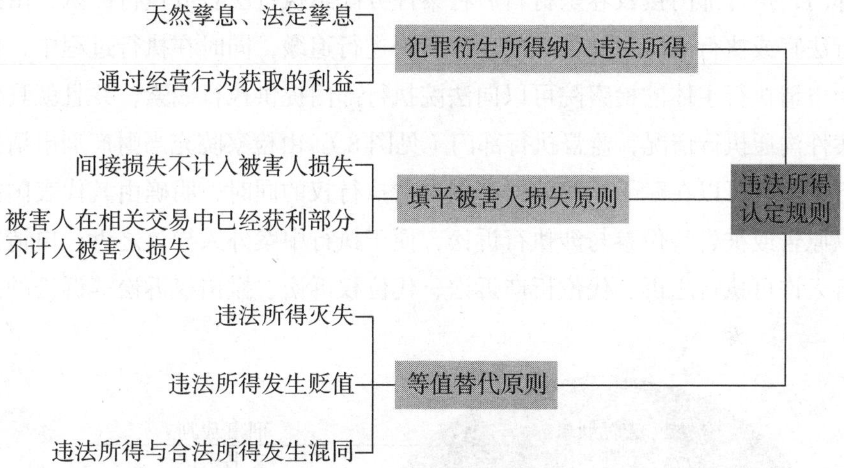

图 7　违法所得认定规则

（二）扩展检察院公诉职能，构建以检察院为启动主体的追缴执行程序

检察院本身具有公诉职能，通过立法扩展检察院的公诉职能，赋予检察院刑事追缴程序申请执行权是克服刑事追缴程序困境的关键所在。有学者认为：“我国的财产刑执行缺乏申请执行人的监督，财产刑执行过分依赖于人民法院，无视检察院与公安机关在刑事追缴程序执行中应有之角色发挥，同时，人民法院也承受了过重的执行压力。更为现实的解决之道是在维持人民法院刑事追缴程序执行主体角色的基础上，根据财产刑的公法属性强化其他机关的执行职责。”[2] 财产刑属于公法上的债权，追缴违法所得亦属于公法上的债权，检察院作为唯一的国家法律监督机关，由其行使公法债权，符合客观事实和检察院的角色定位，并且也是检察院公诉权能的延伸。赋予检察院以刑事追缴程序的申请执行权，能进一步丰富刑事追缴程序执行检察监督的方式，扩大检察监督范围，提高检察监督的有效

①《德国刑法典》，徐久生、庄敬华译，中国方正出版社 2004 年版，第 41 页。

② 黄忠顺：《论司法机关在财产刑执行中的角色分担》，载《中国刑事法杂志》2014 年第 1 期。

性。[①] 即通过构建以检察院、法院、被执行人为核心的执行程序三元结构，激发执行活力，克服执行惰性。具体到实践操作中，法院刑事审判庭作出的判决生效后，检察院依据生效的刑事判决书作为申请执行的主体向法院立案部门申请立即执行案件，立案部门立案后，将卷宗材料移送法院执行部门，执行部门接收卷宗材料后将案件分配给执行法官或执行团队，由执行法官或执行团队对被告人的违法所得进行追缴，同时在执行过程中，作为申请执行主体的检察院可以向法院执行部门提供执行线索，并且就具体案件沟通执行情况，监督执行部门（见图 8）。由检察院充当财产刑申请执行主体，可以在赋予检察院财产刑申请执行权的同时，明确由其代表国家以原告或被告身份参与涉执行诉讼，便于执行中案外人异议之诉、申请执行人许可执行之诉、代位析产诉讼、代位权诉讼、撤销权诉讼等诉讼的提

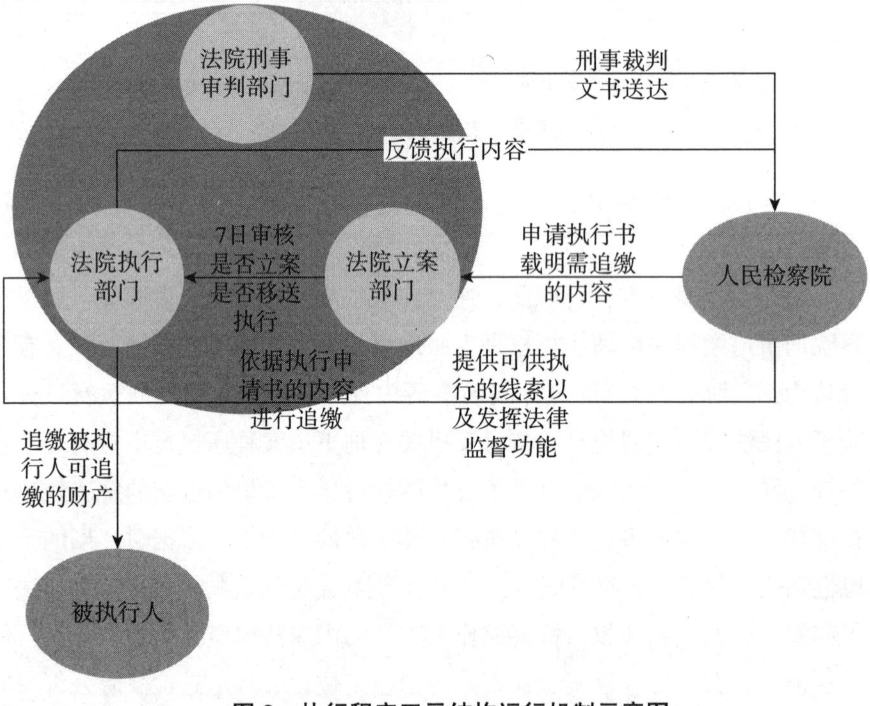

图 8　执行程序三元结构运行机制示意图

① 上海市第二中级人民法院课题组：《财产刑执行权的优化配置》，载《人民司法》2015 年第 9 期。

起和审判，有利于相关实体争议的解决，为法院执行清除障碍。[①]同理，在赋予检察院刑事追缴程序申请执行权的同时，明确由检察院以原告或被告身份参与涉执行诉讼，以便于查清违法所得，为执行扫清障碍。

（三）赋予法院司法审查职能，引入对物之诉机制

所谓司法审查，是指司法机关对于涉及限制或剥夺个人权利和自由的强制性措施，通过审查其事实依据和法律依据，来发布许可令状，实施司法授权，解决程序争议，并提供相应的司法救济。[②]在西方国家，司法审查系法院审判权对侦查权的重要制约。比如侦查部门要采取逮捕、羁押、查封、冻结等强制性措施时都必须经过法官的司法审查。这种司法审查不仅局限于涉及人身权利和自由方面，也应适用于财产方面。在刑事犯罪的侦查、起诉和审判过程中，无论是对人还是对物采取强制措施，均应坚持审判机关作为司法审查的主体。在现阶段刑事违法所得难以追缴，需要侦查、起诉阶段提前介入控制违法所得以及侦查阶段存在随意查封、扣押、冻结涉案财物的双重背景下，本文引入对物之诉机制。所谓对物之诉主要指检察机关代表国家对被告人违法犯罪所得提起的追缴之诉。[③]

1. 坚持审判中心主义，确保法院在对物之诉中的决定权。审判中心主义认为刑事诉讼从整体上应以审判活动为中心，侦查、起诉等环节应当围绕审判进行并接受审判程序的审查与检验，侦查活动是为审判提供事实依据和追诉对象的活动，起诉是开启审判程序和提供审判对象的环节，而执行则是落实审判结果的程序。在审判中心主义视角下，侦查、起诉和执行程序与审判程序之间的关系不再是链条型结构，而是三者皆服务于审判环节的"聚集型结构"，审判阶段成为整个刑事诉讼流程的重心和核心。[④]正如上文所述，故在提起对物之诉中应坚持审判机关的司法审查职能，通过法院决定是否对物采取强制措施，充分保障各方主体在刑事追缴违法所得过程中的权益。

2. 引入对物之诉机制。对物之诉机制的引入须注意三方面问题：一是对物之诉要符合"控辩审"三方的诉讼构造：控——检察院作为申请方、

---

① 乔宇：《论财产刑执行的法律问题——以财产刑制度性执行难为中心》，载《法律适用》2015年第10期。

② 陈瑞华：《比较刑事诉讼法》，中国人民大学出版社2010年版，第284页。

③ 陈瑞华：《刑事对物之诉的初步研究》，载《中国法学》2019年第1期。

④ 刘泊宁：《论刑事诉讼阶段之跨越式发展》，载《法学》2017年第9期。

辩——利害关系人作为异议方，审——法院作为审判主体。二是主体方面，启动机关是检察院，决定主体是法院。三是对物之诉的诉讼标的是违法所得。

3. 对物之诉采取“优势证据”证明标准。对物采取强制措施的证明标准应该与对人的定罪量刑的证明标准是不同的。提起诉讼的主体就违法所得与犯罪行为之间的因果联系只需证明被诉标的在一定程度上与犯罪行为之间存在关联即可。一是因为在定罪量刑之前，要求检察院去证明被诉标的与被告人的行为之间有充分的关联性很难实现。二是借鉴域外相关经验，国外对于刑事没收的证明标准亦未全部要求达到排除合理怀疑的标准，大部分亦是采用民事诉讼法中的证据标准——高度盖然性标准或是优势证据标准。例如，《美国刑事诉讼法》认为没收属于刑事量刑部分，采用优势证据标准即可，这不同于对犯罪构成要件的审理程序，后者适用排除合理怀疑证明标准。[①]再如，《英国2002年犯罪收益追缴法》规定，在刑事没收程序中，刑事法院可以制定与民事诉讼内容相符的规则。[②]三是对物之诉与对犯罪主体的定罪量刑保护的是不同的法益。对物之诉是为了保护被害人及国家财产权益，更侧重于财产利益的救济和损失的填平，故在证明标准上，适用民事诉讼的证明标准更为合适。证明责任分配方面，依据“谁主张，谁举证”原则。在三方的诉讼构造中，检察院举证证明对上文提及的违法所得应满足的条件进行证明，而被告人的近亲属及其他利害关系人，也需要对其诉讼主张的违法所得中其所享有的权益承担举证责任，证明其不属于应该被追缴的财产，否则要承担相应的“败诉风险”。即其唯有将主张证明到民事诉讼中的高度可能性的程度，才能将证明责任重新转到检察院一方。[③]

结　语

审判是执行的前提和基础，执行是审判工作生命力的延续和彰显。让判决得到充分执行关系到当事人的切身利益和国家法律的尊严。本文通过

① 徐日丹：《两高有关部门负责人就“两高”违法所得没收程序司法解释答记者问》，载《检察日报》2017年1月6日。

② 张磊等译：《英国2002年犯罪收益追缴法》，中国政法大学出版社2010年版，第4页。

③ 陈瑞华：《刑事对物之诉的初步研究》，载《中国法学》2019年第1期。

检视刑事追缴案件的执行结果逆向分析刑事追缴案件在审判、执行程序中存在的主要问题，提出完善立法、明确规则、重构执行追缴程序、引入对物之诉等建议，只有坚持以问题为导向，“对症下药”方可从根本上化解追缴刑事犯罪违法所得的困境。

司法确认程序中案外人权益救济制度之构建*

——以《民诉法解释》第 374 条第 2 款为切入

王　龙　刘　敏

引　言

随着多元化纠纷解决机制的不断完善，司法确认案件以其便捷、高效、经济等优势得到更多人民群众的青睐，逐步成为当前基层法院受理案件中数量排名前列的案件类型之一。以笔者所在法院为例，2019 年前 7 个月共受理司法确认案件近 374 件，占全部新收民事案件的 2.8%。在充分享受了司法确认案件所带来的为人民群众提供更加便捷的纠纷解决途径、为法院缓解压力红利的同时，司法确认案件因存在虚假诉讼损害第三人合法权益、降低司法公信力等风险亦引起高度重视。

立法者显然也考虑到了这个问题，《最高人民法院关于适用〈中华人民共和国民事诉讼法〉的解释》（以下简称《民诉法解释》）第 374 条第 2 款规定："对人民法院作出的确认调解协议、准许实现担保物权的裁定，当事人有异议的，应当自收到裁定之日起十五日内提出；利害关系人有异议的，自知道或者应当知道其民事权益受到侵害之日起六个月内提出。"该条规定的出台，明确了司法确认案件当事人以外的人[①] 请求司法救济的权利，并且为其提供了权益救济的渠道，在程序设置上平衡了各方的利益，值得肯定。但案外人寻求救济是否只有异议一条途径？异议的具体程

* 本文获 2019 年北京法院第 31 届学术讨论会优秀奖。

① 该条规定虽明确规定异议提出人为"利害关系人"，但鉴于下文还试图探讨司法确认案件进入执行阶段的执行异议问题，故本文中以"案外人"指代"司法确认案件当事人以外的人"，即案外人不仅指代本条规定中的"利害关系人"，也指代执行异议中的"案外人"。

序是什么？由于该规定语焉不详，给案外人和法院带来了一定困扰。

一、检视：案外人权益救济之司法困境

《民诉法解释》对案外人异议的规定较为原则，且未涉及司法确认程序中案外人异议与执行程序的协调问题，不但造成寻求救济的案外人无所适从，而且受理异议的法院亦难以正确把握。

（一）法院对案外人寻求救济不予受理

【案例 1】[①] 王某和范某系范小某之父母。王某在外出打工、范某在监狱服刑期间，范小某因病医治无效死亡。范小某之祖父范某某和祖母范某某与医治范小某之医院，经当地医疗纠纷调解委员会主持，达成“人民调解协议书”，约定由医院给予患方一定补偿。当地法院作出民事裁定书予以确认。王某、范某得知后，认为达成协议的一方主体有误，故向当地法院进行申诉并提出异议。当地法院口头答复该情形不属于申诉范围；对其异议未提出书面答复，但告知其向上级法院申请再审。上级法院经与当地法院沟通后，当地法院要求王某和范某提起撤销之诉。当地法院受理撤销之诉后，认为“适用特别程序审理的案件，第三人提起撤销之诉的，人民法院不予受理”，故裁定驳回起诉。王某、范某不服，提起上诉。上级法院认为一审处理并无不当，遂驳回了其上诉。

当前，案件当事人诉讼能力差异较大，普通民众对法律知识一知半解，其无法正确寻求到契合其实际需求的救济途径，这在一定程度上增加了当事人诉累。在案外人救济途径的选择上，本案案外人逐一提出了申诉、异议、再审、撤销之诉，最终，虽然获得了民事裁定书，但终未解决其实际问题。案外人选择不同的途径提出主张，极易造成程序拖沓、司法资源浪费，甚至破坏法律的安定性和司法权威。

（二）受理法院处理方式千差万别

【案例 2】[②] A 公司自 B 公司处承包某商品房工程项目的施工，双方约定了付款的期限和数额，并约定 B 公司未按时付款时以部分商品房作为抵押或以销售价销售给 A 公司。后，B 公司与 C 公司签订商品房买卖合同，约定将该项目内三套商品房出售给 C 公司。后，B 公司与 C 公司在人民调

① 甘肃省张掖市中级人民法院（2015）张中民终字第 380 号民事裁定书。

② 江苏省连云港市海州区人民法院（2016）苏 0706 民初 2556 号民事判决书。

解委员会达成调解协议：B公司自愿将三套商品房出售给C公司，B公司为C公司办理上述商品房买卖合同登记备案及预告登记手续。该调解协议经法院确认为有效。现A公司认为B公司、C公司之间以物抵债协议严重侵害了其对在建工程法定的优先受偿权和合同约定的以物抵偿工程款的权利，故以撤销权纠纷为案由诉至法院请求撤销确认裁定书；撤销B公司、C公司之间的调解协议；确认A公司对B公司的商品房在未付工程款范围内享有优先受偿权。法院受理后以普通程序对该案进行了审理，并判决驳回了A公司的全部诉讼请求。

【案例3】[①]A、B、C分别购买了D公司的商铺，并支付了相应价款，D公司亦将商铺交付。后D公司向E、F公司借款，就偿还借款问题与E、F公司达成人民调解协议，即以前述商铺作为抵押担保借款。该协议效力经法院予以确认。现A、B、C向法院提出异议，认为该人民调解协议无效，请求撤销法院确认人民调解协议有效的裁定。该法院采取独任审理的方式对该案进行了审理，并裁定撤销原裁定。

从前述两个案例可以看出，各地法院对于案外人申请撤销确认人民调解协议裁定的案件的处理方法并没有统一的标准，而是各行其是，以何种案由受理、如何审查成为各个法院自由度很高的行为。

案外人异议程序的设置初衷是为了防止司法确认案件当事人通过恶意诉讼等手段，侵害他人合法权益情况的发生。该异议程序规定在《民诉法解释》之特别程序一章中，说明该程序并非作为一个独立的程序存在，且对于该异议程序如何提起、如何审查等并未进行规定，导致其适用带来疑难。法院为了谨慎起见，在实践中往往采取严格的态度，导致司法确认程序案件中案外人异议在当前法院审理中适用较少的现状；即使法院进行了受理，往往又对其处理莫衷一是，导致现阶段该异议的适用处于十分尴尬的境地，进而导致司法公信力遭受质疑。

笔者在中国裁判文书网以“司法确认+第三百七十四条”为关键词进行检索，随机检索出的近三年申请撤销确认人民调解协议裁定的案件共计96件，这些案件从案件来源、案外人的请求内容、案由之表述、适用的程序、审判组织的构成、审理方式、审查的内容、文书形式、审判字号、当

① 河北省邯郸县人民法院（2015）邯县民特异字第1号民事裁定书。

事人诉讼地位、法律的适用等方面各不相同（见表 1）。

表 1　不同法院处理方式千差万别

类别	不同处理情况
案件来源	案外人向法院提起诉讼、提交异议申请、检察院出具检察建议、院长提请审委会决定再审等
案外人的请求内容	撤销原裁定、驳回司法确认申请、其他实体请求
案由	确认调解协议裁定异议、撤销权纠纷、第三人撤销之诉等
适用程序	普通程序、特别程序
审判组织	独任审理、组成合议庭审理
审理方式	听证、开庭、书面审查
审查的内容	原调解协议的合法性、异议人是否存在实体权利
文书形式	判决书、裁定书
审判字号	民特监字、调确外异字、民监字、民特字、调撤字等
当事人诉讼地位	申请人、利害关系人、异议人等
适用法律	民诉法解释、关于人民调解协议司法确认程序的若干规定

（三）执行程序中案外人救济存在困境

救济措施的配置与程序能否良好运行与纠纷的处理效果紧密相连。迅速、简便、经济、效率等都是司法确认程序所追求的目标，预防纠纷、解决纠纷、确认、证明、许可等亦是司法确认程序之功能。[①] 我国将司法确认案件规定在适用特别程序的案件中，《民诉法解释》已明确规定，依照特别程序审理的案件，当事人不得申请再审。我国法律赋予了司法确认裁定的强制执行力。同样，我国法律也规定，在执行过程中，案外人对执行标的主张实体性权利的，可以提出案外人执行异议，理由成立的，裁定中止对该标的的执行；理由不成立的，裁定驳回。案外人对裁定不服，认为原判决、裁定错误的，依照审判监督程序办理；与原判决、裁定无关的，可以自裁定送达之日起 15 日内向人民法院提起诉讼。

依照前述法律的规定，案外人对确认人民调解协议效力裁定有异议时，根据该裁定是否进入执行程序，可以有两种救济途径：一是提起案外人执行异议之诉；二是提起案外人异议。针对已进入执行程序的裁定而

① 胡辉：《我国非讼程序立法研究》，武汉大学 2013 年博士学位论文。

言，提起案外人执行异议之诉无疑是最有针对性最简便之策，如执行异议成立，即可立即阻止执行，达到权益保障之目的。如执行异议被驳回，则救济路径之后续选择与我国现行法律成为悖论。如当事人不能就原裁定提起再审，其是否还能依照《民诉法解释》第374条第2款之规定提起案外人异议则成为我们需要继续探讨的问题（见图1）。

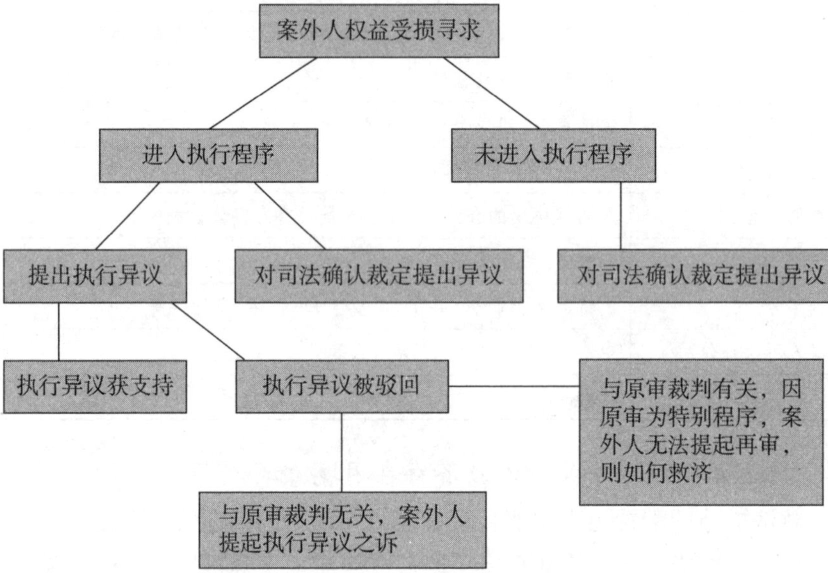

图1 目前案外人寻求救济之途径

二、剖析：案外人权益救济困境之根源

司法实践中矛盾的产生来源于以下几方面的困扰，即：司法确认程序与其他特别程序到底有何差异；司法确认裁定是否具有既判力，案外人选择另行诉讼是否可行，是否会造成权益救济途径选择之混乱；针对特别程序裁判结果的矫正是否仍应适用特别程序。正因为对以上问题存在认识误区才导致司法实践不统一，因此有必要对以上问题的答案予以明晰。

（一）司法确认程序之独特性

司法确认程序作为特别程序的一种，同其他特别程序在很多方面有共同点，如实行一审终审制、审理期限、审理对象无民事权益争议等，但是司法确认程序审理的对象却又有着自身鲜明的特点，司法确认程序与其他特别程序审理的对象有明显的不同，主要体现在以下两方面：

一是无争议性的肇因。人民调解协议是在人民调解员主持下达成的，调解员须运用自身一定的法律知识及司法、生活经验对当事人双方的法律关系进行初步梳理，经过当事人的争辩、妥协或调解员的调解最终达成的协议。该协议的无争议性是嗣后的，是由有争议性演变而来的。而反观宣告失踪、死亡案件，认定公民无民事行为能力、限制民事行为能力案件，认定财产无主案件，此类案件中当事人一方的失踪、死亡状态，民事行为能力状态，财产是否无主的状态具有原始性，而且不因人的意志而发生改变。

二是虚假诉讼的风险。囿于社会诚信体系建设的不完善以及人民调解员专业水平的有限、严格审理程序的缺失等因素，以致虚假司法确认在司法实践中亦实际存在。而上述几种特别程序的对象是一种客观存在的状态，法院需通过公安机关、鉴定机构等部门出具的证明等文件确定状态的真实情况，虚假诉讼的风险相当低。正因如此，《最高人民法院关于建立健全诉讼与非诉讼相衔接的矛盾纠纷解决机制的若干意见》才规定司法确认程序可参照简易程序审理，以更好查明案件事实，降低虚假诉讼的风险。

人民调解协议以上两个主要特点为司法确认程序及案外人异议制度的构建奠定了总基调，即为维护当事人及案外人合法权益，避免虚假诉讼的发生，程序或制度构建者应更为审慎、严格。

（二）司法确认裁定之效力

一份裁判文书的效力一般包含形式确定力、既判力、执行力等。形式确定力包括形式上的不可争辩性和法院一方的不可撤销性两方面内容。前者是指当法院作出裁判文书后，经过法定上诉期或异议期后，当事人不能就同一请求标的再次请求法院予以处理，是在程序内产生的效力。后者是指如果没有当事人的申请，法院是不能依职权撤销或变更裁判的。既判力也称为实质确定力，是指法院作出的终局判决所确定的法律关系作为今后规制双方当事人的准绳，当事人不能就同一事项再次提出相矛盾的主张，当事人只能通过审判监督程序推翻原裁判，而且为维护法律关系的稳定性，法院不能作出前后矛盾的裁判。[①]

① 郝振江:《非讼裁判的效力与变更》,载《国家检察官学院学报》2014 年第 2 期。

关于司法确认裁定的效力问题，现在主流观点认为该裁定只具有形式确定力，而无实质确定力。原因在于，从制度设计的层面考虑，如果不赋予司法确认裁定形式确定力，则司法确认程序就成为虚设，失去了意义。从当事人角度考虑，人民调解协议是当事人在自愿平等基础之上达成的，申请司法确认亦是当事人出于自愿，基于诚信原则当事人应该为处分自己权利的行为负责。但是司法确认程序简便快捷，缺少当事人对抗等严格程序的保障，且当事人调解中为协商一致，必定有所妥协让步，最终调解结果未必能反映纠纷的真实情况，所以不能赋予司法确认裁定既判力。以此种观点作为分析问题的逻辑起点，基于司法确认裁定无既判力，现实中人民检察院申请抗诉或院长提请审判委员会决定再审的做法是不可取的；基于司法确认裁定的形式确定力，法院自身在发现司法确认裁定出现错误时，亦不能径直予以撤销或变更。但是人民检察院能否向法院发出检察建议下文将作出进一步分析。

（三）案外人权益救济之另诉可行性

有观点认为案外人可以通过另诉即确认调解协议无效之诉维护自身权益。[①] 理由有二：一是司法确认程序作出的裁定没有既判力，后诉作出的裁判可以对抗原司法确认裁定；二是有利于保障案外人的审级权利。[②] 现有法律规定案外人需向作出该判决、裁定的人民法院提出异议，由此可能造成监督的缺失。事实证明，任何权力的行使如果缺乏有效的监督制约机制就会引发许多问题。因此，确认调解协议无效之诉可以赋予案外人败诉后再上诉的权利，通过上级法院的指导和监督以最大程度保障案外人利益，以实现司法公正。笔者赞同此种观点。理由在于：第一，《民诉法解释》第374条规定案外人可以提出异议，是授权性的规范，并没有强制案外人必须提出异议。第二，由于司法确认裁定无既判力，因此另诉的裁判结果可以直接推翻司法确认裁定，不会导致司法混乱。第三，有利于通过另诉更好地查明案件事实，保护案外人利益。

---

① 杨革华、李建武、红英：《司法确认程序案外人救济的问题及对策》，载 http://nmgfy.chinacourt.org/article/detail/2017/02/id/2540625.shtml，2019年5月14日访问。

② 参见沈羽双：《确认人民调解协议程序中案外人权益保护问题研究》，湘潭大学2015年硕士学位论文；胡辉：《我国非讼程序立法研究》，武汉大学2013年博士学位论文。

（四）特别程序异议案件之程序选择

如上分析，司法确认裁定没有既判力，那么如果推翻没有既判力的裁判是否一定要通过特别程序呢？在理论层面，现有三种观点。

第一种观点认为，审理案外人异议案件仍然要适用特别程序。[①]该观点主要是基于程序设置目的的一贯性及连续性及司法确认裁定无既判力为前提，即司法确认裁定所确定的当事人之间的权利义务关系或案件事实不能作为后诉法院判断当事人之间真实法律关系的基准。[②]第二种观点认为，审理案外人异议案件应适用听证程序。即人民法院组织当事人进行辩论博弈，以查明案件事实。[③]但此所谓听证程序《民事诉讼法》并没有明文规定，且依旧披着诉讼程序的外衣。第三种观点认为，审理案外人异议案件应适用诉讼程序。从保障案外人利益的角度看，法院为查明双方当事人达成人民调解协议是否侵害了案外人利益，必然会再次对案外人与人民调解协议当事人的一方或双方的法律关系或利益纠葛进行细致梳理，在准确查明案外人与人民调解协议当事人提供的所有证据的前提下，判断人民调解协议的真实性，因而应当利用诉讼法理，以对抗辩论的原则处理案件，适用诉讼程序。

笔者认为，以上三种观点都有合理的地方。程序法理交错适用论则为整合前述观点之合理性，寻求适宜的案外人救济程序提供了思路。从程序法理的角度看，程序法理交错适用论的流行打破了诉讼事件只能依诉讼程序审理传统观念。此种理论的出现源于诉讼事件非讼化现象的发生与发展。诉讼事件非讼化是指对传统上依诉讼程序审理的诉讼事件，改为依非讼程序采用非讼法理来审理；非讼程序的适用范围已不再局限于非讼事件。[④]此举主要是为了缓解日益增长的民间纷争与有限司法资源之间的矛盾，力求司法便捷、高效。

诉讼法理为追求正确的裁判，比较注重程序保障，因而显得比较谨慎而严格，如诉讼程序中的当事人主义、辩论主义、言词审理、公开审判等就是为追求结果公正而设置的；而非讼法理较为重视效率，追求简易而迅速的裁判，由此产生了诉讼程序与非讼程序两种最基本的民事审判程序。

---

① 参见翟小芳、张倩晗：《构建符合国情的人民调解协议司法确认制度》，载《法学杂志》2011年第1期；舒弘敏：《论诉外调解协议的司法确认制度》，南京师范大学2014年硕士学位论文。

② 郑荣聪：《论司法确认的效力及其瑕疵救济》，载《西南政法大学学报》2014年第1期。

③ 赵德意、韩英、罗海：《交错适用论视域下的司法确认程序——从司法确认程序性质、效力及救济切入》，载《广东法学》2011年第5期。

④ 王祥远：《诉讼事件非讼化之浅析》，载《政法学刊》2007年第4期。

既然诉讼事件可以运用非讼法理以非讼程序来审理，举重以明轻，为保障案外人利益，非讼事件亦可运用诉讼法理以诉讼程序来审理，关键在于程序设置所追求的目的。基于人民调解协议的性质及现实案外人异议案件之少量，本文认为在审理案外人异议案件中，在确保程序效率适用特别程序的同时，可以参照简易程序审理。《最高人民法院关于建立健全诉讼与非诉讼相衔接的矛盾纠纷解决机制的若干意见》中“人民法院审理申请确认调解协议案件，参照适用《中华人民共和国民事诉讼法》有关简易程序的规定”之规定正是程序法理交错适用论与侧重程序保障的集中体现。在构建案外人权益救济制度时应以此为圭臬。

三、进路：案外人权益救济制度之构建

我国将司法确认案件规定在适用特别程序的案件中，《民诉法解释》已明确规定，依照特别程序审理的案件不适用审判监督；针对适用特别程序等非讼程序处理的案件提起第三人撤销之诉的，人民法院不予受理。因此，本文不再探讨司法确认程序案件中案外人通过再审或者第三人撤销之诉来实现其权益救济之可行性，仅在现有制度框架内构建全方位的案外人权益救济制度。

（一）强化监督：案外人申请检察院向法院发检察建议

全国人大常委会于2012年将《民事诉讼法》第14条规定“人民检察院有权对民事审判活动进行监督”修改为“人民检察院有权对民事诉讼实行法律监督”。此种变化使得检察院在民事诉讼中的监督范围不仅仅局限于“审判活动”，而是扩及了民事诉讼的全过程，当然也包括特别程序。“检察监督”成为检察院检察、监督活动的总括，不但包括抗诉，还包括检察建议等。而且现有法律规定并没有对检察院检察建议的范围作出禁止性规定。因此，本文认为，认为自身权益受到侵害的案外人有权申请人民检察院行使检察监督的权力，即当案外人因虚假司法确认权益受损时可以申请同级人民检察院向人民法院发出检察建议。如闵某与林某机动车交通事故责任纠纷审判违法检察建议案[①]。经案外人申请福州市晋安区人民检察院介入监督，该检察院发现晋安区人民法院作出（2014）晋调确字第145

① 福州市晋安区人民检察院晋检民（行）违监〔2016〕35011100003号检察建议书、福州市晋安区人民法院（2016）闽0111民特监4号民事裁定书。

号民事裁定存在申请人伪造证据情况，于是向该区人民法院作出晋检民（行）违监〔2016〕35011100003号检察建议，经法院审判委员会讨论决定撤销了司法确认裁定（见图2）。

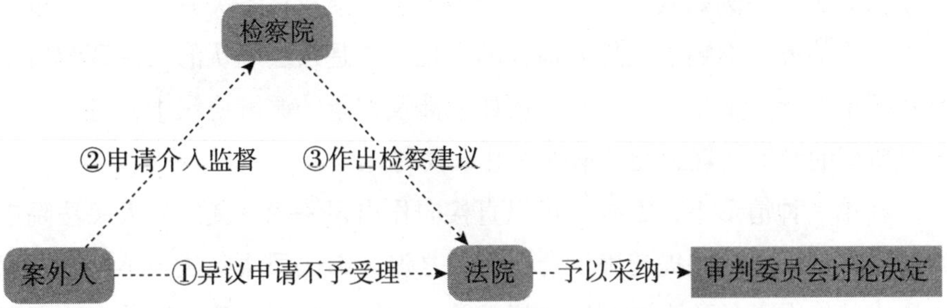

图2　案外人申请检察院向法院发检察建议

（二）把准方向：明确不同阶段案外人权益救济之途径

案外人向检察院寻求救济毕竟只存在于少数案件中，绝大多数案外人异议案件仍是向法院提出的。本文以现有制度及法律规定为基础，从案外人角度出发，详细梳理案外人可以选择适用的救济途径，以便案外人根据自身利益受损情形，因地制宜，寻求法院层面最佳救济渠道；同时便利法院更好地适用法律。下文将以时间为轴，详解案外人在司法确认程序案件不同阶段可采取的救济途径。

1. 司法确认裁定作出前。在当事人达成调解协议后，司法确认裁定作出前，应当允许案外人提起确认人民调解协议无效之诉；同时，如果当事人已经向人民法院申请对调解协议效力进行确认的，应当中止司法确认程序。若案外人胜诉，则对司法确认程序作出不予确认的裁定，若案外人败诉，则依法作出予以确认的裁定（见图3）。

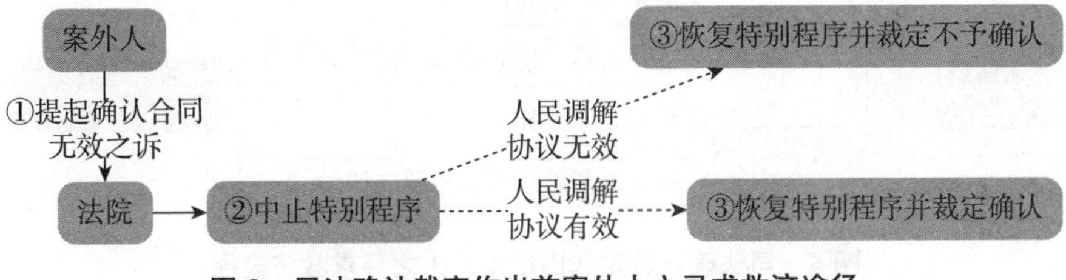

图3　司法确认裁定作出前案外人之寻求救济途径

2. 司法确认裁定作出后。在司法确认裁定作出后，应按照案外人利益受损情形区别应对。案外人利益受损一般包含两种情形：一是司法确认的人民调解协议处理的涉案财物与案外人有直接的利害关系，可能影响案外人债权的实现。例如人民调解协议当事人虚构债权债务关系，一方当事人恶意逃避债务，影响了案外人债权的实现。二是司法确认的人民调解协议涉及甚至处分了案外人的利益。例如在涉及继承的调解协议中，各方当事人对遗产的调解处理影响了案外人继承权利。

在第一种情形下，案外人可以直接向作出司法确认裁定的人民法院申请异议，也可向法院提起确认合同无效之诉，确认司法确认当事人因恶意串通或其他因素导致人民调解协议无效。在第二种情形下，案外人除了可以直接向作出司法确认裁定的人民法院申请异议外，基于司法确认裁定无既判力，也可以调解协议双方当事人为共同被告，以各方利益涉及的基础法律关系按照诉讼程序处理他们之间的纠纷。法院如果在他案诉讼中发现一方提供的司法确认裁定损害了另一方当事人利益，可径直作出判决，该判决生效后可直接对抗司法确认裁定。需要注意的是，第二种情形下提起的诉讼与提起确认人民调解协议无效之诉不同。

司法确认裁定撤销后，根据2009年最高人民法院颁布的《关于建立健全诉讼与非诉讼相衔接的矛盾纠纷解决机制的若干意见》规定："当事人的行为给其他当事人或者案外人造成损失的，应当承担相应的法律责任。"该规定赋予了案外人要求赔偿损失的权利。因此，在撤销司法确认裁定后，案外人可以将当事人列为共同被告，行使损害赔偿的权利（见图4）。

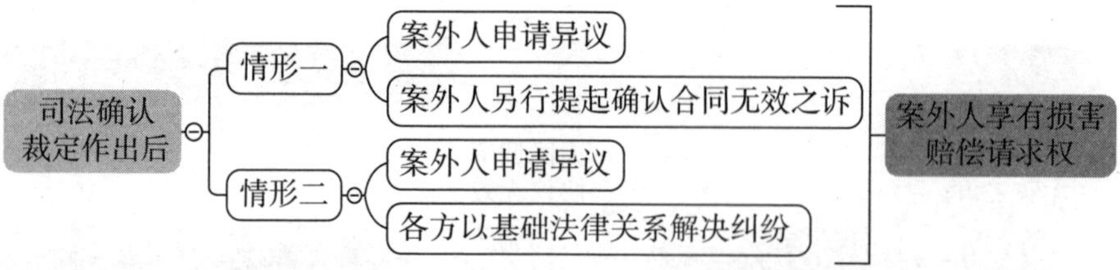

图4　司法确认裁定作出后案外人之寻求救济途径

（三）细化程序：案外人异议中具体处理方式

前文已对法院不同的处理方式进行过介绍，在此不再详述。而《民诉法解释》对于案外人异议的管辖、异议期间已有明确规定，最高人民法院制定的《民事诉讼文书样式》一书中亦已对审判字号、文书形式、当事人诉讼地位、适用法律进行了相应规范，本文对以上内容不再赘述。为了维护司法权威，统一司法尺度，本文还试图从法院的处理方式方面进行进一步的明确。下文主要从审理程序、审理组织、可撤销的内容等与实际操作息息相关的部分进行梳理。

1. 审理程序。正如本文前面所论述的，运用程序法理交错适用论，兼顾实体公正与程序效率，在借鉴司法确认程序的构建方式的基础上，本文认为案外人异议程序应当依然适用特别程序，但可参照简易程序审理。理由在于，案外人除了申请异议外，还可以通过另诉解决矛盾，二者的侧重点应有所差异。另诉的价值侧重在实体公正方面，而异议程序只是一种附随程序，一种法院自我调整程序，故异议的价值更应体现在程序效率方面。具体操作为：当人民法院受理案外人异议申请后，应首先告知案外人及司法确认程序双方当事人共同到法院接受询问，如果司法确认程序双方当事人对案外人的主张无异议，法院则可以撤销原来的司法确认裁定。如果双方当事人对案外人的主张有异议，则参照适用简易程序审理。案外人须提交证明人民法院确认的民事调解协议内容违反法律规定、侵害其合法权益或对民事调解协议确定的标的物具有权利等相关证据。如果涉及实体争议则应告知案外人通过另诉解决。[①]

2. 审理组织。司法解释规定："适用特别程序作出的判决、裁定，当事人、利害关系人认为有错误的，可以向作出该判决、裁定的人民法院提出异议。"但原司法确认程序中的审理人员是否可以参加？本文认为是可以的。首先，从司法解释制定者的制定目的看，裁判变更程序不是一个新程序，而是一种附随程序，是作出裁决的法院发现裁决有错误时的一种自我调整程序。由此可见，该司法解释规定里蕴含着可以由原审理人员审理的意思。其次，《民事诉讼法解释》第45条规定："在一个审判程序中参与过本案审判工作的审判人员，不得再参与该案其他程序的审判。发回重审的案件，在一审法院作出裁判后又进入第二审程序的，原第二审程序中合议庭组成人员不受前款规定的限制。"由该条规定可知，对于重新审理

① 广东省湛江市中级人民法院：《完善司法确认制度促进纠纷多元化解》，载《人民法院报》2019年4月18日第8版。

的案件，在不影响审理公正的前提下，可以允许由原审判人员继续对案件进行审理。由此及彼，在特别程序中，亦应允许原审理人员参与案件的审理。最后，原审理人员对案件情况更为熟悉，由原审理人员审理更符合特别程序的设置目的。

3. 撤销内容。如果涉及或处分的案外人财产份额与其他财产份额具有不可分性或者撤销此相关内容会影响调解协议的整体公平性，则亦应撤销裁定的全部内容。反之，则可以只撤销裁定中的部分内容。

（四）程序协调：司法确认案件进入执行程序后案外人权益之救济

司法确认案件进入执行程序后，案外人亦可以向执行部门寻求救济，乃至提起执行异议之诉，如原告禄丰罗申河采石有限公司、罗某、谢某与被告季某、钟某、翁某案外人执行异议之诉一案[①]。钟某、翁某、季某三人因民间借贷纠纷，在人民调解委员会达成了人民调解协议，约定翁某对钟某享有的债权转移给季某。钟某自愿用石场使用中的碎石机一套、变压器一套、装载机二辆作为抵押，如钟某不按期偿还欠款，季某有权处分上述财产偿还债务。后三方向法院申请了司法确认。在司法确认案件执行过程中，禄丰罗申河采石有限公司、谢某、罗某以协议涉及的碎石机一套、变压器一套、装载机二辆为公司财产，股东钟某无权对外抵押，司法确认裁定错误为由向法院起诉。法院认定原告提交的证据不能证明司法确认裁定书确认的协议侵犯了其合法利益或者司法确认裁定确认的协议有其他应撤销的情形和条件，裁定驳回了原告的起诉。虽然法院裁判结果有问题，但是也表明了当事人有提起执行异议之诉的权利。故，当司法确认的案件进入执行程序后，根据《民事诉讼法》的相关规定，案外人对执行标的主张实体性权利的，可以提出案外人执行异议，理由成立的，裁定中止对该标的的执行；理由不成立的，裁定驳回。但是由于审判监督程序不适用于特别程序，因此，案外人对裁定不服，认为裁定错误的，不可依照审判监督程序办理。但当事人可以向法院申请异议，或者提起执行异议之诉（见图 5）。

① 云南省禄丰县人民法院（2018）云 2331 民初 2378 号民事裁定书。

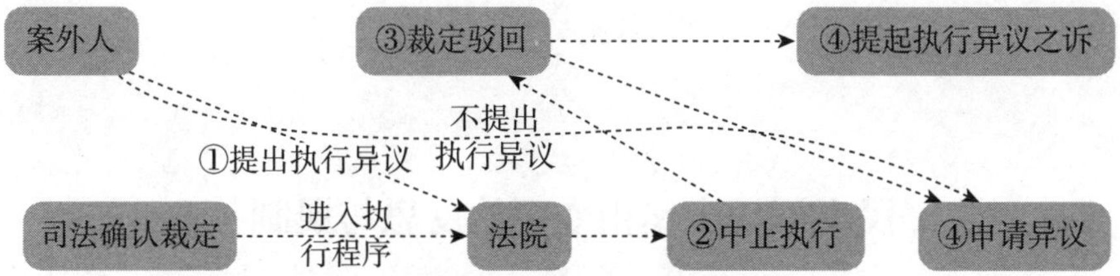

图5　司法确认案件进入执行程序后案外人权益之救济

结　语

随着多元化纠纷解决机制改革持续深入推进，人民调解组织呈现出蓬勃发展的趋势，司法确认案件逐年增多，虚假司法确认案件时有发生，案外人权益救济制度需要在全国各地法院的司法实践中得到不断发展和完善。同时，案外人权益的保障有赖于人民调解组织专业化水平的提高、司法公开范围的扩大、各项配套法律规定的完善，更有赖于社会诚信体系的健全、公民法律意识的提高。限于篇幅，本文只对司法确认程序案外人异议制度的构建作了初步研究，未与其他特别程序及域外实践进行充分的对比，论述不够全面，理论深度亦有待进一步加强，需要在以后的研究中予以完善。

民事诉讼中案由变更的反思与规制*

李安国　赵　霏

引　言

民事案由是民事诉讼中案件名称的组成部分，反映所涉法律关系的性质，或者揭示案涉诉讼争议的焦点、标的物、侵权方式等内容。从《最高人民法院关于印发修改后的〈民事案件案由规定〉的通知》(以下简称《通知》)这一规范性文件中可见，民事案件的案由应当依照当事人主张的法律关系的性质来确定，当事人起诉的法律关系与实际诉争法律关系不一致的，法院有权变更案由。然而，变更案由的正当性存疑，实践中不乏因变更案件案由引发的上诉纷争。[①] 案由是否可变更、正当性如何保证，亟须研究解决。

一、审视：民事诉讼中案由变更的现状考察

民事诉讼中案由变更并不罕见，但理论与实务界并未予以特别关注，相关统计数据也较为缺乏。笔者在中国裁判文书网输入关键词“变更案

* 本文获 2019 年北京法院第 31 届学术讨论会优秀奖。

① 如上海市第一中级人民法院(2015)沪一中民四(商)终字第 1906 号民事判决书:“主要上诉理由为:......5. 原审法院随意变更案由，忽视明浩公司工商登记的经营范围，错误认定《投资协议的本意》。”又如浙江省高级人民法院(2015)浙杭民终字第 344 号民事判决书:“×× 上诉称:...... 二、原审判决变更案由不妥，是导致原审判决错误的主要原因。”再如广西壮族自治区高级人民法院(2013)桂民四终字第 43 号民事判决书:“×× 不服一审判决上诉称:...... 一审法院以财产损害赔偿纠纷立案审理，当事人双方就是否为财产损害赔偿纠纷法律关系进行诉讼，行使自己的诉讼权利。一审法院审理一年多以后，一审判决则以不当得利法律关系进行判决。由于不当得利法律关系与侵权法律关系是有区别的，一审法院既是代替被上诉人行使诉权，又剥夺了上诉人的抗辩权利，构成程序违法。”

由”，设定时间为2018年6月1日至2019年5月31日进行检索，共有民事案件1652件，虽然统计方法粗陋，但是看出变更案由的案件在实践中占有一定数量，而且从这些案例所反映的诉讼实践中也能概括法院变更案件案由的类型特征：从启动主体来看，案由变更的类型总体上可以分为两类：一类是依当事人申请变更，另一类是法院依职权变更案由。

（一）案由变更的类型

从启动主体看，案由变更可以分为依当事人申请变更案由和法院依职权变更案由。

1.依当事人申请变更案由。当事人依据不同事项向法院提出变更案由的申请、抗辩或主张，法院依相应程序审查是否决定变更。按照申请人的地位不同、申请依据事项不同又进一步划分为：依原告申请变更、依被告抗辩变更、依第三人主张变更。

依原告申请变更主要发生在以下情形：（1）诉的变更，指原告在以某一案由立案起诉后变更诉讼请求，导致诉的标的发生剧烈变化。（2）增加诉讼请求，主要指原告在原先的给付请求的基础上新增不同类型的新给付请求。（3）诉请主张的法律依据改变，主要集中于当事人请求权竞合。①

依被告抗辩变更案由，主要包含两种情形：（1）原告在起诉中列明的诉讼请求、事实与理由选择了明显不恰当的案由，即原告选择案由是“张冠李戴”的误用情形；（2）提出不同于原告起诉中主张的法律事实依据，即指出原告起诉的法律关系与实际诉争的法律关系不符。②

依第三人主张变更案由，该种情形因第三人在民事诉讼中的地位不同有所差异：（1）有独立请求权的第三人在诉讼中相当于以双方当事人为被告的原告，故其不同的权利主张预留了变更案由的空间。（2）无独立请求权的第三人系因与案件的处理结果有法律上的利害关系而申请或被法院通知参加诉讼，为了帮助参加方——通常是被告赢得诉讼，故可以凭其对案由适用的异议或其他抗辩主张来申请变更案由。

2.法院依职权变更案由。与前述依当事人申请变更案由相对应，法院依职权变更案由是指法院在当事人并未提出变更案由申请时主动审查当事人之间争议的法律关系性质并变更案由。

---

① 参见黄铭：《我国民事案由变更程序研究》，广东财经大学2014年硕士学位论文。

② 参见黄铭：《我国民事案由变更程序研究》，广东财经大学2014年硕士学位论文。

从法院依职权变更案由的实践情形来看，多发于当事人提出了可能导致案件案由变更的申请、抗辩或主张，但又未明确提出申请变更案由的情形。

同时也存在于这样为数不多但并非不重要的情形：法院对当事人之间一致主张的诉争法律关系的性质持不同认识，并在结案时根据查明的实际诉争法律关系的性质径行变更。相较而言，法院依职权变更案由的情形，因带有“判非所请”的表象，往往比依申请变更易引发争议。

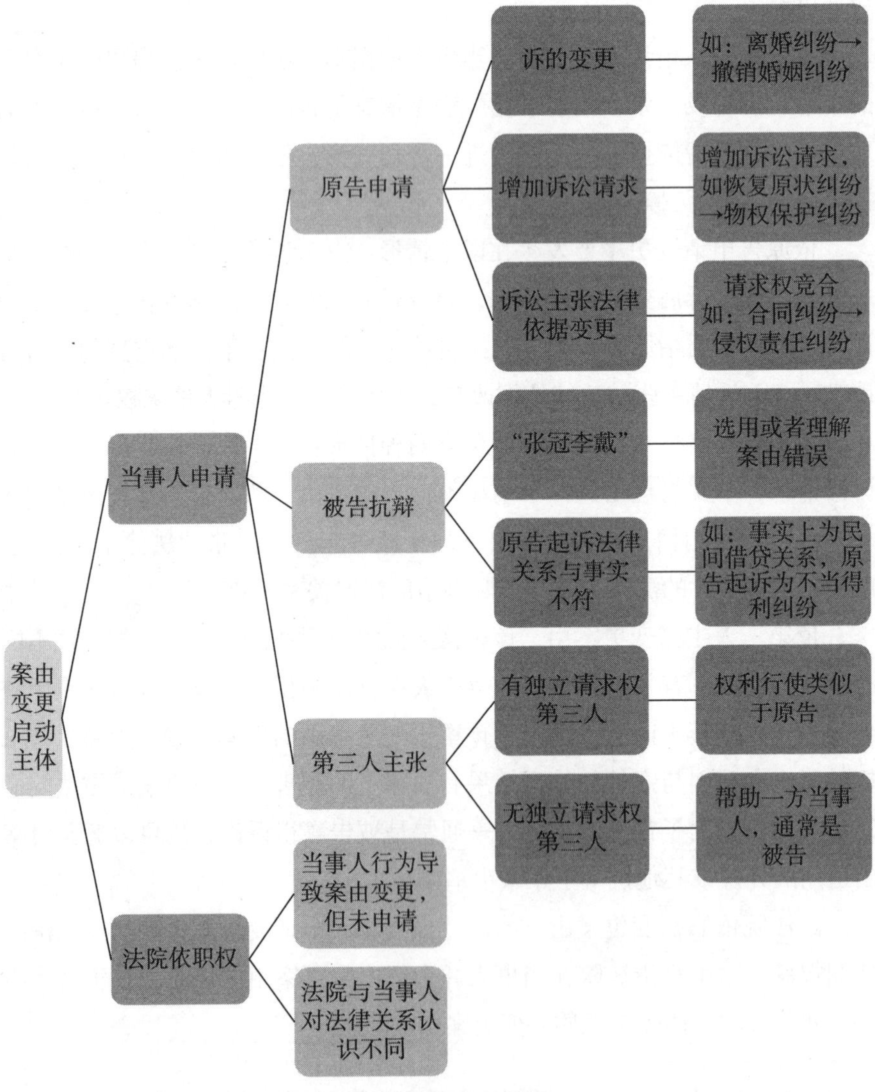

图 1　案由变更类型

（二）案由变更的争议

在当前诉讼实践中，无论哪种类型的案由变更，均或多或少牵涉事实认定、法律适用、诉讼程序和权利保障等案件审理的诸个方面，其正当性不乏质疑，甚至由此引发的上诉纷争。

【案例 1：一审未经释明变更案由，二审认为变更不当】①

某食品厂以租赁合同为由将二被告诉至法院，一审法院认为原、被告之间系合资、合作开发房地产合同纠纷，且在未释明的情况下径行判决。该食品厂。上诉称一审法院结案时擅自将案由变更，导致认定事实和判决结果的错误。二审法院在判决书中对租赁合同纠纷与合资、合作开发房地产合同纠纷调整的法律关系进行了分析，并结合该案案情，认为原、被告之间不符合合资、合作开发房地产合同纠纷的特征，应为租赁合同，从而进行改判。

【案例 2：被告上诉质疑诉讼权利被剥夺】②

刘某以民间借贷纠纷为案由将李某诉至法院，依照被告抗辩，一审法院认定双方的债权纠纷并非因民间借贷行为引起，将案由变更为合同纠纷。李某认为一审法院未对其告知，根本上剥夺了其举证的权利。二审法院对一审法院判决进行了维持，但是对当事人质疑其程序性权利被剥夺并未进行回应。

【案例 3：一审法院因案由错误判决驳回原告诉讼请求】③

李某将某产权交易所等三被告以财产损害赔偿纠纷为由诉至法院，一审法院认为双方纠纷系基于合同关系产生，判决驳回原告诉讼请求。后李某上诉，二审法院虽维持了一审判决，但是系基于李某对损失界定不恰当且损失与三被告的行为并无因果关系等实体原因。

上述个案并非偶然，从中折射出案由变更在实践中引发的质疑：

1. 法院能否依职权变更案件案由。案由应由当事人自主决定，法院不应变更案由，实践中“立案案由”与“结案案由”并存造成了混乱影响。当事人以确定的案由到法院起诉，倘若最终由法院认定的结案案由来纠正其确定的不当案由，则一定程度上意味着当事人不承担案由确定不当的法

---

① 北京市第三中级人民法院（2018）京 03 民终 9218 号民事判决书。

② 北京市第二中级人民法院（2018）京 02 民终 10242 号民事判决书。

③ 北京市第二中级人民法院（2018）京 02 民终 9826 号民事判决书。

律后果，由此当事人索性就更不重视立案案由，将使立案案由更乱。[①]

2. 变更案由能否全面保障当事人诉讼权利。正如当事人认为的“不同的案由意味着不同的法律关系、诉讼时效、举证责任及法律管辖法院，而且案由变更应当给当事人举证和答辩期”[②]，对案由变更的另一质疑是当事人的诉讼权利能否得到保障，诸如答辩、举证、辩论、提出管辖权异议等权利，都是当事人的重要权利。如果变更时并予未重视，极易引发当事人的上诉。

3. 案由指引功能与解决纠纷目的如何协调。案由的功能除服务案件管理外，当属指引当事人诉讼和法官审理，而后者旨在便利纠纷解决。但实践中法院在当事人确定案由不恰当时可能受案由约束驳回原告起诉，可能基于纠纷实质性化解或一次性解决的需要而突破立案案由指引，在当事人选择之外另寻恰当的裁判依据。换言之，案由的指引或规范作用，与便利纠纷解决目的如何协调的实践操作不一。这与诉讼标的理论自我革新的缘由和目标并不吻合[③]，易引发质疑。

二、反思：民事诉讼中案由变更的成因检视

案由变更的质疑可以分为先后两个层面：一是法院是否可以变更案由，二是法院变更案由时如何保证正当性。后者更为关键。笔者认为，只有当存在规范性的案由变更正当程序时，法院才能变更案由，而探求案由变更正当程序须检视案由变更的深层成因。

（一）审判职责与诉讼权利衡平的产物

案由变更是法院审判职责和当事人诉讼权利衡平的产物，诉讼中每一次案由变更都是审判权与诉讼权利的冲突与衡平。对于可诉民事纠纷当事人不仅有起诉的权利，也有选择如何起诉和具体救济途径的权利，后者包括将纠纷按法律关系性质归类于特定案由之下。

案由变更的权力属于审判权范畴，法院负有根据案件事实对当事人主张的法律关系性质作出认定进而变更案由权力与职责。

---

① 参见宋旺兴：《论民事案由确定制度的完善》，载《法律适用》2011 年第 5 期。

② 北京市第三中级人民法院（2019）京 03 民终 5933 号民事判决书。

③ ［日］兼子一：《新修民事诉讼法体系》，酒井书店 1990 年版，第 166 页。

表1 案由变更的规范性依据

规范性文件	条文
《通知》	当事人起诉的法律关系与实际诉争的法律关系不一致的，人民法院结案时应当根据法庭查明的当事人之间实际存在的法律关系的性质，相应变更案件的案由
《最高人民法院关于民事诉讼证据的若干规定》	第35条第1款：诉讼过程中当事人主张的法律关系的性质或者民事行为的效力与人民法院根据案件事实作出的认定不一致的，不受本规定第三十四条规定的限制，人民法院应当告知当事人可以变更诉讼请求

鉴于案由并非一经当事人确定后就不再变化，诉讼中法院须履行认定实际诉争的法律关系的职责，在案由的确定上审判权与诉权常会发生冲突。但法院履行认定实际诉争的法律关系的职责也即变更案由时，对实际诉争的法律关系与当事人起诉时主张的不一致或诉讼过程中产生了足以影响变更案由的事项等负有合理说明等论证负担，其变更权力受到当事人诉讼权利的制约：

第一，法院在审理案件时应合理尊重当事人选择如何起诉的权利，例如在请求权竞合时尊重当事人对诉争法律关系的选择；应避免发生“仅将立案案由作为参考，甚至视立案案由‘不存在’；至于当事人之间的法律关系性质，完全从零开始进行分析判断”[①]的结果。

第二，法院在决定变更案由前应事先考虑变更后能否合理保障当事人补充答辩、变更诉讼请求、重新举证等诉讼程序权利。

第三，在依申请变更案由的情形，当事人申请变更案由也应尊重的法院审判权行使，不应导致已经结束的诉讼阶段推倒重来、管辖权错位等诉讼难以继续进行的后果，且特定情形下即便当事人如果不提出案由变更申请，法院处于揭示诉争法律关系的性质和特征的职责仍应依职权进行变更。

综上，虽然法院可以依职权变更案由，但案由变更从根本上是审判权与诉讼权利衡平的产物。

---

① 朱瑞：《民事案由的定位反思与制度重构》，载《全国法院第25届学术讨论会获奖论文集：公正司法与行政法实施问题研究（上册）》，人民法院出版社2013年版，第384页。

（二）当事人之间诉讼权利制衡的结果

案由变更不仅仅涉及法院审判职责与当事人诉讼权利的衡平，也涉及当事人之间诉讼权利的制衡。

第一，当事人间诉讼权利失衡是案由变更的阻却事由。在依当事人申请而启动的案由变更审查程序中，一方提出的变更申请或产生的变更事项往往直接影响诉讼相对方的补充或重新答辩、举证等诉讼权利，故作出最后变更决定的法院在查明案件事实、认定实际诉争法律关系时，必须考虑变更案由不会造成当事人间诉讼权利失衡的结果。

第二，当事人诉讼权利衡平是案由变更的内在前提。尽管如何确定案由是当事人行使诉权的重要内容，但一方当事人对案由的选择、抗辩和主张，不能构成对法律赋予另一方当事人平等的诉讼权利的妨碍。且在当事人滥用选择案由等权利时，应承担确定案由错误的不利后果。

就原告而言，仅仅由于认识错误而从案由体系内误选的与诉请存在一定关联的案由，仍足以成为通知被告出庭应诉的一个合法理由；就被告而言，指出原告就其在起诉中列明的诉讼请求、事实与理由选择了明显不恰当的案由，或者提出不同于原告起诉中主张的法律事实依据，正是其行使诉讼权利的表现。

从整体讲，当事人在诉讼各持主张、互相抗辩，举证质证轮替攻防，种种诉讼行为始终保持着诉讼权利的动态衡平。由此，变更案由也不应打破这样的平衡，当事人申请变更案由至少应在满足不对另一方平等诉讼权利造成难以弥补的影响的最低限度时，方能被准许。

（三）民事案由功能调和的选择

从民事案由制定时的确立标准来看，案由本身来自民事实体法、诉讼法及司法解释等法律规范中赋予当事人诉权和救济的相关规定，背后是一套涉及案件管辖、当事人适格、举证责任分配、裁判规则、审理程序与上诉审程序等要素的诉讼形式。因此，当事人借以归类其纠纷的案由必须能与该案由背后的法律规范相联系，否则即便当事人的诉求貌似合理，仍然可能面临败诉的风险。

这意味着，民事案由具有两项应然功能：第一，民事案由对裁判者而言发挥着审判指导作用。第二，民事案由对当事人而言则起到便利其归类纠纷提起诉讼，并警示其正当行使诉权的作用。实践中，民事案由的这两项功能时而并不冲突，时而却亟待调和。

例如，法院一般不应轻易变更当事人为纠纷确定的案由，也常常在当事人选择的案由内检索请求权或其他裁判依据，但有时可能认为“当事人在诉状中记载的诉讼标的与实际的法律关系不符，即以诉无理由驳回，且不允许任意变更诉讼标的”。[①]

民事案由对裁判者而言发挥的审判指导作用，旨在为涉诉纠纷选取最恰当的法律来适用，侧重于涉诉纠纷的实质性化解与一次性解决，这与案由便利当事人归类纠纷、侧重起诉的便利性存在冲突的可能：案由作为便利当事人行使诉权的方式，当事人为将其纠纷交与审判权裁决，不仅须选取案由，还须选取恰当的案由，若所诉非请或滥用诉权须自尝败果，法院一般也应在当事人选择的案由内检索请求权或其他裁判依据，但由于当事人诉讼能力、诉讼策略等原因以及诉纠纷实质性化解或一次性解决的需要，必须在当事人选择之外另寻恰当的裁判依据。

此时，案由变更就源自民事案由的审判指导作用与便利当事人行使诉权作用的调和，而涉诉纠纷实质性化解或一次性解决的需要构成了这一调和的重要理据。民事案由功能的调和是临案作出的，并非一成不变。这意味着在诉讼实践中，民事案由虽是一张提示可将特定争议纠纷交由司法裁决的入场券，但警示当事人须“对号入座”，并服从司法场域中纠纷解决的需要。

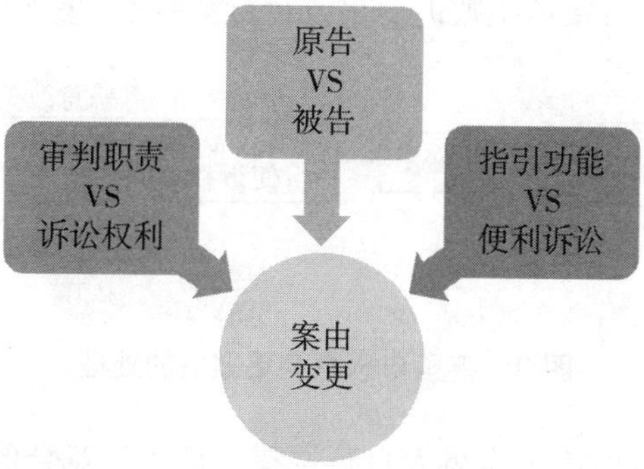

图2　案由变更的内在价值

① 马登科、廖浩：《民事案由制度的检讨与重构》，载《厦门大学学报（哲学社会科学版）》2012年第2期。

三、规制：民事诉讼案由变更正当程序的构建

基于对法院变更案由实践的检视与反思，笔者认为应从如下几个方面构建法院变更案由的正当程序，以制度性规则对案由变更加以规范。

（一）明确法院变更案件案由的界限

笔者认为，法院变更案由的界限有二：一者，变更案由应限于当事人善意行使诉权的情形；二者，请求权竞合时应由当事人自主选择案由，不得依职权径行变更。

1. 以当事人善意行使诉权为限。案由变更旨在准确揭示诉争法律关系的性质，这是由民事案由应反映案件所涉及的法律关系的性质决定的，也是法院行使审判权的必然要求。且由于案由变更毕竟是在一定程度上审判权和诉讼权利相权衡的产物，法院变更案由对当事人行使诉讼权利产生制约作用。笔者认为，法院变更案由应审查当事人是否善意行使诉权，决定变更案由的限于当事人善意行使诉权的情形。

在当前实践中，案由的确定权不全在人民法院，也在当事人。实践中一些当事人出于维护自身权益的目的恶意规避法律，如恶意串通隐瞒诉争法律关系性质，或企图以先立案后变更案由的方式规避提供证明管辖连接点的证据。对于当事人上述滥用诉权、恶意诉讼等情形，法院不宜变更案由，应根据查明的事实以诉请无事实法律依据或属违法起诉等理由，由滥用诉权、恶意诉讼直接承担败诉后果或径行裁判不予受理。

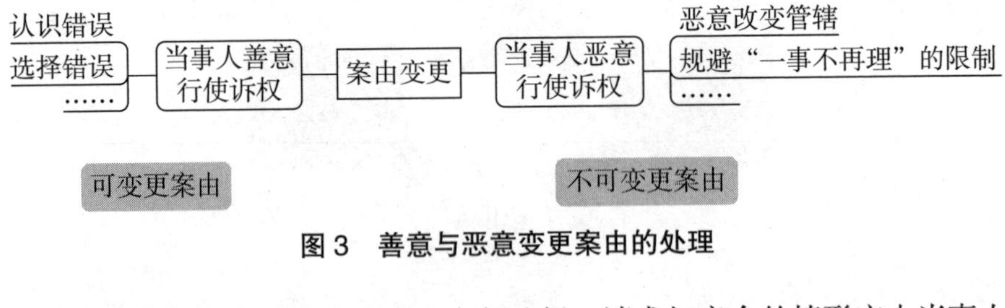

图 3　善意与恶意变更案由的处理

2. 请求权竞合时应由当事人自行选择。请求权竞合的情形应由当事人自主选择的案由而不得依职权径行变更，这一界限见于《通知》，本身明白无疑，但需要注意的是法院在变更案由时应仔细甄别请求权竞合的情形的诸种情形。当前我国法律中有明确规定的请求权竞合的规定，例如《合

同法》第122条[①]，但仍有诸多请求权竞合情形未有成文化规定，需要法官在审理案件中仔细甄别判断。倘若根据查明的事实存在请求权竞合，则法院应尊重当事人从有利于自身利益实现的角度选择以何种案由起诉，不得径行变更。[②]

（二）法院变更案件案由的程序规则

构建法院变更案由的正当程序，一个重要的方面是制定变更案由的程序规则。程序规则应涉及变更案由的时间、方式等方面的内容。

1. 变更案由的决定应于法庭辩论终结前作出。依申请变更案由的情形中，当事人的申请只是启动了法院变更案由的审查程序，最终的决定权仍在法院。鉴于民事诉讼程序大致可以分为起诉和受理、答辩、庭前准备、开庭审理、宣判等几个阶段。无论是依当事人申请变更还是法院依职权变更案由，最终变更案件案由的决定都必须于特定的诉讼程序阶段中作出。

就一审程序而言，由于从起诉到庭审开始前的审前准备阶段不涉及对案件争议焦点的审理，法院变更案由基本不会影响当事人的诉讼权利，故这一阶段可以变更案由，并且基于诉讼效率和司法资源的考量，在法庭辩论终结后和宣判前均不能提出案由变更的请求。[③]

就二审程序而言，对上诉人诉称一审法院变更案由错误或其他当事人提出足以影响案由变更的事实、证据或理由的，法院审查后决定变更案件案由的同样应在法庭辩论终结前作出。

2. 法院应事先主动释明。如上诉人在上诉理由中所言，不同案由可能导致抗辩的证据、理由完全不同，对当事人的诉讼权利与实体权益有利害影响。[④]无论是依当事人申请变更还是法院依职权变更案由，法院在变更案件案由时都必须主动释明。

一方面，法院主动释明的内容上，根据《证据规则》的规定包括释明一方当事人变更诉讼请求，由此，也应包括重新给予对方当事人补充答辩期限及补充举证期限。而不宜直接以变更案由后不影响案件举证责任的分

---

① 《合同法》第122条规定："因当事人一方的违约行为，侵害对方人身、财产权益的，受损害方有权选择依照本法要求其承担违约责任或依照其他法律要求其承担侵权责任。"

② 其他请求权竞合情形，如当事人对交付票据后原因债权即消灭并无约定，只是将票据作为一种支付和结算工具，参见江苏省淮安市中级人民法院（2016）苏08民终2262号民事判决书。

③ 黄铭：《我国民事案由变更程序研究》，广东财经大学2014年硕士学位论文。

④ 湖南省长沙市中级人民法院（2014）长中民一终字第00349号民事判决书。

配、裁判事实的认定或法律适用为由，直接剥夺当事人的程序性权利。

另一方面，法院主动释明的方式表现多种。可以是围绕案件中出现的可能造成案由变更的事项，要求一方当事人明确诉讼请求、阐明请求权依据，以及告知其应就负有举证责任、足以影响法律关系性质的事实进一步提供证据，或者通过列为争议焦点的方式由双方当事人论辩，必要时恢复法庭调查。

3. 案由变更恰当与否应在判决书中列为争议焦点。通过对因法院变更案由不服而提起上诉的案件的筛选考察[①]，笔者发现上述上诉案件中二审维持原判的情形中一个较为突出的特点是，将对案件诉争法律关系性质为何的定性列为争议焦点。

将案件诉争法律关系性质的定性为何列为争议焦点，在诉讼中当事人之间存在明显争议之时应虽是理所应当的，但即便在当事人之间不存异议、法院持不同看法的场合也即前述法院依职权变更案由的特殊场合，也应如此。究其原因，将案件诉争法律关系性质的定性列为争议焦点，一方面有助于法院在认定法律关系性质的时候“集思广益”，充分考虑各方当事人的意见，另一方面也倒逼法院在裁判文书中必须围绕争议焦点也即案件诉争法律关系性质的定性进行说理和论证，规范法院审判权的行使，并留下可为后续上诉和审判监督程序审查的文字材料。

（三）完善变更案由与其他诉讼制度的衔接

作为民事诉讼制度的重要内容，应构建法院变更案由的正当程序，另一个重要的方面是完善变更案由与其他诉讼制度的衔接。

1. 与管辖制度的衔接。诉讼实践中，法院变更案由可能造成案件管辖权的变化，例如，当事人以所有权确认纠纷为由诉至法院，管辖法院因所确权的标的物为房屋不动产，当事人前往不定产所在地进行起诉，提交答辩状期间被告提出管辖权异议，提出证据足以证明涉案房屋权属在双方离婚时已经协商分割完毕，此时双方当事人所争议的法律关系性质实际为离婚后财产纠纷或者因履行离婚协议而发生的婚姻家庭纠纷，但后者在管辖

① 明确列为争议焦点的判决书参见（2016）苏 08 民终 2262 号民事判决书、天津市第二中级人民法院（2017）津 02 民终 5817 号民事判决书、广西壮族自治区高级人民法院（2016）桂民终 376 号民事判决书；虽未明确列为争议焦点但在裁判文书说理方面进行专门论述的参见上海市高级人民法院（2013）沪高民四（海）终字第 143 号民事判决书、浙江省高级人民法院（2015）浙杭民终字第 344 号民事判决书。

上依据被告住所地确定管辖，现被告住所地与房屋所在地不一致，故而涉及移送管辖事宜。

一方面，变更案由涉及管辖事宜时，应考虑原告增加诉讼请求、变更诉的标的及更改诉讼请求的法律依据，以及被告和第三人的抗辩与主张，是否能够突破管辖权恒定原则，对于导致管辖法院变化的应当及时变更案由并移送有管辖权法院。对于当事人非在特定的诉讼程序阶段中作出上述申请或主张，法院不应变更案由并移送，而应在不违反专属管辖的基础上，除在审查当前案件符合应诉管辖或存在新达成协议管辖的基础上可继续审理外，应裁定驳回起诉。

另一方面，受移送法院在接受移送案件后，如果在后续审理过程期间，根据查明的事实，例如有新的证据证明受移送法院没有管辖权的状况，这时受移送法院认为受移送的案件不属于本院管辖的应当严格遵循民事诉讼法报请上级法院指定管辖、不得再自行移送的规定。鉴于指定管辖的在民事诉讼管辖制度中的设置与功用，笔者并不认可为追求案由与管辖的对应而可以轻易突破“被移送法院不得再次移送”的限制的观点。①

2. 与上诉审查的衔接。变更案由与上诉审查的衔接主要指如何更好地促进上诉审中对一审法院变更案由的行为监督和纠错。

首先，案由变更的审查方式上现存三种观点，即复议、中间判决的上诉和一审终局判决的上诉。②而笔者赞同一审终局判决上诉方式审查。理由如下：（1）在理论与实务中，复议一般针对程序性事项作出，如审判人员回避等，而案由变更与诉争权利义务关系、诉讼请求等实体性事项密切相关，显然并不适宜以复议的形式审查案由变更的正当性。（2）第一，中间判决是指先于终局判决作出、针对审理中争议程序事项予以解决的判决，旨在为终局判决做准备，是否作出中间判决属于诉讼指挥问题，委诸法院的裁量。③第二，中间判决并非就诉讼标的而仅就各项争点——一般

① 民事案由变更引起的“二次移送”的观点，详见黄铭：《我国民事案由变更程序研究》，广东财经大学2014年硕士学位论文。

② 复议的观点，参见黄宣：《论民事案由变更》，西南政法大学2008年硕士学位论文。中间判决的上诉的观点，参见龚浩明、梅宇、王瑞涵：《民事案由制度适用于纠纷一次性解决目标之冲突与衡平》。一审终局判决的上诉观点，系实务界的常见做法。

③ ［日］新堂幸司：《新民事诉讼法》，林剑锋译，法律出版社2008年版，第457页。

是程序问题作出处理，仅在无法达至终局裁判时方可适用。[①]但案由变更本属终局判决中应有内容。（3）案由的确定关系到事实认定、法律适用、诉讼程序和权利保障等案件审理的方方面面，但无论实体权利义务关系还是程序性事项，都属于一审法官裁判权处理范畴，而复议、中间判决存在提前介入、干预一审法官裁判之嫌。且终局性判决作出后，当事人认为案由确定错误的可依法提请上诉审审查，并未损害当事人的诉讼权利。

其次，上诉审查时应开庭进行审理。当事人如果提出一审法院变更案由错误，二审法院应该组成合议庭开庭进行审理。因为，案由的变更关系到各方当事人实体权利的行使，关系到案件事实的认定和法律适用问题，对案件的审理影响重大。《民事诉讼法》第169条[②]及《民诉法解释》第333条[③]规定了二审的审理方式，即以开庭为原则，不开庭为例外，并且列举了可以不开庭的情形。但是，案由变更正确与否并非显而易见，需要开庭进行审理后才能决定。所以针对当事人主张案由错误并提出上诉的情形，应开庭进行审理后作出判断。

最后，上诉审应从适用法律是否正确、是否违反法定程序、认定基本事实是否清楚等方面进行审查，且最终决定方式为判决或裁定。（1）基于民事案由所发挥的审判指导作用，也即对法院裁判案件的法律依据起到一定程度的索引效果，法院变更案由多归于适用法律方面。（2）在某些情况下，法院变更案由未充分保障当事人的程序性权利，所以有时归于是否违反法定程序方面进行上诉审查。（3）确定民事案件的案由需要把握当事人主张的民事法律关系的性质来确定，但这并非易事。许多法律关系本身极为类似，法院在变更案由有时容易遗漏“关键事实”，进而得出的法律关系性质迥然，从这一角度而言，可将变更案由归于基本事实认定方面进行

① ［德］狄特·克罗林庚:《德国民事诉讼法律与实务》，刘汉富译，法律出版社2000年版，第133页。

② 《民事诉讼法》第169条规定:“第二审人民法院对上诉案件，应当组成合议庭，开庭审理。经过阅卷、调查和询问当事人，对没有提出新的事实、证据或者理由，合议庭认为不需要开庭审理的，可以不开庭审理。第二审人民法院审理上诉案件，可以在本院进行，也可以到案件发生地或者原审人民法院所在地进行。”

③ 《民诉法解释》第333条规定:“第二审人民法院对下列上诉案件，依照民事诉讼法第一百六十九条规定可以不开庭审理:（一）不服不予受理、管辖权异议和驳回起诉裁定的;（二）当事人提出的上诉请求明显不能成立的;（三）原判决、裁定认定事实清楚，但适用法律错误的;（四）原判决严重违反法定程序，需要发回重审的。”

审查。基于此，上诉审法院关于变更案由应予维持还是纠正的审查决定，往往见于维持原判或原裁定、改判或者裁定撤销原判，发回重审等各种形式的结案文书内容中。

结　语

对法院变更案件案由的正当性争议，是促使我们反思实践并构建变更案由正当程序规则的现实诱因，但法院变更案由时如何保证正当性，则是值得长久思考的课题。本文仅简略而浅显地述及其中的一些方面，在不揣冒昧抛砖引玉的同时也希望引起对相关问题更多的重视。

值班律师制度的实然状态与应然发展 *

谷佳琛

引　言

在顶层设计不断趋好的积极形势下，我国值班律师制度今后的发展道路值得深入探究。就设立初衷而言，值班律师制度本应起到保证犯罪嫌疑人、被告人及时获得无偿法律援助，强化其弱势地位和程序参与实质性的作用。[①] 然而，囿于试点探索的局限性，我国现行值班律师制度的本体内容无法“固化”，呈现出“碎片化”的生存境遇。

一、困境：我国值班律师制度的运行现状

为探知值班律师制度的现状，本文选取了三个城市基层法院共 1287 件认罪认罚从宽案件作为样本，其中：B 市 C 区试点较早，模式较成熟；G 市 Z 区试点较晚，正处于探索阶段；K 市 W 区尚未实施试点。

（一）参与度之困：难以弥合的地区差异

就值班律师参与度而言，三个样本城市呈现出明显的阶梯式差异。B 市 C 区能够达到 100%，G 市 Z 区约 70%，K 市 W 区无值班律师参与。由于速裁程序对审限要求较高，在实践中难以等待十天的时间启动法律援助律师指派程序，故法律援助律师参与度亦为零。

（二）积极性之困：难以统一的选任模式

就选任方式而言，B 市 C 区采用固定律所式，即当地司法局法律援助科每年固定同 4 家律所签约，由每家律所指派一名律师每周固定值班两个下

* 本文获 2019 年北京法院第 31 届学术讨论会优秀奖。

① 吴洪耀：《我国值班律师制度的法律定位及其制度构建》，载《法学杂志》2018 年第 9 期。

午，其余时间为电话值班。G 市 Z 区采用律师库抽取式，即当地司法局法律援助科建立值班律师库，同律师个人签约，随机抽取律师进行法律帮助。

律师报酬的多寡直接影响了当地值班律师的参与积极性，可以基本概括为或“争”或“躲”局面。B 市 C 区报酬为 500 元 / 次，固定报酬为 1000 元 / 周，此外额外接到电话通知的频率亦不低，所以律所乐于竞标并提供稳定的值班律师服务。G 市 Z 区按帮助时间及难度酌定为 100~300 元不等，由于报酬并无太高吸引力，临时抽签有时同本职工作撞车，造成了律师参与积极性并不高，甚至出现几次抽签后律师均无法到场的情况。

（三）有效性之困：难以保证的帮助时间

据统计，派驻法院和看守所的值班律师提供帮助的时间均集中在 10 分钟内。

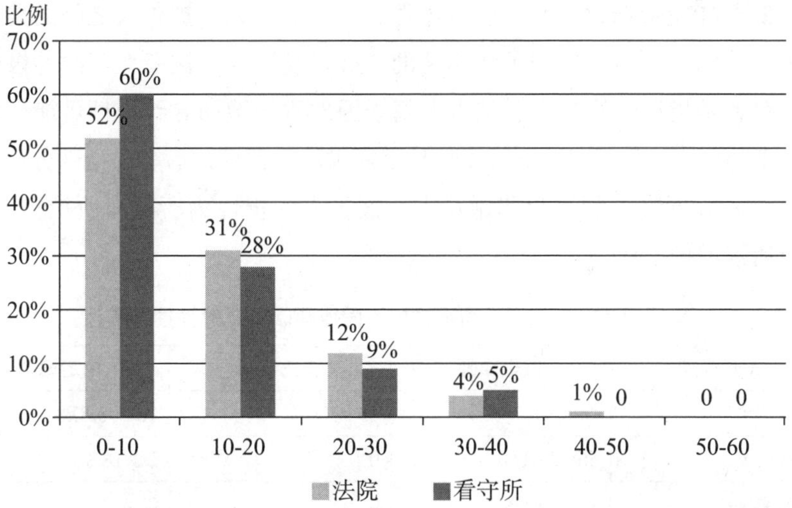

图 1　值班律师提供帮助的时间分布（单位：分钟）

在如此之短的时间内，值班律师几乎只能“走个过场”，无法触及案情，更难言有效帮助。

（四）见证人之困：难以发挥的制度功能

从实践中运行的情况来看，值班律师提供帮助的效果并不尽人意。具体体现为：

1. 制度功能异化。据统计，值班律师见证签字的达到 100%，而真正进行案情分析、法律释明和程序释明的不足半数，进行量刑协商、监督和开庭辩护的则一致为零，呈现出“单纯见证人化”的趋势。

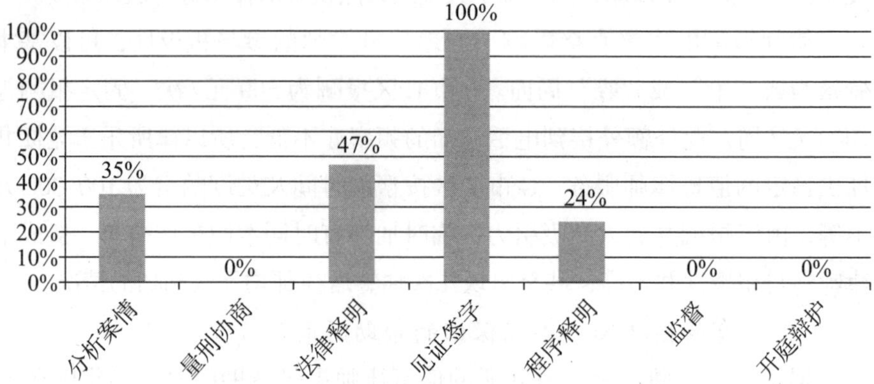

图 2　值班律师提供各项帮助内容的人数占比

2. 委托纽带弱化。由于值班律师和犯罪嫌疑人、被告人之间的委托关系十分薄弱，实践中出现了法律帮助“被轻视”与“被夸大”两种极端现象。前者是指犯罪嫌疑人、被告人基于因刑责轻微而导致羁押可能性较低的心理预判[①]，并不在意值班律师是否提供法律帮助；后者是指部分值班律师故意夸大刑责，利用犯罪嫌疑人、被告人的担忧为所在律所拉拢案源，进行后续辩护工作。

表 1　1287 件认罪认罚案件中不同律师阅卷及时性抽样统计

律师类型	值班律师	委托律师	指定律师
及时阅卷	4/1.59%	134/100%	167/98.81%
临时阅卷	56/22.31%	0	2/1.18%
不阅卷	191/76.1%	0	0

表 2　1287 件认罪认罚案件中法院判决最低量刑制度与缓刑情况

律师类型	值班律师	委托律师	指定律师
法院判决最低量刑制度	263/40.33%	133/60.25%	126/54.65%
法院判决缓刑	122/18.66%	95/43.23%	83/35.87%

① 刘妍：《论认罪认罚协商中值班律师法律帮助的形式化》，载《喀什大学学报》2019 年第 4 期。

令人费解的是，尽管B市C区和G市Z区在实践中对值班律师提前阅卷和会见不予阻拦，但是值班律师往往选择临时完成。[①] 值班律师在法院判处最低量刑幅度与缓刑中的认罪认罚案件中起到关键作用的比例亦远低于委托律师和指定律师。由于法律并未赋予其阅卷和会见权，这种“较为不勤勉”的行为实在难以苛责，但这与值班律师同犯罪嫌疑人、被告人之间较弱的委托关系不无关联。

二、检视：我国值班律师制度的症结所在

值班律师制度到目前为止的多重困境，既因理论与立法的根基乏力，也因试点探索的制度局限性。

（一）理论检视：诉讼地位不明确

目前诸多根本问题在理论上尚未形成共识，仅通过政策文件予以释明固然不是长久之计。[②] 这不仅导致了值班律师制度的本体内容无法“固化”，更使其呈现出“碎片化”的生存境遇。

1. 关键概念混淆。实践中有观点提出值班律师制度的本质是“法律帮助”，故不应具有辩护人地位。本文认为混淆原因如下：

一是翻译的不统一导致了理解上的偏差。法律援助作为一种外来引进制度，最早翻译自 Legal aid 一词。然而，其近义词 Legal assistance 和 Legal help 则翻译得较为混乱，部分文章和法条译本将其翻译为法律援助，部分则直译为法律帮助。实际上，在英文中这三个词并没有严格意义上的区别，其中 Legal aid 被公认为法律援助制度的专有名词[③]，而 Legal assistance 和 Legal help 是根据其字面含义组合而形成的名词，其使用范围十分宽泛，可以用来指代法律援助，也可以作为近义词解释法律援助的具体内容。从对国际文本的翻译来看，联合国《关于在刑事司法系统中获得法律援助机会的原则和准则》的中译本将 Legal assistance 翻译为“援助”来对法律援助进行解释。2017 年联合国《全球法律援助报告》对此采用同样的方式，即用 Legal assistance 作为对 Legal aid 的具体形式进行解释。《公民权利和

---

① 白宇:《审辩协同: 认罪自愿性及真实性的有效保障——基于 A 市认罪案件审辩关系的实证分析》, 载《辽宁大学学报(哲学社会科学版)》2019 年第 5 期。

② 樊崇义:《值班律师制度的本体叙事》, 载《法学杂志》2018 年第 9 期。

③ 薛波主编:《元照英美法词典》(缩印版), 北京大学出版社 2013 年版, 第 812 页。

政治权利国际公约》中译本直接将第14条第3（d）款的Legal assistance翻译为法律援助。

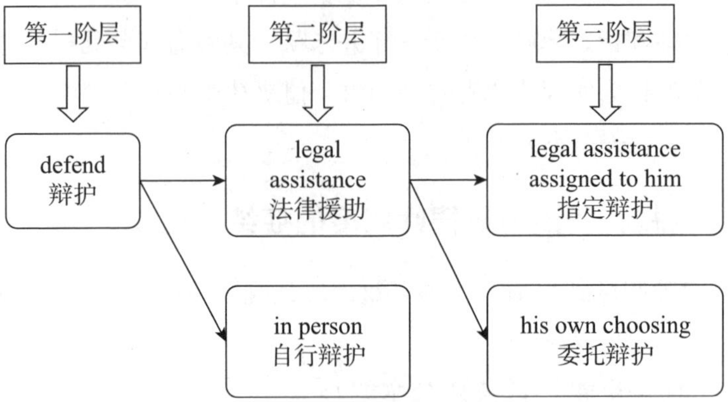

图3　辩护权三阶层派生图

二是与国外的律师帮助权（The Right of Legal Assistance）含义不同，中国语境下的“法律帮助权”是特定历史时期的产物。“根据美国宪法第六修正案的规定，传统意义上的律师帮助权是指犯罪嫌疑人、被告人有权获得社会律师或法律援助律师的帮助。”①

如三阶层图所示，辩护权是一种更为宽泛的概念，其中包括了法律援助这一内容。②而在我国的立法发展过程中，“法律帮助”概念的提出是在90年代末，用以指代在侦查阶段获得律师帮助的权利。由于当时我国刑事诉讼法没有肯定律师在侦查阶段的辩护人地位，有学者提出将其界定为“提供法律帮助的人”。然而，法律本身的漏洞终究需要靠修法来弥补，“提供法律帮助的人”只是一个特定历史时期的过渡概念。

2. 诉讼权利缺失。《关于开展法律援助值班律师工作的意见》（以下简称《意见》）明确了值班律师的工作职责，却否定了其辩护人身份。从规定制定历程也可以看出，值班律师的诉讼权利受到了较大限制。

---

① 顾永忠、李逍遥：《论我国值班律师的应然定位》，载《湖南科技大学学报（社会科学版）》2017年第4期。

② 王艺超、涂龙科：《值班律师提供有效法律帮助的法理定位与制度构建》，载《法治社会》2019年第2期。

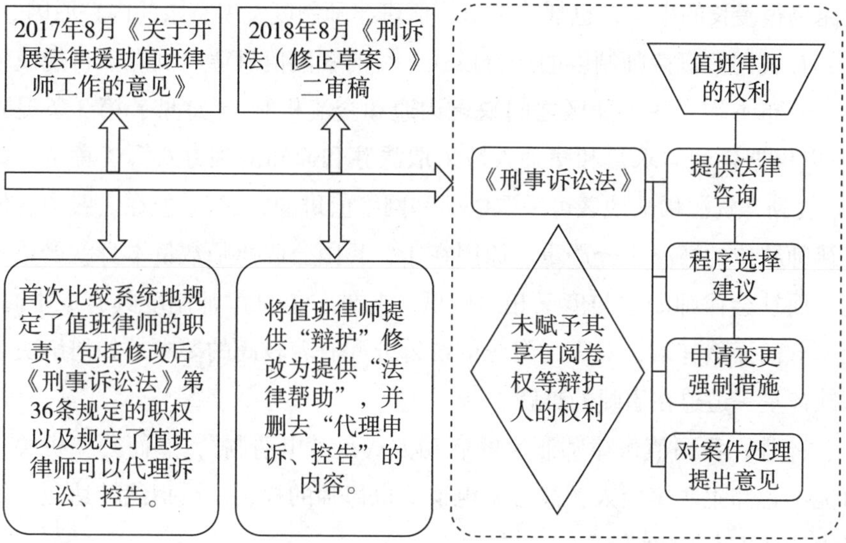

图 4　规定制定历程图

案例：在审查起诉阶段，犯罪嫌疑人廖某经过值班律师的帮助，同意以持有毒品罪认罪认罚，并签署了具结书。但在审判阶段，经过指派的法律援助律师经过阅卷和会见，发现实际应当以运输毒品罪论处。

上述案例只是一个缩影，值班律师不提供出庭辩护服务，不能进行阅卷、会见犯罪嫌疑人、被告人和保障讯问时在场，导致其在实践中无法深入了解案情，更无法给出切合本案的法律建议。这也进一步导致了值班律师提供的服务仅限于简单的法律解释，工作流于形式，难以发挥实质作用。

3. 外延界定模糊。《刑事诉讼法》第 15 条对认罪认罚的案件范围并没有具体限制，认罪认罚试点办法也只是根据刑罚轻重简单划分：三年以下可以使用速裁程序，三年以上可以适用简易程序，而这种划分方式并不周延，并未排除中级人民法院一审刑事案件的适用。加之辩护律师全覆盖试点也刚刚开启，值班律师在不同程序中同法律援助指定辩护律师和委托辩护律师的关系尚不明晰，模糊的外延界定直接影响了制度运行的流畅度。

（二）实践检视：组织架构不清晰

值班律师发展至今，主要借助试点探索来发力。相比之下，制度建设明显脱节。这种“形盛而神衰”的局面，既揭示了值班律师制度的中国化道路仍很漫长的事实，也部分指出了值班律师制度发展有限的内在原因。

1. 我国值班律师制度的运行模式。目前我国值班律师试点项目规模较小，分布不均，各个地区之间缺乏沟通和交流机制。《意见》第 3 条提到“可以根据咨询需求量和律师人数采取派驻和通知两种方式”，《意见》第 5 条提到“资源稀缺地区可采取电话和网络值班的方式”。但在实践中，值班律师缺位的情况十分严重。原因在于，我国公职律师数量本身就严重不足，而社会律师的参与度又相对较低。此外，值班律师制度具有成本高、效率低的天然弊端，对人力资源的统筹分配有着较高的要求，如何解决人才缺口是一道迫在眉睫的难题。

此外，我国值班律师制度的启动方式是“申请制”，然而公安机关很可能不告知犯罪嫌疑人、被告人申请值班律师的权利，或拒绝转达犯罪嫌疑人、被告人的申请。

2. 我国值班律师提供服务的范围。《意见》对刑事速裁程序中规定的服务对象范围进行了修改，由处刑一年以下的 11 种特殊案件的犯罪嫌疑人、被告人扩展到全部没有辩护人的犯罪嫌疑人、被告人。这就意味着，无论犯罪嫌疑人、被告人罪轻罪重，只要符合条件均可以申请值班律师服务。值班律师是一个“分水岭”，将轻罪案件留下自行处理，将重罪案件分流给法律援助律师处理。

3. 我国值班律师服务的具体标准。《意见》第 6 条并未明确通知的具体方式、接到通知后响应和就位的时间以及未响应的后果。尽管《意见》第 7 条中规定了“履责情况通报制”，但是该规定过于空泛。此外，《意见》中提到值班律师严禁利用职务之便拉拢案源，那么如何进行有效的监督？毕竟“勤勉的律师只是司法逻辑中的一种理想的观念”。[①]

4. 我国值班律师制度的经费机制。《意见》并未提到相关工作人员补贴金额。当前值班律师制度面临的一大问题就是缺乏长效的人才引进机制。当推广政策的热度褪去后，如何吸引人才、筛选人才并真正留住人才是值班律师制度得以存续并发展的关键。

① Alan N.Young, Adversarial Justice and the Charter of Rights: Stunting the Growth of the ‘Living Tree’, 39 Crim.L.Q.362, 365 (1997).

三、界定：我国值班律师的诉讼地位

当前的研究多倾向于援引或介绍域外制度作为我国借鉴的模板，对此，本文认为值班律师的诉讼地位关乎职能设置和权限分配，需要紧密结合我国实际，要从精神实质上而不是从外在现象上理解并借鉴。具体论述如下：

（一）赋予值班律师辩护人地位

在域外制度中，值班律师设立的初衷在于弥补传统法律援助制度在审前阶段的不足，换言之，值班律师制度是一种刑事诉讼早期阶段的法律援助制度，因此值班律师大多不参与审判阶段的出庭辩护。有观点据此全盘否认值班律师的辩护人地位，这不仅是一种误读，更忽视了我国的司法现实。

就域外辩护权的应有之义而言，从逻辑上讲，值班律师制度和刑事法律援助制度实质上是前后阶段的关系，辩护人地位不应随着审前审中的时间不同而改变；从功能上讲，辩护权是对抗刑讯逼供的最有力武器，也是全面了解案情基本前提；从权能上讲，此处的辩护权应当作广义的理解，不仅仅是出庭辩护这一种狭义的辩护权。

就我国辩护率低下的客观现实而言，赋予值班律师辩护权有利于弥补法律援助律师数量的不足。如果说西方设立值班律师制度是对于相对完善的法律援助制度的“锦上添花”，那么我国设立值班律师制度无异于一种提升刑事辩护率的“雪中送炭”。因此，我国值班律师应当拥有辩护人身份，并拥有如下诉讼权利：

第一，会见权。1984年《英国警察与刑事证据法》第58条规定“受到羁押后被告人要求会见律师的，应当及时安排”。①《英国值班律师手册》第2.12条规定，值班律师持值班名单（Rota）和职务证章（Badge）有权直接会见被告人。②就我国而言，值班律师只有在与犯罪嫌疑人、被告人进行会见并充分沟通的前提下，才能了解犯罪嫌疑人、被告人真实的意愿，不仅应确立会见权，更应设立保障会见质量的条款。

---

① Police and Criminal Evidence Act 1984（PACE）Codes of Practices，s58，Available from：http://www.legislation.gov.uk/ukpga/1984/60/contents/enacted［Accessed：17 March 2017］

② Legal Services Commission，The Duty Solicitor Manual Version7（2006），p.6.

第二，在场权。1984年《英国警察与刑事证据法》规定："除了律师违反规定，不得剥夺律师在讯问期间的在场权。"① 在德米尔卡亚（Demirkay）诉土耳其案中，欧洲人权法院认为"讯问期间没有律师在场对被告人辩护权造成了不可挽回的影响"。② 就我国而言，诱供、骗供、指供等不合法的讯问行为往往无法通过远距离的观察得出，此时律师在场显得尤为重要。"为了保障在场权，还应赋予律师对讯问笔录有签字权，法院对没有签字的询问笔录不能作为证据被法庭采纳。"③

第三，阅卷权。《澳大利亚律师守则》第14条规定了值班律师在阅卷过程中对于案卷信息的保密事项。④ 就我国而言，值班律师只有在充分阅卷的基础上，才能对案情、证据和关键事实进行全面的了解，据此与检方进行有效的量刑协商并对犯罪嫌疑人、被告人提供有效的法律帮助。

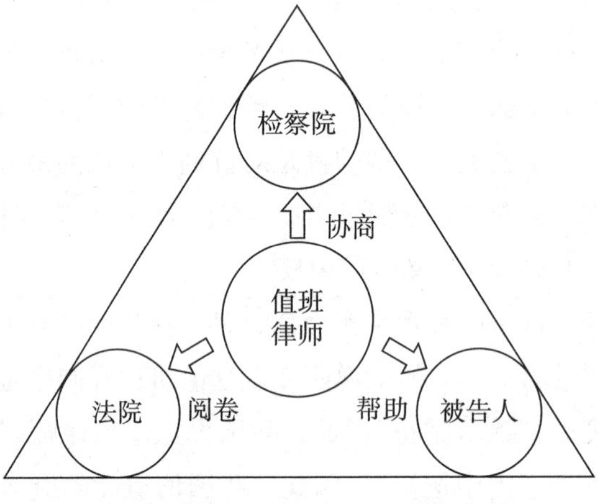

图5　阅卷关系工作图

第四，出庭辩护权。英国2017年标准刑事合同第4.16条和第4.17条明确了值班律师可于审判阶段出庭。⑤ 就我国而言，权利配置与辩护人配

① 屈新：《论辩护律师在场权的确立》，载《中国刑事法杂志》2011年第1期。

② 欧洲人权法院大审判庭第31721/02号申请，2010年1月13日判决书，第17段。转引自联合国毒品和犯罪问题办公室：《形式司法程序早期阶段获得法律援助——决策者与从业者手册》。

③ 程涛：《辩护律师的诉讼权利研究》，中国人民公安大学出版社2006年版，第233~234页。

④ Australian Solicitors' Conduct Rules, Rule 14, Available from: https://www.lawcouncil.asn.au/tags/australian-solicitors--conduct-rules [Accessed: 17 March 2017]

⑤ Legal Aid Agency, Specification: Crime Contract (2017), s4.16 and s4.17, Available from: https://www.gov.uk/government/publications/standard-crime-contract-2017 [Accessed: 17 March 2018]

置应当厘清，赋予其辩护权不意味着值班律师要对每个案件都提供一站式服务，而是应当根据不同案件需要灵活地进行适用。在被告人面临无法律援助律师进行辩护的情况下，值班律师的临时性应当适当予以延伸，允许值班律师出庭辩护。而在律师资源充沛的地区，值班律师完全可以作为后续法律援助律师的“加油站”，不进行相应的出庭辩护工作。

（二）区分基本职权和特殊职权

本文建议，应当区分值班律师的基本职权和特殊职权。理由在于，值班律师制度在普通的没有辩护人的案件中和在刑事速裁与认罪认罚从宽案件中行使的职权并不一致。在普通案件中，值班律师行使基本职权，即促进刑事法律适用过程中的平等对待，维护程序正义与保证获得公平审判权，协助犯罪嫌疑人、被告人理解并应对刑事司法程序和向警察、检察官和法官提供有效信息。而在刑事速裁程序和认罪认罚从宽程序中，应当赋予值班律师一定特殊职权以保障被告人适用程序的自愿性，具体如下：

第一，监督权利告知。司法机关应当告知符合条件的犯罪嫌疑人、被告人拥有适用刑事速裁或认罪认罚从宽程序的权利，值班律师的介入可以对此起到一定监督作用。

第二，保障犯罪嫌疑人、被告人程序选择权。值班律师在场可以有效改善部分办案人员为了快速结案而欺骗或强迫犯罪嫌疑人、被告人认罪的情况。此外，值班律师还可以帮助犯罪嫌疑人、被告人了解自身案情和相关法律，并详细解释司法程序的运作，在一定程度上可以消除犯罪嫌疑人、被告人对于未知程序的恐惧，从而提升速裁程序和认罪认罚从宽程序的适用率。

第三，协助犯罪嫌疑人、被告人行使辩护权。程序的简化不意味着基本权利同时简化，如果值班律师对证据有异议，必要时需要转为普通程序进行审理。值得注意的是，在刑事速裁程序和认罪认罚从宽程序中，被告人仍拥有辩护权，辩护权的行使需要依靠值班律师的帮助。量刑协商是其中重要的一环，本文建议具体设计如下图所示：

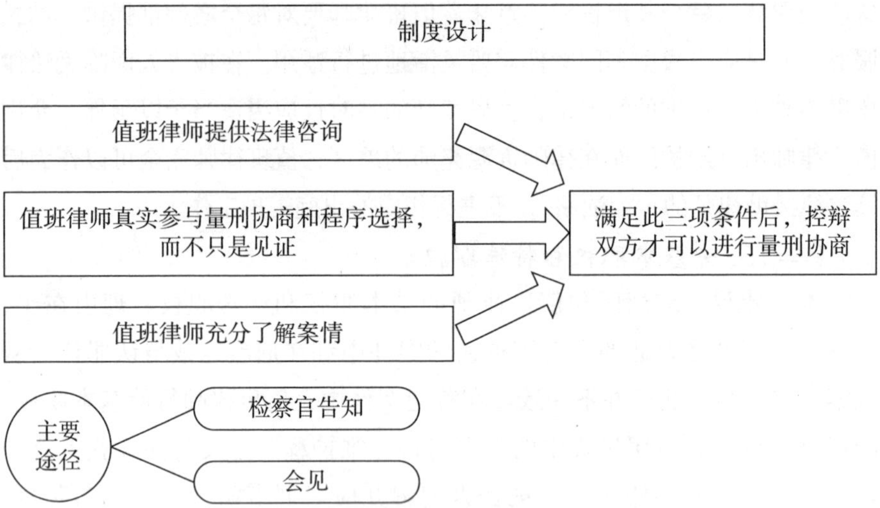

图6　律师参与量刑协商制度的制度设计

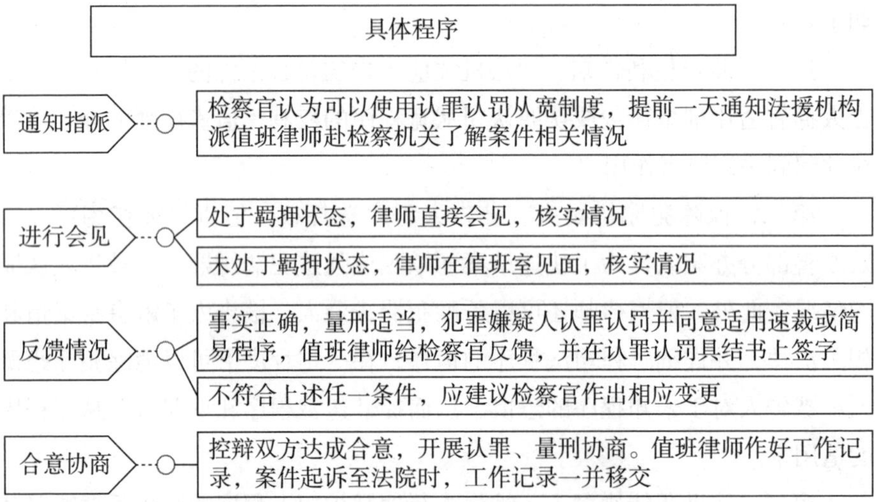

图7　律师参与量刑协商制度的具体程序

第四，协助犯罪嫌疑人、被告人行使救济权。救济权的一层含义是有惩罚必有救济，值班律师可以协助犯罪嫌疑人、被告人纠正试点程序适用的错误并得到应有的救济。救济权的另外一层含义是给予犯罪嫌疑人、被告人反悔的机会，“如果犯罪嫌疑人、被告人最终推翻有罪供述或者对量刑建议存在异议的，应当转为普通程序进行审理”。[1]

（三）厘清相关衔接程序

值班律师制度的顺利实施不仅在于自身改进，更在于同相关程序的衔接。本文认为，就值班律师同指定律师的关系而言，前者负责比较轻微的罪行，可称之为审前的临时性“初级法律援助”（First Legal Aid）。后者负责比较严重的罪行，可称为从审判开始的贯穿全部审判流程“高级法律援助”（Second Legal Aid）。本文建议，将值班律师同指定律师、委托律师的衔接程序设计如下：

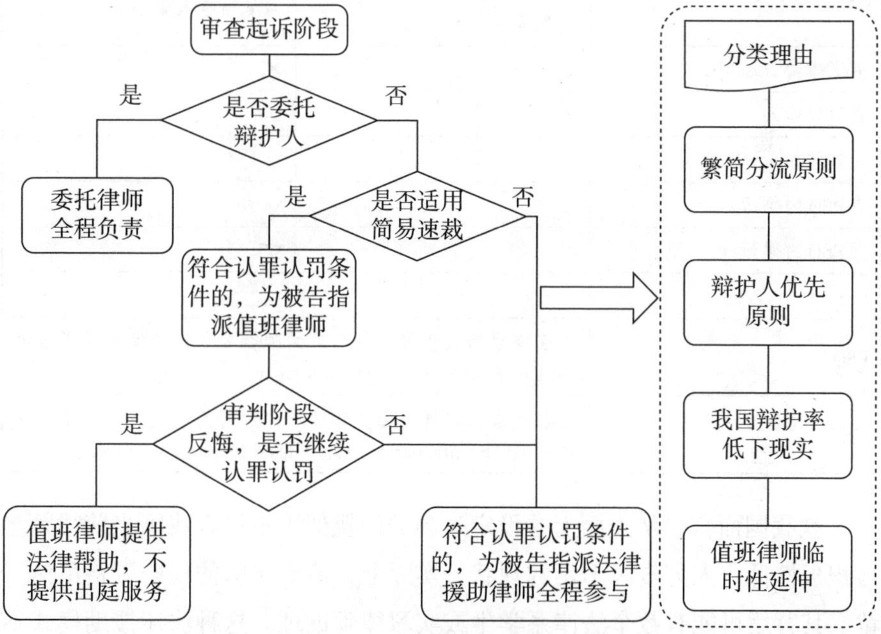

图8　相关程序衔接流程图

四、重塑：我国值班律师制度的组织架构

在今后的司法实践中应勇于结合我国实际情况，探索建立具有中国特色的值班律师制度。[2]

---

① 陈瑞华：《认罪认罚从宽改革的理论反思——基于刑事速裁程序运行经验的考察》，载《当代法学》2016年第4期。

② 顾永忠：《追根溯源：再论值班律师的应然定位》，载《法学杂志》2018年第9期。

（一）细化任职资格与指派规则

针对我国值班律师制度存在的“参与度之困”，本文提出如下三点建议：

第一，维持较为严格的任职资格，同时引入法律助理计划。纵观各国，值班律师均以社会律师为主，以公职律师为辅，且设定相对严格的任职资格。例如英国通过选拔和审核以保证成员的专业性和规范化。①

表3 英国值班律师权限差异

人员\服务	值班律师服务：接受DSCC的电话指派；向当事人回电或面见当事人	私人律师服务；电话咨询或面见当事人服务
值班律师	√	×
实习代理人	×	√
授权代理人	√	√
有PSQ的律师	√	√
无PSQ的律师	×	√
注：		
PSQ	指在警察局提供服务的值班律师需要通过的警察局资格考试(The Police Station Qualification，简称PSQ)	
MSQ	指在治安法庭提供服务的值班律师需要通过的治安法庭资格考试(The Magistrates Court Qualification，简称MSQ)	

就我国而言，从表面上看设定过高的门槛似乎不符合我国当前律师参与积极性低、人力资源不足的现状。实际上，值班律师的任职资格虽然严苛，其背后可能有数个法律系学生或实习律师助理。这种法律援助模式不仅解决了当前人力资源短缺的燃眉之急，还在无形中为未来储备了法律援助人才；值班律师的工作负担得到减轻，但是仍需要对服务过程严格把关并对案件结果签字负责，以保证服务的专业性与规范性。因为个人律师库的方式难以保证稳定持久的服务质量，本文建议采用由法律援助机构同当地固定律所签约的模式。

第二，设立电话调配中心，动态调整辖区内律师资源。针对值班律师

① Criminal Litigation Accreditation Application form guidance notes，Available from：http：//www.lawsociety.org.uk/support-services/accreditation/criminal-litigation/[Accessed：1 October 2017]

适用率低下的问题，本文认为其根本原因在于投入成本过高，而使用效率不高，如何对律师资源进行合理配置是首要问题。就域外立法例而言，可以借鉴英国“繁忙的治安法院”和“不繁忙的治安法院”，以市为单位对辖区范围内的律师资源予以整合，按照案件量进行动态的调整，保障资源利用的最大化。此外，建议借鉴英国的电话服务调配中心（Duty Solicitor Call Centre Service，简称 DSCC）。除了值班律师正在值班或正在为其他犯罪嫌疑人、被告人提供服务的情况下，任何电话必须经过调配中心，值班律师在接到联络之后必须于 45 分钟内面见或电话联系犯罪嫌疑人、被告人。这不仅可以对区域内的值班律师进行更加高效的管理分配，还在一定程度上保证了警察不能私自切断犯罪嫌疑人、被告人与值班律师的联系，或阻碍值班律师与犯罪嫌疑人、被告人的会见。

第三，指派规则应该由较为任意的“申请制”变更为强制的“配备制”。无论犯罪嫌疑人、被告人申请与否，值班律师都应当是一种“标准配置”。司法机关有义务告知犯罪嫌疑人、被告人有权申请值班律师，司法机关不得以案件情节过于轻微、不知道或不了解，联系值班律师有困难为由拒绝犯罪嫌疑人、被告人的申请。

（二）明确服务范围与服务对象

针对我国值班律师制度存在的“见证人之困”，本文提出如下三点建议：

第一，明确值班律师的服务范围为轻罪。值班律师的服务地点主要包括警察局和基层法院。[①] 在警察局设立值班律师办公室主要是为了及时接触到处于羁押状态的犯罪嫌疑人、被告人，并在一定程度上防范刑讯逼供。以英国和澳大利亚为例[②]，尽管管辖范围和服务范围有所不同，但是可以归纳出在级别最低的基层法庭设立值班律师办公室的目的是协助被告人进行轻罪的有罪答辩。

---

① 郭婕：《法律援助值班律师制度比较研究》，载《中国司法》2008 年第 2 期。

② Legal Services Commission of South Australia，Annual Report（2016），Adelaide：Legal Services Commission of South Australia，p.30.

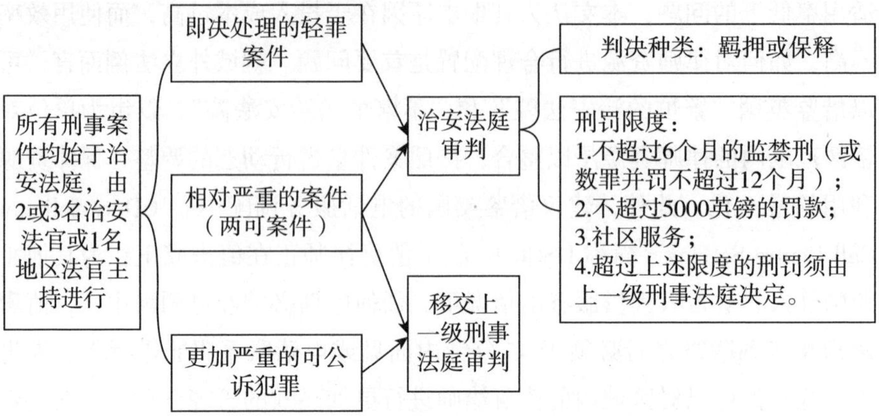

图 9　英国治安法庭的管辖范围

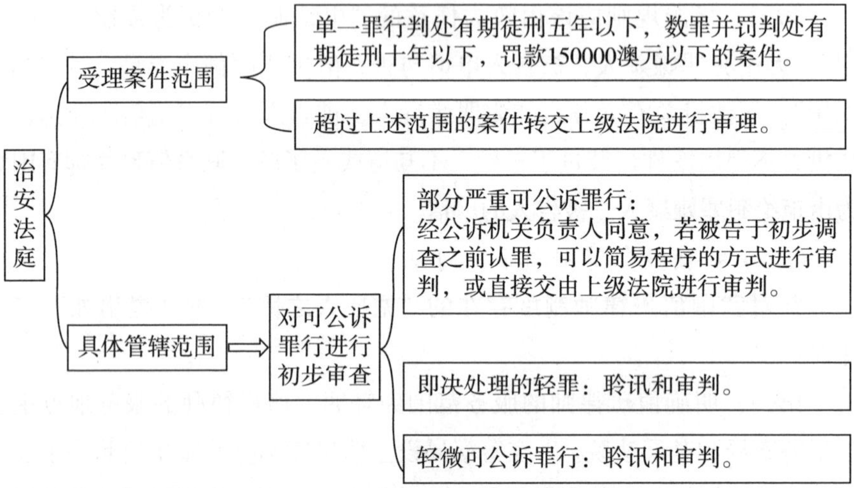

图 10　澳大利亚治安法庭的管辖范围

就我国而言，值班律师的服务范围应当是轻罪，即判处三年以下有期徒刑的案件。对于可能判处三年以上有期徒刑的重罪案件，应当交由法律援助律师进行。

第二，明确判断标准为存在羁押危险。就值班律师提供服务的对象而言，英国以财务困难标准（Financial Eligibility）、充足利益标准（The Sufficient Benefit Test）、司法正义标准（Interests of Justice Test）确定。财务困难标准是指犯罪嫌疑人、被告人因财务困难无法聘请社会律师。充足利益标准是指只有犯罪嫌疑人、被告人的利益受到严重侵犯时才提供值班律师服务。司法正义标准是指对其提供值班律师服务并不有悖于司法正义。就我国而言，值班律师的服务对象可以借鉴英国的充足利益和司法正义标准，即存在羁押危险的犯罪嫌疑人、被告人需要法律帮助时，但财务困难标准并不适用于速裁程序中，及时财务不困难有时也来不及委托律师，故在条件允许的情况下犯罪嫌疑人、被告人申请即应当满足。

第三，为弱势群体设置专业的值班律师。就域外立法例而言，澳大利亚的南澳大利亚州①和新南威尔士州②就值班律师的服务对象则划分了弱势群体。

表 4　2015–2016 年值班律师服务对象统计（单位：件数）

服务对象	南澳大利亚州	新南威尔士州
国内	2012	22344
国外	1761	23128
患残疾或心理疾病	3491	89965
低保	10340	
低于18岁	1164	24304
高于65岁	283	3528
来自偏远农村	2330	87417
受到羁押	3669	–

就我国而言，本文认为应当对残疾人、老年人、未成年人等弱势群体和部分认罪的共同犯罪人设置相对专业的值班律师，进行更为严密的保障，而不是完全排除弱势群体自愿认罪认罚的权利。

（三）完善服务标准与监督机制

针对我国值班律师制度存在的“有效性之困”，本文提出如下三点建议：

第一，值班律师可以在有关部门的监督下转化为后续的指定辩护律师。在域外制度中，为了保证值班律师的独立性与中立性，各国均明确禁止值班律师利用职务之便拉拢案源。“鬼魂值班律师”（Ghost Duty Solicitor）

① Legal Services Commission of South Australia, Annual Report（2016）, Adelaide: Legal Services Commission of South Australia, p.47.

② Legal Aid NSW, Annual Report（2016）, Sydney: Legal Aid New South Wales, p.37.

是指很多值班律师并不能实际提供服务却依然存在于值班律师名单上的奇怪现象。[①] 原因在于律所往往利用值班律师接触犯罪嫌疑人、被告人的职务之便拉拢案源，名单上更多的位置意味着更多的案源机会。对此，英国 2017 年刑事标准合同第 6.37 条明确禁止利用职务之便拉拢案源的行为，澳大利亚各州守则普遍规定值班律师不得同犯罪嫌疑人、被告人签订后续辩护委托协议。本文认为，明确禁止利用职务之便拉拢案源的行为并设定防范条例与相应后果是必要的，例如值班律师不得向犯罪嫌疑人、被告人推荐社会律师，一经查处即失去值班律师资格、记入律师诚信记录并罚款等。但是，我国辩护率低下的现实并不适合照搬域外经验。本文认为，在犯罪嫌疑人、被告人没有后续辩护律师的情况下，值班律师可以在有关部门的监督下转化为后续的指定辩护律师，这不仅可以缓解辩护率低下的现状，更能在一定程度上强化委托关系纽带，更能有效避免程序空转带来的司法资源浪费。

第二，设定明确的服务标准和记录查证机制。本文建议，法律援助机构应当与律师事务所签订合同，在合同中设定统一的记录范本，以便后续查证和监督。具体设计如下图所示：

表 5　犯罪嫌疑人行使法律援助权利记录表

犯罪嫌疑人姓名		首次联系时间		犯罪嫌疑人其他信息	
进行逮捕/拘留的工作人员基本信息		逮捕/拘留时间		逮捕/拘留原因	
是否存在相关弱势情况		采取何种措施		采取该措施的结果	
犯罪嫌疑人被告知有权获得值班律师服务时间		告知权利方法		犯罪嫌疑人就是否行使其该权利	
采用何种方式联络值班律师		是否响应		响应时间	

① Franklin Sinclair, Criminal Legal Aid in the Balance, Review of Law Criminal and Ethics (2015), 137(4), p.135.

续表

<table>
<tr><td>办案人员讯问的时间</td><td colspan="2"></td><td>讯问时长</td><td colspan="2"></td><td>讯问人员基本信息</td><td></td></tr>
<tr><td>值班律师基本信息</td><td></td><td>值班律师到达或联系时间</td><td></td><td>提供咨询的时间</td><td></td><td>离开时间</td><td></td></tr>
<tr><td>羁押期间</td><td></td><td>首次采取强制措施的时间</td><td></td><td>取保候审的时间或转移时间</td><td></td><td>出庭时间</td><td></td></tr>
<tr><td colspan="4">值班律师提供服务的内容(附相应证明材料)</td><td colspan="4"></td></tr>
<tr><td colspan="4">本次面见或电话联系的阶段性结果(附相应证明材料)</td><td colspan="4"></td></tr>
<tr><td colspan="4">犯罪嫌疑,人自愿放弃法律援助详细记录</td><td colspan="4"></td></tr>
</table>

第三，在评估机制引入关键业绩指标和满意度调查。只有明确评估的结果，将补贴、任职资格与工作质量实际挂钩，才能从根本上改变监督规定的空泛性和象征性，使之不再只是一纸空文。本文建议，如下图所示，引入管理学中的关键业绩指标概念（The Key Performance Indicators，简称KPI）和满意度调查问卷等方式开展评估工作。

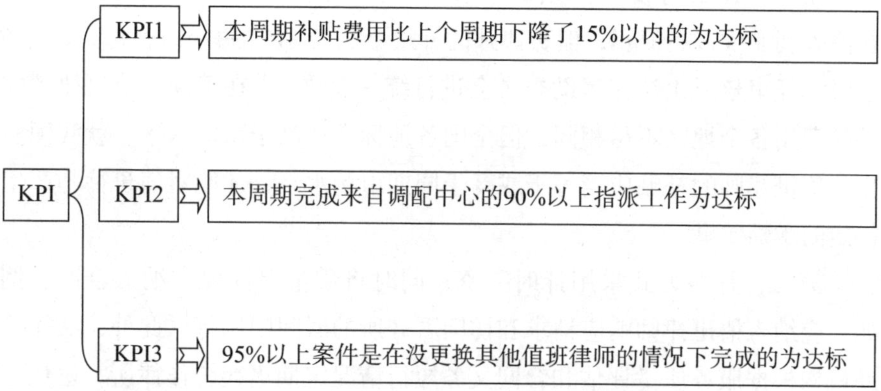

图 11　与值班律师有关的 KPI 概念

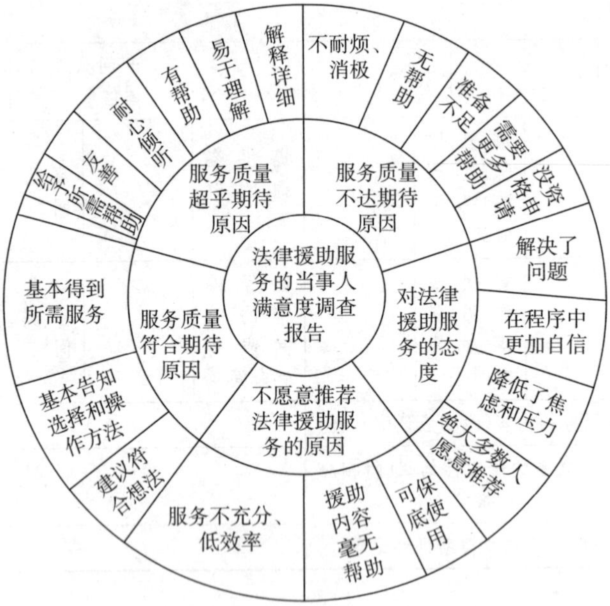

图 12　法律援助服务当事人满意度调查

（四）提高补贴金额与福利待遇

针对我国值班律师制度存在的“积极性之困”，本文提出如下三点建议：

第一，补贴金额等于或高于当地同期市场水平。就域外立法例而言，在澳大利亚维多利亚州，值班律师的补贴金额为 $157 每小时，每天最多 6 小时，经审核后由法律援助委员会进行统一发放。[①] 在英国，值班律师的补贴费用各个地区不尽相同，但全国各地标准亦高于市场水平。就我国而言，值班律师的补贴应当等于或高于同期市场水平，才能对值班律师产生一定的激励效果。

第二，补贴方式采用计时工资，同时将质量保证要求纳入合同。例如，应纳入值班律师响应请求和访问看守所的时间限制等。此外，法律援助机构根据服务质量评估和合同义务履行情况定期更换合作律所，避免导致过分依赖有限数量的律所以及由此可能带来的长期成本提高的后果。

① Private Practitioner Duty Lawyer Scheme（Rostered）- Magistrates' Courts, Available from: https://handbook.vla.vic.gov.au/handbook/24-payments-to-lawyers-and-service-providers/duty-lawyer-schemes.[Accessed: 17 March 2018]

第三，引入评估程序进行成本控制。在域外立法例中，英国存在专门的《刑事补贴评估手册》，澳大利亚值班律师每月底需要出具总结由各区法律援助负责人进行审核。

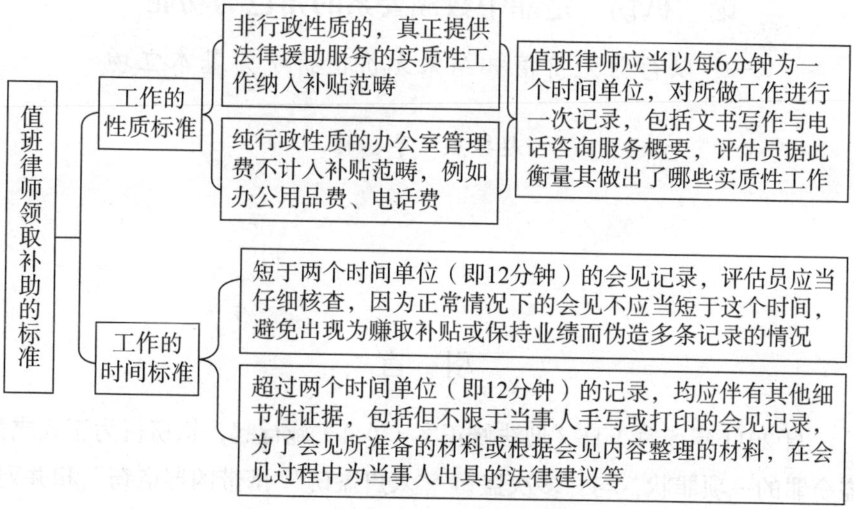

图 13　值班律师领取补助的标准

就我国而言，本文建议，如上图所示，补贴应当与服务质量和工作绩效挂钩，应当存在专门的评估机构或部门进行严格审核，以免出现值班律师“走过场”和滥用资金的情况。

综上，值班律师制度是审前法律援助模式中一个重要的探索。我国审前法律援助起步较晚，但正因如此，更应重视审前程序中的不足并及时固化试点实践成果，大力发展试点实践而忽视问题背后的制度原因并不是长久之计。应当看到，值班律师制度的设立标志着我国多元化法律援助模式的开端。众所周知，我国幅员辽阔、地域广袤，地区差异显著存在，新型犯罪手段层出不穷，单一的法律援助模式无法应对复杂多变的犯罪现实。在完善刑事诉讼法和法律援助相关规定的同时，应当考虑逐步构建适合中国本土的多元化法律援助模式。

论“扒窃”定罪中数额要素的角色与功能*

——以行为无价值和结果无价值折中为基本立场

赵振杰　李　丽

引　言

自2011年5月1日《刑法修正案（八）》施行起，扒窃行为正式成为盗窃罪的一项罪状，与“多次盗窃”“入户盗窃”“携带凶器盗窃”相并列。这一立法实践虽然安抚了民众对于扒窃日益猖獗的不安与担忧，但立法的原则性以及实践经验的匮乏，使得该条款在实践中的表现与立法的初衷出现了明显的偏差。究其原因，在于扒窃行为的定罪标准尚未形成共识，尤其被盗数额是否应当作为扒窃定罪的要件之一的争论，自扒窃行为入刑至今仍未停息。从立法的文本表述来看，扒窃行为入刑并未设定数额要求，但实践中也曾经出现扒窃1.5元入刑的案例，令民众对这一立法规定的合理性产生疑问。[①] 笔者认为，扒窃定罪中数额要件的取舍所反映的实质，是我国刑事立法与司法在行为无价值与结果无价值之间的权衡与选择；只有明晰价值立场，围绕扒窃定罪要件的讨论方为可能。

一、扒窃定罪基本立场——行为无价值为主，结果无价值为辅

（一）实务中扒窃定罪立场的探析

违法性是犯罪构成体系的重要组成部分，理论界关于违法性的性质一直存在着“结果无价值”与“行为无价值”两种观点：前者认为违法性

*　本文获2018年全国法院第30届学术讨论会三等奖。

①　秦莹等:《“扒窃”定罪争议也不小》，载《检察日报》2011年9月14日。

的评价应当从客观的立场出发，评价的对象是“结果”，评价的时间为该“结果”发生时；后者以为违法性应当以其“行为”为基本出发点，立足于“行为”本身，评价的时间也应当是“行为”发生时。[①]有关扒窃行为的定罪，同样存在结果无价值立场与行为无价值立场的分野，所引发的是对于扒窃行为截然不同的裁判结果。

1.“结果无价值”立场下扒窃行为的实务认定

【案例1】在木某盗窃一案中，被告人木某在马路边，以扒窃的方式，先后盗取了被害人向某等6人的随身财物，总计金额达人民币11760元。法官经审理认为，被告人木某在法治观念淡薄的情况下，用扒窃的手段窃取他人财物，且已经达到了“数额较大”的程度，应当以盗窃罪论处。[②]

该判决内容体现了扒窃行为入罪时结果无价值的立场倾向，即扒窃行为之所以被列为盗窃罪的一项单独罪状，正是因为其具有值得立法者作如此安排的社会危害性，且此种对法益的危害或者威胁较之普通盗窃行为更为显著。同时，扒窃系“盗窃”行为的一项子概念，对于扒窃行为的认定不应当脱离对于一般盗窃罪的认定准则，即被盗财物数额的大小应当成为判定扒窃行为罪与非罪、重罪或轻罪的重要标准。[③]也有学者持类似的观点，认为扒窃作为盗窃罪的一种行为方式或者表现形式，理应与盗窃罪具有内在的一致性，即扒窃也应当与普通盗窃一样为结果犯，否则将扒窃认定为行为犯，会出现同一罪名同时包含结果犯与行为犯的情况，引起逻辑上的混乱。[④]

保护法益的职能系刑法的应有之义，本无可厚非，但是以彻底结果无价值的立场审视扒窃行为，恐有违立法本意。在对扒窃行为法益侵害特殊性的描述中，结果无价值者从扒窃行为处罚的必要性出发，认为扒窃行为多发生在公共场合，其所针对的对象具有高度不特定性，且实施扒窃的行为人往往为“常习犯”或者惯犯，其较为娴熟的作案手法使得盗取财产变

---

① 肖中华、孙利国：《“扒窃”犯罪成立要素的合理界定——侧重于行为无价值论的基本立场》，载《政治与法律》2012年第9期。

② 北京市朝阳区人民法院（2016）京0105刑初221号刑事判决书。

③ 张鹏：《扒窃的实质解释——以结果无价值为基本立场》，载《政法论丛》2013年第6期。

④ 吴卫：《论扒窃入罪的合理范围——兼评“两高”关于扒窃的限制性解释》，载《湖北警官学院学报》2015年第2期。

得更为容易。[①] 但是从中不难看出，结果无价值论支持者区别扒窃与一般盗窃行为的标准是扒窃行为本身所具有的独特性质，而非扒窃侵害了与普通盗窃不同的法益。如果贯彻彻底结果无价值的立场，完全按照“法益侵害”为根本的入罪判定标准，那么扒窃与普通盗窃的界限将会不复存在。结果无价值论者的上述主张，无异于认为只有将结果无价值与行为无价值结合起来方能阐释扒窃行为违法性的内涵，从彻底结果无价值的角度讨论扒窃行为定罪标准存在难以逾越的逻辑鸿沟。

2. “行为无价值”立场下扒窃行为的实务认定

【案例 2】在郭某盗窃一案中，郭某在某地铁站 B 出口电梯上，意欲扒窃被害人谢某背包内的随身财物，被群众当场识破并抓获。法官经审理认为，被告人郭某以非法占有为目的，扒窃他人财物，虽然未窃得任何财物，但是综合全案证据，能够证明其行为已构成盗窃罪既遂。[②]

该判决内容反映了当下有关扒窃入刑之争的另一种声音，即对扒窃行为的认识应当立足于行为本身。扒窃行为之所以不同于一般的盗窃行为，就在于这类型一般发生在公共场所，且所盗取的是被害人随身携带的财物。同时，对于扒窃行为入罪的认定不应有数额的限制，如果认为扒窃行为入罪亦需要符合“数额较大”的标准，那么刑法单独规定扒窃行为便属多此一举。[③] 更有学者在此基础上提出更为鲜明的观点，主张依据条文的规定，扒窃属于纯粹行为犯，即行为人只要实施了扒窃行为，就可以成立盗窃罪，不存在数额因素的限制和考量。[④]

然笔者认为，以纯粹行为无价值的角度解读扒窃行为亦有偏颇：（1）盗窃罪属于财产罪，在刑法保护法益的根本功能下，对于盗窃罪的惩治必然具有保障财产权益的属性，如果彻底脱离这一属性探讨扒窃行为，会背离盗窃罪的本质。（2）扒窃行为既受刑法的规制，同时亦是行政法规的规制对象。[⑤] 如果仅仅通过对行为属性的分析来认定扒窃行为，无法对扒窃行

① 张鹏：《扒窃的实质解释——以结果无价值为基本立场》，载《政法论丛》2013 年第 6 期。

② 北京市昌平区人民法院（2017）京 0114 刑初 559 号刑事判决书。

③ 陈家林：《论刑法中的扒窃——对刑法修正案（八）的分析与解读》，载《法律科学》2011 年第 4 期。

④ 肖中华、孙利国：《“扒窃”犯罪成立要素的合理界定——侧重于行为无价值论的基本立场》，载《政治与法律》2012 年第 9 期。

⑤《治安管理处罚法》第 49 条规定：“对于‘盗窃、诈骗、哄抢、抢夺、敲诈勒索或者故意损毁公私财物’的行为，应处以拘留、罚款的行政处罚。”

为的刑事违法性产生全面而深刻的认识，不仅会造成罪行认定方面的困难，更有不当扩大刑法规制范围、模糊刑法与行政法界限之虞。况且即使支持以行为无价值立场认定扒窃行为的学者，也认为在认定分析的过程中无法摆脱结果无价值立场的影响，突出表现在于数额不作为扒窃入罪的标准并不代表不考虑数额因素在扒窃认定过程中的作用。结合《刑法》第13条但书之规定，如果行为人所盗取的财物价值甚微，或者其系初犯、偶犯等情况，在主客观方面均符合情节显著轻微、危害不大的要素，则不应当认为是犯罪。①

综上，无论是以结果无价值的角度进行分析或者从行为无价值的角度进行论证，均无法准确勾勒扒窃行为刑事违法性的全貌，而事实上，纯粹的结果无价值或者纯粹的行为无价值对于论证违法性方面均是不可取的：(1)“刑事不法”的本质便是一定的行为对社会中某种法益造成了侵害或者威胁，也正应为如此，法益保护才成为刑法的天然职责与应有之义。如若脱离这一功能，单纯从行为的角度探讨违法性，则背离了刑法保护法益的根本宗旨。(2)如果纯粹坚持结果无价值的立场，单纯分析不法行为的后果，则会陷入将违法性概念客观化的迷思，无法准确而全面地认识和界定行为的刑事违法性。因此，只有将行为无价值与结果无价值结合起来分析，准确地评价行为的违法性才具有合理性和可行性。② 这一规律同样适用于对于扒窃行为违法性的分析上，即在对扒窃行为进行定罪分析时，更多地采取行为无价值和结果无价值相折中的综合分析视角，在充分考虑各方因素的基础上，审慎把握扒窃入罪与出罪的各项标准，力求结果的准确与客观。

（二）折中立场的优势分析与基本表述

1. 折中立场的优势分析

(1)符合我国刑事立法及司法理念。长期以来，我国刑事立法所坚持的均为结果无价值为主的立场，即在认定犯罪时更为注重行为对法益的侵害，具体表现为普遍以犯罪的数额、结果的严重性等作为定罪量刑的依

---

① 陈家林：《论刑法中的扒窃——对刑法修正案（八）的分析与解读》，载《法律科学》2011年第4期。

② ［日］大塚仁：《刑法概说（总论）》，冯军译，中国人民大学出版社2002年版，第312~313页。

据。例如，根据最高人民法院、最高人民检察院出台的有关盗窃罪适用法律问题的司法解释，盗窃罪罪状中“数额较大”“数额巨大”和“数额特别巨大”分别对应一定的数额，对于“惯偷”、盗窃残疾人、孤寡老人等特定情形，上述数额标准可以适当降低。从该司法解释的规定可知，立法者将数额因素视为在盗窃罪认定过程中最为重要的一项，而在司法实践中，将数额作为认定盗窃罪成立最为重要甚至唯一标准的做法依旧普遍。诚然，以数额等为核心，将定罪标准客观化，有利于统一各地的裁量尺度，但是对于定罪过程中数额等因素的过分关注同时也造成了立法和司法机关对于能够反映社会危害性的其他因素，例如行为人动机、目的和手段等的忽视，尤其束缚了司法机关在面对个案时的自由裁量权，最终可能造成个案结果的偏差与不公。[①]再者，如若以数额等客观标准作为认定犯罪的核心要素，可能会出现社会危害性较大的行为无需承受任何法律责任的悖论。而在扒窃行为入罪时融入“行为无价值”的理念，克服了单一数额依据的局限，将各种因素综合考虑，有助于实现个案的公平，同时有利于消除量刑的随意性。

（2）社会的发展客观上要求定罪量刑立场的更新。随着社会经济的急速发展，我国社会中风险社会的特征日益显著，民众核心价值诉求发生了转变，为抵抗随时可能降临的未知风险，安全与秩序的重要性空前提高，甚至在安全面临极度威胁的特定情况下，民众愿意牺牲一部分自由来换取社会秩序的稳定与自身的周全。[②]

为适应社会风险层出不穷的新样态以及社会价值观念的变迁，立法者对于刑事法律内容大幅扩充，新罪名的创设与对法律新的解释等立法实践层出不穷；同时立法者对部分犯罪标准进行了调整，刑法对于社会风险的预防和规避功能不断被强化。[③]2011年2月25日颁布的《刑法修正案（八）》最为典型地体现了我国刑事立法为适应风险社会的形态而逐步倾向行为无价值立场的转变，这一转变主要体现为两点：①立法者出于维护社会管理秩序、保护民众生命财产安全的考虑，将一些原本由行政主体通过

① 储槐植、汪永乐：《再论我国刑法中犯罪概念的定量因素》，载《法学研究》2000年第2期。

② 贾元：《风险社会背景下刑事政策变化和刑法机能的发展研究》，载《宁夏社会科学》2016年第6期。

③ 高铭暄、李彦峰：《风险社会下刑法的合理定位》，载《法学专论》2016年第12期。

行政手段予以监管的违法行为升格为犯罪行为，例如“醉驾”行为；②立法者为使刑法能够更好地应对风险社会的不确定因素，对于一些犯罪行为的构成进行了修改，通过将入罪标准前移，使得危险犯转化为行为犯，实害犯蜕变为危险犯。[①]

2. 折中立场的基本表述——“行为无价值”为主的分析路径

无论从契合刑事实践现实要求，还是从一般认知规律的角度分析的立场论证，采取行为无价值与结果无价值相折中的观点皆为讨论扒窃行为定罪标准的问题的必然之选。但是采用结果无价值和行为无价值相折中的观点这并不意味着在分析过程中毫无取舍和侧重，而是在分析时坚持以行为无价值为主，结果无价值为辅。

扒窃行为入刑以《刑法修正案（八）》的规定为肇始，对于扒窃行为性质的认定不应当脱离《刑法修正案（八）》的价值框架。在《刑法修正案（八）》中，扒窃是作为普通盗窃罪之外的，与“入户盗窃”等相并列的行为样态，而如此的规定模式已然揭示了扒窃的性质，即作为盗窃罪的下属概念，对于扒窃行为的讨论不应当脱离其法益侵害性，即扒窃行为在法益侵害方面与普通盗窃行为具有一定的共同性，二者均对公众财产的安全造成了危害或者威胁。同时，对扒窃行为作特别规定、未强调“数额较大”因素的立法安排又表明，对于扒窃入罪的认定应当以行为本身为评价对象，采取以行为无价值为基本立场，尤其应将打击方向集中在诸如“神偷”“惯偷”等人身危险性较大的行为人方面，如此扒窃行为入刑的初衷方可实现。

二、折中立场下扒窃定罪数额因素的角色定位

（一）实务中有关扒窃定罪数额因素的争议

1. 扒窃定罪中不应考虑所得数额大小

有关扒窃定罪是否应当设定一定的数额标准，理论界与实务界观点不一。有观点认为对于扒窃的定罪应当坚持较为彻底的行为无价值主义立场，将数额因素排除在扒窃构成要件之外，即因扒窃行为系盗窃行为的一种特殊类型，应将违法性分析的重点放置于对扒窃行为本身的审查认定方

① 高铭暄：《风险社会中刑事立法正当性理论研究》，载《法学论坛》2011年第4期。

面，而不应当以“数额较大”作为入罪标准。但这并不意味着彻底排除数额因素的作用，如果被盗数额轻微，符合《刑法》第13条但书之规定，情节显著轻微，危害不大，应当不认为是犯罪。①

2. 扒窃定罪应以数额作为基本依据

另有观点主张数额要素不应当被排除在扒窃行为的构成要件之外。例如，有观点认为，扒窃行为较之一般的盗窃行为具有更严重的社会危害性，为此《刑法修正案（八）》降低扒窃行为定罪的门槛，去除“数额较大”“多次盗窃”等限制条件，是顺应社会呼应、打击违法犯罪的应有之举；但门槛的降低有造成刑法适用的不适当扩大之虞，必须结合《刑法》第13条但书的规定对扒窃行为定罪予以限制，因此对被盗数额的限制是必不可少的内容。②

实务界亦有观点支持扒窃定罪应当设定数额标准。例如，2011年6月1日，由成都市中级人民法院、市检察院、市公安局联合发布的《关于办理扒窃案件适用有关法律问题的会议纪要》规定，对于城区扒窃达到500元以上的，以及农村地区扒窃数额达300元以上的，公安机关可以向检察院提请批捕。③此规定即是以数额为基本依据，对于扒窃行为的定罪问题进行了量化处理。

（二）数额不宜作为扒窃定罪构成要件

笔者认为，对于扒窃行为入罪认定标准的探讨，不宜将数额作为定性的依据之一，而应当坚持行为无价值为主的基本立场，立足于对扒窃行为本身的分析与认定。之所以坚持如此观点，原因在于将数额纳入扒窃构成要件之中，具有难以克服的先天缺陷。

1. 以数额为定罪依据的困境分析

（1）与立法表述相悖。以盗窃数额作为构成要件，其实质是坚持结果无价值的思维模式，只有扒窃数额达到数额较大的标准才具有刑事可罚性，但是这一条件须以刑法的明文规定为前提。根据《刑法修正案（八）》的条文表述，对于“扒窃”罪状的规定位列于“数额较大”

---

① 陈家林：《论刑法中的扒窃——对刑法修正案（八）的分析与解读》，载《法律科学》2011年第4期。

② 肖怡：《对扒窃入刑的限制》，载《人民司法》2011年第21期。

③ 秦莹、牛旭东、张晨、王娟、王黎黎：《“扒窃”定罪争议也不小》，载《检察日报》2011年9月14日。

之后，表明立法者在制定该条文时，有意强调了对于扒窃行为的定罪无须以“数额较大”作为构成要件，故将数额作为扒窃定罪标准有违立法本意。

（2）与普通盗窃混同。扒窃行为虽然与普通盗窃相比具有行为方面的特异性，但是二者皆具有行为人以秘密手段窃得他人财物的意涵。在日常的司法实践中，当被告的盗窃数额较大，其行为同时符合普通盗窃和扒窃的构成要件时，往往以普通盗窃定罪，而非扒窃。此举说明，是否将数额纳入构成要件已经成为区别扒窃与普通盗窃的关键要素，如果在对扒窃行为进行定性分析时以所得数额作为基本依据，由于扒窃行为与普通盗窃行为之间在法益侵害方面的相容性，因而难以避免其与普通盗窃行为混同的风险。

（3）扒窃数额高度随机，无法准确反映危害性。实践中扒窃行为的盗窃数额呈现高度随机性和偶然性，行为人在实施扒窃行为时对于被害人携带财物的价值并未有明确的认识，窃得财物的价值完全凭借其本身的“运气”，以这种“偶然性”的因素作为标准评价扒窃行为人是否构成犯罪，并不能准确反映这一行为的刑事违法性，有违扒窃行为入刑的立法精神。①

2. 数额作为扒窃定罪定量分析的综合指标之一

无论从立法本意，抑或案情实际等角度，扒窃所得数额大小均不宜成为扒窃行为定罪的构成要件，但是完全脱离数额要素，又不能准确评价扒窃行为的刑事违法性，违背了贯彻行为无价值为主、结果无价值为辅的折中价值立场。由此，笔者认为，违法所得数额虽然不宜作为扒窃认定定性分析的要件，但是可以采取更为灵活机动的做法，将其作为定量分析中的一项指标予以采用。

---

① 伍继纯:《扒窃犯罪本益论》，载《云南警官学院学报》2008 年第 3 期。

三、折中视角下扒窃定罪中数额的司法功能

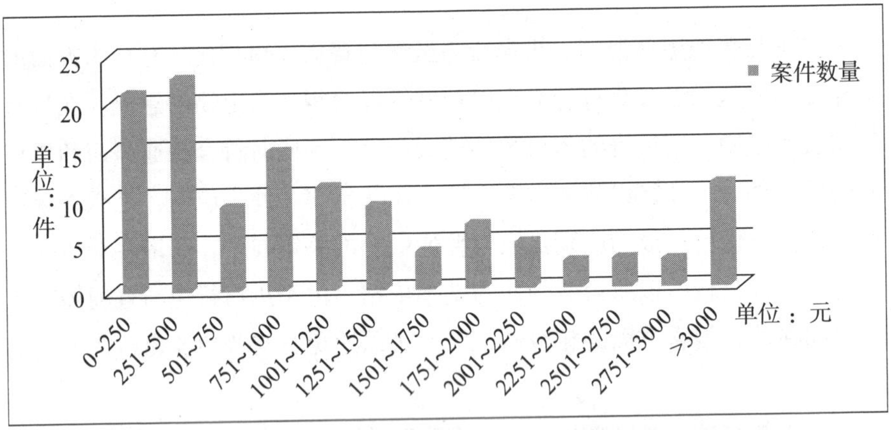

图 1　2014 年至 2018 年 B 市 C 区人民法院审理扒窃案件盗窃数额统计

（一）可作为评价社会危害性的指标

我国刑法对于犯罪的认定所采取的模式为“立法定性 + 立法定量”的模式，《刑法》第 13 条的规定准确诠释了这一模式的内涵。依据该条的规定，判断一个行为是否构成犯罪，不仅需要满足该条中有关社会危害性的描述，还要符合但书中有关定量标准的要求，即一切具有社会危害性、依照法律规定应当受到刑法处罚的，均应当被认定为是犯罪，但如果存在情节显著轻微或者危害不大的情况，未达到犯罪所要求的定量要求，则可以不认定为犯罪。① 与西方国家将反社会行为划分为重罪、轻罪和违警罪不同，我国刑事立法以社会危害性为中心，根据社会危害性的不同，将反社会行为划分为需要刑法规制的犯罪行为和需要行政法规制的行政不法行为。由于我国的刑事立法模式需要在刑事不法和行政不法之间进行甄别，而二者的核心区别在于违法性程度不同，这就决定了在我国对具有社会危害性行为的定量分析变得极为关键。②

根据《刑法修正案（八）》对于扒窃行为的规定，条文中并未出现诸如“数额较大”“情节严重”等定量标准的表述，似乎立法者排除了扒窃行为认定过程中定量分析的适用空间，但笔者认为，《刑法》第 13 条作为刑

① 张勇：《犯罪定量刑法模式的比较与选择》，载《河北法学》2006 年第 5 期。
② 储槐植、汪永乐：《再论我国刑法中犯罪概念的定量因素》，载《法学研究》2000 年第 2 期。

法总则中的规定，对于《刑法》分则具有统领与涵摄的功用，司法机关在对扒窃行为进行认定时，仍然要依照“定性＋定量”的模式推进。

1. 扒窃定性分析——以“公共场所”与“随身携带”为核心

从定性的角度看，扒窃行为之所以被罗列为单独的罪状，就在于其相较之普通盗窃具有较大的社会危害性。扒窃行为往往发生在人员密集、人流量大的公共场合，不仅会造成受害者财产的损害，更会侵犯公民个人的“贴身禁忌”，并造成社会公众不安全感的蔓延，进而威胁社会公共秩序的稳定。① 同时，实施扒窃行为持续时间短，取证困难，仅仅依靠治安管理法的监管难以起到震慑行为人的目的。② 从上述表述可知，扒窃行为不仅造成了对于公民财产权益的侵犯，更为重要的是对于民众的自我安全感以及公共秩序造成了威胁，其不同于普通盗窃、多次盗窃、入室盗窃等行为的根本特征便在于此。作为盗窃罪罪状的扒窃行为必须满足以下条件，即行为必须于公共场所或者公共交通工具上发生，同时行为的目标的必须是他人随身携带的财物。因此，在对扒窃行为是否构成犯罪进行定性分析时，便需要牢牢把握“公共场所”以及“随身携带”这两个关键要素。

2. 扒窃行为定量分析——对数额、动机等予以综合考量

从定量的角度看，需要分析实施扒窃行为的行为人是否具有“情节显著轻微”或者“危害不大”的要素，而行为人实施行为的手段、目的、动机，是否为“惯偷”“神偷”等要素均与之相关。由于在对扒窃行为是否构成犯罪进行认定时所坚持的为行为无价值为主、结果无价值为辅的折中立场，且从条文规定看扒窃为行为犯无疑，故数额因素无法在定性环节中发挥功效，但是在定量分析过程中，数额因素可以作为反映行为社会危害性程度以及行为人主观恶性大小的要素之一予以采用，但此时要警惕过分强调数额要素的结果无价值倾向。例如，一名饥寒交迫的乞食者，为求果腹，在街头盗窃一名公司职员西裤口袋中的现金 100 元，被现场识破。另，一名“神偷”，利用袖珍刀具，在公共汽车上通过割裂一名意图前往医院就医的老年乘客衣物口袋的方式进行盗窃，窃得人民币 10 元现金，后被当场识破。上述案例中，如果仅从数额的角度看，后者的行为对于被害人所造成的损失明显低于前者，但是通过对于作案手法、动机等因素的

① 车浩:《“扒窃”入刑：贴身禁忌与行为人刑法》，载《中国法学》2013 年第 1 期。

② 王昭武:《扒窃入罪：反思与限定》，载《法律科学(西北政法大学学报)》2014 年第 4 期。

综合分析不难看出，后者的社会危害性要高于前者，对于后者的定性与处罚也应当较前者更为严厉，因此在对上述案例进行审理时，应当严格把握审查尺度，防止不合理裁决结果的出现。具体的分析思路可以通过图2所示的流程图予以释明。

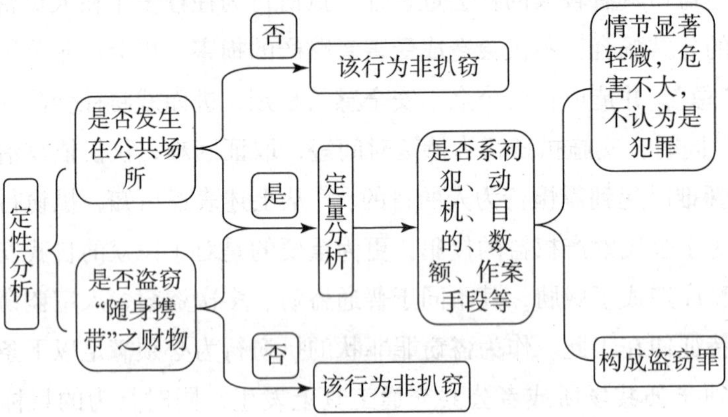

图2　分析思路

（二）不应作为判断扒窃案件既遂与未遂的客观标准

有关扒窃案件是否可以构成未遂，有学者认为，扒窃属于行为犯，行为人一旦实施扒窃行为，便符合盗窃罪的既遂要件。① 也有学者认为，对于扒窃案件应当设立一定的标准来划分其既遂与未遂之状态，因为扒窃定罪虽未要求数额要件，但是并非所有的财物均具有值得刑法保护的价值，如果行为人扒窃所得的财物价值极其轻微，如他人口袋中的餐巾纸等，则不能成为刑法保护的对象，不值得通过刑法予以制裁，此时可以认定该扒窃行为系盗窃罪未遂。②

笔者认为，扒窃属于行为犯，行为人的行为只要符合《刑法》所规定的危害行为的构成要件，而不以物质性危害后果的发生为必须条件便可以构成犯罪既遂。③ 依照前文的分析，盗窃罪中扒窃所侵犯的系不特定民众“贴身禁忌”以及社会安全和公共管理秩序，一旦行为人在公共场所对于不特定公众随身携带财物进行了偷盗，便构成了扒窃的既遂，无需考虑被

① 陈家林：《论刑法中的扒窃——对刑法修正案（八）的分析与解读》，载《法律科学》2011年第4期。

② 张明楷等：《扒窃行为如何适用法律》，载《人民检察》2013年第8期。

③ 魏东：《行为犯原理的新阐释》，载《人民检察》2015年第5期。

盗数额大小的因素。对于有学者所主张的，如果被盗财物价值极其轻微，则可以构成扒窃未遂的观点，笔者认为，该说一则限缩了刑法所保护法益的范围，即将刑法所保护的法益仅限于物质性的法益，排除了刑法对于抽象性法益的保护；再者数额大小本质上属于扒窃行为是否入刑的评价要件，将数额因素认定为判断扒窃案件既遂或未遂的标准，系对于数额要素本质的误读，故该种主张并不可取。

也有学者认为，如果行为人扒窃被害人数额较大的财物、如大笔现金、笔记本电脑等，未能得逞便被发现，或者被盗财物被及时追回，便可以构成扒窃案件的未遂。[①] 但笔者认为，此种观点是以普通盗窃犯罪的既遂认定标准——“失控说”对扒窃案件的解读。对于普通盗窃罪而言，财物的所有人或者占有人因行为人盗窃而失去对于财物的控制，该盗窃行为便构成犯罪既遂。[②] 但是，普通盗窃罪是结果犯，须以达到一定数额为构成要件；扒窃是行为犯，被盗数额的大小不影响扒窃行为的定罪，故以“失控说”作为其既遂标准符合普通盗窃罪“结果犯”的本质，但与扒窃案件“行为犯”的本质相排斥，该种主张亦不可取。

结 语

围绕扒窃行为定罪所引发的争议，其根本分歧在于对扒窃入罪的认定应当在行为无价值与结果无价值之间进行何种倾向和选择。依照《刑法修正案（八）》的立法精神，结合我国“定性＋定量”的一元定罪模式，在对扒窃行为作定罪分析时，突破传统思维模式，采取以行为无价值为主、结果无价值为辅的思维模式，理性看待数额因素在定量分析中的作用，是准确适用法律、正确施以刑罚的必然选择。

---

① 李彦飞、刘超:《扒窃行为构成犯罪的刑事评价标准》，载《中国检察官》2017年第10期。

② 肖中华、孙利国:《“扒窃”犯罪成立要素的合理界定——侧重于行为无价值论的基本立场》，载《政治与法律》2012年第9期。

以未成年子女利益保护为核心的探望权执行机制构建*

慕寿成　应义平

引　言

时任最高人民法院院长周强强调要认真学习贯彻习近平总书记关于未成年人工作的重要指示精神，要求“加强少年司法，保护未成年人健康成长”，并进一步指出未成年人司法保护水平是衡量一个国家法治进步和司法文明程度的重要标志。[①] 然而当前在涉及未成年子女切身利益的探望权类执行案件中，我国的立法和司法实践上更多的是侧重于父亲或母亲探望权的实现，而忽视了少年司法“特殊、优先保护”的司法理念。本文试图从以未成年子女利益保护为核心的角度出发，探索柔性探望权执行措施，实现父母探望权与未成年子女利益保护的平衡。

一、现象透视：探望权执行中忽视子女利益

本文通过对探望权类执行案件中执行依据、执行措施、离异双方三个方面的分析后发现司法实践中忽视未成年子女利益的现象十分普遍，尤其是在执行程序中，少年司法“特殊、优先保护”的司法理念未完全得到贯彻、落实。

（一）执行依据侧重父亲或母亲探望权的实现

以笔者所在的B市基层法院为例，笔者通过裁判文书网，检索以离婚纠纷为案由并含有“探望”关键字的自2015年至2017年3年间的一审判

* 本文获2018年全国法院第30届学术讨论会优秀奖。

① 罗书臻:《加强少年司法 保护未成年人健康成长》,载《人民法院报》2017年5月26日。

决书292份，剔除91份驳回起诉及不涉及子女的离婚判决书，有效文本为201份。笔者对201份判决书中关于探望权的判项进行了统计。

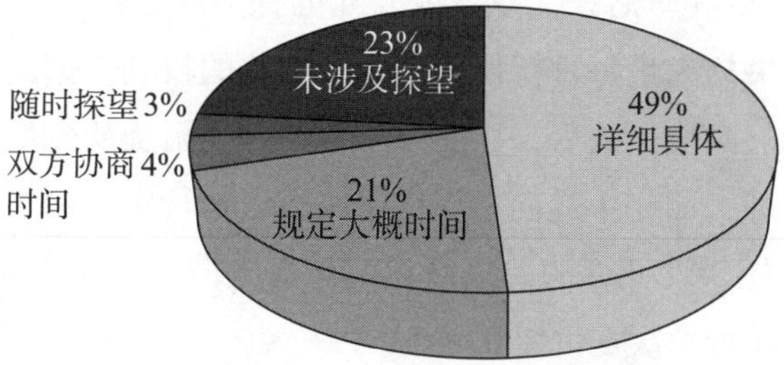

图1　裁判文书中关于探望权的判项统计

如图1所示，在201份判决中，只有不到一半的判决书明确了详细具体的探望方案，即明确了探望的具体时间、地点、方式以及交接方法等。这也被最高人民法院2018年出台的《最高人民法院关于立案、审判与保全和执行工作有关23条意见》加以确定。有超过四分之一的判决，没有明确具体的探望方案，仅仅是笼统地判决探望的时间及方式，抑或是判决探望的时间及方式由双方自行协商，更有甚者仅在判决里宣示了未直接抚养子女的一方有探望的权利，而对这一权利如何行使、何时行使等具体问题未作任何说明与界定。

小结：关于探望权的判决，无论探望方案的详尽与否，都是从父母的角度出发，侧重探望权实现的可操作性，而忽视了子女的意见及自由。尤其是随着子女入学，学业愈发繁重，这种详细具体的探望方式出现了障碍，很难按照判决确定的方式继续履行。

（二）执行措施侧重通过强制威慑实现探望权

【案例1】罗女士与陈先生约定离婚后陈先生有权每月探望孩子两次，每次不超过48小时。后陈先生因罗女士拒绝其探望孩子而申请成都市武侯区法院执行。执行中，罗女士因有履行能力而拒不履行生效法律文书确定义务，被列入失信被执行人名单。后来为了孩子上学，罗女士准备买房，但因被列入失信被执行人名单而无法办理银行贷款。陈先生称“让我看孩子就给撤失信”，但罗女士并不同意这种说法，称其从未阻止陈先生探望孩子，但陈先生每次探望孩子时总是采用暴力和胁迫手段，虽然孩子也需要父亲，但这种方式这明显不利于孩子健康。[①]

【案例2】胡先生与徐女士离婚后，婚生女随徐女士生活，胡先生每月支付抚养费1200元。后来，双方就女儿的探望产生纠纷而诉至法院。法院经审理，判决胡先生每月行使两次探望女儿的权利，徐女士对徐先生的探望予以协助。判决生效后，徐女士以各种方式阻挠胡先生探望女儿，拒不履行协助义务，胡先生遂向法院申请执行，执行中，徐女士仍以百般理由拒绝胡先生探望女儿，法院最终裁定徐女士向胡先生支付迟延履行金，标准为每迟延履行一次支付300元。[②]

小结：无论是案例1中采取列入失信名单的措施还是案例2中裁定支付迟延履行金，甚至包括采取罚款、拘留等强制执行措施都是法院在通过国家强制力迫使协助义务人"交出"孩子，从而实现申请人的探望权。这些强制措施虽然在一定程度上能保证个案得以顺利执行，但并未从根本上解决申请人与被执行人之间的矛盾，甚至会激化双方的矛盾。对于子女而言，感受到的则是"被动""强迫下"的亲情，中间夹杂着父母的负面情绪，不利于孩子的身心健康。有着十年专职承办各类探望权、抚养费执行案件经历的北京市丰台区人民法院李长海法官表示，虽然法律赋予探望权案件强制执行效力，但他并不赞成采取强制执行措施。[③]

（三）离异双方对探望权和抚养权存在错误认知

离婚后，一方取得抚养权，另一方取得探望权。一些案件中，离婚父母将拒绝探望作为报复对方的手段。

【案例3】王某和周某因王某有外遇而离婚。此时，周某心中充满了对王某的愤恨，因此把拒绝王某探望孩子当成报复王某的手段。周某认为孩子由自己抚养就是自己的，不需要王某探望。孩子哭着要见父亲，周某则还把父亲有外遇的事实告诉孩子，意图摧毁王某在孩子心中的形象，让王某的亲生儿子对其产生"怨恨"，抵制其探望。

小结：案例3中周某以抚养权报复王某的探望权，对孩子思想进行错误引导，并拒绝王某探望，致使孩子的成长缺少父爱。未成年人尚不成熟

---

① 《离婚夫妻争探视权：探望成为"战场"孩子被吓病》，载人民网，http://sc.people.com.cn/n2/2016/0511/c345167-28308578.html，2018年6月1日访问。

② 康邓承：《探望权执行中可对被执行人处以迟延履行金》，载《人民司法》2015年第24期。

③ 党小学：《五大原因致探视权案件执行难》，载《检察日报》2011年12月21日。

的身心特点会使其性格、意志品质以及人生观、世界观等极易受到外界环境的影响，此时，负面的暗示和不良的诱惑则容易使其遭受干扰和伤害。[①]再如案例1中，陈先生“让我看孩子就给撤失信”的态度，使强制措施成为滥用探望权的工具。孩子需要父母共同的爱，而不是成为离婚后双方互相报复的工具。

二、原因探究：子女利益最大原则与执行措施的缺位

少年司法“特殊、优先保护”这一司法理念在探望权类执行案件中的错位与缺失，主要由于在我国立法与司法实践中子女利益最大原则与执行措施的缺位。

（一）我国未确立“子女利益最大”原则

探望权，域外大多称为见面交往权。其设立目的在于保护未成年子女的利益，旨在消除父母离婚对未成年子女情感、性格等方面的影响（见表1）。

表1　域外探望权相关法律中“子女利益最大”的规定

国家	法律文件	体现子女利益最大化原则的内容
美国	1989年《儿童法案》	法官在行使自由裁量权决定是否制作“探视令”、何时制作“探视令”必须充分贯彻子女最大利益原则，要充分考虑子女的意愿意志，考虑对子女的影响，以此作出正确的选择
德国	1988年《亲子关系修改法》	即父母双方探望子女以维护子女利益为原则，探望权规定的基础从此前探望权为“父母的权利”变更为“子女有被探望的权利”
瑞典	《瑞典亲子法》	第6章第15条第1款规定探望权的主体是子女
韩国	2007年《民法》	将第837条第1项修改为“未能抚养子女的父母方和子女相互享有探望的权利”

我国《婚姻法》也确立了探望权制度，然而似乎只是为了平衡父母子女各方利益，尤其是夫妻双方的利益，将探望权的主体限定为离婚父母，将子女视为权利客体，从而忽视了未成年子女利益最大化的原则。[②]立法上的缺陷导致执行程序更侧重于申请人权利的实现，而忽略了子女也有要求父亲或母亲探望自己的权利。申请人和被执行人将探望权作为私人权利

① 陈爱武：《家事诉讼与儿童利益保护》，载《北方法学》2016年第6期。

② 郭丽红：《冲突与平衡：婚姻法实践性问题研究》，人民法院出版社2005年版，第71页。

进行交易和争夺是对子女利益缺乏认识的重要表现。

（二）现有执行措施与探望权实现存在“供需矛盾”

1. 数量上：现有执行措施不足以应对复杂的探望权纠纷

笔者所在的 B 市某基层法院 2016 年、2017 年所有的探望权执行案件共计 166 件，其中，未实现探望的有 75 件，达 45.18%。通过对这些案件进行分析，将探望权执行难的原因归结如图 2 所示。其中，父母双方的矛盾以及长辈参与是导致探望权执行难的主要原因。

目前，纳入失信被执行人名单，支付迟延履行金、罚款、拘留等强制措施是我国执行程序中的主要措施。这些措施往往会让协助义务人“口服心不服”，甚至激化矛盾。探望权执行过程中要达到父母探望权的实现与子女权益保护的平衡，不仅仅需要这些强制执行措施，更需要柔性执行措施，从根本上化解双方矛盾。

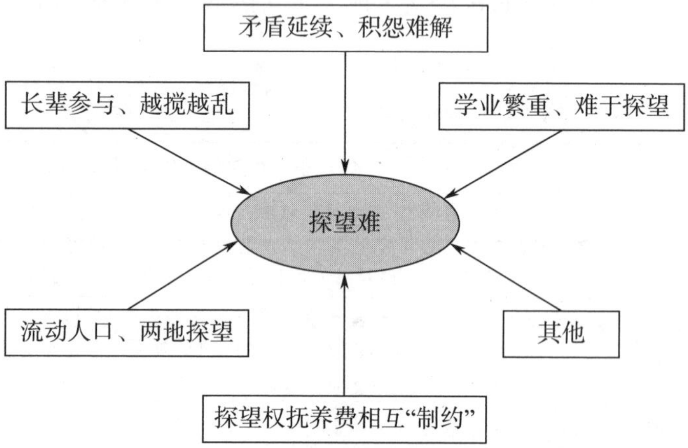

图 2　导致探望难的原因

2. 质量上：探望权执行中精神满足和实际效果虚实有别

不同于普通民事执行案件有具体的执行标的，探望权类执行案件，申请人不为获得任何物质上的权益，其目的主要是了解子女生活近况，通过见面和照顾子女以获得精神上的满足。对子女而言，则为了通过探望，获得因父母离婚而缺失的母爱或父爱，弥补心灵的创伤，更加健康、积极地生活。当前，我国执行措施过于强硬，只能保障当事人的探望权在形式上得以实现，然而当事人真正所期待的是探望行为所带来的亲情满足，而非仅仅探望行为本身的实现。[①]

三、他山之石：域外探望支援制度借鉴

在探望权执行方面，如果仅仅依靠强制措施，很难确保当事人双方按照法院判决的方式行使探望权。鉴于法院探望权判决的履行关涉子女的利益，域外一些国家家事案件的解决则更加注重借助社会力量，建立了探望权判决履行的社会支援制度。

（一）域外探望支援制度

英国、德国、法国以及日本针对探望权判决的履行都建立了以子女利益为中心的独具特色的探望支援制度。韩国首尔法院则以法院名义在韩国建立探望交流中心（见表2）。

表2 域外探望权判决履行的社会支援制度介绍[②]

国家	支援机构	探望权履行社会支援的启动	支援方式
英国	儿童探望中心	①法院直接委托 ②首先命令儿童和家庭法院咨询与支援服务机构进行支援，其后再由该机构委托儿童探望中心实施支援措施	针对当事人情况采取不同的支援方法： ①“接受支援的探望”[③](supported contact) ②“监督下的探望”[④](supervised contact) ③“间接的探望”[⑤](indirect contact)

① 丁晓雨：《未成年子女探视权执行的柔性司法》，载《法律适用》2017年第19期。

② 陶建国：《家事诉讼比较研究——以子女利益保护为主要视角》，法律出版社2017年版，第177~196页。

③ 接受支援的探望：儿童探望支援中心仅提供符合子女利益要求的探望子女的场所，支援人员保持中立立场，只要不出现子女遭受危害的情形，支援人员就不对亲子间的会话内容进行观察和评价，也不向法院提交报告。

④ 监督下的探望：监督者具有专业知识，具备能够准确介入探望活动的能力。支援人员可以直接与探望权人同处于探望的房间，在旁边监督探望活动，推进探望权顺利实现。必要时支援人员可向其他亲属、子女就读学校的老师、保健师、医师等搜集相关信息，制定探望活动计划。

⑤ 间接的探望：探望权人可能存在暴力行为，子女存在陷入危险的可能，一般采用亲子间通过信件、邮件、礼物等方式交流。这一支援方法利用较少。

续表

国家	支援机构	探望权履行社会支援的启动	支援方式
德国	德国儿童保护联盟①	法院委托	针对当事人情况采取不同的支援方法: ①"附援助的探望"②(Unterstützer umgang) ②"狭义的照管探望"③(begleiteler Umganggim engeren Sinn) ③"监督下的探望"④(beaufsichtiger Umgang)
法国	探望交流中心	法院指定	①探望权的行使地点,探望权人行使探望权时基本以在探望交流中心与子女见面为主 ②可以作出认为合理的探望权行使方案
日本	A:家庭问题信息中心 B:创造安心联系的共同体	当事人申请	A:家庭问题信息中心,以大阪家庭咨询室为例: ①监督下的持续支援 ②交送型的持续支援 ③试行的支援(用于审判程序中) ④提供场所支援 B:创造安心联系的共同体,主要为交送子女式支援
韩国	探望交流中心	当事人申请	提供两种支援服务: ①为探望权人于该中心与子女见面提供支援服务 ②提供交送子女的服务

(二)域外探望支援制度的特点

1. 民间团体扮演重要角色

域外关于儿童权益或者家事纠纷的民间组织发展已经相对成熟且与法院建立了有效协作机制，在探望权判决履行方面扮演着越来越重要的角色，甚至在组织结构上，都能看到法院的身影，例如韩国的探望交流中心则是由韩国首尔家庭法院建立，并由其院长担任负责人，1名法官和1名

① 德国儿童保护联盟成立于1953年，在德国全国16个州有430多个分部，是德国目前最大的儿童保护团体，专职人员5000多人，兼职工作人员10000多人。该机构除了根据法院对探望权行使提供支援外，还从事对预防亲子关系恶化提供建议，参与少年儿童自身计划决定事项等活动。

② 附援助的探望：一般适用于被探望的未成年子女无严重心理负担以及遭受暴力危险之场合。

③ 狭义的照管探望：在探望子女过程中，子女有可能陷入间接的危险，支援的目的是排除此种危险。例如在探望时父母难以建立起协作和配合机制，在交送子女过程中发生激烈的口角。

④ 监督下的探望：这一方式的介入程度最强，适用于未成年子女可能陷入直接危险的场合。例如探望权人有暴力行为、精神障碍、酒精依赖等。

专职家事调查官负责该中心营运事务，交流中心的咨询委员具体开展支援服务活动。

2. 专家学者发挥重要作用

各团体中提供探望支援的从业者或者志愿者大部分为律师、心理学家、社会学家、社会福利学家等专家、学者。特别是受法院委托的社会组织可以根据案件情况参与纠纷化解，给出探望权实现方案。例如，在德国，“对探望权行使进行支援时，工作人员与父母进行交流，提供相关指导或调整相关行为，与父母交流后制定探望权行使计划，并劝诫父母双方在支援期结束后能够相互配合探望权的实现。”[①]

3. 支援方式丰富且有针对性

支援方式的选择主要视探望权纠纷复杂程度而定，但基本以保护儿童权益为中心。例如对双方争议不大，只是为了恢复和改善子女与父母的关系时，德国采用“附援助的探望”的支援方式。又如在探望过程中，子女情绪不稳定或面临人身安全问题时，英国儿童探望中心采用“监督下的探望”的支援方式。

小结：域外关于探望权判决履行的社会支援实践经验，为我国构建以子女利益保护为中心的探望权执行机制提供了有益的启示：一是始终以子女利益保护为中心开展探望支援，二是需要有专门的场所为探望权的实现提供支持，三是引进专家、学者等对探望权判决履行进行支援。

四、制度构建：以未成年子女利益保护为核心的探望权执行机制

构建以未成年子女利益保护为核心的探望权执行机制，是将少年司法“特殊、优先保护”的司法理念贯彻、落实于执行领域的重要体现，亦是对我国少年司法制度的重要补充与完善。

（一）根本前提：确立子女参与制度

少年司法应坚持未成年人合法权益最大化。[②]获得离异父母的探望是未成年人的基本权利，他们理应有权对接受探望的具体方式、时间等发表

---

① 陶建国：《家事诉讼比较研究——以子女利益保护为主要视角》，法律出版社2017年版，第182页。

② 邓恒：《家事审判改革应坚持未成年人合益最大化》，载《人民法院报》2017年9月21日。

意见。在探望权类案件审判与执行中应始终将子女作为权利主体予以考虑，确立子女参与机制，充分听取未成年子女的意见，有针对性地制定探望权实现方案。

未成年子女在不同的年龄阶段辨别是非的能力不同，在征求子女意见时应区别对待：

（1）未满8周岁的未成年子女：因其为无民事行为能力人[①]，可以不征求其意见但应照顾其感受；

（2）已满8周岁的未成年子女：父母双方离婚时在对其探望的具体方式、时间和地点，以及交接方法进行协议时，或人民法院在对上述内容进行判决时，应当征询该子女的意见。该子女拒绝探望时，法官还应走访老师、邻居、居委会等，从侧面了解该子女的内心想法。

（二）方式运用：丰富柔性执行措施

1. 充分运用调解手段

《最高人民法院关于进一步贯彻“调解优先、调判结合”工作原则的若干意见》第7条规定：“努力做好执行案件和解工作。要进一步改进执行方式，充分运用调解手段和执行措施，积极促成执行和解，有效化解执行难题。”

基于探望权执行案件具有长期性、反复性、人身性、行为性等特点，仅凭罚款、拘留等执行措施不可能彻底解决探望权问题，此时就需要执行法官通过柔性执行措施，架起保护子女权益与实现父母探望权之间的桥梁，以此引导家庭成员之间化解纷争，并逐步形成解决纠纷的自治机制。[②]

例如，笔者办理过的刘某申请执行张某要求探望张小某的案件中，笔者分别运用强制执行与协调、强制并用的执行方式分别产生了两种截然不同效果，如表3所示。

① 《民法总则》第19条规定：“八周岁以上的未成年人为限制民事行为能力人。”

② 丁晓雨：《未成年子女探视权执行的柔性司法》，载《法律适用》2017年第19期。

表 3 探望权案件的强制执行与能动协调执行的对比

办案思路	第一阶段：强制	第二阶段：协调＋强制
主要工作内容	①冻结张某账户 ②组织双方到法院见面，法院了解情况，双方就本案的执行先行协商 ③告知张某拒不履行将可能被列入失信被执行人名单、支付迟延履行金、罚款或拘留	①法官多次主动到张某家中了解情况。张某父母岁数大需要人照顾。老人担心刘某探望孩子，将孩子抢走。张某认为原判决探望过于频繁，自己没有那么多时间去协助探望，需要赚钱养家 ②法官多次找刘某说明情况。最后刘某表示保证不带走孩子，希望能定期看看孩子 ③到张某家看望孩子，了解孩子的真实想法。到学校，与老师沟通，了解孩子情况 ④针对案件情况，制定协调方案 ⑤再次组织双方见面，并告知张某如再不履行协助义务将对其罚款。张某答应让刘某在法院探望孩子 ⑥考虑到孩子小，到法院会害怕，便在法院的监督下，由刘某在法院附近的麦当劳与孩子相见
效果	①双方每次见面吵到面红耳赤 ②张某以各种理由拒绝申请人探望孩子 ③张某表示没钱，罚款没用。若拘留，其年迈的父母和孩子需由法院照料 ④案件执行进入僵局	①经过多次在法院的监督下探望孩子，双方信任逐渐增加，刘某与孩子的感情逐渐恢复 ②双方和解，刘某两周探望孩子一次，时间地点自行协商。本案执行完毕

从以上两种执行效果的对比，我们可以发现，法官协调沟通的工作量虽大，但是更有可能从根本上化解纠纷。执行法官通过有的放矢、刚柔并济的协调，不仅解开了双方当事人因为探望等琐事结下的“心结”，而且让法院的执行有了温度，更好地维护了法律的权威。

2. 采用可退还的罚款措施

在探望权执行案件中，对被执行人采取罚款的强制性措施，只是一种迫使其履行义务的手段。但在此类案件中，罚款这一手段往往又容易激化矛盾，也容易使被执行人将这一矛盾点归责于子女，亦容易损害子女生活的物质保障。

因此笔者认为可以参照提前解除拘留的相关规定[①]，采取可退还的罚款

① 《民事诉讼法》第 115 条第 3 款规定：“被拘留的人，由人民法院交公安机关看管。在拘留期间，被拘留人承认并改正错误的，人民法院可以决定提前解除拘留。”

措施。在执行过程中若被执行人因拒不履行协助探望的义务而被罚款，为鼓励被执行人主动履行义务，人民法院应当告知被执行人，若其在规定的期限内，确有悔改表现，能够积极主动协助申请人进行探望，并保证以后积极配合申请人长期进行探望，可以酌情将罚款部分或全部返还给被执行人。

（三）长效保障：建立探望支援机制

探望支援机制的构建有两个关键点：一是平台的建设，例如民间组织或法院的探望交流中心；二是对参与辅助探望的家事案件特邀执行员[①]的管理。

1. 在法院内设立探望交流中心。探望支援机构主要有两种形式：民间组织自发设立的探望支援机构与法院内设的探望交流中心。考虑到当前我国子女利益保护民间组织发展尚不成熟，笔者认为在我国法院内设立探望交流中心的方案更为可取。

（1）探望交流中心的管理。探望交流中心应由诉讼服务中心管理，原因有三：一是适应法院机构改革扁平化管理的要求，不再单独成立部门；二是在下文将提到的我国探望支援制度中的家事案件特邀执行员来源于特邀调解员名册中的特邀调解员或专职调解员。而特邀调解员、专职调解员一般由诉讼服务中心管理[②]；三是探望权类案件在做诉前调解[③]时，探望交流中心为审判法官询问未成年人意见提供适当场所。

（2）探望交流中心的内设。探望室、监护人休息室、探望权人休息室以及咨询室。探望室为探望权人探望子女提供具体场所。探望室在结构设计和环境营造方面应坚持安全性、中立性、舒适性。根据儿童年龄和发育状况进行装饰和物品摆放。同时探望室应当配备录音、录像功能，一方面保证监护人在监护人休息室能及时了解探望情况，另一方面探望权人能够在法院的监督下探望，保护子女利益，同时为法官、家事案件特邀执行员观察、了解子女意愿提供第一手资料。家事案件特邀执行员在咨询室办

---

① 关于“家事案件特邀执行员”的详细定义及论述，详见本部分内容中“2. 引导家事案件特邀执行员辅助探望权执行”部分。

② 胡仕浩、柴靖静：《规范特邀调解制度 完善诉调对接机制——〈最高人民法院关于人民法院特邀调解的规定〉的理解和适用》，载《人民法院报》2016 年 6 月 30 日。

③《最高人民法院关于全面推进人民法院诉讼服务中心建设的指导意见》在诉讼服务中心主要功能中指出：“设立调解工作室，由法官、专职人民调解员等进行诉前调解或立案调解，开展诉调对接工作。”

公，为当事人解决相关问题，提供咨询服务。

（3）建立远程视频探望平台。当前全国各法院基本建有执行指挥中心。当事人可以通过执行指挥中心的大屏幕实现远程视频探望。执行中，许多夫妻在离婚后，分居两地，抑或将子女送往异地，进而导致探望权人探望难。《最高人民法院关于严格规范执行事项委托工作的管理办法（试行）》已出台，只须稍作修改，通过人民法院执行事项委托系统，经过两地法院协调，探望权人定期通过当地法院的执行指挥中心与子女所在地法院执行指挥中心进行远程探望是完全可以实现的。

2. 引导家事案件特邀执行员辅助探望权执行

探望支援机制本质上是一种邀请家事案件特邀执行员辅助探望权执行的纠纷化解机制。探望交流中心设立后，如何引导家事案件特邀执行员参与探望权执行是构建该机制的又一关键。

（1）建立家事案件特邀执行员名册。我国特邀调解制度为探望支援机制提供了人力上的支持和管理上的借鉴。

在建立特邀调解员名册时，可以有针对性地邀请具有心理学、教育学以及社会学等知识，或者活跃于儿童福利领域，具有丰富的与儿童交流经验的专家、学者加入特邀调解员名册，并单独标记成立家事案件特邀执行员名册，借鉴特邀调解制度对其进行管理。除上述人员外，还可以参照我国特邀调解制度，从基层组织，或者是从事未成年人工作的团体或调解组织当中吸纳具有未成年人工作或家事工作经验的人进入家事案件特邀执行员名册。另外，鉴于现有未成年人审判庭法官在审理未成年人案件方面的丰富经验，也可将未成年人审判庭法官列入名册，在不影响执行法官办案独立性的情况下，给出参考意见。

（2）探望支援的启动。①当事人申请。人民法院应当在诉讼服务中心等场所、法院公示栏、官方网站等平台公开家事案件特邀执行员名册，方便当事人查询。当事人提出申请，并可协商选择参与探望的家事案件特邀执行员。人民法院经审查，认为有必要的，可在探望时邀请相关家事案件特邀执行员在场。②法院依职权。法院从子女利益保护出发，探望人与被探望人独处时一切可能对被探望人不利的情形，都可作为家事案件特邀执行员在场的理由。如申请人具有暴力等不利于被探望人的倾向或者被探望人与探望人独处没有安全感等。

（3）家事案件特邀执行员的工作职责。探望支援包括对当事人的支援和执行法官的支援两个方面。家事案件特邀执行员的支援侧重于从自身专业角度，充分运用调解手段，协助执行法官，促成双方和解，分担执行法官在探望权案件中的协调沟通工作。

①安抚当事人情绪。当双方当事人发生激烈争执、子女或父母具有不安情绪、长时间不行使探望权时，家事案件特邀执行员可以参与其中，安抚当事人情绪，为被探望人提供安全感。

②提供探望方案及咨询服务。对双方当事人之间关于探望权的分歧进行协调并提供探望方案，同时提供咨询服务，也可以要求双方当事人接受心理治疗。

③撰写工作报告。将双方当事人的矛盾点及工作进度撰写成工作报告，及时与法官进行沟通，制定下一步执行方案。

（4）探望支援流程（见图3）。

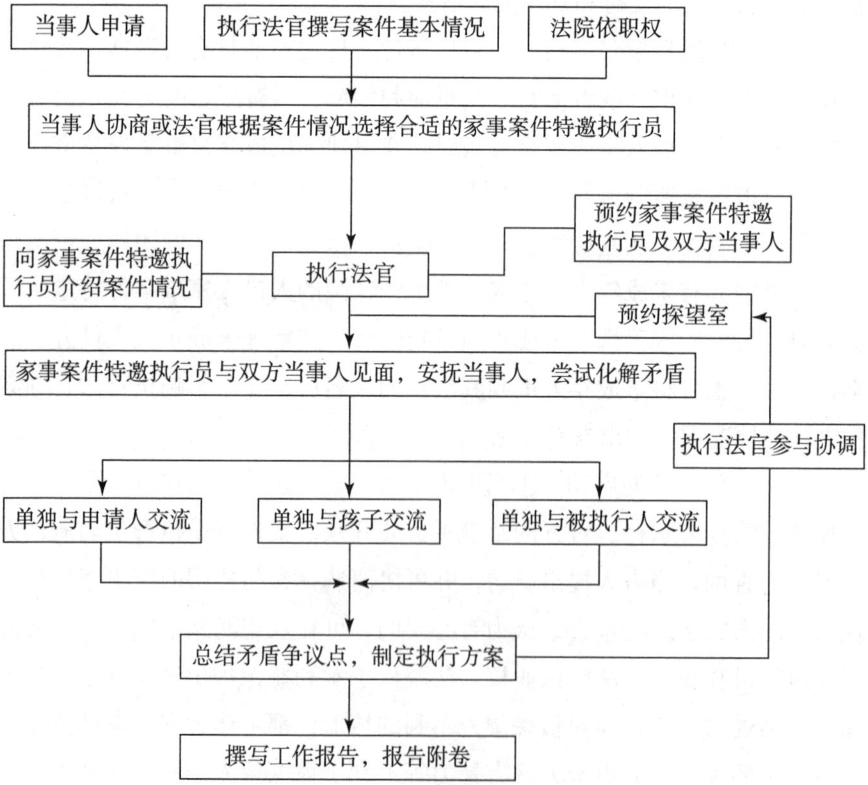

图3 探望支援流程

（四）重要补充：引入心理疏导方法

探望权行使强调心灵的沟通，重在亲子关系的修复，甚至是父母双方关系的修复。

1. 心理疏导的必要性。笔者在执行探望权类案件中发现，一些父母和子女或由于离婚以及长期见不到对方而心理遭受严重创伤、或需求长期得不到满足而易产生思想偏激、或本身就有心理疾病等各种原因，容易产生抑郁、不安、焦虑、狂躁，甚至对抗等情绪。在此种情况下进行一定的心理疏导，对于当事人矛盾的实质性化解和亲子关系的根本性修复是十分有必要的。

2. 建立合作机制。人民法院可以与有资质的心理咨询机构或医院的心理咨询科室建立心理健康干预平台并形成常态化对接机制，将心理专家列入家事案件特邀执行员名册，借助其专业力量，从人文关怀入手，对有需要的当事人进行必要的心理疏导。

3. 心理疏导工作流程（见图 4）。

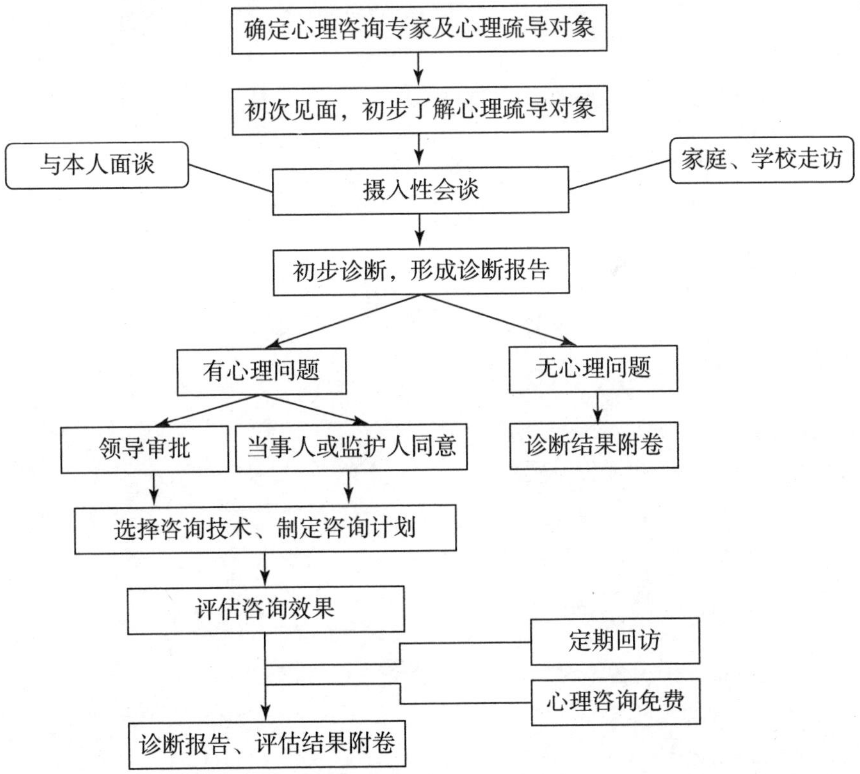

图 4　心理疏导工作流程

结 语

给予未成年人特别的司法保护是现代司法的基本理念，亦为当今国际社会之共识。[①] 本文写作的初衷在于通过将少年司法“特殊、优先保护”的司法理念引入执行程序中，构建以未成年子女利益保护为核心的探望权执行机制，以期从根本上化解探望权纠纷，保护未成年子女利益。希望本文能够抛砖引玉，引发学界与实务界对探望权执行的深入探讨，更好地解决理论和实务中遇到的问题。

---

① 郝银钟、盛长富:《审理未成年人案件的司法理念与基本准则》，载《人民法院报》2014 年 5 月 29 日。

法官判断力的法理学思辨*

——康德判断力思想对法学方法论的启示

郭海丽

引　言

时任最高人民法院院长周强指出:“法官要努力锤炼司法本领,锻造过硬司法能力。”强调法官要“提升事实认定能力、提升法律适用能力、提升庭审驾驭能力、提升文书写作能力、提升信息化技术运用能力”。[①]仔细分析可以发现,这五种能力需要法官具备敏锐的判断力。笔者认为,法官判断力是贯彻法官司法能力的主线和核心要求。作为德国古典哲学创始人的康德,其“三部曲”式著作《纯粹理性批判》《实践理性批判》及《判断力批判》被誉为哲学史上的“哥白尼式革命”。本文试图将康德判断力思想引入法学领域,通过吸收其精华,以期对法官判断力提升有所借鉴。

一、概念解读——法官判断力与司法能力的关系

对法官判断力进行概念解析,首先需要明确什么是判断力。在哲学领域,判断力是指人们对现实做出什么样的态度和表现出什么样行为方式的决定因素,通过选择和抉择的形式将其价值观付诸在事件上的看法、态度、观点。[②]在康德看来,“如果把一般的知性视为规则的能力,那么判断力就是一种归属于规则之下的能力,即区别某种东西是否从属于一个已

* 本文获2018年全国法院第30届学术讨论会优秀奖。

① 周琨:《提升五种能力 锤炼司法本领》,载《人民法院报》2015年9月19日第3版。

② 任生林:《漫谈法官判断力》,载 http://epaper.sxrb.com/shtml/sxscdb/20150716/236392.shtml,2017年6月7日访问。

有规则的能力”。[①] 作为个体的法官，将判断力应用在案件裁判上的能力，即为法官判断力，法官判断力主要受现行的法律规范体系、法学方法之约束。

（一）法官判断力的法理学内涵

目前，学界对法官判断力的研究较为分散，涉及证据能力研究、媒体对公平审判的影响、法官释明权的应用、法官自由心证、法官制度研究、公司债券保护等方面，涵盖了民事、刑事、行政、法哲学、法律解释学等各方面。笔者认为，法官判断力的具体内容包含以下要素：（1）程序公正的能力。包括：对诉讼程序的选择能力、庭审出现突发情况时的驾驭能力、调查取证的启动能力、判断审限和控制效率的能力等与诉讼能力相关的能力。（2）事实认定的能力。包括庭审中争议焦点的归纳能力、举证责任的分配能力、对证据的认证能力等。（3）法律适用的能力。包括结合案件事实的找法能力、法律解释和漏洞填补等法律方法的适用能力、裁判文书的撰写能力等。（4）审判技巧的能力。包含法律思维、团队管理能力、案件管理能力等。（5）综合素养能力。包含对法律的信念、独立人格的能力、法官司法作风等。其中，法官判断力最为核心的内容表现在对案件事实和法律适用的态度和抉择，也正是在事实与法律的流连忘返中逐渐获得的。

本文试图从法律精神的角度探析法官判断力的法理学内涵。法官须将法律的精神贯穿于司法裁判的全过程，并通过审判实践充分地体现法律的精神。当法官通过准确的判断将司法以恰当、及时的方式转换为法律精神，法官的判断力就显得尤为重要。

（二）法官判断力成为法官司法能力核心要素的必然性

司法能力专指人民法院及人民法官的司法能力。这一概念内容广泛，具有丰富的内涵和外延，“司法道德、司法品格、司法方法、司法环境、司法效率、司法效果等均属于这一范畴”。[②] 法官判断力成为司法能力的核心要素，根源于审判权的本质属性，体现司法的确定性特征，也是庭审实

---

① Kant, Critique of Pure Reason, Translated by N. K.Smith, Bedford/St. Martin's Boston/, New York, 1965, P177. 转引自杨国荣：《判断力简论》，载《哲学动态》2010 年第 4 期。

② 李军、李卫东：《提高人民法院司法能力建设的途径与方法》，载吴家友、吕忠梅主编：《论法官司法能力》，法律出版社 2006 年版，第 83 页。

质化的内在要求。

1. 审判权的本质属性必然要求法官判断力的逻辑起点来自司法能力。孟德斯鸠指出："司法权是惩罚犯罪或裁决私人诉争。"[①] 我国学者孙笑侠在文章中指出："司法权以判断权为本质内容，是判断权。"[②] 王利明也认为："司法本质上就是由司法机关代表国家对各类纠纷进行的居中裁判。"[③] 法官就诉讼行为或活动中呈现出来的所有素材，通过诉讼不同阶段的分析、论证，并形成内心确认，最终得到一定裁判结论，这种综合的能力就是法官判断力。分析审判权的本质属性，可以得出一个很重要的结论，即法官判断力是法官司法能力最为核心的要素。

2. 司法确定力特征必然要求法官判断力系于同案同判。"司法确定力意味着法律生效裁判认定的事实具有形式上的客观性与退订的真实性"[④]，司法是公民解决纠纷、维护权利的最后一道防线和最终的救济渠道。对法律保持稳定的心理预期，即司法的确定力特征对法官判断力提出了更高的要求，以维持司法的权威性和公信力。

3. 庭审实质化的必然要求。《中共中央关于全面推进依法治国若干重大问题的决定》中提出，推进以审判为中心的诉讼制度改革，庭审实质化是这一改革的重要内容。以审判为中心，要求审判应当在事实认定和法律适用上发挥决定性的作用。《最高人民法院关于全面深化人民法院改革的意见——人民法院第四个五年改革纲要（2014—2018）》中指出，"确保庭审在保护诉权、认定证据、查明事实、公正裁判中发挥决定性作用，实现诉讼证据质证在法庭、案件事实查明在法庭、诉辩意见发表在法庭、裁判理由形成在法庭"，即要求庭审实质化。庭审实质化，就是庭审应该成为诉讼活动的中心环节，解决举证虚化、质证虚化、认证虚化、裁判虚化等四个方面的"庭审虚化"问题。[⑤] 在此背景下，诸如法官当庭对矛盾的证人证言、鉴定结论进行甄别判断，进而当庭作出判决的能力就决定了庭审实质化是否能够真正实现。

---

① 孟德斯鸠：《论法的精神》，许明龙译，商务印书馆1995年版，第155页。

② 孙笑侠：《司法权的本质是判断权——司法权与行政权的十大区别》，载《法学》1998年第8期。

③ 王利明：《司法改革研究》，法律出版社2000年版，第8页。

④ 季晨溦：《司法确定力的形成逻辑》，载《北方法学》2017年第11期。

⑤ 何家弘：《刑事庭审虚化的实证研究》，载《法学家》2011年第6期。

（三）法官判断力与法官自由裁量权、法官思维的辨析

法官判断力往往与法官自由裁量权、法官思维这两个概念相混淆，三者有相似性，但也存在不同，需逐一进行区分。

1. 法官判断力与法官自由裁量权

在论及法官的自由裁量权时，一般有两种不同的观点：其一，认为与法官的恣意几乎等同，反对将法官个人意志凌驾在法律之上，于是要求为法官自由裁量权设置不同的限制；其二，完全肯定这一权力，并极力推崇法官经验。从字面上看，法官自由裁量权是一种法官可以行使的权利，法官判断力则强调一种法官可以具备的能力。从二者的关系上分析，法官必须使用判断力，法官的自由裁量权才能真正实现并获得价值。

2. 法官判断力与法官思维

法官思维是在面对具体个案时，法官在案件裁判过程中对案件事实及法律规范的适用上，不断徘徊，进行理性思考的综合过程，包含着推理、分析、判断等。法官思维和法官判断力是非常相似的一个概念，法官思维是一个动态的过程，强调中立性特征；法官判断力是在裁判案件过程中运用的能力，就某一个案件的裁判过程，一个法官的判断能力相对静止，更加注重评价性特征。

二、实践检视——从个案裁判看法官判断力的现实情况

笔者从以下四个案例对法官判断力进行检视和思考：

（一）庭审虚化导致事实认定发生偏离

【案例 1】陈满案。1992 年 12 月 25 日，海南省海口市一出租房内发现一具尸体，经公安机关认定本案是陈满所为。1994 年 11 月 9 日，海口市中级人民法院以故意杀人罪、放火罪判处陈满死刑，缓期二年执行，剥夺政治权利终身。宣判后，海口市人民检察院以原判对陈满量刑过轻，应判处其死刑立即执行等为由提出抗诉。1999 年 4 月 15 日，海南省高级人民法院二审裁定，驳回抗诉，维持原判。2015 年 2 月 10 日，最高人民检察院向最高人民法院提出抗诉。2015 年 4 月 27 日，最高人民法院指令浙江省高级人民法院异地再审。2016 年 2 月 1 日，浙江省高级人民法院依法

对陈满故意杀人、放火再审案公开宣判，撤销原审裁判，宣告陈满无罪。[①]

［检视一］庭审虚化是造成刑事冤假错案产生的最重要根源，也是长期存在却并未有效根除的一个制度性问题。在庭审虚化的影响下，法官无法对事实进行有效的判断，易发生法律事实的认定与真实发生事实的偏离，从而使案件裁判的大前提产生错误。

纵观陈满案的审理过程，可以发现，一审法院仅仅凭借陈满的有罪供述和被害人口袋中的工作证定案是举证虚化，办案民警等关键证人的缺席导致质证虚化，有罪推定的逻辑使得认证和裁判过程的虚化，最终导致陈满案的冤错。

（二）先验的内心确认产生经验依赖

【案例2】在校大学生诈骗同学钱财案。笔者对B市C法院法官的采访中发现，在证据盖然性上，年轻法官比有经验的法官更为谨慎苛刻。他们也更加依赖法条规定，就案办案；而有经验的法官则会在作出判断时，更加重视案外因素，"跳"出案件本身。在该院审理一起在校大学生诈骗同学钱财的案件时，承办法官综合考虑了被告人年纪小、主观恶性不大，其家长变卖房产偿还被害人损失等情节，最终对被告人判处了缓刑。"年轻法官审案子特别谨慎小心，往往就案办案，如果这个案子他们办，严格按照法律，可能会判处三年以上有期徒刑，这对一个家庭的打击将是致命的。"

［检视二］与年轻法官相比，有经验的法官在证据证明力标准和大小的判断上，在证据盖然性的要求上，年轻法官比有经验的法官更为谨慎苛刻。此外，有经验的法官更加看重证人在法庭上直接向法官表达的证言，因为这种证言具有更强的当庭性和可询问性。法官通过庭审的实质审理，可以更多地接触到证人、被害人的原始证言，当场可以进行补充询问和质证，并可以通过他所表现的"情态证据"，比如神情、肢体动作、语言特点等身体动作进行综合判断。似乎，越是有经验的法官，法官的判断力越能够得到发挥。然而，在庭审实质化的语境下，经验也可能会使法官根据以往裁判过的或与同事讨论过的类似案件，在认定事实和适用法律上产生照搬照抄，久而久之，会产生"经验依赖"。

---

① 《陈满"杀人焚尸案"再审被判无罪 曾服刑23年》，载 http://www.ce.cn/xwzx/gnsz/gdxw/201602/01/t20160201_8678621.shtml，2018年5月3日访问。

（三）新类型案件裁判能力处于较低水平

【案例3】冷冻胚胎案。沈某和刘某夫妇在南京市一家医院施行体外受精—胚胎移植助孕手术，并冷冻了4枚受精胚胎。2013年3月20日，二人因交通事故去世。双方父母对4枚胚胎的监管权和处置权发生争议，并诉至法院。一审法院以受精胚胎不能成为继承的标的为由，驳回了双方父母的诉讼请求。二审法院从伦理、情感和特殊利益的保护三个角度对冷冻胚胎的属性进行了论证，并最终推翻了原一审判决，判决冷冻胚胎由双方父母共同享有监管权和处置权。

［检视三］随着社会经济发展的突飞猛进，在具体案件裁判时，法官判断力面临前所未有的考验。电信诈骗、通过互联网金融平台非法集资、淘宝刷单等具有典型时代标签意义的现象所引发的案件，无论在事实认定还是法律适用上，都存在着一定的障碍。我国法律并未赋予法官"造法"的权力，法官的行为空间较为狭窄。冷冻胚胎案中，在我国法律尚未作出明确规定的情况下，胚胎法律属性如何确定？这成为法官不得不作出判断的重要事项。相较于二审，一审法官的裁判则停留在就案判案的阶段，而对于传统中国文化，特别是其中有关血脉传承和寄托对故人哀思的情感和观念没有给予充分考虑，反映了法官判断力在面对新情况时的不足。

（四）涉诉舆论的对立性致使判断低效

【案例4】于欢故意伤害案。因欠高利贷未如约还款，于欢和母亲苏银霞遭遇十余人登门催债，于欢持尖刀捅刺，最终致杜某浩等人一死三伤。一审法院以故意伤害罪判处于欢无期徒刑。2017年6月23日，山东省高级人民法院二审宣判，认定于欢防卫过当，以故意伤害罪改判有期徒刑五年，维持原判附带民事部分。①

［检视四］舆论对案件展开的讨论反映了大众思维的观点和看法，而法官裁判案件则须严格遵循法官的职业思维，两种思维差异迥然，甚至往往背道而驰。涉诉舆论思维具有强烈的对立性，主要集中在当事人的身份对比上。在于欢案中，一边是为母报仇、为民除害、具有一点点"侠客气质"的于欢，另一边是"无恶不作""十恶不赦"的高利贷放贷者。对于一个处于社会弱势群体或阶层的当事人，舆论的天平自然地倒向这边，反映

① 《2017年度人民法院十大刑事案件》，载https://mp.weixin.qq.com/s/bC5n3JU0oFU9Eo3crUIP_w，2018年5月3日访问。

了公众对社会的不满情绪。法官判断力正是要求司法必须对涉诉舆论中所蕴含的不满情绪进行甄别、厘清和排除，以便始终保持司法的纯粹性。

三、理论阐释——康德判断力思想对法官判断力的哲学启示

把知性的范畴具体地运用到经验的材料上面去的时候，人们就必须有判断力。[①] 面对法官认定事实和法律过程中的诸多问题，我们不禁要问，法官理想的判断模式是何许模样？笔者认为，康德的判断力思想[②] 对于法律方法论具有重要的奠基意义。而法官判断力符合康德对判断力的分析，遵循判断过程的一般规律。基于判断力，法官认定事实和适用法律的过程如图 1 所示。

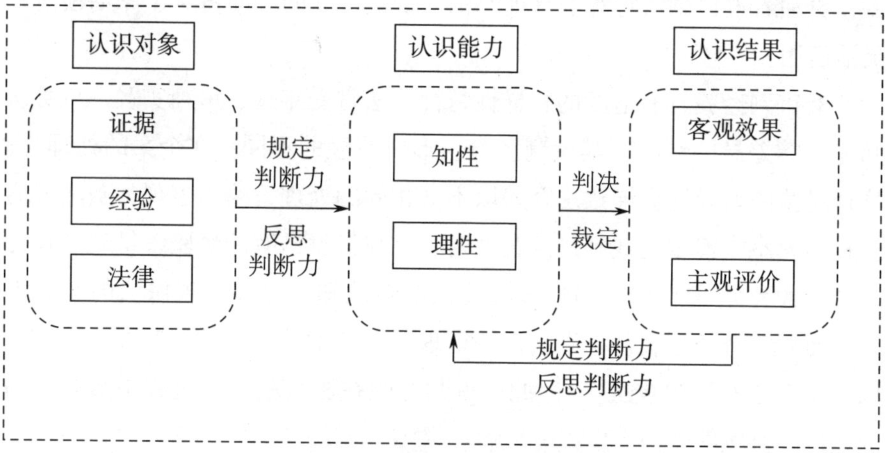

图 1　法官判断力模型

（一）认识对象：判断力的基础

康德认为，所谓认识对象，不是指的那个物自体，而是我们主体自己建立起来的，即你能认识的都是现象。[③] 法官判断力的依据，是“感性中的经验材料，这些经验材料是由物自体、自在之物，刺激我们的感官，使

---

① 邓晓芒:《康德〈判断力批判〉释义》，生活·读书·新知三联书店 2018 年版，第 29 页。

② 康德认为，判断力既是理性的显现，也是人之自由的标志。他将判断力分为两种，第一种是将普遍规律和范畴用于个别事物的规定判断力，第二种是反思判断力。反思判断力又分为审美判断力和目的判断力。康德的判断力思想集中记载于《纯粹理性批判》《实践理性批判》和《判断力批判》三本著作中。

③ 邓晓芒:《康德〈判断力批判〉释义》，生活·读书·新知三联书店 2018 年版，第 23 页。

我们获得的感知”[①]，具体而言，包括以下几方面：

1.具有证据证明的法律事实。法官作出法律判断的事实不是实际真实情况，而是当事人举出的、经过一套严密的认证规则认证后，所形成的法律事实。对于法律事实的形成，可细化为搜集证据、举证、质证、认证等，同时对证据规则的理解、运用也起到了关键的作用。判决前，证据的全面性和认证的客观性会不同程度地影响法官裁判的风格和审判质效。

2.根据所掌握的法律知识实施判断过程。法官是具有不同性格、背景、学历的个性主体，可靠的法官判断力是以法官具备较为充分和完备的知识为基础的。一定的法律知识，可在处理案件特别是复杂案件时，为法官提供有效的指引，提高审理案件的质量和效率。法律知识包括通过法学教育获取的法律概念、法治精神，还包括习得的法律条文、规范性文件等，更加着重强调法官对于真理原则、价值尺度的全面占有、深刻领悟和灵活运用。

3.审判经验具有适度的特异性特征。法官受年龄、审判实践、自身认知能力等差异的影响，其审判经验会形成明显的不同。在个案的处理时，这种经验的差异性会导致法官采取不甚相同的处理策略。表现为当法官遇到较为熟悉或曾顺利裁判过的案件时，往往依赖已有的经验，呈现出较为明显的思维定式和行为惯性，因此拓展新认知、打破常规做法的动力不足；而对于新类型案件，则会依赖审理过这类案件法官的审判经验，试图以“他山之石可以攻玉”。因此，审判经验在法官裁判的过程中具有崇高的地位，对案件审理产生积极影响。

（二）认识能力：判断力作用为心灵能力

“人有三种机能：认识、情感、欲念。知性是认识能力，理性（实践理性）是关于欲念方面的道德观念，判断力则是情感方面的能力……由于判断力是联系着知性和理性、以情感为对象并且不借助于概念的能力，因此它自然就是一种直觉能力。审美判断力（鉴赏判断），便是艺术直觉。”[②]

1.形成知性。知性主要是自发的能动性、自我意识的统觉，是一种

---

① 邓晓芒：《康德〈判断力批判〉释义》，生活·读书·新知三联书店2018年版，第7页。

② 李春青：《艺术直觉研究》，辽宁大学出版社1987年版，第39页。转引自张中：《康德论直觉》，载《美育学刊》2013年第4期。

自发地制定概念、制定范畴的能力，是对有限事物的能力。[1]法官依据先天的构成性认识原则，即知性，获取并形成一般性的自然常识和专业的知识，这是法官判断力高低的基础和前提。不同法官个体的知性具有多样性和多角度性，对于法官裁判案件结果的就具有不同的可能性。

2. 形成理性。康德的判断标准是纯粹的实践理性，这是康德《实践理性批判》的核心观点，而且在实践中，用这种判断标准，来为自己的自由意志行为建立一条法则，且是具有一贯性的法则。[2]法官在裁判的过程中，通过分析不同案件的具体情况，确定恰当的诉讼策略、方法、重点、技巧，正确地理解并适用符合法律精神的法律，形成并运用裁判理性实现司法的公正性，这正是运用法官判断力形成理性的全过程。

（三）认识结果：判断力的可视化呈现

有一种自然的目的论，它为我们的理论反思性的判断力提供着充分的针具，来假定某种理智世界原因的存有。但我们在自己心里，并且还更多地有一个有理性的、天赋有自由（自身原因性）的一般存在着的概念汇总，也发现了一种道德的目的论。[3]作出的裁判是否符合法律的要求，是否与传统的道德价值相一致，需要法官作出合目的性的判断。

1. 审判质效反映法官判断力的客观效果。如何衡量法官判断力水平的高低，其中最为重要的标准之一就是审判质效。审判质效是对法官思维是否准确、裁判结果是否恰当、裁判时限是否具有效率性的综合评判，包括对法律事实、法律适用、程序规范以及是否在审限内结案等客观指标。

2. 舆论反馈是法官判断力的主观评价。审美判断是否具有主观合目的性是康德判断力思想中的核心观点之一，且这种主观合目的性需要被普遍传达和传递。我们可以从舆论对案件的反馈中窥探法官判断力的水平。舆论反馈一般为法院外部主体包括外部监督机关及案件当事人、新闻媒体、社会大众等，针对裁判结果作出的评价、抒发的感受及造成的影响。来自任何方面的舆论反馈，将帮助树立法官判断力的自信和职业满足感，对法官判断力的增强产生积极影响。

---

① 邓晓芒:《康德〈判断力批判〉释义》，生活·读书·新知三联书店2018年版，第45页。
② 邓晓芒:《康德〈判断力批判〉释义》，生活·读书·新知三联书店2018年版，第17页。
③ 康德:《判断力批判》，邓晓芒译，人民出版社2002年版，第304页。

（四）认识反馈：提升判断力的目的

霍姆斯法官敏锐地发现："在法律过程中，总有一些幽幽不明的部分，虚无缥缈，太模糊而无法被注意到，太具有象征意义而无法加以解释。"[①]案件审判活动结束后，法官自身对案件裁判过程的评价、感受，以及当事人是否服从判决结果，是否主动履行，将对其他案件的审理产生不可忽视的反馈作用。法官通过反思判断力，积累并继续形成知性、理性，通过案件的积累，逐渐提升判断力。

四、功能弥合——法官判断力提升的路径探索

虽然知性能够接受教导，而且能够用规则来武装自己，判断力却是只能得到练习而不能得到教导的一种特殊才能。判断力是人们称为天赋智力的一种特质；缺乏了这种特质，就不是教育所能补救的。[②]笔者提出法官判断力提升的策略考量，即职业自觉、法官智慧和职业开放。这里，笔者提出的仅为方向性的路径（见图2）。

（一）职业自觉：法官判断力的主体意识

康德启示我们，判断力是不能教的，它需要通过自己去实践，从而逐

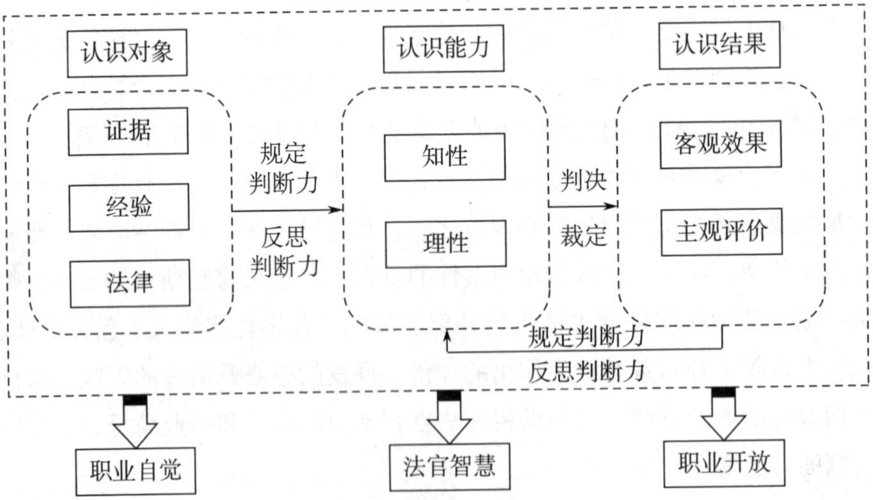

图2 法官判断力的提升路径

① 吕世伦：《法的真善美——法美学初探》，法律出版社2004年版，第555页。

② 郁振华：《认识论视野中的判断力——康德判断力理论新探》，载《哲学研究》2005年第6期。

渐形成自己的经验，才能够获得判断力。这就强调了法官的主体能动性，即法官的职业自觉。这是法官公正裁判、承担社会责任的逻辑起点，包含角色自觉、反思自觉、能力自觉。

1. 角色自觉。法律制度所应获得的尊严和威望，在很大程度上取决于该制度的工作人员的认识广度以及他们对其所服务的社会的责任感的性质与强度。[①] 法官对自身所承担社会角色的认知，往往对其作出裁判具有决定性的作用。作为法官，只有具备对社会公平正义的强烈追求，怀有对社会大众的深沉感情以及对社会发展的人文关怀，才有可能作出公正的裁判，从而成为法律精神的代言者和实践者。

2. 能力自觉。法官判断力的提升重视知识习得。可靠的判断力总是建立在比较充分、完备的知识基础之上。法官判断力的培养，不仅依靠法律知识的传授，而且特别看重法官对于真理原则、价值尺度的全面占有、深刻领悟和灵活运用。法官判断力提升提倡自主学习。法官只有在对事实、法律自主思考和自主选择的过程中，才能学会思考和选择；只有在具体案件中实际参与和实际操作的过程中才能掌握裁判的方法和巧。法官判断力提升鼓励独立思考。法官判断力关涉其洞察力、理解力、鉴赏力等多个方面，最核心的是法官的思维能力。法官的思维能力和思维水平因个体的差异性而不同，培养法官良好的思维态度、思维方式和思维习惯，是提升其判断力的核心内容。

3. 反思自觉。职业复杂性、多样性和不确定性，使得法官判断力显得极为重要。法官应当具备反思的自觉和能力，这种反思不仅仅包含对法律概念的归纳总结，还应当包含融会贯通各种知识以不断获得理性的反思意识。在职业的过程中，法官需要通过不断的反思，达到自我意识的觉醒，不断建立起职业的思维，发现职业过程的不足，积累起职业判断的经验。

（二）法官智慧：法官判断力的哲学借鉴

1. 规定判断力强调指导案例的作用。康德在解释趣味判断时，曾多次使用“范例的有效性”这一概念。阿伦特对康德提出的“范例有效性”极为赞同，认为这种范例“一直是一个特殊之物，只是它就其特殊性表明了

---

① ［美］E·博登海默:《法理学——法哲学及其方法》，邓正来等译，华夏出版社 1987 年版，第 491 页。

普遍性，不这样的话这种普遍性就是无法界定的”。[1] 这种范例是判断的结果，同时又作为借鉴为后续判断提供依据、作为典范，这种典范并非一种规范。通过范例的有效性理论，使得指导案例制度成为法官经验获取的基本来源，对于遵循逻辑三段论的司法格式化起到规范性的作用。

2. 判断力交互作用促进法官判断力提升

在司法的决策过程中，康德所称的规定判断力与反思判断力代表着判断力的不同作用方向。在具体的案件裁判中，法官既需要依据案件事实，用涵摄的思维方式，“把事物归摄到规则之下”；同时也需要依照对规则的理解，去反思案件所反映的生活中的特殊概念。二者的交互使用、循环作用，使得“作为解释者，心中当永远充满正义，目光得以不断往返于规范与事实之间，唯此，才能实现刑法的争议性、安定性与合目的性”。[2]

（三）职业开放：法官判断力的外在显现

判断者作出的判断，必须经过公开的检验。法官判断力的实现，一个重要的原则是公开性。法官将自己的裁判结果交给公众评判和检验，在这一过程中，又形成对自己裁判的新的认知，不断地获得更为恰当的判断。法官判断力的使用本身就是一个不断向外显现的全过程，可以防止思考重新堕入自己与自己对话的“孤独者的沉思”。从近年来公众舆论对司法事件的反映上看，虽然许多司法舆情表面上针对的是司法，但实质上反映的是普遍存在的社会和政治问题，而与司法并无关系。对于这类问题，法院没有必要顺从式反映，顺从只能从根本上伤害司法公信力，而应当借力用力、顺势而为，通过新闻发布、庭审直播等方式及时澄清事实，进行普法。同时，应当建立依法独立行使审判权的制度保障，防止舆论非理性地过度介入司法，影响法官判断力，从而消减舆论攻势，为法官主动或被动应对公众舆论提供法律指引和保障。

结 语

“说不尽的康德”是哲学界的一句至理名言。的确，康德的批判哲学

① 王寅丽：《未写出的政治哲学——阿伦特对康德判断力概念的政治阐释》，载《社会科学》2006 年第 9 期。

② 张明楷：《刑法解释理念》，载《国家检察官学院学报》2008 年第 16 期。

体系，无论在哪个时代，都始终闪耀着智慧之光，历久弥新。法官判断力如何提升？康德的回答是，只有以理性和道德律为基础，以目的论为论证设计，以自由立法的实现为旨归，希望才是可能的。[①]

① 祝杨军:《自由人的希望》，中共中央党校2016年博士学位论文。

民事财产保全审查要件的缺失与重构*

朱晋华 方 冲

引 言

民事财产保全的制度功能在于弥补事后救济不足，解决判决甚至调解难以执行或无法执行的问题。完整的财产保全程序由两个阶段构成：保全审查程序与保全执行程序。执行结果决定了保全目的能否实现，不论是理论界还是实务界，均将目光投向执行程序而忽略审查程序。加之现行财产保全制度缺乏审查要件和程序要求，实践完全将申请人是否能够提供足额担保、明确的被保全财产信息或具体财产线索作为保全程序启动与否的裁判依据。

保全执行具有执行程序的职权性和强制性，必然对被申请人财产权产生影响和限制，而保全审查正是对申请人预期利益保护和对被申请人财产权益损害的平衡。作为临时性救济程序，如果对保全申请不加甄别，将导致程序运行的实质性低效与当事人及利害关系人合法权益的随意性侵犯。财产保全审查的程序问题应予重视。

一、引证：财产保全审查程序虚化的实证透视

《民事诉讼法》规定了申请人对于因错误保全申请造成的被申请人的损失，应承担赔偿责任。2011 年修改后的《民事案件案由规定》中新增了“因申请诉前财产保全损害责任纠纷”“因申请诉讼财产保全损害责任纠纷”等案由。虽然以财产保全错误为由提起的民事诉讼案件总量尚小，但总体

* 本文获 2018 年全国法院第 30 届学术讨论会优秀奖。

呈现上涨趋势，尤其以诉讼财产保全存在错误为由提起的民事赔偿案件增长态势迅猛（见图 1）。需要说明的是，该类民事赔偿案件均以保全申请错误为由提起，在一定程度上反映出申请人不当或错误申请情况常见，财产保全审查程序具有必要性。

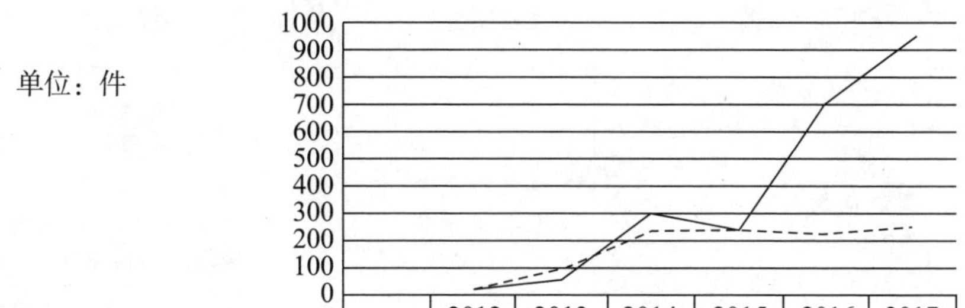

	2012年	2013年	2014年	2015年	2016年	2017年
—— 诉中财保损害案件	16	65	294	246	703	950
---- 诉前财保损害案件	6	78	240	241	231	252

图 1　2012—2017 年以保全错误为由提起的民事损害责任纠纷案件情况[①]

除民事损害赔偿案件以外，对于符合《最高人民法院关于审理民事、行政诉讼中国家赔偿案件适用法律若干问题的解释》第 3 条规定条件的，当事人或利害关系人还可申请国家赔偿。涉财产保全国家赔偿案件中第 1~5 类违法采取保全措施类型均涉及财产保全的审查程序（见表 1）。

表 1　涉财产保全错误的国家赔偿案件统计表（单位：件）[②]

案件类型	不应保全而保全	不应解除而解除保全或应当解除而未解除	超标的保全	保全标的物错误	保全案外人财产	对保全财产未依法履行监管职责	未及时处理或者违法处理保全财产	未通知有关机构协助执行保全措施	其他
案件数量	7	18	28	4	8	28	3	2	72

表 1 中 1~5 案件类型数据直接反映因保全审查程序引发的国家赔偿案件。限于审理周期较长等原因，以上数据不能完全体现近年内法院受理的

① 数据来源：中国裁判文书网，载 http://wenshu.court.gov.cn/，2018 年 6 月 18 日访问。

② 截至 2018 年 5 月 20 日，中国裁判文书网总计公开涉财产保全国家赔偿案件 156 件，载中国裁判文书网，http://wenshu.court.gov.cn/，2018 年 6 月 18 日访问。

该类型案件，但也在一定程度上反映出保全审查不当可能引发国家赔偿案件的事实。

案例1[①]：以超标的申请保全为由提起的民事侵权案件（见表2）。

表2 案例1具体诉求及审理情况

审判程序	诉请	事实理由	判决结果	裁判依据
一审	1.判令原审被告赔偿原审原告银行贷款利息591387.76元（暂定）及为解决资金周转问题付出的高额利息77216.12元 2.原审被告赔偿因账户冻结无法招投标损失3万元 3.原审被告承担诉讼费	明知欠款数额仍超额申请保全	驳回诉讼请求	在申请人申请诉中财产保全时，如果履行了合理谨慎的注意义务，主观上并无恶意，即使申请保全的金额超过了判决实际支持的金额，也不应认定其具有过错
二审	1.请求撤销一审法院判决，改判由被上诉人支付非法保全期间损失112812.23元（以1880203.91元为基数，按同期银行贷款利率计算） 2.请求判令被上诉人承担一、二审诉讼费用	被上诉人足以掌握欠款范围不超过80万的事实，仍然超额申请保全	撤销一审判决，部分支持。	申请财产保全应当以相关的案件事实和合法有据的诉讼请求为依据。被上诉人在前案诉讼明知双方争议仅为"小100万元左右"的情况下，仍申请财产保全冻结了上诉人存款250万元，并且存在多封一点的意思表示，对超标的查封财产主观上存在故意

案例2[②]：以申请人主体不适格为由提起的民事侵权案件（见表3）。

表3 案例2具体诉求及审理情况

审判程序	诉请	事实理由	判决结果	裁判依据
一审	1.判令魏某赔偿因恶意财产保全给陈某金、陆某宁造成的损失1567978.22元（以查封财产评估价减去原终审判决金额为基数，按月利率2%自查封之日计至保全措施解除之日） 2.本案诉讼费用由魏娴承担	借款未到期恶意、超额申请保全	驳回诉讼请求	债权未到期申请保全确有不当，但未给被申请人造成财产损失

① 江苏省淮安市中级人民法院（2017）苏08民终3567号民事判决书。

② 福建省福州市中级人民法院（2017）闽01民终3905号民事判决书。

续表

审判程序	诉请	事实理由	判决结果	裁判依据
二审	1.撤销一审判决，依法改判支持陈某金、陆某宁的全部诉讼请求或发回重审 2.一、二审诉讼费用由魏某承担	1.保全申请不当 2.被申请人受有损失 3.申请人存在主观恶意	驳回上诉，维持原判	债权未到期确有不当，但不构成主观恶意，诉请与判决结果不一致不能得出申请人存在故意或重大过失之恶意

上述两个案件均存在保全申请人的错误申请（案例2因未认定申请人存在主观恶意，故未支持被申请人的索赔请求；保全错误损害赔偿问题不在本文讨论范围）。申请人提出保全申请，受自身利益影响难以避免出现申请保全的主体、标的物、金额等范围扩大的情况，该种情况很难认定申请人存在主观恶意，但不加审查地任由该种申请进入保全程序，对被申请人及利害关系人的影响是实际存在的。

案例3①：以违法解除保全为由提起的国家赔偿案件（见表4）。

表4 案例3具体诉求及审理情况

保全类型	事实理由	国家赔偿结论	依据
诉中财产保全	违法解除保全	部分支持	在案件尚未审结、解除冻结条件不具备的情况下，擅自解除对被告人案件款的冻结，显属违法

对于诉讼过程中依被申请人提起的保全解除，现行法律未明确审查方式。鉴于解除保全系对原准许保全裁定的否认，在审查过程中应更为审慎严格，单方审查的模式不足以对解除申请作出裁定。

案例4②：以送达程序违法提起的国家赔偿案件（见表5）。

① 湖南省郴州市中级人民法院赔偿委员会（2014）郴中法委赔字第3号国家赔偿决定书。
② 黑龙江省农垦中级法院（2016）黑81委赔再1号裁定书。

表5　案例4具体诉求及审理情况

保全类型	事实理由	国家赔偿结论	依据
诉讼财产保全	未制作保全裁定，也未通知被申请人到场	支持	保全手续送达不合规

制作和送达保全裁定文书是审查准许保全申请后法院应履行的告知程序。但实践中，该项程序并未得到严格执行。

案例5[①]：以保全金额不明等提起的国家赔偿案件（见表6）

表6　案例5具体诉求及审理情况

保全类型	事实理由	国家赔偿结论	依据
诉前财产保全	申请人未明确财产保全金额、超额保全、对案外第三人保全、未提供担保、未对异议举行听证	驳回国家赔偿申请	财产保全申请书虽然没有写具体金额，但财产保全申请书写明为保证该合同纠纷案件的顺利执行，嘉禾县人民法院财产保全没有超过诉讼标的；被申请人均为民事诉讼中原告列明的被告人；担保不是必需；听证不符合法律规定；未给被申请人造成财产损失

该案虽驳回保全被申请人的国家赔偿请求，但确实存在保全裁定记载保全金额不明等问题。对于诉前保全申请，应掌握较之诉讼保全更为严格的审查条件和程序。

二、探因：财产保全审查制度空白导致程序虚化

自1982年出台的《民事诉讼法（试行）》首次规定了诉讼中财产保全、1991年出台的《民事诉讼法》增加了诉讼前财产保全，至2007年、2012年对《民事诉讼法》第一次及第二次修正，均未涉及保全审查程序的规定。最高人民法院于2016年11月7日出台的《关于人民法院办理财产保全案件若干问题的规定》，虽然对保全申请书内容、担保的提供进行规定，但对于保全审查要件及程序问题仍未明确。

（一）原因一：审查要件无规定

《民事诉讼法》第9章概括性规定了财产保全程序。其中第100条、

① 山东省莱芜市中级人民法院赔偿委员会（2016）鲁12委赔2号国家赔偿决定书。

第 101 条规定了诉前保全和诉讼保全的申请条件。对于符合申请条件的保全申请，法院“可以”而非“应该”裁定保全。法院是否裁定保全具有相当程度的自由裁量空间，依职权保全亦是如此。即申请条件并不等同于法院裁定受理申请的条件，相关规定也未明确裁定准许条件（见表 7）。

表 7 我国《民事诉讼法》财产保全的规定

类型	申请条件	裁定条件	担保要求	其他
诉前保全	存在将使利害关系人合法权益受到难以弥补损害的紧急情况	无	申请人应当提供	
诉讼保全	可能存在执行难或其他损害的一方行为或其他原因	无	可以责令申请人提供	必要时法院可依职权采取保全措施

1. 申请条件未提供审查标准。在相关法律未规定裁定准许条件的情况下，法院如果依据申请条件进行保全审查，现有规范亦无法提供明确审查标准。保全申请是基于尚未发生但存在发生可能性的损害和问题，而损害和问题发生可能的确定性标准不确定，即“可能性”的审查未明确是依据主观标准还是客观标准；如果是主观标准，则标准依据是否为申请人抑或法官；如果是客观标准，则申请人应否提供存在相关情况的初步证据、法院对于该证据的审查程度如何，前述问题均是摆在实操中未有统一规定的选择项。

2. 担保条件非保全审查要件。担保是诉前保全申请人必须提供、诉讼保全应法院要求提供的。担保条件明确、直接、易于操作，实践经常将保全审查“视为”担保审查。然而，保全审查目的在于确定存在启动保全程序的必要性和适当性，担保仅是作为保全发生后如存在错误及损害的赔偿保障，前者为事前审查、后者为事后救济，不应混为一谈。

（二）原因二：审查方式不明确

保全审查仅是针对临时性救济性措施的确认，法院在保全审查程序中进行审查的要求低于审理程序。尽管如此，区别拟采取的保全措施，在审查方式上应有相应要求。由于保全审查程序性规范本身的空白状态，相应保全审查以何种方式进行无章可循。

1. 单方书面审查为普遍模式。实践中，当事人提交保全申请状后，后续就是等待法院通知是否提供担保及提供何种担保，在完成担保提供后基本确定法院将裁定准许采取保全措施，通常采用单方书面审查的模式，即根据申请人提交的申请状进行初步审查，核对申请人与被申请人在诉讼案件中的身份、比对申请保全金额与诉讼标的金额以及申请人提供担保是否充分等主要因素。

2. 对审模式缺乏主动适用性。基于程序保障的基本要求，在拟采取的保全措施将对被申请人权益形成较大影响时，应通过一定形式的审查，对保全利益和被保全权益的损害进行衡量，并得出是否保全及如何保全的结论。由于缺乏相关规定和要求，且在申请人提供相应担保情况下，法院没有进一步审查的动力，且忌于保密性和快速性的考量，在未采取保全措施之前提前告知被申请人心存疑虑。法院不论是采用双方口头询问还是对审模式，都无疑增加自身工作量。在以结案率为主要考核标准的法院工作中，保全工作对于案件办结无直接关系，基于效率考量，法院对于对采用对审模式具有天然排斥。

（三）原因三：审查程序弱化及缺失

审查程序依赖于审查要件及审查方式的确定，是保障当事人及利害关系人程序权利的基础。在保全审查程序的各阶段，均存在程度不等的程序弱化情况，影响申请人及被申请人的程序及实体权益。

1. 程序告知不规范。作为一种临时性救济措施，保全程序在程序完整性和程序保障性方面无法等同于审判程序，无法直接适用《民事诉讼法》及司法解释中关于送达程序的规定。但“解决纠纷的过程必须遵循程序法所确定的程序规则，作为民事诉讼中应急保障措施之一的民事保全程序也是如此”[①]。由于缺少保全审查的程序性规定，实践中涉及保全审查的送达工作乱象纷呈。

（1）文书制作及送达不规范。首先是保全审查过程中，为确保后续保全措施顺利完成，前期法院审查工作是在迅速、保密情况下完成的。法院收到申请人保全申请后，不向被申请人送达申请状。其次是保全裁定作出后，除以保密为由未向被申请人送达以外，多数情况下亦会省略向申请人

① 王福华：《民事保全程序中的程序保障》，载《法律科学》2002年第6期。

的送达。

其次保全裁定的文书内容极为简略。在事实认定部分仅记载申请人的保全申请内容以及提供担保情况，在本院认为部分仅以“申请人的申请符合法律规定”为由即作出准许保全的裁定。对于准许保全的裁定，裁定主文通常为“冻结被申请人银行存款 ×× 元或查封、扣押同等金额的其他财产”。该种表述目的在于便于保全执行采取多样化的执行措施，保全标的物以及措施并不明确。

（2）执行情况告知不及时。保全审查和执行程序分别由法院的立案庭、审判庭和执行庭完成。立案庭、审判庭出具准许保全裁定后将保全材料移交执行庭，执行庭负责具体保全执行，立案庭、审判庭需得到执行庭个案回复才能掌握具体保全执行情况。由于存在分工交叉和流程较长等原因，保全执行完成后，执行情况通常未及时通知双方当事人，程序运行处于暗箱状态。当事人对于保全程序运行无法掌握准确信息，尤其是在发生保全错误的情况下，无法及时发现并采取有效措施减少和降低损失。

2. 保全复议与异议审查过于简化。作为临时性救济措施之一，依据法律规定，对于保全裁定不服的、申请人和被申请人可以提起保全复议；案外人基于实体权利可以提起保全异议，并可对法院依据《民事诉讼法》第227 条规定审查作出的裁定提起执行异议之诉。从全面保护当事人及利益相关人合法权益角度出发，复议和异议程序均应适用更为严格的审查程序。然而由于缺乏明确规定，实践中操作并不统一，多数情况下对复议和异议的处置并未采用对审模式，通常采用口头询问方式，或是单方询问，或是双方分别询问即告完成审查工作并作出相应裁决。

3. 解除保全审查异化为反担保条件设置。立法上对于特定条件成就后的保全解除进行了明确规定。而对于其他非特定条件下依当事人申请的保全解除，法律仅规定财产保全案件中，被申请人提供合适担保的，应当解除保全。该担保属于反担保的性质。关于反担保的条件并未明确规定。基于维持现有保全措施状态、避免因解除保全造成的可能损失，法院倾向适用严苛的反担保条件，即被保全人提供的反担保的执行条件优于或等同于原保全财产，除要求反担保金额应为全额保全申请金额以外，还须经过保全申请人同意或认可。解除保全的审查程序较保全审查明显严格，但应对反担保条件即审查程序进行明确和规范，确保适用上的统一。

三、完善：我国财产保全审查制度的重构设计

民事保全程序被赋予相当重要的制度功能，除解决诉讼事后救济不足、预先保护债权人利益以外，还具有促进讼争尽快解决的作用，因此被各国所重视。各国相关立法对于完善我国财产保全制度亦具有相当的参考价值。

（一）域外参考：财产保全审查程序应明确规定

在两大法系中分别选取美国和德国作为参考。英美法系对程序正当性一贯予以高度尊重，较之德国，美国对于保全审查内容和程序进行了更为细致充分的规定。从表八可以看出，在美国，所有类型保全的审查程序均提前通知被申请人，只有特定情况下该项程序才能免除；在扣押程序中，法院裁定作出之前须经过听审程序。德国对于保全审查的严格程度不及美国，但也在审查程序中规定有言词辩论程序（见表8）。

表8 德国、美国财产保全审查制度比较①

国家	保全类型	申请条件	审查程序	裁定条件
德国②	假扣押(针对金钱债务)	物的假扣押：如不实行假扣押，判决即无法执行或极难执行。限制债务人人身自由的理由：只有在对债务人财产的强制执行受到危险，需要保全时	申请人说明假扣押理由，对该申请的裁判，如经过言词辩论，则法院作出终局裁判，否则作出裁定	申请人释明存在假扣押请求权和理由；或未能说明理由但对对方当事人可能受到的损害提供担保
	假处分(针对非金钱债务)	如现状变更将使当事人的权利不能实现，或难以实现	同假扣押	同假扣押
美国③	扣押债务人的财产	符合成文法关于扣押令适用的案件类型，且具备以下理由之一： 1.被告隐藏或不在州内居住、无法送达文书 2.原告请求应享有特别待遇 3.被告曾经或即将让与、处分其财产	大多数州要求法院先听审而后作出扣押裁定	1.申请人将受到不可弥补的损失 2.申请人有胜诉可能或问题足够严肃 3.被申请人可信度不足

① 丁启明译：《德国民事诉讼法》，厦门大学出版社2006年版，第156页。
② 沈达明编著：《比较民事诉讼法初论》，对外经济贸易大学出版社2015年版，第305页。
③ 沈达明编著：《比较民事诉讼法初论》，对外经济贸易大学出版社2015年版，第305页。

续表

国家	保全类型	申请条件	审查程序	裁定条件
	指定接管人	财产有灭失、变质或其他有降低价值的危险	申请人提交申请后，法院将通知被申请人法院审查申请的时间、地点	扣押救济不足以使用。在很大程度上取决于法官的自由裁量
	取回动产的占有	申请人应提供宣誓详细陈述其为该项动产所有权人或占有权人	如果该项动产存在被转移、隐藏、处置或移转至州外或其他对动产价值造成实质损害的可能，法院可仅通过单方审查作出命令，而不必通知相对方	扣押救济不足以使用。在很大程度上取决于法官的自由裁量

《最高人民法院关于人民法院办理财产保全案件若干问题的规定》规范了财产保全的申请和保全担保要求，明确保全裁定作出部门，对于财产保全审查工作具有重要指导。但是，对于实践中亟须解决的保全审查“审什么”“怎么审”的问题，还需要进一步地细化，进行制度设计层面的弥合与完善。

（二）原则确定：迅速性原则和程序保障原则

程序原则来源于制度功能，原则确定对程序设置产生指引。在保全程序中，程序原则应为法院行使裁量权的重要依据。

1. 迅速性原则。作为临时救济性程序，迅速性原则是财产保全程序较之其他程序最为特别和突出的原则。迅速性体现在民事保全程序的全部阶段，一是保全审查程序应迅速完成、保全裁定应迅速作出，二是保全执行程序应及时开展、尽快采取执行措施。

2. 程序保障原则。程序保障是程序法的基本要求，民事保全程序亦不例外，具体而言包含有两层要求：程序具备正当性和当事人合法权益受到全面保护。

在通常情况下，保全措施的一定程度上的侵害性可由申请人提供的担保予以平衡，但在特定情况下，如保全措施或保全对象具有特殊性、对于被申请人的财产或其他权益造成较大不利影响时，单纯的担保不足以与之形成平衡，则应赋予被申请人相应的程序权利，使之有效参与到保全审查程序中。保全程序虽具有迅速性的天然特性，但程序保障性原则仍是基础和根本。法院进行保全审查，应对申请人的保全利益与被申请人因此受到的损害进行比较，然后决定是否采取保全以及采取何种措施。

（三）要件确定：主体、标的物、金额和案件类型

审查要件是审查方式及配套程序的确立基础。明确财产保全审查要件，一是从根本上解决目前普遍存在的以担保替代审查的现状，二是为保全设定符合制度目的的可预期范围，三是便于立案、审判部门裁判衡量，四是避免错误保全的发生以及发生后便于确定主体责任。

出于规范和指引财产保全程序的实施，我国部分法院对办理财产保全案件制定有操作细则，部分地区对于审查要件有些许涉及，具有积极的参考意义（见表9）。

表9　我国部分省市财产保全审查程序规定比较

地 区	是否规定审查程序	申请条件	审查条件
北京①	无	书面申请	无
上海②	保全审查应一次性告知申请人审查条件	诉讼保全：(1)当事人适格；(2)保全标的适格；(3)保全价值金额在限额以下；(4)保全目的合法 诉前保全：(1)当事人适格；(2)情况紧急；(3)保全目的合法	同申请条件
湖南③	规定了被申请人对于担保异议的审查。规定了需要合议的类型：1.按照诉讼阶段，2.按照财产保全措施类型	诉讼保全：(1)具有书面申请；(2)案件类别适格；(3)存在损害可能。 诉前保全：(1)当事人适格；(2)双方争议性质或保全标的适格；(3)情况紧急	同申请条件
福建④	无	无	依据《民事诉讼法》第100条的规定审查

根据财产保全的程序目标，在总结地方经验基础上，建议设立以下四项审查要件：

（1）主体适格：对于诉讼财产保全，申请人和被申请人都应是案件当

① 《北京市高级人民法院关于财产保全若干问题的规定（试行）》（京高法发〔2009〕163号）。
② 《上海市高级人民法院关于财产保全工作的规定》[沪高法（审）〔2014〕3号]。
③ 《湖南省高级人民法院关于财产保全案件的办案规程》（湘高法办发〔2015〕3号）。
④ 《福建省高级人民法院关于财产保全若干问题的意见（试行）》（闽高法〔2016〕9号）。

事人；对于诉前财产保全，申请人与被申请人之间存在法律上的权利义务关系。

（2）标的物适当：请求保全的财产是双方争议的财产或是被申请人的财产、到期债权或有关联的财产或权益等。

（3）保全金额限制：请求保全的财产价值金额以诉讼或者裁决请求的金额为限。被请保全的难以分割或具体价值难以判断的，法院要求申请人提供充分担保后，可以允许。

（4）案件类型匹配：适用财产保全的案件，应具有给付内容。

申请人提起保全申请，应提交符合形式要求的书面保全申请书。法院立案、审判部门收到申请书后，对四项要件项下内容进行审查。

（四）清单确定：被申请人、标的物和保全措施

以审查要件为基础，区别保全被申请人及具体措施、标的物，建立保全正向清单，依据符合正向清单与否确定个案审查方式。具体从三个层面判断是否属于正向清单：

一是保全被申请人应为基础法律关系相对方，即被申请人应与申请人存在直接的合同关系等基础法律关系，且该基础法律关系是申请人提起或即将提起的诉的基础。立案登记制背景下，对于原告起诉的被告的要件要求仅为具有明确的身份信息。实践中，出于各种诉讼目的，原告起诉的被告与原告诉求并无直接关系的情况非常普遍，在保全案件中，可能存在关联或一定的利害关系，原告将并非案件真正被告的当事人列为被告主体，并请求进行保全的情况也很常见，对该类情况应进行更为审慎的审查。

二是保全标的物应为价值稳定、易于保管或变现、且不存在因保全限制导致的经济损失或损失额度较低。对于大宗货物提起的保全，因存在价格短期剧烈波动的可能，且该类货品在运输过程中即可能存在多次转手交易的情况，不论对于财产权属的确定，还是保全后财产价值的影响，均存在较大不确定因素，因对于相关情况进行进一步审查。

三是保全措施应为直接扣划、冻结措施，或其他对被保全标的物价值影响较小的措施。扣划、冻结措施多用于银行账户、股票账户等，除对被申请人现金流造成不便外，其他不利影响较小。而对于生产设备等财产的查封，对被申请人生产经营造成影响，可能产生较大的经济利益损失；为降低该类损失，法院采取的由被申请人保管的变通的保全措施，又可能存

在后续的监管不力导致的保全财产的流失。故对于前述保全措施的采取，应经过更为全面的审查和考量。

（五）审查方式确定：单方审查为主、对审模式为辅

单一的单方审查或对审模式都有失偏颇，或是过于追求效率及保全执行效果，而忽略被申请人的程序保障；或是程序保障过于严格，程序运行成本过高致使制度设计目的难以实现。为实现前述二者的平衡，应以正向清单为基准，建构以单方审查为主、以对审模式为辅的审查模式。

1. 正向清单范围内适用单方审查。在正向清单的三个层面要求均满足的情况下，即可采用单方审理的模式，根据申请人提交的保全申请，或采用口头询问、或采用书面审查形式，均可完成保全审查。此外，对于请求保全的财产，若被申请人存在转移或侵害财产价值的行为时，经申请人申请，法院可以在不通知被申请人的情况下直接作出保全裁定。

2. 正向清单范围以外适用对审模式。在正向清单的三个层面要求中任何一项不满足的情况下，即应考虑适用对审模式。对于财产保全中的特殊程序：保全解除、保全复议及保全异议，就保全事项存在更大的争议与冲突，亦应适用对审模式进行审查。对审模式下双方当事人到庭说明情况及理由，并提供相应证据。此外实践中普遍存在的一种情况是，在保全措施开展之前，被告出于恶意或其他原因逃避送达（一些情况下，也存在原告故意隐瞒被告真实送达信息），保全措施完成后，被告迫于保全压力主动与法院联系。在司法送达未能有效实施的情况下，保全审查程序受有影响，尤其是对审模式无法启动，则法院应对申请人进行充分的风险释明，且在审查过程中应把握适度严格的标准。

（六）规范文书及送达：审查程序的公开化

裁判文书是体现审查活动的展示平台，现有文书状况反映了现有保全审查工作的粗糙和简略。在明确保全审查标准和程序的前提下，保全裁定文书应更为完整和规范。具体为，应在文书中载明审查经过，包括是否经过对审模式还是单方审查，以及法院衡量应采取保全措施的理由，即对于保全要件审查的说明。保全裁定的公开及送达与实体性裁决的标准应是一致的，保全裁定作出后应按照民诉法的相关规定公开，并送达债务人（驳回保全申请的裁定可以除外），保全执行情况的告知也应及时准确。

结　语

制度的本质是社会的一种博弈规则，塑型人群互动关系的约束。制度价值在于通过规范和设置一定限制性规矩使之成为各类人群遵循的行为准则，实现其对应的经济或社会效益。司法的过程总伴随着规则的发现与选择、调整与重塑。现行财产保全审查制度存在着规范缺失，导致司法实践中财产保全审查行为的异化和偏离，更使财产保全制度本身应体现的临时性救济措施呈现功能弱化和价值缺位。以审查原则、要件及程序规范为核心重构财产保全审查制度体系，其意义不仅是针对财产保全个案的具体指导，同时也是对原有制度存在瑕疵的检讨、矫正和弥合，更检验着司法者以理性检视实践、以实践创新制度的智慧和勇气。

村基层组织人员职务犯罪的主体界定*

潘俊美 姚杨超

引 言

近年来，面对惠农支农投入、拆迁及征地补偿等大幅增长所带来的巨大经济利益，部分村基层组织人员利用协助政府开展工作的职务便利走上犯罪道路，严重影响“三农”政策落实。2000年全国人大常委会通过《关于〈中华人民共和国刑法〉第九十三条第二款的解释》[①]（以下简称《解释》），为审理村基层组织人员职务犯罪提供了重要依据，但实务中围绕犯罪主体界定仍存在诸多争议，亟待解决。

一、现象透视：村基层组织人员职务犯罪争议的本质是“犯罪主体”判断问题

（一）实务争议表象

1. 人员范围之争议：“村基层组织人员”外延

《解释》规定村基层组织人员可构成贪污、挪用公款、受贿罪，但存在“村基层组织、人员”外延不清的问题。实务中对村党支部委员会、村

* 本文获2018年北京法院第30届学术讨论会优秀奖。

① 解释如下：“村民委员会等村基层组织人员协助人民政府从事下列行政管理工作，属于刑法第九十三条第二款规定的“其他依照法律从事公务的人员”：（一）救灾、抢险、防汛、优抚、扶贫、移民、救济款物的管理；（二）社会捐助公益事业款物的管理；（三）国有土地的经营和管理；（四）土地征收、征用补偿费用的管理；（五）代征、代缴税款；（六）有关计划生育、户籍、征兵工作；（七）协助人民政府从事的其他行政管理工作。村民委员会等村基层组织人员从事前款规定的公务，利用职务上的便利，非法占有公共财物、挪用公款、索取他人财物或者非法收受他人财物，构成犯罪的，适用刑法第三百八十二条和第三百八十三条贪污罪、第三百八十四条挪用公款罪、第三百八十五条和第三百八十六条受贿罪的规定。”

集体经济组织、村民小组等是否属于村基层组织，及其所属工作人员是否都能认定为《解释》规定的“人员”认识不一，直接影响了法院对其身份属性的认定，裁判结果呈现此罪与彼罪的差异，如案例1、案例2。

【案例1】村民小组长周某在协助征地过程中，通过虚报水井、土地面积等方式骗取国家征地补偿款57万余元。法院认为，周某以非法占有为目的，虚构事实，骗取国家资金，数额特别巨大，构成诈骗罪。①

【案例2】村民小组长韦某、白某与他人勾结通过伪造虚假户口的方式，骗取两块价值近16万元的国家安置地。法院认为，韦某、白某利用受委托协助征地拆迁工作的职务便利，骗取国家拆迁安置地，非法占有国家财物，构成贪污罪。②

小结：案例1、案例2中，法院对村民小组长的身份判断出现了截然相反的认定，导致裁判结果不同（见图1）。

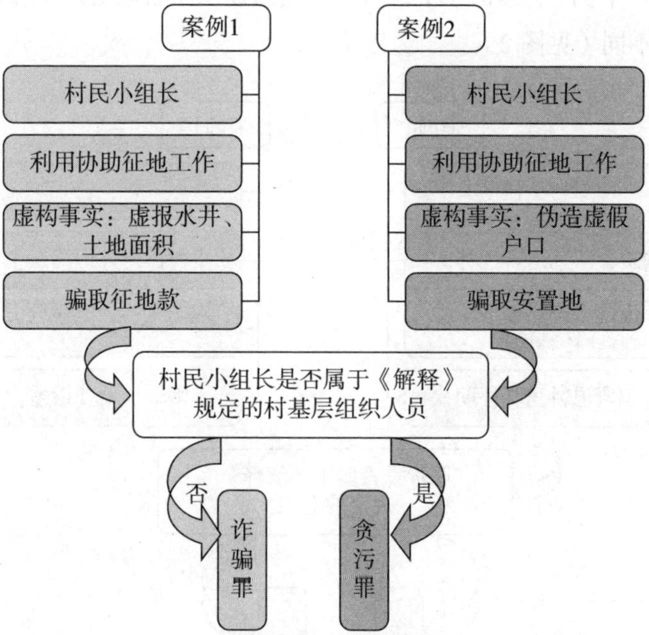

图1 案例1、案例2裁判对比

① 云南省红河哈尼族彝族自治州中级人民法院（2015）红中刑二终字第76号刑事判决书。
② 云南省保山市中级人民法院（2016）云05刑终132号刑事判决书。

2. 行为属性之争议："其他行政管理工作"判断标准

《解释》规定"协助人民政府从事的其他行政管理工作"的兜底条款，实务中对其认定标准存在争议，导致此罪与彼罪的裁判差异，如案例3、案例4。

【案例3】村主任余某，利用协助负责该村退耕还林工作之便，虚报52亩退耕还林面积，骗取国家退耕还林补助款95680元用于个人和家庭生活开支。法院认为，余某以非法占有为目的，采取虚构事实的手段骗取国家退耕还林补助款，数额巨大，构成诈骗罪。[①]

【案例4】村党支部书记甄某、村委会主任孔某利用协助政府从事征地清点工作之便，将村集体变压器挪移至征地范围内，并以个人名义上报且虚报容量，骗取国家征地补偿款10万余元。法院认为，甄某、孔某作为农村基层组织工作人员，利用职务上的便利，骗取国家征地补偿款，构成贪污罪。[②]

小结：案例3、案例4中，对是否是协助从事行政管理工作认定不同，导致定罪不同（见图2）。

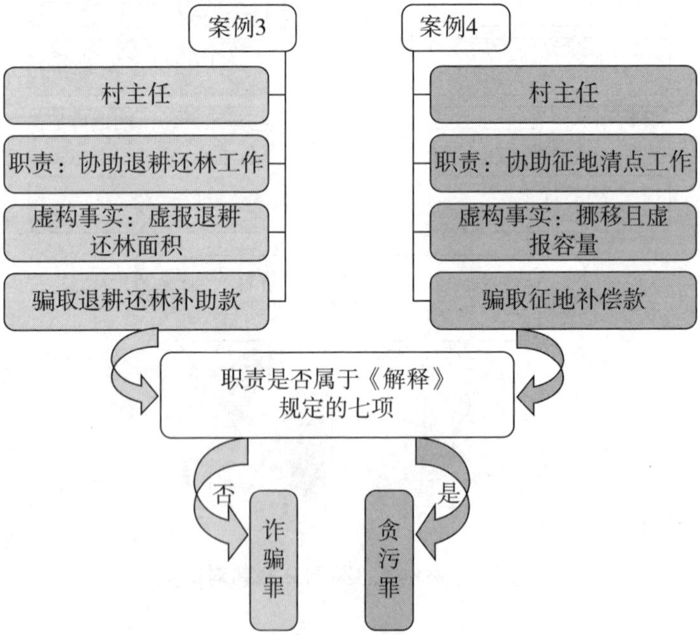

图2　案例3、案例4裁判对比

① 河南省商城县人民法院（2012）商刑初字第137号刑事判决书。

② 天津市第一中级人民法院（2015）一中刑终字第0380号刑事裁定书。

3. 主观目的之争议："为公"目的的定罪影响

村基层组织人员构成职务犯罪时，要求具有非法占有公共财物、挪用公款归个人使用、索取或收受贿赂等"为私"性主观目的。实务中，该类人员在履行《解释》规定的七项职责时，存在为了村集体（或全体村民）的利益而出现侵害国家财产的情况。在"为公"目的下，如何做到"罪刑法定"面临困难，如案例5、案例6。

【案例5】村委会主任胡某某，经村两委两次研究决定将陈某私建的厂房建造时间前置、产权性质变为村集体所有，多领取拆迁补偿款5741590.42元。村委会从中分得3667346.02元，全部用于村务开支。法院认为，胡某某以非法占有为目的，在征迁、拆迁过程中骗取拆迁补偿款，数额特别巨大，已构成诈骗罪，但考虑到其投案自首，且未占为已有，主观恶性较小，判处有期徒刑三年。[①]

【案例6】村支书冯甲、村主任冯乙在政府组织的危房改造中，通过虚报31户申请资料，骗取危房改造补助款403500元，用于本村村文化广场、村篮球场建设和其他支出。法院认为，冯甲套取危房改造资金，造成国家遭受重大损失，已构成滥用职权罪，鉴于其自愿认罪且款项全部用于公益性事业支出，社会危害性较小，免予刑事处罚。[②]

小结：案例5、案例6中，"为公"而骗取国家财产的行为，理应受到刑事处罚。实务中，对村基层组织人员能否适用渎职罪存在较大争议，持否定观点的法院通常都定诈骗罪，但在实现"罪刑相适应"方面面临较大困境。案例5中，犯罪数额是诈骗罪"数额特别巨大"的11倍多，虽然存在从轻或减轻处罚情节，但仅从诈骗罪的量刑标准来看仍存在量刑畸轻的问题。案例6中，持肯定观点，定滥用职权罪，既符合量刑标准，又确保"罪刑相适应"。

4. 财产性质之争议：集体财产、国家财产的定罪影响

在协助政府从事行政管理工作时，村基层组织人员所管理的财产的性质会发生变化，由国家所有变为集体所有或个人所有，这以土地征收征用补偿费用的发放最为明显。实务中，通常以村基层组织人员侵害的财产性质来确定罪名，国家所有则定贪污、挪用公款罪，集体所有则定职务

① 福建省福州市中级人民法院（2016）闽01刑终197号刑事判决书。

② 甘肃省秦安县人民法院（2017）甘0522刑初25号刑事判决书。

侵占、挪用资金罪。但其合理性有待考量，这也给定罪带来困惑，如案例七。

【案例7】村支部书记耿某经手发放征地补偿款，将村民补偿款发完后，通过虚列方式将应发放给村集体征地补偿款21930元占为已有。一审法院认为耿某构成贪污罪；二审法院认为耿某利用职务之便，侵吞集体资产，数额较大，构成职务侵占罪。[①]

小结：案例7中，侵占征地补偿款，一、二审法院因对侵占的征地补偿款是国有财产还是集体财产认定不同，定了不同罪。一审认为是国有财产，定了贪污罪；二审认为是集体财产，定了职务侵占罪。

（二）争议本质：犯罪主体的判断

【回应争议1、争议2】《解释》规定村基层组织人员履行七项职责时认定为“其他依照法律从事公务的人员”，存在利用职务便利进行犯罪时，可构成贪污贿赂罪。实际解决的是此类人员构成贪污贿赂罪的身份问题，但在“村基层组织人员”范围或“行政管理工作”性质无法明确时，会使《解释》适用出现争议。此处争议的本质是犯罪主体判断。

【回应争议3】《解释》未把渎职罪纳入其中，引起了村基层组织人员能否构成渎职罪的争议，这实际上是其作为“其他依照法律从事公务的人员”是否符合渎职罪主体问题，本质上也是犯罪主体判断问题。

【回应争议4】根据《刑法》第91条公共财产包括国有财产、集体财产等的规定，贪污、挪用公款罪侵占的是公共财物与公款，既可以是国有的，也可以是集体的。实务中，以财产性质来判定村基层组织人员是构成贪污、挪用公款罪，还是职务侵占、挪用资金罪，是不合理的。其实，前述两类罪名本质的区别在于犯罪主体不同，前者为国家工作人员，后者为公司、企业及其他单位人员。因此，在判断村基层组织人员构成何种罪名，关键是判断其是否属于国家工作人员，本质上还是犯罪主体的判断问题。这同样适用于受贿罪与非国家工作人员受贿罪的判断。

综上，实务中村基层组织人员职务犯罪定罪中存在的各种争议，本质是其是否符合贪污贿赂罪、渎职罪的“犯罪主体”问题。

---

① 安徽省亳州市中级人民法院（2015）亳刑终字第00254号刑事判决书。

二、本质探究：村基层组织人员职务犯罪的犯罪主体特征

犯罪主体的界定依托于其基本特征的明确。“对于‘其他依照法律从事公务的人员’这一法条的概括性规定的正确理解，应当着眼于法条中列举性规定所表明的共同特征，只有以这共同特征出发理解概括性规定，才能保证法条规定的前后一致性与内在协调性。”村基层组织人员属于“其他依照法律从事公务的人员”时，理应具有国家工作人员的基本特征。

（一）逻辑起点：“国家工作人员”的基本特征

关于国家工作人员的基本特征，长期以来刑法界存在较大争议，常见的有“身份说”“公务说”“身份与公务兼具说”[①]等。“身份说”强调具有国家工作人员资格身份。“公务说”强调从事公务行为。“身份与公务兼具说”强调将身份与从事公务相结合，资格身份是前提，从事公务是本质特征，“较好地克服了身份说和公务说的各自弊端”。兼具说与《刑法》第93条前3类明确列举人员的定义较为一致，每类人员都是由“组织的人员（身份资格）+从事公务”组成（见表1）。

表1 《刑法》第93条中国家工作人员定义

类型		法条内容	特征	
			异	同
国家工作人员	类型Ⅰ	国家机关中从事公务的人员	国家机关	从事公务
准国家公务员	类型Ⅱ	国有公司、企业、事业单位、人民团体中从事公务的人员	国有机构	从事公务
	类型Ⅲ	国家机关、国有公司、企业、事业单位委派到非国有公司、企业、事业单位、社会团体从事公务的人员	国家机关、国有机构委派	从事公务
	类型Ⅳ	其他依照法律从事公务的人员	依法	从事公务

① 参见江礼华：《论国家工作人员范围的界定》，载《中央检察官管理学院学报》1998年第4期。

1. 特征一：法定身份

通过分析，表1中前三类人员相异特征存在共性——身份法定。类型Ⅰ中，国家机关属于法律明确规定行使相关公权力的机构，身份具有法定性。类型Ⅱ中，国有公司、企业、事业单位、人民团体虽不是法律明确规定的权力机构，但属于法律法规授权其代表国家行使部分特定公权力的机构，机构的类型和设立均有法律授权，身份同样具有法定性。类型Ⅲ中，国家机关、国有机构委派到非国有机构中从事管理工作的人员，身份具有双重性，该类人员既是国家机关、国家机构的工作人员，又是前述机构委派到非国家机构的工作人员，故其身份同样也具有法定性。因此，前述三类国家工作人员的所属机构身份均具有法定性的特征。

2. 特征二：法定管理职责

“从事公务”作为国家工作人员本质特征基本已经为实务与理论界所接受，但对其具体内涵的理解，却存在多种不同观点（见表2）。要明确《刑法》第93条中“从事公务”的含义关键要确定“公务”具体内涵。本文对表2中五种观点的关键词进行了分析，“公务”具有两个特点：（1）具有法定性。观点A、C、E均提到了“依法”，其包含要依法从事和从事法定内容两层意思，即按照法律法规规定形式、内容履行，强调法定性；观点B、D、F虽未直接提到“依法”，但其通过强调行为内容和所属机构来体现法定性，如观点D中强调是在国家机构中履行职责，而国家机构的职责均是有法律法规依据，故其同样是“依法”履行。（2）具有管理性。区别于劳务，“公务的本质是‘管理性’”。管理应从广义理解，包含组织、领导、协调、经营、监督、决策等一切带有管理性质的行为，正如观点A、C、D、F。如，大学校长从身份上看属于国家干部，其履行校长职责时从事的管理性工作，是公务行为，而其在履行教师职责时从事的是教学活动，则是劳务行为。因此，“从事公务”实际体现的是“公务”的法定性和管理性特征，即法定的管理职责。

表 2　刑法理论界对“从事公务”的常见观点[1]

观点	内容	关键词
A	指依法所进行的管理国家、社会或集体事务的职能活动	依法/管理
B	指从事国家机关、公共机构或者其他法定的公共团体的事务	法定
C	指在国家机关中依法履行职责以及在公司、企业、事业单位、人民团体中履行组织、领导、管理等职责	依法/组织、领导、管理等
D	指在国家机关、国有公司、企业、事业单位、人民团体等单位中履行组织、领导、监督、管理等职责	国有机构/组织、领导、监督、管理等
E	指依法履行职责的职务行为以及其他办理国家事务的行为	依法
F	指代表国家机关、国有公司、企业、事业单位、人民团体等履行组织、领导、监督、管理等职责	国有机构/组织、领导、监督、管理等

3. 特征三：履行“法定管理职责”

“法定身份”“法定管理职责”描述的是国家工作人员一种静态层面的特征，突出人员类别。而《刑法》第 93 条同时还强调了“从事”的动态性特征，即具有“法定身份”拥有“法定管理性职责”的人员履行“法定管理职责”时，才能构成刑法意义上的国家工作人员。

（二）个性提炼：村基层组织人员的特征

村基层组织人员作为“其他依照法律从事公务的人员”，同样具有“法定身份 + 法定管理职责 + 履行法定管理职责”的基本特征。这三个特征是对国家工作人员特征高度抽象化的概括，在涉及具体某类人员时，其相应的具体内涵会存在差异。如，法官、警察在作为国家工作人员时，其法定身份、法定管理职责等具体内容方面存在差异，法官是审判人员依法从事审判工作，警察是行政执法人员依法从事社会治安维护等工作。因此，为了

① 观点 A 参见刘家琛主编：《新刑法条文释义》，人民法院出版社 1997 年版，第 1660 页。观点 B 参见张明楷：《刑法学》，法律出版社 2007 年版，第 129 页。
观点 C 参见马克昌主编：《犯罪通论》，武汉大学出版社 1999 年版，第 294 页。
观点 E 参见张穹主编：《修订刑法条文实用解说》，中国检察出版社 1997 年版，第 111 页。
观点 F 参见最高人民法院 2003 年 11 月 13 日发布《全国法院审理经济犯罪案件工作座谈会纪要》。

准确理解村基层组织人员，应对其三个基本特征的具体内容进行明确。

1. 法定身份：法律法规明确规定的村基层组织类型的成员

法定是指由法律、法律所规定的[①]，强调的只有法律明确规定才可以。法定身份的是国家工作人员所属组织类型属于法律法规明确规定设立的，如法官所属法院是由《宪法》《法院组织法》明确规定设立的。因此，村基层组织人员“法定身份”特征的具体内容是属于法律法规明确规定的村基层组织类型的成员。

2. 法定管理职责：具有《解释》规定的七项职责

《解释》明确列举村基层组织人员协助政府开展的各项具体行政管理工作，本质是对村基层组织人员从事行政管理工作在法律层面进行的授权，体现了职责的法定性；而具体各项工作的内容又都体现了管理性。因此，村基层组织人员“法定管理性职责”特征的具体内容是《解释》规定的七项职责。

3. 履行“法定管理职责”：履行《解释》规定的七项职责

村基层组织人员履行“法定管理职责”，即强调其在符合“法律法规明确规定的村基层组织类型的成员”，拥有“《解释》规定的七项职责”后，只有在从事前述七项职责的过程中，才能成为国家工作人员。

结论：《解释》规定的村基层组织人员具有国家工作人员基本特征，但在特征具体内容上具有自身特点，这也是其构成贪污贿赂罪时犯罪主体特征（见图 3）。

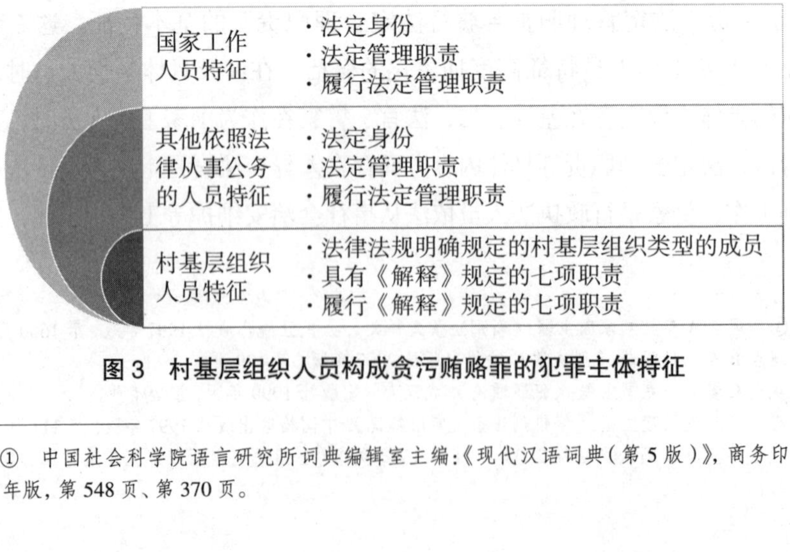

图 3　村基层组织人员构成贪污贿赂罪的犯罪主体特征

---

① 中国社会科学院语言研究所词典编辑室主编：《现代汉语词典（第 5 版）》，商务印书馆 2005 年版，第 548 页、第 370 页。

三、路径完善：村基层组织人员职务犯罪主体的合理界定

（一）贪污贿赂罪中主体判断

村基层组织人员职务犯罪主体特征的明确，为该类犯罪的犯罪主体判断提供了标准。“法律法规明确规定的村基层组织类型的成员、《解释》规定的七项职责”两个特征属于资格性要求，从静态层面明确了其作为国家工作人员所应具有的身份、条件。其中，“法律法规明确规定的村基层组织类型的成员”是身份要求，是前提条件；“《解释》规定的七项职责”是符合身份要求后的资格条件，是基础条件。“履行《解释》规定的七项职责”属于行为要求，是动态层面的具体履职，既是犯罪主体判断最后一步，也是之后其他犯罪构成要件判断的前提，是核心条件。

1. 第一步：“法律法规明确规定的村基层组织类型的成员”之范围廓清

（1）村基层组织范围。确定人员范围，需要先明确“法律法规明确规定的村基层组织类型”的范围，再判断其成员范围。对于组织类型判断，实际就是对现有法律法规进行梳理，明确可以设立的所有村基层组织。为了符合《刑法》的立法精神并保持一致性，这里“法律法规”的解释应与《刑法》第96条中“国家规定”的含义相一致，应严格限定在由全国人大及常委会制定法律、决定和国务院制定行政法规、规定的行政措施、发布的决定和命令。本文通过梳理，有明确依据的村基层组织有村民委员会、村集体经济组织、村级党组织三类（见表3）。实务中，争议较大是村民小组、村内专项委员会（人民调解、治安保卫等）是否属于村基层组织。本文持否定观点，理由有二：一是根据《村民委员会组织法》第3条、第7条之规定，村民小组、村民专项委员会均是由村民委员会根据实际情况设立的，是其组成部分，设立与否的决定权在村民委员会，对村民委员会具有相当程度上的依附性；二是《解释》规定的“村民委员会等村基层组织”，“等”字为列举未尽之意，正如前文有关基本特征之分析，未列举之村基层组织应与村民委员会均有相同的特征，才能保持前后一致性与内在协调性，即此处村基层组织应同属于“村”一级别的组织。

表3　村基层组织的设立的法律法规依据

村基层组织类型	设立的法律法规
村民委员会	《宪法》第111条、《村民委员会组织法》第2条
村集体经济组织	《宪法》第8条、《民法总则》第99条
村级党组织	《村民委员会组织法》第3条

（2）村基层组织人员的范围。此处主要解决的问题是村民委员会、村集体经济组织、村级党组织中的哪些人员可以归入此处“村基层组织人员”。对于村民委员会，根据《村民委员会组织法》第9条的规定，村民委员会主任、副主任和委员属于村基层组织人员；由于村民小组、村内专项委员会属于村民委会的组成部分，其中村民小组长由村民小组会议推选产生，负责该村民小组的管理与协调工作，并协助村委会办理本村公共事务；专项委员可由村委会委员兼任，负责相关专项工作，故二者均属于村基层组织人员。对于村集体经济组织，根据《宪法》第17条规定，村集体经济组织日常由组织成员选举出来的人员进行管理，故其属于村基层组织人员。对于村级党组织，根据《中国共产党章程》第30条、第31条规定，村级党组织经批准可设立党的基层委员会、总支部委员会、支部委员会，负责管理党组织的日常工作，委员会由书记、副书记及若干委员组成，故其属于村基层组织人员。

综上，“法律法规明确规定的村基层组织类型的成员”范围如下（见图4）：

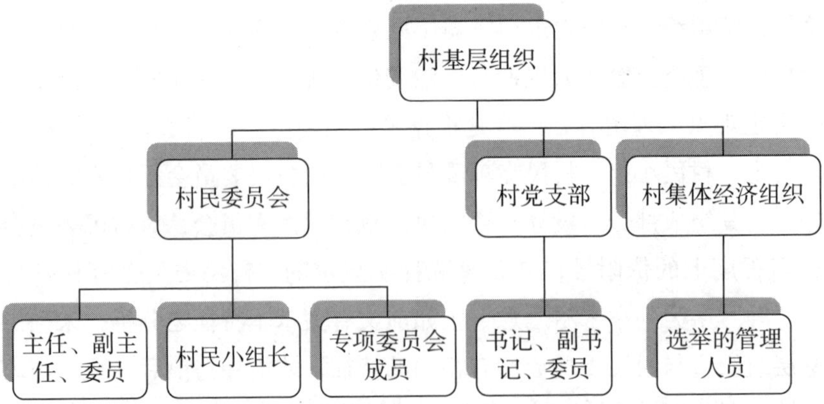

图4　“法律法规明确规定的村基层组织类型的成员”的范围

2. 第二步："协助政府从事行政管理"之标准廓清

《解释》规定的前六项职责是对实践中较为常见行政管理工作的列举，目的是便于实务操作。实践中存在的有关协助政府从事行政管理范围的争议，主要由于《解释》中第七项职责中"其他"的判断标准不清造成。结合前文对国家工作人员有关"法定管理职责"分析，本文认为"协助人民政府从事其他行政管理"的标准由以下四个方面组成：

（1）非自发性。"协助"为辅助、配合之意，此处村基层组织人员从事行政管理工作是为了辅助、配合政府从事该行政管理工作，是应政府之要求开展，并非自主决定开展。

（2）限定性。协助的对象只能是人民政府，不包括其他国家机关（如立法、审判、检察、党组织等）；协助的内容只能是从事行政管理工作，且行政管理工作须是《宪法》《地方各级人民代表大会和地方各级人民政府组织法》等国家规定明确规定政府职责。

（3）职权性。村基层组织人员协助从事行政管理工作，实际是分担政府在从事该项工作的部分内容，对其所承担部分具有一定行政管理权力，负有管理和决定权，体现了职权性。如仅仅是在政府管理工作承担单纯的劳务性协助，则不属于此处范围。如，仅因为熟悉村里的地理环境而为政府人员开展相关工作带路，则不属于从事行政管理工作范畴。

（4）专项性。村基层组织的常态性与全面性工作主要是自治性的村务工作，而协助政府的行政管理工作不具有经常性。通常是因政策需要或经济建设等原因，政府要求村基层组织协助开展工作，具有显著的临时性、针对性特点。

3. 第三步：履行"协助人民政府从事行政管理工作"之标准廓清

"履行"的基本要求是在规定的时间、规定的地点内做了规定的事情，这其实也是判断履行与否的标准。对于村基层组织人员是否履行《解释》规定的职责的判断也是基于上述标准。具体来说，村基层组织人员被认定为履行了职责，要同时符合以下三个条件：（1）在政府规定的时间内履行。即授权的有效期限内，开展其所承担行政管理工作的整个时间段。（2）在村基层组织所辖区域内履行。村基层组织人员协助政府从事行政管理工作的法定职责来源，是从政府授权其所在村基层组织协助履行行政管理工作而来的。而之所以需要其协助从事行政管理工作，主要是利用其熟悉本组织辖区情况，便于开展工作的优势。因此，必须是在村基层组织所辖区域内履行。（3）履行了政府所委托协助的行政管理工作。即必须履行政府所明确的工作内容，如通常情况下，政府会以“文件”“通知”的形式发送到村里，后村基层组织人员按照政府要求，以协助政府的名义开展工作。

结论：村基层组织人员贪污贿赂犯罪中犯罪主体判断流程（见图5）：

第一步：判断是否属于三类人员范围		
村民委员会成员（村民委员会主任、副主任、委员，村民小组长、专项委员会成员）	经选举产生的集体经济组织管理人员	村级党组织书记、副书记及委员

第二步：判断是否属于“协助政府从事行政管理工作”	
属于《解释》规定的前六项职责	不属于，则须符合非自发性、限定性、职权性、专项性四个标准，认定《解释》规定的第七项

第三步：判断是否属于“协助人民政府从事行政管理”		
在政府规定的时间内履行	在村基层组织所辖区域内履行	履行了政府委托协助的行政管理工作

图5　村基层组织人员贪污贿赂犯罪中犯罪主体判断流程图

（二）村基层组织人员可构成渎职罪

关于村基层组织人员能否适用渎职罪争议的解决，需解决两个问题：一是《解释》仅规定了村基层组织人员可构成贪污、挪用公款、受贿三项罪名，是否就意味着排除了渎职罪的适用；二是《解释》规定的村基层组织人员是否属于2002年全国人大常委会《关于〈中华人民共和国刑法〉第九章渎职罪主体适用问题的解释》（以下简称《渎职罪主体的解释》）的犯罪主体。

1. 问题一回应:《解释》无法排除渎职罪的适用

根据罪刑法定原则,《解释》的作用是以法律的形式明确村基层组织人员可构成贪污、挪用公款、受贿三项罪名。《解释》没有规定渎职罪,只能确认村基层组织人员无法依据《解释》来定渎职罪。而如能从其他法律找到明确的定罪依据,其仍可以构成渎职罪。因此,《解释》的规定,无法排除渎职罪的适用。

2. 问题二回应:属于《渎职罪主体的解释》的犯罪主体类型

《渎职罪主体的解释》使渎职罪的主体由单一国家机关有编制的工作人员扩充到了四种人员,都是由“工作组织+从事公务”组成的,其中工作组织分为国家机关、依法行使国家行政管理职权的非国家机关组织、受国家机关委托代表其行使职责的组织三类。村基层组织肯定不属于政府机关,因此判断其是否符合渎职罪主体的关键在判断村基层组织在履职时是否属于《渎职罪主体的解释》规定的另外两种组织。一方面,从前文有关判断“协助政府从事其他行政管理工作”四个标准的分析可以得出,村基层组织所从事行政管理工作来源于政府的委托;另一方面,村基层组织人员只有在政府规定的时间内、在村基层组织所辖区域内、履行了政府所明确要求协助的行政管理工作时,才可认定为履行了“协助政府从事行政管理工作”,实为代替政府行使了部分职权,“实际上是依法受委托在从事公务”。① 因此,《解释》中村基层组织属于受国家机关委托代表其行使职责一类,其人员属于《渎职罪主体的解释》中“在受国家机关委托代表国家机关行使职权的组织从事公务的人员”。

结论:《解释》规定村基层组织人员属于《渎职罪主体的解释》的犯罪主体类型,可构成渎职罪。村基层组织人员可构成渎职罪,前文争议三中所面临的定罪困境将迎刃而解,将案例5罪名由诈骗罪改为滥用职权罪,依据该罪相关规定进行量刑,才算真正做到“罪刑相适应”。而具体判断时,则可依据前述贪污贿赂罪的三步判断标准进行。

(三)犯罪主体判断中的两个常见问题

1. 此罪与彼罪的判断:以协助政府从事行政管理的完成为标准

村基层组织人员在不同时间管理同一笔财产时,是以国家工作人员身

---

① 参见江礼华:《论国家工作人员范围的界定》,载《中央检察官管理学院学报》1998年第4期。

份还是以组织成员身份管理，直接决定最终罪名。而具体身份的确定，取决于其协助政府从事行政管理工作是否完成。因此，明确协助工作完成的判断标准，是确定构成贪污贿赂罪还是其他罪的核心。结合前文有关履行的判断标准和行为的非自发性特点，工作是否完成判断主要有三个标准：一是以所协助政府的此项行政管理行为是否完成，政府完成则认定完成；二是履行是否超过了政府确定的履行期限，超过则认定为完成；三是是否达到了政府要求协助所要实现的行政管理目的，达到目的则认定为完成。具体判断时，可根据具体协助的工作内容和政府的工作要求来确定具体适用标准。

2. 大学生村官属于“其他依照法律从事公务的人员”

大学生村官在履行《解释》中七项职责时，是否能构成贪污贿赂罪和渎职罪存在较大争议，这同样也是一个犯罪主体判断问题，即大学生村官的主体身份判断。从前文有关村基层组织人员的分析来看，由于大学生村官不属于村基层组织类型的成员，其身份不是村基层组织人员。同时，借鉴前文犯罪主体判断标准的分析，大学生村官在履行《解释》中七项职责的过程中，其是否构成职务犯罪关键在于判断其是具有“法定身份”。《中共中央、国务院关于2009年促进农业稳定发展农民持续增收的若干意见》中，正式提出了“一村一名大学生”计划，大学生村官由政府组织选拔并管理，工资补助由国家财政负担，参照公务员管理考核，协助村里管理公共事务，故其在履行《解释》中七项职责时在身份上符合法定性要求。因此，大学生村官属于其他依照法律从事公务的人员，应纳入贪污贿赂罪、渎职罪的主体范围。

结　语

通过本质的探寻，本文分析了《解释》规定的村基层组织人员作为国家工作人员时的特征，明晰了判断其是否符合贪污贿赂罪、渎职罪的犯罪主体的标准，为有效预防、惩治村基层组织人员职务犯罪提供有益帮助。

村民委员会民事责任承担研究*

——以“履行职能需要”为视角

王苗苗　潘幼亭

引　言

“履行职能需要”是确定村民委员会承担责任的核心，指向了履行的主体、客体和结果。但《民法总则》对何为“履职行为需要”并没有明确的规定。笔者以为在具体的司法解释出台之前，确定村民委员会承担民事责任时仍应当根据《村民委员会组织法》的相关规定。由此，村民委员会当前“履行职能需要”时面临的问题，也是村民委员会成为特别法人后承担民事责任时所要面临的问题。

一、“履行职能需要”界定的现实困境

根据《民法总则》的规定，“履行职能需要”是村民委员会承担责任的基本要求，法人承担的民事责任的两个维度“法人对其机关的责任和法人的替代责任”[1]，从侧面反映了“履行职能需要”应该考量的三个因素：即履职客体、履职主体和履职的结果。实务中，村民委员会在上述三因素的界定中，仍面临着诸多的难题。

（一）“履行职能需要”的客体：经济职能界限不明

村民委员会的职能包含村民自治、协助行政和经营管理集体资产。[1]

---

*　本文获2017年全国法院第29届学术讨论会一等奖。

①　林洁：《论法人的民事责任能力》，载《法制与社会》2008年第2期。

②　王国忠：《论村民委员会和农村集体经济组织的职能及相互关系》，载《黑龙江省政法管理干部学院学报》2004年第6期。

其中，经营管理集体资产是村民委员会经济职能的核心内容，而现行法律一方面规定了村民委员会对集体财产的经营管理，另一方面又允许了集体经济组织法人或经济合作社法人对集体财产进行管理，三者在实际中运行中存在着职能交叉。但交叉后职权的运行和责任的承担又缺乏明确的规定，导致村民委员会责任承担界定不明，如案例1和案例2所示。

【案例1】吴某系新路村车塘组村民，2014年车塘组发放土地征用补偿款等，未发放给吴某，吴某起诉要求车塘组与新路村委会补发。二审法院认为：征地补偿费由新路村委会支付至车塘组账户上，根据《最高人民法院关于审理涉及农村土地承包纠纷案件适用法律问题的解释》第二十四条之规定，车塘组可以决定在内部分配土地补偿款，村委会对村民小组在事关村民重大利益的事项上具有监督、管理和指导职能，新路村委会未尽到所有人的管理职责，应当承担补充责任。①

【案例2】1998年2月，甲方上庄村二社与乙方泰康公司签订《土地有偿使用合同》，在合同尾部，上庄村委会作为甲方签章，泰康公司作为乙方签章，右营办事处作为甲方上级签章。2000年村改，右营办事处改为右营居委会，上庄二社改为右营二组，后经批准成立右营二合作社。后协议无法履行，泰康公司起诉右营居委会、右营二组、右营二合作社，请求确认协议无效，并赔偿损失。法院审理认为：《土地有偿使用合同》中，右营二组与右营二合作社均属于合同主体，右营居委会仅作为上级主管部门签章，不是适格主体，不应承担民事责任。②

小结：案例1中，土地征用补偿款应属于集体经济组织所有，并由其管理使用，案例1中却认定村民委员会对于该笔资金具有管理义务，应承担民事责任；案例2中，上庄村委会作为甲方在协议中签章，同样是基于其对集体财产管理的职能，但该案在审理中并未让其承担责任。

（二）"履行职能需要"的主体：身份关系不统一

"履职主体"是否适格是村民委员会能否承担民事责任的重要因素。在非履职主体行使村民委员会职能时，村民委员会无需承担民事责任。村民委员会的组成人员：主任、副主任和委员，由村民选举产生，依照法律规定对村级事务进行管理。由此而言，上述三者属于履行职责的适格主

① 湖南省长沙市中级人民法院（2014）长中民未终字第03656号民事判决书。

② 云南省高级人民法院（2009）云高民一初字第1号民事判决书。

体，其在履职过程中若产生民事责任时，与村民委员会的关系如何认定仍存在着争议。

【案例 3】刘某系后马村村委会主任，2008 年 12 月，刘某参加该村两委班子会议途中发生交通事故。后刘某以提供劳务者受害责任纠纷为由，提起诉讼，要求后马村村委会承担赔偿责任。一审法院认为，刘某作为村主任系村民选举产生，并非后马村委会选任，同时其所获得报酬亦非后马村委会支付，而是政府支付，故双方之间并不存在雇佣法律关系，驳回其诉讼请求。刘某不服提起上诉，并提出镇政府为雇主，一审遗漏当事人。二审法院认为，刘某作为村委会主任由村民直接选举产生，与镇政府不存在雇佣关系。且刘某与村委会亦不存在劳动关系和雇佣关系，故对刘某的主张法院不予支持。①

【案例 4】董某在横桥村委会担任委员、治保主任一职。2013 年 3 月，横桥村村民崔某与邻居因建房发生纠纷，横桥村委会指派董某前往处理。期间，崔某与董某发生争执，崔某持金属钢管猛击董某头部，致董某从院墙上坠落死亡。董某之母许某和其子董小某将横桥村村委会诉至法院，要求赔偿各项费用共计 90 余万元。法院认为：董某系横桥村委会委员，在履行职务过程中遭受人身损害，应由横桥村委会承担赔偿责任，据此判决横桥村委会赔偿 90 余万元。②

小结：案例 3 中，村委会主任经村民选举产生，法院对其与村委会之间的雇佣关系未予认定，亦以此为由回避了对“履职”行为的认定；案例 4 中，村治保主任也是经村民选举产生，法院对“履职”行为进行了认定，但回避了其与村民委员会关系的认定。

（三）“履行职能需要”的结果：无独立财产＝无责任能力

“民事责任的基本功能，是救济受害人并制裁违反义务人、警示和教育他人。”③财产是法人承担责任的关键，也是法人的一个重要特征。若无充足的财产保障，村委会应当承担的责任则无法完全实现。村民委员会管理本村属于村农民集体所有的土地和其他财产，办理本村公益事业所需的经费时，由村民会议通过筹资筹劳的方式解决，经费确有困难的，由地方

① 辽宁省沈阳市中级人民法院（2014）沈中民一终字第 1861 号民事判决书。
② 北京市昌平区人民法院（2015）昌民初字第 07162 号民事判决书。
③ 刘士国：《论民法总则之民事责任规定》，载《法学家》2016 年第 5 期。

人民政府给予适当支持。但“集体财产的管理”并不意味着该财产属于村民委员会所有，村民委员会并无独立的财产，其所谓“财产”也常与集体经济组织法人混同在一起，导致在其承担民事赔偿责任的案件中，常因财产的不足而使得责任无法实现。

以笔者所在的B市C法院为例，2014年1月1日至2017年5月31日，以村民委员会为被执行人的案件共101件，有34件案件结案方式为终结本次执行。笔者进一步分析了终结本次执行的34件案件的原因，发现“被执行人无财产”是造成责任承担难的主要因素，如图1所示。

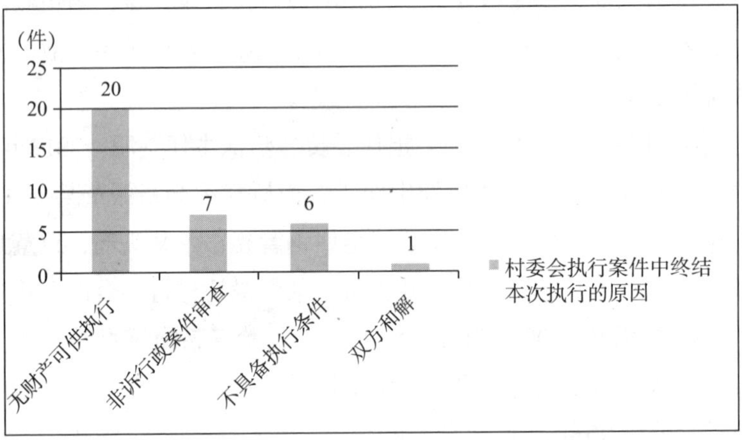

图1　涉村委会执行案件中终结本次执行的原因统计

二、“履行职能需要”界定难的原因探析

（一）村民委员会自治职能的法律规范不清晰

1982年《宪法》第一次从宪法层面确认了基层群众性自治组织[①]，村民委员会形成历程本身即为“自治权”发展的过程。这一过程中，村民自我管理、自我教育、自我服务的意识不断觉醒，伴随着基层人民政府权力的收缩，村民的自治权范围也在不断扩张。

1987年《村民委员会组织法（试行）》和1998年《村民委员会组织法》规定了村民委员会应当尊重集体经济组织独立进行经济活动的自主权，但其一方面未对集体经济组织的职能进行界定，另一方面，强调“尊

① 焦洪昌主编：《宪法学（第二版）》，北京大学出版社2006年版，第386页。

重独立行使自主权”，但“尊重”并不意味着集体经济组织系“集体财产”的管理者。此时，村民自治中涉及的经济职能、自治职能和协助政府职能由村民委员会行使。再加上，我国村民委员会组成的主体均是当地村民，更具有人情特色，发生争议或纠纷时，自然地由村民委员会进行管理。使得村民委员会行使自治权时形成了职权上的扩张性与主体上的混同性两项特征。

随着社会的发展，基层群众自治的内容不断丰富，村民委员会需要承担的职能也在增加，职能之间也开始存在冲突，如经济职能中，对集体财产管理的目的在于其增值，[①]而举办服务性事业和社会福利事业目的在于保障村民的福祉。2010年《村民委员会组织法》第8条规定：村民委员会尊重并支持集体经济组织法人依法行使经济活动自主权，一字之差，却也意味着对于“集体经济组织”主体资格和经济职能权限的承认。而囿于村民委员会自治权行使时的两个特征，村民委员会仍对“集体财产”进行着实际管理，村民委员会成员仍在集体经济组织中担任职务，造成事实上村民委员会的“履行职能需要”的职权范畴进行了扩张，履行职权成员的重合。

（二）“党政社村”四位一体的格局造成责任界定不清

依据《村民委员会组织法》的规定，村民委员会和集体经济组织在职能上交叉、人员上重合、财产上混同，村民委员会党支部支持和保障村民开展自治活动，村民委员会协助基层人民政府开展工作，使得在现实中形成了村民委员会“党政社村”四位一体，高度统一，[②]成为村民委员会“履行职能”时必须要考虑的现实。

1. 村党支部为村内重要事务的实际决策者。村民委员会党支部应当领导和支持村民委员会行使职权，支持和保障村民开展自治活动，直接行使民主权利。[③]而实践中，村民委员会党支部的书记的职权往往超越村民组织的权限，并通过自发性的“党员联户制度”[④]对村规乡约进行实际的修订和管理，从而使得党组织集体实际上代行了村民大会或村民代表会议权

① 徐增阳、杨翠萍：《合并抑或分离：村委会和村集体经济组织的关系》，载《当代世界与社会主义》（双月刊）2010年第3期。

② 潘嘉玮、周贤日：《农村自治与行政权的冲突》，中国人民大学出版社2004年版，第2页。

③ 参见《中华人民共和国村民委员会组织法》第4条。

④ 如华西村通过“党员联户制度”对村务进行实际管理，参见《南方周末》2016年1月22日。

限范围内的职权。

2. 村民委员会成为政府行政管理的末梢。村民委员会与基层人民政府之间并不存在管理与被管理的关系。[①]但实务中，村民委员会在集体财产和村内日常实务管理中，国家通过村民委员会贯彻国家意志，实现行政管理职能，已经成为基层人民政府的传声筒和实际执行者，使村民委员会"履行职能需要"的界限客观上被扩大至"政府行政管理的末梢"。

3. 村民委员会与集体经济组织财产混同。涉及集体经济组织和村民委员会的财产时，无明确的区分，各个自治组织根据本组织内的具体情况而灵活掌握，有的资金存在村民委员会名下，有的资金集体经济组织名下，二者之间的财产缺乏明确的界限，在执行村民委员会财产时，或者无财产可供执行，或者执行财产侵犯村民集体财产。这使得村民委员会在履行职能时，需要考虑是属于其特有的职能抑或是与集体经济组织共有职能，事实上限制了"职能"界定的正确性、"履行"主体准确性和责任承担的及时性。

（三）法律和实践对"履行职能需要"处理不一致

村民委员会职权、成员和责任是确定"履行职能需要"的直接依据，但现行法律规定中上述三要素却均存在着冲突。

《村民委员会组织法》规定村集体所有的土地和其他财产的管理主体是村民委员会。《土地管理法》《物权法》规定集体土地由集体经济组织或者村民委员会经营、管理。《土地承包法》第5条规定了土地发包的主体为"农村集体经济组织"，第12条规定村集体经济组织或者村民委员会均可作为发包主体。上述法律规定中，实际上将管理集体财产的主体分为两种：村民委员会、集体经济组织，且当二者并存时，"管理"的界限并未明确。同时，因实际发包主体与承包合同中的发包主体不一致，也导致集体土地承包权是否属于"管理"对象也存在着争议。以"村民委员会""土地承包合同纠纷""二审"为关键字，在中国裁判文书网上共查询到以"村民委员会"为当事人的二审土地承包合同案件共4818份；而以"集体经济组织""土地承包合同纠纷"为关键字，在中国裁判文书网上搜索文书显

---

① 孙晓飞：《村民委员会的"身份寻租"—村民委员会在土地征收补偿案件中的表现及与其他主体的关系》，载《公正司法与行政法实施问题研究——全国法院系统第25届学术讨论会获奖论文集》，人民法院出版社2013年版，第1136页。

示“无符合条件的数据”。[①] 根据法律规定，作为“有权发包”集体财产的集体经济组织法人，实际上并未作为合同主体签订合同，或其虽签订了合同，但最终责任承担亦有村民委员会承担。无论上述哪种解释或推论，显然均是与常理不符的，而这种不符的根源性因素即在上文所提到的其在法律规定中的冲突。

《民法总则》对村民委员会的职能进行了扩张，但尚无扩张后职能的范围，且《村民委员会组织法》中对新扩张的职能也暂无可适用的条款进行明确。如《民法总则》第 31 条“临时监护人”、第 32 条“担任监护人”和第 36 条“申请撤销监护人资格”的规定，实际上均属于对村民委员会职能的新扩张，而“临时监护人”的时限、担任监护人期间的支出、未尽到监护人职责时责任的承担等问题均未规定，为“履行职能的需要”界定增加了新的难度。

三、村民委员会民事责任承担的完善路径

（一）村民委员会的“自治性”决定了其承担民事责任的有限性

村民委员会是村民自治的法定内设执行机构。[②] 在从民事责任承担的角度对村民委员会进行分析时，首先应当明确其责任承担具有特殊性，而这种特殊性的根源在于“自治性”。当将村民委员会置于“特别法人”的位置时，应该认识到其与其他法人的差异之处（见表 1）。

表 1　各类法人类比情况

类别	性质	设立原则	财产来源	目的及主要职能
营利法人	私法人	准则主义	自筹或经营所得	取得利润并分配
非营利法人	私法人或公法人	准则主义	自筹或划拨	公益目的或非营利目的
机关法人	公法人	特许设立	财政拨款	履行法定职责
农村集体经济组织法人	私法人	准则主义	自筹＋经济收入	集体财产的使用、管理和收益，保持集体财产的增值

① 载中国裁判文书网，http://wenshu.court.gov.cn/，2017 年 6 月 18 日访问。

② 王旭宽：《村民与村民委员会冲突的司法救济问题》，载《行政与法》2008 年第 8 期。

续表

类别	性质	设立原则	财产来源	目的及主要职能
城镇经济合作社经济法人	私法人	准则主义[①]	自筹+经济收入	集体财产的使用、管理和收益，保持集体财产的增值
基层群众性自治组织法人	准公法人[②]	特许设立	拨款+自筹	履行自治职能

因此，在民事责任承担时，应当充分考虑村民委员会“自治”在民事责任承担中的具体体现。

1. 自治行为的不可诉性。《村民委员会组织法》第4条规定，人民政府不得干预依法属于村民自治范畴内的事项。司法机构对“依法属于村民自治范围内的事项”亦不进行干预，因此，村民委员会的自治行为不属于“履行职能需要”的范畴，不具有可诉性。

2. 重大事项决策的程序性。涉及村民利益事项，须经村民会议民主程序讨论决定方能办理。如村民委员会有权作为土地承包中的发包方对集体土地进行管理，但在涉及土地承包经营方案时，需要经过村民会议或全体村民大会集中讨论，集中决策。

3. 不具备可破产性、可解散性。当法人符合一定条件时，会出现因解散、破产和其他原因导致的终止，这也是营利法人与非营利法人所有的共性。因村民委员会的设立、调整均由乡镇人民政府提出，经村民会议同意，报县政府批准，具有很强的政治性，因此，一般法人会面临的破产和解散以及后续民事责任承担的问题，对基层群众性自治组织法人并不适用。

（二）村民委员会“履行职能需要”的职能范围

村民委员会“履行职能需要”中对职能界定的关键在于对其经济职能的界定，“集体财产”的管理应属经济职能的主要内容。当前涉及“集体

---

① 如华西村通过“党员联户制度”对村务进行实际管理，参见《南方周末》2016年1月22日。

② 2017年5月2日，江苏省高级人民法院审监庭副庭长刘振法官在中国政法大学“《民法总则》法人制度立法解读”的讲座中提出该理论。

财产管理”的主体实际上包括三类：村民委员会、集体经济组织法人和合作经济组织法人。后两者在功能上具有相似性，即做好集体资产的管理工作，使集体资产得到合理利用和有限保护，并确保集体资产的保值增值。[①]故本文将二者作为同一类主体，并对不同情形下，村民委员会应当承担的民事责任进行梳理。

1. 二元主体并存格局中村民委员会的民事责任。《民法总则》第99条和第100条规定了集体经济组织法人和合作经济组织法人，二者占有、使用、收益和处分的客体均为“集体财产”。根据现行法律规定，村委会对“集体财产”仍享有“管理权”，而村民委员会的公共性决定了她的组织目标是为村庄社区内的所有成员提供同等的公共服务，公平正义是它的价值诉求，民主是它的运作逻辑。[②]笔者认为，在二者并存的情况下，为保证村民委员会履职的完整性和集体财产的增值功能，应当将对“集体财产管理权”统一归由集体经济组织法人。在明确职能分工后，应该考虑到实务中的运行情况更具有复杂性，故此，本文将从理想状态下和可能的实务运行状态下对民事责任的承担分别予以讨论。

（1）职责明晰下的民事责任形态。各司其职的情况下，涉及集体财产的经营、管理、租赁、投资、发包、合作等经济活动时，由集体经济组织法人统一负责，集体经济组织法人向村民大会负责，村民委员会尊重集体经济组织法人对“集体财产管理”。基于上述行为产生的民事责任均由集体经济组织法人承担。在对集体财产进行处分时，对关系到村民重大利益的事项，集体经济组织法人应征得村民会议的同意，方得对集体财产进行处置。合理职能关系如图2所示。

---

① 徐增阳、杨翠萍:《合并抑或分离：村委会和村集体经济组织的关系》，载《当代世界与社会主义》2010年第3期。

② 徐增阳、杨翠萍:《合并抑或分离：村委会和村集体经济组织的关系》，载《当代世界与社会主义》2010年第3期。

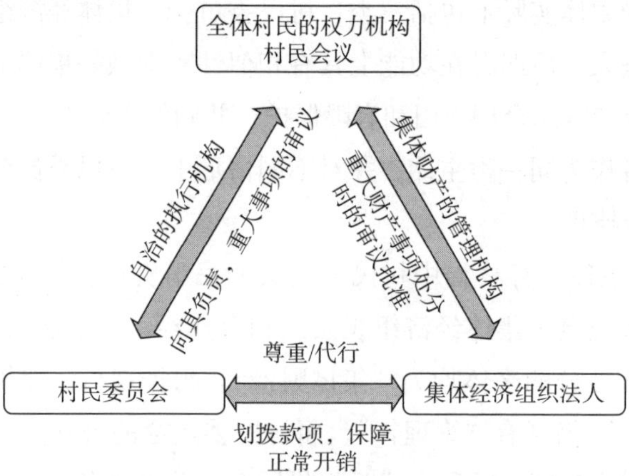

图2 理想状态下职权运行关系图

（2）职能混同时的民事责任形态。理想状态下的分工并不意味着实务中运行的畅通，仍可能实际存在村民委员会对集体财产进行管理处分的情形。笔者以为，此时也应分情形确定村民委员会民事责任的承担：①村民委员会与集体经济组织的经济职能运行仍处于混淆的状态，[①] 村民委员会签订涉集体财产的合同，并产生的民事责任，应当由村民委员会与集体经济组织法人共同承担连带责任；②经济职能运行明确，村民委员会个人仍越权签订涉集体财产的合同，则应由村民委员会承担民事责任，集体经济组织法人仅在存在重大过错时方承担责任，并依法享有对该越权个人的追偿权；③村民会议决议将集体经济组织法人的职能授予村民委员会，此时，产生的民事责任应当由村民委员会承担主要赔偿责任，集体经济组织承担补充赔偿责任。

2. 单一主体格局中村民委员会的民事责任。《民法总则》第101条第2款规定了“未设立村集体经济组织的，村民委员会可以依法代行村集体经济组织的职能”。村民委员会代行集体经济组织职能，也意味着村民委员会亦承担着集体财产的管理职能，因此产生的责任也应当由村民委员会承担，从理论上来看，其能满足权义责的统一性。但正如前文所说，村民委员会的职能本身与集体财产管理的职能是存在冲突的，因此，本文建议，在村民委员会代行集体经济组织法人职能时，不妨在村民委员会内部

---

① 本文认为，判断混淆状态的标准在于：（1）双方之间的财务是否明晰；（2）内部职能是否明确；（3）人员是否具有独立性。

将职能细化，由专门的人员来具体负责集体财产的实际运行和管理：

（1）当涉及集体财产的重大处分时，由村民会议讨论决定，若因此产生民事责任，由村民委员会承担。

（2）集体财产的日常管理和保值增值由专门的人员负责，若因专门人员在管理中，因故意或过失导致集体财产的贬值或侵犯他人人身财产权利时，村民委员会仍应承担责任，但其享有对专门人员的追偿权。

（3）专门人员外的其他人员非经村民委员会或村民会议的同意，而擅自处分集体财产的，由此产生民事责任的，应当由村民委员会与行为人共同承担责任。

（三）村民委员会内部民事责任的承担

依据《村委会组织法》的规定，村民委员会实际上属于村民自治的常设执行机构。[①] 村民委员会主任、副主任和委员系由村民选举产生，与村民委员会的关系不属雇佣关系，如案例3所述，也不属于劳动关系，盖因劳动关系职员的产生途径在于招聘而非选举，也不属于委托关系，更不属于人事关系，而是一种特殊的“职员”与“雇主”关系。

1. 成员与村民委员会的“准人事关系”。村民委员会成员的产生均需经过民主选举的方式产生，法人缺乏自主选择的权利，这种关系不同于雇佣、劳动、委托或人事，而应更倾向于是一种“准人事关系”。一方面，其与人事关系具有类似性。首先，就产生方式而言，村民委员会委员经过村民直接选举产生，有专门的章节规定选举的程序，不由村民委员会决定，不受村民委员会和其他外部力量的干涉；人事关系中，职员的产生需要经过考试、面试、选拔等环节，有明确的程序要求，限制着用人单位选择的恣意性。其次，就经费来源看，对村民委员会成员，根据工作情况，给予适当补贴，同时，乡镇人民政府应当提供必要的条件；人事关系中，职员的办公费用来自政府财政部门的划拨，二者对职员的经费均非直接来自自身。最后，就行使的职能而言，村委会委员履行的职务具有公共性的特征；人事关系中，职员的职务即在于履行公共职能。另一方面，人事关系主要指政府机关或事业单位与职员的关系，村民委员会既不是一个基层政权也不同于事业单位，而是基层群众性自治组织的执行机构，因此，只

① 任自力：《村民委员会的法律地位辨析》，载《中国农业大学学报（社会科学版）》2006年第3期。

能说其为“准人事关系”。在身份关系明晰的基础上，其“履职行为”的边界也同时可以得以明确。

2．“履职行为”界定后，法人民事责任的承担。（1）在外部关系审查中，职员对外的交往活动需要明确的授权，其法定代表人的行为对村民委员会有效，在发生争议时，适用一般违约责任或侵权责任的规则进行判定，进而决定村民委员会承担责任与否或追偿权的享有。

（2）在内部关系审查中，若因履职行为发生争议，应当参照《公务员法》或《人事关系组织法》，如村民委员会应当为委员办理社保、交纳“五险一金”，工伤的规定也应该可以适用于村委会委员的行为。由此，案例3中的问题也可以得到比较妥善的解决。

（四）村民委员会承担民事责任财产的界定

财产是独立承担责任的关键，村民委员会将经济职能廓清之后，其财产来源也可相应的确定。笔者以为，其财产来源具体包括三个方面：集体经济组织法人收益的提留、村民的自筹资金和乡镇人民政府的支持。

1．集体经济组织法人收益的提留。在经济职能剥离后，村民委员会的职能更体现为其对公共事务的管理，保障村民集体的正当权益。而集体财产所有权的性质仍为全体村民所有，因此，作为集体财产管理者的集体

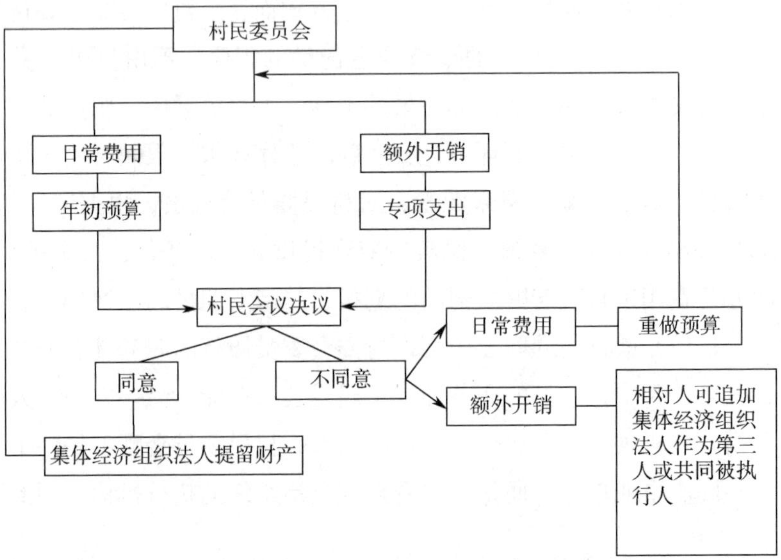

图3　集体经济组织法人提留财产流程图

经济组织法人应当为村民委员会的正常履职提供资金支持，并应当是其财产的重要来源。其提留款项应经过严格的程序，如图3所示。

在图3中，本文认为在村民委员会履行职能时产生额外支出时，若村民会议决议后不同意该项费用的审批，为保护相对人的权利，应当允许相对人追加集体经济组织法人作为诉讼第三人或共同被执行人，盖因村民委员会“履行职能需要”是为了全体公民或公共事务而为，至于应否承担责任，承担责任的形式应当由法院根据该项费用产生的基础法律关系进行判定。

2. 公益事业中村民的自筹资金。当村民委员会筹办公益事业时，可以向村民筹集资金，笔者以为该项费用虽然可以作为村民委员会的财产，但必须严格限制其适用，其自筹的资金仅仅为公益事业的固定投入，而不包括村民委员会成员的工资支出和因公益事业进行中产生的违约或侵权责任。

3. 基层人民政府的划拨。基层群众性自治组织法人兼具着协助政府办理事务的职能，在某种程度上变成了基层人民政府的末梢管理机构。[①]因此，为保证基层群众性自治组织法人“自治”的完整性，应尽量减少对基层人民政府的财务依赖，基层人民政府的划拨应以不超过村民委员会成员工资为宜。

结　语

本文写作的初衷在于厘清基层群众性自治组织法人民事责任承担的内涵和外延，使其更好地参与民事活动。通过对村民委员会“履行职能需要”中职能、主体和财产的界定，应可扫除基层群众性自治组织法人承担民事责任时的障碍。

---

① 孙晓飞:《村民委员会的“身份寻租”——村民委员会在土地征收补偿案件中的表现及与其他主体的关系》，载《公止司法与行政法实施问题研究——全国法院系统第25届学术讨论会获奖论文集》，人民法院出版社2013年版。

出生缺陷损害责任纠纷中因果关系判断与赔偿责任界定*

潘俊美　张　焱

引　言

近年来，以医疗机构孕期保健服务存在过失导致出生缺陷婴儿（以下简称患儿）出生为由的医疗纠纷逐渐增多。侵权之诉在补偿受害人损失方面包含财产损害与非财产损害，从保护受害人的角度考虑，此类纠纷作为一种医疗纠纷适用侵权之诉更为合理，司法实务中也是以侵权之诉最为常见。国务院分别于2001年、2011年发布的两个十年的《中国儿童发展纲要》中均将胎儿的先天性缺陷和遗传性疾病统称为"出生缺陷"，在2012年卫生部发布的《中国出生缺陷防治报告（2012年）》中明确了出生缺陷是指婴儿出生前发生的身体结构、功能或代谢异常，出生缺陷已成为政策与医疗层面的专有名词。为保持名称使用的一致性、规范性，本文将此类纠纷称之为"出生缺陷损害责任纠纷"（以下简称出生缺陷纠纷），并围绕其侵权责任相关问题展开研究。

一、现象透视：出生缺陷纠纷实务分歧的本质是因果关系判断问题

（一）四个分歧：裁判思路、侵害权益、主体资格、损害赔偿

在司法实务中由于缺乏明确的法律规范，不同法院对出生缺陷纠纷的理解与认识上存在分歧，裁判尺度不统一的问题较为突出。对于此类纠纷，通常主张违约和侵权竞合且原告择其一起诉[①]，本文从中国裁判文书

---

* 本文获2017年全国法院第29届学术讨论会二等奖。

① 杨立新、王丽莎：《错误出生的损害赔偿责任及适当限制》，载《北方法学》2011年第2期。

网选取的110份[①]此类案件判决书中，"侵权"与"违约"分别为101份、9份。通过对101份侵权类判决书分析，实务中主要存在四个分歧。

1. 裁判思路差异明显。在84份涉及鉴定的判决书中，鉴定结果被法院采信的高达77份，法院裁判在确定因果关系、责任程度方面，与鉴定结果存在高度重合。具体鉴定内容主要有三类：Ⅰ类——诊疗行为过错情况；Ⅱ类——诊疗行为过错情况+与损害的因果关系；Ⅲ类——诊疗行为过错情况+与损害的因果关系+参与度。基于上述差异，实践中形成了九种裁判思路，其中第八种最常见（见表1）。

表1　实务中常见的九种裁判思路

类型	鉴定情况	鉴定结果	判决认为	判决结果	案件数量(份)
第一种	Ⅰ类	存在过错	与鉴定一致	酌定赔偿	12
第二种	Ⅰ类	不存在过错	与鉴定一致	驳回	13
第三种	Ⅰ类	不存在过错	与鉴定不一致	酌定赔偿	3
第四种	Ⅱ类	存在过错＋有因果关系	与鉴定一致	酌定赔偿	11
第五种	Ⅱ类	存在过错＋有因果关系	与鉴定不一致	驳回	1
第六种	Ⅱ类	存在过错＋无因果关系	与鉴定一致	酌定赔偿	3
第七种	Ⅲ类	存在过错＋无因果关系	与鉴定一致	驳回	2
第八种	Ⅲ类	存在过错＋有因果关系＋参与度	与鉴定一致	依据参与度赔偿	36
第九种	Ⅲ类	存在过错＋有因果关系＋参与度	与鉴定不一致	驳回	3

2. 被侵害民事权益认识不同。对于被侵害的民事权益，有60份判决书明确侵害一种或多种权益，其中以优生优育选择权、知情权、生育选择

① 本文于2017年5月9日在中国裁判文书网，以"胎儿""缺陷""产前"为关键字进行检索，共检索到402篇民事法律文书。经过筛选，有110篇属于本文研究范围，其中一审文书90篇，二审文书20篇。

权三类最多（见图1）。其他判决书并不直接明确侵害了何种权益，而是以“医院的诊疗行为存在医疗过错并且与患儿出生的结果之间存在一定的因果关系”等概括带过。

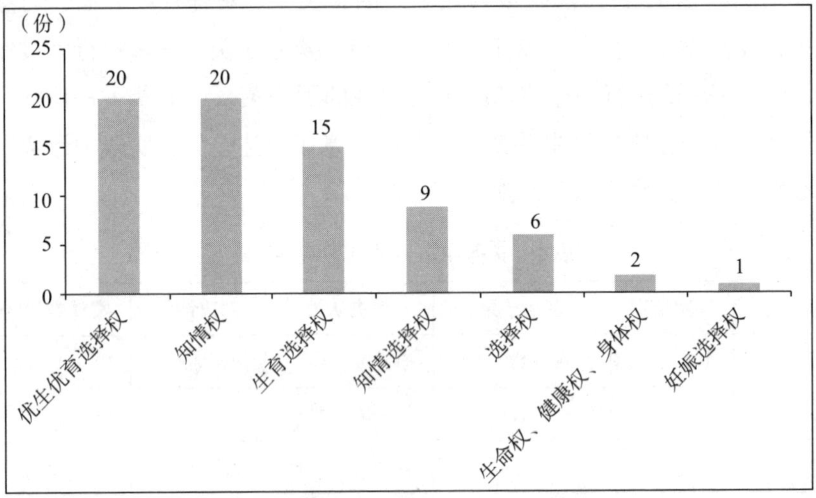

图1　法院判决中所认定被侵害权益类型数量分布情况

3．请求权的主体资格认识不同。出生缺陷纠纷请求权的主体资格分歧，主要集中在患儿是否有资格。对于父母主体资格，除1份明确否认父亲资格外，在70份法院支持或部分支持原告诉讼请求的判决书（见图2）中，有58份父母作为原告的主体资格均得到确认。对患儿主体资格，有9份明确否认了患儿的资格，19份确认了患儿资格。

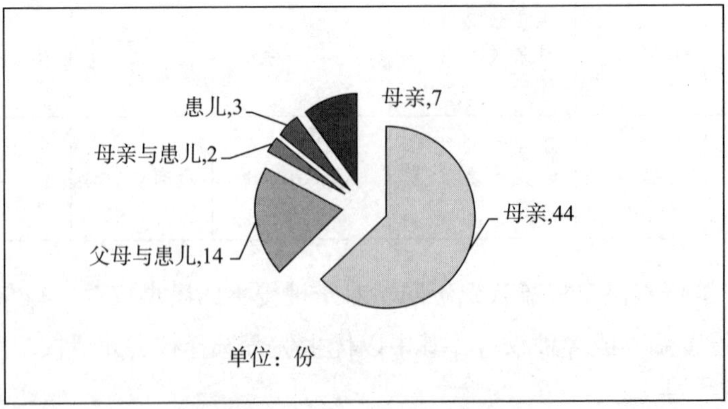

图2　法院判决中对请求权主体资格的认定情况

4. 损害赔偿差异明显。损害赔偿的差异主要体现在两个方面：（1）赔偿范围不同。特殊抚养费[①]、精神损害赔偿得到了大多数法院的支持，分别有53份、67份；伤残或死亡赔偿金、怀孕花费[②]得到少数法院支持，分别有18份、14份；一般抚养费[③]未得到任何一家法院的支持。（2）赔偿金额与医疗机构的过错程度、出生缺陷严重程度之间并不是成正相关，具体赔偿金额差异大。如在湖北省不同地区的两份判决中，出生缺陷均是唐氏综合征，其中一份医疗机构的过错程度为75%，精神损害赔偿为2万元；另一份过错程度为60%，精神损害赔偿却为5万元。

（二）分歧本质：因果关系判断问题

《侵权责任法》第54条规定医疗损害侵权责任构成和责任承担主体，第55条、第57条、第58条规定了医方需承担责任（存在过错）的三种情况。在出生缺陷纠纷中，即孕妇在孕期检查、诊断的过程中受到损害，医方未尽到说明同意义务、注意义务或存在过错推定情况的，需承担赔偿责任。具体到司法实务，其中还蕴含着三个关键问题：一是对患者损害的认识，即损害何人的何种权益及权益受损害的后果；二是医方过错诊疗行为与哪些损害有关；三是对这些损害医方要承担多大赔偿责任。其实，实务中的四个分歧，也都是因对前述三个关键问题理解与认识不同造成的。

侵权责任法中的因果关系，可以分为责任成立的因果关系和责任范围的因果关系。[④]责任成立的因果关系是指“可归责的行为与权利受侵害之间具有因果关系”[⑤]，即行为人过错行为侵害相对人何种权益，主要用于判断是否应当承担责任；责任范围的因果关系是指“‘权利受侵害’与‘损害’之间的因果关系”[⑥]，即受害人的损害中有哪些是由权益被侵害所引起的，主要用于判断赔偿范围。据此，上述三个关键问题归结起来本质是因果关系判断问题。“从我国的司法实践来看，法院在具体认定因果关系时并没有进行两层次的区分和判断”。[⑦]在出生缺陷纠纷中，由于存在出生缺

① 指抚养患儿特别支出的医疗费、护理费、残疾器具费、特殊教育费等。
② 指孕妇为孕期保健服务所支出的医疗费用，不含分娩时的费用。
③ 指父母抚养子女所需花费正常费用。
④ 王泽鉴：《侵权行为》，北京大学出版社2016年版，第231页。
⑤ 王泽鉴：《侵权行为》，北京大学出版社2016年版，第231页。
⑥ 王泽鉴：《侵权行为》，北京大学出版社2016年版，第231页。
⑦ 王利明：《侵权责任法研究（上卷）》，中国人民大学出版社2016年版，第383页。

陷外来因素的介入，且被侵害权益非《侵权责任法》第 2 条所明确列举的范围，在判断医疗机构可归责行为与损害之间因果关系时，不区分责任成立、责任范围两个层次分析因果关系，就很容易出现在被侵害权益不明的情况下请求权主体资格、赔偿范围难以确定现象。因此，可以推定实务中的分歧实质是由因果关系判断问题引起的。

二、法理评析：用“相当因果关系说”验证出生缺陷纠纷中的因果关系

（一）前提探究：可归责行为、患者权益、损害事实

在区分责任成立、责任范围对出生缺陷纠纷进行因果关系分析时，首先需要明确医方的可归责行为（侵权行为）、患者权益（可能被侵害的权益）、损害事实，然后再依据相关方式进行因果关系判定，以明确被侵害权益、侵权损害后果（赔偿范围）。

1. 可归责行为：错误诊疗行为。根据《侵权责任法》第 55 条、第 57 条、第 58 条的规定，在出生缺陷纠纷中医方的可归责行为包括以下三类：（1）未全面尽到说明义务或存在侵害患者知情同意权的情况；（2）未提供与当时医疗水平相适应的孕期保健服务；（3）违反《母婴保健法》《母婴保健法实施办法》及相关配套法律法规的规定，或隐匿、拒绝提供与纠纷有关的病例资料，或伪造、篡改、销毁孕期检查、诊断病例的。为论述方便，本文将其统称为“错误诊疗行为”。

2. 患者权益：患儿父母孕期保健服务权益。为降低出生缺陷发生率，提高出生人口素质，我国先后制定了《母婴保健法》《母婴保健法实施办法》等一系列法律法规政策，明确要求为孕妇提供孕产期保健服务。在《母婴保健法》第 14 条、第 17 条、第 18 条和《母婴保健法实施办法》第 18 条、第 19 条、第 20 条又明确规定了医疗机构提供健康指导和医学咨询、产前检查、产前诊断、告知说明等孕期保健服务的义务。相应则说明法律规定了孕妇享有获得孕期保健服务的权利，而该权利则可归属于新颁布《民法总则》第 126 条规定的民事权益范畴，孕期保健服务权益受《侵权责任法》所保护。此外，孕育生命不仅仅是母亲一个人的责任，通常从受孕、孕期付出、胎儿出生后的抚养等均是由父母双方共同完成，为生育健康婴儿父母共同选择到医疗机构去接受孕期保健服务。因此，本文认为

孕期保健服务权益为父母之共享，双方均具有请求权的主体资格。对于患儿请求权主体资格，本文持否定态度。因为孕期保健服务发生时，患儿仍是一个不具有民事权利能力的胎儿，赋予其请求权有悖我们现行“权利始于出生”的民事立法精神。

3. 损害事实：特殊抚养费支出、怀孕花费损失、精神损害。“损害事实”是指患儿出生对其父母所产生的消极影响，包括财产上的损失和精神上的痛苦，描述的是客观存在的事实，须经因果关系检验成立后才能成为侵权责任法上的损害。关于出生缺陷纠纷中损害事实，结合理论研究与司法实务，主要包含一般抚养费支出、特殊抚养费支出、残疾或死亡赔偿、怀孕花费损失、精神损害五类。对于一般抚养费，本文观点与王泽鉴、杨立新等学者的一致，认为“子女不是一种损害而是价值的实现”[①]，抚养未成年子女乃父母应尽之义务，无关子女是否健康，一般抚养费的支出乃父母抚养子女之正常支出，不可认定为财产损失。对于特殊抚养费支出，因抚养患儿需额外支出医疗费、护理费、营养费、残疾器具费等费用，对患儿父母来说可认为是一种财产损失。对于残疾或死亡赔偿，因患儿出生后的残疾或死亡皆是因自胎儿期就已客观存在的出生缺陷所致，与错误诊疗行为并无关系，其无法认定为损害事实。对于怀孕花费损失，患儿父母支付一定费用进行孕期保健的目的是确保生一个健康婴儿，由于医疗机构错误诊疗行为导致患儿出生，目的未实现，对于支付的怀孕花费显然可以成为他们财产损失。对于精神损害，因生育健康婴儿希望的破灭，面对患儿因残疾所承受的身体与精神的痛苦，这对父母的打击可想而知，精神上承受的痛苦是客观存在的。综上，特殊抚养费、怀孕花费、精神损害为父母所遭受的损害事实。

（二）关系判定：医方错误诊疗行为与患儿父母的特殊抚养费支出、怀孕花费损失、精神损害存在因果关系

在因果关系判断上，“相当因果关系说”已成为大陆法系国家因果关系通说，我国也有不少学者持此观点。[②] 相当因果关系需分“条件关系”

---

① 王泽鉴：《侵权行为》，北京大学出版社 2016 年版，第 178 页。

② 王利明：《侵权责任法研究（上卷）》，中国人民大学出版社 2016 年版，第 236 页。

和“相当性”[①]两阶段进行适用，先肯定条件关系后，再判断其相当性；若条件关系不成立，则无需判断相当性，可直接判断因果关系不成立。条件关系采“若无，则不”（but－for）的认定检验方式，[②]即“若无此行为，则必不会发生此种损害”，从反向角度排除与造成权益损害无关的行为或事物。如通过此法无法排除，则二者之间存在条件关系。“相当性”是在认定存在条件关系的基础上，判断“有此行为，通常产生此种损害”，其中“通常产生此种损害”为“相当性”判断的基准。[③]

1. 责任成立上的因果关系：错误诊疗行为侵害患儿父母孕期保健服务权益。在出生缺陷纠纷中，责任成立上的相当因果关系判断是指验证医方的错误诊疗行为是否侵害了患儿父母的孕期保健服务权益。

（1）“条件关系”判断。即判断“若无医方错误诊疗行为，则肯定不会发生患儿父母孕期保健服务权益受侵害的结果”是否成立。根据前文对医方可归责行为的分析，如医方未出现前文提到三种情况，即无错误诊疗行为，则认为医方诊疗行为符合规范，为患儿父母提供了符合标准的孕期保健服务。因此，该判断成立，即无法排除错误诊疗行为与患儿父母孕期保健服务权益受侵害之间的关系，二者存在条件关系。

（2）“相当性”判断。即判断“通常情况下错误诊疗行为会侵害患儿父母孕期保健权益”是否成立。依据一般的“社会智识经验”[④]，医方提供的孕期保健服务不符合标准，通常会侵害其孕期保健服务权益。因此，该判断成立，错误诊疗行为通常情况下足以侵害孕妇孕期保健权益，二者关系存在“相当性”。

结论：错误诊疗行为侵害患儿父母孕期保健服务权益，二者在责任成立上存在相当因果关系。

2. 责任范围上的因果关系判定：特殊抚养费支出、怀孕花费损失、精神损害因孕期保健服务权益受侵害而产生。在出生缺陷纠纷中，责任范

---

① 亦称为“事实上因果关系”和“法律上因果关系”。该种两阶段思考方法亦被英美日等国的法律和我国台湾地区的“法律”、判例学说、学者所认可。王泽鉴：《侵权行为》，北京大学出版社2016年版，第178页。

② 王泽鉴：《侵权行为》，北京大学出版社2016年版，第237页。

③ 王泽鉴：《侵权行为》，北京大学出版社2016年版，第246~247页。

④ 此乃史尚宽先生的判断“相当性”标准的观点，被多数学者认可接受。王泽鉴：《侵权行为》，北京大学出版社2016年版，第247页；杨立新：《医疗损害责任法》，法律出版社2012年版，第102页。

围上的相当因果关系判断是指验证患儿父母孕期保健服务权益受侵害是否造成了患儿父母特殊抚养费支出、怀孕花费损失、精神损害。从前文的分析可以看出，怀孕花费损失是孕期保健服务权益被侵害直接造成的，二者之间存在直接因果关系。因此，下面只对特殊抚养费、精神损害与孕期保健服务权益受侵害之间是否存在因果关系进行分析。

（1）“条件关系”判断。即判断“若无孕期保健服务权益受侵害，肯定不会发生特殊抚养费支出、精神损害的结果”是否成立。在出生缺陷纠纷中，患儿父母孕期保健服务权益受侵害的客观表现就是患儿的出生。上面条件关系的判断可再调整为“若无孕期保健服务权益受侵害，患儿便不会出生，肯定不会发生特殊抚养费支出、精神损害的结果”。很显然，无患儿出生，就无所谓特殊抚养费支出、精神损害的结果。因此，该判断成立，无法排除患儿父母孕期保健服务权益受侵害与特殊抚养费支出、精神损害之间的关系，二者存在条件关系。

（2）“相当性”判断。即判断“通常情况下患儿父母孕期保健服务权益受侵害足以造成特殊抚养费支出、精神损害的结果”是否成立。实践中，常会有人提出如下疑问：医方提供了符合标准的诊疗行为，患儿父母孕期保健服务权益未受侵害，也会出现缺陷因医疗水平受限未查出导致患儿出生，或查出告知父母后仍坚持分娩。本文认可存在这种情况，但这并不是侵权责任法上的因果关系，而是一种“假设因果关系”。[①] 即若前一原因（孕期保健服务权益被侵害）未发生，患儿出生导致的特殊抚养费支出、精神损害的结果必将因后一原因（医疗水平受限或父母主动选择分娩）而发生。“假设因果关系对损害发生既无事实上的原因力，故其问题不在于因果关系，而在于损害的认定或计算。”[②] 即存在此种情况时，不会阻断已有的侵权行为与损害结果之间因果关系，而是会影响具体责任承担比例和赔偿范围。因此，依据一般的社会智识经验，通常情况下患儿父母孕期保健服务权益受侵害，患儿出生，足以造成特殊抚养费支出、精神损害的结果，二者关系存在“相当性”。

结论：特殊抚养费支出、精神损害与孕期保健服务权益受侵害存在相当因果关系，二者和怀孕花费损失与孕期保健服务权益受侵害在责任范围

---

① 王泽鉴：《侵权行为》，北京大学出版社 2016 年版，第 239~240 页。

② 王泽鉴：《侵权行为》，北京大学出版社 2016 年版，第 240 页。

上存在因果关系（见图 3）。

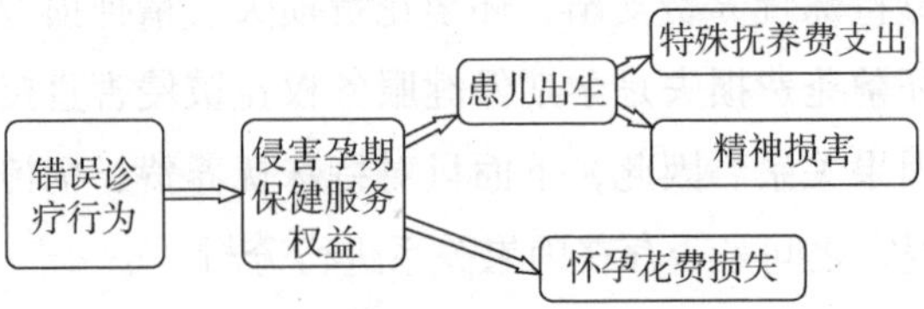

图 3　因果关系图

三、理性衡平：出生缺陷纠纷赔偿责任的合理界定

（一）价值考量：由“情”入“理”而“法”

“法治绝不仅仅是一套形式理性规则的堆砌，而且还是因承载了公意性情理而呈现的制度文明。”[①] 出生缺陷纠纷作为一种新型医疗损害责任纠纷，除涉及侵权方医方与被侵权方患儿父母外，还牵涉出生缺陷胎儿的生命价值、患儿权益的保护、出生缺陷的复杂性等诸多问题。在确定该类纠纷中责任承担时，应进行充分的价值考量，在坚持依法审判的基础上，理应将情、理考量其中，做到情理法的有机融合。

1. 情——人性化：保护被侵害父母的权益。“情”在法理学意义上有社会公众意志和公共法律意识两个面相，[②] 体现的是社会公众的共同选择和对法律的认识与评价。保护母婴健康，降低出生缺陷发生率，提高人口素质，是社会公众的共同选择乃是不证自明的事情，通过孕期保健来实现前述目的又是社会公众共同选择的方式、途径。而法的制定与适用须与社会公众意志相一致，才能获得社会公众积极、肯定的评价。因此，在出生缺陷纠纷中，保护被侵害父母权益是社会公众的常识常情，是法治发展的必然选择，这也符合侵权责任法所具有的填补损害的功能。

2. 理——合理化：适当限制医方赔偿责任。“法律的真正力量不在其背后所体现的物理强制力，而更多地体现为其内在的说服力。”[③] 在个案处理过程中，通过对案件事实认定和法律适用的合理性坚守，达到了以一纸判决或调解书化解双方纠纷的效果。目前，出生缺陷已知至少有近万种，

① 汪习根、王康敏:《论情理法关系的理性定位》，载《河南社会科学》2012 年第 2 期。
② 汪习根、王康敏:《论情理法关系的理性定位》，载《河南社会科学》2012 年第 2 期。
③ 汪习根、王康敏:《论情理法关系的理性定位》，载《河南社会科学》2012 年第 2 期。

而我国重点监测的有无脑儿、脑积水、唐氏综合征、肢体短缺等23种常见结构畸形、染色体异常及少部分遗传代谢性疾病，[①]仍有很大一部分出生缺陷无法在产前查出。在产前可查出的出生缺陷中，诊断的准确率也各不相同。如，从羊水细胞培养中诊断染色体异常疾病的可靠率达96%，用B型超声波检查宫内生长缓慢的准确率为50%~60%。[②]任何诊疗行为都是具有风险和局限性的，孕期诊疗行为的作用是"降低出生缺陷发生的概率"，并无法百分百检出。同时，为了避免医方因承担过重责任而将其负担转嫁给全体患者或采取防御性医疗行为，影响人口素质提高，在确定医方赔偿责任时应当进行适当的限制，充分考虑医疗发展水平、受害人过错等情况，以确保医方只对自身错误诊疗行为所造成损害结果承担赔偿责任，保证纠纷处理的合理性。

3. 法——规范化：利用原因力规则明确医方责任承担比例。"违法诊疗行为在一般情况下并不是医疗损害后果发生的全部原因"，[③]加害行为与受害人特殊体质、受害人过错可组成多因现象，[④]出生缺陷纠纷也是如此。出生缺陷是在胎儿出生前因染色体畸变、基因突变等遗传因素或环境因素或二者共同作用所引起，而胎儿出生前是母亲身体的一部分，其属于受害人特殊体质。错误诊疗行为与出生缺陷、受害人过错可组成多因现象，这从司法实务中法院参考"参与度"确定责任承担比例也可得到印证。[⑤]在多因现象中，"采用原因力理论能够更客观地确定当事人的责任份额"[⑥]，实现责任承担的明确性和审判的规范化，维护社会公平正义。

（二）责任确定：医方错误诊疗行为原因力取值

在进行原因力比较时，本文认为应分两步：第一步将错误诊疗行为与出生缺陷进行比较，以确定错误诊疗行为的原因力；第二步依据受害人过错的程度对在第一步中已经确定的错误诊疗行为的原因力作降低调整。这主要基于以下考虑：一是错误诊疗行为、出牛缺陷是此类纠纷中都会存在的原因，而受害人过错并不一定。实践中，如果受害人没有过错的话，只

① 参见卫生部于2012年9月发布的《中国出生缺陷防治报告（2012年）》。
② 刘高金、张佩珠主编：《现代优生学》，中国人口出版社2001年版，第257页、第265页。
③ 参见杨立新：《医疗损害责任法》，法律出版社2012年版，第223页。
④ 张新宝：《侵权责任构成要件研究》，法律出版社2007年版，第376~377页。
⑤ 前文分析的"分歧一"中的第八种裁判思路。
⑥ 张新宝：《侵权责任构成要件研究》，法律出版社2007年版，第382页。

需进行第一步的原因力判断。二是根据《侵权责任法》第26条规定，受害人过错是在错误诊疗行为责任确定后对具体责任比例的一种减轻调整，二者存在先后顺序，即确定错误诊疗行为责任之后再依受害人过错调整。

1. 第一步：错误诊疗行为与出生缺陷原因力比较。

（1）错误诊疗行为的原因力。由于孕期保健服务包含全身体格检查、产科检查及辅助检查等诸多内容，不同诊疗行为对诊断出生缺陷作用的重要性不同，相应出现错误时对诊断出生缺陷的影响也不同，体现在因果关系中就是错误诊疗行为的原因力，诊疗行为错误程度与其对损害结果发生的原因力正相关。本文根据诊疗行为对诊断出生缺陷影响程度划分为轻微错误、一般错误、严重错误、完全错误四类（见表2），其原因力逐渐变大。

表2　错误诊疗行为四种具体类型

错误程度	行为内容
轻微错误	①告知形式不规范或不明确：违反《产前诊断技术管理办法》第22条规定，遇到本办法第17条所列情形，建议孕妇进行产前诊断时，医方未采用书面形式告知或告知不明确 ②未详细询问孕妇基本情况、疾病史 ③全身体格检查中的错误诊疗行为，如对孕妇身高、体重、血压测量方面的错误
一般错误	指胎心、胎位等产科检查和血型、血常规、尿常规等直接目的不是为筛查出缺陷的辅助检查中，存在错误治疗行为的
严重错误	①违反《孕产期保健工作规范》有关孕中期检查中专门针对胎儿畸形、唐氏综合征的筛查要求，或违反《母婴保健法实施办法》第19条规定的对可能严重影响胎儿正常发育情况进行检查的要求，未及时开展相关检查或筛查的 ②违反《母婴保健法》第17条、《母婴保健法实施办法》第20条未进行产前诊断的或产前诊断存在错误的 ③其他专门针对出生缺陷检查的诊疗行为中存在错误的
完全错误	①违反《母婴保健法》第18条第1项、第2项规定，经产前诊断发现存在严重出生缺陷后，未说明情况和提出终止妊娠意见。 ②违反《母婴保健专项技术服务许可及人员资格管理办法》第2条、第10条规定，医疗机构未取得《母婴保健技术服务执业许可证》，医疗服务人员未取得《母婴保健技术考核合格证书》开展遗传病诊断、产前诊断的

（2）出生缺陷的原因力。出生缺陷诊断的准确率直接决定着出生缺陷的发生率，准确率越高出生缺陷发生的概率越低，二者呈负相关。在错误诊疗行为相同的情况，诊断准确率越高的出生缺陷对损害的原因力越小。

（3）二者原因力比较。在不考虑出生缺陷原因力的情况下，在100%范围内将四种错误诊疗行为原因力取值范围或取值分别确定为轻微错误（20%以下）、一般错误（21%～50%）、严重错误（51%～99%）、完全错误（100%）。这主要基于以下考虑：一是基于对医方的赔偿责任进行适当的限制，所以将轻微错误、一般错误的原因力取值上限分别定为20%、50%。二是在完全错误的两种诊疗行为中，对于发现出生缺陷未告知的，其错误行为的不利影响达到了100%；对于没有资格却开展诊疗行为的，其不仅严重侵害了患者的利益，而且扰乱了整体医疗秩序，在此种情况下需进一步发挥侵权损害赔偿预防、制裁和教育功能，以规范、引导医疗行为，所以将完全错误的原因力取值定为100%，不再考虑出生缺陷的原因力。由于对出生缺陷诊断准确率判断并没有十分明确的标准，无法做到具体量化。法院在审判中，可以采取征询专家意见的方式来确定出生缺陷的诊断准确率。在比较二者原因力时，可在错误诊疗行为前述已定的取值范围内，依据出生缺陷诊断大致准确率对其酌情给予降低调整，诊断准确率越高降低幅度越小。

2. 第二步：受害人过错对错误诊疗行为原因力的降低调整。

（1）受害人过错的原因力。受害人过错对孕期保健服务（诊疗行为）的影响越大，其对损害结果的作用就越大，原因力就越高。本文根据受害人过错的严重程度由高到低分为三类：①特别严重过错。即在经过产前诊断后，发现存在出生缺陷可能性极高的情况下，患儿父母仍然坚持分娩。②严重过错。a. 根据《母婴保健法实施办法》第20条第3款、第4款、第5款的规定，受害人未如实告知相关信息导致未开展产前诊断的；b. 错过最佳诊疗时机的，如未在建议的最佳诊疗期间对于胎儿畸形、唐氏综合征的筛查进行检查的；c. 医方发现胎儿存在异常后建议进一步检查或要求产前诊断时，患儿父母未进行检查或不配合开展产前诊断的。③一般过错。未按要求进行除专门用于出生缺陷筛查以外的产前检查的。

（2）错误诊疗行为原因力具体调整方式。在确定具体调整幅度时要把握两个原则：原则一——在诊疗行为的错误程度相同的情况下，受侵害人的过错程度越高，其对诊疗行为的影响越大，即错误诊疗行为的原因力下调的幅度越大，二者呈正相关。原则二——在受侵害人过错程度相同的情况下，错误诊疗行为的错误程度越高，其因受侵害人过错减轻的幅度就越小，即错误诊疗行为的原因力下调的幅度越小。在进行比较前，为了便于实务操作和社会接受，本文借鉴司法鉴定中对医疗过失行为参与度的划分方式，将受害人过错对损害结果的作用和降低幅度分为决定作用（91%以上）、主要作用（61% ~ 90%）、同等作用（41% ~ 60%）、次要作用（21% ~ 40%）、轻微作用（20%以下）、无作用（0）。综合考虑错误诊疗行为、受害人过错具体内容及对损害结果作用，本文明确了不同错误诊疗行为中受害人三种过错所起作用和降低幅度。此外，在错误诊疗行为为完全错误的情况下，与前述错误诊疗行为和出生缺陷原因力比较中分析理由一致，不再考虑受害人过错情况，减轻幅度为0。

（三）赔偿承担：医方错误诊疗行为的赔偿范围

通常情况下，医方需依据错误诊疗行为原因力承担特殊抚养费支出、怀孕花费损失、精神损害三项损害结果的赔偿责任。但是存在以下三种特殊情况：一是在出生缺陷为二种及以上时，应分别确定错误诊疗行为对每种出生缺陷的原因力，以最高原因力计算怀孕花费，而特殊抚养费、精神损害依据不同原因力分别计算。二是在出生缺陷为无法诊断时，诊疗行为是否错误对出生缺陷的发现没有任何影响，出生缺陷是患儿出生所产生的特殊抚养费支出、精神损害的唯一原因，错误诊疗行为仅需依据其原因力对怀孕花费损失承担赔偿责任，且错误诊疗行为的原因力取值不受出生缺陷原因影响。三是在受害人为特别严重过错时，患儿的出生是父母的自主选择，与错误诊疗行为没有关系，医方无需对特殊抚养费支出、精神损害承担赔偿责任，仅需依据错误诊疗行为的原因力对怀孕花费损失进行赔偿。前两种情况，即前面所说的"假设因果关系"。

结　语

强化审判的权威性与公正性，提升司法裁判尺度统一性，是推动司法改革发展的必然要求。在出生缺陷纠纷中，明确其因果关系的同时，强调应秉持"由'情'入'理'及'法'"的价值考量，利用"原因力规则"明晰错误诊疗行为的原因力和赔偿范围，以此来推动此类纠纷裁判尺度统一的同时，努力做到情理法的有机融合，以期实现以一纸文书实质性化解纠纷的效果，有效发挥司法裁判对和谐社会建设的积极意义。

民事诉讼中文书提出制度的构建*

——以《最高人民法院关于适用〈中华人民共和国民事诉讼法〉的解释》第112条为出发点

梁伟伟

引 言

民事诉讼，作为双方当事人之间的公平竞争，其各自所持的“武器”——证据对于其赢得这场“战斗”至关重要。举证过程“这是一个既关系到当事人程序保障要求，也涉及真实裁判要求的诉讼法上重要课题”。[①]“证据的收集对于诉讼程序公正价值目标实现，对当事人合法权益的保障，以及对于法院作出正确的裁判意义重大，是证据制度的一个重要组成部分”。[②]民事诉讼理论一直以辩论主义为其基础理论之一，要求双方平等地参与诉讼，不为对方提供任何帮助。但是随着社会经济的不断变迁，以“现代型诉讼”为主的新型诉讼模式不断涌现，其鲜明特点在于诉讼主体之间力量不平衡，主要体现在证据收集方面，证据偏在问题突出。这一力量不均衡导致当事人一方很难收集对方持有的证据，招致诉讼不利益，影响司法权威与公平。在这一历史过程中，文书提出制度便应运而生，文书提出制度脱胎于司法观念的逐渐转变。民事诉讼“从自由的民事诉讼向社会的民事诉讼转变，从竞争、从在诉讼中自由进行力量角逐转变在法官的指挥和照顾下进行诉讼上的合作”。[③]因此“合作已经成为诉讼现代化的重要因素，

---

* 本文获2017年全国法院第29届学术讨论会三等奖。

① ［日］新堂幸司：《新民事诉讼法》，林剑锋译，法律出版社2008年版，第405页。

② 田平安主编：《民事诉讼法·诉讼证据篇》，厦门大学出版社2006年版，第166页。

③ ［德］鲁道夫·瓦塞尔曼：《从辩论主义到合作主义》，载米夏埃尔等编著：《德国民事诉讼法学文萃》，赵秀举译，中国政法大学出版社2005年版，第361页。

因此，那种认为如何进行诉讼属于当事人自己的事，双方当事人或第三人均不必提供任何信息支援的想法，是‘过激的当事人主义、自由诉讼的达尔文主义，已不适合现代社会的需求’”[①]。

一、失范：文书提出制度的实践乱象

文书提出制度目前在我国法律规范中规定在《最高人民法院关于适用〈中华人民共和国民事诉讼法〉的解释》（以下简称《民讼法解释》）第112条，这也是首次针对文书提出制度确立了规范内容。为了更好地研究文书提出制度在实践中的运行情况，笔者以第112条为关键词进行了案例检索，共检索出相关案例共计51件。这些案件既分布于高级人民法院和中级人民法院，也存在于基层法院；既分布于一审二审程序，也存在于再审程序。经过对这些裁判文书的整理和分析，对实践中第112条运行的情况及代表性的问题进行了总结，发现了实践中采用文书提出制度的失范，并以此为基础对文书提出制度进行规范。

（一）诉讼负担掌握不一致

《民诉法解释》第112条规定“书证在对方当事人控制之下”，这一事实应当属于文书提出命令申请人的举证范围还是属于法院通过释明而直接认定范围在实践中把握尺度不一。

有的法院依据司法解释认为原告首先应举证证明书证在被告当事人的控制之下，原告没有提交相应证据证实被告保管该证据且无正当理由拒不提交，因此法院不予支持；[②]有的法院则直接认定书证在一方当事人控制之下，要求一方当事人提交该份证据，逾期未提交则直接认定该项书证内容为真实。[③]可见，针对“书证在对方当事人控制之下”由谁负担实践中存在一定的混乱，这种混乱也直接影响了当事人的诉讼利益。如果此项被认定为申请人理应负担说明之事项，无疑对申请人而言是增加诉讼负担。就合同纠纷而言，合同通常为一式两份双方各执一份，如一方当事人要证明

① 许士宦：《文书之开示与秘匿》，载《台大法学论丛》2003年第4期。

② 河北省黄骅市人民法院（2015）黄民初字第2986号民事判决书。

③ 参见案例包括：耿立军与山东鸿杰印务集团有限公司劳动争议上诉案［山东省淄博市中级人民法院（2015）淄民三终字第541号］、吉林省惠德建工集团有限公司等与刘建国等建设工程施工合同纠纷上诉案［吉林省长春市中级人民法院（2015）长民一终字第475号］、刘庆海诉孟庆璐等买卖合同纠纷案［河北省滦南县人民法院（2015）倴民初字第3239号］等。

对方持有与自己相同的合同实无特别扎实的证据，但是依据交易习惯合同双方当事人应当各执一份。如果因为一方当事人未能举证证明对方当事人实际持有该份合同，无疑增加了诉讼负担，于原告来说属于不利益。

在实践案例中出现了如下案例，在罗应林诉南通永怡物流有限公司挂靠经营合同纠纷案中的裁判文书中有以下内容："本院认为，合同约定'本合同一式两份，双方各执一份并签字生效'，说明双方均持有合同文本，现被告无正当理由拒不提供其保管的证据，且不出示此证据将导致待证事实真伪不明，故经法院释明，被告始终不予配合的情况下，可根据证明妨害规则，推定合同中的手写体条款为双方当事人的合议。"① 这便是属于法院直接认定的情况。

（二）文书提出范围宽窄有别

第112条规定的是"文书"，但在实践中法院对此范围掌握不一。有的法院严格按照司法解释的表述，将证据限定在"文书"；但有的法院却将范围扩大至其他证据形式，例如视频、会计账簿、鉴定意见、结算材料、原始凭证和缴费凭证等。② 从理论角度而言，文书提出义务的一般化有助于实现双方当事人的实质武器平等，但就第112条的规定而言，却造成了实践中对"文书"的适用不一。这一做法势必会造成实践中的混乱与无序，不利于维护司法公平与公正。

（三）程序适用不规范

文书提出义务原本属于诉讼中的证据收集制度，但实践中有的法院却将其运用在鉴定程序中，造成了实践中的适用不统一。例如在安徽颍上农村商业银行股份有限公司诉高建修、潘敬宝融借贷合同纠纷案中，原告安徽颍上农村商业银行股份有限公司以原信贷员刘某被开除为由拒绝提供借款合同原件，造成鉴定无法进行，因此法院便对其提供的证据不予认定。

（四）义务适用主体单一

第112条只明确了书证在对方掌握的情况下，一方可以要求法院责令其提交，但是随着社会经济情况的不断发展，文书持有人属于诉讼外主体的

① 江苏省南通市港闸区人民法院（2015）港商初字第00126号民事判决书。

② 具体案例参见：李绍杰与四川隆昌神驹运业有限公司保险纠纷上诉案［四川省内江市中级人民法院（2015）内民终字第590号］、安徽颍上农村商业银行股份有限公司诉高建修金融借贷合同纠纷案［安徽省颍上县人民法院（2015）颍民二初字第01287号］、岳某某与张某某离婚纠纷案［河南省郑州市二七区人民法院（2015）二七民一初字第2486号］等。

情况越来越普遍，司法实践已经对这类问题提出了需求。然而我们的法律规范仍然停留在文书被案件当事人持有的情况，造成了与司法实践的脱节。

我国文书提出制度的现行规定及存在的问题使我们能够时刻认识到该制度仍然是不完善的。证据决定了当事人的诉讼命运，如不能通过多渠道强化当事人收集证据的手段，则司法公平公正将沦为空谈。

二、需求：完善文书提出制度的必要性

《民诉法解释》第112条是司法解释新增规定，借鉴了大陆法系国家和地区有关文书提出制度的相关规定。不可否认的是，本条有关文书提出命令的规定过于简单，并不能满足实践中对于证据收集制度的要求。连最高人民法院修改后民事诉讼法贯彻实施工作领导小组编著的民事诉讼法司法解释的理解与适用一书中也指出“本条对文书提出命令只规定了一个原则性的条文，具体操作性问题留待专门性司法解释解决”。针对目前规定存在的诸多不足和实践中的诸多混乱，民事诉讼中的文书提出制度亟待补充和修改。完善该制度的必要性体现在以下几点。

（一）完善我国证据制度的重要内容

上文也提到，举证、质证和认证，构成了证据制度的主要内容，而其中举证又是其重中之重。然而，我国当下当事人在书证在对方当事人和诉讼外主体控制的情况下能够收集到该证据的可能性几乎不存在，这也导致了当事人举证手段的严重不足。我国《民事诉讼法》第64条规定了人民法院调查搜集证据职权，但《民诉法解释》第112条却对文书提出制度规定得语焉不详，实践中存在操作的困难。就文书提出义务的主体而言，仅仅明确了书证在对方掌握的情况，面对着现代型诉讼等新类型诉讼的不断增多，书证广泛存在于诉讼外主体的情况越来越多，对此却缺乏相应的规制。就文书提出义务的适用范围、审查程序和秘密保护而言，民诉法和司法解释对此的规定基本是空白。

（二）保障当事人实质武器平等

近年来无论大陆法系还是英美法系对于诉讼当事人的平等逐渐一改坚持当事人的形式平等转向实质平等，实质的武器平等落实到证据制度上而言就是证据的发掘与运用，如果过多地强调当事人自行搜集诉讼所需的证据而忽视实践中存在的大量因为证据偏在而造成的实质不平等，那么无疑

会造成当事人诉讼上的不公平。“真相往往是通过平等武装的双方当事人强有力的辩论而最终浮出水面的”，因此要保障诉讼双方当事人的实质武器平等，我们就应当进一步健全和完善我国的文书提出制度，用制度来保障当事人搜集证据的能力和手段。

（三）促进诉讼中发现真实

证据制度均被视为各国诉讼制度中的重要构成部分，无论规定何种证据形式与证据程序，发现真实依然是诉讼制度的重要目标之一，作为证据收集制度的文书提出制度也不例外。裁判者发布提出命令将当事人通过自身手段无法取得的被对方当事人和诉讼外主体占有的证据，有助于将全部与案件有关的证据提交到法官面前，建立和强化法官心证，通过证据加强对事实的认定，从而发现案件真实。

因此保障诉讼主体证据收集的权利特别是因为证据结构型偏在导致证据只存在于对造当事人或诉讼外主体手中时的举证权利是法院查明案件事实和作出合法裁判的基础。若是不能对诉讼主体证据收集权利进行有力的保护，那么可能使事实陷入真伪不明的情况。按照民诉基础理论，在案件事实真伪不明的情况下，法官将根据证明责任相关理论作出裁判，这种情况下败诉一方明明有机会可以通过法院得到对己方有利的证据，但却无奈接受依据证明责任分配相关理论作出的判决。可想而知当事人不会安然接受这样的判决，无疑会削弱判决的可接受性，而这样的裁判结果也不能说是成立在案件事实基础之上的。

三、规范：以满足司法需求为立足点

证据制度的重要性不必多言，完善一个制度并不困难，关键在于规范一个能够满足司法需求的文书提出制度。纵观各国文书提出制度，虽然在制度发展上有着相似的历史发展脉络，但是没有一个国家的制度是完全一样的，这也告诫我们在制度建立和完善的过程中不能简单照搬照抄他国的相关制度，我们只能依据我国社会历史背景情况来构建，汲取相关国家的经验与优势。

（一）文书提出制度主体应予以扩张

文书提出制度中涉及的主体包含申请主体和文书持有主体，即非负举证责任的当事人和诉讼外主体。

1. 申请主体应当为负有证明责任的一方当事人。负有证明责任的一方主体因为证据结构性偏在的原因或者其他各种原因不能获取由对方当事人或诉讼外主体占有的文书的情况下，便可以向人民法院申请文书提出命令，责令对方当事人或者诉讼外主体将其持有的文书证据向法院出示。就申请主体而言各国在规定上也并无太多不同，对某一事实负有举证责任的一方当事人向法院申请发布文书提出命令是为了查明案件事实，因此基于上述理性考虑，申请人应当为负有证明责任的一方主体。

2. 承担提出义务的主体应当为非负举证责任的一方当事人和诉讼外主体。我国《民诉法解释》第112条也仅仅规定了对方当事人应当提交书证证据，对于文书提出义务的主体规定得过于狭隘。从实践中的情况来看，文书被对方当事人和诉讼外主体占有的情况比较普遍。

就其他国家和地区相关规定而言，德国、日本和我国台湾地区均规定了当事人和诉讼外主体均具有文书提出义务，应当按照法院发布的命令提出相关证据。许多学者也认为诉讼外主体占有和掌握相关书证的情况仍然很多，因此应当规定举证人向法院申请该主体提交书证的适用规则。例如毕玉谦教授等编著的《中国证据法草案建议稿及论证》第50条规定："当作为证据提出的书证在第三人手中时，根据法律的规定或者依据书证的内容，或者举证人与该第三人之间具有相应的法律关系，使该第三人负有交付或提出书证的义务的，根据举证人的申请，法院可以作出决定命令第三人在规定的期间内将该书证向法院提交，所需的费用由举证人承担。"① 因此就实现真实的诉讼任务而言，对持有文书的诉讼外主体课以文书提出义务可以促使法官发现案件真实，作出准确合理裁判。

3. 诉讼外主体提出文书证据的方式应当直接提出。多数国家和地区采取通过文书提出制度直接开示，但是《德国民事诉讼法》规定诉讼外主体开示证据须通过诉讼的方式进行。这一点与许多国家和地区规定不一致，日本和我国台湾地区也并没有采用这一做法。本文认为德国在诉讼上多依赖相关实体法对文书提出义务的范围进行规定，因此更注重对第三人

① 毕玉谦、郑旭、刘善春：《中国证据法草案建议稿及论证》，法律出版社2003年版，第230页。除此之外还有许多学者提出的立法建议稿中也规定了诉讼外主体负有文书提出义务。参见张卫平主编：《〈中华人民共和国民事诉讼法〉修改建议稿及释义》，厦门大学出版社2011年版，第177页；汤维建主编的《中华人民共和国民事证据法》（建议稿）里也规定了相应的内容。

权利的保护，但是我国在进行有关文书提出命令司法解释制定的过程中是否有必要也进行类似甚至相同的规定？本文认为，就目前我国诉讼实践而言，基层审判压力依然存在，对诉讼外主体持有文书不适宜规定通过诉讼方式来获取，[①]否则，这无疑会给法院带来了沉重的工作任务，导致诉讼更加烦琐。对于第三人的权利保护可以在文书提出命令的审查环节来实现，通过给予第三人陈述的权利、不公开审理等诉讼手段来保护第三人的权利和秘密。

除此之外还存在着此处第三人与传统民诉中有独立请求权第三人和无独立请求权第三人的区别问题。此处的第三人的范围包含并远远大于传统民诉上的第三人概念，泛指除诉讼参与人之外的全部持有文书证据的主体，既包含自然人、法人还包括国家机关、社会组织等。

（二）文书提出范围应当周延

文书提出范围涉及的问题是证据持有人应当提交的文书类型。

1. 文书提出义务范围的域外分析与借鉴。

（1）德国模式：实体法为主，程序法为辅。正如前文所述，德国模式在于其发达的实体法规范体系，以至于在诉讼法中不用过多地规定文书提出义务的范围。《德国民事诉讼法》第422条规定："一方当事人依照民法中的规定，可以要求对方当事人和诉讼外主体提出书证。"第423条规定："对方当事人对其在诉讼中为举证而引用的文书负有提出义务。"[②]德国模式的主要特点在于其文书提出命令的范围规定主要分布在其发达的实体法规范中。

（2）日本模式：程序法为主，实体法为辅。日本的民诉法中针对其范围采用"列举＋抽象"的模式。[③]正如上文所述，受限于传统大陆法系辩论原则的原理和实践，德、日以及我国台湾地区采用大多是限定主义，仅仅规定了当事人和诉讼外的第三人针对特定的几种文书负有出示义务，法官也只能针对这些文书发布命令。但是随着社会经济的发展尤其是诉讼类

① 有鉴于此，2002年德国对其民事诉讼法进行了修改，修改后的文书提出命令制度将诉讼外主体提出文书制度进行了区分处理，区分当事人和法院强制第三人提出文书：针对当事人要求诉讼外主体提出证书，仍然要求通过诉讼的途径实行；针对法院强制第三人提出他所持有的而由一方当事人引用的文书可以只命令其提出，而不需要通过诉讼（《德国民事诉讼法》第142条）。

② 丁启明：《德国民事诉讼法》，厦门大学出版社2016年版，第102页。

③ 也存在仅仅列举规定的立法例，例如《奥地利民事诉讼法》第304条规定，单纯的列举式的规定已经逐渐被大多数国家所抛弃，原因在于随着社会经济的发展，审判实践的不断变化，单纯的四种到五种列举已经远远不能满足社会实际的需要，因此文书提出义务的一般化也是不断在发展，用抽象的方式规定文书提出义务的范围方能不断适应审判实践和社会的实际运行情况。

型朝着现代型诉讼的不断发展，证据的机构型偏在问题始终困扰着审判实践，因此理论和实践不断朝着“文书提出义务一般化”的方向变化。各国纷纷修改文书提出义务的范围，将其范围不断扩大，于是出现了上述的“列举＋抽象”的规定方式。

（3）德日模式评价

就两种模式而言，德国模式主要赖于其发达的实体法规范，而这一点恰恰是我国目前法治建设中缺失的一环，因此采用德国这种模式并不符合我国社会实践的基本情况，并不具有典型的借鉴意义。日本和我国台湾地区所采用的日本模式，均列举了四到五种具体的规定，再加以一般规定来应对实践中不断增长的新类型案件。

从表1的对比可以看出，日本和我国台湾地区的规定一致性要大于差异性，不可否认我国台湾地区从日本移植了许多相似的诉讼制度，但这也反映出制度内容的共通性。日本和我国台湾地区均进行了明确的有引用文书、交付或阅览文书、利益文书这三项。

表1　日本和我国台湾地区采用模式之区别

	日本	我国台湾地区
具体	当事人在诉讼中所引用过的自己持有的文书中	该当事人于诉讼程序中曾经引用者
	举证人对文书持有人能请求交付或阅览的文书	他造依法律规定，得请交付或阅览者
	文书是为举证人的利益而作成的，或者是为举证人与文书持有人之间的法律关系而作成的	为他造之利益而作者
		商业账簿
抽象	除前三项所列的情况之外的文书(公务员或者曾任公务员的人因其职务而保管或持有的文书)	就与本件诉讼有关之事项所作者

2. 我国立法路径之选择——当采“具体＋抽象”。本文认为就目前的我国《民诉法解释》第112条对范围规定的空白与实践状况，应当对文书提出命令的范围采取“具体＋抽象”的规定方式。我国实体法中也有文书提出义务的内容，例如《公司法》第98条、《合同法》第199条，但就数

量而言是微不足道的。因此我国不宜采取像德国立法一般将主要的文书提出义务规定在实体法中的做法。

另外，就目前实践中存在的当事人收集证据手段的匮乏及不便与证据收集的要求存在的紧张关系而言，我们应当进一步将文书提出义务进行一般化，唯有扩充当事人和诉讼外主体提出文书的边界，才可以进一步缓解实践中的证据收集难，保障当事人的实质武器平等。

进行列举的文书提出义务范围理应包括四类。第一，引用文书。不负证明责任的一方主体在程序进行过程中已经引用的文书。第二，交付或阅览文书。根据实体法中的相关请求权规定的一方当事人可以要求对方当事人或诉讼外主体交付或阅览的文书，对方当事人或诉讼外主体应当提出。第三，利益文书。该证据是为举证人的利益而作成的，那么控制该证据的当事人应当出示。第四，法律关系文书。当证据中集采了当事人之间的法律关系的部分或全部内容时，持有人应当提出。除此之外的应当属于一般文书提出义务的范围，法官可以依照自由心证判断该证据是否应当由文书持有人提出，即所有与本诉讼有关的文书均应当负有文书提出义务。

（三）文书提出申请的司法审查

1. 当事人在申请时应当表明的事项。当明确界定文书提出的范围以后，我们便可以遵照该内容向法院提出请求，由法院发出文书提出命令，命令文书持有人出示该文书。但是为了让法官在收到文书提出命令的申请时，能够明白当事人意欲申请文书的事项，防止当事人进行摸索证明，当事人应当在申请时表明一定的事项。该类事项应当包括证据的基本情况、证据的内容、所欲证明的内容以及对方当事人或诉讼外主体负有提出义务的理由。

2. “是否在对方控制之下”应当由法官进行认定。就上文提出的实践中存在着“在对方控制之下”这一事项是否属于当事人应当证明的事项，本文持否定意见。此项证明事项在实践中存在困难，如明确将申请人课以此项证明责任将不利于诉讼公正。针对是否在对方控制之下，法官完全可以依照自由心证、交易习惯、法律原则来进行判断和审查，例如“合同壹式贰份，双方各执壹份”，除有其他特殊情况外应当予以认定当事人各执一份。因此，从诉讼公平与减轻当事人诉讼负担的角度出发，不应当将“在对方控制之下”当作申请人应当证明的事项。

3. 文书提出义务应当缓和——增加文书特定程序。当事人即使知道谁是文书持有人，仍然可能对文书的名称、内容等信息不能一一列举，例如各种规划图、实验数据等以及其他被对方当事人掌握而不为申请人所知悉的证据，申请人因此有可能因为欠缺申请要件而被驳回申请。面对这种情况应当增加文书特定程序，在申请人无法明确书证相关内容时，由被申请人对相关事项进行明确，包含文书的标识或文书的初衷。在实践中，申请人对文书的相关情况掌握有限的情况非常之多，对造当事人和诉讼外主体对于文书掌握的内容更加清晰和明确，我们不能苛求申请人将相关情况一一列举。此举将有损当事人申请文书提出命令的权利，会进一步加重证据偏在，不利于保护当事人的权利。

四、救济与后果：以保障制度功能为目标

（一）法官审查裁判后应当给予救济途径——复议

裁判者经过审查认为申请合法时，便以“文书提出命令”形式责令被申请人出示该文书，反之，认为理由不合法，裁定驳回申请。此点并无疑问，但因文书中的信息是具有可区分性的，被申请人对部分内容不负有提出的义务时，法院应当根据区分原则对除该部分之外的内容作出文书提出命令。①

有权利就应当有救济，但是目前针对文书提出命令裁判的救济法律规范却几乎没有，在相关专家提出的证据法专家论证稿中也鲜有涉及裁判救济的相关规定，可见这一点并未引起学者的重视。“为了保障法院正常地行使程序管理与诉讼指挥权能，防止诉讼拖延，应当禁止当事人不服法院驳回的决定而在程序上提出何种动议，为此，对于法院驳回举证人的申请不得申请复议。”② 虽然上述目的很重要，但是本文认为应当给予诉讼参与人复议的权利。在法院作出任何影响诉讼参与人诉讼权利的决定之后应当赋予其救济的途径，例如日本民诉法赋予当事人以抗告的权利。在这种情况下，文书提出命令的决定属于终局判决前的裁判，应当有获得救济的权利。按照目前的诉讼实践情况，本文认为在法官发布命令以后，应当赋予

① ［日］新堂幸司：《新民事诉讼法》，林剑锋译，法律出版社 2008 年版，第 422 页。

② 毕玉谦、郑旭、刘善春：《中国证据法草案——建议稿及论证》，法律出版社 2003 年版，第 219 页。

申请人和被申请人申请复议的权利，以保障诉讼参与人的诉讼权利，确保法官作出合理的裁判，但是复议只能以一次为限。

（二）强化违反文书提出命令的后果

法院针对申请人的申请作出文书提出的命令后，文书持有人拒绝执行该命令的情况下，如何保障当事人的诉讼权利和司法的权威性是一个重要的问题。确保文书提出义务制度得到切实地贯彻和执行，主要包括以下三个方面：第一，拟制真实。法院发布文书提出命令后，被申请人拒绝执行该命令时，大多数国家法律均将文书中记载的相关内容拟制为真实，即免除了申请人关于该文书的证明责任。第二，罚款。日本民诉法规定诉讼外主体拒绝依照命令出示文书时，可以裁定给予20万日元以下的罚款。第三，强制处分。“诉讼外第三人无正当理由拒绝服从文书提出命令，法院在必要的时候可以以裁定命其强制处分，该类强制处分适用强制执行中有关于物之交付请求权执行的相关规定，但在命第三人提出文书的裁定前应使其具有陈述意见的机会，保障其诉讼上的权利。”① 就当事人与诉讼外主体的不同后果应当予以区分。

1. 当事人违反的后果——拟制真实。我国《民诉法解释》第112条只规定了当事人不履行文书提出命令的后果，并未对第三人的相应不利后果进行规定。对当事人一方而言，拒绝履行法院文书提出命令，或故意将文书隐匿、毁损致其无法发挥证据作用时，法院应将文书提出命令申请人关于该文书所记载的内容视为真实。此举目的在于维护举证当事人与持有证据的一方当事人之间的武器平等原则，通过降低申请人一方的证明责任来给被申请人带来诉讼上的不利益，促使其履行文书提出义务。

2. 诉讼外主体违反的后果——罚款与强制提出。对诉讼外主体而言，无合理原因拒绝提出文书的情况，并不能适用当事人拟制真实的规定。拟制为真实是对于诉讼参与人最苛刻的惩处，但是对持有文书的诉讼外主体而言却是无关紧要的，无法有效发挥该制度的目的，因此应当针对诉讼外主体设置不同的后果。具体而言，无合法原因拒绝履行文书提出命令的诉讼外主体应当处以罚款，罚款数额应当根据具体情况而定，过高则会给第三人带来沉重的负担，而过低则起不到惩戒的作用。另外，无正当理由拒

① 刘玉中：《文书提出命令作为证据收集制度运用之落实》，载《玄奘法律学报》2005年第4期。

不提出文书，妨碍司法时可以适用民事诉讼中有关强制措施的规定，处以司法拘留措施，构成犯罪的应当依法追究刑事责任，必要时可以采取强制执行措施，如搜查、扣押等，强制其提出文书。

结　语

文书提出制度作为我国司法实践上还不成熟的做法，我们应当采用更为审慎的态度去对待，坚决防止实践中的各种乱象。一种制度要发挥其更大的价值，更多的应当是从法律规范层面进行规制，从多个方面对该制度进行规范，保持明确的立法导向。

庭审实质化语境下法官判断力研究*

元　轶　郭海丽

引　言

《中共中央关于全面推进依法治国若干重大问题的决定》中提出，推进以审判为中心的诉讼制度改革，庭审实质化是这一改革的重要内容。审判权的本质属性是判断权，以审判为中心，要求审判应当在事实认定和法律适用上发挥决定性的作用。《最高人民法院关于全面深化人民法院改革的意见——人民法院第四个五年改革纲要（2014—2018）》中指出："确保庭审在保护诉权、认定证据、查明事实、公正裁判中发挥决定性作用，实现诉讼证据质证在法庭、案件事实查明在法庭、诉辩意见发表在法庭、裁判理由形成在法庭。"即要求庭审实质化。庭审实质化，就是庭审应该成为诉讼活动的中心环节，解决举证虚化、质证虚化、认证虚化、裁判虚化等四个方面的"庭审虚化"问题。① 在此背景下，诸如法官当庭对矛盾的证人证言、鉴定结论进行甄别判断，进而当庭作出判决的能力就决定了庭审实质化是否能够真正实现。由此，庭审实质化对法官判断力提出了更高的要求。本文期望通过对法官判断力的思辨，探索在庭审实质化语境下，提升法官判断力的有效路径和方法。

一、概念解读：法官判断力的内涵和外延

在哲学领域，判断力是指人们对现实作出什么样的态度和表现出什么样行为方式的决定因素，通过选择和抉择的形式将其价值观付诸在事件上

* 本文获 2017 年全国法院第 29 届学术讨论会三等奖。

① 参见何家弘:《刑事庭审虚化的实证研究》，载《法学家》2011 年第 6 期。

的看法、态度、观点。[①]

康德将判断力分为两种，第一种是将普遍规律和范畴用于个别事物的决定判断力，第二种是反省判断力。[②] 这一概念可以向各行业进一步延伸适用，在司法领域，法官判断力是指法官把通过诉讼活动呈现在面前的所有素材，在诉讼的不同阶段作出分析、论证，形成内心确认，并最终得出裁判结论的一种综合能力。“作为专业的审判主体，法官可以不是搜集证据的高手，但应当是善于判断事实的，因为他受到的训练和他从事的工作都培养他这种能力。”[③] 法官判断力的表现是对案件事实和法律适用的态度和抉择。其中，对案件事实的判断是案件裁判的关键，也是法官判断力的核心。

（一）法官判断力的三大特征

法官判断力的特征包括主观性、可表达性、认知性三个特征。主观性，审判的过程是一个主观判断的过程。[④] 更加准确地说，法官对案件的判断是一种主观见之于客观的思维过程。“法官认知是主观世界与客观对象的应对过程，是心和物的交织过程。这一应对或交织过程之所以可能，既在于案件事实的可认知性，也在于法官主观世界的认知能力。”[⑤] 在事实认知上，法官需要依靠证据去判断，并依赖这种判断形成心证。而这种判断只能是无限接近客观事实的法律事实，绝对客观的判断是不存在的。可表达性，法官判断力并非玄妙不可及，是可以通过口头或者书面形式表达出来的。最典型的表现形式就是判决，判决中对证据的认证过程、“经审理查明”是对案件事实的看法，而“本院认为”则是法官表达对案件的态度和观点。认知性，从心理学角度分析，法官对案件事实的判断可以看作一种认知活动，它反映了法官对待决案件由未知到已知、由感性认识到理性认识的认知过程。法官以法律的思维，在证据之间流转往复、作出判断的复杂过程充分体现了法官判断力的心理学属性。

---

① 任生林:《漫谈法官判断力》，载 http: //epaper.sxrb.com/shtml/sxscdb/20150716/236392.shtml，2017 年 6 月 7 日访问。

② 牟宗三:《康德：判断力之批判》，吉林出版社集团有限责任公司 2013 年版，第 1 页。

③ 龙宗智:《论建立以一审庭审为中心的事实认定机制》，载《中国法学》2010 年第 2 期。

④ 肖建华:《诉讼证明过程分析》，载《人大法律评论》(总第 2 辑)，中国人民大学出版社 2000 年版，第 21 页。

⑤ 谢晖:《诠释法律的客观性及其原因》，载《法学》2003 年第 3 期。

（二）法官判断力的价值分析

法官作为社会矛盾纠纷的化解者和裁判者，其判断力直接决定着案件的结果。研究法官判断力具有极大的理论和实践价值：公正价值，公正是法治的生命线。法官精准的判断力直接决定着案件质量，有利于厘清当事人的诉辩主张，查明案件事实，实现同案同判，保证法律适用的统一，维护法律的尊严。效率价值，是法院的主题之一。法官判断力越强，审判思路越快形成，办案效率就越高。管理价值，即审判管理价值。提升法官判断力，是法官提高个案管理能力的重要内容，是提高审判绩效的基础，对于规范法官裁判思路、形成符合司法规律的审判管理方法具有重要意义。社会价值，法官判断力水平高低，审判方法是否符合认知规律和诉讼制度，决定了当事人能否充分实现诉权，是其实现合法权益的重要保证。

二、现实动因：法官判断力是实现庭审实质化的必由之路

法官判断力有利于法官在裁判过程中，形成心证，作出正确判决。特别是可以解决长期存在而未能有效解决的庭审虚化问题，契合了庭审实质化的新要求。庭审实质化，是法官判断力的现实性背景和动因，也是法官判断力的“语境”。以刑事案件为例，可以将法官裁判案件的过程分为三

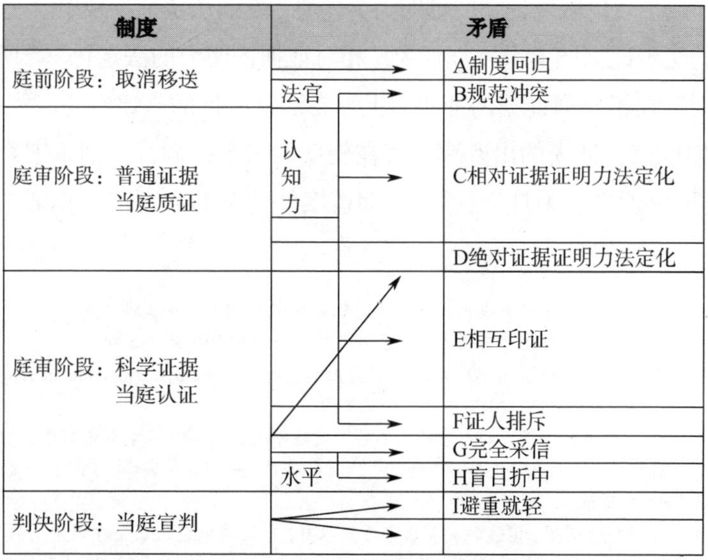

图 1　法官裁判案件过程图

个阶段，结合庭审实质化的典型制度要求，以心理学的视角，绘制出法官裁判案件的过程（见图1）进行分析。

（一）案卷移送制度

1996年推进的刑事诉讼改革实行主要证据复印件移送制度，然而却并没有改变庭审虚化问题。在2012年修法之前，这一矛盾导致在司法解释及司法实践层面异化出更为严重的“庭后案卷移送”，“庭后移送使得庭审更加流于形式”。① 由此不得不回归到全案卷宗移送制度，“此种恢复虽然有利于法官全面了解案件情况，提高其庭审掌控能力，却使庭前实体审现象更易发生”。② 庭审实质化要求充分发挥庭审在查明事实、认定证据、保证诉权、公正裁判中的决定性作用。要实现这一目的，在法官能够开庭前接触侦查卷宗的既定制度下，如何减少“侦查卷宗”对法官审判活动的影响就成为关键。只要法官依旧通过“阅卷”的方式形成裁判，就不太会对庭审活动予以足够的关注，即便有几个证人出庭接受质询，庭审活动依旧流于形式，庭审实质化改革的目的就难以实现。③

（二）普通证据的当庭认证

诉讼中，“法官—证据—案件”是法官对案件事实判断的基本认识结构。对证据的当庭质证、认证是连接案件和法官的中介。以《刑事诉讼法》第59条、第190条规定的庭审阶段对证人证言的认证规则可以看出，在立法层面导致了“以限制证据的证明力为核心”④ 的法定证据现象。⑤ 这种对普通证据的法定证据倾向可以概括为“相对证据证明力的法定化”。所以概括为“相对”在于普通证据的证明力上存在法官心证的一定空间。⑥

长期以来，证人的出庭率一直在较低的水平徘徊，在刑事审判中尤为明显。《刑事诉讼法》规定：“凡是知道案件情况的人，都有作证的义务。”

---

① 汪海燕：《论刑事庭审实质化》，载《中国社会科学》2015年第2期。

② 龙宗智：《庭审实质化的路径和方法》，载《法学研究》2015年第5期。

③ 袁志：《“侦查卷宗”与庭审实质化改革》，载 http://www.chinacourt.org/article/detail/2015/10/id/1722188.shtml，2017年6月3日访问。

④ 陈瑞华：《以限制证据证明力为核心的新法定证据主义》，载《法学研究》2012年第6期。

⑤ 后者规定的“未到庭证人的证言笔录”的质证方式——“当庭宣读，听取各方意见”，客观上取代了第59条的质证规范。

⑥ 如印证规则的适用，但这种相互印证规则本身，也反映出证据认证在司法上的一种异化，反映出法官无力就单个证据本身的客观性进行独立、充分的推论论证，只能借助于相互印证这种模式。

但第187条第1款又对证人应当出庭作证的情况进行了限定，为“公诉人、当事人或者辩护人、诉讼代理人对证人证言有异议，且该证人证言对案件定罪量刑有重大影响，人民法院认为证人有必要出庭作证的”。因此，在很大程度上，证人是否应当出庭作证取决于法院对其必要性的判断，这体现出浓厚的职权主义色彩。庭审实质化的核心要求之一是强调裁判者的亲历性。证人出庭，接受公诉方、被告人和辩护方的交叉询问，有利于法官在案件事实方面的认知和判断，从而使法官更加接近案件真相。证人不出庭，导致被告人、辩护人无法及时提出“不同意见”，从而也会最终使法官失去了培养和提升判断力的机会，对庭审实质化的消极影响也是显而易见的。证人出庭问题，正是中国各项诉讼制度改革能否顺利推进的关键节点。①

（三）科学证据的认证

最典型的科学证据是司法鉴定。当控辩双方对鉴定有异议时，法律赋予了法官是否启动二次鉴定的决定权，但限于法官判断力不足的现状，法官往往不会启动二次鉴定，因为“只要有两次鉴定，最后的结论肯定是不一样的”②。对于科学证据的认证，“当一个案件进行两次或两次以上精神病鉴定时，法院在采信哪份鉴定意见的问题上一筹莫展。”③由于科学证据的“科学性”，法官会对一份鉴定意见完全采信，如根据高北陵等六位研究人员的统计——“司法精神病学鉴定结论的采信率几乎为100%”。④而一旦出现第二份鉴定意见，则会根据鉴定机构的级别、资质、距离案发时间等“绝对证据证明力规则”来取舍。黑龙江省1998年曾出台规定：对同一案件事实的鉴定结论不一致时，上级鉴定机构的鉴定，优于下级鉴定机构的鉴定。⑤法官的自由裁量权在上述情形下完全消失，这正反映了法官对科学类证据证明力判断的不足。在一些精神病鉴定中，法官甚至对不同鉴定意见采取了“盲目折中”的处理手段——被告人被“折中”认定为“限制

---

① 魏晓娜：《以审判为中心的刑事诉讼制度改革》，载《法学研究》2015年第4期。

② 郭志媛：《刑事诉讼中精神病鉴定的程序保障实证调研报告》，载《证据科学》2012年第6期。

③ 魏晓娜：《以审判为中心的刑事诉讼制度改革》，载《法学研究》2015年第4期。

④ 高北陵等：《司法精神鉴定中评定辨认和控制能力与责任能力差异的调查分析》，载《中华医学会精神病学分会第九次全国学术会议论文集》，上海社会科学院出版社2011年版，第45页。

⑤ 参见1998年黑龙江省《司法鉴定管理条例》第74条，2015年出台新规定将该条取消。

刑事责任能力”，如2001年广东张林发案、2002年广西蒋伟强案等。事实上，造成上述“完全依赖”以及“盲目折中”的原因，正是因为大部分法官对科学证据的判断力“完全丧失”。从心理学上看，人们对一个“新事物”的认知，由内心固有的“旧认知图式”提供帮助，两者距离越远，有效认知就会越难。

因此，科学证据的专业性、复杂性、前瞻性及所涉领域跨学科性等特点，会使法官因“严重陌生”而产生“严重认知障碍”。法官在本已孱弱的心证能力下，面对存在严重认知障碍、无法进行直接认知和理解的科学证据，又没有能力“对分析、鉴别、推理和判断的过程”① 进行有效的间接审查，于是导致法官对因“科学性”而具有“不确定性”的科学证据的判断力“完全丧失”。

（四）当庭宣判制度

庭审宣判制度由于与法官判断力水平发生冲突，导致当前不仅有争议的案件不能当庭宣判，而且连没有争议的案件也很少当庭宣判。而那些所谓有争议的案件，其实更应遵循直接、公正的正当程序原则适用当庭宣判，而不应避重就轻。另外，更为普遍的情况是，“裁判的作出主要依赖承办法官对案卷笔录的研读”，也就意味着法官对控方证据的依从。②

三、原因分析：庭审实质化语境下法官判断力的影响因子

“每一种因素都有可能成为法官审判的理由，悄悄地通过法官的心灵流淌到法官的笔尖。”③ 笔者选取了B市C法院60名法官发放调查问卷，调研法官认为影响判断的主要因子，并要求法官按照影响程度大小打分（1~10分），归纳出影响法官判断力的四大影响因子及权重（见图2），并采用访谈的方式，进一步探究对法官判断力的心理学影响。

---

① 冯宗美等:《鉴定意见审查问题探究》，载《中国司法鉴定》2013年第3期。
② 王彪:《法院内部控制刑事裁判权的方法与反思》，载《北方法学》2013年第3期。
③ ［德］A.L. 考夫曼:《卡多佐》，张守东译，法律出版社2001年版，第223页。

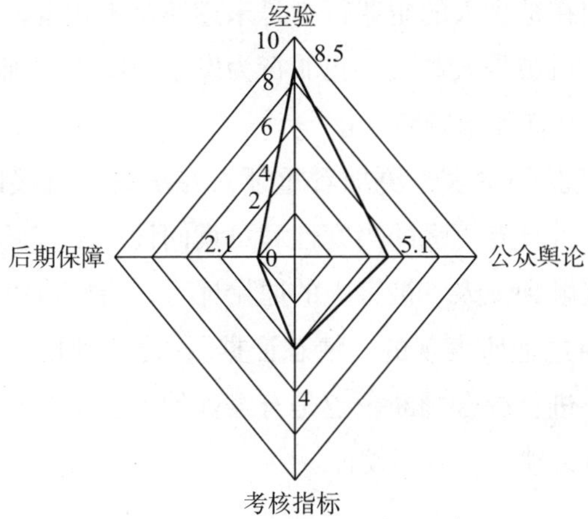

图 2　法官判断力的影响因子

（一）庭审经验

作为社会人，各种社会因素影响到法官的裁判心理是不可避免的，而且不同的生活轨迹也会在法官的身上打下不同的烙印，终将以经验的方式在法官的裁判过程中产生不同的效果。司法实务界将经验视为“最宝贵的财富”。

笔者对 B 市 C 法院法官的采访中发现，与年轻法官相比，有经验的法官首先在法官心证方面更胜一筹。在证据证明力标准和大小的判断上，在证据盖然性的要求上，年轻法官比有经验的法官更为谨慎苛刻。面对庭审突发状况，有经验的法官会更加应对自如。比如庭审中的重要证据，检察院如举证质证不充分，有经验的法官会及时发现并进行提醒；法官通过举证质证，发现可能会判处与指控罪名不符的罪名时，有经验的法官就会当庭让当事人发表意见，保证当事人行使辩护权的同时，也避免了二次开庭。年轻法官会更加依赖法条规定，就案办案；而有经验的法官则会在作出判断时，更加重视案外因素，“跳”出案件本身。在审理一起在校大学生诈骗同学钱财的案件时，承办法官综合考虑了被告人年纪小、主观恶性不大，其家长变卖房产偿还被害人损失等情节，最终对被告人判处了缓刑。“年轻法官审案子特别谨慎小心，往往就案办案，如果这个案子他们办，严格按照法律，可能会判处三年以上有期徒刑，这对一个家庭的打击是致命的。”在具体裁判过程中，有经验的法官对案件尺度把握、情节认定更加准确，如在被告人的犯罪行为是未遂还是中止上，有经验的法官会结合具体案情，对被告人动机、犯罪行为发生情况等“细枝末节”进行详细询问并分析，从而作出判断。

此外，有经验的法官，更加看重证人在法庭上直接向法官表达的证言，因为这种证言具有更强的当庭性和可询问性。法官通过庭审的实质审理，可以更多接触到证人、被害人的原始证言，当场可以进行补充询问和质证，并可以通过他所表现的“情态证据”，比如神情、肢体动作、语言特点等身体动作进行综合判断。越是有经验的法官，在庭审实质化的语境下，法官的判断力越能够得到发挥。

（二）公众舆论

“审判应当公开，犯罪的证据应当公开，以便使或许是社会唯一制约手段的舆论能够约束强力和欲望；这样，人民就会说，我们不是奴隶，我们受到保护。”① 贝卡利亚在其论著《论犯罪与刑罚》中如是指出。“由于大众传播工具对于司法领域之报道，而对司法之影响程度亦日渐上增，因为整个社会舆论，均为大众传播工具所控制，有些法官之审判，就可能受此等组织之传播系统所控制之舆论所左右，而失却独立审判之立场。”②

访谈中有法官坦言，公众对法律知识的普遍缺乏，让法官对于公众舆论的关注产生压力。当裁判案件不被社会所理解、当法官因媒体报道而被推至舆论风口浪尖，甚至面临可能被“人肉搜索”的尴尬处境时，法官会产生强烈的不悦、反感、烦躁的情绪，原本对案件不受干扰的正常心理期待被打破，容易对今后案件的审理和裁判产生消极影响。舆论监督已经成为监督司法的一种重要形式，然而当舆论监督演变为对司法的不正当干预，法官就会反复考量作出的判决是否会引发舆论的负面评价，并“千方百计”地阻止或者降低这种不利后果，从而法官判断力会在这种考虑中面临挑战，法官的独立精神无法实现。庭审应当公开，但应当突出庭审实质化对法官判断力当庭性的要求，通过制度涉及使法官裁判案件受外界的干扰。

（三）考核指标

在以往案件质量评价机制的基础上，最高人民法院于 2011 年 3 月正

① ［意］贝卡利亚：《犯罪与刑罚》，黄风译，大百科全书出版社 1993 年版，第 20 页。

② 林山田：《刑事诉讼法》，中国台湾地区三民书局 1990 年版，第 62 页。

式发布了《关于开展案件质量评估工作的指导意见》，对原有的案件质量评估体系进行了修改和完善，形成了涵盖公正、效率和效果的31项评估指标体系。这其中，调撤率、发改率、结案率成为考核指标中最重要的内容。考核指标给法官以较大的压力，庭长和普通承办法官对其压力的感受度也有差别。庭长处理疑难复杂案件，对判断力的要求较高，同时对全庭的考核指标甚为看重。普通承办法官主要的压力源则较单纯，主要是对案件的焦虑，受考核指标的影响也较大。此外，考核指标对法官判断力的影响还与不同庭室的案件类型密切相关，民事、商事法官因为案件多而烦琐，往往较多地感受到来自考核指标的压力。

在法官访谈中得知，考核指标对于法官在判断具体案件事实中的影响远大于适用法律，这点通常在第四季度的突击结案季中表现尤为明显。当考核指标任务较重时，比如需要重新鉴定、审计，这需要几个月甚至更长时间，在结案任务的压力下，法官很可能就会较为轻率地或者较为粗糙地下判。这既违反审判规律，也使庭审实质化更加难以实现。裁判案件应以庭审实质查明的为基础，并尽量减少外界考核指标对法官判断力的影响，但是不容否认，这种影响是客观存在的。

（四）后勤保障

笔者认为，在庭审实质化的要求下，法官需要对于庭审中发生矛盾的证据当庭作出判断，即庭审中，法官需要不断地作出判断，这时就对法院的后勤保障提出很高的要求。当法官在午饭等后勤保障没有跟上的情况下，被要求当庭判断，那么法官判断力一定会受到消极影响。因此，一些法官关于午饭对法官判断力影响的看法恰恰反映了当前庭审实质化的缺失。

通过论证分析，上述四大影响因子中，庭审经验对法官判断力发挥着积极正面的影响，公众舆论、考核指标、后勤保障在目前的条件下，则更易成为影响法官判断力的消极因素。在庭审实质化的背景下，应当减少这些影响因子的作用，从而保证法官的中立，裁判的公平公正。

四、路径探索：提升法官判断力的三维思考

“良好的职业判断力是法律职业的首要基础。它是法律人提供给委托

人的最有价值的东西，它比法律知识或条文的熟练分析更有价值。”[①] 笔者试图从三个维度，提出法官判断力提升的方向和策略（见图 3）。

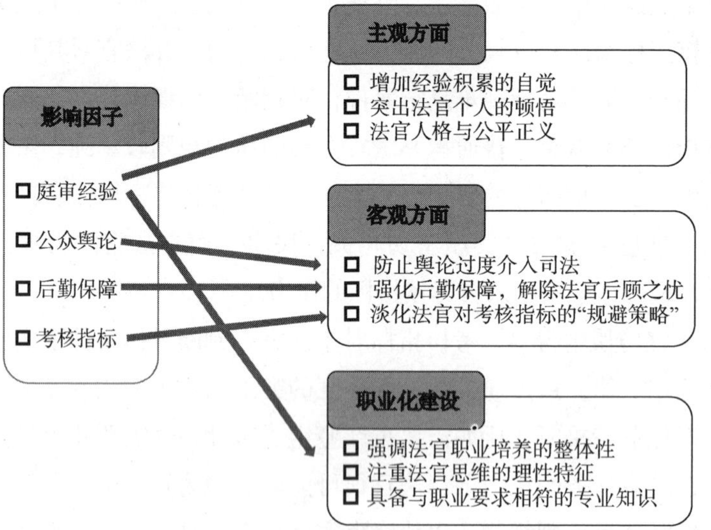

图 3 法官判断力提升的路径探索

（一）主观方面：运用格式塔理论激活法官内在自觉

法官自身的素质决定了其裁判的品质。作为职业法官，提升判断力应发挥主体能动意识，将提升法官判断力视为司法能力提高的重要方面，逐渐将之转化为日常裁判中的内在自觉，在这方面，格式塔心理学理论为我们提供了借鉴。[②]

增加经验积累的自觉。学习是个体利用自身的智慧与理解力对情境及情境与自身关系的顿悟，而不是动作的累积或盲目的尝试。[③] 法律发现的过程不仅包含“找法”，而且包含运用各种法律方法创造性运用法律或造法。在一次一次裁判规范的发现过程中，法官应当善于自觉“迁移学

① 许身健：《法律人的职业判断力》，载《检察日报》2011 年 1 月 12 日。

② “格式塔”（Gestalt）一词具有两种含义：一是指形状或形式，亦即物体的性质；二是指具体的实体和它具有一种特殊形状或形式的特征。格式塔心理学诞生于 1912 年，强调经验和行为的整体性。参见［美］库尔特·考夫卡：《格式塔心理学原理》，李维译，北京大学出版社 2010 年版，第 1~2 页。

③ 参见［美］库尔特·考夫卡：《格式塔心理学原理》，李维译，北京大学出版社 2010 年版，第 516 页。

习”，[①] 将在某个案件中发现的找法规则、路径选择等运用在类似的案件中，从而提高法律发现过程中的判断力。只有不断自觉地积累经验，才能更加便捷、准确地完成裁判规则的发现过程，实现同案同判。

突出法官个人的顿悟。学习是个体利用自身的智慧与理解力对情境及情境与自身关系的顿悟，而不是动作的累积或盲目的尝试，顿悟是以对整个问题情境的突然领悟为前提的。[②] 在法官判断力的提升方面，顿悟学习占有重要的地位，它强调法官依据现有的专业知识和经验水平，在对过去处理经验的学习、总结的基础上，形成裁判痕迹，在遇到以往案件场景时的突然“顿悟”，而不是对专业法律知识的死记硬背。法官顿悟是对公正裁判案件目标和达到目标的手段与途径之间的关系的理解，法官提升判断力的过程就是顿悟的过程。

法官人格与公平正义。“当我们谈论人格时，我们通常考虑它的文化中的自我，也就是由它的社会格局决定的自我。”[③] 司法公正是社会公正的最后一道防线，法院是维护公正的最后一道屏障，而法官则是公平正义的实践者。每一个法官都应当自觉地加强自身品行、人格的修养，将司法公正视为自己的职业生命。同时，对公平与正义的本质思考也是责任感的重要组成，如果没有对社会正义怀有无比强烈追求，不会具有强烈的责任感，也不会有正确的判断立场，更不会使人信服司法的公正。

（二）客观方面：以依法审判理念为基本前提

“以事实为依据，以法律为准绳”，是法官裁判的基本原则。

防止舆论过度介入司法。从近年来公众舆论对司法事件的反映上看，虽然许多司法舆情表面上针对的是司法，但实质上反映的普遍存在的社会和政治问题，而与司法并无关系。对于这类问题，法院没有必要顺从式反映，顺从只能从根本上伤害司法公信力，而应当借力用力、顺势而为，通过新闻发布、庭审直播等方式及时澄清事实，进行普法。同时，应当建立法院依法独立行使审判权的制度保障，防止舆论非理性地过度介入司法，

① 参见［美］库尔特·考夫卡：《格式塔心理学原理》，李维译，北京大学出版社 2010 年版，第 528 页。

② 参见［美］库尔特·考夫卡：《格式塔心理学原理》，李维译，北京大学出版社 2010 年版，第 517 页。

③ 参见［美］库尔特·考夫卡：《格式塔心理学原理》，李维译，北京大学出版社 2010 年版，第 554 页。

影响法官判断力，从而消减舆论攻势，为法官主动或被动应对公众舆论提供法律指引和保障。

淡化法官对考核指标的“规避策略”。当前，法官面临较大的案件压力，尤其是在立案登记制实施以来，法院审判压力突出。与此同时，法院还在进一步加大对结案率、调撤诉率等考核指标的力度，法官面临着越来越大的案件绩效考核压力。笔者建议，首先要在制度上加强立案登记制度的完善，提倡法官均衡结案；其次通过法院的规范化建设，加快指导案例的编纂，提升法官的裁判水平；最后要建立更加公平、合理、科学的绩效考核体系，为法官的审判工作提供更好的服务保障，加强司法的公正性。

强化后勤保障，解除法官后顾之忧。加强法院基础设施建设，在经费保障、物质装备等方面，加大投入力度，促进后勤保障水平的全面提升。落实各项职业保障，落实好《保护司法人员依法履行法定职责规定》，切实为法官裁判提供良好的后勤服务保障。

（三）职业化建设：培养理性法官

法官因其居中裁判的社会角色，区别于其他社会职业，培养理性法官应成为职业化建设的核心。

强调法官职业培养的整体性。法官职业培养包含在法学院校学习法律知识和进入法院后的职业塑造两个过程。两个过程既相互区别，有彼此联系。提升法官判断力，应当将法官职业培养过程看成是一个不可分割的整体。这就要求我们从顶层设计开始，从整体上设置课程，始终以提升法官判断力为职业培养的出发点和落脚点。

注重法官思维的理性特征。法官思维方式是法官职业化的重要体现。法官的思维特性至少包括：转化性思维，即法官要将各种问题转化为法律概念进行表达，并按照法律逻辑进行判断；平衡性思维，即法官要平衡各种矛盾和利益冲突，将各种利益维持在法律秩序的框架内；规则性思维，即法官要注重逻辑的缜密，谨慎对待感情因素；程序性思维，即法官要维护程序公正；确定性思维，即法官要及时将法律调整的动态利益明确化。[①]培养中立、理性、法治的法官思维，才能真正提升法官判断力，达到庭审实质化的要求，实现司法责任制。

---

① 吕忠梅：《职业化视野下的法官教育》，载苏泽林主编：《法官职业化建设指导与研究》，人民法院出版社2003年版，第80~84页。

具备与职业要求相符的专业知识。区分不同的法律关系，建立对法律程序的基本认识，这是成为法官的必备条件，也是建立对社会问题、法律问题、社会事件、法律事件的认识、并作出合法判断的内在前提，否则，应用法律将会变得机械，法官会将伦理道德认识当成依据进行裁判，从而造成道德与法律界限的混乱。如果法官们依据所谓的“感觉”裁判案件时，法律权威就会自然地转换成个人权威。具备法学理论的法官，才是真正的法律人，可以进一步提升其他方面的司法能力。

提升法官判断力，要求法官必须面对影响执业的各种因素，在努力提高自身法学素养的前提下，以法律作为最高信仰，在具体案件的处理中体现法的价值和目的，并保持与社会紧密的联系，但并不被各种势力左右，以博学的知识和公平的内心来建立和提高自己的判断力。

结 语

庭审实质化对法官在案件事实方面的准确认知提出了新的挑战。法官提升判断力，作出公正、令人信服的判决，是实现法治功能的应有题中之义，有利于最大限度实现法律的尊严和权威，让人民群众在每一个司法案件中感受到公平正义。

论夫妻日常家事代理权的价值平衡 *

程新淼

引　言

近年来，随着法院适用《最高人民法院关于适用〈中华人民共和国婚姻法〉若干问题的解释（二）》[以下简称《婚姻法司法解释（二）》] 第 24 条判定夫妻承担连带责任的案例逐渐增多，关于夫妻日常家事代理权的讨论愈发热烈。从我国目前关于夫妻日常家事代理权的主要案例可以看出，夫妻日常交易代理权维护交易安全价值得到了充分实现，却忽视了对夫妻配偶权的保护，出现了价值的失衡。根据价值平衡原则，处于同一位阶的法的价值发生冲突时，必须综合考虑主体之间的特定情形，需求和利益，以使得个案的解决能够兼顾双方的利益，我国现行的《婚姻法》及《民法通则》中均没有关于夫妻日常家事代理权的明文规定，2017 年 3 月，最高人民法院接连出台《最高人民法院关于适用〈中华人民共和国婚姻法〉若干问题的解释（二）的补充规定》《最高人民法院关于依法妥善审理涉及夫妻债务案件有关问题的通知》，增强了对于婚姻存续期间未实际举债一方的法律保护，一定程度上有利于平衡夫妻日常家事代理权的两大内在价值，但依然无法弥补实体法立法上的缺失。

一、夫妻日常家事代理权的行使现状

（一）司法实践中典型案例分析

1. 民间借贷纠纷

【案例 1】甲因资金周转困难，分三次与丁签订《借款合同》，共借款

* 本文获 2017 年全国法院第 29 届学术讨论会优秀奖。

37万元，借款期限1年并约定了相关借款利息。乙与甲曾系夫妻关系，双方于2004年登记结婚，2013年9月26日离婚，但离婚后双方仍以夫妻名义在同一房屋内居住。因甲未按期还款，丁将甲、乙起诉至法院。庭审中，甲承认借款的事实，并称其离婚后仍与乙共同居住并将大部分收入上交于乙。乙则抗辩称甲在借款后不久双方就解除婚姻关系，其借款并未用于家庭日常生活，对其借款事宜完全不知情，其中，第三笔借款发生于双方婚姻关系解除后，不应由其承担连带责任。一审法院认为，本案借款事实发生于婚姻关系存续期间，应为夫妻关系存续期间的共同债务，甲、乙应当共同履行还款义务。第三笔借款事实虽然发生于甲与乙离婚之后，但根据甲与乙的陈述及相关证据，两人离婚后，仍在同一房屋内对外以夫妻名义共同居住，故丁于借款当时无以知晓甲、乙已离婚的重大事实，而其向甲提供借款一定程度上系基于对甲、乙共同还款能力的信任，并且离婚后甲仍将其大部分收入交付于乙，故综上，乙仍应对甲的该笔债务承担连带责任。[①] 乙不服，提起上诉。二审法院认为甲与乙于2013年9月26日登记离婚，但在案证据尚未表明丁在向甲出借款项时知道甲与乙已经离婚的重大事实，第一笔、第二笔借款发生于二人婚姻关系存续期间，第三笔借款虽发生在二人离婚后，但此时双方仍然共同居住，甲的收入交于乙，双方共同抚养孩子，可以证明二人离婚后仍以夫妻名义共同居住，应对借款承担连带责任。故驳回乙的上诉，维持原判。[②]

2. 单独处分共有财产纠纷

【案例2】甲与乙系夫妻关系，因乙无生育能力，夫妻感情转淡。婚后，甲结识丁，双方产生爱慕之情，两人公开在外租房居住并以夫妻名义共同生活。后甲罹患重大疾病，丁一直悉心照顾。甲遂立下公证遗嘱，将其住房补助金、公积金、抚恤金和出卖一套房产所获利润的一半以及手机一部赠与丁一人，并由丁为其料理后事。甲去世后，丁向乙索要钱款遭到拒绝遂诉至法院。一审法院认为，尽管本案中的遗赠是真实的，但将遗产赠予婚内第三者的做法有悖于社会公德，不符合民法的公序良俗原则。丁提起上诉。[③] 二审法院认为甲的住房补助金、公积金属于夫妻共同财产，

---

① 北京市昌平区人民法院（2016）京（0114）民初第3447号民事判决书。

② 北京市第一中级人民法院（2017）京01民终347号民事判决书。

③ 四川省泸州市纳溪区人民法院（2001）纳溪民初字第561号民事判决书。

甲未经乙同意擅自对夫妻共同财产进行处理，侵犯了乙的权益。抚恤金不是甲的个人财产，是死者单位对其直系亲属的抚慰，不属于遗赠财产的范围。故驳回丁的上诉，维持原判。[①]

（二）司法实践中常见的问题

上述二个案例均是夫妻基于婚姻关系对于另一方配偶的婚内债务或财产进行分割的情形。在第一个案例中，尽管被代理一方配偶以不知情且婚姻关系已经结束作为抗辩依据却困于没有证据而难以维护自身权益，只能被动地承担婚内债务。在第二个案例中，一方擅自处分婚内财产，另一方的配偶权利却险些遭受了实际的减损，幸于没有得到法院的支持。以上案例只是我国当前司法实践的一个缩影，实践中，因一方代理行为致使另一方配偶利益受到损害的案件十分多见。司法实践中主要表现为以下几方面问题。

1. 家事代理权的主体不明确。作为代理行为的一种，日常家事代理权区别于一般民事代理权，其是以配偶权作为权利基础产生的。我国司法解释将家事代理权的主体笼统地限定为夫妻。尽管我国实行婚姻登记制，但在部分不发达地区及少数民族地区仍然存在只举行结婚仪式并未进行婚姻登记的事实婚姻情形。实践中，还存在婚内分居、离婚后继续以夫妻名义共同居住等特殊情况。此时，能否认定双方可以成为家事代理权的主体问题各地法院裁量不一。

2. 家事代理权的代理范围不明确。我国《最高人民法院关于适用〈中华人民共和国婚姻法〉若干问题的解释（一）》[以下简称《婚姻法司法解释（一）》]第17条将家事代理权的适用范围规定为“因日常生活需要”，要求夫妻日常家事代理权必须在日常家事范围内行使。但这一规定太过泛泛，实践中缺乏判断标准。特别是在经济日益发展的今天，很难界定夫妻一方的投资、盈利行为是否为日常生活所需，难以与其个人债权区分开来。此外，在家庭生活中，即便是基于“日常生活需要”对不动产等价值较大的财产进行处分时，不经夫妻双方协商，直接适用日常家事代理权，不利于实现夫妻日常家事代理制度维护家庭稳定、便利家庭生活的价值。

---

① 四川省泸州市中级人民法院（2001）泸民一终字第621号民事判决书。

3. 缺乏对滥用家事代理权的法律规制。任何权利都具有边界，家事代理权也如此。我国现行法律没有对滥用家事代理权的后果进行规制。家事代理权制度设立的宗旨是方便家庭生活、保障交易安全，该宗旨的实现应首先建立夫妻意思表示真实的情况下。通过分析前述案例，实践中对于是否为夫妻共同真实意思表示的情形难以判断，只能以代理行为是否发生在婚姻存续期间判断在强调保护第三人利益的价值目标时，也一定程度上牺牲了维护家庭稳定的价值。基于夫妻一方滥用家事代理权、与第三人合谋故意损害被代理方权利的可能性，法律有必要对滥用家事代理权的行为作出惩罚性规定。现有案例中，因承担连带责任，最终执行了未举债一方财产的情况频发，对于被执行财产的一方可否向对方追偿，我国法律尚无规定。

4. 忽视对被代理方的保护。因夫妻家事代理权具有对外效力，我国现行司法解释将婚姻关系存续期间夫妻一方以个人名义所负债务推定为夫妻共同债务。这样的立法初衷在于保障交易安全，强调对债权人的利益保护，但如此无条件的保护却忽视了对夫妻关系中不知情一方合法权利的保护。若过分强调家事代理制度外部价值而忽略了其内部价值，则将使家事代理权成为影响对家庭和谐的重要隐患。

通过以上案例可以看出，在发生债权债务关系时，第三人可以选择用夫妻日常家事代理权维护交易安全，然而婚姻家庭生活中的另一方却难以运用这一权利维护自身的利益。换言之，在目前的司法实践中，保护交易安全的价值是建立在牺牲其便利家庭生活，维护家庭稳定的价值基础上实现的，实践中，夫妻日常家事代理权下本应平等存在的两大内在价值出现了偏颇。

二、实践中夫妻日常家事代理权价值失衡的原因

（一）立法级别较低

我国现行的《婚姻法》及《民法通则》中均没有关于夫妻日常家事代理权的明文规定，2017 年 3 月表决通过的《民法总则》中也没有对夫妻日常家事代理权作出直接规定。仅在《婚姻法》第 17 条中规定："夫或者妻对共同所有的财产，有平等的处理权。"对于该条的理解，《婚姻法司法解释（一）》第 17 条作出进一步解释："婚姻法第十七条关于'夫妻对

共同所有的财产，有平等的处理权'的规定应当理解为：（一）夫或妻在处理夫妻共同财产上的权利是平等的。因日常生活需要而处理夫妻共同财产的，任何一方均有权决定。（二）夫或妻因日常生活需要对夫妻共同财产做重要处理决定，夫妻双方应当平等协商，取得一致意见。他人有理由相信其为夫妻双方共同意思表示的，另一方不得以不同意或不知道为由对抗善意第三人。"《婚姻法》第41条规定："离婚时，原为夫妻共同生活所负的债务，应当共同偿还。"《婚姻法司法解释（二）》第24条规定："债权人就婚姻关系存续期间夫妻一方以个人名义所负债务主张权利的，应当按夫妻共同债务处理。但夫妻一方能够证明债权人与债务人明确约定为个人债务，或者能够证明属于婚姻法第十九条第三款规定情形的除外。"以上四条被部分学者认为是我国对于夫妻日常家事代理权的承认。2017年2月，最高人民法院出台《最高人民法院关于适用〈中华人民共和国婚姻法〉若干问题的解释（二）的补充规定》，同时下发了《最高人民法院关于依法妥善审理涉及夫妻债务案件有关问题的通知》（以下简称《通知》），对解决夫妻日常家事代理权相关纠纷的审理进行了细致的规定，其中对于夫妻连带责任的承担制定了严格的标准。但《通知》的出台并不能代替法律的规定。实践中，因夫妻日常家事代理权提起的相关诉讼有增无减。在这样矛盾的情形下，法官被赋予了较大的自由裁量权。婚姻家事并不是深奥的概念，过大的自由裁量权可能导致法官自身的主观因素影响客观案件的审理，造成裁判标准不一，同案不同判，导致纠纷并未得到妥善的解决，社会效果不佳。

（二）家庭结构的变迁

随着我国市场经济的发展，夫妻财产关系日益复杂，在夫妻一方与第三方进行交易时，如何保护第三人的利益成为维护交易安全的关键。夫妻日常家事代理权制度具有保护交易安全的价值功能。从我国目前有关夫妻日常家事代理权的主要案例及权利行使中出现的问题可以看出，实践中，夫妻日常交易代理权的维护交易价值得到了充分体现，促进了交易的效率。但是，作为配偶权项下的夫妻日常家事代理权还具有另一重要价值即便利家庭生活，维护家庭稳定。在夫妻利益同一的情况下，由于第三人难以知晓夫妻之间的具体财产情况，为防止第三人利益遭受侵害，着重强调对第三人交易安全的保护无可厚非。但随着社会生活的复杂化，我国离婚率逐年上升，[①] 夫妻从紧密相连的利益共同体走向松散。实践中很多夫妻婚姻关系濒临或已经破裂，仅出于对子女的保护、老人的照顾以及社会舆论的压力等原因仍然名存实亡地共同生活在一起。此时夫妻双方对对方的财产状况难以掌握。若当夫妻之间的利益不再同一时，仍以牺牲维护家庭稳定的价值满足保护第三人交易安全的价值是不甚妥当的。民法所调整的市民社会关系中包含两大类物质生活：第一类是人类为了满足自身生产物质需求的经济关系，第二类是人类为了使自身能得到种的延续的婚姻家庭关系，而且这两类均属于民法所调整的平等主体之间的关系。此外，我国的经济发展经历了从计划经济走向市场经济的过程，经济活动相较于过去更为复杂，夫妻之间的财产制度也由原先单一的婚后共同财产制，发展为夫妻共同财产制、约定财产制、个人特有财产制的多元制度。[②] 尽管我国夫妻财产制已经发生了变化，但司法实践中对于连带责任的判定依然是建立在默认夫妻财产共同所有的基础上形成的。在新的财产制度下，夫妻之间的财产状况更为复杂，夫妻之间真正用于共同家庭生活的财产难以确定，进而也难以推断出婚姻关系存续期间一方的代理行为是否为家庭生活所用。复杂的婚姻财产制度为交易中的善意第三人制造了更多的困难，以简单的婚后财产共有，婚后消费用于家庭生活来看待夫妻日常家事代理权似乎更易解决家庭的对外纠纷。但这种暂时的定分止争是通过牺牲被代理一方配偶的权利取得的，是日常家事代理权价值的失衡。

（三）社会经济因素的影响

随着市场经济的发展，人口流动频繁，公民的日常社会经济交往形态从单一化走向多元化，社会关系也趋于复杂。特别是在互联网技术的推动下，大量信息的涌入使得夫妻投资理财、日常消费的形式、交往对象均呈现出多样化的特点。从投资消费模式看，近些年兴起的互联网金融产品及网购平台走入大众的日常生活，人们不再满足在生活区域内的线下商家进行交易。当夫或妻一方参与互联网交易时，其个人身份拥有极大的私密性。作为互联网平台很难了解夫妻之间的具体经济情况。从交易对象

① 据民政部2015年的数据显示：2014年全国共依法办理离婚登记363.7万对，比上年增长3.9%。这意味着自2003年以来，我国离婚率已经连续12年呈递增状态，载中国新闻网，http://finance.chinanews.com/life/2015/06 — 30/7374884.shtml，2017年6月25日访问。

② 王立衡：《论家事代理权的婚姻法意义》，载《四川职业技术学院学报》2012年22期。

看，在互联网社会中，各类社交软件的出现使人们习惯于在互联网社会中隐藏自己，为自己建立一个新的网络身份，在网络社会中结识朋友，获得信任，进而开展交易行为。在本就虚拟的网络社会下要求交易第三人调查了解夫妻之间的财产关系及感情基础，既阻碍了经济交往行为的发生，又非常不切实际。因此，为了保障新兴经济的交易安全，牺牲夫妻一方的利益，甚至牺牲真正权利人的利益也是在夫或妻与第三人的利益无法平衡的情况下法律作出的无奈之举。[①]

三、夫妻日常家事代理权的本质

（一）夫妻日常家事代理权的源起

夫妻日常家事代理权，指夫妻因日常家庭事务与第三人为一定法律行为时互为代理的权利，被代理方须对代理方从事日常家事行为所产生的债务承担连带责任。[②] 日常家事代理制度起源于罗马法，在古罗马，已婚妇女为他权人，必须接受丈夫的支配。妻子不具有独立的缔约能力和财产支配能力。随着商品经济发展的需要，作为家长的丈夫难以事必躬亲，为了日常生活的便利，妻子取得了处理日常家事的权限。[③] 在婚姻生活中，夫妻是独立的个体，但基于配偶的身份，双方获得了在家事范围内代表对方的权利，避免了日常琐事均需另一方配偶授权的尴尬情形。可见，这一权利诞生的原因即是为了家庭生活的便利，权利的取得前提是基于配偶身份，取得目的是便利家庭生活的对外交往。换言之，婚姻财产关系是以配偶身份关系为其发生基础的。[④] 可以说，夫妻日常家事代理权诞生之初就包括维护夫妻在家庭生活稳定，为家庭日常生活提供便利的对内价值，及满足对外交易中第三人的信赖需求的对外价值，二者并列存在。尽管当今社会中的婚姻家庭关系日益复杂，但家庭传统的养育功能依然客观存在，并且具有非常重要的价值，[⑤] 不能因为经济交往的增多而忽略了基于配偶身

---

① 熊玉梅：《论交易安全视野下的夫妻日常家事代理权》，载《法学杂志》2011 年第 3 期。

② 陈苇：《婚姻家庭继承法学》，法律出版社 2002 年版，第 164~165 页。

③ 巫昌祯：《婚姻与继承法学》，中国政法大学出版社 2007 年版，第 171 页。

④ 杨大文：《略论婚姻财产关系法律调整的价值取向——由婚姻法司法解释（三）引起的社会反响谈起》，载《中华女子学院学报》2011 年第 6 期。

⑤ 周正前、王军：《对婚姻家庭中家事代理权的探析与思考》，载中国法院网，http: //www.chinacourt.org/article/detail/2008/07/id/312042.shtml，2017 年 5 月 5 日访问。

份取得的日常家事代理权的对内价值。

（二）夫妻日常家事代理权的性质

1. 委任说。委任说起源于罗马法，认为妻处理家事的权利来自夫的授权。因此，当丈夫需要妻子代理其完成事务时必须对妻子进行授权，而妻子则不能主动要求代理丈夫完成相关事务。[①]显然，此种学说是建立在男女不平等的前提基础之上的，放在倡导男女平等的当今社会来考量，已不具备现实意义。另外，这一学说本身也存在弊端。第一，丈夫的授权范围至关重要。当出现丈夫未授权，而客观事实要求妻子必须为某一行为时，将会造成代理事务的中断或越权代理情况的发生，不利于相关问题的解决。第二，由于妻子的代理行为源于丈夫的授权，所以丈夫可以随时改变、撤销其代理权，使妻子陷入无权代理的状态，并不能实现保护善意第三人的价值。

2. 婚姻效力说。这一理论起源于日耳曼法，认为家事代理权是基于夫妻身份而当然享有的权利，为婚姻之当然效力。[②]此学说实质将夫妻日常家事代理权定义为配偶权的一种，认为这一权利的诞生源于婚姻关系的缔结，无需单独授权。但该种学说没有明确日常家事代理权代理的是身份权还是财产权，也没有明确权利来源于法定代理还是特种代理。

3. 特殊的法定代理。从权利的来源看，夫妻日常家事代理权是一种法定代理，但与一般的法定代理又存在区别。该权利的来源不仅需要法律的授权，更依附于夫妻的配偶身份；在行使权利时夫或妻可以以自己的名义、配偶的名义也可以以夫妻双方的名义与第三人为一定的法律行为；代理的范围局限于日常家事；代理的法律后果由夫妻承担连带责任。因此，夫妻日常家事代理权是一种特殊的法定代理。当夫或妻其中一人与第三人为一定法律行为时，第三人可根据夫妻之间的婚姻关系认定一方具有代理权，无须单独确认，使交易更加便捷，有利于交易安全的实现。同时因代理权不可撤回，降低了第三人在从事交易时的注意义务。夫妻日常家事代理权既突破了民法对共有人处分共有财产的须取得共有人同意的规定，又突破了合同法中的合同相对性原则，通过一种权利的设立，使得夫妻须对婚姻存续期间的债务承担连带责任。夫妻日常家事代理权中包括身份关系

---

① 史尚宽：《亲属法论》，中国政法大学出版社2000年版，第315页。
② 于艳满：《“原论”的家庭法》，法律出版社2007版，第249页。

和财产关系两方面。其中，身份关系是权利来源的基础，而财产关系是权利行使的外在表现。因此，便利家庭生活的价值不应在保护第三人交易的安全的价值之下，也不能一味地成为实现交易安全价值的牺牲品，二者地位平等，应得到同等重视。

四、解决夫妻日常家事代理权问题的司法对策

我国目前关于日常家事代理权的规定仅存在司法解释、通知等中，规定简单，可操作性不强。导致司法裁判难以兼顾其包含的两大价值，实践中的相关纠纷无法得到妥善解决。事实上，夫妻日常家事代理权的维护家庭价值与保护交易价值并不是零和关系，两种价值可以得到同时实现。鉴于家事代理制度的重要性，应当由法律以明确条文加以规定，以充分发挥该制度的价值和意义。

（一）明确代理的范围

1．主体范围。夫妻日常家事代理权的产生基础是夫妻关系，但由于人性的复杂，不排除夫妻之名与夫妻之实不相吻合的状况，在不同婚姻状态下，该权利范围也应有所不同。实践中较为常见的情况为事实婚姻和婚内分居。首先，就事实婚姻而言。夫妻日常家事代理权是一种特殊的法定代理权，其权利来源于婚姻关系的依法缔结，其作为配偶权的一项内容，基于婚姻关系而当然产生，无须夫或妻任何一方的授权。因此，该权利实质依然来自法律的授予。换言之，在不受法律保护的婚姻关系中则不存在夫妻日常家事代理权。我国目前的司法解释仅对事实婚姻做有限认可，因此，不符合法定事实婚姻的情形下不存在家事代理权。但个别少数民族的风俗习惯除外。若在夫妻双方生活的区域内，其夫妻关系为人知晓，则也可以认定为符合夫妻日常家事代理权的主体。其次，就婚内分居而言。夫妻日常家事代理权产生的初衷是便利家庭共同生活。当夫妻没有办理离婚登记但长期处于分居状态时，便没有家庭共同生活，此时，夫妻双方名存实亡，其中一方对于另一方的具体生活状态也无法知晓，不符合夫妻日常家事代理权的价值取向。此时，不应再认为双方有可以代理对方的权利。但若第三人为善意，则可以适用表见代理的相关规定加以解决。

2．夫妻日常家事代理权的代理范围。日常家事代理制度诞生之初是为了避免家庭生活中的琐碎小事均需另一方配偶授权的烦琐情况而设立

的，但并不意味着双方对所有涉及家庭生活的事宜均享有代理权。实践中，有司法裁判将夫妻一方婚后作出的处分行为均视为是夫妻日常家事代理权项下的内容的做法欠妥当。因此，明确夫妻日常家事代理权的范围十分必要。基于家庭生活的繁复，要求立法采用列举的方式列明日常家事的范围是不切实际的，抽象、概括的方式更有利于司法实践。但为了保证被代理一方配偶的合法权利，避免维护家庭稳定、便利家庭生活的价值被无谓的牺牲，可以就不属于日常家事的内容进行消极列举。综合前述案例及我国当前社会生活情况，诸如处分不动产等家庭重大财产、进行高风险投资、处分重大人身权利、高额借贷等可能对家庭生活产生重大消极影响的事由应被排除在家事范围之外，应经过未实际举债一方的同意，否则视为其个人债务。此外，因为各地区的经济发展状况不一，具体家庭经济状况不同，在司法实践中，还应结合一方代理行为的原因、用途及所占家庭总财产比例等因素综合考量，[①]不应局限于行为发生的时间以及举债的名称，避免对另一方配偶权利的减损，造成夫妻日常家事代理权价值的偏颇。

（二）注重考察夫妻共同举债的合意

伴随着社会经济的发展及投资消费模式的日益多元，夫妻共同财产已不再满足于仅仅用于家庭共同生活。实践中，对于举债的性质不仅要考察其客观表现，还要考虑主观动因，即夫妻二人是否有共同举债的合意。婚姻生活是夫妻二人共同经营的产物，尽管我国目前的夫妻财产制度日益多元，但夫妻共同财产所有制依然是主流，其重要特征即是共同占有、使用、收益、处分，包括夫妻共有财产的增加，也包括减少，既有债权、也有债务，都要经过对方同意，这是共同财产制的应有含义。当然，对于举债合意的判断不能仅凭当事人的口述，既要考察债务产生的原因、用途、追踪由此产生利益的最终归属，又要考虑夫妻二人的感情因素。对于一些价值过大的债务关系，即使其最终利益流向家庭生活，也应从风险因素考察其是否属于日常家事代理的范围，未举债一方是否有该项借贷的意思表示。由于婚姻家庭关系的特殊性及复杂性，实践中不排除出现举债一方以子女、老人作为威胁，要求未举债一方承担债务的情形，对未举债一方主动认可婚后共同债务的情形要严格查明事实。

---

① 章敏丹、华锋:《夫妻个人债权与家事代理权的判定》，载《人民司法》2015年第4期。

（三）完善诉讼中举证责任的分配

通过对裁判文书网上现有文书的查阅发现，被代理一方配偶大多用对代理行为不知情或所涉及借贷未用于家庭共同生活作为理由抗辩承担连带责任。但根据我国现行法律“谁主张，谁举证”的原则，被代理一方又很难通过实质的证据来支持自己的抗辩。从生活实际来讲，要求一名对债务本身并不知情的当事人证明债务的用途是举证不能的。此外，举债一方配偶为保障自己借贷的成功、债权人为保障债权的实现，通常也不会将婚姻存续期间的债务约定为个人债务。即使有这样的约定，未举债的另一方配偶也难以知晓。[①] 在此种情形下，应将举证责任归于实际代理方。若其不能证明代理行为确实用于家庭共同生活，则不能适用日常夫妻家事代理权，应视为其个人债务。需要强调的是，很多案件中代理人难以找到，无法送达而被迫采用公告送达的方式，此时，对于是否适用于家庭共同生活的判断应更加审慎。2017 年 3 月出台的《最高人民法院关于适用〈中华人民共和国婚姻法〉若干问题的解释（二）的补充规定》《最高人民法院关于依法妥善审理涉及夫妻债务案件有关问题的通知》中强调了法官在债务审查中的主动作为，要求法官在接到被代理一方申请时应依职权主动调查，以解决被代理一方举证困难的问题，避免通过借条等单一证据判定夫妻连带责任，牺牲被代理一方配偶合法权益的情况发生。

（四）增加善意第三人的注意义务

由于夫妻身份的特殊性加之传统家庭观念的影响，通常情况下夫妻一方在日常家事代理活动中，易被认为是价值同一体，进而相信其对另一方配偶享有代理权。实践中，为了保护善意第三人的权利，善意第三人仅需证明代理行为发生在婚姻关系存续期间内就可认定另一方配偶需要承担连带责任。从保护善意第三人的角度，这样的规定无疑最大化地实现了第三人的利益，但是从维护未实际举债一方配偶利益的角度，这样的操作增加了其承担不知情债务的可能性。不能排除有图谋不轨的第三人与其中一方配偶恶意串通的情况发生。因此，为了使夫妻日常家事代理权的两大价值得到真正的实现，还应强调善意第三人的注意义务。若夫妻一方明确告知或通过其他方式公示了对于另一方配偶代理权的限制，或被代理一方配偶

① 夏吟兰:《我国夫妻共同债务推定规则之检讨》，载《西南政法大学学报》2011 年第 1 期。

有证据证明善意第三人明知夫妻分居等影响代理权效力的重大情形，则善意第三人不得再向未实际举债一方配偶主张连带追偿的权利。若第三人与其中一方配偶恶意串通则恶意串通的双方应对未实际举债一方承担连带责任。夫妻日常家事代理权的两大内在价值是相互统一、相互依存的。在夫或妻一方被无权代理时，仅仅凭借夫妻关系就认定为发生了代理行为，有偏袒善意第三人而忽视另一方利益的嫌疑。未实际举债一方也通常也会通过诉讼等手段维护自身权益，反而使得保护交易安全的价值也无法得到实现。

（五）加强对滥用代理权的规制

夫妻日常家事代理权未能真正地便利家庭生活，减损了另一方配偶的合法权益，有失其价值初衷。对此，法律应赋予配偶在发现另一方配偶出现可能或已经出现权利滥用时的部分限制权利，使其无权对诸如买菜等日常琐事之外的其他事项行使代理权。限制权利的配偶可以通过事前书面告知或公证的形式提前通知第三人被限制权利的配偶不能再对其进行代理行为，并允许尽到提前告知义务的配偶将相关书面材料作为对抗第三人的证据。即便发生因保护善意第三人而使得为未举债一方配偶承担连带责任的情形，也应赋予被代理一方配偶追偿权，既包括婚内对共同财产的追偿，也包括离婚时对此提起的赔偿。

结　语

婚姻家庭关系是最重要的社会伦理关系，解决家事纠纷要以维护婚姻家庭稳定为首要目标。在审视夫妻日常家事代理权时，不仅要追求对交易安全价值的保护，更要从保护配偶权的角度、社会效果角度对日常家事代理权的价值取向作进一步考量。

“新的证据”认定程序审视与规范*

——基于C区法院2016年238件民事发回改判案件的分析

朱晋华 郭 婧

引 言

我国2017年修订后的《民事诉讼法》规定“当事人在法庭上可以提出新的证据”，新增第65条第2款明确如何判断和处理“新的证据”。在司法实践中多习惯简称“新的证据”为“新证据”（下文除引用法条以外，均简称新证据），该概念本质上是指举证期限届满后当事人提出的、因具有正当性而未失权的证据，是对逾期提交证据的肯定性确认。由于该类证据在举证时间上存在延迟，其能否进入诉讼程序、发挥证明作用需要经过程序认定，只有符合新证据构成条件的证据才能被采纳。笔者对C区法院2016年民事发回改判案件进行分析，发现二审因新证据发回改判一审案件的情况不在少数，但对于新证据的认定程序却极为少见。新证据认定程序缺位易对当事人诉讼行为产生不良引导，对审级稳定性亦存在相应破坏。本文力图分析程序缺位问题产生的根本原因，探究解决问题的方案，希望能对民事证据规则的完善有所裨益。

一、审视：因新证据被发回改判案件的现状统计

2016年C区法院被二审发回改判的民事案件238件。其中，二审完全因出现新证据为由将一审案件发回改判的36件，出现新证据是一审案件被发回改判部分因素的16件。

* 本文获2017年北京法院第29届学术讨论会优秀奖。

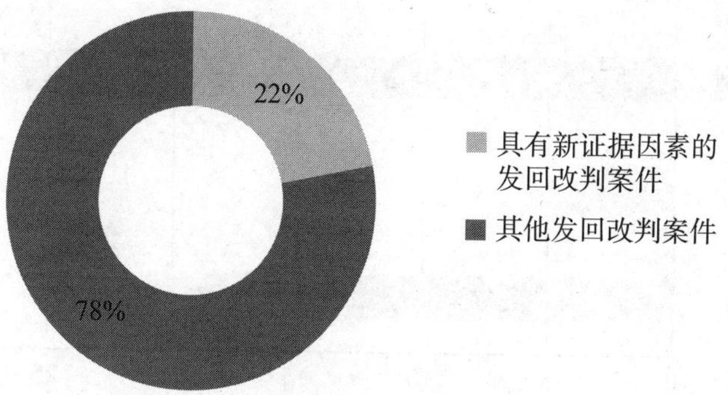

图 1　2016 年 C 区法院因新证据被发回改判案件的数量情况

上述案件中，当事人提交的证据被二审认定为新证据的三种类型：

类型一：补强性证据

原被告一审程序中均到庭应诉，一审审结后一方提起上诉。在二审期间针对上诉请求及答辩意见，一方或双方继续提交证据佐证己方诉辩观点。

类型二：补救性证据

该类型案件中，被告在一审程序中经依法传唤未到庭应诉，且多数情况下亦未提交答辩意见。一审经缺席审理后作出裁判。被告因对裁判结果不服提起上诉，并在二审期间提出答辩意见及证据。

类型三：变更性自认

当事人在二审期间变更陈述，对特定事实作出自认或达成一致意见。经过一审审理及二审进一步调查，部分当事人对一审期间不予认可的事实，在二审期间予以认可。在该类情况中，当事人自认部分在通常情况下对方当事人没有直接证据可以证明，二审期间伴随对方当事人补充提供其他间接证据及二审进一步审查的情况下，该当事人对于事实予以自认，如用人单位对劳动者入职时间的自认、合同签订方对于签订合同人员身份的自认等。此外，部分当事人经二审审理可能就案件争议的部分内容达成一致意见，如建设工程合同纠纷当事人就工程量达成一致认识、房屋租赁合同纠纷当事人就房屋交付达成一致意见、房屋买卖合同纠纷当事人就部分税费承担达成调解意见等。

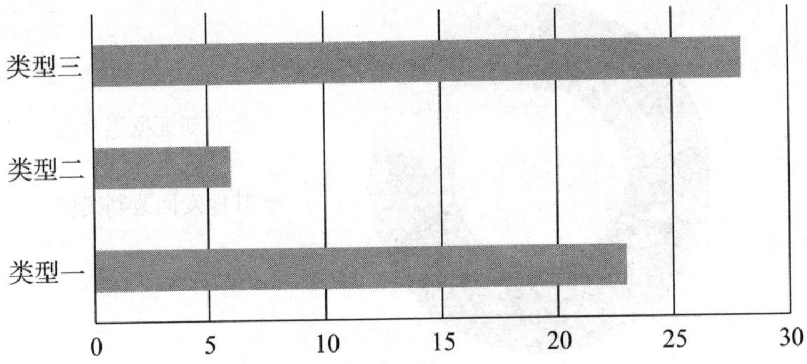

	类型一	类型二	类型三
■案件数量（件）	23	6	28

单位：件

图 2　2016 年 C 区法院发改案件中被认定为新证据的类型分布情况

为规制当事人在合理时间实施提供证据这一主要诉讼行为，确保诉讼程序及时推进，根据《民事诉讼法》司法解释的规定，法院有权对存在逾期举证的当事人，特别是存在故意或者重大过失的，给予训诫、罚款。C区法院近三年全部发回改判案件中因逾期举证而被二审训诫或罚款的数据如下，可以看出实践中制裁措施的适用是相当谨慎节制的。

表 1　C 区法院近三年发改案件因逾期举证被制裁的情况

年份（年）	制裁措施	
	罚款（件）	批评或训诫（件）
2014	0	2
2015	0	1
2016	1	1

二、问题：新证据认定程序缺位

对于新证据的认定，经历了证据“随时提出”到证据“限时提出”。修订后的《民事诉讼法》新增第 65 条确立了证据“限时提出”原则，并设立新证据认定程序。但该条规定确立的原则及认定程序未在实践中有效贯彻。

证据“限时提出”原则是指当事人对自己提出的主张应当及时提供证据。根据第 65 条规定，认定新证据的前置程序是确定举证期限。对超出举证期限提交的证据，法院应责令相关当事人说明逾期举证理由，根据不同情形法院有权不予采纳该证据，或者采纳该证据但予以训诫、罚款。

（一）一审审前程序缺位

确定举证期限是证据失权的程序正当性来源，是认定逾期提交证据能否构成新证据的前提。如果法院没有指定提供证据的期限，则无所谓逾期，也无所谓新证据，在结案前提交的所有证据都没有失权的风险，这就是所谓的证据"随时提出"。由于随时提交证据对于审判流程运行存在极大阻碍作用，2001年《最高人民法院关于民事诉讼证据的若干规定》（以下简称《证据规定》）首次系统规定举证时效制度，意在通过限定当事人提交证据的期限，防止证据突袭和拖延诉讼的情况发生。《证据规定》中举证时效制度与证据失权制度绑定，逾期举证的通常结果是证据失权。该制度因过于严苛未能有效施行，实践中通常讲证据是"不关门"的。由于证据无法关门，民事案件中法院确定举证期限的主动性不足。

即使修订后的《民事诉讼法》在立法上首次对举证时效制度进行了原则性规定，实践的回应也非常微弱。据笔者了解，一审民事案件极少组织审前证据交换工作，通常情况下，首次庭审的主要环节是举证质证，简易案件多数在一次庭审后结案；若存在当事人或法院要求继续举证的，则通常在二次庭审后结案。对于庭审次数在1~2次、审理时间在3个月以内的民事案件，直接以结案裁判作为对其举证情况的判断。由于审理时限较短，没有额外确定举证期限的必要。但该类案件经常存在诉讼焦点不明确、证据交换不够充分、二审时围绕争议内容继续举证的情况，并伴随继续举证产生变更性陈述。如C区法院当事人提交的证据被二审认定为新证据的三种类型中，补强性举证和变更性自认占比近九成。

（二）陈述质疑程序缺位

逾期举证当事人应根据法院责令说明逾期理由，对方当事人对此有权提出异议。该环节的设计初衷并非仅是给逾期举证当事人设定程序义务，亦是给予逾期举证当事人和对方当事人程序上的保障，使当事人对逾期证据有陈述、质疑的权利和机会。

因裁判文书记载内容有限且多数文书对于证据采纳过程未作充分说明，在C区法院2016年因新证据被发回改判案件的二审文书中，未发现有当事人对逾期提交证据进行说明，据此推断在实际审理过程中陈述质疑程序的履行是不到位的。在举证时效制度适用不充分的前提下，程序上未对当事人举证期限进行限制，则当事人在审理过程中，不论一审、二审，随时提交证据似乎仍具有程序正当性。没有期限限制则难以确定证据提交是否构成逾期，不能判断是否构成逾期，陈述质疑程序便无法开展。《民事诉讼法》司法解释规定“当事人因客观原因逾期提供证据，或者对方当事人对逾期提供证据未提出异议的，视为未逾期”。陈述质疑程序缺位，导致对方当事人无法对逾期提供证据发表质疑意见，反而从程序上完成了从逾期证据到新证据的转化。

（三）认定程序缺位

新证据的外延是不断扩大的。《证据规定》第 41 条、第 44 条区分一审、二审及再审程序，界定新证据构成条件，并与第 43 条例外条款构成新证据的客观认定标准，即逾期存在客观原因、且该证据失权将导致裁判明显不公的，则认定为新证据。修订后的《民事诉讼法》及司法解释确立的标准是主观过错标准，即只有在逾期是存在故意或重大过失且该证据与案件基本事实无关的情况下，才出现证据失权，新证据的外延已是非常宽泛了。由于证据失权已基本罕见，认定程序变得可有可无。在 C 区法院 2016 年因新证据被发回改判案件的二审文书中，同样未发现对逾期行为是否存在主观过错、证据与案件基本事实关系的说明。证据对于案件基本事实的证明作用直接体现为最终裁判。

（四）惩罚措施缺位

根据现有立法，逾期行为的主观过错，仅作为逾期行为人承受经济不利的依据，即法院可予以罚款、对方当事人可要求赔偿因逾期提供证据致使其增加的交通、住宿、就餐、误工、证人出庭作证等必要费用。根据前文统计，C 区法院近三年全部发回改判案件中，只有 1 件逾期举证而被二审罚款，对方当事人因逾期要求赔偿的案件为 0 件。法院对于适用惩罚性程序的谨慎，主要来自对主观过错认定困难。就前文所述的被二审认定为新证据的补强性证据，是为加强证明己方论点的举证行为，很难界定是否构成重大过失。

在新证据认定流程中，前置程序、陈述质疑程序、认定程序、惩罚程序互为条件。在各类程序缺位的情况下，新证据的概念是一个伪概念。如 C 区法院当事人提交的证据被二审认定为新证据的三种类型中，如果说认定补强性证据及变更性自认具有程序正当性的话，因当事人前期自行放弃举证质证权利而后期提供的补救性证据，在主观上完全可以认定存在过错。但在实践中，在结案前所有未曾提交的证据均可进入审判程序。这对当事人诉讼行为将有反面影响，会有更多当事人对一审程序失去基本尊重。一审功能无法发挥，审级程序安定性受损，对方当事人诉讼权益受损，司法资源使用效率受损。

但是，从民事诉讼程序功能角度分析，"查明事实，分析是非"是法院应完成的诉讼任务。虽然受探知事实成本以及探知事实有限性的局限，事实查明只能做到相对性而非绝对性，但法院的裁判结果若与客观真相完全背离，则该案件无论如何也难以称之为公正公平。对于与案件基本事实相关的证据，不因逾期而使其失权，是实体正当性的要求，但并不能因此忽视新证据认定过程的程序价值。

我国《民事诉讼法》关于逾期提交证据的认定原则，在《证据规定》出台前属于证据"随时提出"，不因提出时间因素对证据产生否定性影响。《证据规定》制定了严格的证据失权制度，即逾期提交证据失权是原则。证据失权制度因与实践落差过大未得贯彻。修订后的《民事诉讼法》建立的证据"限时提出"，以证据不失权为原则，辅之以质询、训诫、罚款等措施。因审理案件关键在于查明事实，只要与事实认定有关的证据不能因逾期提交而失权，在重实体、轻程序的惯有理念下，既然最终结果是认定逾期证据的证明力，则对于该证据是否构成新证据以及在认定新证据过程中所应经历的说明逾期原因、判断主观过错、给予训诫和罚款的过程，通常被忽略及省略。

然而程序并非只是辅助实体价值实现的附庸之物，审判的正当性也非仅仅是实体正确就能产生。学者王亚新对于审判的正当性的解释为"审判的过程和结果在整体上为当事人以及社会上一般人所接受、认同、和信任的性质"。审判的过程即程序本身即具有独立价值。裁判结果的公正性和权威性，"并不是来自判决内容的'正确'或'没有错误'等实体性的理由，而是从程序过程本身的公正性、合理性产生出来的"。[1]

---

① ［日］谷口安平：《程序的正义与诉讼》，王亚新、刘荣军译，中国政法大学出版社 1996 年版，第 10 页。

三、分析：对新证据认定程序的比较法考量

新证据认定程序不是一个孤立的过程，而是与其他配套程序紧密关联，应置于整体民事诉讼制度当中对该程序进行综合评析。我国现行法律对逾期证据的认定态度为失权是例外、过错应惩罚。由于涉及案件基本事实的证据无失权可能，实践中通常省略逾期证据认定过程，逾期证据可随时进入审理程序。逾期证据的失权是否具有正当性即新证据认定的尺度把握，新证据认定程序的设置和履行状态，是本文进行比较法研究的两个主要内容。通过对新证据认定程序及相关程序的比较法考量，探查我国现行做法的利弊得失。

（一）一审阶段审前程序比较

审前程序是法院受理案件后、开庭之前进行的准备性程序，主要内容有交换主张、交换证据、确定主要争点等，目的一是防止证据、论点突袭，二是加快诉讼进程。无论是英美法系还是大陆法系民事诉讼法，均对审前程序进行了规定。

1. 美国民事诉讼审前程序。根据《美国联邦民事诉讼规则》，美国民事诉讼程序中的审前准备程序有诉答程序、披露程序、审前会议程序。

诉答程序是原告向被告送达起诉状和法院签发的传票，被告在法定期限内向原告送达答辩状，作用仅限于程序性的事务通知。披露程序是当事人互相从对方处获得与案件有关的事实，披露方式包括书面证词、书面质询、请求承认、请求出示文件。美国民事诉讼审前程序中最为重要的阶段是审前会议程序，经审前会议确定的争点范围、证据目录、证人名单及其他事项，除非为了制止显然不公平的情况，一般不得对之加以修改，庭审也不得超出裁定本身的范围。[①]

2. 德国民事诉讼审前程序。《德国民事诉讼法典》规定了两种审前程序：一是指定早期首次言词辩论期日，二是指定书面准备程序。

指定早期首次言词辩论期日是法官根据自由裁量权，在向被告送达起诉状同时附随期日传唤，传唤内容可包括要求被告在限定期间内作书面答辩。指定书面准备程序是在向被告送达起诉状同时催告其在两周内表达是

① 谭兵：《外国民事诉讼制度研究》，法律出版社2003年版，第223页。

否防御及防御意愿，如果防御则在后续指定期间内递交答辩。二者的差异在于早期首次言词辩论期日不仅是一个准备程序，也可能诉讼在期日就结束了。书面准备程序中若被告无防御意愿，则法院依据原告提出的起诉材料不经言词辩论程序直接裁判。

3. 我国台湾地区民事诉讼审前程序

我国台湾地区"民事诉讼法"规定了准备程序。准备程序由受命法官开展，用以确定当事人声明、攻击或防御方法、对他造声明及攻击或防御方法的陈述、诉讼争点等。未在准备程序主张的事项，除法定情形外，不得在后续的言词辩论中主张。

表2　美国、德国及我国台湾地区审前程序及作用比较

国家和地区	程序	作用	例外
美国	审前会议	庭审不得超出审前会议确定的争点范围、证据	除非为了制止显然不公平的情况
德国	1.指定早期首次言词辩论期日 2.指定书面准备程序	当事人在审前阶段经指定早期首次言词辩论期日或指定书面准备程序，而"没有提出的主张和没有事先请求在开庭时予以审查的证据，原则上同样发生失权效果，不能再行提出"①	
我国台湾地区	准备程序	未在准备程序主张的事项，不得在后续言词辩论中主张	1.法院应依职权调查事项 2.该事项不甚延滞诉讼 3.因不可过责于当事人事由而未提出 4.否则显失公平

以上三个国家和地区的审前准备的程序功能突出，庭审一般不能突破审前准备程序明确的焦点和证据范围。我国《民事诉讼法》第133条第4款规定了审前程序："需要开庭审理的，通过要求当事人交换证据等方式，明确争议焦点。"《民事诉讼法》司法解释第224条进一步规定，人民法院可以在答辩期届满后，通过组织证据交换、召集庭前会议等方式，作好审理前的准备。但我国现行法律未涉及审前程序的效力问题。

① 谭兵:《外国民事诉讼制度研究》，法律出版社2003年版，第227页。

（二）二审阶段对新证据认定的比较

1. 美国民事诉讼程序中的相关规定

美国联邦法律系统，上诉法院根据上诉人的请求对于一审判决进行审查。区分法律适用审查和事实认定审查，上诉法院对于一审事实认定给予更高尊重度。但对于上诉请求认为一审既存在法律适用错误，也存在事实认定错误的，上诉法院对一审事实认定的尊重度将予以降低。对于有陪审团参加的一审案件，上诉法院对于一审认定给予极高尊重，这是基于美国宪法确立的公民有接受陪审团审理的权利。① "美国上诉法院仅仅审查上诉人和被上诉人在辩论摘要及相关的审判记录中提出的法律问题，上诉法院不考虑新的证据，对一审法院作出的事实高度尊重，除特别特殊的情形外，仅对法律问题进行审查。" ②

2. 德国民事诉讼程序中的相关规定

在德国民事诉讼程序中，基于上诉手段的不同（类型有即时抗告、控诉、上告和法律抗告），对一审裁判的审查内容也是不同的。针对初级法院和州法院一审裁判的即时抗告，上诉阶段可以对一审裁判的事实认定和法律适用进行审查。对初级法院和州法一审终局判决的控诉，上诉阶段对事实审查是有限制的，但不限制法律审查。上告和法律抗告目的在于统一裁判尺度，其只对法律适用进行审查。

3. 我国台湾地区民事诉讼程序中的相关规定

原则上二审程序中当事人不得提出新攻击或防御方法，但有法定情形的除外。根据我国台湾地区"民事诉讼法"第447条规定，这些法定情形为：（1）因第一审法院未被法令致未能提出者；（2）事实发生于第一审法院言词辩论终结后者；（3）对于在第一审已提出之攻击或防御方法为补充者；（4）事实于法院已显著或为其职务上所已知或应依职权调查证据者；（5）其他非可归责于当事人之事由，致未能于第一审提出者；（6）如不许其提出显失公平者。

① ［美］玛丽·肯·凯恩：《民事程序法》，法律出版社2001年版，第249~250页。
② 汤维建：《外国民事诉讼法学研究》，中国人民大学出版社2007年版，第28页。

表 3　美国、德国及我国台湾地区二审阶段对于新证据的认定情况

国家和地区	二审审理范围	对于新证据的认定
美国	二审根据上诉请求对于事实认定和法律适用均可进行审查	较之一审所作的法律适用，二审给予一审所作事实认定更高的尊重。只有在一审的事实明显缺乏证据佐证的情况下才会被二审撤销
德国	即时抗告对事实认定进行审查，控诉对于事实认定进行有限审查	对案件实施了审前准备，且逾期提出导致诉讼迟延，且逾期提出具有重大过失。实际上"失权措施能否严格实施，关键在于实际运作法律的法官。而德国的法官似乎并不情愿采取严厉的失权手段"①
我国台湾地区	二审对于一审进行事实认定和法律适用的审查	在二审期间提出的新证据、新的攻击及防御点，必须符合法定情形

三个国家和地区几乎均未限制在上诉审阶段对于一审事实认定的审查。即便有完善严格的审前证据交换制度，即便出于诉讼效率考虑对迟延诉讼持有严厉态度，但均对能够影响案件公正性的新证据网开一面。在这一点上，我国民事诉讼法持有相同观点：对于与案件事实相关的新证据，法院应予采纳。虽然为追求公正性未限制新证据进入程序，但美国、德国及我国台湾地区对于一审事实认定给予高度尊重。为确保一审程序在最大限度上发挥查明事实的作用，规定了详尽的审前程序并对法官释明工作进行了相应规定。相较而言，我国《民事诉讼法》对于审前程序的规定相对笼统，没有具体程序要求，也没有明确程序进行后的结果运用。

四、规范：完善新证据认定程序的建议

通过上文对比发现，即便是通常所说的上诉审范围限定于法律审的美国，还是适用严格举证期限的德国，以及与大陆法系更为近似的台湾地区，对于上诉阶段出现的新证据，均持有容忍开放的态度——对于审判而言，即便诉讼效率非常重要，亦无法与公正性相抗衡。一个建立在错误事实认定基础上的判决，无论如何也无法称其是公平正义的。

但即便无法拒绝认定对于与案件基本事实相关的新证据，认定程序仍有独立重要意义，一是在最大限度上规范、引导当事人的诉讼行为，二是

① 李浩：《举证时限制度的困境与出路——追问证据失权的正义性》，载《中国法学》2005 年第 3 期。

对存在过错的当事人进行惩罚的程序性前提。

（一）概念使用方面

“新证据”是在实践当中普遍使用的名词。因当事人在二审阶段提交的证据而对事实认定产生改变，二审依此将一审裁判改判或发回重审的，在二审文书中均使用“新证据”指代前述证据。“新证据”非规范的法律词语。我国相关程序法及法规使用的类似词语是“新的证据”。《民事诉讼法》有三处使用“新的证据”，分别为第139条“当事人在法庭上可以提出新的证据”、第146条“延期开庭开庭审理”第3款“需要通知新的证人到庭，调取新的证据”、第200条关于再审申请条件第一款“有新的证据，足以推翻原判决、裁定的”。《证据规定》对“新的证据”进行了界定，区分不同审级，分别对出现在一审程序、二审程序及申请再审程序中的“新的证据”予以界定。要符合“新的证据”需满足证据发现时间在举证期限以外，当事人无法在举证期限内提供证据非因主观原因等主客观原因。实践中使用“新证据”已将关于“新的证据”的严格界定抛置一边，以望文生义的方式将所有一审期间未提交、而在二审期间提交的证据冠之以“新证据”的名义。

与“新的证据”相关的概念是举证期限，《证据规定》明确“新的证据”概念是确定解决当事人在举证期限届满后提交的证据，能否进入诉讼程序并具备证明能力的裁判标准。因与举证期限相配的证据失权制度的没落，举证期限制度也由当初具备强制性效力弱化为引导当事人诉讼行为的规范性效力。这一效力弱化过程也是“新的证据”概念使用由严格到随意转变的根源所在。在“新的证据”内涵已消失殆尽之时，在实践中广泛使用其简化版用语即“新证据”既不能准确指代相关证据性质，造成使用逻辑的混乱，更为严重的是因法院对不符合法定条件的证据冠以“新证据”的头衔，而使该类证据具备了诉讼程序中的证明能力，对其未在举证期限内提交的事实不予评价，是对当事人消极应诉的变相鼓励。

修订后的《民事诉讼法》对未在举证期限内提交的证据称之为“逾期提供证据”。较之含混不明的“新证据”，“逾期提供证据”对于该类证据的描述更为准确。既是“逾期提供”，则在使用该概念时自带怀疑态度，该类证据的正当与否成为有待审查判断的内容，并存在证据失权的风险，使其失去“新证据”所带保护伞，而置于存疑状态，提高逾期提供证据当事人的诉讼风险，给其以相当的震慑作用。综上，建议在实践中取消"新证据"用语，代之以"逾期提交证据"。

（二）程序适用方面

一审应做好庭前准备，严格举证期限，做好释明工作。修订后的《民事诉讼法》第65条规定："人民法院根据当事人的主张和案件审理情况，确定当事人应当提供的证据及其期限。"确定举证期限是判定证据提出是否逾期的前提。目前实践中二审难以做到"证据关门"，原因之一也在于一审未对举证期限作出明确要求。在立案登记制制度下，原告在立案阶段提供证据有限，一审通常在被告15日答辩期满后安排首次开庭，首次开庭也是双方证据的首轮交换、双方诉辩观点的首次交锋，在争点确定以后，通常举证情况较弱一方会要求继续提供证据。由于案件争点和当事人诉辩观点确定较晚，且一审基于案件数量压力通常在二次庭审后即出具裁判结果，一审无设定举证期限的主动性，并因此失掉判断举证逾期的正当性。《民事诉讼法》司法解释第224条规定"人民法院可以在答辩期届满后，通过组织证据交换、召集庭前会议等方式，作好审理前的准备"，经过庭前证据交换，可初步确定案件争议焦点，双方当事人就各自举证情况也有较强判断，在此基础上确定举证期限具备诉讼程序上的合理性。此外，一审应对设置举证期限做好释明工作，充分告知双方当事人适时提交证据的义务，以及逾期提交证据的风险和不利后果，规范当事人及时进行诉讼行为。以上不仅利于一审当庭结案，也为二审判断证据是否逾期打下基础。

二审应加强证据审查，严格采纳标准，适时采取制裁。对于逾期提交证据的情况，法院根据不同情形采取相应措施。根据《民事诉讼法》司法解释的规定，对于当事人逾期提供证据的，法院应责令说明理由。即使对于与案件基本事实有关的证据不因逾期而失权，但法院仍应履行形式审查职责，规范当事人证据提交行为。当事人对于逾期举证的说明应体现在二审文书当中。只有履行责令说明理由的环节，二审才具备继续判断逾期提交证据的当事人是否存在主观过错。若存在故意或重大过失的，对于非与案件基本事实有关的证据，法院可令其失权，如涉及较小争议金额的证据，不因此对一审裁判改判或发回重审；对于与案件基本事实有关的证据，法院应对相关当事人训诫或罚款。对于逾期举证的制裁措施如训诫和罚款，适用力度应进一步加大。

（三）制度完善方面

在民事诉讼程序中，当事人享有处分自我权利的自由。“当事人的处分，尽管是对自己实体权利和程序权利的处分，但实际上这种处分也包含提出事实的处分”。我国《民事诉讼法》第144条确立的缺席审理制度，一方面是从诉讼效率角度出发，避免程序因对方当事人不配合而停滞；另一方面，可以认为是对于缺席当事人自我处分权利的认可。根据前文统计结果显示，对于被告在一审程序中经依法传唤未到庭应诉亦未提交答辩意见的情况下一审经缺席审理后作出裁判，二审依被告新提出的答辩意见或证据否认一审认定事实，未完全贯彻缺席审理程序的设立原则。对于该类补救性证据，基于权利处分原则。令其失权是具备程序正当性基础的。立法方面可进一步明确缺席审理结果的效力。此外，根据《最高人民法院关于完善人民法院司法责任制的若干意见》第28条规定，因出现“新证据”而改变裁判的，不得作为错案进行责任追究。对于因逾期提交证据而导致发改的案件，二审在给一审裁判定性时不应确定为错误案件。

结　语

法院受理的民事案件多源于案件事实争议，“在案件事实发生争执时，法院需要通过证据来确定案件事实，以此向当事人同时也向社会表明事实认定的正当性和可接受性”。[①] 证据制度在诉讼程序中的重要性毋庸赘言。证据提出是当事人的一项重要诉讼权利，也是诉讼程序中的重要诉讼行为，并对当事人实体权益具有直接影响。规范当事人举证行为、统一法院证据采纳标准，是确保诉讼程序有序、诉讼结果正当的重要支撑。“与私法领域相比，程序法的意义和效果更加依赖于外部环境——尤其是直接依赖于所在国家司法制度运行的制度背景。”[②] 法院对于逾期证据的采纳是证据制度运行的外部环境和重要制度背景，法院能否适用逾期证据的采纳标准又依赖于相关程序间的配合和制约。作为诉讼行为的重要参与者，法院既是程序的适用者也是推动者，正确适用程序规定、探索完善适用标准是法院理应承担的司法职责。

---

① 李浩：《民事证据制度的再修订》，载《中外法学》2013年第1期。

② ［美］米尔吉安·R·达马斯卡：《比较法视野中的证据制度》，吴宏耀、魏晓娜等译，中国人民公安大学出版社2006年版，第232页。

离婚诉讼中财产申报制度的探索与建构*

——以实现法院调查取证权为视角

李　强　谢宝石

引　言

离婚案件往往离而不尽的关键在于财产分割，财产分割的前提是查明夫妻共同财产，法院查明共同财产的调查取证过程中遇到了很多的难题，这种困境解决需要创新思想的出现，部分省份尝试采用了财产申报模式列明双方的共同财产，是对解决法院调查取证难的探寻。这种模式运行的基础和凸显的不足需要我们审视分析并予以完善，期待能为构建财产申报制度提供参考。

一、困境透视：夫妻共同财产不明确引发的调查取证难

离婚诉讼中，查明夫妻共同财产是进行分割的基础，也是最烦琐、难度最大的审理事项，在当事人提供财产信息不明确的前提下，法院通常行使调查取证权，前往银行、公司、政府职能部门等进行查证，取证难度大、耗时又费力，影响着审判效率。

（一）财产类型多元化扩大了调证范围

《婚姻法》及相关司法解释虽然对夫妻共同财产作出了比较明确的规定，[1] 但对其范围是采取列举式的规定，随着社会经济发展和科学技术创

* 本文获2017年北京法院第29届学术讨论会优秀奖。

① 详见《婚姻法》第17条、《最高人民法院关于适用〈中华人民共和国婚姻法〉若干问题的解释（二）》第11条及《最高人民法院关于适用〈中华人民共和国婚姻法〉若干问题的解释（三）》第5条之规定。

新，新型财产类型不断涌现，目前的法律规定无法做到对共同财产类型的全部涵盖。同时，随着生活条件和工资收入的提高，涉及股票、债券、保险、股权等投资性的财产比重增大，具有隐瞒或转移不易被发现的特点。银行存款、股权收益、理财产品等共同财产确定不明时，当事人及委托代理人均无权自行调查取证，只能向法院提起申请。法院接受申请或依职权进行调查取证时，面临着调证范围广且难度大的困境，严重影响了审判进程，浪费了司法资源。

（二）当事人地位差异导致调证周期长

财产形态的复杂性使财产审查范围成为案件审理焦点，目前我国尚未建立起相关的申报制度，对于夫妻共同财产所有流于形式，只是一种理论的所有。传统婚姻观念作用下，基于永久共同生活目的缔结婚姻后，夫（妻）一方往往不会在婚姻关系良好时具备财产保护意识，当意识到有婚姻风险再去搜集共同财产证据时，为时已晚。如果诉讼双方在家庭地位中处于一强一弱的状态，比如男方在外工作，掌握财产收入；女方作为全职太太，对丈夫收入不清楚。那么相对弱者方往往无法掌握财产的具体情况，一旦发生离婚纠纷分割财产，按照我国民事法律规定的“谁主张，谁举证”的责任规则，弱者对共同财产不知情或仅知晓部分线索，造成举证的被动。法院进行调查取证时，强势一方如果不配合法院提供财产信息时，法院仅依靠申请进行调证进度缓慢，且存在调查不到的情况。[①]

《婚姻法》虽然禁止夫妻一方隐藏、转移、变卖、毁损夫妻共同财产或伪造债务，并规定了惩罚机制。但通常情况下，在离婚诉讼中反目成仇的夫（妻）一方往往在提出离婚前很长时间就已想方设法转移财产，从而实现一方私占共同财产的目的。[②]在一方有备而来的诉讼中，法院对于财产查明的调查取证面临着极大的困难。

（三）对失信行为的制裁力度不够

财产类型的复杂多元，加之当事人的失信行为，法院在查明共同财产的调查阶段举步维艰。对于失信行为，目前的制裁措施在法律规定上过于

---

① 2013年5月31日的《中山日报》报道过一起离婚案件，女方怀疑男方私下有10万元存款并提供了7个银行账号要求法院调查，男方表示没有存款，法院历时数月前后跑了22次银行，最终只查到账户余额3万元。

② 杜文婷：《夫妻共同财产分割有关问题研究》，山东大学2012年硕士学位论文。

笼统，仅在《婚姻法》第47条和《最高人民法院关于人民法院审理离婚案件处理财产分割问题的若干具体意见》(以下简称《具体意见》)第21条有所规定。司法实践中往往以批评教育为主，罚款为辅，即便是罚款，与可能转移或隐藏的财产相比太少，强有力的制裁措施还不完善和明确，使得法院权威受到了极大挑战与蔑视。本可以通过申报手段查明共同财产的案件，变成了法院必须进行烦琐的调查取证才能得到财产信息，这些失信行为在损耗有限的司法资源同时，也损害着司法公信力。

综上所述，法院在离婚诉讼中调查夫妻双方财产情况需付出极大的艰辛，理论界和实务界都在探寻更好的查明共同财产的方法。源于1766年瑞典的“阳光法案”为我们提供了一定的借鉴，“阳关法案”允许普通公民查看官员的纳税清单，这成为财产申报的滥觞。[①] 法院据此尝试将财产申报引入到离婚诉讼中，变被动调查为主动申报，查明夫妻共同财产，从而为实现法院调查取证之目的提供思路。

二、初步探索：申报财产制度的试用与运行受限

对夫妻共同财产进行调查取证存在的困境亟待解决，当事人财产申报的引入和试行，有利于解决当事人举证难，也能提高法院审判效率，保障诉讼双方的合法权益。

(一)探索试行：试点法院运行情况探究

离婚难主要症结在于财产难分，为了获得更大利益，不少离婚夫妻一方采用隐藏、转移、变卖、毁损夫妻共同财产，达到非法目的。没有财产线索的情况下，法院调查权很难实现，为了有效解决共同财产认定问题，广东省中山市第一人民法院在2012年开始在家事审判上试行离婚财产申报，欲离婚的夫妻双方在庭审前就得对自身财产进行申报，若出现违背诚信问题将被判少分或者不分，还可能面临民事制裁。[②] 2013年该院正式将离婚财产申报作为一项制度规范确认了下来，成为处理离婚财产争议普通适用的程序规则。

试点法院的财产申报制度规定，离婚诉讼中当事人任何一方请求处理

---

① 邹东升:《“阳光法案”——从收入申报政策到财产申报立法》，载《社会科学家》2005年第1期。

② 《中山推行离婚夫妻财产申报》，载《中山日报》2013年5月31日第7版。

夫妻共同财产，且双方对夫妻共同财产的范围有争议的，法院要求双方在财产申报期限内如实申报夫妻共同财产，无正当理由逾期不申报和拒绝申报的一方应承担不利后果。在实践中判断“对夫妻共同财产的范围有争议的”标准，即一方提出要求调查对方财产状况时，法院就会要求双方自行申报各自财产，申报内容为夫妻在婚姻关系存续期间所得的财产。此项制度重点规定了对于当事人瞒报、谎报、不报和延迟申报的制裁方式，有效地保障了财产申报落实到位，能够一次性确定夫妻共同财产，减少了法院烦琐的调查取证，也节约了当事人的诉讼成本。试行后，共同财产得以查明，相关案件审理周期缩短了近三分之二，成效显著。①

自中山市后，广东省的广州市、深圳市，广西壮族自治区的南宁市等也加入了试点的行列，这些试点城市在离婚财产申报的内容设计上基本相同。但该项制度在全国尚未形成规模，且试点均建立在一审的基层法院，②中级人民法院尚没有使用这一制度的案例，因此我们需要从本质分析财产申报的内涵。

（二）聚焦本质：财产申报内涵深度剖析

让离婚双方进行财产申报，实际上就是法院行使调查权的一种方式，可能会引起某一方或者双方的反对，因此这种调查手段的合理性需要进行探讨。目前在我国财产申报制度仅适用于被执行人，也就是确定了承担诉讼不利结果的当事人，是案件进入执行阶段后的一种制度。③那么财产申报在离婚诉讼中适用的依据需要进行深入挖掘。

1. 当事人财产申报的法理基础。（1）基于诚实信用的理论基础。诚实信用在公法和私法领域都作为高层次的法治理念为人民所遵循，并被看作是法律与伦理的综合原则，也成为民事诉讼活动中基本准则。夫妻双方通过自愿形式结为夫妻，应当对婚后夫妻共同财产都有知情权，这是对婚姻的尊重，亦是双方享有的权利。当事人如实向法院反映案件的有关事实，既是当事人的一种权利，更是一种法定义务，离婚诉讼中由当事人如实申报财产情况，防止被动举证不能，符合了诚实信用的基本要求。

---

① 《离婚财产申报制度破解实务难题》，载《中国妇女报》第2016年7月29日第4版。

② 雷绮婷：《论离婚财产申报制度》，暨南大学2012年硕士学位论文。

③ 参见《最高人民法院关于人民法院执行工作若干问题的规定（试行）》第28条规定：“申请执行人应当向人民法院提供其所了解的被执行人的财产状况或线索。被执行人必须如实向人民法院报告其财产状况。”

（2）基于调查取证的法律依据。《民事诉讼法》第64条规定，当事人及诉讼代理人因客观原因不能自行收集的证据，或者人民法院认为审理案件需要的证据，人民法院应当调查收集。根据该条法义，对财产情况的说明，是双方当事人均可能在诉讼过程中采取的举证行为，法院可以通过职权，直接要求双方在必要情况下对各自财产进行申报，并作为一项证据材料加以运用。[①] 如果一方提出相关线索说明对方申报不实，且无法获得相关证据，则法院亦可依职权进行调查收集。这是由当事人举证和法院调查的结合运用，实践中大量存在一方当事人故意瞒报、少报、不报共同财产，另一方可能仅有一点线索，无法完成举证责任，此时法院的调查介入尤为关键，通过财产申报这一调查取证手段查明共同财产，为后续的财产分割打下基础。

关于不实申报的制裁措施，是财产申报这一手段具有威慑力的保障，其法律依据来源于《婚姻法》与《具体意见》。按本条法义，离婚时财产分配以等分为原则，但并不绝对，尤其在一方存在过错时，可以根据情况对其少分或不分。过错一方的最终目的是减少对方在分配时应获得的财产，由于它从根本上违反了《婚姻法》的基本原则，必须承担不利的后果，这与财产不实申报在效果上是一致的。因此，对于逾期不申报或不实申报财产的当事人，也应承担不利的法律后果。

（3）基于公平正义的社会基础。离婚是夫妻双方感情不可调和的结果，夫妻共同财产的公正合理分割，是对夫妻关系的最后注脚。如实申报双方的财产，体现了对夫妻双方的平等和尊重，也是对双方共同生活期间创造的价值的认可。例如男方主要在外工作，承担家庭全部开销，女方全职照顾家庭，不从事任何工作，双方诉讼离婚时，女方可能对于家庭实际财产知之甚少，但不能否认她为家庭所做的贡献。进行财产申报后，法官可以对双方财产、收入进行评估，对财产进行合理分配，彰显公平正义。

2. 当事人财产申报的适用原则。（1）强制申报原则。财产申报是法院行使调查权的一种手段，诉讼双方必须在法庭指定的期限内对财产进行申报，对无正当理由逾期不申报或者拒绝申报要承担不利后果。

（2）真实申报原则。财产申报情况的真实性是目的得以实现的现实基

---

① 卞建林：《证据法学》，中国政法大学出版社2000年版，第468~469页。

础，需要求双方当事人必须如实填报财产情况，并且承诺对自己所填报的财产情况负责，如果证实存在不实申报，法院将视客观情况及当事人的主观意图作出相应处理。

（3）保密申报原则。离婚案件在本质上仍属于私法性案件，不具有明显的社会公共属性，因此法院对申报财产内容须保密，不对外公开。这是对公民隐私权的保护，除了承办法官、书记员及双方当事人外，其余人包括律师亦不能直接查询财产申报的内容，案件审结后，申报财产也将和整个案卷入袋，由法院档案部门封存保管。

（三）运行前景：具体实施可能遇到多重阻碍

1. 模式普遍适用之观念桎梏。夫妻财产申报的模式，目的是让财产更透明，让分配更公平，保障双方对共同财产的知情权，但在实践中也造成了很多当事人的不解和反对。有人认为，申报财产侵犯了隐私权，虽然双方是夫妻关系，但是夫或妻首先是社会的独立个体，其次才具有夫或妻的身份，个人本位的大背景下夫妻知情权的等级低于隐私权。[①]财产申报客观上是将自身财产（可能含有个人财产）置于法庭之上，是对民法中隐私具有“人权”的冲击，对它的保护力度应高于一般的财产权利，[②]个人可以不让外界知悉，因此当事人以此为理由反对申报财产。

其实不然，财产申报作为一种调查手段目的不在于侵犯隐私权，夫妻之间基于共同生活而具有共同财产关系，因此共享财产信息不属于侵犯隐私权。夫妻亲密关系意味着彼此隐私结合在一起，这种紧密性和相互忠实要求双方具有知情权，一般而言，夫（妻）身体状况、收入情况、生活习惯等属于一般公民隐私，但在夫（妻）间应让渡于知情权。[③]不能将隐私的适用条件和范围一概而论，按照隐私权适当忍受原则，夫妻个人隐私侵害行为的认定主要不在于是否获取个人信息，而在于是否扩散知晓的对方隐私。

2. 申报手段运行之操作障碍。在实务当中，财产申报并未形成一项普适的制度，它的具体操作环节有待进一步确定，由于目前并没有法律的明

---

① 杨立新：《关于隐私权及其法律保护的几个问题》，载《人民检察》2000 年第 1 期。

② 李旭辉：《我国家庭财产申报及公开制度的分析与建议》，载《中国青年政治学院学报》2014 年第 4 期。

③ 景春兰：《发展区视角下夫妻财产知情保障研究》，载《云南师范大学学报》2016 年第 5 期。

确规定，目前虽已具备了创建制度的总框架，且在试点法院的运行效果良好，但仍有很多关键性细节需要落实。

（1）涉及财产分割进行申报需具体情况具体分析。财产申报是为了解决双方争议，确定共同财产，但如果只要涉及财产分割都进行申报，可能对诉讼双方权利不尊重，也滥用了法院的调查权。因此，对于财产申报的适用条件需要明确。

（2）财产申报的范围界定不明确，当事人申报存在困扰。实践中，常有当事人明知是共同财产而瞒报，或者不知是共同财产而不报，这都是对案件审理造成了阻碍。明知是共同财产而瞒报的当事人，可能因此对方不清楚自己的财产而有意为之；不知是共同财产而不报的当事人，可能对于共同财产的概念和范围不了解。因此，“如实”申报操作起来难度很大，所以，对于共同财产和个人财产的甄别尤为重要，需要法院进行告知和释明。

（3）对于不报或申报不实的当事人，其惩罚方式法律规定不甚详尽。依据试点法院的规定，申报不实的当事人承担不利的法律后果，将会少分或者不分财产，太过于笼统。如果要成为制度化，那么何种情况下少分，何种情况下不分，比例的确定需要尝试量化；如果双方当事人都进行了不实申报，法院的处理方式亦需细化。

三、整合优化：财产申报制度的建构与完善

经过试点探索和本质分析，虽然财产申报具体实施面对多重困难，但是其推动调证进程、查明共同财产的功能价值让其具备了普适的前景。法院在审判实务中将财产申报制度化，完善实施细节，探索出解决调查取证难的新型制度，才具有实践意义。

（一）适用条件——财产申报的程序启动

1. 限定适用范围。财产申报的案件范围一般仅限于涉及共同财产分割争议的离婚诉讼，主要是离婚纠纷和离婚后财产纠纷。在离婚诉讼中，当事人对财产分割没有争议、夫妻双方不需要法院处理的或者当事人单就某项财产的属性产生争议的，不属于财产申报解决的问题。

（1）双方当事人对财产分配没有争议，无须申报。在审判实践中，并非所有离婚案件对财产分配存在争议，这种情况下法院不能对财产分配进

行职权干涉，应当遵循“不告不理”的基本原则。当事人起诉可能是子女的抚养问题，可能是损害赔偿行为，也可能是单纯履行一个离婚确认程序，这些案件都对财产分割没有争议，不需法院处理，此时法院可以不再行使调查权进行财产查明。

（2）双方当事人对财产有争议的，视情况决定是否申报。当事人单就某项具体财产的存在或者产权属性产生争议的，不应进行财产申报，而应采取举证或法院调查。财产申报针对的是当事人对财产分配的总体范围和数量不明晰，通过申报可以迅速明确双方达成一致的内容与存在分歧之处，再进行举证质证和审理。如果双方对绝大多数财产内容达成一致，仅对某一具体财产意见不同，适用财产申报的结果也是载明有此分歧财产，法院应根据证据规则要求双方举证自己的主张，举证不能或者法院认为必要时再进行调查。

当事人有证明力充分的证据佐证时，不应进行财产申报。财产申报是法院调查双方财产的一种手段，结果也是双方自证财产的陈述，具有目录其索引功能，但当事人陈述的真实性不可控，如申报存在差异或者一方不认可时，法院仍应对分歧部分进行查证。但当事人能够提供直接的、证明力强的证据，比如银行流水、票据收据等，这些比财产申报的陈述更有证明效力，此种情况下，法院不必强制当事人进行财产申报，以降低司法成本，提高审判效率。

2. 限定适用主体。离婚诉讼涉及人身属性，财产申报涉及隐私权，因此适用主体必须限定为夫妻双方及其代理人。夫或妻作为离婚中夫妻财产分割的当事人，财产分割的解决与其关系最密切，也是财产申报的最主要的主体。除此之外，他们的法定代理人、委托代理人，基于法律规定或者当事人的特别授权可以代为进行财产申报。须注意的是，由于代理人知情范围的局限性，代理人的申报仅仅是作为当事人申报的补充，法院必须确认代理人代表的是当事人的真实想法，并在案卷中留痕。

3. 明确适用方式。财产申报是法院依申请或依职权进行调查取证的一种强制手段。若当事人向法院申请调查对方的夫妻共同财产，法院进行形式审查后，[①]在答辩期限届满后询问被调查一方是否确认对方主张调查的财产状况，若当事人否认有该财产或者拒不提供申请调查的财产状况，法院可以启动财产申报程序。[②]根据权利对等原则，一方要求申报时，其本人也须进行申报，并承担同样的法律后果，不存在单纯一方申报而另一方免于申报的情况。

申报的财产可作为证据提供，那么其申报的时限可与举证时限一致，法院可考虑影响当事人收集证据的各种因素，对双方财产的申报日期进行合理规定。如果财产总量不大，收入来源不甚复杂，申报时间为3天；财产数量较大或范围较广，可能需要一段时间核对、计算和整理的，申报时间延长至7天；申报义务人有特殊情况，法院认为有必要的，可适当延长，但最长不超过15天。举证期限结束后，当事人再次申请进行财产申报的，法院应进行标准更为严格的审查，确有必要再批准，防止当事人恶意拖延审判。

（二）申报范围——明确夫妻共同财产类型

构建财产申报制度的目的是更公平地进行分割，进行申报的是需要分割的共同财产，为避免当事人多报或者漏报，法院须明确要求申报财产的种类和范围。

1.区分夫妻共同财产和夫妻个人财产。夫妻共同财产在《婚姻法》及其司法解释中有规定：（1）工资和奖金。工资是劳动者与用人单位签订劳动合同之后，用人单位依照一定的标准，根据劳动者付出劳动的数量和质量，用货币的形式给予劳动者的财产；奖金是支付劳动者正常劳动额度以外的劳动报酬，或者是对于某些具有相当贡献的劳动者的报酬。（2）生产、经营的收益。生产性收益主要是夫妻双方或者一方从事个体劳动获得的收入。从本质上看，它与工资的性质是一致的。经营性收益指的是夫妻一方或者双方通过投资经营所得收益，是一种商业投资行为。（3）知识产权收益。指的是婚姻存续期间实际取得或者已经明确可以取得的财产性收益。（4）继承或者赠与所得的财产，但本法第18条第3项规定

① 所谓形式审查指的是法院不必要求申请人对其怀疑内容举证，或者提供对方隐匿财产的具体行为，只要其能够提出相应理由，说明对方有自己难以掌握的财产，且该理由在形式上成立。

② 韦中铭、纪维忠、杨如龙：《民事诉讼当事人财产申报制度调查研究》，载《中国审判新闻半月刊》2015年第12期。

除外。（5）其他应当归共同所有的财产。[①]这是作为一个兜底性的概括总结，《最高人民法院关于适用〈中华人民共和国婚姻法〉若干问题的解释（二）》中对此有说明，其他应当归共同所有的财产包括：一方以个人财产投资取得的收益；男女双方实际取得或者应当取得的住房补贴、住房公积金、养老保险金和破产安置补偿费。同时也对军人的复员转业费用、自主择业费用在夫妻关系持续一定的年限后属于夫妻共同财产进行了规定。之后的《最高人民法院关于适用〈中华人民共和国婚姻法〉若干问题的解释（三）》完善了共同财产范围：夫妻一方个人财产在婚后产生的收益，除孳息和自然增值外，应认定为共同财产。

夫妻个人财产是与个人身份密切相关的财产，其范围在《婚姻法》中规定如下：一方婚前财产；一方因身体受到伤害获得的医疗费、残疾人生活补助等费用；遗嘱或赠与合同中确定只归夫或妻一方的财产；一方专用的生活用品；其他应当归一方的财产。《最高人民法院关于适用〈中华人民共和国婚姻法〉若干问题的解释（二）》第13条规定：军人的伤亡保险金、伤残保补助金、医疗生活补助费属于个人财产。《最高人民法院关于适用〈中华人民共和国婚姻法〉若干问题的解释（三）》还对婚后一方父母出资为子女购置房屋作出了规定，旨在明确个人财产和共同财产。[②]

2. 涉及新型财产的说明。随着科技发展和网络普及，新型财产类型也进入夫妻共同财产的范畴，主要涉及依附网络平台运营的具有交易价值的虚拟财产，例如网上店铺、游戏账号等。《婚姻法》及其司法解释都并未对虚拟财产作出规定，但这种新型财产虽存在于网络虚拟环境中，却具备了法律上物的属性：是客观存在的，具有现实生活中的交换价值和使用价值。[③]当事人在进行申报时，若有新型财产需区分是否属于夫妻共同财产，不能想当然认为是自己名下的网店或虚拟账号就是个人财产不予申报。一般来讲，应具体分析该财产的取得和盈利是否有夫妻共同的贡献和付出，如游戏账号及其装备是夫妻双方共同协力获得的，应属于共同财产；若只

---

① 详见《婚姻法》第17条有关规定。

② 《最高人民法院关于适用〈中华人民共和国婚姻法〉若干问题的解释（三）》第7条规定："婚后由方父母出资为子女购买的不动产，产权登记在出资人子女名下的，可按照《婚姻法》第十八条规定，视为只为自己子女一方赠与，该不动产应认定为夫妻一方的个人财产。"

③ 陈旭琴、戈壁泉：《论网络虚拟财产的法律属性》，载《浙江学刊》2004年第5期。

有一方参与，则为个人财产。[①]

在实际诉讼中，若当事人不确定虚拟财产的归属，在财产申报时理应一并报送，具体认定与分割由法院裁判。

（三）惩罚方式——制裁手段的具体规范化

规范不配合进行财产申报的惩罚方式，是这项制度能够发挥实现实际作用的保障，从而时刻警戒着意欲侵占共同财产的当事人。

1. 逾期申报。申报义务人没有正当理由未按照规定的期限向法院申报共同财产状况的，除依法由人民法院准许延长申报期限的，则不论是故意、重大过失还是一般过失，都应当予以制裁。逾期申报延长了审理时间，但是对具体财产的分割没有产生不利影响，故法院进行财产分割时按照应实际数额正常分配，可根据逾期申报人的认错态度、逾期时间等采取批评教育、训诫、罚款等措施。

2. 不实申报。申报义务人向法院申报共同财产状况不实的，其违背了诚实信用原则，损害了另一方当事人的利益，应承担相应代价。一经查明，法院可以在逾期申报的惩戒措施基础上，分割共同财产是对该申报人进行少分或者不分。不利后果的承担主要取决于当事人做出不实申报的主观恶意及不实程度，量化而言，不实申报数量越大，其主观恶性越大，对其少分的数量相应须越多，如下表1所示。

表1　不实申报的财产分割情况表

不实程度	对不实申报财产的具体分配情况
5%以下	推定主观过错不大，正常分配
5%-30%	推定有隐匿财产的主观故意，少分10%
30%-70%	推定有隐匿财产的主观恶意或重大过失，少分50%
70%以上	认定有隐匿财产的主观恶意，情节严重，可以不予分配

如果双方均进行了不实申报，则须根据双方不实申报的程度加以处理，不实申报程度相当，或者数额相差不超过10%的，正常分割；如超过10%，则根据过错程度均进行少分乃至不分的惩罚，各自适用，但须对双方进行训诫、罚款等措施，并将双方行为纳入个人诚信体系，作为不良记

① 张爽：《我国夫妻共同财产法律制度的完善》，载《黑龙江省政法管理干部学院学报》2016年第6期。

录。当然，这种处理方式不利于对特殊情况的处理，不排除有当事人确因不知情而少报，法院应令不实申报人对财产情况不知情进行举证，并根据案件实际情况酌情处理。在申报财产时，当事人有上述不实申报、虚报财产或伪造债务的，情节严重的，可按照《民事诉讼法》第 111 条、第 115 条的规定，依法予以制裁，构成犯罪的，依法追究期刑事责任。

上述惩罚方式是制度建构的初步设想，法院可以根据当地的实际情况、当事人过错情况等进行调整，行使自由裁量的权力，但应及时告知当事人。

（四）释明告知——制度运行的保障举措

财产申报制度本质上是法院调查取证权的一种实现方式，本来需要法院被动调查的财产，变为主动申报的形式，强化了当事人的责任意识和诚信意识。法院在进行申报通知时，应当做好释明告知的工作，不但要向当事人发放申报告知书，还应耐心、细致地做好普法与讲解工作，告知他们进行财产申报的作用和益处。同时需要双方亲笔签署保证书，承诺申报财产真实性与知晓申报不实的相关责任，监督与警示的效果并存。

结　语

财产申报制度的建构还需要时间和实践的检验，它的目的是保障法院实现调查取证权的实现，力求最大化地解决离婚诉讼中举证难、效率低的困境。

在院作者个人简介

（以姓氏笔画为序）

王龙，男，1988年生，毕业于中国人民公安大学，研究生学历，刑法学专业，2015年7月至今在昌平法院沙河法庭从事民事审判工作，现任二级法官助理。

王涛，男，1992年生，北京师范大学法律硕士，2017年入职北京市昌平区人民法院，现任北京市昌平区人民法院执行局法官助理。曾获全国法院第32届学术讨论会三等奖、北京法院第32届学术讨论会二等奖。

王辉，男，1982年生，北京大学法律硕士，北京市昌平区人民法院立案庭（诉讼服务中心）副庭长，四级高级法官。

方冲，男，1989年生，2014年毕业于中国政法大学，获法律硕士学位，现任北京市昌平区人民法院法官助理。

尹海萍，女，1984年生，法学硕士，现任昌平法院政治部法宣组组长。曾荣获全国法院优秀案例分析评选三等奖，全国法院第27届学术讨论会一等奖，第22届、第23届、第32届学术讨论会二等奖，第34届学术讨论会三等奖，第25届学术讨论会优秀奖，第11届京津沪渝法治论坛优秀奖。获北京法院优秀调研成果和统计分析评比二等奖1次、三等奖4次、优秀奖2次。获评全国法院新闻舆论工作先进个人、北京法院先进工作者、昌平区“昌平榜样”等。

田媛，女，1989年生，中国政法大学法学硕士，北京市昌平区人民法院刑事审判庭（未成年人案件审判庭）法官助理。撰写的调研报告、案例、论文等多次在全国及北京市法院系统获奖，并在《人民法院案例选》等期刊发表多篇文章。

朱晋华，女，1984年生，对外经济贸易大学法学硕士，现任北京市昌平区人民法院北七家法庭负责人。曾荣获“北京市三八红旗奖章”“北京法院第五届司法业务技能比赛商事审判业务标兵”“第六届北京市审判业务专家”等荣誉称号，承办案件入选最高人民法院十大典型破产案例，撰写的多篇案例入选《中国法院年度案例》、多篇文章发表于各类学术刊物。

刘明，男，1986年生，首都经济贸易大学法律硕士，北京市昌平区人民法院天通苑人民法庭员额法官，荣获全国法院学术讨论会二等奖、三等奖各两次，在环渤海区域法治论坛、首都城市治理论坛等征文中多次获奖，在《北京审判》《首都法学论坛》《商事法律文件解读》等期刊发表论文、案例20余篇。

刘洋洋，男，1993年生，中国政法大学本科，北京市昌平区人民法院立案庭（诉讼服务中心）法官助理。曾获全国法院第32届学术讨论会优秀奖、北京法院第32届学术讨论会三等奖、2019年“百名法学家百场报告会”首都法学家专场报告会优秀奖（本届只设优秀奖），撰写的多篇案例入选《中国法院年度案例》。

刘艳，女，1988年生，中国政法大学法律硕士研究生。现任北京市昌平区人民法院南口法庭员额法官。作为执笔人撰写的《司法改革背景下深化诉讼服务建设的研究》曾获2016年北京法院优秀调研成果三等奖。

刘敏，女，1984年生，中国政法大学法律硕士，现任北京市昌平区人民法院沙河人民法庭副庭长，北京法院第五届司法业务技能民事审判业务标兵。撰写的案例曾获全国法院系统优秀案例分析三等奖，论文多次获北京法院学术讨论会优秀奖，统计分析曾获北京法院优秀司法统计分析二等奖，调研报告曾获北京法院优秀调研成果三等奖。

杜潇潇，女，1992年生，中共党员，北京航空航天大学民事诉讼法硕士研究生，2018年入职北京市昌平区人民法院，2018年7月至2023年1月任执行局法官助理，2023年1月至今任综合审判庭法官助理，撰写论文《失信被执行人权利救济的现状检视与制度完善——以B市C区法院司法实践为视角》获全国法院第32届学术讨论会三等奖。

李安国，男，1990年生，山东大学法学硕士，北京市昌平区人民法院小汤山法庭法官助理。先后5次荣获全国法院学术讨论会二等奖、三等奖、优秀奖，撰写的文章在《行政论坛》等期刊发表。

李强，男，1990年生，中共党员，北京航空航天大学硕士研究生，法学理论专业。2015年7月参加工作，现任北京市昌平区人民法院立案庭（诉讼服务中心）法官助理。撰写的论文曾获全国法院学术讨论会二等奖、优秀奖，“百名法学家百场报告会”首都法学家专场报告会优秀奖等奖项，合作撰写的《打造夜间法庭司法为民新品牌 深入推进市域治理现代化》获得 2021 年北京法院调研成果优秀奖、2021 年北京法院优秀司法统计分析优秀奖，被聘为第二届、第三届北京法院法官助理、书记员兼职教师。

李耀，男，1993 年生，毕业于中国政法大学，2017 年 7 月进入北京市昌平区人民法院工作，现任北京市昌平区人民法院立案庭（诉讼服务中心）法官助理，曾获全国法院学术讨论会优秀奖、北京优秀奖，2019 年度“双百”首都法学家专场报告会优秀奖。

杨杰，男，1986 年生，北方工业大学法学硕士，北京市昌平区人民法院行政庭副庭长。撰写的《农村土地承包、宅基地政策法律 100 问》经法律出版社定向约稿出版，学术论文获得全国优秀奖，5 篇调研文章发表在《法治参考》《法治日报》《北京审判》，7 篇案例发表在《中国法院年度案例》等书籍。另有司法统计、全国首例案例等均获奖，也被《新华每日电讯》《人民法院报》《人民政协报》等媒体报道。

杨婷婷，女，1990 年出生，北京市昌平区人民法院回龙观法庭四级法官助理，毕业于中国青年政治学院，法律硕士，曾在《法庭内外》等期刊发表文章，荣获全国法院第 33 届学术讨论会三等奖、全国法院第 32 届学术讨论会二等奖、北京法院第 31 届学术讨论会优秀奖。

余淼，男，1988 年出生，北京市昌平区人民法院沙河人民法庭法官助理，毕业于华北电力大学（北京），法学硕士，曾在《人民司法》《民主与法制》《方圆》《人民法院报》等期刊发表文章十余篇，荣获全国法院第 32 届学术讨论会优秀奖（北京法院三等奖）、撰写的司法统计获得北京法院 2021 年度优秀司法统计分析二等奖。

谷佳琛，女，1993 年生，中国政法大学法学硕士，北京市昌平区人民法院民二庭法官助理。曾获得全国法院第 33 届学术讨论会二等奖、北京法院第 31 届学术讨论会优秀奖。

应义平，男，1990 年生，中国政法大学硕士研究生。现任北京市昌平区人民法院执行局法官助理。曾荣获北京法院系统第 28 届学术讨论会优秀奖，全国法院系统第 30 届学术讨论会优秀奖、北京市法院第 30 届学术讨论会三等奖，第 4 届北京市法院执行理论与实务论文三等奖。

张华，男，1985 年生，中国政法大学法律硕士，北京市昌平区人民法院民事审判二庭员额法官。先后两次荣获全国法院学术讨论会三等奖、优秀奖，撰写案例多次被《中国法院年度案例》采用，多次荣立个人三等功及嘉奖，并被评为北京市法院党建先进个人。

张欣，女，1988年生，北京航空航天大学法学硕士，北京市昌平区人民法院民二庭员额法官。曾荣获全国法院学术讨论会三等奖和北京法院学术讨论会优秀奖，撰写的案例分析获得全国法院系统优秀案例分析评比三等奖。

张焱，女，1987年生，毕业于中国社会科学院研究生院，现任北京市昌平区人民法院沙河法庭副庭长。先后七次荣获全国法院学术讨论会二等奖、三等奖、优秀奖，撰写的调研报告、司法统计分析、案例多次在全国及北京市获奖，并刊发于《人民法院案例选》《北京审判》《中国法院年度案例》等。

周洁，女，1990年生，毕业于中国政法大学。2016年7月进入北京市昌平区人民法院工作，现任民一庭法官助理。《公私场域竞合下法官名誉权救济程序的检视与规制》获全国法院第32届学术讨论会二等奖，北京法院一等奖；《三步四分法：违约金酌减规则的检视与完善——以〈民法典〉第585条第2款的具体适用为视角》获全国法院第33届学术讨论会优秀奖，北京法院三等奖；《专业法官会议考评制度之构建——以公共管理学SMART原则和BARS评价法为视角》获全国法院第34届学术讨论会优秀奖。

赵振杰，男，1990年生，中国政法大学法学硕士，北京市昌平区人民法院民事审判一庭法官助理。多次荣获全国法院学术讨论会三等奖、优秀奖。

赵群彩，女，1994年生，中国社会科学院研究生院法律硕士，北京市昌平区人民法院南口法庭法官助理。曾获全国法院学术讨论会优秀奖，撰写的多篇案例入选《中国法院年度案例》。

赵霏，女，1992年生，中国政法大学法学硕士，北京市昌平区人民法院民一庭三级法官助理。先后四次荣获全国法院学术讨论会二等奖、优秀奖，参与最高人民法院等重大课题1项。

姚杨超，女，1991年生，2014年毕业于北京大学法学院，刑法学硕士。2014年7月进入北京市昌平区人民法院工作，现在立案庭（诉讼服务中心）担任法官助理。曾撰写的《村基层组织人员职务犯罪中的主体界定》一文获得北京市法院第30届学术论文会优秀奖、“百名法学家百场报告会”首都法学家专场报告会优秀奖。

索焱，女，1987年生，中国政法大学学士、北京交通大学硕士，北京市昌平区人民法院民一庭员额法官。撰写的论文先后两次荣获全国法院学术讨论会三等奖、优秀奖，获中国法学会审判理论研究会民事审判理论专业委员会第2届年会获奖论文优秀奖，撰写的案例被《中国法院年度案例》采用。

郭婧，女，1985年生，2016年毕业于中国政法大学，获法律硕士学位。历任审管办、民事审判一庭法官助理，现任昌平法院执行局法官助理。

曹成旭，男，1987年生，兰州大学法律硕士。2015年7月1日参加工作，现任北京市昌平区人民法院民事审判二庭法官助理。

梁伟伟，男，1990年出生，2017年毕业于中国政法大学，法学硕士，诉讼法学专业，现任北京市昌平区人民法院审管办（研究室）四级法官助理。论文曾获得全国法院系统学术讨论会二等奖、三等奖及优秀奖，北京法院学术讨论会一等奖、二等奖及优秀奖，工作期间荣立个人三等功。

程新淼，女，1989年生，汉族，北京市人，毕业于首都师范大学，获法学硕士学位。2016年7月进入北京市昌平区人民法院工作，现任立案庭（诉讼服务中心）法官助理。荣获全国法院第29届、第34届学术讨论会优秀奖；“百名法学家百场报告会”首都法学家专场报告会优秀奖（只设优秀奖）。撰写的案例分别入选《中国法院年度案例》及北京市高院“疏解整治促提升”优秀案例；撰写的司法建议获得北京市优秀司法建议三等奖。

谢宝石，男，1989年生，中共党员，2013年7月毕业于北京联合大学法学专业，法学学士。同年，进入北京市昌平区人民法院工作，曾先后在回龙观人民法庭、南口人民法庭工作。2022年8月被任命为审判员，现任昌平法院南口人民法庭审判员、二级法官。工作以来，参与审理各类民事案件1000多件。参与撰写的多篇学术论文在全国法院系统论文评比中获奖或发表于学术刊物上。曾荣获多次嘉奖、奖励及昌平法院先进个人、调宣工作先进个人等荣誉。

慕寿成，男，1989年生，毕业于中国社会科学院研究生院法律硕士专业，现任昌平区人民法院小汤山人民法庭员额法官。在《人大研究》2020第9期发表论文《构建人大代表参与监督人民法院执行工作的常态机制》，在《河北青年管理干部学院学报》2020年第6期发表论文《以子女参与为中心的探望权执行机制之构建》，2021年第6期发表《抚养权执行难的诉讼程序消解》。

潘幼亭，男，1977年生，中国人民大学法律硕士，北京市昌平区人民法院副院长，北京市审判业务专家，撰写调研报告、学术文章、统计分析、案例共20余篇，撰写论文曾荣获全国法院学术讨论会一等奖、二等奖。

潘俊美，男，1985年生，北京师范大学法律硕士，北京市昌平区人民法院审判管理办公室（研究室）副主任。论文曾获得法院系统学术讨论会全国二等奖3次、三等奖1次和北京法院一等奖3次、二等奖1次、优秀奖2次，中国法学会审判理论研究会审判管理理论专业委员会优秀论文等；调研报告曾获得全国法院司法统计分析重点课题优秀成果和北京法院年度优秀调研成果、优秀司法统计数据分析一等奖、二等奖等，多篇发表在《北京审判》上。获评北京市法院先进工作者、北京法院学术讨论会工作30周年组织工作突出贡献奖和论文写作突出贡献奖等。